스마트 3D 프린팅

김동수 지음

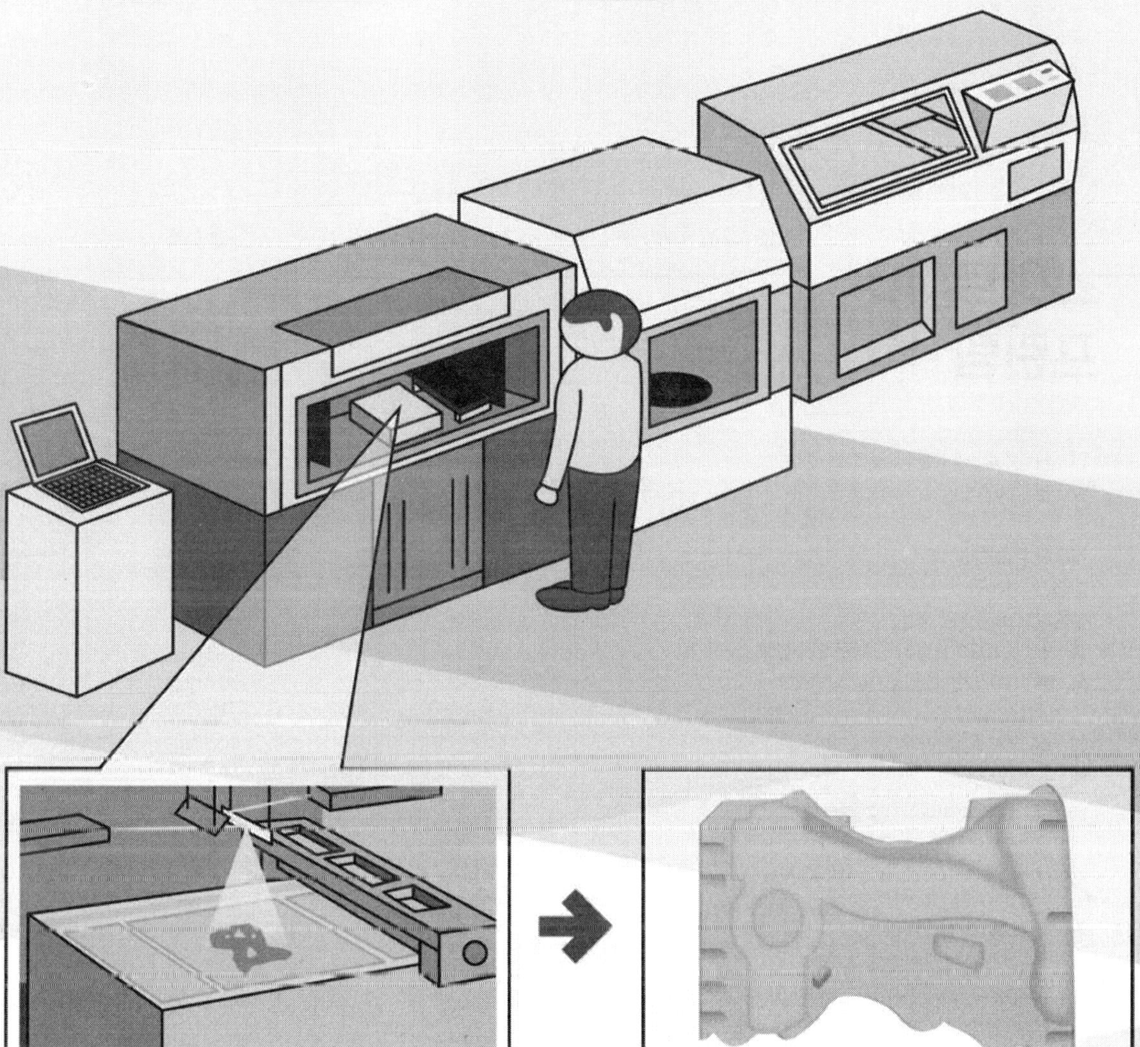

도서출판 홍릉

이 책과 관련된 동영상 강의는 다음 사이트에 공개되어 있습니다.

https://drive.google.com/drive/folders/1W69aXtWjtkt1yDxDsylAu4vCC0MPPxGs?usp=share_link

스마트 3D 프린팅

인　쇄: 2023년 2월 20일 초판 1쇄
발　행: 2023년 3월 2일 초판 1쇄

저　자: 김동수
발행인: 송 준
발행처: 도서출판 홍릉
주　소: 01093 서울시 강북구 인수봉로 50길 10
등　록: 1976년 10월 21일 제5-66호

전　화: 02-999-2274~5
팩　스: 02-905-6729
e-mail: hongpub@hongpub.co.kr
http://www.hongpub.co.kr
ISBN: 979-11-5600-968-9(93000)

정　가: 38,000원

저자소개

김동수 한밭대학교 창의융합학과 교수

학력 및 주요 경력

영남대학교 기계공학 학, 석, 박사
한국기계연구원 책임연구원(프린팅공정장비 팀장, 나노융합기계 본부장, 선임연구 본부장)
한밭대학교 창의융합학과 교수(현재)
미국 UCLA Visiting Scholar, 교육부 중점연구소장
산업통상자원부 반도체디스플레이/에너지절약 및 신재생에너지 전문위원
과학기술정보통신부 국가과학기술위원회 전문위원, 강소특구 전문위원
서울대학교 차세대 융합기술원 전문위원, 국제표준(IEC TC 119 인쇄전자)전문위원
한국유연인쇄전자학회장, 대한기계학회이사 및 한국정밀공학회 3D프린팅위원장
한국플렉시블일렉트로닉스산업협회 부회장, 한국3D프린팅산업협회 대전지회장
미국 UCLA, 마이크로 액츄에이터 공동연구, 덴마크 RISO 연구소, 인쇄 유기태양전지 공동연구
독일 Fraunhofer, 4D 프린팅 분야 공동연구, 일본 동경대학교, ESD 프린팅 공동연구
일본 RIKEN, Protein Array 공동연구, 특허 240건, 논문 132편 및 발표 200건, 정부 과제 69건

주요 수상경력

대한민국 대통령 과학기술 훈장(도약장)
정진기이사장상 과학기술부문(Roll Printer)
과학기술교육부 장관상(국가 R&D 100선 우수성과상, Roll Printer)
대한기계학회장 기술상(3D프린팅 & Roll Printer)
부총리겸과학기술부 장관상(우수연구사)
산업통상자원부 장관상 (인쇄전자)
특허청장상(3D 프린팅)
한국기계연구원장상(최우수금상, 디지털 3차원 실물복제기)

머리말

미국의 오바마 대통령이 3D 프린팅이라는 용어를 사용하면서 전 세계가 엄청난 예산으로 3D 프린팅 장비(PBF, Polyjet, Binderjet, DED등)개발 및 응용제품 사업화를 위해 꾸준한 연구개발을 진행하고 있다. 특히 우리나라를 비롯한 이탈리아, 중국, 일본에서 금속 3D 프린터 개발 및 3D 프린팅 부품, 3D 프린팅 분야 1, 2위 국가인 미국 GE사에서는 항공우주 부품, 독일 EOS사에서는 바이오 응용 부품 사업화를 추진하고 있다.

아울러 국내 3D 프린팅 기술개발 1세대인 카이스트 양동렬교수, 부산대 이석희교수와 더불어 저자도 2002년부터 지금까지 국내 3D 프린팅 산업발전을 위하여 많은 사업을 추진하였다. 최초로 PBF, POLYJET, BINDERJET 3기종의 3D 프린팅 장비 국산화 개발을 통해 대한민국 3D 프린팅 산업발전의 기틀을 마련하였다. 2002년부터 2007년까지 디지털 3차원 실물복제기 개발, 2014년도에는 건축물 대상 3D프린팅 기술기획, 2016년에는 고속, 고정밀 금속 3D 프린팅 장비기술개발 및 PEEK(Polyether ether ketone)소재 기반 PBF(Powder Bed Fusion)방식의 3D 프린팅 장비개발에 성공하였다. 2018년부터 현재까지 인쇄전자와 3D 프린팅기술을 이용한 PAES(Printed Active Electronic System)개발 및 인력양성에 주력하고 있으며, 3D Printed LED Signage, 3D Printed Heater, 3D Printed Wearable Respiratory Module, 3D Printed Curved sensor 등 다양한 3차원 인쇄전자시스템 개발과 사업화를 위해 꾸준히 연구를 진행하고 있다.

또한, 3D 프린팅산업협회(3D Printing Industrial Association)와 한국 플렉시블일렉트로닉스산업협회(Korea Flexible&Printed Electronics Association)설립, 한국유연인쇄전자학회내에 4D 프린팅 분과를 설립 및 대한기계학회, 한국정밀공학회 등 많은 학회에서 이 분야의 발전을 위해 주도적인 역할을 하면서 산학연 공동개발 연구를 꾸준히 진행하고 있다. 그 결과 소프트 블랑켓리버스옵셋 장비개발을 통한 스마트글라스, 스마트렌즈 등에 적용되는 3차원 투명전극, 3차원 센서전극 등 다양한 3차원 인쇄전자소자 제작기술을 개발하였다.

이 책을 통해서 3D프린팅 분야에 관심을 두는 후학들에게 많은 도움이 되어, 우리나라의 연구 수준을 높여 주기를 기대한다. 이 책을 제작하는 과정에서 도움을 준 양용석 박사(한국전자통신연구원)에게 감사의 마음을 전한다. 끝으로 집필 총괄에 불철주야 애쓴 정민훈 연구교수에게 깊이 감사하며, 또한 저자에게 큰 보람을 느끼게 해준 인쇄전자 3D 프린팅 공학연구소의 대학원생 이민재, 오경석, 이건희, 원미진 학생에게 고마운 마음을 전한다. 부족하지만 33년간 한 분야에서 꾸준히 연구하여 좋은 결실을 얻게 인도하신 하나님께 감사를 드린다.

차례

01 3D 프린팅 vs. 4D 프린팅

02 3D Printing

차례

차례

차례

03 3D Printed electronics

차례

04 4D Printing

차례

부록

01

3D 프린팅 vs. 4D 프린팅

1 3D 프린팅 vs. 4D 프린팅 (3DPE)

1. 서론

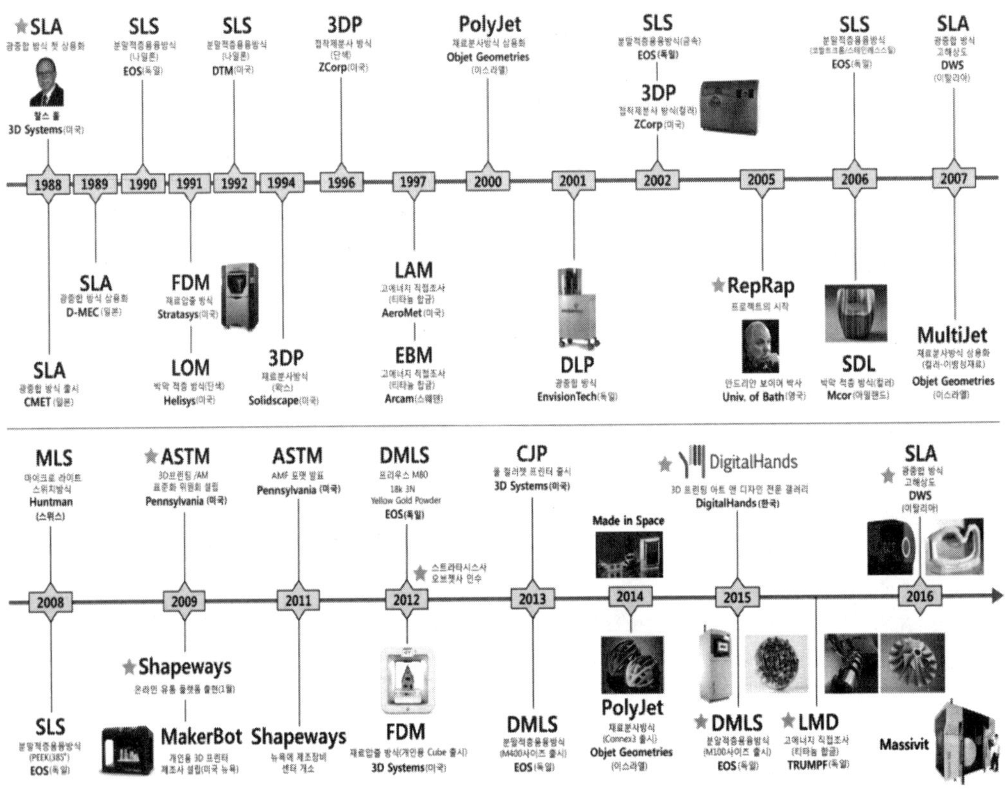

그림 1.1 3D 프린팅 기술의 발전

출처 "3D 프린팅 장비, 소재 최신 동향과 응용 산업 전망" 한국폴리텍 II 대학 산업디자인과 최성권 교수

3D 프린팅이란 다양한 잉크를 원하는 위치에 도포해 어떠한 패턴이나 형상을 만드는 기술이다. 기판에 원하는 모양을 식각하는 패터닝 기술과 비교해 고효율, 친환경, 저비용으로 공정이 가능하

며, 다양한 입체 표면에 적용 가능하다는 장점을 갖고 있다. 프린팅 기술은 시간이 지남에 따라 발전하면서, 기존의 2차원 평면에서만 이루어지던 기술에서 Z축을 추가하여, 재료를 한 층씩 쌓아 올려 3차원의 형상으로 물체를 제작하는 기술까지 발전했다. Z축 방향으로도 높은 자유도를 갖는다는 장점이 있기에 단순한 모형을 제작하는 것을 넘어 전자 소자나 정밀한 부품, 심지어 의료기기에서의 응용 등 그 활용범위가 넓어지고 있다.

'4d 프린팅'이란 도대체 무엇일까? 4D 프린팅은 기존의 3D 프린팅에 '시간'을 추가한 개념으로 3D 프린팅된 물체가 주변의 온도, 습도 등의 환경 변화에 따라 물성이나 형상이 변화하게 만드는 기술이다. 즉, 기존의 3D 프린팅된 제품들의 정적인 단점을 극복하고 외부 환경에 반응하여 능동적으로 적응하는 제품들을 제작할 수 있다. 이러한 장점 덕분에 4D 프린팅은 기존의 3D 프린팅의 응용 분야를 모두 포함할 뿐 아니라 지능형 기능을 기반으로 새로운 시장으로 진출할 가능성을 지니고 있다.

이러한 4D 프린팅 기술은 기존 3D 프린팅 기술에 다양한 스마트 소재를 이용하여 외부에 자극을 통해서 자가 변형 및 자가 수리 등 다양한 형태로 변형이 가능함으로 이를 통해 의료, 의류, 기계, 자동차, 건축, 우주, 항공 등 그 적용 분야가 광범위한 특성을 갖고 있다.

또한 4D 프린팅은 시간에 따른 형상 변화를 통해서 다양한 입체 형태를 제작할 수 있는 반면 복잡한 설계와 너무 오랜 시간이 소요된다는 단점을 가지고 있다. 이에 반하여 3D/2D 프린팅 기술을 이용한 3DPE(3D Printed Electronic) 기술은 3차원 형상 및 표면에 입체 구조로 전자 소자를 집적화하는 기술로서 기존의 ICT 제품을 사용자에 맞추어 설계 자유도를 획기적으로 향상 시키고, 또한 전자회로 제조와 패키징 공정을 일체화, 소형화, 집적화하여 제품의 신뢰도를 향상 시킬 수 있는 융복합 기술이다.

표 1.1 3D 프린팅과 4D 프린팅 기술(3DPE 기술) 비교

	3D Printing	4D Printing	
		Smart Materials	4-aixs(3D/2D) Printing
Materials	Meral, Ceramic, plastic, Bio/Nano materials	Self-transformable materials, Programmable materials	Meral, Ceramic, plastic, Bio/Nano materials
Design	3D Digital Information (Scanning, Measuring)	3D Digital Information (Simulation)	3D Digital Information (Scanning, Measuring)
Printer	3D Printer	Smart 3D Printer (Binder/Materials jetting, Multi-materials 3D Printer)	3D / 2D Printer
Application	Toy, Entertainment, Car, Medical, Clothing, Aviation, etc.	Mechanical deformation area	Toy, Entertainment, Car, Medical, Clothing, Aviation, etc.
etc.	No transformation	Transformation	Additional Functionality (Chip Bonding, Resitors, Multilayer Circuit, 3D Interconnects, etc.)

본 장에서는 3D 및 4D 프린팅 기술 개요와 기술, 산업 동향 및 향후 시장 전망에 대해서 설명하고, 또한 3DPE 기술에 대해서도 자세하게 설명하였다.

2. 3D 프린팅 기술

2-1. 3D 프린팅 개요

3D프린팅은 3차원으로 디자인된 디지털 도면 정보를 3D프린터에 입력하여 입체적인 형태로 출력하는 기술이며, 플라스틱, 금속, 석재, 종이 등 대부분의 소재와 색상을 구현할 수 있다. 이러한 3D 프린팅은 재료를 자르거나 깎아 생산하는 절삭가공과 대비되는 개념으로 공식적인 용어는 적층제조(AM, Additive Manufacturing) 또는 쾌속조형(RP, Rapid Prototyping)이라고 정의한다.

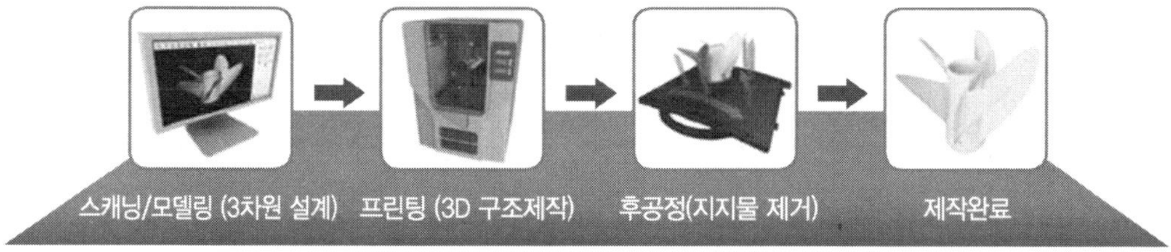

그림 1.2 3D 프린팅을 통한 제조 프로세스

출처 PD ISSUE REPORT JUNE 2016 VOL16-06

2-2. 3D 프린팅 분류 재료

표 1.2 ASTM F42 적층 공정 분류

기술	정의	방식	재료
광중합 방식 (Vat Photopolymerization)	빛을 조사하여 플라스틱 소재의 중합반응을 일으켜 선택적 고형화시키는 방식	SLA DLP	Photopolymer
재료분사 분식 (Material jetting)	용액형태의 소재를 Jetting으로 토출시키고 자외선 등으로 경화시키는 방식	Polyjet MJM	Photopolymer, wax
재료압출 방식 (Material extrusion)	고온 가열한 재료를 노즐을 통해 압력으로 연속해서 밀어내며 위치를 이동시켜 물체를 형상하는 방식	FDM FFF	Clay, food, metals, Ceramics, metal
분말적층용융 방식 (Powder bed fusion)	가루형태의 모재위에 고에너지빔을 주사하며 조사해서 선택적으로 소재를 결합시키는 방식	DMLS EBM SLS	Metal alloy, Steel, Aluminum,/Metal/ Ceramic Powder
접착제분사 방식 (Binder jetting)	가루 형태의 모재 위에 액체형태의 접착제를 토출시켜 모재를 결합시키는 방식	3DP PP	Plaster
고에너지직접조사방식 (Direct energy deposition)	고에너지원(레이저, 전자빔 등)으로 원소재를 녹여 부착시키는 방식	DMT LMD	Metal
Sheet Lamination	얇은 필름형태의 재료를 열, 접착제 등으로 붙여가며 적층시키는 방식	LOM UC	Paper, metal foil, Metal foil

출처 PD ISSUE REPORT JUNE 2016 VOL16-06

현재까지 3D 프린팅은 미국재료시험협회(American Society for Testing and Materials, ASTM)에서 소재형태(액체, 필라멘트, 분말, 시트 등)와 출력방식(압출, 소결, 경화, 분사 등)에 따라 크게 7가지 기술방식으로 분류하며 이는 표 1.2와 그림 1.3에서 확인할 수 있다.

이러한 3D 프린팅 재료는 약 300여 가지의 재료를 포함하고 있으며, 그 분류는 플라스틱, 메탈, 러버, 실리콘, 종이, 왁스, 우드, 세라믹 폴리머, 세라믹 컴파운드, 글라스, 모래, 설탕, 소금, 초콜렛, 음식, 고기, 인체 조직 등 매우 다양하다.

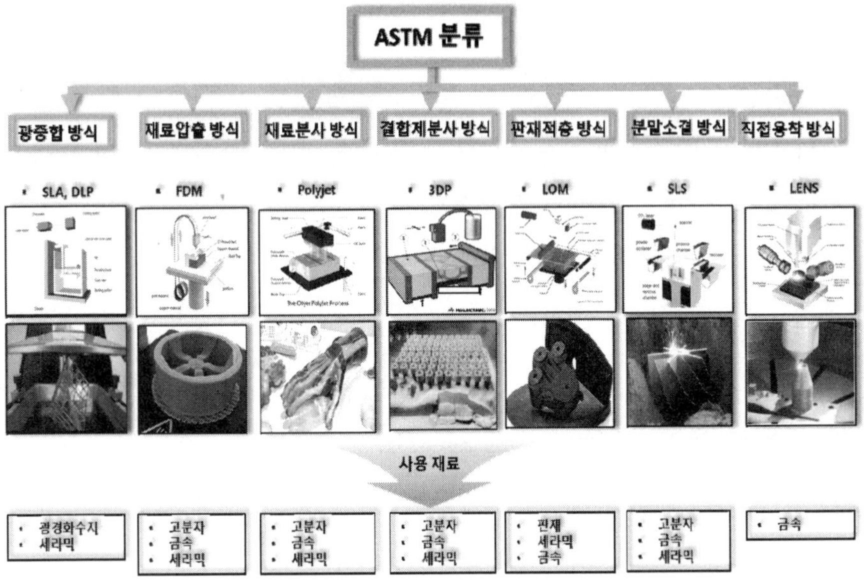

그림 1.3 ASTM 분류에 따른 적층 공정 기술의 분류

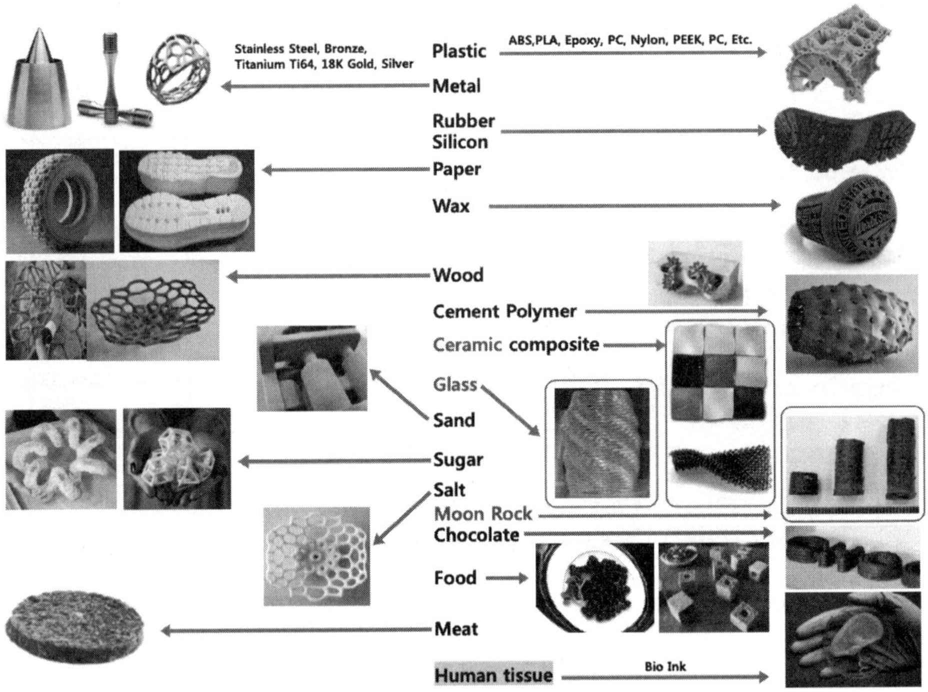

그림 1.4 ASTM 분류에 따른 적층 공정 기술의 분류

출처 "3D 프린팅 장비, 소재 최신 동향과 응용 산업 전망" 한국폴리텍Ⅱ대학 산업디자인과 최성권 교수

2-3. 3D 프린팅 원리

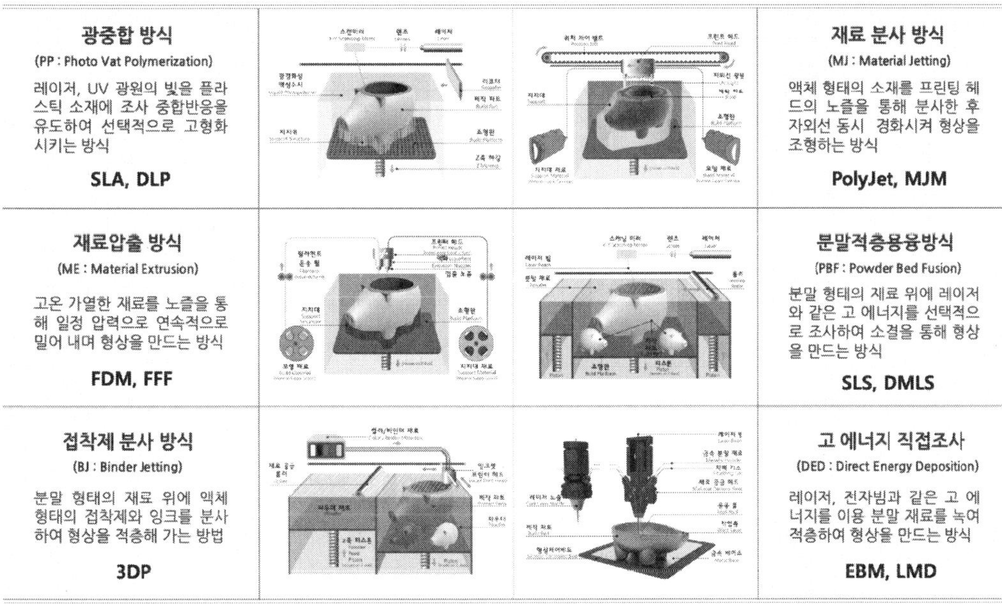

그림 1.5 3D 프린팅 방식에 따른 동작 원리

출처 "3D 프린팅 장비, 소재 최신 동향과 응용 산업 전망" 한국폴리텍II 대학 산업디자인과 최성권 교수

광중합 방식은 액체 상태의 광 경화 수지에 원하는 패턴으로 레이저, UV광원과 같은 빛을 조사시켜 경화시키는 방식으로 SLA와 DLP 등이 있다. 한 층씩 쌓아 올려가면서 원하는 모델을 완성하는 방식으로 빛을 통한 경화 방식이기에 조형물의 정밀도가 높고 빠르게 인쇄가 가능 하다는 장점이 있지만, 원료와 색상이 제한적이고 제작 비용이 비싸다는 단점이 존재한다.

재료 압출 방식은 열가소성 재료를 녹는점 이상의 온도를 가해 녹인 후, 일정한 두께로 재료를 압출하여 쌓는 방식이다. 이렇게 한 층씩 계속 쌓아 올려가면서 출력물의 형태를 완성하는 작업이다. 단순한 원리로 장비와 재료의 소재가 저렴하고 3D 프린터중 가장 접근성이 좋다는 것이 큰 장점이다. 하지만 다른 3D 프린팅 기술과 비교하면 상대적으로 출력물의 품질이 낮고, 출력 속도가 느리다는 단점이 있다.

재료 분사 방식은 서포트 및 재료를 액상 카트리지를 통하여 각 수지를 토출 시킴과 동시에 자외선 경화가 일어나는 방식이다. 높은 해상도의 출력물을 제작할 수 있고, 복잡한 형상과 디테일 및 섬세한 제작이 가능하다. 단점으로는 비싼 장비의 가격과 서포트 층을 제거과정이 번거롭다는 단점이 있다.

접착제 분사 방식은 잉크젯 프린터의 원리를 이용한 3D 프린팅 방식이며 헤드의 노즐에서 액상을 컬러 잉크 및 경화 물질을 분말 원료에 분사하여 조사하는 원리이며, 결합제 분사 방식의 장점으로 여러 색상을 이용하여 한 물체를 제작할 수 있어 추가적인 도색 과정 없이 다양한 색상을 조합하여 사용할 수 있으나, 단점으로는 크기가 크거나 표면 조도가 높은 경우 사용이 어렵다는 단점이 있다.

분말 적층 용융 방식은 선택적으로 레이저로 소결하는 방식으로 분말 형태의 재료를 베드에 얇게 깐 다음, 레이저로 소결 시키는 과정을 반복하여 출력품의 형상을 만드는 원리이다. 분말형태의 원재료를 사용하기 때문에 서포트가 별도로 필요하지 않고, 조형 속도가 빠르다는 장점을 갖고 있다. 그러나 레이저 장비를 이용하기에 값비싼 장비의 가격과 후 표면처리를 해야 하는 단점을 갖고 있다.

고에너지 직접조사 방식은 레이저가 아닌 전자빔을 이용해 금속 분말을 녹여 형상을 만드는 금속 3D 프린터 기술 중 하나이다. 밀도가 높고 정밀한 부품을 제작할 수 있다는 장점이 있으며 강도가 좋다는 장점이 있으나, 출력물의 표면이 거칠어 별도의 후가공이 필요하고 장비가 비싸다는 단점이 있다.

판재 적층 방식은 얇은 필름 형태의 종이, 수지나 금속을 열이나 접착제 등으로 붙여가며 적층시키는 방법이며, 종이를 재료로 사용하기 때문에 색상 표현 능력이 우수하다는 장점이 있으나, 산업 응용력이 떨어진다는 단점이 있다.

2-4. 3D 프린팅 기술 산업 활용

3D 프린팅 산업은 다양한 산업 분야에 적용 가능하여 전자, 바이오는 물론 항공우주, 자동차, 의료 및 제조 산업까지 다양한 산업 영역에 폭넓게 적용될 전망 이외에도 패션, 인테리어, 식품 등의 생활 영역의 서비스 산업까지 적용이 가능하다. 더욱이 3D 프린팅이 주목받는 이유는 재료가 가볍고, 재료의 낭비 없이 맞춤 생산이 가능하며, 제품출시 또한 빠르기 때문에 유럽항공방위우주산업(EADS)에서는 3D 프린팅 기술을 이용하여 에어버스 항공기에 적용하여 연간 연료 낭비를 3,000kg 절감하였다.

향후 IoT, 인공지능과 빅데이터와 연계된 지능정보 기술과의 융합을 통해 3D 프린팅 기술의 진보와 시장 확대가 빨라질 것으로 예상되며, 3D 프린팅 기술의 발전으로 제품 개발 시간 단축 및 비용 절감으로 다품목 맞춤형 생산이 가능해짐에 따라 재고관리 단순화, 생산설비 이동 등 기업 운영 및 의사 결정에 혁신적인 변화를 가져올 것으로 보인다.

3D 프린팅 적용 에어버스 항공기

출처 airtravelinfo.kr

에어버스 항공기 제트엔진 내부 디자인

출처 FORMNEXT

그림 1.6 3D 프린팅 적용 사례

2-5. 3D 프린팅 시장현황

산업용 3D 프린팅 관련 시장은 2017년 13.4억 달러에서 2020년 19.4억 달러로 성장하였으며, 2021년 21억 달러에서 2027년 52.3억 달러로 연평균 20% 성장할 전망이다. 특히, 2020년도의 시장 규모는 코로나 19로 인한 제조 산업의 불황으로 2019년 대비 시장 규모가 축소되었다.

3D 프린터 부문은 2020년 산업용 3D 프린팅 시장에서 가장 큰 점유율을 차지했으며, 2021년 8.6억 달러에서 2026년 20.6억 달러로 연평균 19% 성장할 전망이다. 2017년부터 2020년까지는 소재 시장의 연평균 성장률이 14%로 가장 높았고, 2021년부터 2026년까지는 서비스 시장의 연평균 성장률이 22.0%로 가장 높을 것으로 예상된다. 서비스 분야 시장은 2021년 4.8억 달러에서 2026년에는 12.9억 달러까지 증가할 것으로 전망된다.

표 1.3 세계 산업용 3D 프린팅 분야별 시장 전망

구분	2017	2018	2019	2020	CAGR(%)	2021E	2023E	2026E	CAGR(%)
3D 프린터	566	729	943	805	12.5	863	1071	2059	19.0
소재	391	513	672	579	14.0	629	803	1611	20.7
서비스	296	381	497	434	13.6	477	623	1290	22.0
소프트웨어	90	116	150	126	12.0	131	154	267	15.2
합계	1,343	1,739	2,262	1,944	13.1	2,100	2,651	5,227	20.0

출처 'Industrial 3D printing market with COVID-19 impact analysis', Marketsandmarkets, 2021 토대로 재작성

3. 4D 프린팅 기술

3-1. 4D 프린팅 개요

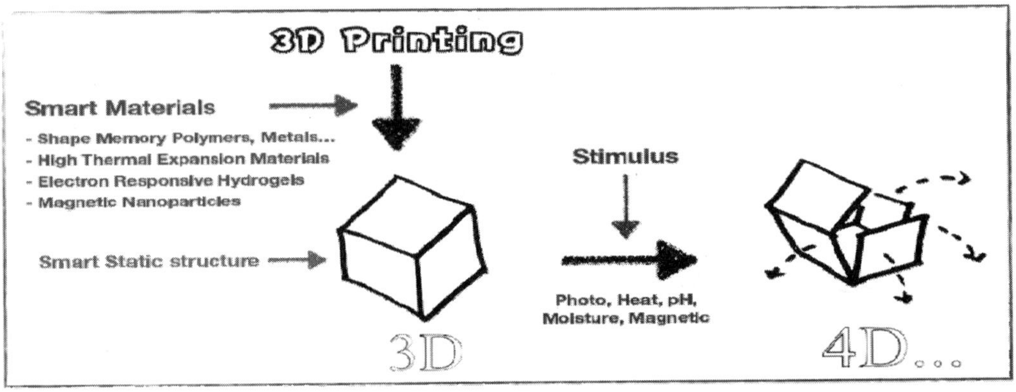

그림 1.7 4D 프린팅의 정의

4D 프린팅 기술은 기존 3D 프린팅 기술을 통해서 스마트 재료를 이용하여 출력된 물체가 사람의 개입 없이 빛, 열, pH, 습도, 자력(Magnetic) 등의 외부 환경 요인으로 시간에 따라서 특정한 형태로 변하고 자가 변형이 가능한 기술을 말하며, 이는 3차원 공간 개념과 프린팅 기술이 결합한 3D 프린팅 기술에 시간의 변화에 따라 변형되는 4차원 개념이 적용되어 4D 프린팅 기술이라고 정의한다. 이러한 4D 프린팅 기술은 디자인한 도면이 입체적으로 만들어지는 3D 프린팅 기술에서 한 단계 발전해 외부 환경 요인(열, pH, 습도, 자력 등)으로 스스로 조립되는 물질이나 모양이 변하는 고분자 소재, 나노구조로 이루어져 스마트하게 자가조립(self-assembly)이 가능한 소재들에 기반해 구현할 수 있다.

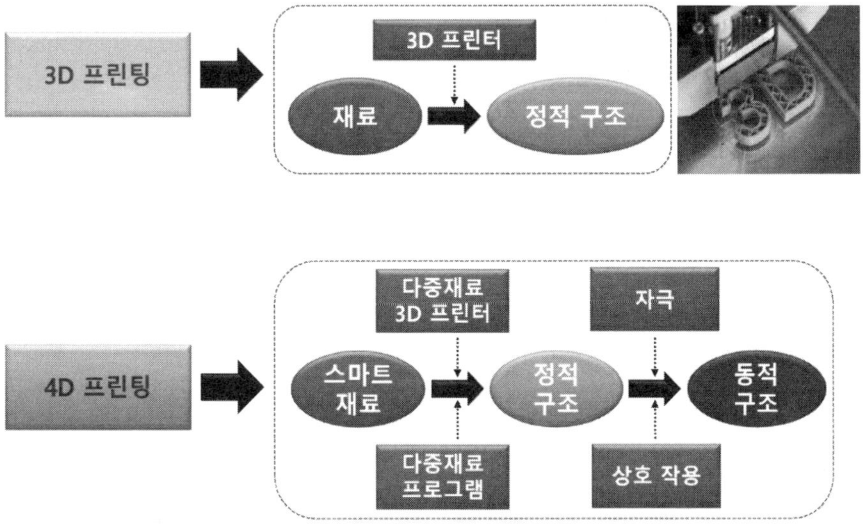

그림 1.8 3D 프린팅 vs 4D 프린팅 공정

그림 1.8에서 보듯이 3D 프린팅 기술은 단일 재료만을 출력해 정적인 구조의 출력물만을 인쇄하는 반면, 4D 프린팅 기술은 여러 재료를 동시에 사용하여, 다중 재료를 가진 구조물을 인쇄할 수 있으며, 이렇게 인쇄된 출력물은 평소에는 3D 프린팅 출력물처럼 정적인 상태이지만 외부의 자극이 인가됨에 따라서 출력물의 재료가 반응하여 그 형상이 변화하는 동적인 구조를 갖게 된다.

3-2. 4D 프린팅 핵심 요소 및 소재

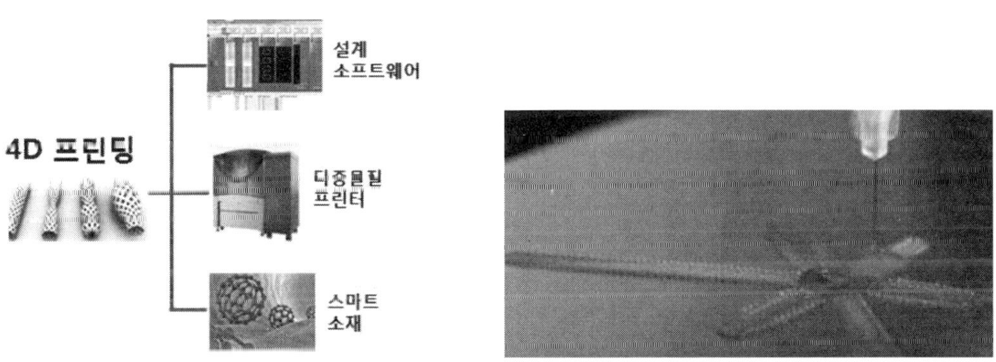

(a)4D 프린팅 요소기술

(b)스마트재료 프린팅 예시

출처 KB경영연구소

출처 Futurism

그림 1.9 4D 프린팅 핵심요소

이러한 4D 프린팅 기술에 핵심 요소는 신개념의 스마트 소재 및 변화 과정을 예측할 수 있는 설계 기술, 스마트 소재를 프린트할 수 있는 고기능성 3D 프린터 및 공정 기술이다. 이러한 4D 프린팅 소재 기술에서 설계 목적에 맞는 스마트한 소재의 선택은 매우 중요하며, 외부 환경에 따라 팽창하거나 수축하는 소재뿐만 아니라 형상을 기억하여 변형되는 형상 기억 합 금이나 고분자 등의 소재를 사용한다. 이러한 스마트 소재는 전기 자극에 반응하는 전도성 고분자(Conductive polymer), 이온성 고분자(Ionic polymer), 액정 탄성 중합체(Liquid crystal elastomer), 유전 탄성체(Dielectric elastomeric actuator), 전기 유변 유체(Electrorheological Fluid), 전기 전도성 복합체(Conductive composite), 자기 자극에 반응하는 자성 유체(Ferrofluid), 자기 유변 유체(Magnetorheological fluid)), 자성 복합체(Magnetic composite), 온도에 반응하는 형상 기억 고분자(Shape memory polymer), 형상 기억 합금(Shape memory alloy), 액정 탄성 중합체(Liquid crystal elastomer), 하이드로젤(Hydrogel), 액체 금속(Liquid metal), 빛에 반응하는 아조벤젠 기반 고분자(Azobenzene containing polymer), 내부 유체의 압력에 변형되는 탄성 중합체(Elastomer) 등이 있다.

또한 3D 프린터 및 설계 기술은 현재까지 개발된 스마트 소재의 부족한 재료적 성질을 보완하기 위한 최적의 설계 기술 및 형상 제작에 적합한 프린터 개발이 주요 요소 기술이다.

3-3. 4D 프린팅 연구개발 동향

4D 프린팅이나 자가조립에 관한 연구는 1990년대부터 시작된 것으로 알려져 있다. 그러나 본격적인 연구는 2000년 중반부터 시작되었으며, 2004년부터 미국 국방과학연구소(DARPA)는 4D 프린팅의 관련 기술이라고 할 수 있는 프로그래밍 가능 물질(programmable matter) 개발에 관한 기획연구를 수행했다. 이어서 2005년과 2006년의 최종 검토를 통해 2007년부터는 장기 연구 프로젝트를 시작했다. 이 DARPA 프로젝트는 초기에는 단위 분자 구조를 집합적으로 결합하여 3차원 물체를 형성하는 기술을 모색했다.

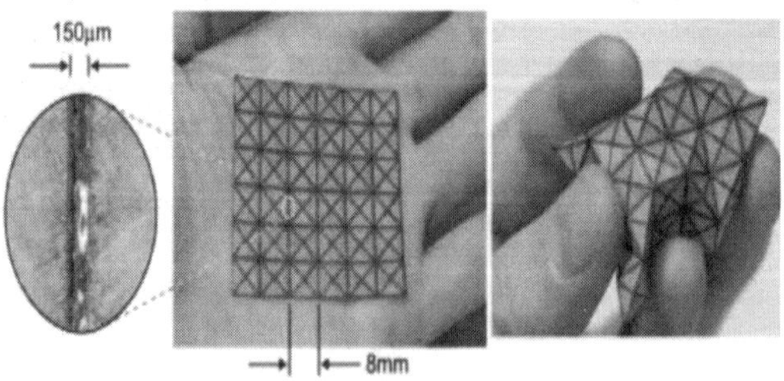

출처 Popular Science, 2014.11.25

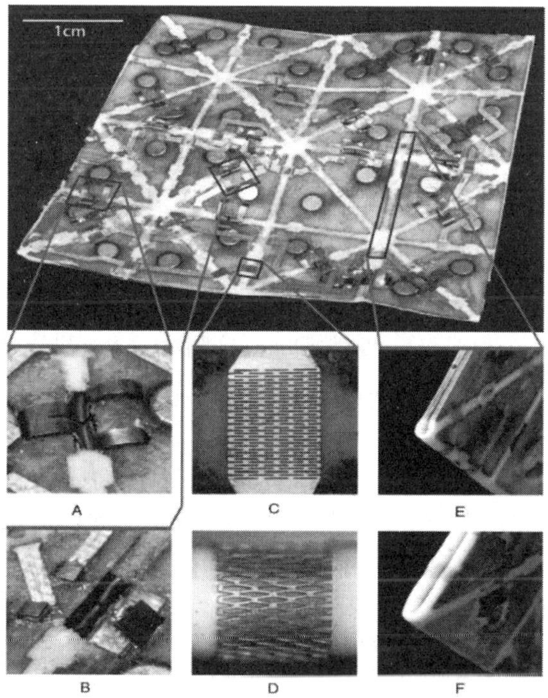

그림 1.10 DARPA 프로그래밍 가능 물질 프로젝트의 종이접기(左) 및 구성요소(右)

출처 E. Hawkes, B. Anb, N. M. Benbernou, H. Tanaka, S. Kim, E. D. Demaine, D. Rus, and R. J. Wood, (2010.7.13) Programmable matter by folding, PNAS, 107:28 12442

2010년 4월에 미국 로렌스버클리국립연구소(Lawrence Berkeley National Laboratory) 분자 파운드리(Molecular Foundry) 생명공학적 나노구조 연구시설 (Biological Nanostructures Facility) 책임자인 로날드 주커만(Ronald Zuckermann) 연구팀은 액체 속에서 자가조립 가능한 최대 크기의 2차원 형태 형상기억 폴리머, 일명 분자종이 (molecular paper)를 개발하였으며, 2011년 2월 MIT 대학교 자가조립연구소의 스카일러 티비츠(Skylar Tibbits) 교수는 자기조립 체인의 각 부분에는 두 가지 값을 가지는 스위치(switch)가 내장되어 있고, 손으로 흔드는 동작을 통해 스위치의 값이 변화하면서 1차원의 체인이 3차원 모양으로 자동으로 변하게 되는 자가조립 체인을 개발하였다. 또한 2012년 4월에는 MIT대학 컴퓨터과학인공지능연구소 분산로봇연구실의 다니엘라 루스 교수와 당시 박사과정 학생이었던 카일 길핀(Kyle Gilpin)은 손톱 크기의 정육면체 초소형 로봇 인 페블(pebble)을 제작하여 페블들이 서로 의사소통하며 집단적으로 기존 모형을 재현하는 일명 자가조각 모래(self-sculpting sand) 연구의 초기 성과를 공개하였다.

그리고 미국 MIT대학교 자가조립연구소(Self-Assembly Lab)는 2013년 2월 28일에 미네소타 소재의 이스라엘 3D 프린터업체인 Stratasys사와 Autodesk사 협력하여 "스스로 접는 막대"일 명 큐브("Cube"Self-folding Strand)를 선보였으며, 2013년 6월에는 하바드대학교 로버트(Robert J. Wood) 교수 연구팀과 MIT대학교의 다니엘라 루스(Daniela Rus) 교수 연구팀은 함께 3D 프린터로 제작한 인치 크기의 자가접기 로봇을 선보였다. 또한 2013년 10월에 미국 공군 과학연구국(US Air Force Office of Scientific Research)과 연구재단(NSF)으로부터 자금을 지원받은 콜로라도대학교 제리쿼(H. Jerry Qi) 교수 연구팀과 싱가폴 기술디자인대학교(Singapore University of Technology and Design)의 마틴듄 (Martin L. Dunn) 교수는 3D 프린팅용 재료에 형상기억 폴리머를 혼합한 재료를 이용하여 일상 조건에서도 자가변형이 가능한 물체를 제작 하는데 성공하였다.

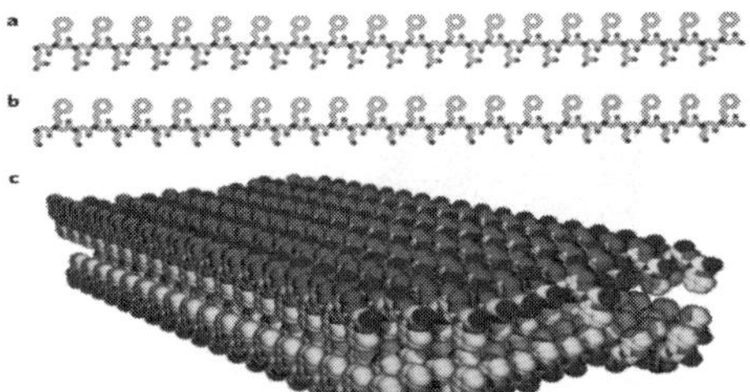

로렌스버클리 국립연구소의 분자종이(molecular paper)

출처 Free-floating ultrathin two- dimensional crystals from sequence-specific peptoid polymers, Nature Materials, 2010, 9: 455

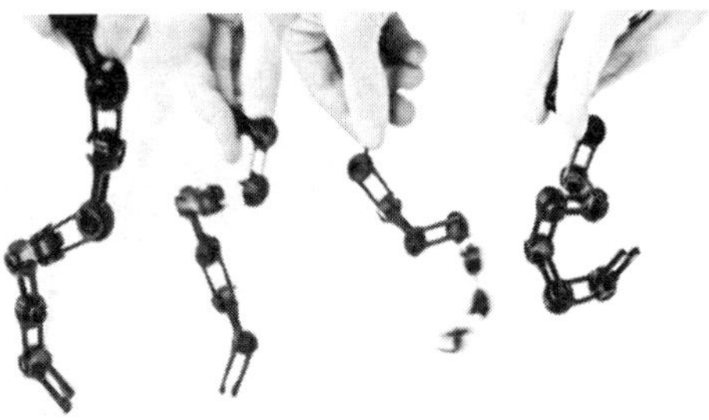

MIT대학교의 자가조립 체인(chain)

출처 3D Future, 2014.11.25. 최종확인

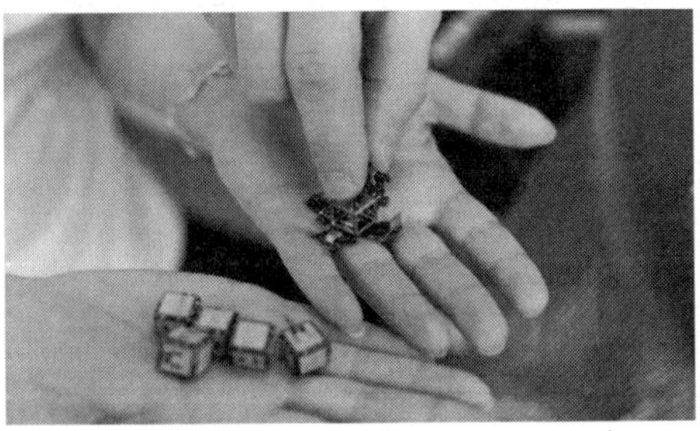

MIT CSAIL의 페블즈(Robot Pebbles)

출처 MIT대학, 2014.11.25. 최종확인

스스로 접히는 막대 큐브

출처 Additive Fashion, 2014.11.25. 최종확인

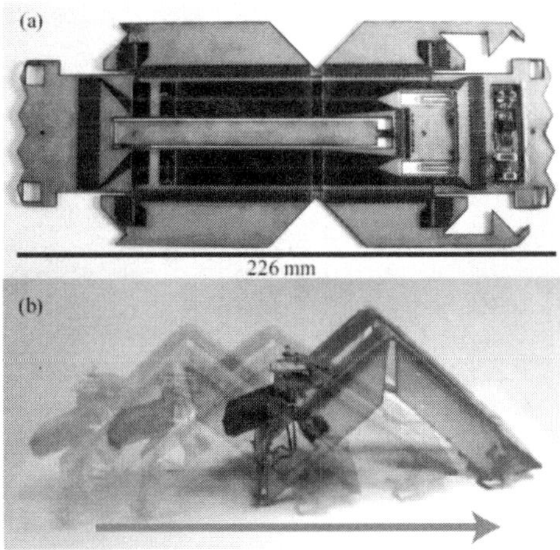

형상기억합금을 이용한 자가접기 원리

출처 Felton 외 2013.5.6.-10

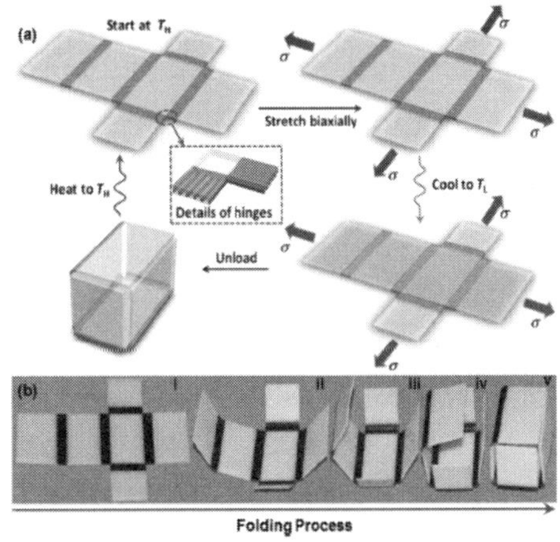

형상기억 폴리머에 의한 접기(folding)

출처 Qi Ge, H. Jerry Qi, and Martin L. Dunn (2013) Active materials by four-dimension printing, Applied Physics Letters, 103: 131901.-4

그림 1.11 4D 프린팅 연구개발 사례

현재는 미국 정부의 지원을 활용해 MIT, 하버드대, 일리노이대, 콜로라도대 등 대학을 중심으로 4D 프린팅의 주요 연구 분야인 자가조립로봇, 나노구조체 등 다양한 응용 분야에 연구가 진행중에 있으며, 이를 통해서 국내에서도 KISTI의 10대 유망기술에 선정되었다.

3-4. 4D 프린팅 산업 및 시장 동향

4D 프린팅 산업은 제작된 응용 제품을 사용하는 최종소비자와 프린터 제조업체, 소재 및 설 계 소프트웨어 공급업체로 구성되어 있으며, 4D 프린팅 시장에 진출한 프린팅 장비 업체는 3D 프린터 글로벌 1위 업체인 미국의 Stratasys 및 3D Systems, Autodesk, HP, Exone, Organovo 등이 꾸준한 장비 개발을 진행하고 있다. 또한 소재 및 설계 부분에 있어서는 4D 프린팅용 스마트 재료를 개발하고 생산, 공급하는 업체로 3D 프린팅 서비스 회사인 Materialise가 있으며, Autodesk, CATIA, SolidView 등의 CAD/CAM 업체들은 4D 프린팅으로 만들어지는 제품을 컴퓨터로 사전 설계하는 소프트웨어를 제공하고 있다.

의료용 산업에 적용 가능한 스스로 구부러지는 관절인 인공 손가락 관절을 미국 버지니아 공대에서는 컴퓨터로 설계하고 3D 프린터로 제작하였으며, Nervous system 사에서는 패턴을 이루는 소재와 이들을 서로 맞물리게 연결하는 재료들을 4D 프린팅 방법으로 제조하여 스스로 변형과 조절이 가능한 드레스를 제작하였다. 또한 BMW와 MIT에서는 팽창식 구조의 의료용 제품을 개발하였다.

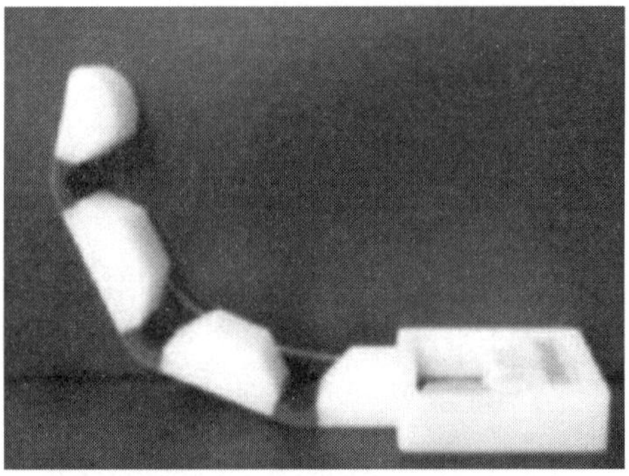

스스로 관절이 구부러지는 인공손가락

출처 Virginia Tech.

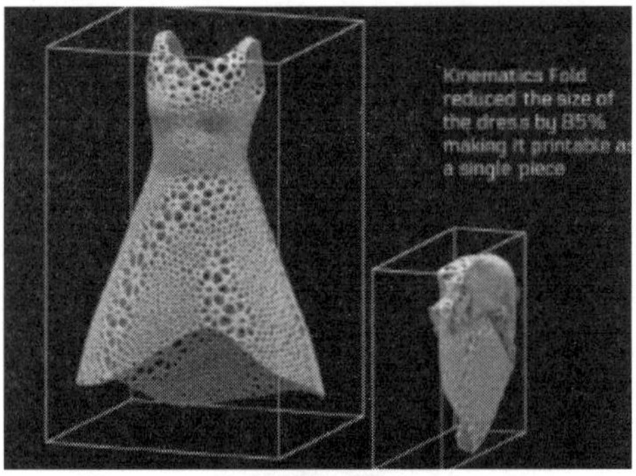

자가변형 드레스

출처 Nervous system

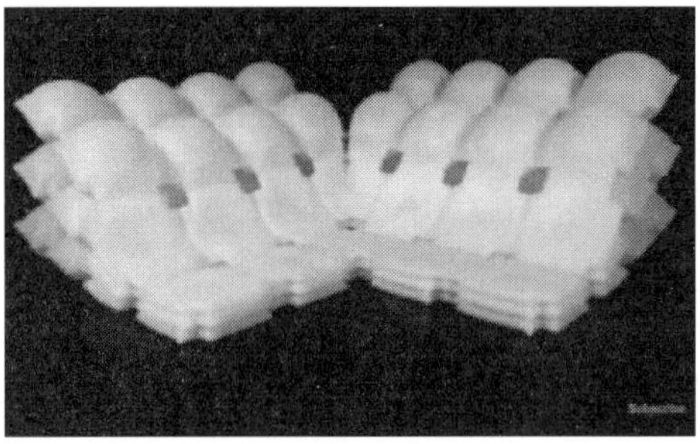

[BMW and MIT] A collaboration to create inflatable structure

그림 1.12 4D 프린팅 연구개발 사례

이러한 4D 프린팅 기술은 자동차/기계/항공, 전기/전자, 건축/건설/토목, 보건의료, 패션 및 생활, 군사 등 전방위적인 산업에 적용할 수 있다.

4D 프린팅은 아직 초기단계로 미국을 제외한 국가에서는 시장이 형성되지 않았으나, 향후 3D 프린팅 시장을 능가하는 경제적 파급효과를 창출할 것으로 예상한다. 4D 프린팅의 시장은 2019년에 시장규모가 약 6천 3백만 달러로 예상되는데, 이후 연평균 성장률 43%를 보이며 2025년에는 약 5억 5천만 달러 규모로 성장할 것으로 전망하며, 또한 2025년까지 북미에서는 연평균 44%의 성장률을 보일 것으로 예상되며, 유럽은 35%, 아시아는 52%로 가장 높은 성장이 예상된다. 높은 초기비용에 따라 초반 진입 시장은 군사용이나 항공우주 분야 등 고가의 제품이 주력 시장이 될 것으로 보이며, 제조비용을 줄이기 위한 제조업체에 도입 전망된다. 더욱이 군사 및 항공 우주 분야에서 가장 높은 성장률을 보일 것으로 예상되며, 제조 및 인프라 건설 비용 절감의 필요성과 새로운 활용 분야 발굴을 위한 자가변형 기술 수요의 증가로 시장 성장이 확대될 것으로 예측한다.

산업	분야	내용
자동차, 기계, 항공	기계 부속, 자동차 부품	- 외부 환경에 따라 모양이 변하는 각종 기계 장치 및 접히는 자동차 바디, 샷시, 바퀴 휠 - 4D프린팅 물체를 이용한 비파괴검사 분야 적용 - 기계 부품 및 볼트나 너트 - 비행 중 파손 되도 스스로 복구가 가능한 항공기
전기, 전자	가전제품, 스마트 센서	- 습도, 온도에 따라 동작하는 가정용 가전제품에 적용 - 스마트 센서 개발 및 적응형 센서 - 빛의 양에 따라 모양 조절이 가능하여 전기전환효율을 최대로 높일 수 있는 태양전지
건축, 건설, 토목	건설 재료, 구조물	- 물의 수요에 따라 바뀌는 4D 프린팅 파이프를 매립하여 추후 공사 비용 절감 - 소면적의 건축 구조물들을 출력하여 대면적 건축 구조물로 자기조립 시켜 건축 비용 절감 - 습도 등의 환경에 맞춰 저절로 열리는 창문
보건의료	수술, 헬스케어	- 의류용 4D 프린팅 출력물을 이용하여 수술 과정 단축 및 비용 절감 - 스스로 변화하는 인공 장기, 인공 뼈, 생체 조직 등 자기조립 장기
패션 및 생활	디자인, 의류, 장난감	- 온도 및 비, 눈 등에 따라 자동 반응하는 의류 - 장난감이나 소품, 가구 부속
군사	군복, 차량, 군사장비	- 카멜레온과 같은 위장 및 빛을 굴절 시켜 은폐 가능 군복 재질 - 탱크와 군용 트럭 제작 시 획기적인 성능 향상

그림 1.13 4D 프린팅 응용 주요 산업분야 출처 KB경영연구소

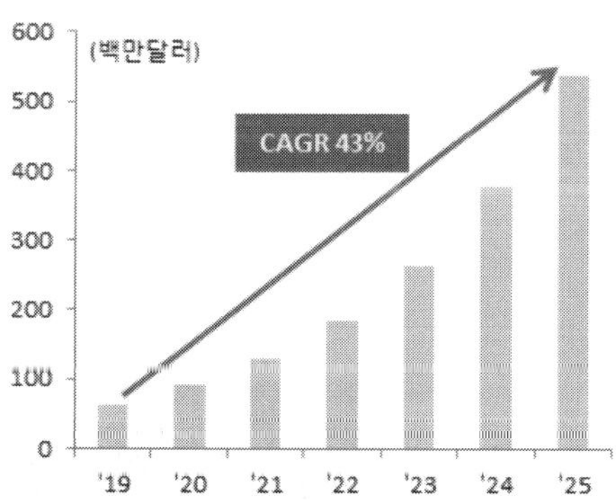

4D 프린팅 글로벌 시장 성장 전망

출처 MarketsandMarkets

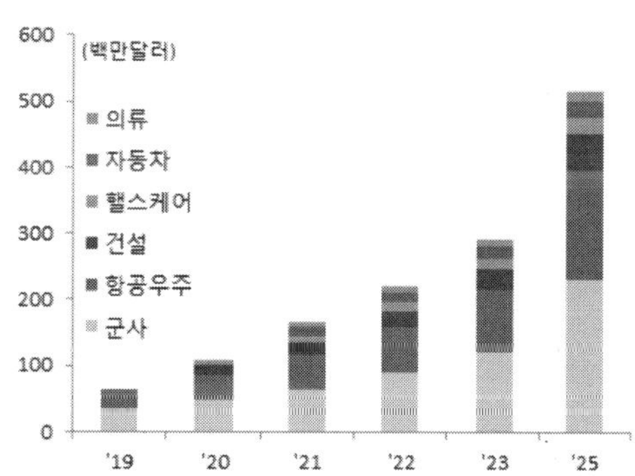

응용분야별 4D 프린팅 시장 성장 전망

출처 MarketsandMarkets, KISTI

그림 1.14 4D 프린팅 시장 및 응용분야별 전망

4. 3D Printed Electronics 기술

4-1. 3D Printed Electronics(3DPE) 개요

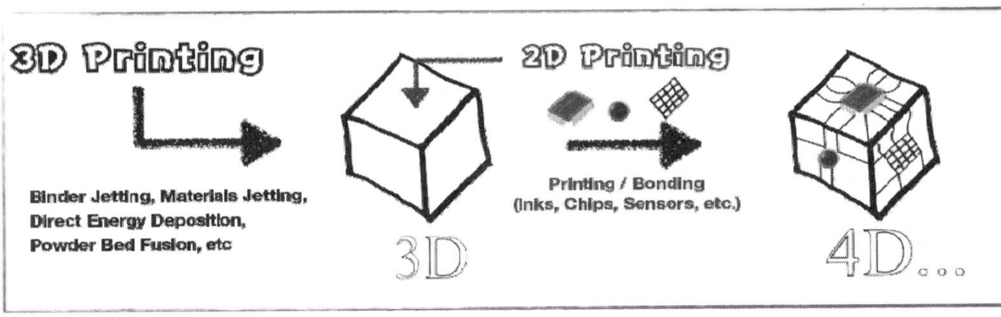

그림 1.15 3D Printed Electronics

3차원 인쇄 전자기술(3DPE)은 4D 프린팅 기술중 한 분야로, 3D 프린팅 및 2D 전자회로 기술을 융합하여, 3차원 입체 구조로 전자 소자를 집적화하는 기술이며, 현재 대부분의 전자 제품에 적용되는 평판형 인쇄회로기판(PCB, Printed Circuit Board)의 회로소자를 기존의 PCB 공정으로 제작하는 방식에서 3차원 구조를 갖는 입체 회로소자로 제작하는 방식으로 혁신할 수 있는 기술이다. 기존 인쇄전자 기술에서는 2차원 패턴의 인쇄만이 가능하여 구현 가능한 전기·전자소자의 형상에 한계가 있었으나, 3DPE 기술의 경우 평평하지 않은 3차원 기판에 복합다층 회로 패턴을 구현할 수 있어 다양한 형상의 전기·전자소자 제작가능 하며, 또한, 전자회로 제조와 패키징 공정을 일체화, 소형화, 집적화할 수 있는 기술로서 궁극적으로는 인쇄 기술만으로 패키징까지 포함한 전자기기 완제품 제조를 목표로 하고 꾸준히 발전하고 있다.

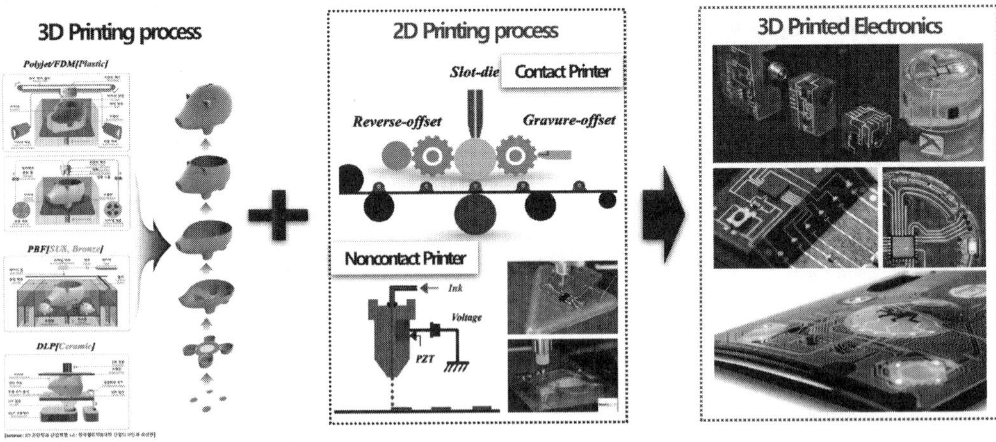

그림 1.16 3D Printed Electronics 기술의 개념

3DPE 기술은 가전, 전자기기, 자동차, 로봇 등 미래 신산업 제품 제조를 위한 신개념 기술이고, 기존 단일부품에서 융합부품으로 시장수요가 증가하고 있으므로 향후 첨단 전자 소자 산업으로 성장 가능할 것으로 보이며, 자동차 전장 부품에는 인체공학적 핸들/도어트림, 스타일링 헤드/리어 램프, 스마트 안전 시트, 곡면히터, 일체형 부품 또한 항공·우주 제품에는 초경량 드론, 플라잉 택시 등 그리고 모바일·웨어러블 전자기기, 에너지 저장(플렉서블 배터리), 바이오 헬스(당뇨 측정 센서), AI 가전(IoT 스마트 부엌, AI 가전) 등 그 응용 분야가 광범위할 것으로 보인다.

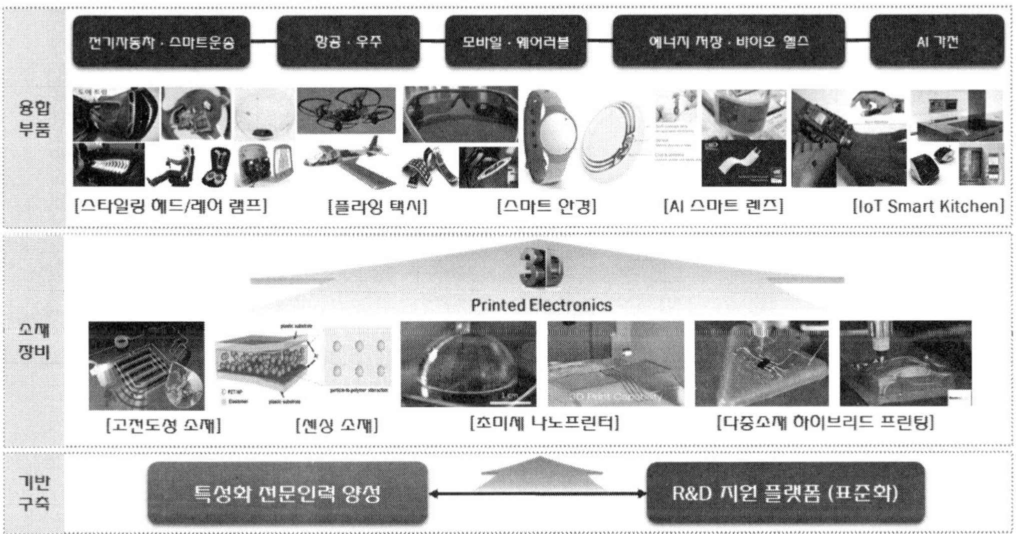

그림 1.17 3DPE 기술의 응용 산업 분야 및 제품 예시

4-2. 3DPE 관련 산업 및 시장 동향

3DPE 산업은 소자·소재·시스템 등의 요소별로 개발이 진행 중으로, 기계 및 로봇·센서·스마트기기 등의 분야의 일부 요소에서 부분적인 활용만 진행 중이며, 미국을 비롯한 주요 선진국은 외부 패키징 및 케이블 간소화를 통해 전자 부품의 소형화 연구 진행 중이며, R&D 투자가 점차 증대될 것으로 전망하고 있다. 더욱이 3DPE 산업은 아직 연구개발 초기 단계이나, 향후 5년 이내에 휴머노이드 로봇, 개인 맞춤형 의료기기, 웨어러블 전자기기, 초경량 스마트 부품 등 다양한 분야와의 융합을 통해 산업적 성장 기대된다.

3DPE 기술을 이용한 글로벌 시장은 '18년 2,450억 원 규모에서 '27년 1조 7천억 원으로 증가할 것으로 전망되고 있으며, '27년 기준 Antenna 약 6,700억 원, Sensors 약 3,700억 원, Printed Display 약 2,000억 원, PCB 약 3,100억 원, 기타 제품 약 1,500억 원의 시장을 형성할 것으로 예상되며, 또한 3DPE 기술을 이용하여 스마트 전자기기(PCB, 센서, 로봇 등)를 제조하는 3D 인쇄전자 세계시

장은 2025년까지 적어도 10억불 이상의 규모로 성장할 것으로 기대된다. 더욱이 차세대 기술인 flexible, stretchable 및 structural electronics 분야의 경우는 2025년까지 1,000억 불의 시장을 형성할 수 있는 잠재력을 가지고 있는 것으로 평가된다.

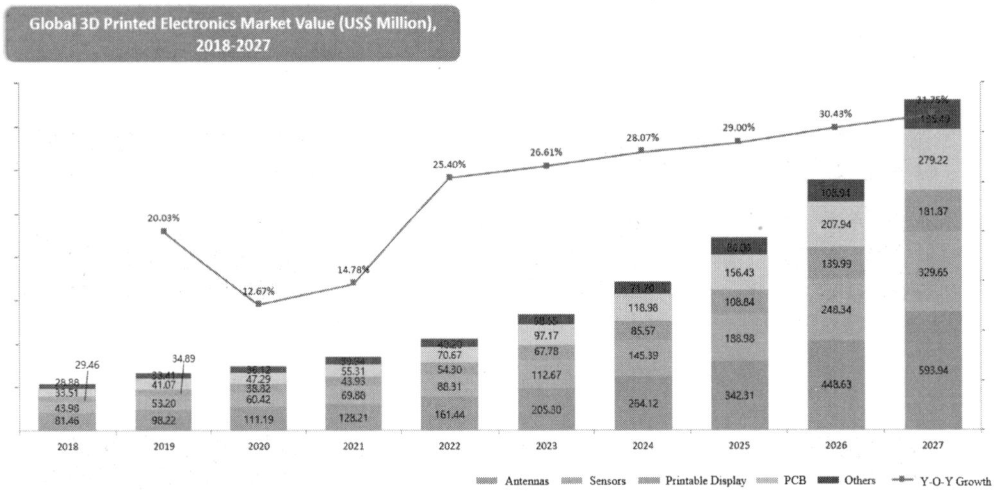

그림 1.18 3DPE 기술 기반의 제품 시장 전망

4-3. 3DPE 분야 해외 기술 동향

3DPE 적용 제품으로 토요타사(일본)에서는 카시트에 3D 인쇄전자기술을 이용하여 의자 일체형 발열체를 제작할 수 있는 기술 보유하고 있으며, 텍사스 주립대(미국)에서는 3D 프린팅 공정을 이용해 구조물과 전자회로의 통합 제조하기 위해 임의의 복잡한 형상을 가진 구조물 내외부에 전자회로를 구성하는 기술을 선보였으며, 향후 인간의 해부학적 구조에 맞춘 웨어러블 장치에 적용하고자 하는 연구가 진행되고 있다.

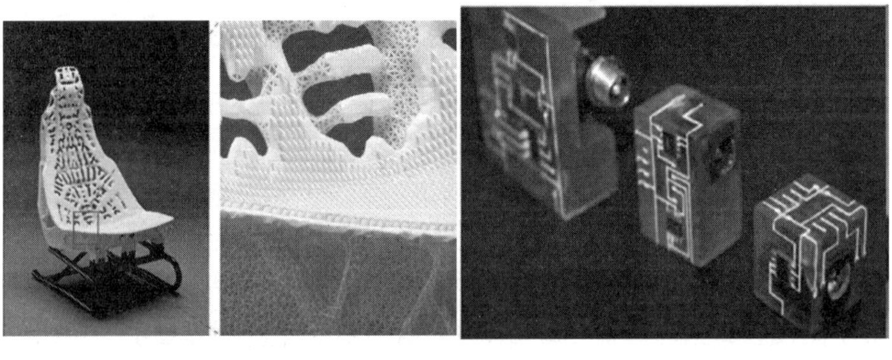

그림 1.19 토요타의 발열의자(左), 텍사스 주립대 3D전자회로(右)

3DPE 소재 제품으로 AgIC사(일본)는 잉크젯 프린터로 전극 및 전자회로를 제작할 수 있는 전도성 은(Ag) 나노입자 잉크 카트리지를 개발하였으나, 잉크젯 프린터를 이용하여 2차원 인쇄만 가능하고 인쇄 패턴의 해상도가 낮다는 단점을 가지고 있으며, Voltera사(미국)는 은(Ag) 나노 잉크와 부품 실장을 위한 solder paste를 3D 프린팅할 수 있는 형태로 소재 개발하였다. 또한 Scrona사(스위스)에서는 전기수력학(Electrohydrodynamic) 분사 프린팅 기술을 이용하여 금 나노입자가 분산된 잉크를 수백 nm 단위로 출력하여 전도성 2D 및 3D 금 패턴을 제작 하는데 성공하여, 초정밀 금속 전기·전자회로를 제작할 수 있는 가능성을 제시 하였으나 느린 제작 속도, 한정된 소재 및 전극의 필요성이 단점이다.

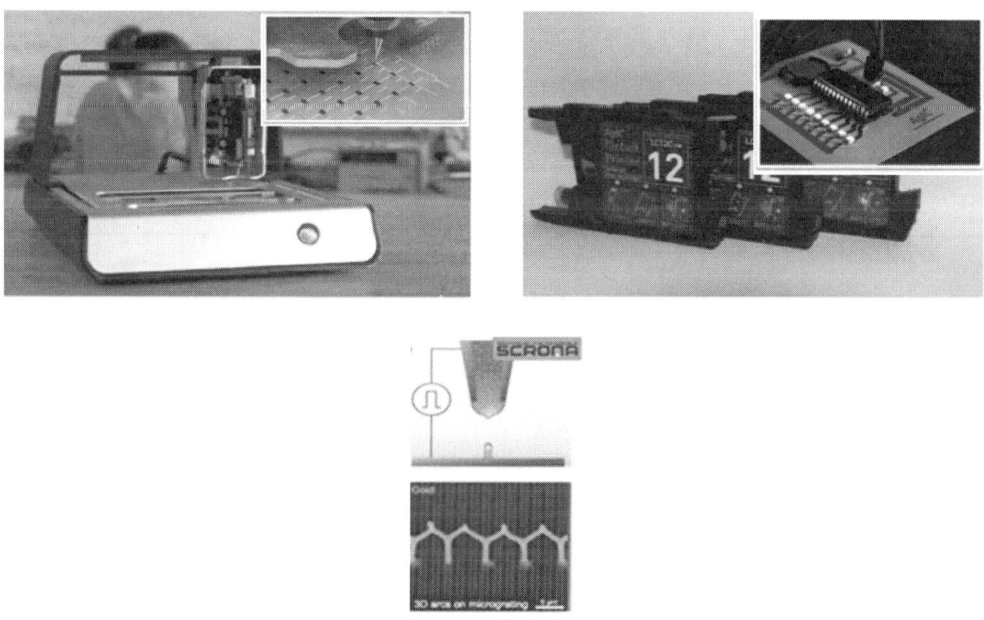

그림 1.20 해외 3DPE 소재 기술 개발 사례 Voltera사(왼쪽), Scrona사(가운데), AgIC사(오른쪽)

3DPE 장비 제품으로 Optomec사(미국)는 미세한 은(Ag) 나노입자들을 가스를 통해 국부적으로 조사하는 에어로졸 젯 (aeroseol jet) 기술을 이용하여 전극 및 전자회로를 인쇄할 수 있는 프린터를 개발하였으며, 다른 방식 대비 비교적 높은 해상도(~10μm)를 가지나 3차원 구조물을 제작하는 것에는 어려움이 있으며 기술적인 특징으로 인해 프린터가 고가이며, Cartesian사(미국)는 전도성 은(Ag) 전극 패턴을 제작할 수 있는 잉크젯 기반의 프린터를 제조 중이며, 기판 이외의 종이에도 프린팅을 할 수 있는 장점이 있으나, 잉크가 다양하지 않고 인쇄 패턴의 해상도(1.2mm) 및 전도도가 낮다는 단점을 가지고 있다. Botfactory사(미국)는 PCB 부품 실장을 자동화 한 하이브리

드 CNC 장비를 상용화하였으나, 제작 가능한 패턴의 해상도가 낮고 3차원 패턴의 제작이 불가능한 단점이 있으며, 그리고 Voxel8사(미국)는 2016년 CES에서 세계 최초로 제니퍼 루이스 교수(하버드대)와 함께 개발한 전자부품의 완전 출력이 가능한 3D 프린터를 선보였으며, 전자회로기판(PCB) 제작 시 기판은 플라스틱 소재로, 전극 및 회로는 전도성 은(Ag) 페이스트 소재로 각각 출력이 가능하나, 제작 가능한 패턴의 해상도가 800μm로 낮고, 사용 가능 소재 및 프린팅 기술 등의 많은 개선이 필요하며, 저항소자 및 축전 소자 등 핵심 부품 출력이 아직 미흡하여 추가적인 개발이 필요하다. 또한 Nanodimension사(이스라엘)는 3D 프린팅 기술을 이용하여 PCB를 제조할 수 있는 3D프린터를 출시하였으나, 사용 가능 소재가 은으로 제한되는 한계가 있다.

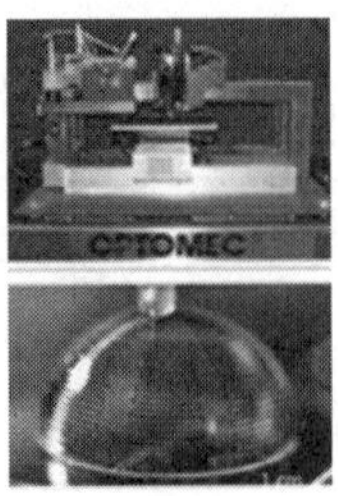

Optomec사

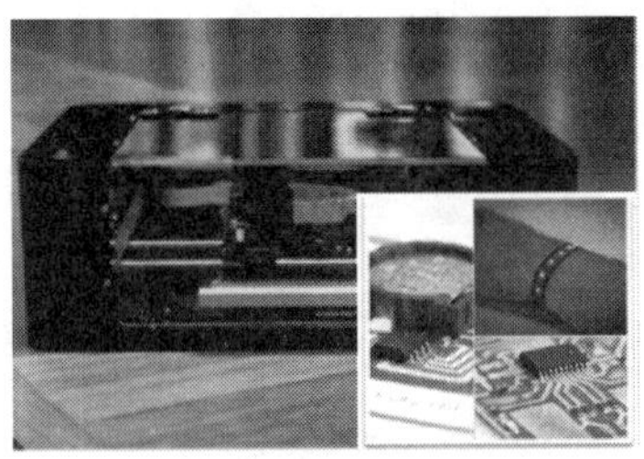

Cartesian사

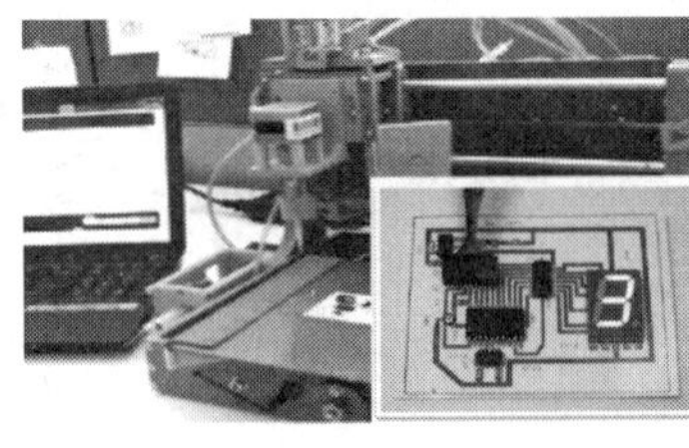

Botfactroy사

Voxel8사

Nanodimension사

그림 1.21 해외 3DPE 장비 기술 개발 사례

4-4. 3DPE 분야 국내 기술 동향

국내에서는 연구기관을 중심으로 기존의 3D 프린팅 기술을 넘어서 복합소재용 3DPE 기능성 소재 및 소자 제작 기술을 보유하고 있으나 아직 국외 기술에 비해서 기술 수준이 낮은 편이다. 이러한 3DPE 관련 기능성 소재·장비에 대한 연구개발은 대학(서울대, KAIST, 한밭대, 연세대, 부산대, 경북대, UNIST, 성균관대, 중앙대, 한양대, 고려대 등), 연구소(KIST, ETRI, KIMS, KERI, KRICT, KITECH, GERI 등) 중심으로 진행 중이다.

한밭대학교에서는 저항, 도전성, 절연성 잉크를 이용한 3D/2D 프린팅 공정기술 개발을 통해 3차원 형상에 내장형 발열체 및 디지털 LED 사이니지 제작 기술을 보유하고 있다.

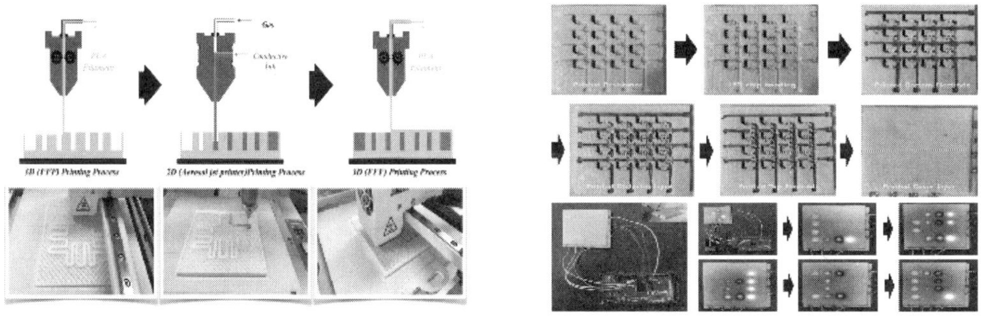

그림 1.22 한밭대학교 3DPE 기술 개발 사례 발열체 내장 일체형 히터(왼쪽), LED 디지털 사이니지(오른쪽)

국내 연구소인 구미전자정보기술원(GERI)는 전사 프린팅 및 용액공정 기반 투명전극/히터 세삭 기술을 보유하고 있으며, 한국전기연구원(KERI)는 기능성 나노 잉크 및 고정밀 3D프린팅 기술(은(Ag), 탄소나노튜브(CNT) 3차원 미세 구조물 제작 가능한 3D 나노 전자잉크 기술 개발)을 보유하고 있다. 그리고 한국전자통신연구원(ETRI)에서는 ICT 소자 부품용 이종 복합 3D 프린팅 핵심 소재(전도체, 유전체) 및 공정 기술을 보유하고 있다. 한국화학연구원(KRICT)에서는 인쇄 가능한 스트레인 센서용 소재 및 3차원 인쇄 가능한 유연전극용 복합소재 기술 보유하고 있으며, 또한 한국생산기술연구원(KITECH)은 3차원 절연재, 전도 소재 다층 및 3차원 전극 인쇄 기술을 보유하고 있다.

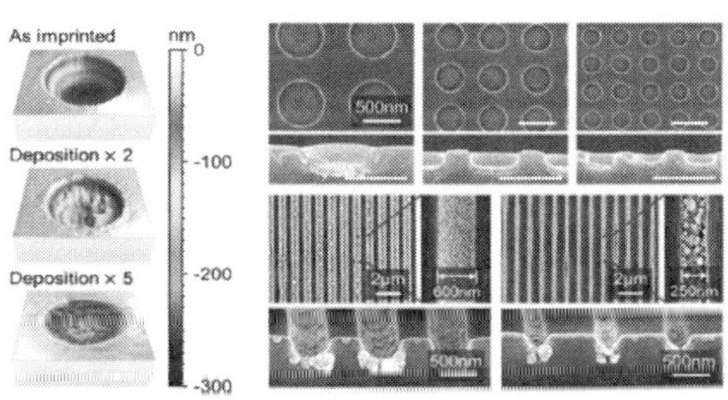

[GERI] 2D–3D 금속 마이크로/나노 구조체

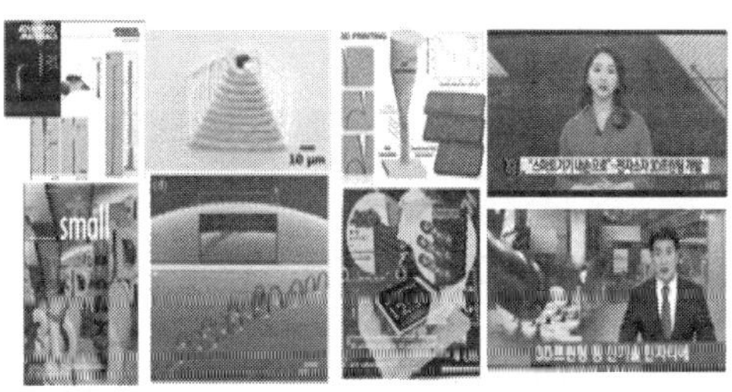

[KERI] 잉크 및 프린팅

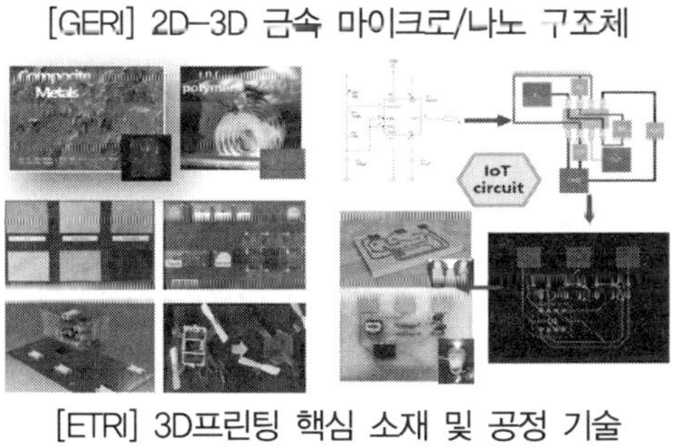

[ETRI] 3D프린팅 핵심 소재 및 공정 기술

[KRICT] 센서용 소재 및 인쇄 기술

그림 1.23 국내 3DPE 기술 개발 사례

4-5. 표준화 및 특허 동향

표준화 부분에서는 ISO TC261(Additive Manufacturing), IEC TC119(인쇄전자) 인쇄전자 및 유연 하이브리드 전자 관련 소재, 장비, 신뢰성 부분에 국제 표준화를 진행하고 있다.

특허 부분에 있어서도 3DPE 관련 유효 특허의 급격한 출원 증가가 나타났고, 일부 연구기관/기업에 집중되면서 연구 성장기로 파악되고 있으며, 국가별 연도별 출원건수 검색 결과 전체 1,377건 검색되었다. 특히 미국이 총 441건(32%)으로 1위에 순위 되어 있으며, 중국 420건(31%), PCT 211건(15%) 순으로 출원하였고, 한국은 72건으로 전체의 5%를 점유하고 있다. 또한 연도별 특허 출원 동향을 살펴보면, 2014년 이후 출원이 급증하여, 인쇄전자 기술 특허는 현재 특허 출원건수와 특허 출원인수 모두 증가하는 '성장기'로 판단된다.

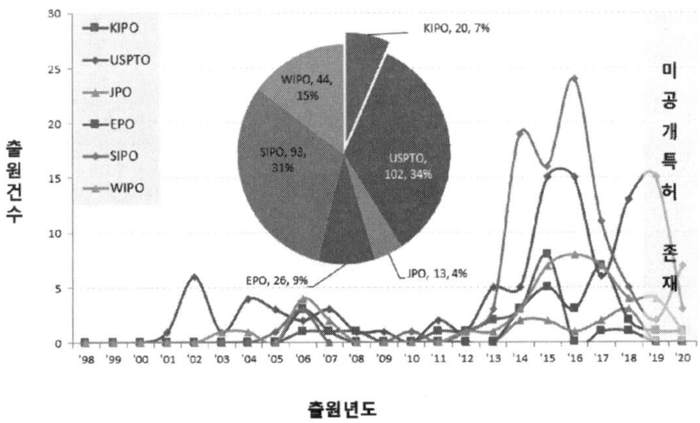

그림 1.24 3DPE 기술 관련 연도별 특허출원 동향

4-6. 3DPE 기술 적용 분야

3 DPE 소재 부분에 있어서 고전도성 소재 및 프린팅 기술, 고민감 변형 및 화학/바이오 센싱용 프린팅 소재, 고효율 에너지 소자를 위한 프린팅 소재 등 소재 개발이 필요하다. 또한 고집적 회로 구현을 위한 초미세 나노 프린터, 다중소재 동시 인쇄를 위한 하이브리드 프린팅 기술, 3D 입체/자율 형상 위 칩 실장 공정/장비 기술을 개발 한다면 자동차 스마트 전장 및 경량화를 위한 3DPE 융합부품, 모바일/웨어러블 소자 제조용 3DPE 융합부품, 에너지 발생 및 저장 기기를 위한 3DPE 융합부품 등 다양한 분야에 응용될 것으로 보인다.

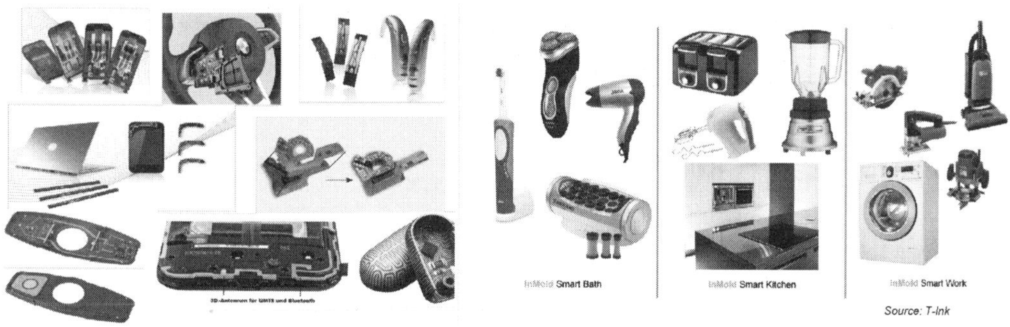

그림 1.25 3DPE 기술 적용 융복합 제품 예시 (자동차 회로/스마트 가전)

5. 참고문헌

[1] "3D프린팅 산업현황 및 시장동향", PD ISSUE REPORT JUNE 2016 VOL16-06

[2] "4차 산업혁명시대에서의 3D 프린팅 산업 동향과 시사점", 정보통신기술진흥센터, 2018, ICT SPOT ISSUE S18-09

[3] "4차 산업혁명시대 3D 프린팅 기술동향 및 농식품 분야 적용 전망" 농림식품기술기획평가원, 2017, 농식품 R&D 이슈 보고서

[4] E. Hawkes, B. Anb, N. M. Benbernou, H. Tanaka, S. Kim, E. D. Demaine, D. Rus, and R. J. Wood, (2010.7.13) Programmable matter by folding, PNAS, 107:28 12441

[5] http://newsoffice.mit.edu/2010/programmable-matter-0805

[6] http://www.seas.harvard.edu/directory/rjwood

[7] http://newsoffice.mit.edu/2010/programmable-matter-0805

[8] Erik D. Demaine, "Folding and Unfolding", PhD thesis, Department of Computer Science, University of Waterloo, 2001. (: http://erikdemaine.org/papers/dthesis/)

[9] Demaine E, Demaine M, Mitchell J (2000) Folding flat silhouettes and wrapping polyhedral packages: new results in computational origami. Comp Geom-Theor Appl 16:3?21.

[10] Demaine E, O'Rourke J (2007) Geometric folding algorithms: linkages, origami, polyhedra (Cambridge University Press, New York).

[11] http://www.lbl.gov/about/

[12] http://newscenter.lbl.gov/2010/04/12/molecular-paper/

[13] Tibbits S. (2010) Design to Self-Assembly, Architectural Design, 82:2 73.

[14] http://newsoffice.mit.edu/2012/smart-robotic-sand-0402

[15] http://phys.org/news/2013-10-4d-technology-composite-materials.html

[16] http://www.gizmag.com/4d-printing-composite-material/29536/

[17] "Global 3D Printed Electronics Market 2020-2027", DataM Intelligence, 2021.3.

[18] "도요타 3D 인쇄 시트", https://www.materialise.com/ko/cases/materialise-slicing-technology-enables-toyota %E2%80%99s-lightweight-car-seat

[19] "Integrating stereolithography and direct print technologies for 3D structural electronics fabrication", Lopes, MacDonald, Wicker, 2012, Rapid Prototyping J.

[20] "AgIC Print-Printing circuit boards", https://www.kickstarter.com/projects/1597902824/agic-print-printing- circuit-boards-with-home-print

[21] "Voltera", https://www.voltera.io/product/pcb-printer

[22] "Scrona", https://www.scrona.ch/

[23] "Optomec", https://optomec.com/printed-electronics/aerosol-jet-technology/

02 3D Printing

- 2-1 3D Scanner
- 2-2 Powder Bed Fusion
- 2-3 Polyjet
- 2-4 Binder jet
- 2-5 Digital light processing 3D printer
- 2-6 Direct Energy Deposition
- 2-7 Fused Deposition Modeling 3D printer
- 2-8 LOM
- 2-9 Housing 3D printer
- 2-10 Nano 3D printer

2-1 3D Scanner

1. 서론

1-1. 기술 개발의 개요

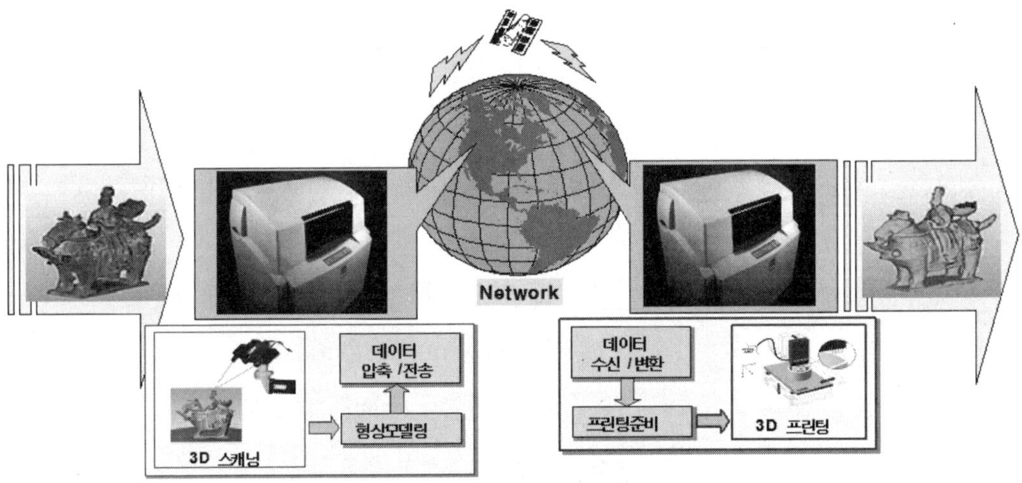

그림 2-1.1 디지털 3차원 실물복제기 기술의 개요

디지털 3차원 실물복제 시스템(Real Object Duplication System,ROMS)은 그림 2-1.1처럼, 스캐닝, 임의 형상 제작(Solid Freeform Fabrication, SFF) 및 네트워크 등의 복합기능이 내장된 장치로서 3차원 형상의 실물을 스캐닝하여 실물 그대로 복제하는 시스템으로, 제품 개발을 위한 디자인 개념 설계 및 시험용 제품 제작을 위한 시스템이다.

3차원 측정은 대상물의 외관을 정밀히 측정하여 데이터화하고 활용하는 기술이다. 3차원 측정은 프로토 타입 제작, 클레이 모델 제작 등 역설계 분야 및 이미 만들어진 제품 또는 중간단계의 제품을 대상으로 품질을 측정하는 인스펙션 분야, 실사와 유사한 애니메이션이나 가상 현실상에 귀중한 문화재를 복원하기 위한 그래픽스 분야, 그리고 인공관절, 치아 등의 자료를 데이터베이스로 만들고, 진료 목적으로 사용할 수 있는 의료 분야 등 그 적용 범위가 매우 넓다.

그 중에서도 대상물의 일부분이 아닌 전체 정보를 획득 하는 Full 3D 측정은 데이터 획득량이 많고, 전체 프레임의 형상을 그대로 복원한다는 장점으로 인하여 적용 범위가 더욱 넓다 할 수 있다.

하지만 3차원 측정 기술 중 기존에 사용되던 접촉방식의 측정기로는 한 점씩의 데이터만 얻을 수 있어 해상도가 낮으며, 대부분 수작업에 의존하므로 측정시간이 많이 소요되고, 또한 대상물의 형상에 따라 측정에 필요한 스타일러스를 대상물에 접촉할 수 없어 측정이 불가능한 등 많은 단점이 있다.

따라서 물체를 데이터화 하고, 프로세스를 단축시키고, 품질을 향상시키려는 적용하려는 시장에서는 접촉하지 않고, 단지 사진을 촬영하듯 카메라로 바라보는 것만으로 3차원 데이터를 획득할 수 있는 비접촉식 3차원 측정 기술을 기대해왔다.

또한 현재의 3차원 측정기는 대부분 활용에 관련 분야의 높은 지식을 필요로 하고, 모든 과정이 수작업으로 이루어져 작업 시간이 오래 소요될 뿐 아니라 실제 적요에 불편함이 많은 문제가 있어, 산업체에서는 수작업을 최소한으로 줄이고, 작업자에 따른 편차를 최소화할 수 있는 자동 3차원 측정기를 요구하고 있다.

접촉식 3차원 측정기와 로봇을 연동하여 작업자의 수작업이 최대한 배제된 자동 측정 시스템을 구축하는 경우 단일 점 측정이라는 접촉식 측정기의 특성 자동 측정 시 사용되는 로봇의 제어가 매우 어렵고 작은 오차에도 매우 민감하기 때문에 실제 적용에 있어서 어려움이 많다.

그러나 비접촉식 측정기와 로봇을 연동하여 자동 측정 시스템을 구현하면 비접촉식 측정기는 넓은 영역을 한 번에 측정하고, 여기서 얻은 표면의 형상 정보를 이용하여 데이터 정렬에 활용할 수 있기 때문에 로봇에서 발생하는 오차에 대해 영향이 적다. 또한 측정 시 넓은 영역을 측정하기 때문에 로봇의 Path가 접촉식에 비해 매우 적다 할 수 있다.

이를 위해 Multi-view 시스템으로의 스캐닝 시스템 확장 방법 기술, 고화질 텍스처 정보 획득 및 편집 소프트웨어 기술, Multi-view 측정 데이터 합병 기술의 요소 기술로 선행 되어야 하는 부분이다.

이와 같은 선행 개발 요소가 완료된 후에도 Multi-view 자동 측정 시스템에 의해 획득한 데이터는 아무 처리가 가해지지 않은 순수한 포인트 데이터로서 다량의 노이즈와 형상 정렬에 필요한 기준 표식(마커)의 정보를 포함하고 있어 측정 즉시 각 산업의 요구에 맞게 사용하기 위해서는 소정의 데이터 후처리가 필요하다. 측정 데이터를 활용하기 위해서는 측정데이터의 노이즈를 제거하여 신뢰도 있는 데이터로 만들고, 형상 정렬에 사용된 기준표식(마커)의 정보를 제거한 후 제거한 부분의 데이터를 새롭게 생성하는 기술이 요구된다. 또한 비 접촉식 측정기에 의해 획득한 데이터는 그 수량이 매우 많아 (해상도가 높아) 역설계, 품질검사, 컴퓨터 그래픽스 등 각 영역에 활용 시 과다한 연산량을 필요로 하므로 곡률에 근거하여 형상의 정보를 최대한 유지하며 데이터를 가볍게 하는 기술이 필수적이다.

이미 세계 각국에서는 이와 같은 하드웨어 및 소프트웨어 기술을 개발하고 발전시키기 위한 투자 활동을 벌이고 있다. 또한 경제 산업적 측면에서도 현재 비접촉식 정밀 3차원 스캐너의 활용 분야인 엔지니어링 및 그래픽, 의료 시장이 세계적으로 급성장하고 있으며, 품질 및 기본 설계 등 가장 기본적인 단계에서 시간과 비용을 절감할 수 있는 기반 기술이 될 수 있다.

1-2. 국내외 산업 구조 분석

1) 국내 산업 분석

국내에 측정기가 도입된 시기는 1995년 정도이며, 1995 ~ 2002년까지는 실제로 산업체에서 측정기가 적용되어 사용된 사례는 찾아보기 힘들 정도로 대개의 사용처는 학교 또는 공공교육기관이 주를 이루었다.

이러한 곳의 사용목적은 얼굴 또는 인체를 스캔하여 획득된 데이터를 이용하여 실제 가공 또는 데이터 복원 등으로 주로 정밀도가 크게 요구되지 않는 곳에서 사용되는 경우가 많으며 교육용으로도 활용이 되었다.

1990년대 말부터 국내 기업도 3차원 측정기 개발에 관심을 기울이기 시작하여 (주)아이너스에서는 측정된 점 데이터를 다루는 전문 소프트웨어인 RapidForm 개발에 성공하였으며 (주)솔루션닉스, (주)인텍플러스 등에서 3차원 측정기 국산화에 성공하여 시장을 세계로 확대하고 있다.

02 ~ 03년은 실질적인 3차원 측정 장비(3D Scanner)의 도입과 적용이 이루어진 시기로 주사용 목적은 역설계(Reverse Engineering)이었다. 주 사용처는 몇몇의 대기업 위주이며, 특히 이러한 대기업의 의뢰를 받아 모델링 용역을 하는 모델 하우스에도 도입되기 시작하여 모델링 작업의 시간 단축 및 벤치마킹의 용도로 활용이 되었다.

교육시장도 초기의 목적과는 많이 다른 방향으로 사용이 시도되었는데, 시제품제작에서 모델완성이 이르는 작업의 프로세스로 활용하는 목적이 대표적이다.또한 학교가 지역거점을 이루어 센터를 설립하여 장비대여, 기술 지원 등의 업무를 하는 수익사업에 참여하면서 부터 전문적인 분야에 대한 적극적인 활용이 이루어 졌다.

04년 이후로는 주요 대기업과 관련 중소기업 등에서 제품의 검사와 설계 등의 다양한 분야에 적용이 되고 있으며, 이에 따른 3차원 측정기의 시장은 매우 높게 평가되었다.

제품이 다양화되고 모델의 출시 기간 단축을 위한 프로세스로써 3차원 측정 기술이 중요한 요인으로 인식되었고, 이러한 제품의 개발기간 단축을 위한 역설계(R/E), 벤치마킹의 용도로 활성화되고 있다. 또한 디자인의 다양화로 인해 발생한 제품의 곡면에 대해서도 검사 목적으로 많은 적용 시도가 있었으며 더욱 큰 적용이 기대되고 있다. 즉, 04년 이후부터는 산업용 역설계(Reverse engineering), 품질 검사(Inspection)시장에 3차원 측정기가 일반적으로 도입 적용되고 있다 할 수 있다.

그러나 아직까지는 장비 사용의 어려움과 측정 결과의 차이로 인해 산업체에서의 인식을 끌어올리는데 어려움이 있는 것도 사실이다.

국내에서 3차원 측정기는 (주)솔루션닉스와 (주)인텍플러스에서 개발한 장비들이 있으며, 이중 (주)솔루션닉스에서 자체 개발한 국산 3차원 측정기인 Rexcan 시리즈는 범용 측정기 모델(Rexcan 400,500)과 고 정밀 측정기 모델(Rescan 460, 560)로 구분되며 덴트검사, 사출물 검사 등 인스펙션 시장, 크레이모델 측정, 벤치마킹 등 역설계 시장, 그래픽스, 의료 등 다양한 시장에 사용되고 있다. (주)인텍플러스 에서는 표면조도 측정용, 3차원 체형 측정용, 광 파이버 측정용 측정기를 자체 개발하여 비접촉측정기 사업, 반도체장비 사업, 인터넷 관련 사업, 의료기 사업 등 다양한 분야사업에 진출을 모색하고 있다.

현재까지 국내에서는 아직 3차원 자동 측정을 위한 시스템의 개발이 알려진바 없다. 3차원 측정기술과 함께 3차원 자동 측정 기술이 발전하면 생산 / 검사 시 자동화가 가능하여 산업체의 경쟁력 향상에 큰 도움을 줄 것이다.

표 2-1.1에서는 솔루션닉스사의 Rexcan 560 모델의 자세한 사양을 보여준다.

표 2-1.1 차원 측정기 (Rexcan 560) 사양 ※ 근거: 업체 자료

규 격	사 양
측정 영역	75 × 52.5 ~ 410 × 300 mm
측정 시간	0.6 ~ 2.7 sec
최적 측정 거리	680 ~ 880 mm
최대 측정 데이터 수	2,000,000 points
적정 작업 온도	18 ~ 30 ℃
측정 방식	White light method
텍스쳐	24 bit colorand White
제품 크기	485 × 352 × 82 mm
제품의 무게	4.0 kg
전원	220V , 50/60 Hz
광원	Halogen lamp
File format	dxf, igs, stl, wrl, obj, ASCII 등

국내 소프트웨어 분야에서는 (주)아이너스가 RapidForm 2004 제품을 출시하여 3D 리버스 모델링과 Inspection 분야에 활발하게 시장을 개척하고 있다. 또한 대용량 데이터를 처리하기 위해 RapidForm XO 제품도 출시하였다. (주)아이너스의 RapidForm은 스캔 데이터를 이용한 폴리곤 모델 제작, 폴리곤 기반의 캐릭터 모델링을 위한 폴리곤 모델 구현, 3D 스캔데이터에서의 비정형 메쉬 모델로부터 정형 메쉬 플로우 재구성, 가공되지 않은 원본 스캔 데이터로부터 눈, 코, 입과 같은 곡면 커브 추출 등 세부 응용분야의 디지털 컨텐츠 제작에 적용할 수 있다.

2) 해외 산업 분석

3차원 측정기술은 독일, 미국, 일본 등을 중심으로 자체 측정 기술을 개발하여 시장을 점유하고 있다. 하지만 시장에서 요구되는 기능을 완전하게 갖추고 있지 못해 사용분야 및 활용도가 낮은 상황이다. 이는 3차원 측정기의 확산 속도보다 기술력의 발전 속도가 빠르지 못했기 때문이며 따라서 해외 시장 선점의 기회가 많은 상황이다.

3차원 측정 정보를 다루는 대표적인 해외 소프트웨어는 RapidDrop 사의 Geomagic Studio 4.1, Imageware 사의 Surfacer9.0, ParaForm 사의 ParaForm V3.0 등이 있다. 초창기 제품은 주로 범용 CAD/CAM 시스템의 한 모듈로서 인식되어 판매되었지만 90년대부터는 독자적인 제품이 개발되어 출시되고 있다. 현재의 기술추이는 대용량의 측정데이터를 신속하면서도 안정적으로 편집할 수 있는 폴리곤기반 기술에 집중되고 있으며 하드웨어기술 발전에 힘입어 소프트웨어의 효율도 급격

히 증가되고 있다. 상대적으로 가격이 싸면서 폴리곤기반으로 많은 공정을 자동화시킨 Geomagic Studio는 사용방법 단순화 및 모듈화로 단순 작업을 줄였고, 3차원 측정기, CAD, 그래픽 S/W와 호환된다. 또한 디지털 오브젝트를 실제의 오브젝트로 빨리 만들 수 있다는 특징을 가진다.

1-3. 시장 환경 분석

1) 시장 규모

3차원 측정기 시장은 전통적인 엔지니어링 시장, Web3D 및 그래픽 시장, 의료시장 등으로 나뉠 수 있다. 또한 저가 고기능 3차원 측정기의 등장으로 엔지니어링 시장은 기존의 자동차, 항공, 금형 산업뿐만 아니라 일반 중소 벤처기업에서도 제품 설계검증 등에 폭넓게 적용되고 있으며, 인터넷과 컴퓨터 그래픽기술의 발달로 애니메이션, 영화, 3D 아바타 등에 등장하는 디지털 컨텐츠 제작에 3차원 측정기 도입이 증가하고 있다. 정밀 기계 생산으로 인식되고 있는 일본의 경우 3차원 측정기 수요 시장이 매우 넓다. 이것은 3차원 측정기 도입으로 기존에 검증하기 어려운 부분들을 검증함으로써 좀 더 신뢰할 수 있고 정밀한 장비 생산에 기여함을 단적으로 보여주는 예이다.

Web3D를 통해 우리는 현장에 가지 않고도 수많은 유물과 문화재들, 다양한 상품을 현실과 똑같이 3차원으로 볼 수 있는 기술수요가 요구되고 있으므로 측정기 시장은 크게 증가하고 있다 (연간 92.4%). 마지막으로, 인공관절 프로토타입 제작, 수술계획 수립, 마스크 등 의료시장에도 스캐닝 기술 수요가 날로 증가되고 있다.

표 2-1.2은 광학식 3차원 측정기의 주요 생산 업체이다. 유사 기술을 보유한 업체가 많지만 시장 경쟁력과 기술력을 겸비한 회사는 GOM, Steinbichler, Bruckmann, Solutionix 등 5개사 미만이다.

표 2-1.2 주요 3차원 측정기 생산업체

※ 근거: 측정기 생산업체 딜러 자료, (주)솔루션닉스 자료

제품명	개발사	홈페이지	특징	가격(억원)
Cyrax 2400	Cyra Tech.	www.cyra.com	야외용	1–100
Danae R	NEC	www.nec-eng.co.jp	White light projection	2.3000
EXYMA	Z-SCAN	www.exyma.com	모아레+PMP	2.5
IES300 Series	인텍플러스	www.intekplus.com	국내 개발 면적 스캔 타입	0.5–1
MB-443HC	이너텍	www.3dtool.com	비접촉식 레이져 측정기	0.3
Metris	Metris	www.metris.com	비접촉식 레이져 측정기	0.25 –0.45
Modelmaker	3D Scanners	www.3dscnners.com	비접촉식 레이져 측정기	0.5–1
Opto-Top	breuckmann	www.breuckmann.com	White light projection	1.5
ATOS	Gom	www.gom.com	White light projection	2
Comet	Steinbichler	www.steinbichler.de	White light projection	2
Optico	Cognitens	www.cognitens.com	White light projection	2.7

2) 시장 전망

대표적인 엔지니어링 시장은 국내외 모두 1999년 이후에 본격적으로 형성되기 시작했다. 현재 3D 스캐너는 자동화나 품질 검사, 역설계 등의 분야에서 활용되어 높은 성장을 보여주고 있다.

그래픽 관련 모든 영상물은 3차원으로 바뀌어 가고 있으며, 영화, 애니메이션, 광고, 홈페이지 등 많은 부분이 3차원으로 바뀌고 있는 과도기에 있으므로 그래픽 시장은 향후, 엔터테인먼트 분야와 함께 활기를 띨 것으로 예상된다.

그림 2-1.2는 글로벌 3D 스캐너 시장의 연평균 성장률과 전망을 나타낸 것으로, 2017년 기준 38억 달러로, 연평균 7.8% 성장률을 보이면서, 2023년에는 59억 달러에 이를 것으로 전망하고 있다.

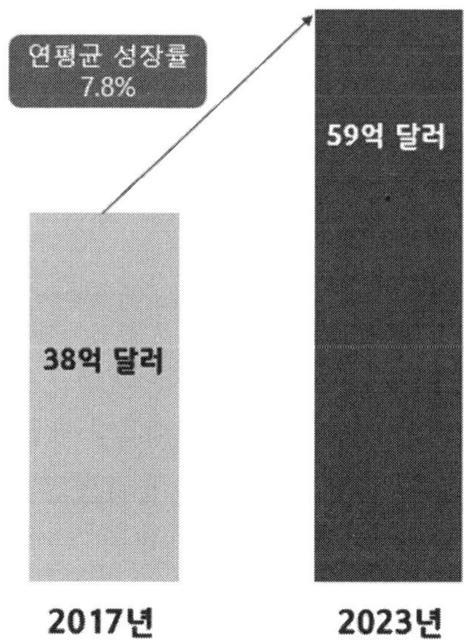

그림 2-2.2 전세계 3D 스캐닝 시장의 규모 및 전망

출처 MarketsandMarkets, 3D Scanner Market, 2017

2. 3D 스캐너 개발 및 방법

2-1. 광학식 마커 설계 및 제작

광학식 비접촉 3차원 측정기의 경우 많은 장점이 있으나, 영역이 제한되어 있고, 풀 모델링을 위해서는 여러 방향에서의 측정이 필요하다는 단점을 가진다. 따라서 풀 모델링을 위해서는 측정 장비를 측정대상물 주위로 이동할 필요가 있게 된다. 일반적으로 측정 장비에서 얻은 데이터는 측정 장비 기준의 좌표계로 정렬되어 있어 측정기가 이동하며 얻은 각각의 데이터는 서로 다른 좌표계로 정렬되게 된다. 이 데이터들을 취합하여 풀 모델링 결과를 얻기 위해서는 각각의 좌표계를 하나의 좌표계 기준으로 변환하는 정렬이 필수적이다.

정렬에는 수동방식과 자동방식이 있으나 수동 방식은 사용이 어렵고 정밀도가 낮은 단점이 있어 접촉식 물리 마커등 보조 장비를 이용하는 자동 방식이 주로 이용된다. 그러나 접촉식 물리 마커는 부착에 소요되는 시간이 과다하다는 점, 그리고, 마커가 부착된 면의 데이터를 획득할 수 없는 단점을 역시 가지고 있으며 이를 개선하기 위한 목적으로 광학식 마커를 개발하였다.

광학식 마커는 물리적인 크기를 갖지 않고 측정 대상물에 직접 부착할 필요가 없는 특징을 지니며, 다중 측정의 레지스터링 오차를 줄이기 위한 하드웨어적인 방법의 단점을 보완하기 위하여 고안되었다. 사용자가 수작업으로 일일이 부착해야하는 접착식 마커와 달리 레이저 광원을 측정대상물에 고루 분포되도록 투사한 후에 기존의 방식과 똑같이 측정을 하면 특징형상이 없는 대형 물체를 손쉽게 측정할 수 있다.

또한 광학식 마커를 이용하면 측정과 동시에 레지스터링이 자동으로 수행되므로 모델링 시간을 절약할 수 있고 접착식 마커와 달리 측정대상물의 형상을 획득하는데 아무 문제가 없어서 번거롭지 않고 빠르고 정확한 측정이 가능하다.

표 2-1.3 옵티컬 마커의 사양

항 목	내 용	비 고
OS	window2000	
동작환경	펜티엄급 이상	
동작최적거리	약 2M	
레이저모듈	6개	레이저는 인체에 무해한 Class II
레이저포인터	48개	
전원 및 제어	-	전용 컨트롤러 참조
특징기능 1	측정데이터 자동 레지스터링	
특징기능 2	멀티의 옵티컬마커 연동기능으로 측정대상물이 클 경우 옵티컬마커의 개수를 추가	
특징기능 3	측정대상물의 형상을 간섭없이 마커의 3차원 좌표획득	

2-2. 광학식 마커 제어 기술

옵티컬 마커는 컨트롤보드(Optical Marker Board)와 PC를 이용하여 옵티컬마커의 각 모듈을 이진코드로 점등시켜서 각각의 레이저포이터마다 고유의 아이디(ID)를 부여할 수 있도록 제어하였다.

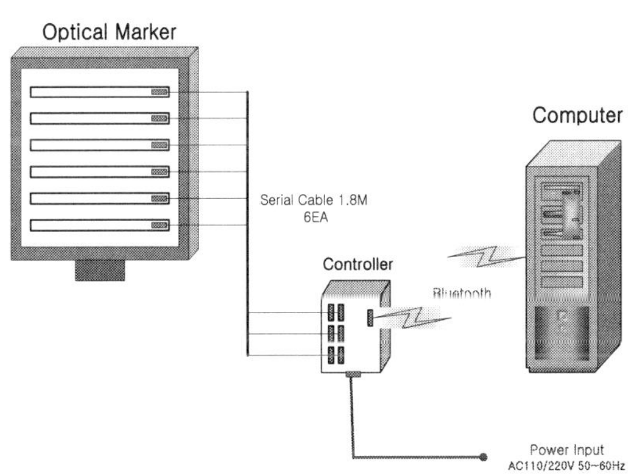

그림 2-1.3 광학식 마커의 구조도

그림 2-1.3은 3차원 스캐니까지 활용한 전체 시스템에서 컨트롤러인 Optical Marker Board의 위치이다.

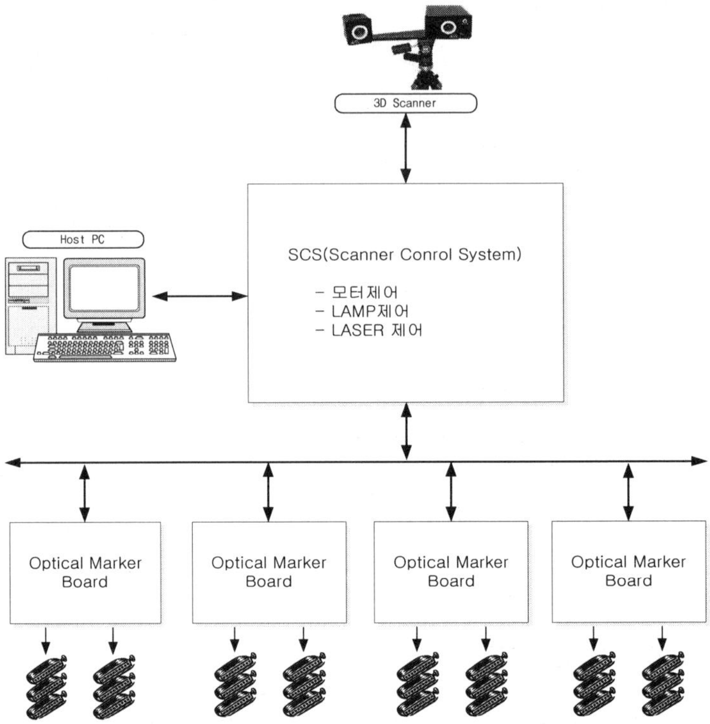

그림 2-1.4 옵티컬 마커 시스템의 구성

컨트롤러를 제어하기 위해서는 컨트롤러와 컴퓨터간의 통신 모듈을 구성해야 한다. 광학식 마커 시스템에서 컨트롤러와 컴퓨터간의 통신은 RS-232C 인터페이스 기반의 호스트/SCS 장비 사이의 통신규약을 따르며 통신프레임 구성도는 그림 2-1.5와 같다.

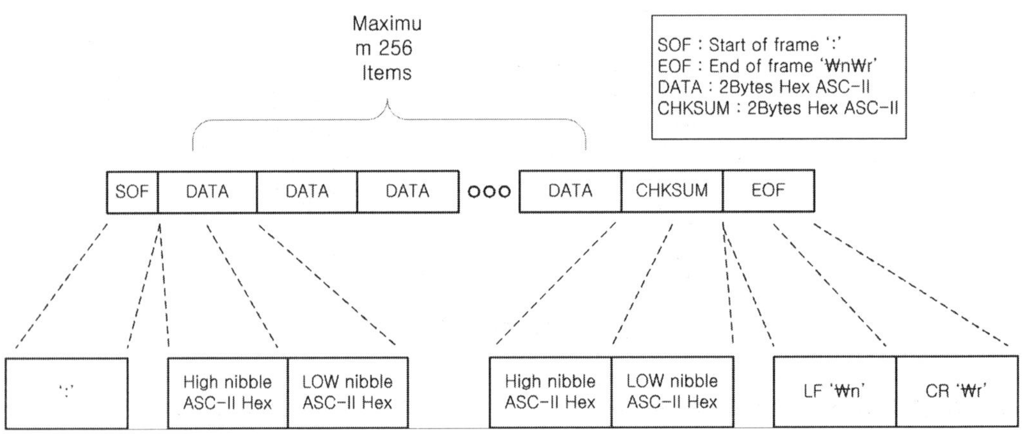

그림 2-1.5 컨트롤러와 컴퓨터 간의 통신 프레임

이때 호스트 시스템이 통신의 마스터가 되도록 한다(그림 2-1.6).

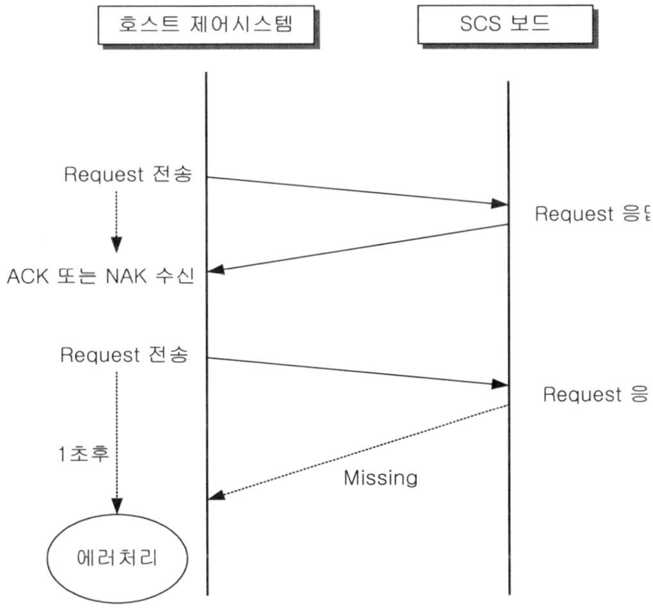

그림 2-1.6 호스트와 보드간의 통신 방법

호스트와 SCS간 동기를 맞추지 않는 처리가 존재한다. 즉 처리가 오래 걸리는 프로세스인 경우 (현재 모터 모션제어에만 적용됨) 명령을 전송하고 호스트가 상태 종료 전에 프로세스 시작만을 알려주는 메시지가 반환되므로 호스트 측에서는 반드시 상태확인 요구 명령을 통해서 프로세스 종료를 확인하도록 하였다.

2-3. 고정밀 캘리브레이션 시스템 제작

광학식 3차원 측정은 카메라 모듈과 프로젝션 모듈을 이용 프로젝션 모듈에서 나오는 특정 패턴을 이루는 빛을 바라보는 카메라의 관계를 분석하는 것으로 이루어진다. 이를 위해서는 카메라 및 프로젝터의 왜곡 정보를 해석해야 할 뿐 아니라 프로젝터에서 나오는 빛의 방향에 대한 수학적인 분석이 필요하다.

이때 필요한 각 파라메터들은 캘리브레이션(보정)이라 불리는 과정을 통해 이루어지며, 이 캘리브레이션 모듈의 성능에 따라 측정기의 정밀도, 해상도, 영역이 정해지는 매우 중요한 과정이다.

사용하고자 하는 3차원 측정기는 비접촉식이며 영상 처리를 통한 측정기이기 때문에 영상의 평면 정보를 보정해 줄 수 있는, 정밀한 패널을 제작하였다. 또한 또 하나의 좌표축의 정보를 보정해 주기 위해서는, 이송 장치가 필요하여 정밀한 이송이 가능한, 일축 이송 장치를 제작하여, 이 두 가지를 연결하여 시스템으로 작동이 가능하도록 하였다. 캘리브레이션 시스템의 사양은 다음과 같다.

• 리니어 모터의 반복분해능 ±1㎛ 이내

• 패널의 Size 800㎜ × 500 ㎜, 편평도 ±20㎛ 이내의 초정밀 Panel

이 캘리브레이션 시스템을 사용하면 산업체 대형물 측정을 위한 넓은 영역의 스캐너를 정밀하게 캘리브레이션하여 제작하는 것이 가능하다. 그림 2-1.7은 실제로 제작된 캘리브레이션 시스템의 모습이다. 진동을 최대한 방지하여 위해 진동을 감지, 보정하는 옵티컬 테이블을 이용하였으며, 패널에서 빛이 반사되는 현상을 방지하기 위해 세라믹 재질의 캘리브레이션 패널을 제작하였다.

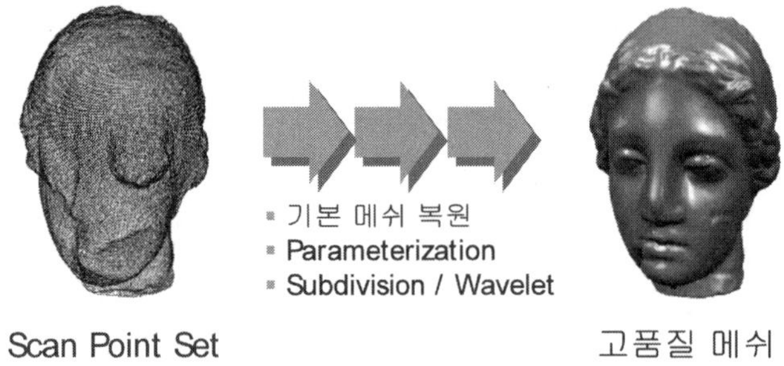

그림 2-1.7 스캔 포인트 셋 기반 고품질 메쉬 생성

2-4. 고품질 스캔 데이터 정제 알고리즘 개발

그림 2-1.8.에 나온 것처럼 Scan Point Set으로 부터 기본 메쉬를 복원하는 기술을 개발하였다.

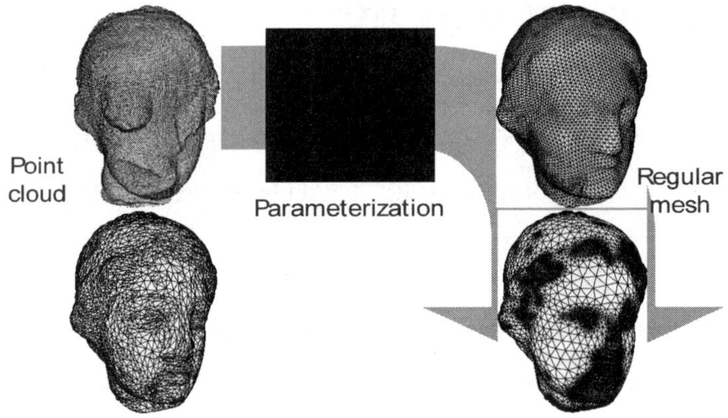

그림 2-1.8 고품질 매쉬 생성 과정

고품질 메쉬 생성을 위해 다음 기술을 개발하였다.

1) Shrink-Wrapping Approach

Scan point set은 복원하고자 하는 3차원 물체의 형상이 구(球)와 같이 hole이 없고 간단한 형상을 갖는다면, 기본 메쉬 생성을 위해 shrink-wrapping approach를 사용할 수 있다(그림 2-1.9). 원래 shrink-wrapping은 remeshing을 위해 제안되었었는데, 본 연구에서는 point set에 대해 bounding box를 씌우고, 사용자가 지정한 만큼의 상세도로 bounding box를 subdivision 한 다음, bounding box의 각 vertex들은 가까운 point들로 shrink-wrap을 한다(그림 2-1.10). 이때 사용되는 힘은 2가지로, 하나는 bounding box가 point set으로 가까이 움직이는 projection 힘과, bounding box의 vertex들이 한 곳으로 뭉치지 않고 주위로 골고루 흩어지도록 하는 smoothing 힘이 있다.

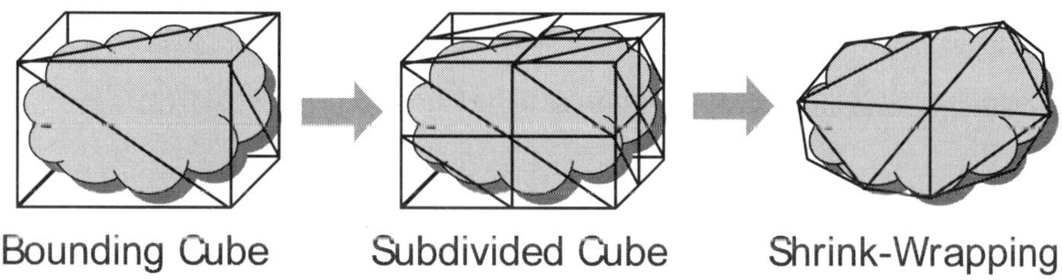

그림 2-1.9 Shrink-Wrapping Approach

Projection

$$\vec{f}_{v_i} = x_i - v_i$$

$$M_b = \sum_i v_i + \mu \vec{f}_{v_i}$$

Smoothing

$$\mathbf{L}(v_i) = \frac{1}{m} \sum_{v_j \in nbhd(v_i)} (v_j - v_i)$$

$$\mathbf{L}_t(v_i) = \mathbf{L}(v_i) - (\mathbf{L}(v_i) \cdot \vec{n})\vec{n}$$

$$M_b' = M_b + \lambda \mathbf{L}_t$$

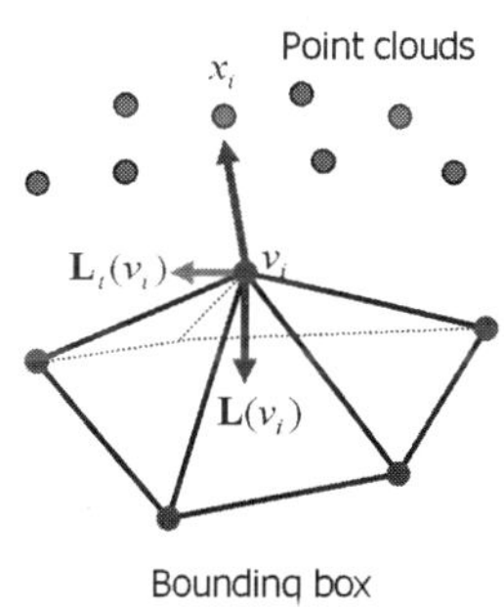

그림 2-1.10 Shrink-Wrapping Approach 의 수식

아래 그림 2-1.11은 shrink-wrapping approach를 이용해서 복원한 과정을 보여주고 있다. 67,038개의 point set의 bounding box를 5번 subdivision 한 다음, 5번의 projection과 smoothing 힘을 적용시켜 복원한 모습이다.

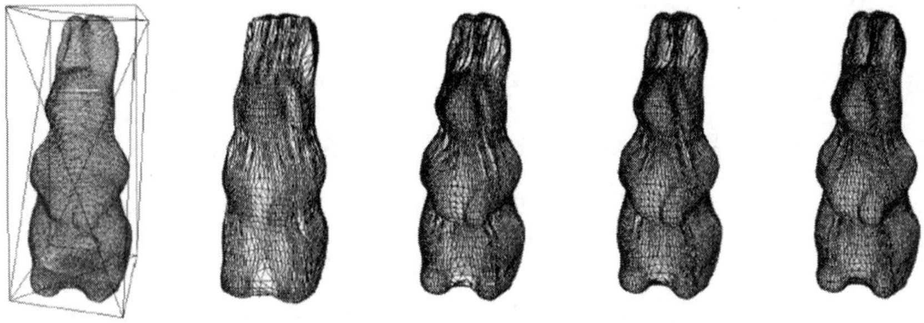

그림 2-1.11 Point set 으로부터 복원과정

2) Cell Carving Approach

Shrink-wrapping approach를 사용하는 경우, hole과 같은 형상을 복원할 수 없고, 오목한 영역에서는 projection 힘과 smoothing 힘이 상충하여 제대로 복원이 힘들다(그림 2-1.12).

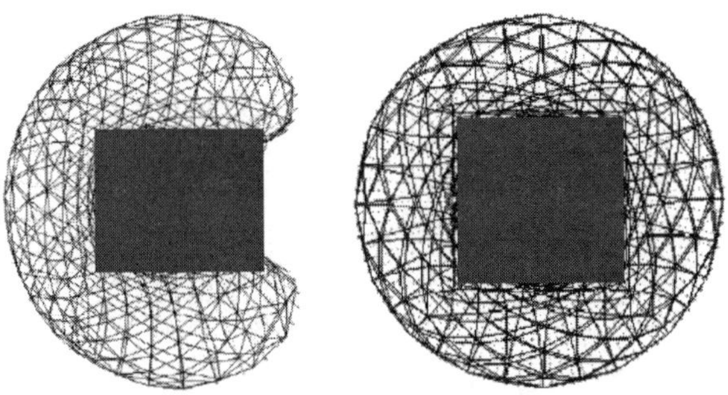

그림 2-1.12 Shrink-Wrapping Approach의 문제점

이와 같은 단점을 보완하기 위해 cell carving approach를 개발하였다. Cell carving approach는 그림 2-1.13처럼 point set의 bounding box를 여러 grid로 나누어 point들을 갖는 유효한 cell들만 남기고, 나머지 빈 cell들을 제거한다. 그런 다음, 유효한 cell들의 겉면에서부터 shrink-wrapping 하도록 하였다.

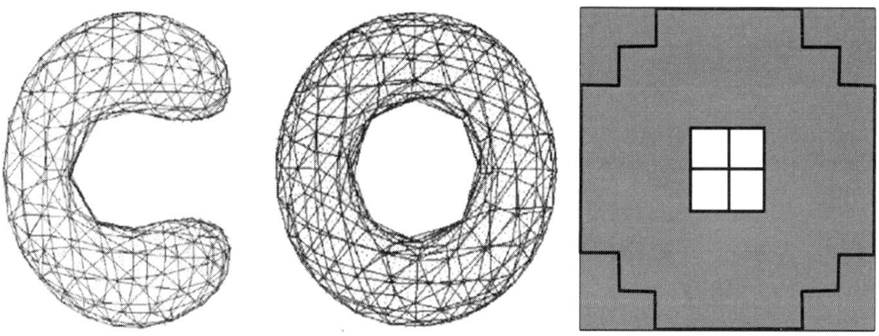

그림 2-1.13 Shrink-Wrapping Approach의 문제를 보완한 Cell carving approach

Csell carving approach는 그림 2-1.14와 같은 원리로 찾는 알고리즘을 사용한다.

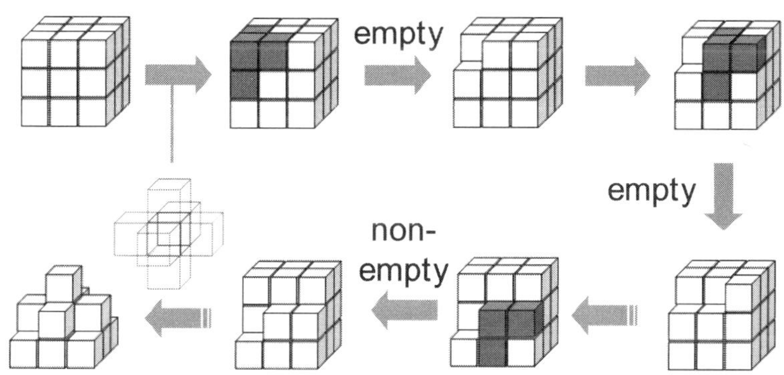

그림 2-1.14 Cell carving approach의 개념도

3) Point-Based Simplification

복원된 초기 메쉬는 고품질의 semi-regular 메쉬를 생성하기 위해 point-based simplification을 이용하여 기본 메쉬로 변형된다. Point based simplification이란, 기존의 메쉬 간략화 알고리즘을 변형시켜, error metric을 point 기준으로 계산하여 간략화를 하였다(그림 2-1.15).

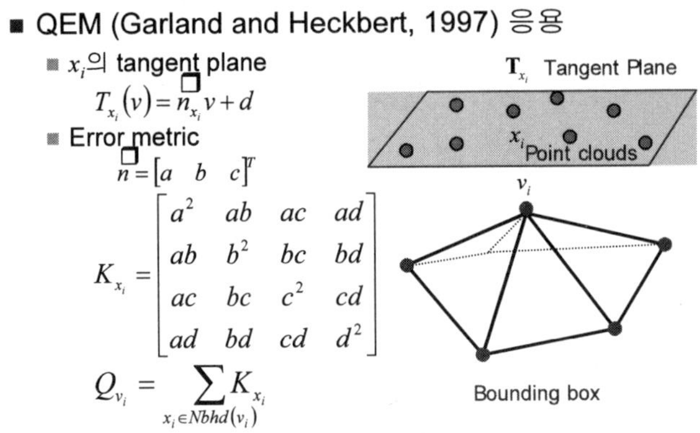

그림 2-1.15 Point-Based Simplification 알고리즘

4) Adaptive Grid

상기한 기술들은 포인트 데이터를 Grid화 하는 것으로 시작하게 되는데, 이 Grid의 수가 증가하면 계산시 요구되는 시스템의 사양이 높아지게 되며, 많은 메모리를 필요로 한다. 이와 같은 단점을 보완하기 위해 상위단계의 레벨에서 내부에 포인트가 없을 경우 더 이상 하위 레벨로 분리되지 않는, 즉 Grid를 형상에 따라 선택적으로 생상하는 Adaptive Grid기술을 개발하였다(그림 2-1.16).

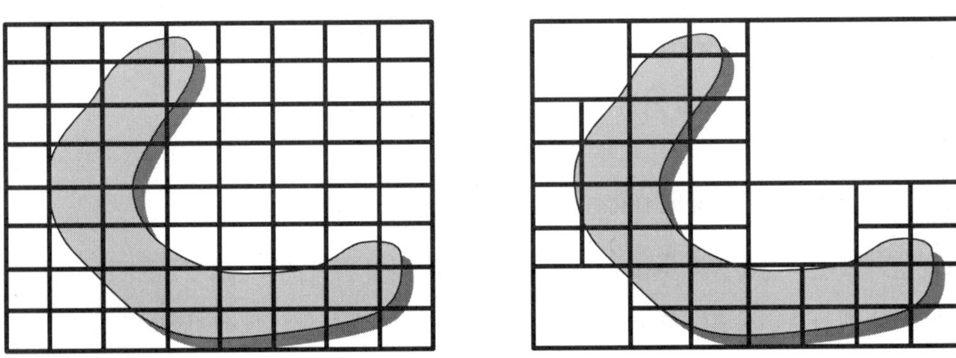

그림 2-1.16 Adaptive Grid의 적용 예

3. 오피스용 Full 3D 자동측정 기술 개발

3-1. 1차 기구부 제작

오피스용 자동측정 시스템을 구현하기 위해 과제 초기에 2축 시스템을 고안 하였다. 이 시스템은 움직이지 않는 측정 장치에 대해 측정 대상물의 위치를 변경 시키는 기능을 하는 기구부로서 제작된 시스템은 2축 구조를 가지고 있다. 1축은 2축에 고정하도록 제작 되었으며 측정 대상물을 잡을 수 있는 지그와 추가 지그를 결합 할 수 있도록 제작되었다.

2축 시스템은 두 개의 직교하는 회전축을 가진 시스템으로서 고정된 스캐너로부터 측정 대상물이 측정 영역 안에서 회전 운동만을 하도록 고안되었으며 기구학적 해석을 수행하여 측정 실험을 하였다. 이론상 2축으로 가능하다고 판단하였으나 측정 대상물의 형상에 따라 사각지대가 존재하게 되어 측정이 완전하지 못한 경우가 발생하였다.

그림 2-1.17은 실제 제작된 2축 턴테이블이고, 그림 2-1.18은 2축 테이블에 사용된 모터와 컨트롤러다.

(a) (b)

그림 2-1.17 (a)실제 제작된 1축 시스템과 (b)2축 시스템

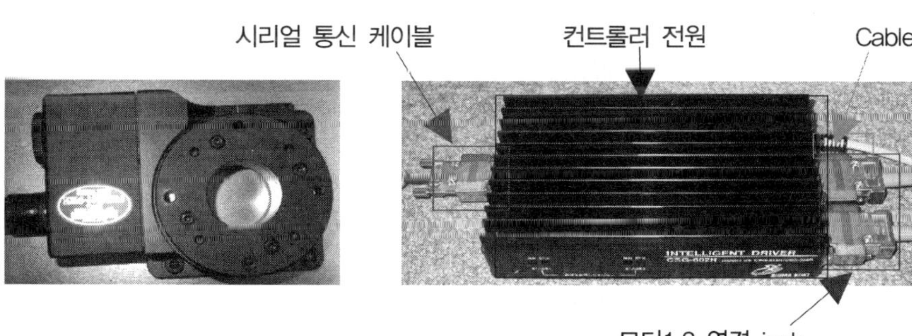

그림 2-1.18 2축 시스템에 사용된 모터와 컨트롤러

2축 시스템은 상용품으로 제작되어 유통되고 있는 광학장치용 소형 회전 로터(일본 시그마 코키社) 두개를 사용하여 기구부를 구성하였다.

그림 2-1.19 제작된 2축 턴테이블

3-2. 2차 기구부 설계 및 제작

이런 2축 시스템의 단점을 보완하기 위해 그림2-1.20과 같은 3축 시스템을 고안하게 되었다. 2축 시스템의 단점을 보완하기 위해 1축을 추가한 시스템을 설계 및 제작하였다. 3축 시스템은 측정 대상물을 고정하는 지그 부의 중심이 스캐너로부터 상대 운동을 하지 않으며 스캐너의 측정 영역 내부에서 자유롭게 회전 운동을 하도록 고안되었다. 그림 2-1.20은 각 축에 대한 전체 조립도를 보여주고 있다.

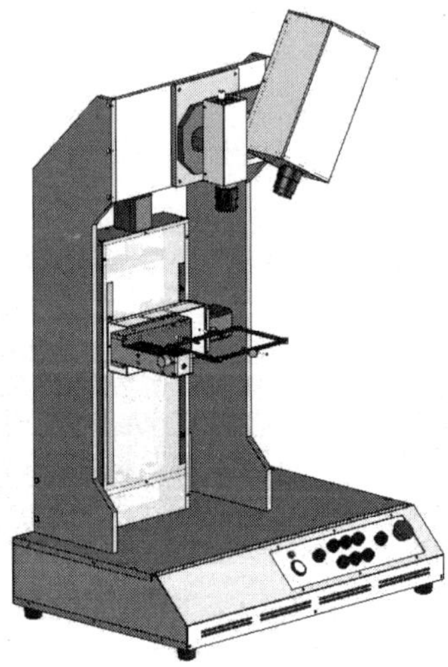

그림 2-1.20 2차 기구부 조립도

3축 시스템에서는 2축 시스템에서 측정 할 수 없었던 많은 부분을 측정 할 수 있게 되었다. 치아와 같은 경우 치아의 거의 모든 변을 측정할 수 있었으며 현재 치과에 납품되어 성능 검증을 받고 있다. 그림 2-1.21은 실제 제작된 3축 시스템을 보여주고 있다.

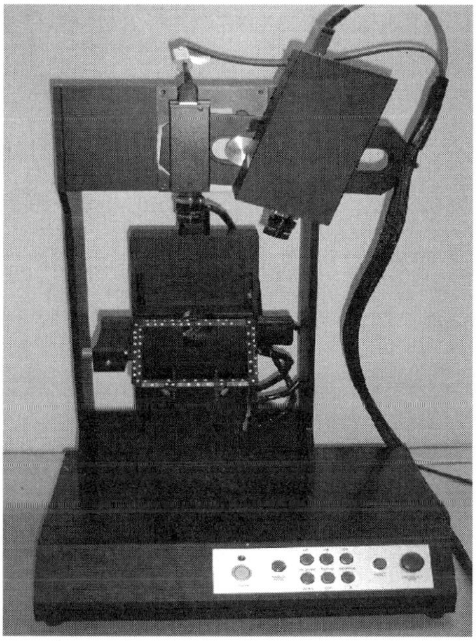

그림 2-1.21 실제 제작된 3축 시스템

제작된 3축 시스템의 사양은 표 2-1.4와 같다.

표 2-1.4 3축 자동측정 시스템의 사양

구 분	사 양
동작자유도	3
가반중량(g)	1000
중량(kg)	40
크기(㎣)	520 × 355 × 850
1회 측정 영역(㎟)	150 × 112.5
스캔적정거리(㎜)	340
측정시간(초)	5
해상도(pixels)	1280×960 ~ 1600×1200

3-3. 3차 기구부 설계 및 제작

3축 시스템의 측정 영역 내부에서 높은 자유도로 인해 측정 대상물의 측정의 성능이 비약적으로 향상 되었지만 일부 측정 대상물에서 측정이 불가능한 곳이 발견되었다. 일반적으로 정해진 한 곳에 물체를 바라볼 때 형상이 간단한 경우에는 x, y 축을 회전시키면 측정물의 의 모든 면을 측정할 수 있다.

하지만 측정 대상물이 복잡한 경우 보이지 않는 사각이 생긴다. 이러한 사각을 제거하기 z축 회전이 가능하도록 1축을 추가하여 측정물을 지그의 중심에 위치시킨 후 어느 방향으로나 360도 회전이 가능하도록 설계하였다. 그림2-1.22는 3축 시스템을 개선하여 재설계한 4축 시스템의 각축과 조립된 모습을 보여주고 있다.

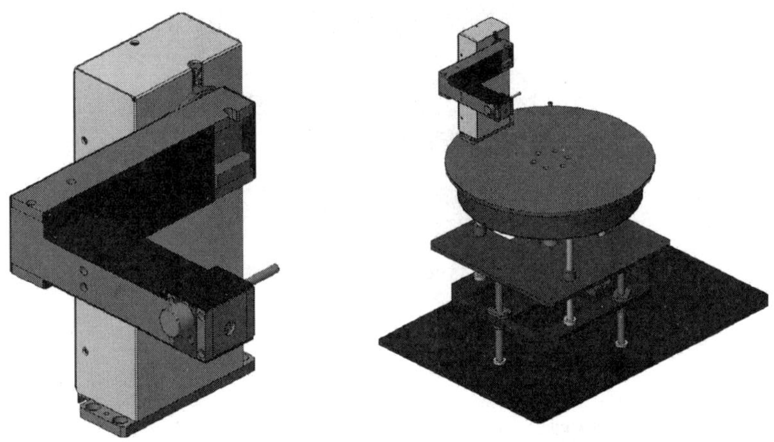

(a) (b)

그림 2-1.22 (a) 1, 2축 조립도 (b) 1~4축 조립도

표 2-1.5 3축 자동측정 시스템의 사양

구 분	사 양
동작자유도	4
가반중량(g)	1200
중량(kg)	40
크기(㎣)	500 × 450 × 950
1회 측정 영역(㎟)	150 × 112.5
스캔적정거리(㎜)	380
측정시간(초)	5
해상도(pixels)	1280×960 ~ 1600×1200

제작된 4축 시스템은 1축의 수직 이송과 3축의 회전이동을 하며 측정물의 모든 면에 대해 측정 가능하였다.

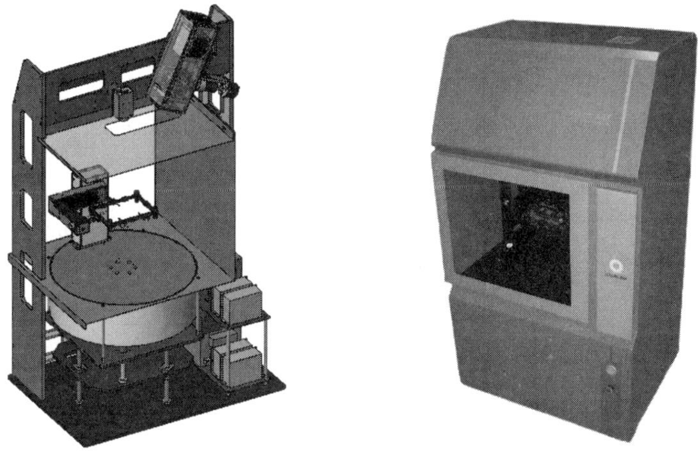

그림 2-1.23 오피스용 4축 자동측정 시스템

또한 측정 가능한 무게를 늘려 최대 약 1.2kg의 측정물도 고정하여 측정할 수 있도록 설계하였다 (그림 2-1.23).

3-4. 오피스용 3차원 측정기

오피스용 자동측정 시스템에 사용된 3차원 측정기는 (주) 솔루션닉스에서 개발한 측정기로 중소형 측정물에 적합한 측정영역을 갖고 있다. 오피스용 측정기의 경우 3축 자동측정 시스템에 (주) 솔루션닉스 장비의 최신 모델인 Rexcan 560 모델을 적용하였다.

Rexcan 560은 이전 460 모델보다 영역 변경이 가능하여 측정 대상물에 따라 렌즈를 교체함으로써 다양한 측정 대상물을 측정할 수 있도록 되어 있다. 또한 켈리브레이션 장비 없이 손쉽게 켈리브레이션할 수 있도록 기능이 강화된 제품이다. 또한 측정 시간이 50% 단축되어 측정 횟수가 증가 할수록 시간 절약 효과가 크다. 다음은 Rexcan 560 장비를 보여주고 있다.

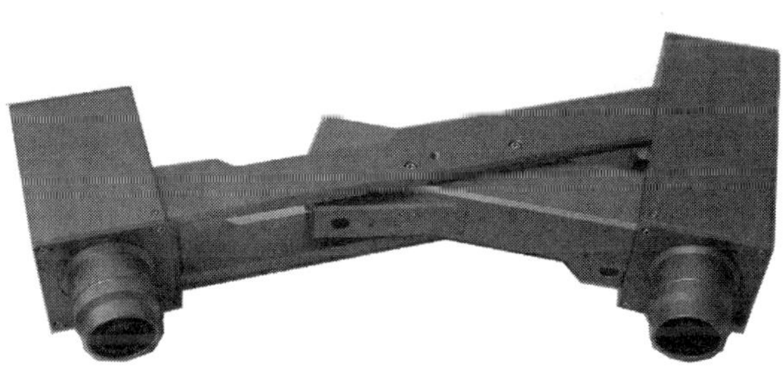

그림 2-1.24 Rexcan 560

표 2-1.6 Rexcan 560 (150영역) - 사양

Specification	REXCAN 560
측정 영역(㎟)	150 × 112.5
스캔 적정거리(㎜)	650
측정 타입	Structured lighted method
텍스쳐 맵핑	24Bit Color/ Black & White
측정시간(초)	2.5
해상도(pixels)	1392 × 1040
전원	Free Voltage(110 ~ 220v 50/60Mhz)
광원	Halogen Lamp
작동온도(℃)	18 ~ 30
무게(kg)	4
크기(㎣)	485 × 352 × 82

4축 자동측정 시스템으로 변경되면서 측정기에 사용되는 카메라도 함께 변경하였다. 대체된 카메라는 CIS 카메라로 한 번 측정으로 2M byte까지 데이터를 얻을 수 있도록 하였다. 일반적으로 해상도가 높아 측정 시 더 많은 데이터를 획득하고 노이즈에 대한 영향을 줄일 수 있어 기존에 사용하던 Sony 카메라보다 해상도가 높은 CIS 2Mbyte 카메라를 사용하였다. 따라서 기존의 사양에서 해상도만 2M로 변경되고 나머지는 사항들은 동일하다.

CIS 카메라를 사용하면서 이미지를 전송하는 보드인 리피터를 사용하였으며 카메라는 UXGA VCC-G32U21CL이고, 리피터는 iPORT PT1000-CL이다.

다음은 4축 자동측정 시스템에 적용된 CIS 카메라와 보드를 보여주고 있다.

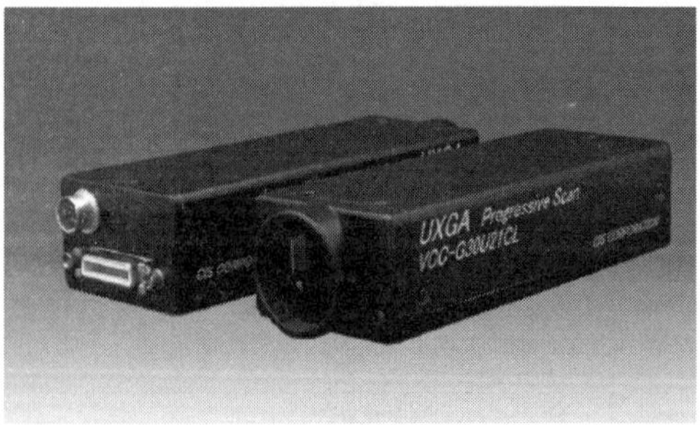

그림 2-1.25 (a) VCC-G32U21CL(카메라) (b) PT1000-CL(리피터)

4 산업용 Full 3D 자동측정 기술 개발 내용

4-1. 산업용 로봇 시스템 구축

중대형의 측정물을 자동측정하기 위해서는 넓은 영역을 움직일 수 있는 시스템이 필요하여 6축 다관절 로봇을 사용하였다. 사용된 로봇은 삼성에서 제작한 FARAMAN AW1.0 로봇이다(그림 2-1.26). FARAMAN AW1 사양은 표2-1.7과 같다.

그림 2-1.26 FARAMAN AW1.0

표 2-1.7 FARAMAN AW1 사양

Specification		FARAMAN AW1.0
반복정밀도(mm)		±0.1
동작자유도		6
가반중량(kgf)		6
소비전력(KVA)		1.6
중량 (kg)	로봇	105
	컨트롤러	25
ARM 최대길이(mm)		1339
크기(mm^3)		450×347×80

로봇을 제어하기 위해 사용한 로봇 전용 컨트롤러 (MMC)의 사양은 표 2-1.8과 같다.

표 2-1.8 MMC 컨트롤러 사양

항 목	사양 (MMC-BDPV42)
CPU	TMS320C3X
동작방법	PTP, 원호보간, 직선보간, 스플라인보간
Interface	PC/AT/산업용 Computer
Sampling Rate	1msec
Analog 출력	±10V, @12-bit 분해능, @16-bit분해
Pulse 출력	최대주파수 = 3.75MHz, 50% Duty Cycle, 주파수 분해능(60ns)
동작 범위	32-bit, ±2147483647
가감속 설정	0~200(0~2sec)
위치 feed Back	입력주파수 = 2.5MHz(max), Digital Noise 필터
속도 Profiles	사다리꼴, 비대칭 사다리꼴, S_Curve, 비대칭 S_Curve 가감속
시스템 I/O 입력	AMP Fault 입력/축
시스템 I/O 출력	Amp-Enable, Amp-Reset/축
Limit Sensor 입력	3개 AMP Sensor / 축
USER 입·출력	TTL Level 입출력 각 32점 (I/O총8점, mode 선택가능)
*Analog 입력	4채널 @12-bit 분해능, 32us conversion rate
소비전력	+5V-@2A, -5V-@0.3A +12V-@0.5A, -12V-@0.5A
환경조건	0-50℃, 20-95% RH, Non-condensing
크기	325×110(mm)

표 2-1.9 로봇의 D-H parameter

조인트 번호	α (도)	a(㎜)	d(㎜)
1	-90	150	500
2	0	450	0
3	90	-115	0
4	-90	0	750
5	90	0	0
6	0	0	95

로봇의 링크의 연결 구조를 보면 3번 축이 4-bar 메카니즘을 통해 구동되도록 되어있다. 이런 구조 때문에 2번 링크가 움직일 때 3번 링크가 2번 링크와의 각을 유지하며 따라가지 않고, 지면과의 각이 일정한 상태로 구동되게 된다(표2-1.9). 따라서 일반적인 transformation matrix를 사용할 경우에 잘 못된 결과를 주게 된다. 이런 특이 사항을 해결하기 위해 회전각을 보정해주는 작업이 필요했다.

로봇의 구동은 삼성의 MMC (Multi-Motion Controller)를 사용하였다. 시뮬레이터에서 계산된 각 조인트의 회전 값을 MMC를 통해 로봇에 전달하게 된다. 각 조인트에 사용된 엔코더는 8192 p/r의 absolute encoder이다. 따라서 항상 현재의 회전 값을 알 수 있어서 제어에 용이하다. 로봇의 구동에 사용된 MMC는 단순히 각 조인트를 지정한 속도와 가속도로 원하는 각도만큼 회전시켜준다. 따라서 시뮬레이터에서 역기구학을 해석하여 원하는 각도 값을 전달하게 된다. 모든 프로그램은 MFC를 사용하여 제작되었으며 MMC 제공 라이브러리를 이용하여 MMC와 통신하였다(그림 2-1.27).

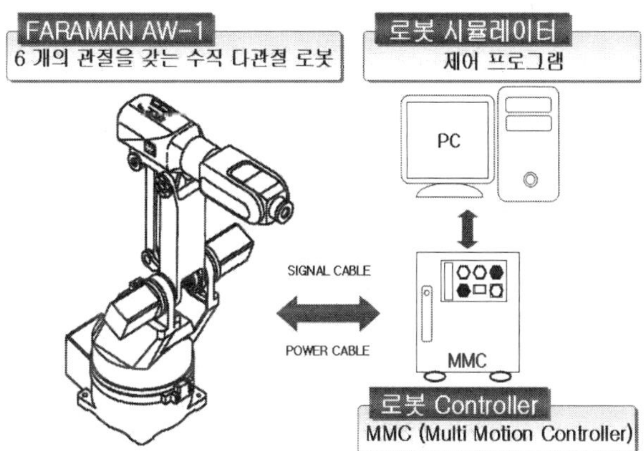

그림 2-1.27 로봇 시스템의 제어 체계

산업용 자동측정 시스템에 사용된 3차원 측정기는 (주) 솔루션닉스에서 개발한 Rexcan 460로 중대형 측정물에 적합한 측정영역을 갖고 있다(그림 2-1.28). Rexcan 460에 대한 사양은 표 2-1.10에 나와 있다.

그림 2-1.28 Rexcan 460

표 2-1.10 Rexcan 460 (150영역) - 사양

Specification	REXCAN 460
측정 영역(㎟)	150 × 112.5
스캔 적정거리(㎜)	690
측정 타입	Structured lighted method
텍스쳐 맵핑	24Bit Color/ Black & White
측정시간(초)	5
해상도(pixels)	1392 × 1040
전원	Free Voltage(110 ~ 220v 50/60Mhz)
광원	Halogen Lamp
작동온도(℃)	18 ~ 30
무게(kg)	4.4
크기(㎣)	450 × 347.5 × 80

그림 2-1.29는 로봇과 측정기가 연결된 것을 보여준다.

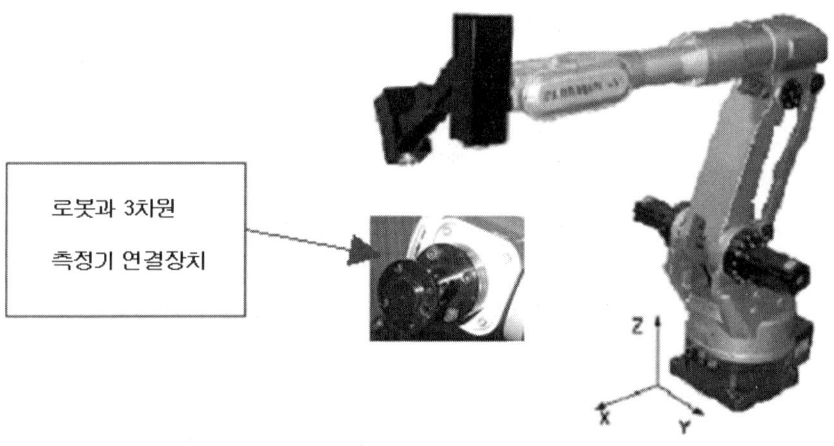

그림 2-1.29 로봇과 측정기 결합 모습

4-2. 산업용 로봇 제어 기술

1) 1차 산업용 로봇 제어 기술

본 연구에 사용된 로봇과 같이 wrist point가 존재하는 6축 수직 다관절 로봇의 경우 해석적인 방법으로 역기구학 해석을 수행한 사례가 많다. 본 연구에서 두 가지 방법으로 역기구학 해석을 수행해 보았다. 행렬 연산의 결과로 나온 비선형 연립 방정식을 직접 풀어내는 해석적인 방법과 로봇

의 기하학적 형상에 근거하여 관절의 회전 값을 구하는 도식적인 방법이다.

해석적인 방법에서는 transformation matrix를 주로 이용하여 회전 값을 구하게 된다. Transformation matrix는 한 관절과 그 다음 관절 사이의 관계를 나타내는 행렬이다.

$$
{}^{i-1}A_i = \begin{bmatrix} c\theta_i & -c\alpha_i s\theta_i & s\alpha_i s\theta_i & a_i c\theta_i \\ s\theta_i & c\alpha_i c\theta_i & -s\alpha_i c\theta_i & a_i s\theta_i \\ 0 & s\alpha_i & c\alpha_i & d_i \\ 0 & 0 & 0 & 1 \end{bmatrix}
$$

이 행렬을 1~6번째 관절에 대하여 DH parameter와 각 관절의 회전각을 대입하여 곱하게 되면 로봇의 기준 좌표계로부터 end-effector의 위치와 자세를 구할 수 있게 된다. 이 행렬의 원소들로부터 알 수 있듯이 6개의 행렬을 모두 곱하여 각 원소들을 비교함으로써 역기구학 해석을 하기에는 비선형성이 심하여 풀기가 매우 힘들다. 따라서 wrist point를 기준으로 1~3번째 관절과 4~6번째 관절을 구분하여 3개씩 행렬을 곱하여 두 쌍의 연립 방정식을 풀게 된다. 1~3번째 관절은 주로 end-effector의 위치를 결정하는데 기여하며 4~6번째 관절은 자세를 결정하는데 기여하게 된다. 위와 같은 방법으로 해를 구하게 되면 지정된 위치에 지정된 자세로 스캐너가 위치하기 위해 최대 8가지의 해가 존재하게 된다. 즉, 로봇이 최대 8가지의 자세로 원하는 위치로 스캐너를 이동시킬 수 있게 된다. 이 8가지 해 중 각 관절의 한계 값을 고려하여 가능한 해를 판단하며 이와 함께 로봇의 자세와 측정 대상물간의 간섭도 고려하여 가장 적합한 해를 고르게 된다.

도식적인 방법에서는 로봇의 형상을 근거로 기하적인 관점에서 접근한다. 따라서 해석적인 방법에서 수행하였던 복잡한 비선형 연립 방정식을 풀지 않는다. 도식적인 방법에서도 해석적인 방법에서와 마찬가지로 wrist point를 중심으로 end-effector의 위치를 결정짓는 부분과 자세를 결정짓는 부분으로 나누어 해석하게 된다.

이를 위해 우선적으로 wrist point를 구하는 작업이 필요하다. 입력되는 end-effector의 좌표 값에서 원하는 end-effector의 자세로 위치하였을 때 스캐너가 바라보고 있는 방향을 w 벡터로 표현한다. 이 때 그 좌표에서 w 벡터의 방향으로 DH parameter 중 d_6 값만큼의 크기를 빼줌으로써 wrist point를 구할 수 있다. d_6값은 로봇의 end-effector에 아무 것도 달지 않았을 경우의 값이다. 따라서 여러 종류의 스캐너를 장착하게 될 경우 스캐너의 형상에 따라 DH parameter들이 변하게 되며 그에 따라 wrist point를 새로이 구해야할 것이다.

단, 실제로 로봇에서의 wrist point는 end-effector의 형상에 따라 변하는 것이 아니라 항상 4번째 관절에 위치하게 된다. 그러나 이 점을 수학적으로 구하기 위해서는 DH parameter 값을 반영하여 위와 같은 방법으로 구하게 된다.

End-effector의 위치를 결정짓는 1~3번째 관절의 해를 그림 2-1.30 같이 구해보았다.

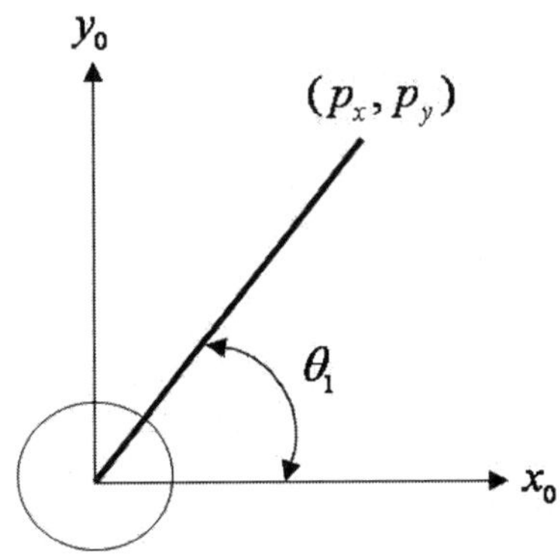

그림 2-1.30 조인트 1의 해

여기서 p_x, p_y는 각각 wrist point의 x, y축 좌표이다. 첫 번째 관절만이 x, y 좌표 값에 영향을 줄 수 있다. 그림 2-1.31로부터 $\theta_1 = Atan2(p_y, p_x)$의 관계를 얻어낼 수 있다.

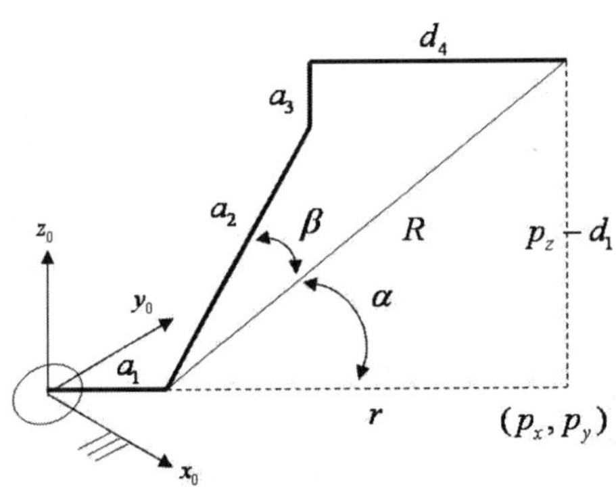

그림 2-1.31 조인트 2의 해

그림 2-1.31에서 표시한 여러 값들로부터 두 번째 관절의 회전 값을 구할 수 있다. p_x, p_y, p_z는 정해진 값이므로 그에 따라 r과 R 값이 정해지고 α, β의 값이 정해지면 그에 따라 $\theta_2 = \alpha - \beta$의 관계를 얻어낼 수 있다. β 값은 항상 양의 값이며 α 값은 위와 같은 형상에서는 음의 값을 나타내게 된다.

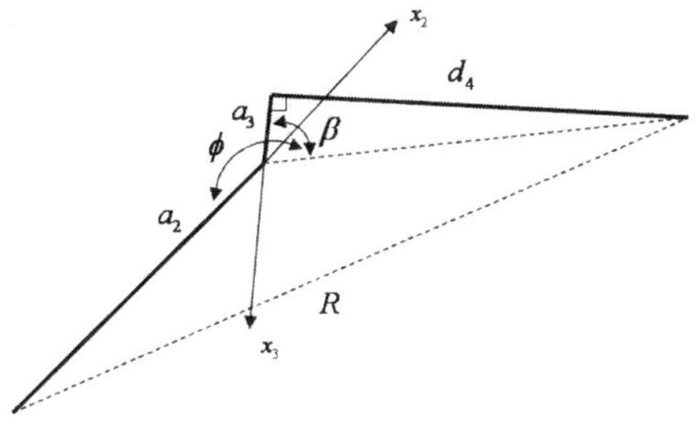

그림 2-1.32 조인트 3의 해

그림 2-1.32에서는 두 가지의 경우에 대한 해를 구할 수 있게 된다. 3번째 관절을 elbow라고도 하는데 이 부분이 같은 위치에 도달하는데 위와 같은 형상을 지닐 수도 있고 반대로 아래쪽으로 꺾인 형상을 가질 수도 있다. 본 연구에서는 측정물이 일반적으로 로봇의 전방 혹은 전방 아래쪽에 위치하고 있기 때문에 그림 2-1.32와 같은 형상을 지니는 것이 측정 대상물과의 간섭을 피하는데 용이하다. 또한 3번째 관절을 구동하는 4-bar 메카니즘의 특성상 아래쪽으로 꺾이는 것이 힘들다. 그림 2-1.32 에서 $\theta_3 = \phi - \beta$ 의 관계를 얻어낼 수 있다.

4~6번째 관절 값들로부터 end-effector의 자세를 결정지을 수 있다. 3번째 관절에서 elbow가 어떤 형상을 갖느냐에 따라 두 가지 해가 구해질 수 있었던 것과 마찬가지로 5번째 관절에서도 형상에 따라 두 가지 해가 존재할 수 있다. 5번째 관절을 wrist라고도 한다.

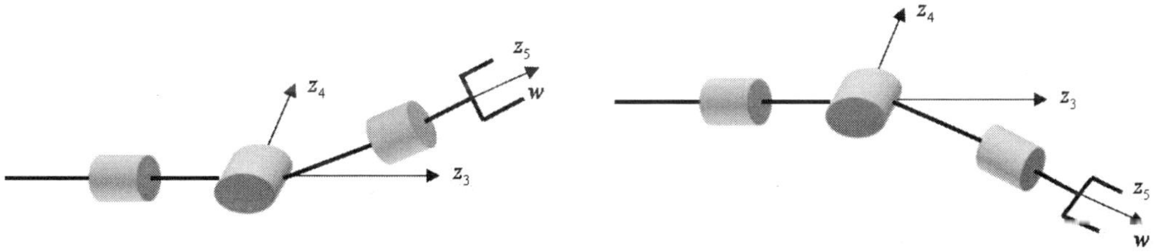

(a) 손목이 내려간 형상 (b) 손목이 올라간 형상

그림 2-1.33 로봇의 손목 자세

그림 2-1.33 (a)와 그림 2-1.33 (b)와 같이 두 가지 형상을 가질 수 있다. 그림 2-1.33 (a)와 같은 자세를 지니며 손목이 올라간 형상을 지니려면 4번째 관절이 180도 회전하여야한다. 반대로 그림 2-1.33 (b)와 같은 자세를 지니며 손목이 내려간 형상을 지니려면 4번째 관절이 180도 회전하여야 한다. 따라서 손목의 형상에 따라 4번째 관절의 값이 영향을 받게 된다. 4번째 관절의 회전축 벡터를 z_3라고 하면 그림 2-1.34 에서 보이는 w 벡터와 5번째 관절의 회전축 벡터인 z_4 벡터는 $w \times z_3$

로 구할 수 있다. 단, 손목의 형상에 따라 방향을 교정해주어야 한다. 손목이 올라간 형상에서 부호를 반대방향으로 바꾸어주면 된다.

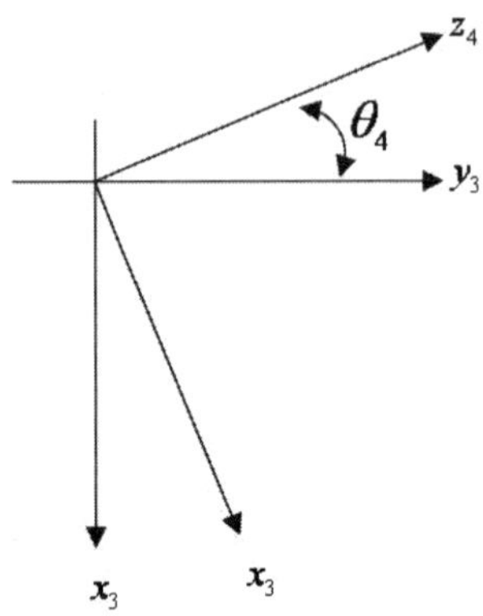

그림 2-1.34 조인트 4의 해

위에서 구한 z_4 벡터를 이용하여 4번째 관절의 좌표계를 구하면, 이를 그림 2-1.34 와 같이 3번째 관절의 좌표계에 투사하여 4번째 관절의 회전 값을 구할 수 있다. $\sin\theta_4 = -(\underline{z_4} \cdot \underline{x_3})$, $\cos\theta_4 = \underline{z_4} \cdot \underline{y_3}$ 로부터 4번째 관절의 관계식을 얻어낼 수 있다.

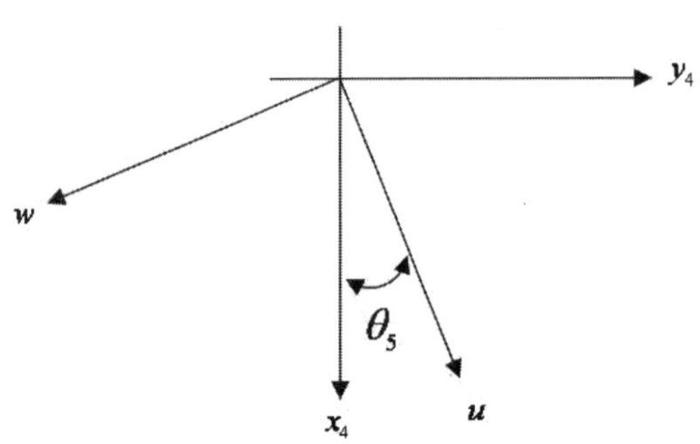

그림 2-1.35 조인트 5의 해

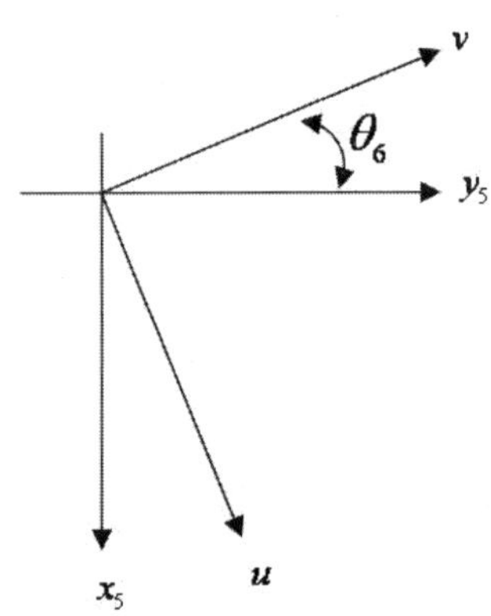

그림 2-1.36 조인트 6의 해

그림 2-1.35와 그림 2-1.36 에서 4번째 관절의 회전 값을 구한 것과 같은 방법으로 5번째, 6번째 관절의 회전 값을 구할 수 있다.

이상의 과정을 통해 공간상에 스캐너를 지정한 위치에 지정한 자세로 위치시킬 수 있다. 특이 사항으로 특정 관절의 과다한 회전을 막기 위해 end-effector의 높이에 따라 wrist의 형상을 조절하도록 하였다. 또한 3번째 관절의 구동 범위의 제한과 측정 대상물과의 간섭을 막기 위해 elbow를 항상 위로 꺾인 상태를 유지하도록 하였다. 해석한 내용을 C언어로 알고리즘화 하였다.

구현된 프로그램은 사용자의 입장에서 스캐너의 위치를 직관적으로 움직이기 쉽도록 공간상에서 x, y, z축 방향으로 평행이동 할 수 있는 버튼과 위치는 고정된 채 자세만을 변화시킬 수 있는 버튼들로 구분되어있다. 6개의 축을 하나씩 회전시킬 경우 스캐너를 원하는 위치로 이동시키기 힘들기 때문에 이런 방법을 사용하였다. 이를 위해 역기구학 해석이 필요하였다. 그리고 시뮬레이터에서 얻은 스캐너의 path 정보를 이용하여 측정을 수행하기 위해서도 역기구학 해석이 필요하였다. 역기구학 해석을 위해서 필요한 조건으로 wrist point의 존재가 필요하다. Wrist point란 로봇 관절의 마지막 세 축이 한 점에서 만나는 점을 말한다. 이 점이 존재할 경우 역기구학의 해를 수치해석에 의존하지 않고 풀 수 있다. 다행히 본 연구에 사용된 로봇은 wrist point가 존재하기 때문에 여러 역기구학 해석 알고리즘의 사용이 가능하다.

로봇을 제어하기 위해 구현된 프로그램과 3차원 측정 시 연동되는 시뮬레이터를 구현한 프로그램이다.

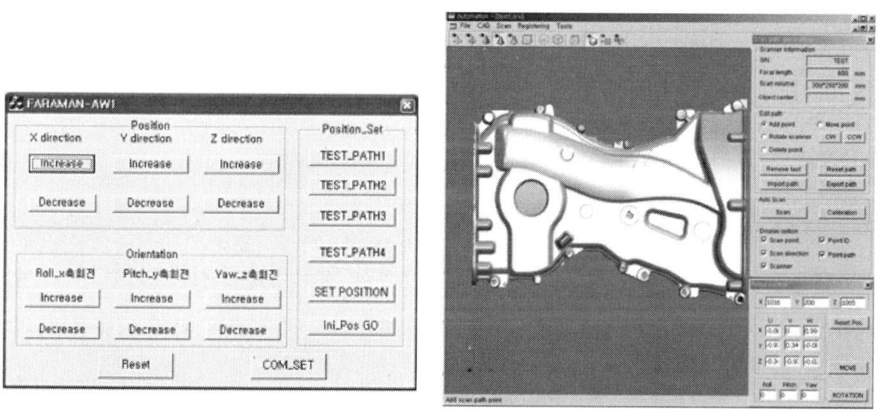

그림 2 1.37 로봇제어 프로그램과 시뮬레이터

2) 2차 산업용 로봇 제어 기술

① 직선이동

로봇의 이동 궤적을 계획하는 방법은 많이 연구 되어왔던 주제이다. 따라서 다양한 시스템에 대하여 다양한 방법들이 사용되고 있다. 그러나 대부분의 연구결과들이 3자유도 이내의 시스템에 대하여 검증된 방법들이며 다자유도에 대한 해석이 이루어지지 않은 경우가 많다. 6자유도 로봇에 대한 해석을 수행한 연구 결과들도 있으나 본 시스템에 적용하기에는 불필요한 내용이 많이 포함되어 있다. 따라서 본 연구에서는 현재 시스템이 요구하는 사항을 충족할 수 있는 알고리즘을 개발하여 실험하였다.

본 연구에서 계획한 경로는 두 지점을 잇는 최단 경로인 직선이동이다. 여기서 경로 계획에서 고려되어야 하는 공통적인 문제점인 singularity 해결을 위한 알고리즘이 필요하다. 왜냐하면 로봇이 singular point 근처를 원하는 궤적으로 지나가기 위해서는 물리적으로 불가능한 조인트의 회전속도가 요구되는 경우가 발생하기 때문이다.

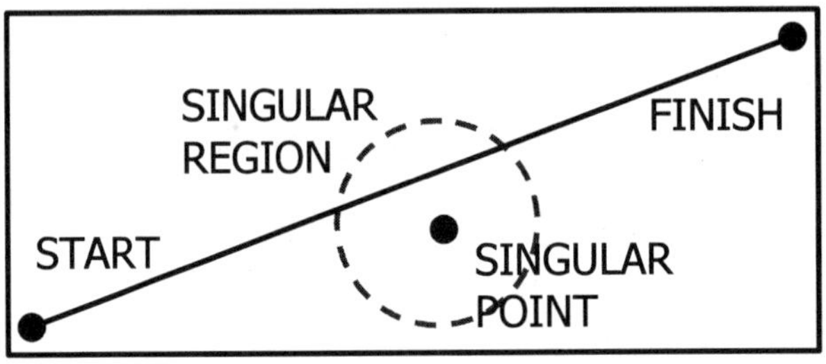

그림 2-1.38 Singular region

그림 2-1.38과 같이 시작점에서 도착점까지 직선 궤적을 계획하였을 때 경로 근처에 singular point가 존재할 수 있다. 이 때 singular region 이라고 표시한 부분에서 로봇이 오동작 할 가능성이 있다. 로봇의 오동작이란 물리적으로 불가능한 조인트의 움직임을 명령하였을 때 시스템이 명령을 따라가지 못하는 것을 의미한다.

② Singular point 회피 알고리즘

위의 문제점을 극복할 수 있는 알고리즘을 제안하였다. 알고리즘의 기본 아이디어는 제어 방법의 스위칭이다. 다시 말하면 생성된 궤적을 따라 이동하는데 조건에 따라 이동을 제어하는 방법이 바뀌게 된다는 것이다. 전 구간에서 직선이동에 대한 제어를 수행하되 singular region에서만 point-to-point로 제어하는 것이다. 이 알고리즘을 사용하여 로봇을 구동하게 되면 국부적으로 singular region에서는 직선운동을 하지 않게 되고 임의의 궤적으로 움직이게 된다. 현재 시스템에서 요구되는 궤적은 국부적인 임의의 궤적은 용납될 수 있다고 판단되며 경로 생성에 매우 적은 계산 노력만을 할애하여 singularity 문제를 해결할 수 있으므로 본 알고리즘을 적용하는 것이 적절하다고 생각한다. 알고리즘을 간단히 표현하면 아래의 그림 2-1.39와 같다.

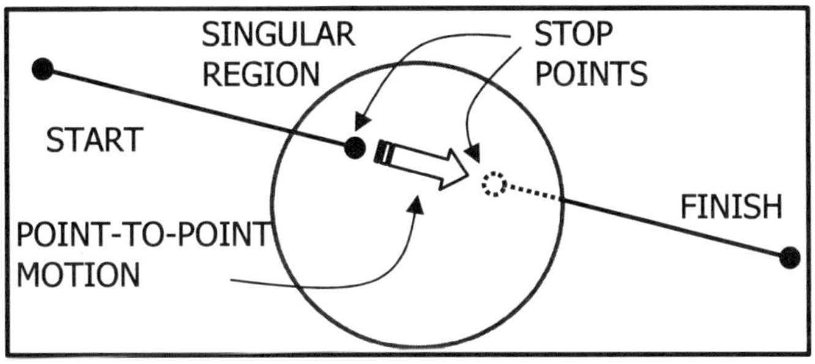

그림 2-1.39 Concept of the algorithm

3차원 공간에서의 singular region은 singular point에서 일정 거리를 갖는 구(sphere)로 표현할 수 있다. 일반적으로 구와 직선은 두 개의 교점을 갖게 되는데, 두 교차점을 stop point라고 하였다. 이 점에 도달하면 제어 방법을 바꾸게 된다. 시작점에서 stop point까지는 직선이동을 하며 궤적의 매 순간 순간을 제어하나가 stop point와 stop point 사이에서는 과년도 과제에서의 이동 방식인 point-to-point방식으로 이동한다.

위의 알고리즘을 적용하기 위해 필요한 것으로 직선경로와 singular point와의 거리계산과 직선경로와 singular region (sphere)와의 교점을 구하는 것이 있다. 이 두 가지 계산은 간단한 기하학을 사용하여 그림 2-1.40과 같이 수행하였다.

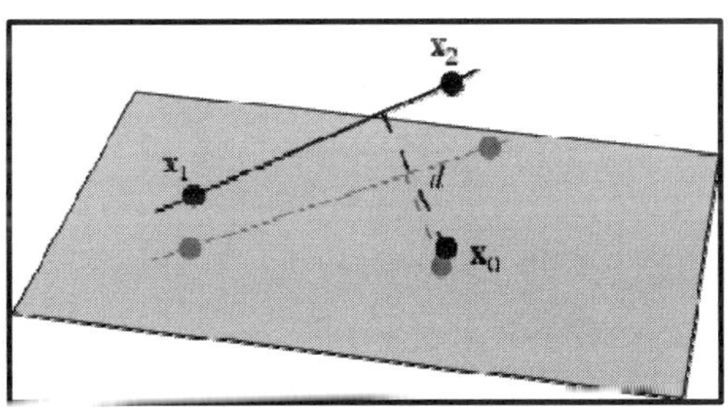

그림 2-1.40 직선과 점의 거리 구하기

직선의 방정식을 아래와 같이 표현할 수 있다.

$$\underline{v} = \begin{bmatrix} x_1 + (x_2 - x_1)t \\ y_1 + (y_2 - y_1)t \\ z_1 + (z_2 - z_1)t \end{bmatrix}$$

여기서 singular point에 해당하는 (x_0, y_0, z_0)까지의 거리를 구하면 아래와 같다.

$$d^2 = [(x_1 - x_0) + (x_2 - x_1)t] + [(y_1 - y_0) + (y_2 - y_1)t]^2 + [(z_1 - z_0) + (z_2 - z_1)t]^2$$

직선과 점의 최단거리를 구하기 위하여 미분 값이 0이 되는 조건을 찾는다.

$$\frac{d(d^2)}{dt} = 0,\ t = \frac{(\underline{x}_1 - \underline{x}_0)\cdot(\underline{x}_2 - \underline{x}_1)}{|\underline{x}_2 - \underline{x}_1|^2}$$

구해진 t 값을 d^2에 대입함으로써 그림 2-1.40과 같이 거리를 구할 수 있다.

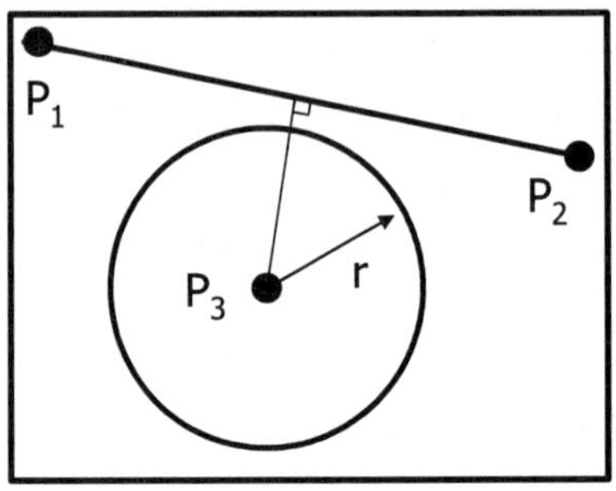

그림 2-1.41 직선과 구의 교점 구하기

직선의 방정식을 아래와 같이 표현할 수 있다.

$$\begin{bmatrix} x \\ y \\ z \end{bmatrix} = \begin{bmatrix} x_1 + (x_2 - x_1)t \\ y_1 + (y_2 - y_1)t \\ z_1 + (z_2 - z_1)t \end{bmatrix}$$

구의 방정식을 아래와 같이 표현할 수 있다.

$$(x - x_3)^2 + (y - y_3)^2 + (z - z_3)^2 = r^2$$

위의 식을 대입하여 교점을 구하면 아래와 같다.

$$at^2 + bt + c = 0$$

$$(where,\ a = (x_2 - x_1)^2 + (y_2 - y_1)^2 + (z_2 - z_1)^2$$

$$b = 2\left[(x_2 - x_1)(x_1 - x_3) + (y_2 - y_1)(y_1 - y_3) + (z_2 - z_1)(z_1 - z_3)\right]$$

$$c = (x_3^2 + y_3^2 + z_3^2) + (x_1^2 + y_1^2 + z_1^2) - 2(x_3x_1 + y_3y_1 + z_3z_1) - r^2)$$

알고리즘의 적용 순서를 그림 2-1.42로 표현하였다.

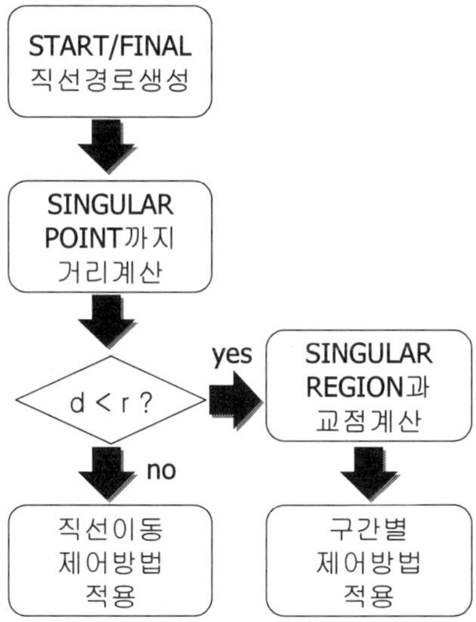

그림 2-1.42 알고리즘 적용 순서도

시작점과 도착점이 주어지면 직선경로를 생성할 수 있다. 생성된 직선으로부터 singular point까지의 거리를 계산한 후 singular region에 포함되는가를 판단하게 된다. 만약 singular region이 아닐 경우 직선경로를 따라가도록 제어를 수행하며, singular region을 지나게 되면 stop point를 구하여 구간을 나누어 제어 방법을 스위칭 한다.

③ Singular region 해석

본 연구에서 제안한 알고리즘을 적용하기 위해서는 singular point와 그에 따른 singular region이 계산되어야한다. 일반적으로 수직다관절 로봇의 경우에 Boundary singularity와 interior singularity의 두 종류의 singularity가 존재한다. Boundary singularity는 로봇의 작업공간의 경계부분과 각 조인트의 각도한계점에서 발생하는 것으로 로봇을 극한 범위에서 작동하지 않음으로써 해결 가능한 singularity이다. Interior singularity는 로봇의 작업공간의 내부에서 일어나는 singularity이다. 수직다관절 로봇의 경우 singular condition은 첫 번째의 마지막 조인트와 무관하며 나머지 조인트들의 상대위치 관계로 인해 발생된다.

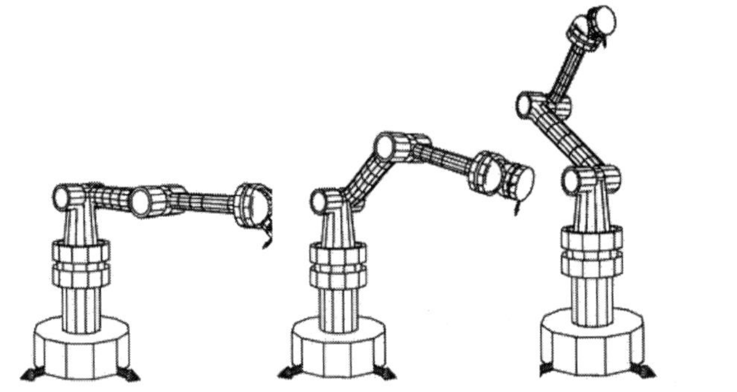

그림 2-1.43 Singular configurations

마지막 세 조인트의 회전축이 만나는 wrist가 존재하는 로봇의 경우 그림 2-1.43과 같이 크게 세 종류의 singular configuration이 존재하게 된다. 현재 시스템에서 arm-extended의 경우 스캐너를 수직으로 들어야 하므로 실제 작업에서 나타나지 않는 형상이다. Wrist-above-shoulder의 경우 스캐너의 측정영역이 로봇 몸체 근처가 되기 때문에 실제 작업에서 나타나지 않는 형상이다. 따라서 현재 시스템에서 가능한 singular configuration은 wrist-extended로 4번째 회전축과 6번째 회전축이 일직선상에 존재하는 경우이다. 이 경우 singular point를 3차원 공간에 표현하면 그림 2-1.44와 같다.

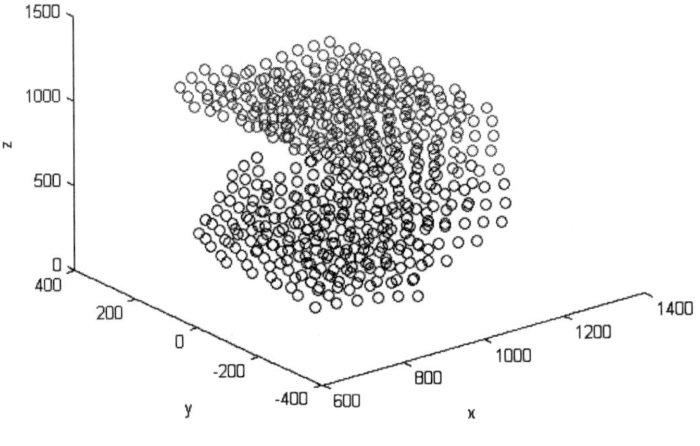

그림 2-1.44 Singular points

그림 2-1.44에서 빨간 점은 로봇 팔의 끝단의 위치이고 파란 점은 그 때 스캐너가 측정하는 위치이다. 그림에서 알 수 있듯이 작업공간의 전 영역에서 singularity가 발생할 수 있다. 따라서 singular region을 특정 점을 중심으로 한 영역으로 하지 않고, 경로가 생성되었을 때 경로를 따

라가면서 wrist-extended singularity가 발생할 수 있는 부분을 singular point로 생각하여 그 점을 중심으로 구를 형성하여 singular region으로 생각하였다(그림2-1.45).

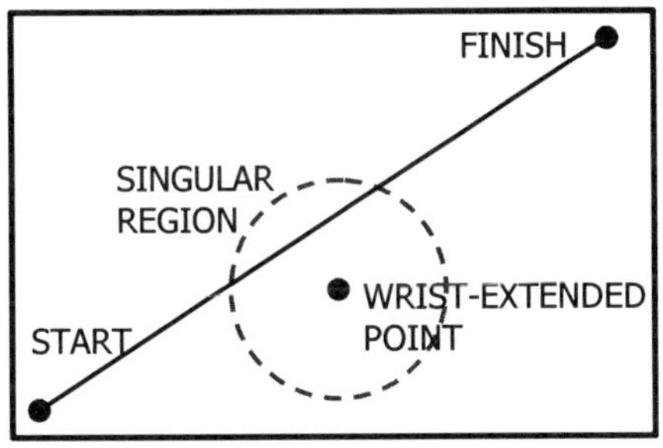

그림 2-1.45 Singular region

여기서 중요한 것이 singular region의 크기를 정해주는 값이다. Singular point 근처에서 경로 계획을 할 경우 조인트 값이 급격히 변하게 된다. 이 영역이 크기는 실험적으로 구하였나. 반경 100 mm로 하였을 때는 조인트가 명령을 추종하지 못하는 경우가 간혹 존재하여 반경을 150 mm로 하였다.

역기구학 해석한 결과를 바탕으로 로봇 구동 프로그램을 작성하여 로봇을 구동해보았다. 로봇의 하드웨어 특성상 예기치 않은 문제들이 몇 가지 발생하였다.

첫째, 반복적인 실험 결과 모든 조인트에 absolute encoder를 사용함에도 불구하고 원점이 조금씩 변하는 문제점이 있었으나 소프트웨어적으로 보정해줌으로써 해결하였다.

둘째, 로봇이 설치된 베이스가 가볍고 진동에 취약하기 때문에 로봇의 구동과정에서 발생하는 진동에 의해 베이스 위에 측정 대상물을 놓고 측정하려던 계획에 차질을 빚게 되었다. 측정 대상물을 올려놓을 jig를 제작하거나 측정 대상물을 로봇의 정면에 위치하도록 하여 측정하는 방법으로 해결하였다.

셋째, end-effector에 스캐너를 장착하게 되면서 스캐너의 케이블이 로봇이 특정 사세를 취할 때 말리는 현상이 있었다. 이 현상이 전선이 끊어지는 경우를 유발하기도 한다. 이 문제는 로봇 팔의 이동경로 최적화에서 많은 부분 해결하였다.

로봇 팔의 이동경로 최적화를 위해 본 시스템에 적합한 직선경로 이동 알고리즘을 개발하였다. 알고리즘을 개발하여 프로그래밍 작업을 마친 후 실제 로봇 시스템에 실험을 하였다. 이때 singular region을 명확히 구분하는 기준이 없는 점이 문제가 되었다. 현재 시스템에서는

singular region 근처를 지나갈 때 무리한 명령이 들어오게 되면 실제 시스템은 가능한 회전을 한 후 제어가 종료되지만, 제어기 내부에서는 원하는 위치까지 도달했다고 판단하게 되어 원점 calibration이 소프트웨어적으로 어긋나게 된다. 따라서 singular region을 적절히 확보해주는 것이 중요하다. 하지만, singular region을 너무 넓게 잡으면 위와 같은 현상이 발생할 가능성은 줄어들지만 경로제어가 되지 않는 영역이 늘어나게 되어 직선경로를 따라 가는 영역이 거의 없게 된다. 이렇게 될 경우 여러 차례 실험을 통해 적절한 singular region을 찾았다.

또한 로봇 제어 프로그램과 시뮬레이터로 분리되어 있던 시스템을 시뮬레이터 내에서 로봇을 제어할 수 있도록 통합하였다. 그림 2-1.46은 통합 이후 구현된 프로그램을 보여주고 있다.

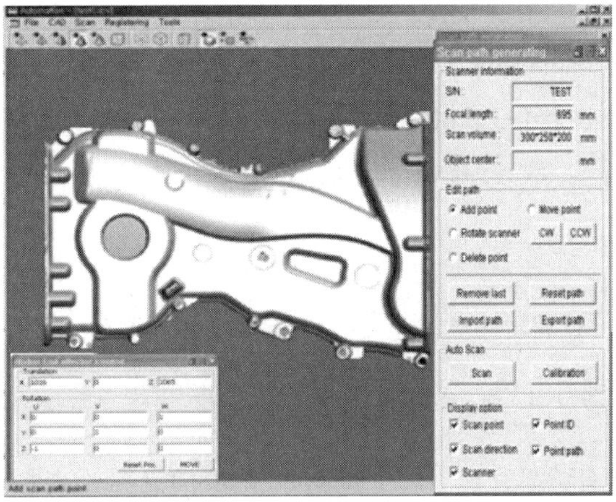

그림 2-1.46 로봇 제어 프로그램과 시뮬레이터의 통합

5. 결과

5-1. 광학식 마커

그림 2-1.47과 2-1.48은 개발한 광학식 마커의 실제 모습을 보여주고 있다.

그림 2-1.47 완성된 광학식 마커

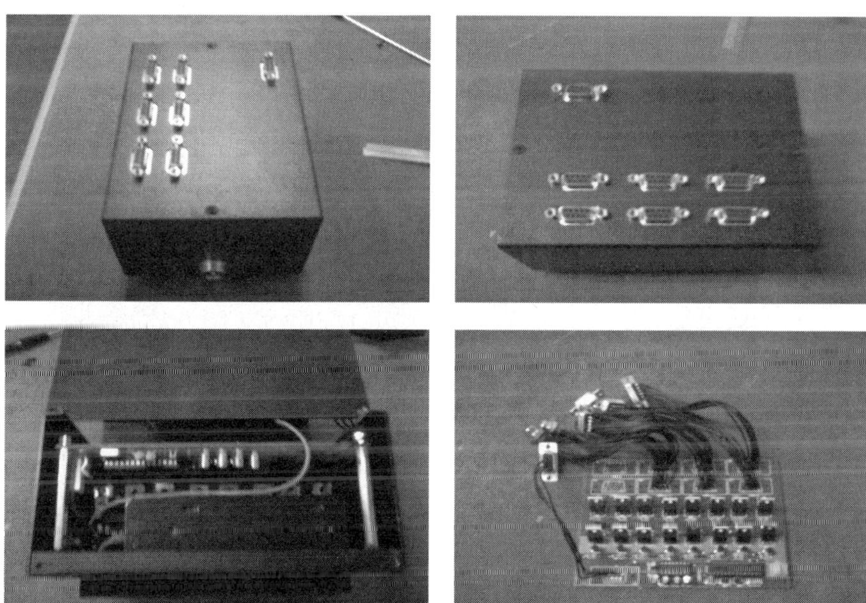

그림 2-1.48 옵티컬 마커 컨트롤보드

그림 2-1.47과 같이 Optical Marker Board는 최대 8개 까지 확장할 수 있도록 개발하였다.

또한 광학식 마커 개선을 위해 그림 2-1.49처럼 24개의 라인 레이저 도입한 기술을 개발하였으나, 영상에서 획득한 라인의 품질이 낮아 포인트 레이저에 비해 정도가 떨어짐을 확인하였다.

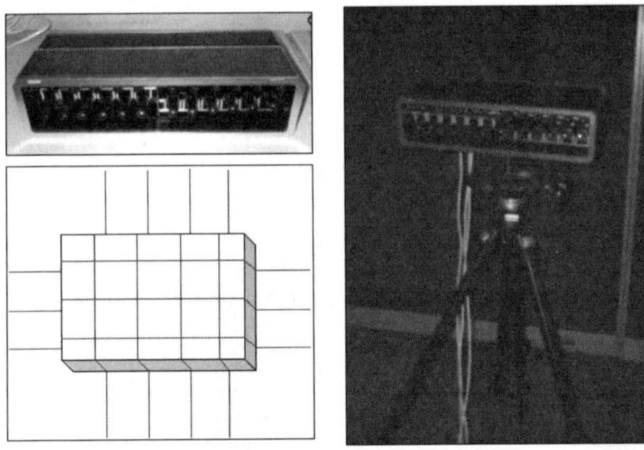

그림 2-1.49 실험에 사용된 라인 레이저 광학식 마커

그림 2-1.50은 광학식 마커를 이용하여 측정물을 측정하는 예이다.

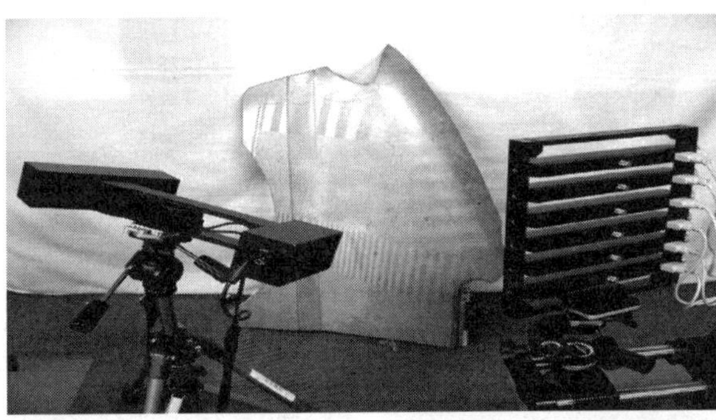

(a) 옵티컬 마커를 이용한 측정 예1

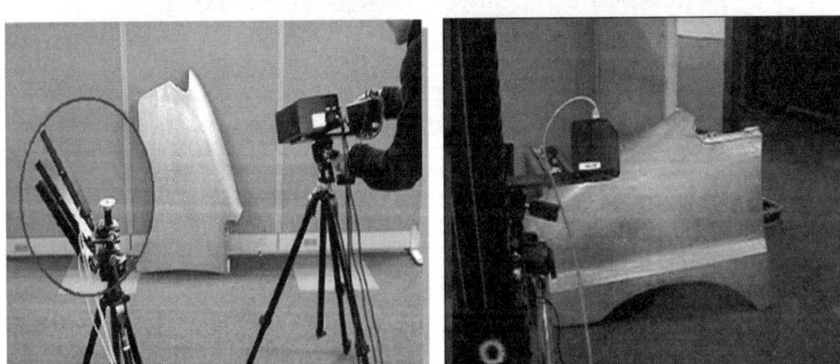

(b) 옵티컬 마커를 이용한 측정 예2

그림 2-1.50 옵티컬 마커를 이용한 측정 실례

그림 2-1.51은 광학식 마커를 이용한 측정 데이터로 광학 마커 정보를 이용 각 측정 데이터들이 하나의 좌표계로 정렬되어 있음을 확인할 수 있다.

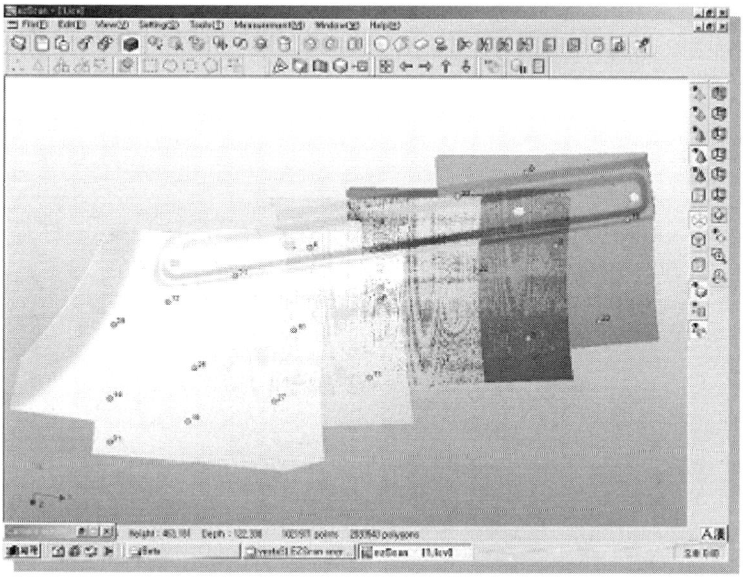

그림 2-1.51 광학식 마커를 이용한 측정 결과

광학식 마커는 기존 수동방식 및 부착식 마커와 비교하여 고속의 측정시간, 각 마커의 자동 ID 부여, 자동 좌표계 정렬이 가능하다는 장점이 있다.

광학식 마커의 정밀도 확인을 위해 자동차 휀더 금형에 대한 측정을 실시하고, 설계 데이터와 비교하였다(그림 2-1.52).

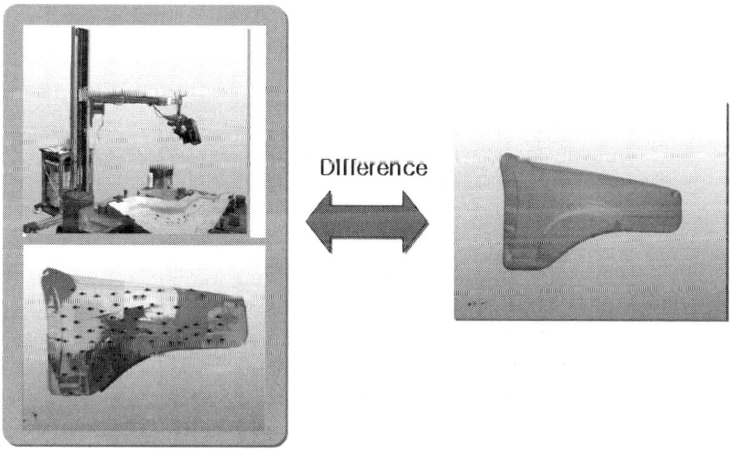

그림 2-1.52 광학식 마커 정밀도 실험 과정

좌측은 실제 금형을 측정하고, 획득한 데이터이며 이를 우측의 설계 도면과 비교하였다. 이에 얻은 결과는 다음과 같다.

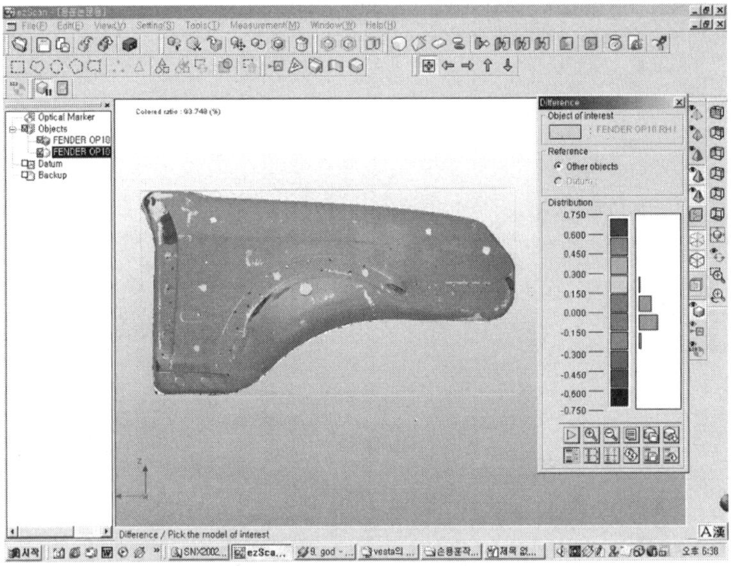

그림 2-1.53 광학식 마커 정밀도 실험 결과

작업시간은 약 1시간이 소요되었으며 그림 2-1.53에서 확인 할 수 있듯이 1.2m 크기의 금형 측정 시 250~300 ㎛이내의 정밀도를 보였으며, 금형이 수정된 부분을 칼라맵으로 확인 할 수 있었다.

최종적인 광학식 마커의 사용은 아래 그림과 같이 자동차과 같은 대형 물체를 다중으로 연동된 여러 대의 옵티컬 마커가 둘러싸고 스캐너가 주의를 돌면서 측정하는 것이다. 광학식 마커를 이용한 측정이 완료되면 그림2-1.54와 같이 획득된 레이저마커로 이루어진 자동차의 3차원 프레임을 얻을 수 있다.

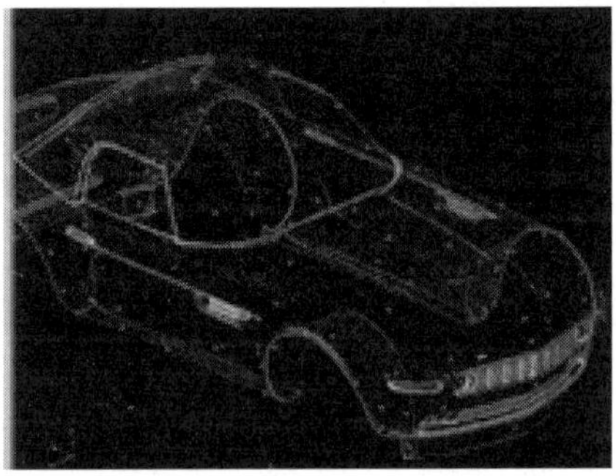

그림 2-1.54 옵티컬 마커로 획득한 자동차의 3차원 프레임

5-2. 오피스용 실험 결과

오피스용 시뮬레이터에서 측정 포인트를 클릭하면 시뮬레이터에서 그림 2-1.55(a)와 같이 카메라 있어야할 공간상의 좌표와 측정 패스를 생성한다. 이때 생성된 패스에 따라 4축 자동측정 시스템이 이동하여 측정하게 된다. 측정한 결과는 2-1.55(b)와 같다. 측정 대상물은 치아를 선택하여 실험하였다(그림 2-1.56 ~ 2-1.57).

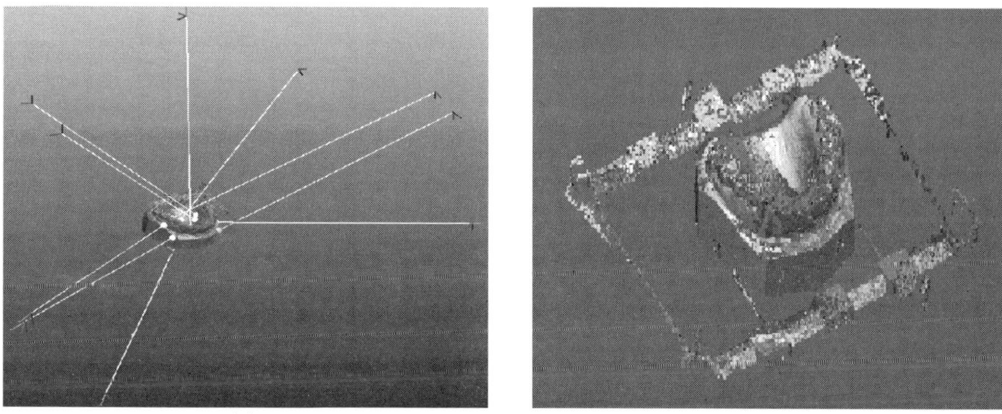

(a) (b)

그림 2-1.55 오피스용 실험 결과 (a) 측정 패스 설정 (b) 측정 패스에 따른 측정 결과

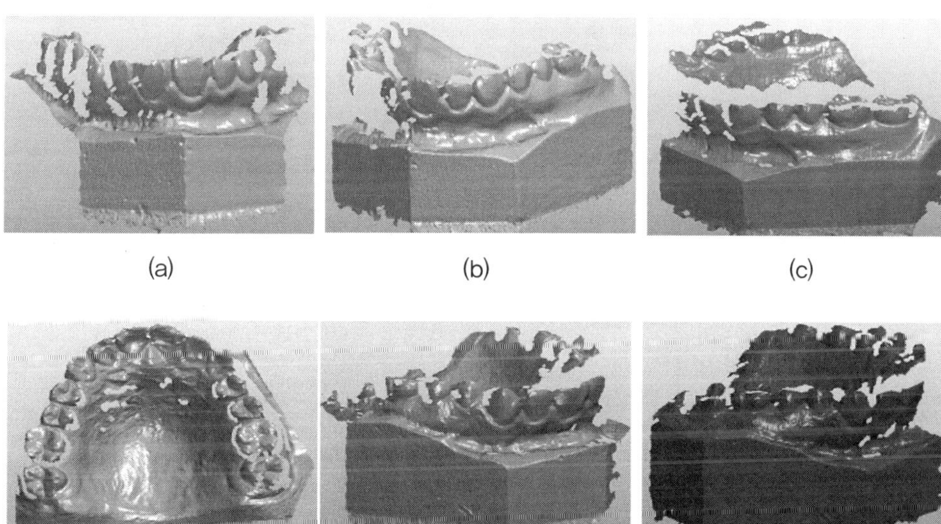

(a) (b) (c)

(d) (e) (f)

그림 2-1.56 각 부분 측정 데이터

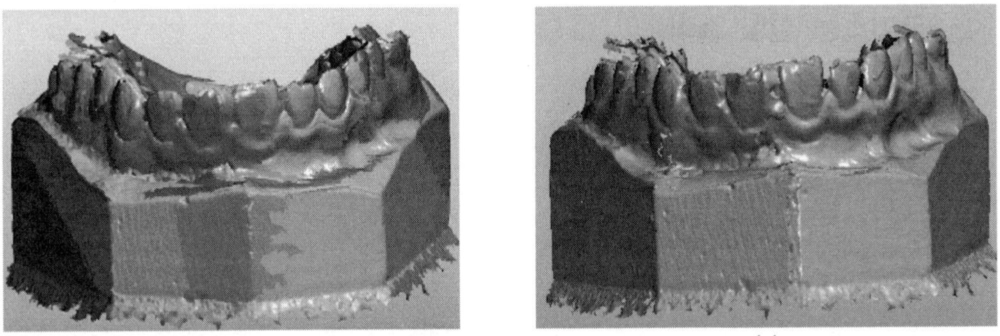

(a) (b)

그림 2-1.57 오피스용 측정 결과 (a) 정렬된 측정 데이터 (b) 머지 데이터

실험 결과 측정 패스 생성과 측정 결과의 위치가 일치하는 것을 확인할 수 있다.

5-3. 산업용 실험 결과

프로그램을 통합하고 측정 시 측정소요 시간을 단축하고 로봇의 움직임을 원활히 하기 위한 측정 경로 최적화를 이용하여 실험을 수행하여 시스템의 동작 상태를 확인하였다(그림 2-1.58). 실험을 통하여 원하는 부분의 측정이 원활히 이루어지는 것을 확인 할 수 있다.

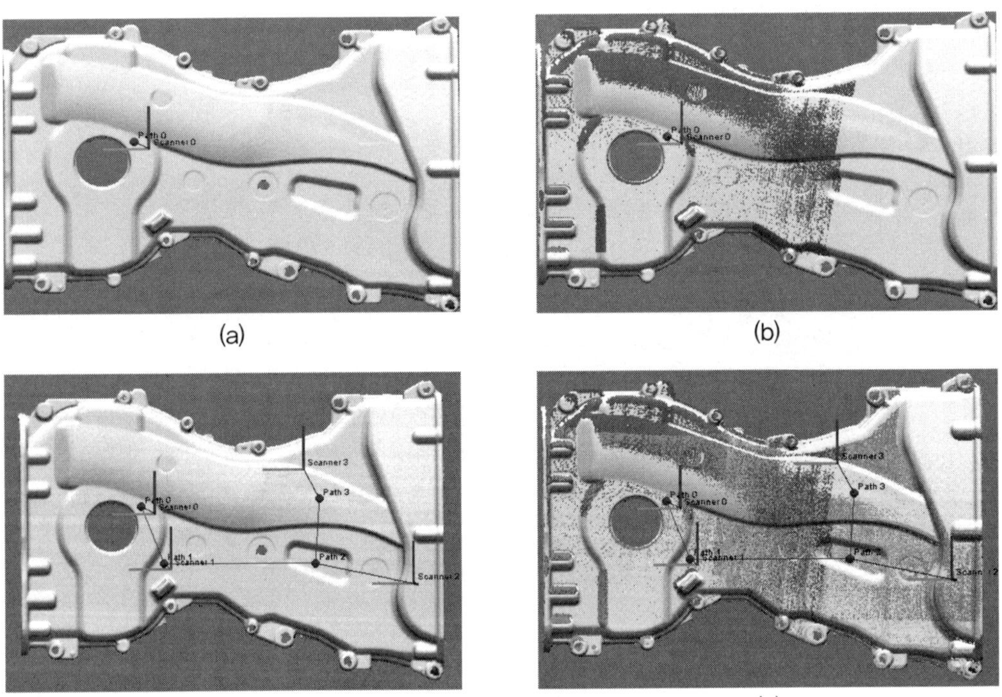

(a) (b) (c) (d)

그림 2-1.58 측정 패스 설정과 측정 데이터 (a) 초기 측정 위치 (b) 초기 측정 결과 (c) 측정 패스 설정 (d) 측정 결과

5-4. 시편 측정 결과

일반적으로 측정 대상물에 대한 설계 치수는 공개되어 있지 않아 3차원 측정 후 실물 복제기를 통해 가공된 물체에 대한 가공 정밀도를 알아내기 어렵다. 따라서 본 과제에서는 임의로 설계 제작된 시편을 측정하여 실물 복제기의 입력 데이터로 사용하고자 그림 2-1.59와 같이 측정 실험을 하였다. 그림 2-1.59(a)는 측정에 사용된 시편을 보여주고 있다. 표 2-1.11에서부터 2-1.13은 시편의 측정 결과를 보여주고 있다.

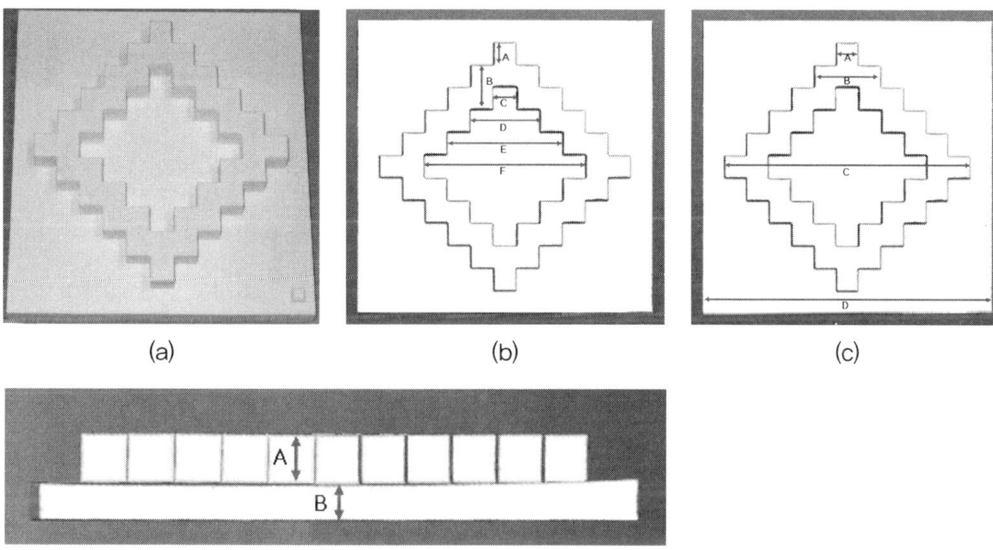

(a) (b) (c) (d)

그림 2-1.59 (a) 측정 시편 (b) 시편 측정 결과1 (c) 시편 측정 결과2 (d) 시편 높이 측정 결과

표 2-1.11 측정 결과 1

구분	A	B	C	D	E	F
설계 치수(mm)	12.0	24.0	12.0	37.0	62.0	87.0
측정 치수(mm)	12.012	24.017	11.989	37.026	62.008	86.962
편차(mm)	+0.012	+0.017	−0.011	+0.026	+0.08	−0.038

표 2-1.12 측정 결과 2

구분	A	B	C	D
설계 치수(mm)	12.0	36.0	135.0	160
측정 치수(mm)	12.022	35.988	134.985	159.976
편차(mm)	+0.022	−0.012	−0.015	−0.024

표 2-1.13 측정 결과 3

구분	A	B
설계 치수(㎜)	12.0	10.0
측정 치수(㎜)	12.015	9.990
편차(㎛)	+15	−10

6. 결과 및 고찰

현재 비접촉식 3차원 측정기의 활용 분야인 엔지니어링 및 그래픽, 의료 시장이 세계적으로 급성장하고 있으나 스캐너 자체의 상대적인 성능 저하와 작업상의 어려움 그리고 장비 사용에 전문적인 지식이 필요한 이유로 시장 확산이 더딘 실정이므로, 초정밀 3차원 측정기술의 개발과 함께 자동 측정이 이루어지면 현장에서의 장비 활용도가 높아짐으로 인해 기존의 3차원 측정기 시장의 잠식과 새로운 시장 창출이 가능해질 것이다.

또한 3차원 측정기의 기술이 선진국과의 격차가 크지 않기 때문에 연구개발 및 투자 여건에 따라 우리나라가 새로운 산업 기반이 되는 비접촉식 3차원 측정 분야에서 선도적인 세계 일류의 기술을 보유할 수 있으며 이는 국가 경쟁력 향상으로 이어질 것이다.

상품화하기 위해서는 시스템의 최적화를 비롯하여 안정성, 신뢰도 그리고 측정기로서의 정밀도 검증 및 향상이 필요하다. 따라서 이러한 부분들에 대한 요소 기술의 업그레이드가 이루어지면 3차원 자동 측정 시스템으로서 상품화에 손색이 없을 것이다.

2-2 Powder Bed Fusion 3D printer

1. 서론

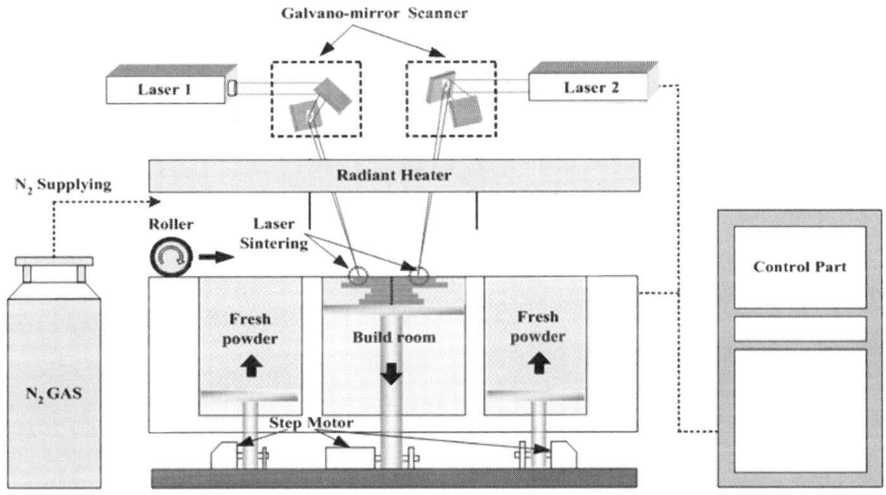

그림 2-2.1 PBF 시스템 개요도

최근 3D 프린터 기술은 산업, 의료, 영화, 게임, 교육 및 광고 등 다양한 분야에 적용되고 있으며, 최근에는 글로벌 생산 체제가 확산되면서 서로 떨어진 지역 간 협업(Collaboration)이 중요한 이슈로 부각되고 있어 향후 3D 프린터의 잠재 수요는 매우 크다고 할 수 있다.

3D 프린팅 기술 중 분말소결(Powder Bed Fusion) 방법은 그림 2-2.1처럼 분말 형태의 소재를 일정한 높이로 적층한 후 레이저를 주사하여 소결하는 방법으로 타 공정에 비해 강도 및 경도가 우수하고 고온에서 사용 가능한 기능성 부품을 제작할 수 있는 특징을 가지고 있어 주로 자동차, 항공, 금형, 기계, 의료 등 다양한 산업분야에 적용되고 있다.

3차원 스캐너와 PBF 기술을 결합한다면, 3차원 센싱 기술과 정밀 가공기계 기술 등을 가진 실물 복제기를 제작하는 것이 가능하다. 이를 통해 첨단 전자부품 및 정보처리 기술의 결합으로 정보화와 자동화로 대표되는 선진국형 산업 발전에 기여할 수 있게 되며 정보통신기기의 보급과 개인 소득 수준의 향상, 온라인 산업의 발전에 따라 개인의 온라인 원격 사무자동화에 대한 필요성이 증대되면서 3차원 복합 시스템의 사용 분야는 일반 산업에서 개인까지 그 수요가 확대되어 타 산업의 발전에도 큰 몫을 할 것이다.

본 저널에서는 3차원 형상의 물체를 신속하게 제작할 수 있는 임의형상제작(Solid Freeform Fabrication, SFF)시스템을 제작한 내용에 대해 설명한다.

2 PBF 시스템

2-1. 산업용 SFF 시스템 설계 및 제작

산업용 임의형상제작 (SFF) 시스템은 그림 2-2.2와 같고, 파우더의 공급 및 이송을 담당하는 적층부, 파우더의 예열을 위한 히팅부, 워크룸의 질소분위기를 형성하기위한 질소 공급부, 대면적의 빌드룸에 레이저를 조사하기 위한 듀얼레이저부, 레이저 유닛 및 전체 시스템을 제어하기 위한 제어부 등으로 구성된다.

산업용 SFF 시스템의 전체 크기는 2500(W) × 1560(D) × 2300(H) mm이며 표 2-2.1에 구조부를 구성하고 있는 알루미늄 프로파일의 사양을 나타내었다.

본 시스템의 경우 듀얼 레이저를 이용하여 800(W) × 500(D) × 600(H) mm의 임의형상을 제작할 수 있도록 빌드룸을 설계하였다. 이러한 빌드룸에 파우더를 공급하기 위한 피드룸의 크기는 400(W) × 500(D) × 600(H) mm으로 빌드룸의 좌우측에 2개를 설치하였다. 또한, 장비 위쪽에 레이저부를 설치하여 워크룸으로 레이저가 조사될 수 있도록 구현하였으며, 레이저부의 크기는 2200(W) × 680(D) × 347(H) mm이다.

기구부는 LM 가이드와 서보모터를 이용하여 롤러 메카니즘을 구현하였으며, 파우더의 적층방법으로는 서보모터를 이용하여 롤러를 역회전시키는 방법을 사용하였다. 또한, 스텝모터와 감속기를 이용하여 Z축으로의 정확한 제어를 수행하였으며, 파우더의 적층두께를 최적화할 수 있도록 적층부를 구성하였다.

히팅부는 복사열을 이용하여 파우더를 예열하는 시스템을 선정하였다. 본 시스템에서 히터부의 역할이 가장 중요하기 때문에 유한 요소 해석을 통하여 히터의 용량을 결정하였다. 유한요소 해석 결과 파우더의 표면을 예열하기 위해 빌드룸과 피드룸에 2.2 kW급의 히터 각각 2개씩 총 8.8 kW급 히터의 설치를 하였다.

그림 2-2.2 산업용 SFF 시스템

표 2-2.1 구조부 부품 리스트

Part Name	Part Size	Specification
Main Frame	2500(W) * 1560(D) * 2300(H)	알루미늄프로파일
Build Room	800(W) * 500(D) * 600(H)	알루미늄프로파일
Feed Room	400(W) * 500(D) * 600(H)	알루미늄프로파일
Side Basket	140(W) * 600(D) * 640(H)	알루미늄프로파일
Laser Space	2200(W) * 680(D) * 347(H)	알루미늄프로파일

질소 분위기는 산소센서를 이용하여 계측하며, 질소 95%, 산소 5%의 조건에서 파우더를 소결할 수 있도록 하였다. 질소 가스는 레이저를 이용한 파우더의 소결 시 발생할 수 있는 미소 폭발 및 소결되지 말아야 하는 파우더까지 소결될 수 있는 문제를 해결하기 위함과 레이저가 조사되는 부분에 설치되어 있는 렌즈부를 청결하게 유지하기 위함이다. 레이저 렌즈부의 경우는 청결여부에 따라 조사되는 파워가 결정되므로, 렌즈부에 에어커튼 (air curtain)을 설치하였다.

레이저부의 경우 500(W) × 800(D) × 500(H) mm의 시제품을 제작할 수 있도록 듀얼 레이저 소결 방식의 레이저 헤드 유닛을 설계하였으며, CO_2 레이저 발생기, 빔 익스팬더, 반사 미러, 다이나믹 포커싱 시스템으로 장치를 구성하였다.

제어부의 경우, 전체적인 파워 공급을 원활히 하기 위하여 자동전압 조정기 (AVR)를 설치하였으며, 정전 등으로부터 시스템을 보호할 수 있도록 UPS를 설치하였다. 또한 각 센서에서 발생할 수 있는 노이즈를 방지하기 위하여 용량에 맞는 노이즈 필터를 설치하였다.

2-2. 레이저부

1) 레이저 소결 공정을 위한 레이저 선정

① 고분자 물질

유기 화합물들은 4-5개의 원자로 이루어진 것들로부터 약 30여 개의 탄소 원자들과 수백 개의 상대적 분자량을 갖고 있는 긴 사슬 탄화수소들에 이르는 비교적 작은 분자들이다. 이들 작은 분자들 외에도, 탄소 원자들은 본질적으로 무제한의 길이를 가진 안정한 사슬로 이어질 수 있다. 이러한 사슬이 수천 혹은 수백만의 원자를 포함할 수 있는 매우 거대한 분자의 골격을 제공한다. 이와 같은 화합물은 중합체(polymer) 또는 고분자라고 부르며, 이들은 긴 가닥과 거미줄 모양으로 연결된 많은 수의 각각 작은 단량체 단위(monomer unit)들에 의해 형성된다. 많은 고분자들은 붙어있는 여러 가지의 작용기들과 더불어 안정한 긴 사슬 분자들을 형성할 수 있는 탄소의 능력에 기초하고 있다.

엄밀히 말하자면, 고분자는 하나 또는 두 종류 이상의 원자들, 혹은 원자들의 집합체들이 주로 공유결합인 1차 결합에 의해 서로 연결된 긴 순서를 갖는 분자들로 구성된 물질이다. 이러한 물질의 정의에서 중요한 것은 비록 고분자와 거대분자라는 용어들이 혼용될지라도, 거대분자라는 용어는 고분자를 구성하는 분자들로 엄밀하게 정의된다는 것이다. 거대분자들은 단량체라고 부르는 분자들이 화학반응으로 연결되어 형성되는데, 거대분자를 얻는 이 공정을 중합(polymerization)이라고 한다. 예를 들면, 에틸렌의 중합에 의하여 생성된 폴리에틸렌은 서로 연결된 50,000여 개의 탄소 원자들로 구성된 분자들을 포함하는 거대분자의 전형적 표본이다. 고분자가 다른 물질로부터 구별되고 그들의 특성을 갖게되는 것은 바로 이러한 긴 주쇄의 성질에 있다.

② 고분자의 분류

고분자를 분류하는 가장 일반적인 방법은 열가소성 플라스틱(thermoplastics), 탄성체(elastomers), 그리고 열경화성 고분자(thermosets)의 3부분으로 구분하는 것이다. 또한 열가소성 플라스틱은 무정형(amorphous)과 결정형(crystalline)으로 더욱 세분화된다. 이러한 분류 방법은 기본적인 고분자의 분자구조에 본질적으로 근거를 두고 있기 때문에 다른 것들과 비교하는데 이점이 있다.

종종 플라스틱으로 약칭 되어지는 열가소성 플라스틱은 가열에 의해 용융되는 선형 또는 가지 고분자이다. 이것은 사출과 압출성형과 같은 공정 기술을 사용하여 실제 어떤 모양으로도 주조 가능하며 다시 주조를 할 수도 있어서 지금까지 산업에 응용되는 고분자 중에서 가장 큰 비중을 차지하고 있다. 일반적으로, 열가소성 플라스틱은 고체 상태로 냉각시키는 것으로 쉽게 결정화되지 않는데, 그 이유는 액체 상태에서 꼬여져 있고 엉켜져 있는 정도가 커서 거대분자는 그에 따른 상당한 규칙성이 요구되기 때문이다. 항성 결정을 형성하는 물질이라도 완전한 결정을 이루지 못하고 결정과 무결정 영역들로 된 준결정(semi-crystalline)을 형성한다. 이러한 고분자들의 결정상은 그들의 용융온도(T_m)에 영향을 미친다. 그렇지만 많은 열가소성 플라스틱들은 무정형이고, 냉각으로도 결정화를 이루지 못한다. 준결정 고분자의 무정형 영역과 무정형 고분자들은 그들의 유리상(경질) (glassy state)에서 고무상(연질) (rubbery state)로 갑자기 전환되는 온도인 유리 전이온도(T_g)에 의해 특징지어진다. 이러한 전이는 분자사슬의 운동에 의해 시작된다. 즉, T_g 이하에서 고분자사슬들은 움직일 수 없고, 그 위치에서 동결된다. T_m과 T_g는 주쇄의 경직성과 분자내 상호인력이 증가함에 따라 높아진다.

탄성체는 원래 크기의 3배에서 10배까지 쉽게 늘일 수 있고, 작용되는 힘이 제거 되었을 때 빠른 시간에 그들의 원래 크기로 돌아갈 수 있는 가교된 고무상 고분자(고무 망상체)이다. 이렇게 매우 중요하고 유용한 특성은 낮은 가교 밀도를 가진 망상구조의 분자구조적 특성에서 비롯된 것이다. 고무중합체 사슬들은 변형될 때까지 팽창되어도 가교에 의해 영구적인 변형이 방지되고, 힘을 제거했을 때 엔트로피(entropy)에 의해 그들의 원래 위치로 갑자기 줄어든다. 종종 탄성체 대신 사용되는 고무라는 단어는 오히려 가교되지 않은 고무 중합체를 표현하는 데 사용되어야 한다.

열경화성 수지는 보통 단단한 물질이며, 높은 가교밀도에 의해 사슬의 운동이 크게 제한되는 망상 고분자이다. 일단 형성이 되면 탄성체에 비해 다루기 어렵고 열을 가했을 경우 녹기 보다는 분해가 되는 고분자이다.

분말 형태로 재료를 도포하고 레이저 빔을 조사하여 자유 형상을 만드는 SFF 공정에서는 열가소성 플라스틱과 탄성체가 그 재료로 사용되고 있다.

③ 레이저 에너지 흡수

다른 형태의 에너지 흡수와 마찬가지로, 적외선(infrared)이 조사되었을 때 분자들은 보다 높은 에너지 상태로 여기(excited) 된다. 적외선 흡수는 다른 에너지 흡수의 경우와 같이 양자화(quantized) 과정이다. 분자는 특정한 진동수의 적외선만을 흡수한다. 적외선을 흡수하는 것은 8-10 kJ/mole의 에너지 변화에 해당하는 것으로, 이 범위는 공유 결합된 분자들의 경우에 stretching과 bending 진동에 의한 에너지 흡수 영역에 해당한다. 적외선 에너지 흡수에 있어서 이 범위 내의 진동수는 적외선이 조사되는 분자의 고유 진동수와 일치하는 것이고, 또한 흡수된 에너지는 분자 고리의 진동 진폭을 증가시키게 된다.

레이저 소결 공정에 사용되는 소재인 플라스틱 분말은 폴리머(polymer) 소재로써 많은 경우에 그 backbone이 C-C 또는 C-O 결합으로 이루어져 있다. 레이저 소결 시 레이저광이 분말에 조사되면 조사된 레이저광의 파장에 따라 backbone 결합이 진동되면서 열이 발생하여 분말이 용융된다. 분광분석에 의하면 C-C, C-O 결합은 조사된 광의 파장이 10 ㎛ 근처인 경우에 진동이 급격하게 증가하면서 용융되는 것을 볼 수 있다. CO_2 레이저의 파장이 10.6 ㎛이므로 대부분의 폴리머 분말을 효율적으로 용융/접합시킬 수 있는 레이저는 CO_2 레이저이다.

2) 레이저 스캐너

레이저광의 집속(focusing)과 편향(deflection)은 레이저광 조사에서 필수적이다. 광의 집속은 대물렌즈(objective lens)를 이용하고, 광의 편향은 2축의 반사경을 가진 galvano-mirror를 이용한다.

① f-theta 렌즈

f-theta 렌즈는 레이저광을 이용하여 문자 또는 이미지를 읽거나 쓰기 위한 목적으로 각인(engraving), 이미지 전사(image transfer), 재료 가공(materials processing) 등에 사용된다. 레이저광의 집속(focusing)과 편향(deflection)은 레이저광 조사에서 필수적이다. 광의 집속은 대물렌즈(objective lens)를 이용하고, 광의 편향은 반사경을 이용한다.

만약 반사경이 광 경로(beam path) 내에서 대물렌즈 뒤에 설치되면, 레이저광은 작은 직경을 가지게 되고, 단지 동축(paraxial) 영역에서만 선명한 이미지를 형성하게 된다. 그러나 대물렌즈 뒤쪽에서 반사경을 위치 조절하는 경우에는 굽어진 광 경로가 생성된다. 즉, 반사경이 회전하는 축에 대해 원호형태의 경로가 생성된다. 이와 같은 경우는 평면에 레이저광을 조사하는 경우에는 적합하지 않다. 반면 반사경이 광 경로 내에서 대물렌즈 앞에 있는 경우에는 레이저광이 이미지 평면에 대해 수직하게 조사된다. 즉 레이저광이 광학계 축에 수직하게 조사된다.

일반적으로 렌즈는 피사체(object)와 기하학적으로 유사한 이미지를 얻기 위해서 왜곡수차

(distortion)가 없도록 만들어진다. 이것은 이미지의 높이 y′가 피사체의 높이에 비례하는 경우이다. 즉 피사체 각도 θ에 대해 $y' = f \times \tan\theta$의 관계가 성립한다. 그러나 이러한 렌즈는 레이저 광 조사에는 적합하지 않다. 렌즈가 평면 조사에 사용되기 위해서는 조사 각도 θ와 이미지 높이 y′ 사이에 선형적인 관계를 가져야만 한다.

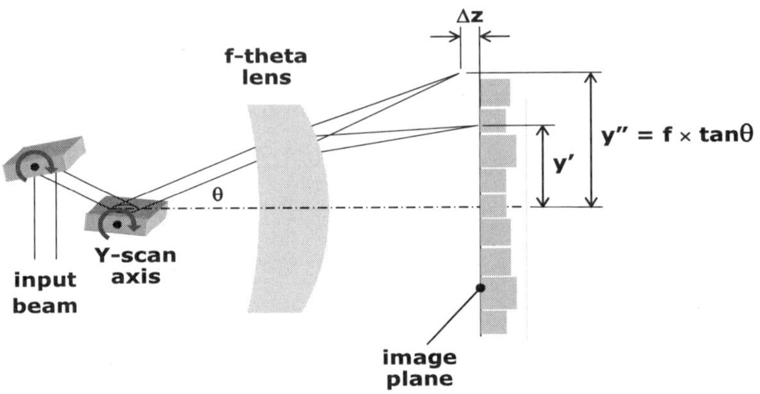

그림 2-2.3 F-theta 렌즈를 이용한 레이저 광 스캐닝

이 관계를 만족하기 위해서는 렌즈가 $y' = f \times \theta$의 관계식을 만족하는 술통형(barrel-shaped) 왜곡수차를 가져야 하는데 f-theta 렌즈는 이 f-theta 조건을 만족한다. 이와 같은 선형적 관계로 인해서 반사경의 각속도와 이미지 평면에서 조사 속도 사이에 선형 관계가 나타난다.

조사면적 500 mm × 500 mm 영역을 조사할 수 있는 f-theta 렌즈의 경우에 이미지 평면에서 스폿 직경이 거의 1mm가 되어서 제작된 형상의 치수 정밀도를 얻기가 어렵다. 스폿 직경을 줄이기 위해 입사광의 직경을 확장(expand)하면 조사속도가 크게 떨어지는 문제점이 있다. 또한, f-theta 렌즈를 사용하는 경우, 렌즈의 크기가 조사면적과 비슷하기 때문에 설치 면적이 증가하게 된다. 실제로 f-theta 렌즈는 주로 레이저 마킹(marking)에 응용되고 있으며, 조사 면적도 50 mm × 50 mm 이하에서 주로 사용되고 있다.

② Telecentric F-theta 렌즈

레이저 광이 3차원 면에 조사되거나, 레이저 광이 평면에 대해 각도를 가지고 조사되면, 평면에 레이저 광이 조사되는 경우의 레이저 광 조사 평면으로부터 위치가 틀려지게 된다. 또한 이상적 조사 면적으로부터의 거리에 따라 조사 면적의 크기도 틀려진다. 이 오차는 telecentric f-theta 렌즈를 사용하면 제거할 수 있다. telecentric f-theta 렌즈는 표준형 f-theta 렌즈와 다른데 그것은 집속되는 레이저 광 다발(bundle)이 조사 면적에 수직하다는 것이다. 대면적을 조사하는 경우 telecentric f-theta 렌즈를 사용하면 렌즈의 직경이 매우 커지게 된다. 그 크기는 대략 2y'+입력 레이저의 광 직경이다. 따라서 telecentric f-theta 렌즈는 대개 크고, 무겁고, 그리고 매우 고가이다.

③ 3-axis Dynamic Scanner

3-axis dynamic 스캐너의 경우에 f-theta 렌즈의 경우와 마찬가지로 2축의 galvano-mirror를 기본적으로 사용하고, 추가적으로 galvano-mirror 앞에 직선 운동을 하는 렌즈가 사용된다. 레이저광의 조사 시 직선 이송 렌즈가 대물렌즈(objective lens)와 동축 상에서 전후로 이송하면서 초점거리를 조절하게 되므로 3-axis dynamic 스캐너로 불린다. 즉 2개의 회전축과 1개의 직선 이송축을 가지게 된다. 직선 이송축에 설치된 렌즈를 고정하고 레이저 광을 조사하면 초점거리(f)가 고정되기 때문에 초점의 궤적이 3차원 곡면이 된다. 그러나 조사하는 위치에 따라 이 렌즈를 앞뒤로 이송시켜 주면 2차원 평면에 항상 레이저광의 초점이 위치하게 된다. 그림 2-2.4에서 보는 바와 같이 레이저 광이 조사 평면의 중심에서 바깥쪽으로 조사될 때 직선 이송하는 렌즈가 그림 2-2.4의 오른쪽에서 왼쪽으로 이송된다.

f-theta 렌즈를 이용한 스캐너에 비해 구동축이 하나 많기 때문에 조사속도가 상대적으로 느리다. 반면 넓은 면적에 걸쳐 레이저광을 조사하는 경우에 f-theta 렌즈는 조사 면적의 크기에 따라 렌즈의 크기가 커져야 하므로 렌즈 가공이 어려운 문제점이 있지만, 3-axis dynamic 스캐너를 쓰는 경우에는 초점 거리가 길이 지는 것에 따라 광학 부품이 커지게 되므로 보다 용이하게 넓은 조사 면적에서 스폿 (spot)의 크기를 작게 만들 수 있다.

f-theta 렌즈를 사용하는 스캐너의 경우에는 레이저광의 조사 면적과 비슷한 크기의 f-theta 렌즈를 사용하고, 그 원리의 특성상 레이저 광이 조사 면적에 거의 수직으로 조사된다. 이 경우에는 조사 면적 즉, 작업 면적상에서 스폿의 원형 형상이 거의 변화가 없게 된다. 반면 3-axis dynamic 스캐너의 경우에는 galvano-mirror를 통과한 레이저 광이 조사 면적 전체에 조사되기 때문에 조사 면적의 경계 부분과 중심 부분에서 스폿의 형상이 차이가 생기게 된다. 이를 보상하기 위해서는 조사 속도 또는 레이저 출력을 조절할 필요가 있다.

본 연구에서는 각 레이저 스캐너의 조사 면적이 500 mm × 500 mm가 되어야 한다. 앞서 언급한 바와 같이 f-theta 렌즈를 쓰는 경우는 레이저광의 스폿 크기를 1 mm이하로 만들기 어렵기 때문에, 3-axis dynamic 스캐너가 적합하다.

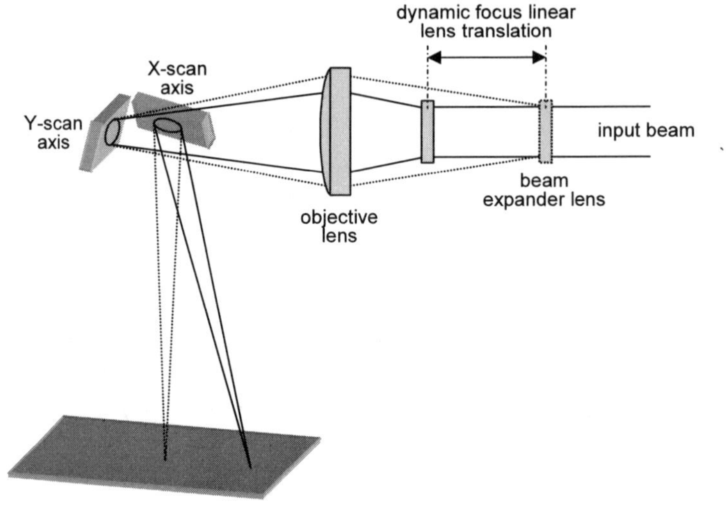

그림 2-2.4 3-axis dynamic scanner 개념도

④ Effective Beam Spot Size

레이저 소결 공정으로 제작된 부품의 치수 정밀도에 영향을 미치는 인자는 여러 가지가 있다. 그중에 레이저광의 스폿(spot) 직경은 매우 중요한 역할을 한다. 도포된 폴리머 분말 층에 레이저 광이 조사되어 소결이 일어나는 경우에 레이저광의 스폿크기와 소결된 선폭이 일치하지 않는다. 그것은 먼저, 레이저광의 에너지 분포가 그림 2.2.5에서 보는 바와 같이 Gaussian 형태이기 때문이다. 즉 레이저광의 에너지가 광의 반지름 방향으로 비선형 변화를 보이기 때문에 소결이 일어나기 시작하는 임계 에너지 값이 존재하게 된다. 이때의 스폿 크기를 effective beam spot size, d_{eff}라고 정의한다. d_{eff}는 레이저 출력, 분말 재료의 물성치(용융점 등), 레이저광의 흡수율, 분말 층의 겉보기 밀도(apparent density), 분말 입자의 분포 등에 의해 결정된다. 레이저 출력이 증가하면 레이저 광도 커지게 된다. 분말 층에 조사된 레이저광은 일부는 반사되어 분말 층 밖으로 진행하고, 일부는 층 내부로 입사되어 여러 개의 분말 입자와 반응하여 분말 입자들로 흡수된다. 따라서 분발 층의 레이저 광에 대한 흡수율은 일반 판재의 경우보다 높다. 광학계 설계에서 폴리머 분말 층 표면에 조사되는 레이저광의 스폿 크기는 0.54 mm이다. 이 값은 본 과제에서 선정된 CO_2 레이저의 M^2(< 1.2)값을 반영한 것이다.

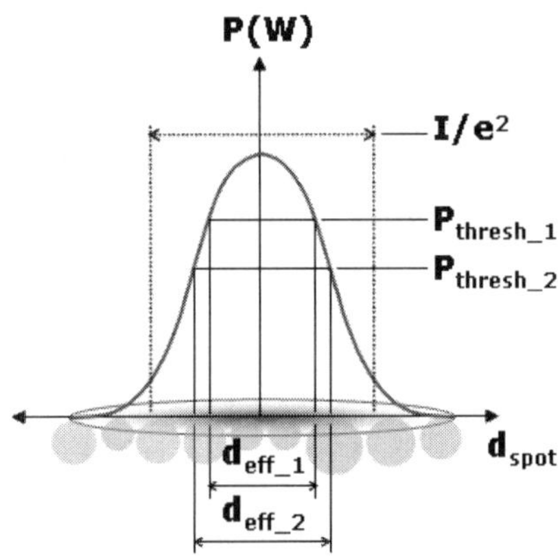

그림 2-2.5 유요한 빔 스폿 크기

3) 레이저부 제작

레이저부의 크기는 2200(W) × 680(D) × 347(H)이고, 그림 2-2.6과 같이 듀얼레이저 (dual laser) 소결방식을 구현하기 위해 최적의 레이저 헤드 유닛을 설계하였고, 500(W) × 800(D) mm 크기의 시제품을 제작할 수 있다. 그림 2-2.7은 본 시스템을 위해 선정된 레이저 부의 개략 도를 나타내며 레이저 엔진 (laser engine), 스캐너 (scanner), 빔 익스팬더 (beam expander), 반사거울 (reflection mirror) 등으로 구성되어있다. 본 시스템에 적용된 레이저는 Coherent 사의 50 Watts 급 CO_2 레이저를 사용하였다. 레이저 조사를 위한 스캐너 (Scanner) 시스템의 경우 레이저 빔 (laser beam)의 동일한 직경 (Spot size)을 유지하기 위해 사용되는 f-theta 렌즈 대신에 다이나믹 초점 스캐너 (Dynamic focusing scanner) 시스템을 적용하였다.

다이나믹 초점 렌즈는 대물렌즈, 오목렌즈, 갈바미러 (Galvano- mirror)로 구성되어있고 대면적에 레이저 빔을 조사할 때 발생하는 스팟 크기의 찌그러짐 현상을 방지하기 위하여 렌즈의 초점 기리를 가변할 수 있는 특징을 가지고 있다. 다이나믹 초점 렌즈는 오목렌즈와 대물렌즈로 구성되어 있으며, 대물렌즈는 고정되어 있고 오목렌즈가 선후로 움식이면서 초섬거리를 조절하게 된다.

그림 2-2.8은 다이나믹 포커싱 스캐너 (Power Scan 33, SCANLAB Inc.,) 시스템의 장치도를 나타내며, 표 2-2.2에 사양을 나타내었다. 레이저 헤드에서 발진되는 광의 직경 (I/e2)은 1.8 ± 0.2 mm 이므로, 원하는 레이저광의 스팟 크기를 얻기 위해서는 레이저 빔의 스팟 크기 (Spot size)를 확대시켜야 한다. 이를 위해서 레이저 빔의 직경을 빔 익스팬더를 이용하여 확대시키고, 초점거리를 670 mm로 하여 450 ㎛의 스팟 크기를 갖도록 장치를 구성하였다. 이때 레이저 헤드로부터 조사된 레이저 빔의 확산 (diversion)을 최소화하기 위해 그림 2-2.6과 같이 빔 익스팬더를 레이저 헤드 바로 앞에 위치시켰으며, 오목렌즈와 대물렌즈의 초점을 일치시켜 확장된 평행 레이저 빔을 조사할 수 있도록 하였다.

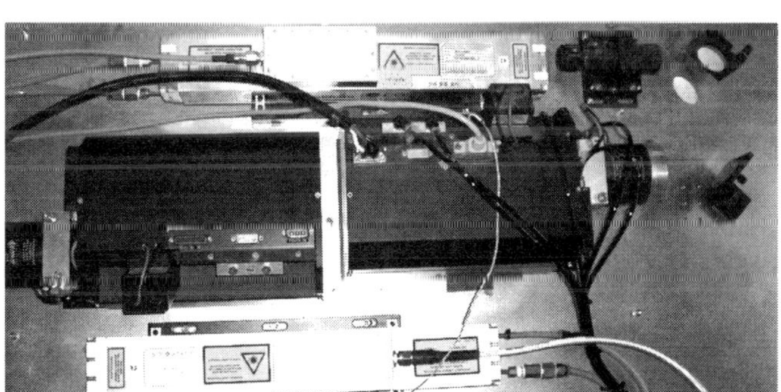

그림 2-2.6 듀얼 레이저부 장치도

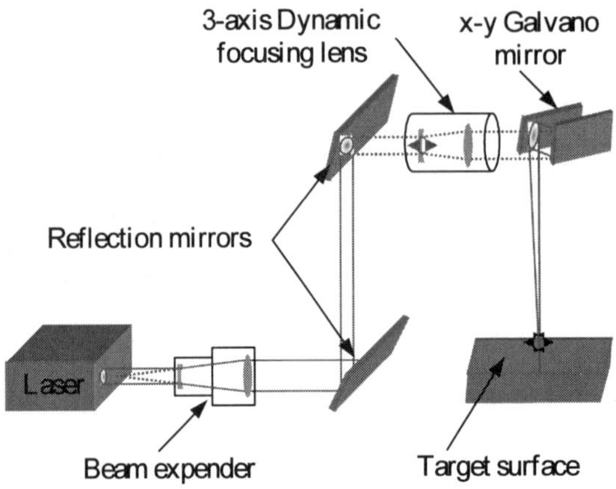

그림 2-2.7 레이저부의 개략도

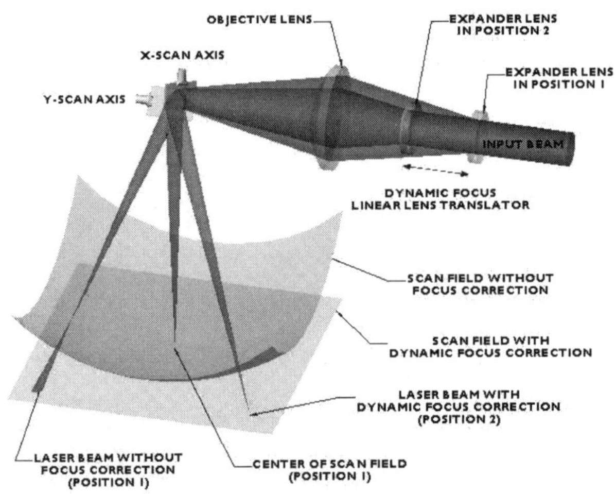

그림 2-2.8 다이나믹 포커싱 스캐너 시스템

표 2-2.2 Power SCAN 33 & vario SCAN 40 사양

Item	Specification
Characteristics of the 3-Axis System	
Correction file	D3_010.CTB
Size of the image field	500 × 500 mm
Typical marking speed in the image field	7 m/s
Optical Characteristics of the vario SCAN 40	
Input clear aperture	16 mm
Wavelength	10.6 ㎛
Beam expansion factor	2.35
Back focal length	771-929 mm
Aperture of the X-Y scan module	
First deflection mirror	36 mm
second deflection mirror	33 mm
Coating	enhanced metal coating
Working wave length	9.3-10.6 ㎛
Reflectivity (at 10.6 ㎛)	99.5%
Maximum laser power density (with specified cooling)	500 W/cm^2
Maximum power (with specified cooling)	2000 W
Dynamic Performance	
Typical positioning speed	18 rad/s
Tracking error	〈0.75 ms
Repeatability	〈22 urad
Power Supply	
Requirements	±(15+1.5) VDC, max. 4.5 A
Air Cooling	
Pressure	1.5~2.5 bar
Water Cooling	
Pressure	Maximum 4.5 bar

다이나믹 포커싱 스캐너 시스템을 본 시스템에 그대로 적용할 경우 그림 2-2.9(a)와 같이 다이나믹 포커싱 렌즈와 x-y 갈바노미러에 파우더가 점착되어 레이저 파워의 감소 및 렌즈의 파손을 일으키게 된다. 따라서 본 시스템에서는 그림 2-2.9(b)와 같은 유동해석을 통해 워크룸 내부에 떠다니는 미세 파우더들이 다이나믹 포커싱 렌즈와 x-y 갈바노 미러에 점착되지 않도록 그림 2-2.9(C)와 같은 에어커튼 (Air curtain)을 제작하여 설치하였다. 그림 2-2.9(d)는 레이저 조사 홀 부분에 설치된 에어커튼을 나타내며, 실험을 통해 파우더의 점착이 상당량 감소함을 확인할 수 있었다. 하지만 N_2 가스가 유입되지 않는 동안에는 렌즈와 미러부가 노출되어있어, 이때 발생하는 파우더의 점착방지를 위한 연구가 요구된다. 이러한 문제점을 해결하기 위한 가장 좋은 방법으로는 10.6 ㎛의 파장을 완전히 투과시킬 수 있는 렌즈를 x-y 갈바노 미러의 하단에 부착하는 것이라 생각된다.

(a) 스캐너 시스템 구조

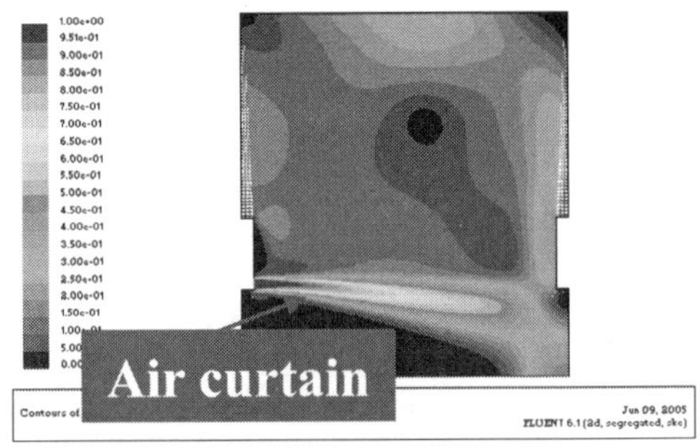

(b) 유동해석

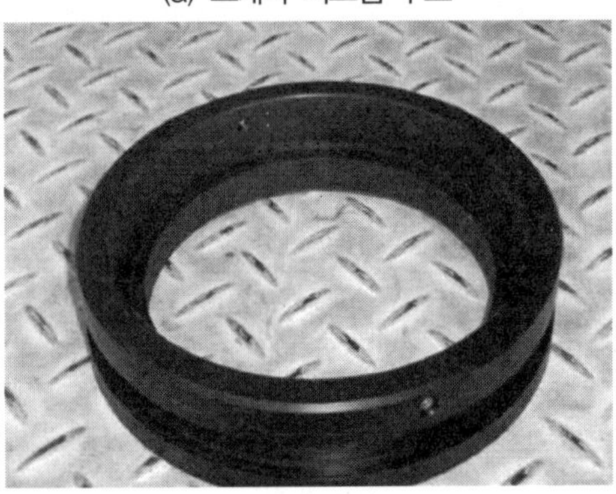

(c) 에어커튼

(d) 에어커튼 제작부

그림 2-2.9 에어커튼 부품

표 2-2.3은 레이저부를 구성하고 있는 주요 부품들을 나타낸다.

표 2-2.3 레이저부 부품 리스트 (unit : mm)

Part Name	Part Size	Specification
Laser Head	537.2(W) * 79.2(D) * 103.7(H)	Input Power ; 200-240VAC, 50-60Hz, 7Amps Need Flow Rate ; >5.67 lpm
Laser Power Supply	308.1(W) * 127(D) * 228.6(H)	-
Power SCAN33	461.5(W) * 221(D) * 226(H)	varioSCAN40 포함 Image Field Size ; 500*500 mm^2
Beam Expander	-	×5 배율
Laser Type	-	10.6 ㎛ wavelength, CO2 50Watt ± 3%
Precision Optics	-	Dynamic focusing system with variable focal length
Scan Speed	-	10 m/s (Material Dependent)
Laser Beam Diameter	-	1.8 ± 0.2 mm
Spot Size ($1/e^2$)	-	450 ㎛ (M^2=1.2)

2-3. 히터부

1) 히터부 제작

SLS의 공정에서 폴리아미드 파우더를 사용하여 레이저 소결을 할 경우 파우더의 예열을 위하여 150 °C 이상의 빌드룸 온도가 요구된다. 산업용 SFF 시스템에서는 그림 2-2.10과 같은 복사열을 이용하여 빌드룸과 피드룸의 파우더를 예열하는 히터 시스템을 선정하였고 히터부의 정확한 제어를 위해 PID 제어방법을 적용하여 1 °C 이내의 온도제어가 가능하도록 히터부를 제작 하였다. 빌드룸과 피드룸의 파우더 표면 온도를 측정하는 방법으로 그림 2-2.11(b)와 같은 비접촉식 IR (Infrared Rays) 센서를 사용하였고, IR 센서의 사양을 표 2-2.4에 나타내었다. 그림 2-2.11(a)와 같은 1차 모델에 사용하였던 IR 센서 (Rayomatic 10, Eurotron Instrument)의 경우 출력되는 신호에 잡음 (Noise)이 많이 섞여있어 빌드룸과 피드룸의 복사히터를 제어할 수 없었으며, 센서부와 인디케이터 (Indicator)가 일체형으로 구성되어 고온에서 사용하기 위해 칠러 (Chiller)를 사용해야하는 단점을 가지고 있었다.

2차모델에 적용된 IR(Rayomatic 14, Eurotron Instrument) 센서는 출력신호에 잡음을 최소화하기 위해 쉴드 (Shield) 케이블을 적용하였고, 고온에서 사용할 수 있도록 센서부와 인디케이터가 각각 분리되어있다. 실제 실험과정에서 Rayomatic 14 IR 센서의 경우 잡음의 영향을 거의 받지 않았고, 0.1 °C 이내의 범위에서 온도를 감지하고 이를 바탕으로 복사히터를 1 °C 이내에서 제어 할 수 있었다.

IR 센서는 빌드룸과 두 개의 피드룸의 상부에 장착되어 각각 파우더 표면의 온도를 측정한다. 히터 시스템에 적용된 IR 센서는 0 ~ 500 °C의 온도 범위의 측정이 가능하고, 측정 온도를 4~20 ㎃의 출력으로 내보낸다. 저항 회로를 통해 전류를 전압으로 변환하고 A/D(Analog to Digital) 변환을 통해 주제어기 PC로 보내준다. 주제어기 PC는 식 (2-2.1)을 통해 측정된 온도를 계산한다.

$$\text{측정온도} = \frac{500}{0.016} \times \frac{v - 0.05}{R} - 125(℃) \tag{2-2.1}$$

또한 SLS 공정 중 발생할 수 있는 문제점으로 파우더 표면온도와 내부온도 차로 인한 열응력에 의한 변형을 고려할 수 있으며, 이를 최소화하기 위해 그림 2-2.12과 같은 빌드룸의 베드 (Bed)에 피스톤 히터 (piston heater)와 실린더 히터 (cylindrical heater)를 설치하여 소결 시 발생 할 수 있는 열응력에 의한 변형을 방지할 수 있도록 하였다.

그림 2-2.10 파우더 예열을 위한 복사 히터

표 2-2.4 Rayomatic 14의 사양

	Sensing head (20:1)	Electronic box
Ambient temperature	0 ~ 180 ℃	0 ~ 65 ℃
Relative humidity	10 ~ 95%	10 ~95%
Dimensions	28x14 mm	89x70x30 mm
Weight	40 g	420 g
Power supply	–	8 ~ 36 VDC
Spectral range	8 ~ 14 ㎛	–
Temperature range	−40 ~ 900 ℃	–
Response time	150 ms	–
System accuracy	±1 ℃	–
Repeatability	±0.5 ℃	–
Temperature resolution	0.1 ℃	–
Output Voltage	–	0 ~ 10 V
Output Current	–	4 ~ 20 mA

피스톤 히터와 실린더 히터의 제어 방법으로는 K 타입의 써머커플 (Thermocouple)과 J 타입의 써머커플로부터 감지된 온도 값을 릴레이 (Relay)를 이용하여 On/Off 제어하였다.

열전대 (Thermocouple)는 0~300 °C의 온도 범위를 가지고 미소 전압으로 출력되는데, 이 신호는 온도 지시계 (Indicator)를 거쳐 주제어기 PC로 전달된다. 표 2-2.5는 히터부에 사용된 주요 부품들을 나타낸다.

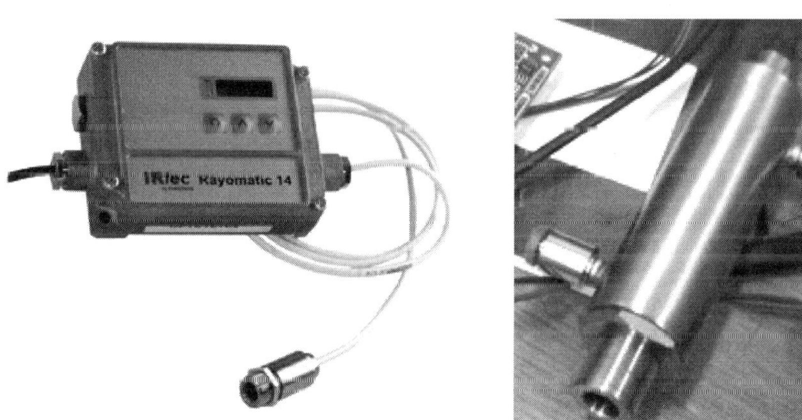

(a) Rayomatic 10 (b) Rayomatic 14

그림 2-2.11 비접촉식 적외선 센서

표 2-2.5 히터부 부품 리스트 (unit : mm)

Part Name	Part Size	Specification
Heater Frame	1990(W) * 590(D) * 50(H)	PID 제어 가능, 2.2kW급 히터 4개 장착, BR150℃, FR130℃ 유지
Piston Heater	800(W) * 500(D) * 5(H)	2.2kW급 히터 장착 135 ℃ 유지
Cylindrical Heater	1300(W) * 2(D) * 200(H)	1.2kW급 히터 2개 장착 135 ℃ 유지
Thermocouple	–	K Type ; –100 ~ 1300 ℃ J Type ; 0 ~ 800 ℃
Indicator	–	아날로그출력 (4 - 20 mA) 모델명 ; Autonics TZ4ST–R4R

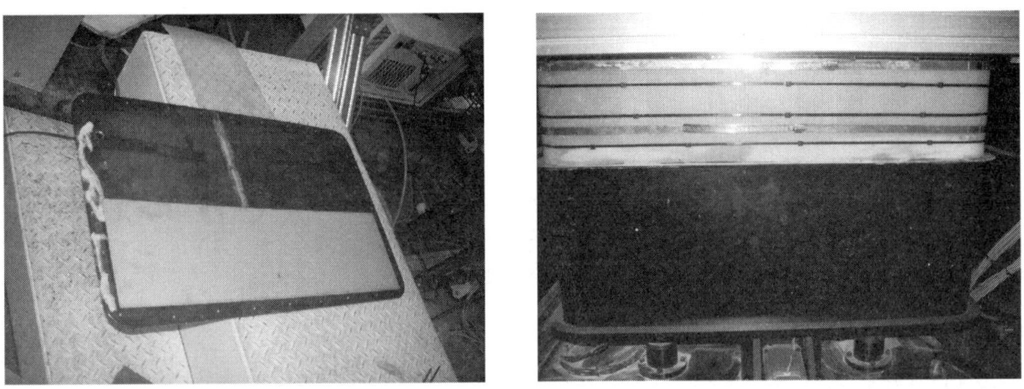

(a) Piston 히터 (b) Cylindrical 히터

그림 2-2.12 빌드룸의 Piston 히터와 Cylindrical 히터

2-4. 질소 공급부

질소 공급부는 시스템 내부에서 레이저 소결시 발생할 수 있는 미소 폭발에 따른 그을음을 억제하고 파우더의 날림으로 인한 스캐너 렌즈부에 점착을 방지하기 위해 워크룸과 스캐너 렌즈부에 질소를 공급하는 역할을 한다. 그림 2-2.13(a)는 액체질소와 기체질소 발생장치를 나타내며, SLS 공정에서 소결위해 95% 이상의 질소 분위기가 조성되어야 하기 때문에 그림 2-2.14(a)와 같은 산소센서를 이용하여 5% 이하의 산소를 검출함으로써 질소 분위기 조성 여부를 확인할 수 있도록 하였다. 실험과정에서 워크룸의 질소분위기를 만들기 위해 질소농도가 80%일 때까지는 워크룸에 약 40 lpm, 스캐너부의 경우 20 lpm 정도를 유입하였다. 질소 농도가 80%일 때 빌드룸과 피드룸을 예열하기 시작하였으며, 워크룸의 질소 유입을 차단하고 스캐너부의 냉각 및 95% 이상의 질소

분위기를 조성하기 위해 30~45 lpm으로 스캐너부에만 질소를 유입시켰다.

질소의 유량제어 방법으로 질소 발생기에 레귤레이터를 설치하여 질소 압력을 제어할 수 있도록 하였고, 실제 유입되는 질소의 유량은 ball flowmeter를 이용하여 제어하였다. 그림 2-2.13(b)에 보이는 장치는 좌측부터 차압계, 워크룸을 위한 질소 유량계, 스캐너를 위한 질소 유량계, 스캐너 냉각용 유량계, 레이저 냉각용 유량계이다. 본 시스템에 부착되어 있는 산소센서는 독일 IT사의 A-01S 모델이며, 워크룸의 배기(Vent) 부분에 설치하여 보다 정확하게 산소 농도를 감지함으로서 질소 농도를 계측할 수 있도록 하였다.

산소센서는 산소의 농도에 비례하여 4 ~ 20 mA의 전류 출력이 나오기 때문에 별도의 회로를 구성하여 전압 신호를 제어기에 보내줄 수 있도록 구성하였다. 측정된 전압으로부터 식 2-2.2를 이용하여 산소 농도 값을 계측 할 수 있다.

$$\text{농도} = \frac{100}{0.016} \times \frac{V}{R} - 25 \tag{2-2.2}$$

이때, 오실로스코프로 확인 결과 전압 신호에 노이즈 신호가 많이 포함되어 그림 2-2.15(a) 와 같은 신호가 출력되었다. 따라서 회로에 Low-pass filter를 추가하여 그림 2-2.15(b) 와 같이 노이즈를 제거한 신호를 제어기에 입력할 수 있도록 시스템을 구성하였다.

(a) 질소 발생장치 (b) 질소 및 물 유량계

그림 2-2.13 질소부 주요 부품

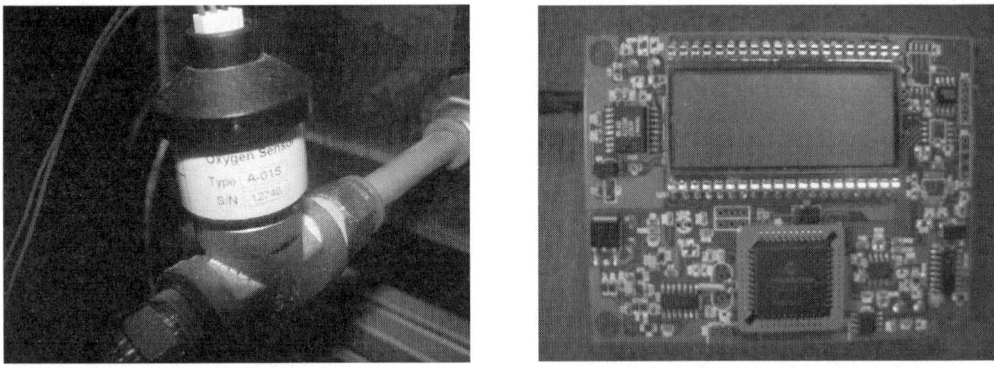

(a) 산소 센서 (b) LCD 모니터링 보드

그림 2-2.14 산소 센서부

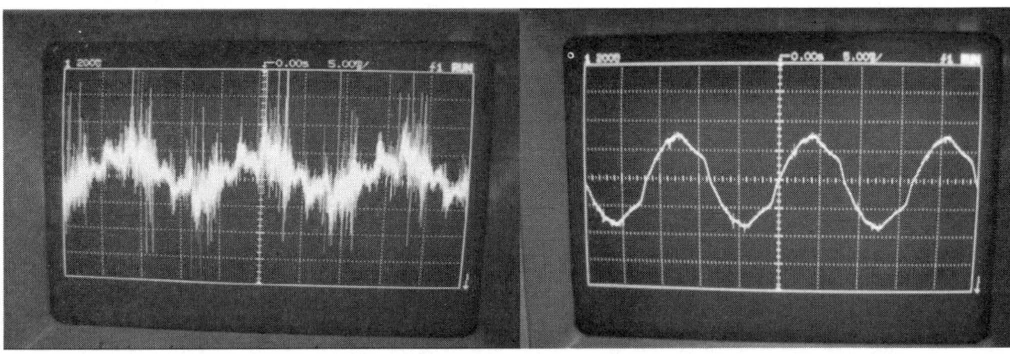

(a) Low-pass 필터가 없는 경우 (b) Low-pass 필터가 있는 경우

그림 2-2.15 Low-pass 필터 추가 전후의 센서 신호 출력

1) 시스템 P&ID(Piping and Instrumentation Diagram)

그림 2-2.16은 산업용 SFF 시스템을 구성하고 있는 배관 및 각종 센서들의 배치를 도식화해 놓은 것이다. 그림 2-2.16에서 굵은 선으로 표시된 부분이 현재 특허로 출원해 놓은 질소 가열 시스템으로서 아직 구현을 해보지는 못하였다. 특허 내용은 질소가 액체탱크를 나오게 되면 기체로 투입될 때의 온도가 5 ℃정도이기 때문에 상당히 낮은 온도로 뜨거운 워크룸으로 투입된다. 그러면, 히터에 의해서 상승된 온도를 질소가 계속해서 냉각(cooling)시키는 역효과를 가져올 수 있다. 따라서 이러한 현상을 방지하기 위해서 질소를 워크룸에 투입하기 직전에 버블러와 사이클론 시스템을 응용하여 히팅된 질소를 투입하는 것이 특허의 목적이다.

표 2-2.6 질소부 부품 리스트

Part Name	Specification
Ball Flow Meter	50 lpm N_2용 (Make up 용, 30 lpm 사용)
	50 lpm N_2용 (Scanner 냉각용, 20 lpm 사용)
	10 lpm Water용 (레이저 냉각용, 5.67 lpm 필요)
	700 cc Water용 (IR 센서 냉각용, 200 cc 사용)
차압계	투입되는 질소와 챔버내의 압력차 확인용
솔레노이드 밸브	N_2 & 냉각수 투입용, N_2 Vent 용
용존산소량 감지 센서	3 Pic 산소농도 측정 모듈, 반응시간 (5초이내), 측정범위 0 – 100% (Indicator를 이용하여 측정)
액체질소&응축기	3 bar정도에서 사용

그리고, 질소 배출구(vent)에 체크밸브를 설치해 놓았는데(현 장비에는 솔레노이드 밸브만 장착되어 있음), 이는 워크룸 내부의 압력과 대기의 압력차에 의해서 질소가 자동으로 배출될 수 있도록 구현하기 위한 것으로 워크룸 내부의 sealing이 진공에 가까울 정도로 되어 있어야만 구현이 가능한 것이다. 표 2-2.6은 질소부에 사용된 주요 부품들을 나타낸다.

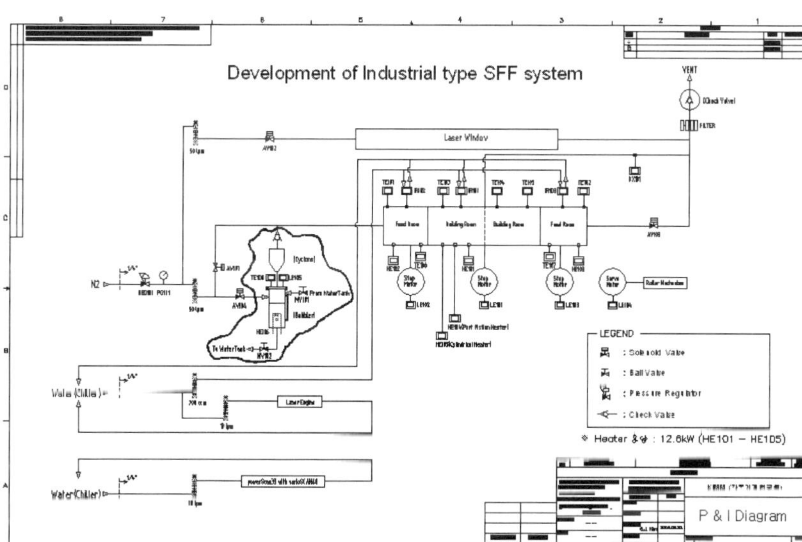

그림 2-2.16 산업용 SFF 시스템의 P&ID

2-5. 시스템 적층부

CAD 데이터나 3차원 이미지를 이용하여 분말가루로부터 구조물을 조형하는 SLS의 공정은 분말

가루를 한 층씩 적층하여, 레이저 소결을 통해 구조물을 만들게 된다. 때문에 파우더의 적층을 위한 z 축의 제어와 롤러를 이용한 x 축의 파우더 이송은 구조물의 정밀도와 밀접한 관계가 있다. 적층부는 소결이 이루어지는 빌드룸 (build room)과 파우더를 공급하는 피드 룸 (feed room)으로 구성되어 있다.

표 2-2.7 빌드룸과 피드룸의 주요 장비 사양

구분	종류	규격 및 특징
스테핑 모터 (빌드룸)	NS System/ TS3630N3E5	토크 63 kgf·cm
스테핑 모터 (피드룸)	NS System/ TS3624N3E5	토크 15 kgf·cm
볼 스크류 감속기	미래산업/ Power Jack, SSJ Type	Lead 4 ㎜ Gear ratio 1:20

빌드룸의 크기는 800(W) × 500(D) × 600(H) mm의 워크 볼륨을 가지도록 설계되었으며, 빌드룸의 좌우에 400(W) × 500(D) × 600(H) mm 크기의 피드룸을 설치하여 파우더를 공급하도록 하였다.

그림 2-2.17(a)는 빌드룸과 피드룸의 정밀한 z축 실린더의 구동을 위해 사용한 스탭 모터를 나타내며, 스텝모터의 제어를 통해 파우더의 적층 두께를 최적화 할 수 있다. 파우더의 적층을 위해 사용된 스텝 모터는 1회전당 500 펄스 (pulse)의 분해능을 가지고 있고, 20:1의 감속기를 설치하여 원활한 적층두께 (layer thickness) 제어 및 큰 토크 (torque)를 가질 수 있도록 하였다. 또한 수직이송을 위해 사용된 Ball-Screw의 피치는 4 mm이며, 식 2-2.3은 스텝 모터의 1펄스당 빌드룸과 피드룸의 수직 이송 변위를 나타낸다.

$$\frac{1rev}{500pulse} \times \frac{1}{20} \times 4 = 0.0004\,(mm) = 0.4um \tag{2-2.3}$$

따라서, 식 2-2.3로부터 1펄스당 0.4 ㎛의 변위로 빌드룸과 피드룸의 정밀한 Z축 제어가 가능하기 때문에 파우더의 적층두께를 정밀하게 제어할 수 있다.

일반적인 SLS (Selective Laser Sintering) 장비의 경우 적층두께를 100 ~ 150 ㎛ 단위로 제어하고 있으며, 산업용 SFF 시스템의 소결실험 과정에서도 100 ~ 150 ㎛의 적층두께가 적당함을 알 수 있었다. 또한 빌드룸의 경우, 재료가 소결되면 플라스틱이나 메탈과 같은 제품으로 변화가 되어 파우더로 존재할 때보다 더 많은 밀도를 보유하게 된다. 따라서 본 시스템은 빌드룸의 70%가 시제품으로 제작이 되었을 때를 고려하여 표 2-2.7과 같이 스테핑모터를 선정하였다.

그림 2-2.17(b)는 피드룸으로부터 공급된 파우더를 빌드룸으로 공급하고, 파우더의 표면을 평탄화 시키는 롤러부를 나타낸다. 롤러부의 경우 그림 2-2.17(c)와 같이 롤러의 역회전을 위한 100 Watts 급 AC 서보 모터와 롤러의 수평이송을 위한 400 Watts 급 AC 서보 모터를 사용하여 파우더를 고르게 적층하는 롤러 메커니즘을 적용하였다.

표 2-2.8 롤러부의 주요 장비 사양

구분	종류	규격 및 특징
AC 서보 모터(수평이송)	다마까와/ CSMT400W	최대 3000 rpm 토크 39.0 kgf·cm
AC 서보 모터(회전)	다마까와/ CSMT100W	최대 3000rpm 토크 9.7 kgf·cm
롤러	재질 SS400	직경 55 ㎜ 무게 3.5 kg
LM 가이드 부분	무게 23kg	롤러 고정부 포함
타이밍 벨트 + 풀리 (수평이송)	1:25 감속기/ 벨트 폭 25.4 ㎜	외경 97.02 ㎜ 내경 95.65 ㎜
타이밍 벨트 + 풀리 (회전)	감속기 없음 벨트 폭 9.5 ㎜	외경 32.0 ㎜ 내경 20.0 ㎜
8축 MMC 보드	삼성 Multi Motion Controller	MMC_BDPV41PNA MMC_OUT & IN & LIMIT MMC 축 케이블 & I/O 케이블 속도, 위치, 토크 제어가능

특히, 롤러의 수평이송 시 발생할 수 있는 진동과 진직도를 고려하여 LM 가이드를 설치하였다. 또한, 마찰을 수평이송 시 발생할 수 있는 마찰을 고려하여 25:1의 감속기가 부착된 타이밍 벨트 구조를 이용하여 속도와 토크 제어가 가능하도록 하였다.

표 2-2.8은 롤러부의 주요장비 사양을 나타내며, AC 서보 모터의 최대속도가 3000 rpm이고 타이밍 벨트의 풀리 외경이 97.02 ㎜이므로 식 2-2.3의 결과로부터 롤러의 최대 수평 이송 속도가 약 609.59 ㎜/s 정도가 된다. 이 경우 파우더 평탄화를 위해 롤러가 왕복운동을 하는데 걸리는 시간은 약 2 ~ 3초 정도로 SLS 공정상에서 파우더를 적층하기에 충분한 속도이다. 또한 빌드룸 구간에서는 등속운동, 피드룸부의 중심부에는 가감속 구간을 두어 급출발 및 급정지로 인한 진동을 예방할 수 있도록 하였다.

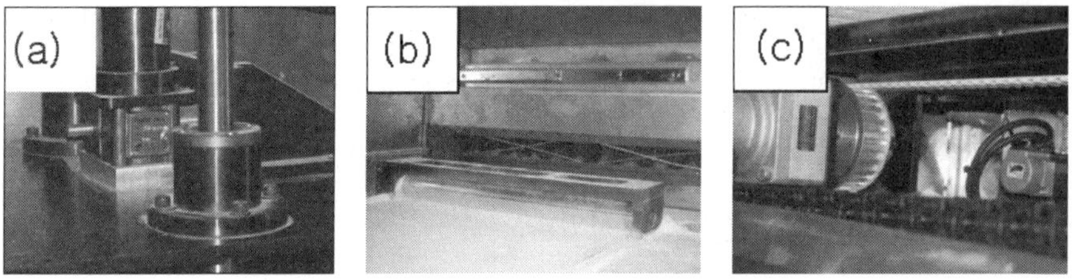

그림 2-2.17 (a) 스텝모터, (b) 롤러부, (c)서보모터

$$3000rpm \times \frac{1\min}{60\sec} \times \frac{1}{25} \times 97.02\pi = 609.59\,mm/\sec \tag{2.4}$$

또한, 파우더의 압축을 방지하고 원활한 적층을 위해 롤러의 수평이송 방향과 역방향으로 롤러가 회전할 수 있도록 하였다. 이때 롤러의 최대 회전 속도는 3000 rpm이다. 2차년도에 개발한 롤러 구동부는 하나의 AC 서보 모터와 와이어 구동 메커니즘을 이용하여 롤러 가이드를 수평 이송시키고 회전시켰다. 이 경우 롤러의 수평이송 속도가 증가할수록 적층된 파우더의 표면이 거칠어지는 것을 확인할 수 있었다. 이것은 롤러의 회전 속도가 롤러의 수평이송 속도에 종속되어 최적화가 이루어지지 못했기 때문이다. 이를 해결하기 위하여, AC 서보 모터를 1개 추가하여 롤러의 수평이송 속도와 회전 속도를 독립적으로 제어할 수 있도록 보완하였다. 빌드 룸과 피드 룸의 위치 제어, 롤러의 수평이송 속도 및 회전 속도 제어방법으로는 8축의 MMC (Multi Motion Controller) 보드와 PID 제어기법을 사용하였으며, 파우더 적층의 진행 방향은 좌, 우의 방향을 교대로 하여 진행한다. 롤러가 좌측에 있을 경우 좌측의 피드 룸이 파우더를 공급하고 롤러는 좌에서 우로 수평이동하며, 반대로 우측에 도착한 롤러는 우측의 피드 룸 공급과 함께 우에서 좌로 이동하게 된다.

그림 2-2.18은 빌드룸과 피드룸의 z축 이송 시에 마찰을 최소로 하고 파우더의 누설을 최대한 줄일 수 있도록 설계되어진 sealing 구조물이다. 알루미늄 60 계열을 사용하여 평판의 모서리 6 mm 정도를 15° 각도로 가공한 후 이 부분에 자동차용 휠터 재질의 소재를 삽입하여 파우더의 누설을 방지할 수 있도록 하였다.

그림 2-2.18 빌드룸과 피드룸의 sealing

3. 산업용 SFF 시스템의 유한요소해석

3-1. 유한요소해석 배경이론

컴퓨터는 미분방정식을 해석적으로 푸는 것이 많은 경우 가능하지 않기 때문에 풀어야 할 영역의 유한한 공간상의 격자점에서 미지수에 관한 대수방정식이나 관계식을 만드는 것이 요구된다. 이 것을 이산화 (discretization)라고 한다. 미분방정식을 이산화하는 방법으로는 크게 유한차분법 (finite difference method), 유한체적법 (finite volume method), 유한 요소법 (finite element method)으로 구분된다.

유한차분법은 수치계산법으로 널리 사용되고 있으며 미분방정식에 나타나는 미분항을 Taylor-series expansion을 이용하여 나타내는데, 이산화에 요구되는 정확도를 맞추어 격자점이나 그 인근 격자점의 Taylor-series expansion에 의한 관계식을 조합시켜 미분항을 근사적으로 표현한다.

유한체적법은 운동량 및 질량보존법칙을 만족시키기에 용이하도록 적분으로 지배방정식을 이산화하는 방법이다. 고려하고 있는 격자점을 중심으로 한 미소영역내에서 방정식을 적분하고, 그 경계값을 인근 격자점을 이용하여 요구되는 정확도로 주어 적분식을 이산화하는 것이다.

유한요소법은 미지수를 요구되는 정확도의 근사함수로 표현하고 그 계수의 크기를 weighted residual method 등을 이용하여 미소영역마다 결정하는 것이다.

다시 말하면 고체의 변형상태는 선형, 비선형의 여하를 불문하고 가상일의 원리로 대표되는 에너지 원리에 지배되고 있으므로, 그 해석은 그림 2-2..19에 나타난 것과 같이 항상 에너지 원리를 기초로 해야 한다. 이 에너지 원리를 사용하여 문제를 푸는 방법은 두 가지가 있다. 하나의 해석방법에서는 변분방정식에 부분적분을 하고 Green-Gauss의 정리를 적용하여 변환하면 현상을 지배하는 미분방정식과 경계조건이 얻어진다. 따라서 미분방정식론 및 함수론 등을 사용하여 풀이가 구해지고 그 해석법의 연구가 이론 탄성학의 중심 과제이며 이미 17세기이래 많은 수학자, 물리학자에 의해 훌륭한 이론체계가 완성되어있다. 그러나 현장에서 부딪히는 구조문제는 매우 복잡하며 과감한 구조의 이상화를 하여도 해석이 대단히 곤란한 경우가 많다. 그래서 오래전부터 에너지원리를 직접 사용하여 근사풀이를 구하는 방법이 연구되어 왔다. 이와 같은 해석법을 직접 해법 (direct method of solution)이라 하며 유명한 Rayleigh-Rit Galerkin의 방법이 그 전형적인 해법이다. 유한요소법은 이러한 방법을 매트릭스 대수를 사용하여 해석법을 간결한 형태로 조직화한 방법에 지나지 않는다.

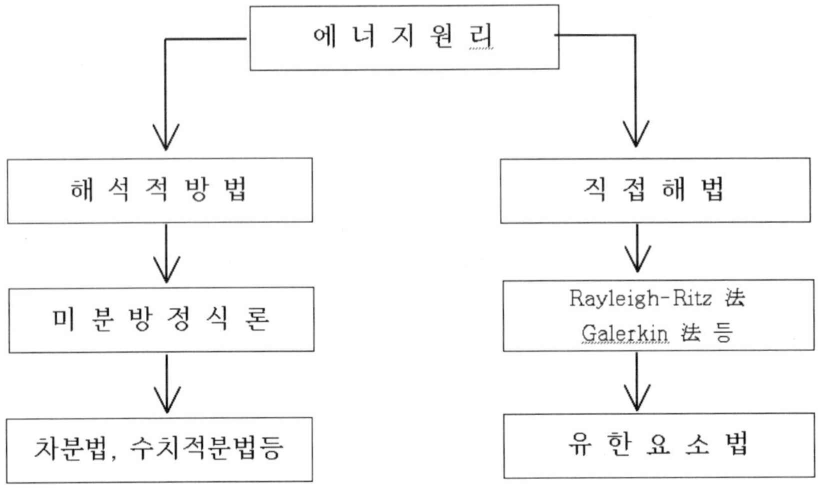

그림 2-2.19 구조물의 해석 방법

직접 해법의 대표적인 것으로 변위법(displacement method)라 부르는 방법이 있다. 변위법은 우선 탄성체 내의 변위를 변형의 접합 조건을 고려하면서 가정하고 탄성학이 가르치는데 따라 변형 성분을 구한다. 그리고 응력-변형 관계식으로 응력성분을 낸 후 가상일의 원리를 사용하여 평형 조건을 근사적으로 만족하도록 위의 미정계수에 관한 연립 일차방정식을 푸는 방법으로 가장 널리 사용되고 있다. 이것에 대하여 내력을 미지수에 잡고 그 평형 조건식을 세워 내력과 외력의 관계를 구한다. 이외 응력-변형의 관계식을 사용하여 요소의 변형을 외력과 미지내력으로 나타내며, 최후에 변형의 적합 조건을 만족하도록 보가상일의 원리를 적용하여 미지내력에 관한 연립 일차방정식을 푸는 방법에도 고찰되고 있다. 이 방법은 응력법(force method)이라 부르고 있다. 이러한 방법에는 일장일단이 있는데 변위법은 후자에 비하여 일반성이며, 구조문제, 즉 정변성, 진동, 좌굴, 대변형 등의 해석에도 응용되는 방법이다. 이것에 반하여 응력법은 부정적 골구조의 해석 등에 예부터 사용되어 온 방법이고 응력치가 가장 중요하게 되는 설계계산에는 특히 유용하다. 최근에는 그림 2-2.20과 같이 변형문제에 관련하여 양자의 중간을 가도록 한 하이브리드법(hybrid method) 또는 혼합법(maxed formulation)이 연구되고 있다.

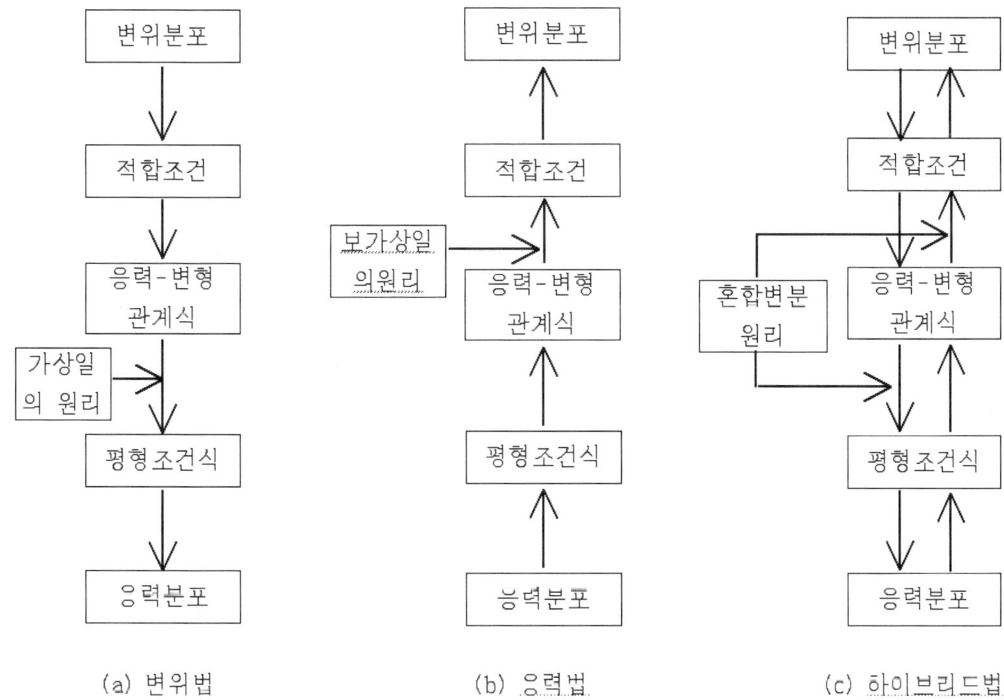

그림 2-2.20 유한요소해석의 방법

3-2. 강도조건을 고려한 유한요소 설계 이론식

3차원 하중에 관한 유한요소방정식은 식 2-2.4와 같다.

$$\frac{\partial \sigma_{xx}}{\partial x}+\frac{\partial \sigma_{xy}}{\partial y}+\frac{\partial \sigma_{xz}}{\partial z}=0$$

$$\frac{\partial \sigma_{yx}}{\partial x}+\frac{\partial \sigma_{yy}}{\partial y}+\frac{\partial \sigma_{yz}}{\partial z}=0 \qquad (2\text{-}2.4)$$

$$\frac{\partial \sigma_{zx}}{\partial x}+\frac{\partial \sigma_{zy}}{\partial y}+\frac{\partial \sigma_{zz}}{\partial z}=0$$

구성 방정식을 구할 때 응력과 변형률은 식 2-2.5와 같으며, 여기서 D는 강성행렬(Stiffness matrix)이고 ϵ는 변형률 벡터(Strain vector)이다.

$$\sigma = D\ \epsilon \qquad (2\text{-}2.5)$$

변형률과 변위 관계식은 식 2-2.6과 같이 나타낼 수 있다.

$$\epsilon = \begin{pmatrix} \frac{\partial u_x}{\partial x} \\ \frac{\partial u_y}{\partial y} \\ \frac{\partial u_z}{\partial z} \\ \frac{\partial u_y}{\partial z}+\frac{\partial u_z}{\partial y} \\ \frac{\partial u_z}{\partial x}+\frac{\partial u_x}{\partial z} \\ \frac{\partial u_y}{\partial x}+\frac{\partial u_x}{\partial y} \end{pmatrix} \tag{2-2.6}$$

유한요소법을 수치적으로 해석하기 위해서는 변분식으로 유도해야 하는데 식 2-2.6을 Weak form으로 만들면 식 2-2.7과 같다.

$$\int_{\Omega} \bar{u}^T \ \nabla\sigma \ d\Omega = 0 \tag{2-2.7}$$

여기서, $\bar{u}^T = [\overline{u_x} \quad \overline{u_y} \quad \overline{u_z}\ ]$,$\sigma = \begin{vmatrix} \sigma_{xx}\ \sigma_{xy}\ \sigma_{xz} \\ \sigma_{yx}\ \sigma_{yy}\ \sigma_{yz} \\ \sigma_{zx}\ \sigma_{zy}\ \sigma_{zz} \end{vmatrix}$, $d\Omega = dxdydz$이다.

Green의 정리를 이용하면 식 2-2.8로 나타낼 수 있는데, $\bar{\epsilon}$ 는 가상 변형률 벡터이고 Γ 는 경계를 의미한다.

$$\int_{\Omega} \bar{\epsilon}^T \sigma \ d\Omega \ - \int_{\Gamma} \bar{u}^T t \ d\Gamma = 0 \tag{2-2.8}$$

경계조건을 대입하기 위해서 응력 벡터를 식 2-2.9와 같이 나타낼 수 있다.

$$t = -k(u-u_g)+t_b \tag{2-2.9}$$

여기서, ku는 경계에 탄성체가 있는 경우이며 u_g는 경계에 변위가 주어졌을 때이고 t_b는 경계에 대한 응력벡터이다.

식 2-2.9를 식 2-2.8에 대입하여 식 2-2.10을 구할 수 있다.

$$\int_{\Omega} \bar{\epsilon}^T D \ \epsilon \ d\Omega + \int_{\Gamma} \bar{u}^T \ k \ u \ d\Gamma \ = \int_{\Gamma} \bar{u}^T (k \ u_g + t_b \ ) \ d\Gamma \tag{2-2.10}$$

보간함수를 구하기 위하여 등 매개 요소(isoparametric element)일 때 변위와 geometry를 식 2-2.11과 같이 나타낼 수 있다.

$$u = \sum_{i=1}^{20} N_i(\xi,\eta,\zeta)\overline{u_i} \quad , \quad x = \sum_{i=1}^{20} N_i(\xi,\eta,\zeta)\overline{x_i}$$

$$v = \sum_{i=1}^{20} N_i(\xi,\eta,\zeta)\overline{v_i} \quad , \quad y = \sum_{i=1}^{20} N_i(\xi,\eta,\zeta)\overline{y_i} \tag{2-2.11}$$

$$w = \sum_{i=1}^{20} N_i(\xi,\eta,\zeta)\overline{w_i} \quad , \quad z = \sum_{i=1}^{20} N_i(\xi,\eta,\zeta)\overline{z_i}$$

형상 함수 N_i는 특성 좌표계를 사용하면 식 2-2.12와 같다.

$$\begin{aligned} N_i &= \frac{1}{8}(1+\xi_o)(1+\eta_o)(1+\zeta_o)(\xi_o+\eta_o+\zeta_o-2) \ ; \ i = 1,3,5,7,13,15,17,19 \\ N_i &= \frac{1}{4}(1-\xi^2)(1+\eta_o)(1+\zeta_o) \ ; \ i = 2,6,14,18 \\ N_i &= \frac{1}{4}(1-\eta^2)(1+\xi_o)(1+\zeta_o) \ ; \ i = 4,8,16,20 \\ N_i &= \frac{1}{4}(1-\zeta^2)(1+\xi_o)(1+\eta_o) \ ; \ i = 9,10,11,12 \end{aligned} \tag{2-2.12}$$

여기서 $\xi_o = \xi\xi_i$, $\eta_o = \eta\eta_i$, $\zeta_o = \zeta\zeta_i$ 이다.

유한요소 방정식은 식 2-2.13과 같으며, 강성행렬 K와 외력 벡터 f는 각각 식 2-2.14, 식 2-2.15와 같이 나타낼 수 있다.

$$Kd = f \tag{2-2.13}$$

$$K = \sum_{i=1}^{e} \left(\int_{\Omega_e} B^T \ D \ B \ d\Omega_e + \int_{\partial\Omega_e \cap \Gamma} N^T \ K \ N \ d\Gamma \right) \tag{2-2.14}$$

$$f = \sum_{i=1}^{e} \int_{\Omega_e \cap \Gamma} N^T (t_b + k u_g) d\Gamma \tag{2-2.15}$$

3-3. 산업용 SFF 시스템의 열 응력해석

1) 유한요소해석 모델링

본 절에서는 산업용 SFF 시스템의 Working Room을 대상으로 유한요소해석을 한 후 열에 의해 강도가 약한 부위를 도출하고 그 성능을 평가하였다.

그림 2-2.21은 유한 요소 전후처리 전용 S/W인 HYPERMESH를 사용하여 산업용 SFF 시스템의 Working Room을 유한 요소 모델링한 것이며 구조해석 및 평가에는 상용 유한 요소 해석 S/W인 ANSYS를 사용하였다.

구조해석 모델을 최대한 실제 산업용 SFF 시스템의 Working Room에 가깝게 근사시키기 위하여 Hexahedron과 Pentahedron의 solid element를 혼합 사용하였고 등방성 재질의 요소인 solid 5를 적용하였다. 해석 대상의 좌표는 가로 방향을 X축, 세로 방향을 Y축, 높이 방향을 Z축으로 정의하였다.

표 2-2.9는 산업용 SFF 시스템 Working Room의 물성치를 나타낸 것으로 스테인레스강(STS 304)을 사용하여 제작하였다.

표 2-2.9 빌산업용 SFF 시스템 Working Room의 물성치

	E	v	σ_Y	σ_t
STS 304	$21406.7kg_f/mm^2$	0.3	$21kg_f/mm^2$	$53kg_f/mm^2$

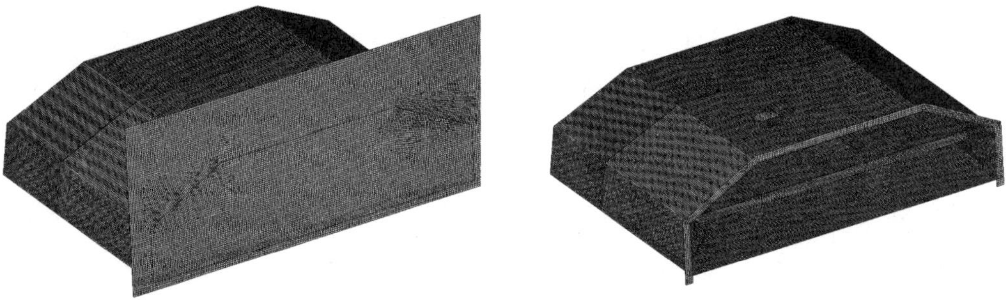

(a) (b)

그림 2-2.21 산업용 SFF 시스템 Working Room의 유한요소모델

2) 유한요소해석 및 결과

본 절에서는 산업용 SFF 시스템의 Working Room을 대상으로 항복강도를 적용하여 열에 의한 유한요소해석을 수행하였다.

그림 2-2.22는 산업용 SFF 시스템의 Heater가 작용하였을 때 유한요소해석을 한 후 온도분포를 나타낸 것이다. 산업용 SFF 시스템의 Working Room은 Heater에서 열을 발생하여 아래쪽의 Build Room과 Feed Room으로 발산한다. 이때 Heater에서 적절한 열을 발생하여야 Build Room과 Feed Room의 바닥에 적당한 온도가 생성되어 복제작업이 원활하게 진행된다.

그림 2-2.22의 (a)는 산업용 SFF 시스템의 Working Room을 뒤쪽에서 보았을 때 온도분포를 나타낸 것이다. Working Room의 윗쪽에서 레이저빔이 조사되도록 구멍을 뚫어 놓았는데 Heater에 의한 열에 의하여 이 부위의 온도가 상대적으로 낮음을 알 수 있다. 이는 Convetion 현상에 의하여 열이 레이저빔이 조사되도록 한 구멍쪽으로 이동하기 때문이라고 사료된다.

그림 2-2.22(b)는 앞쪽에서 Working Room을 바라본 것으로 Heater에 의하여 발생한 열이 Build Room과 Feed Room으로 발산하는 것을 알 수 있다. 이때 열의 전달은 단지 Conduction 현상뿐만 아니라 Convetion 현상까지 동반하므로 복잡한 물리적 현상을 발생시킨다.

그림 2-2.23은 Heater에서 열이 발생하였을 때 산업용 SFF 시스템의 Working Room에 대하여 유한요소해석을 한 후 Von-Mises 응력으로 나타낸 것이다.

표 2-2.9에서 알 수 있듯이 스테인레스강(STS 304)의 항복 응력은 21 kgf/mm^{2}이고 인장 응력은 53 kgf/mm^2 이다. 그림2-2.23(b)에서 최대응력은 18.7 kgf/mm^{2}으로 히터의 지지대가 Working Room과 결합된 모서리에서 발생하며 이를 점선으로 표시하였다. 이는 최대응력이 재료 STS 304의 항복 응력인 21 kgf/mm^2 보다 낮은 수준이므로 구조 강도 측면에서 안전하다고 할 수 있다.

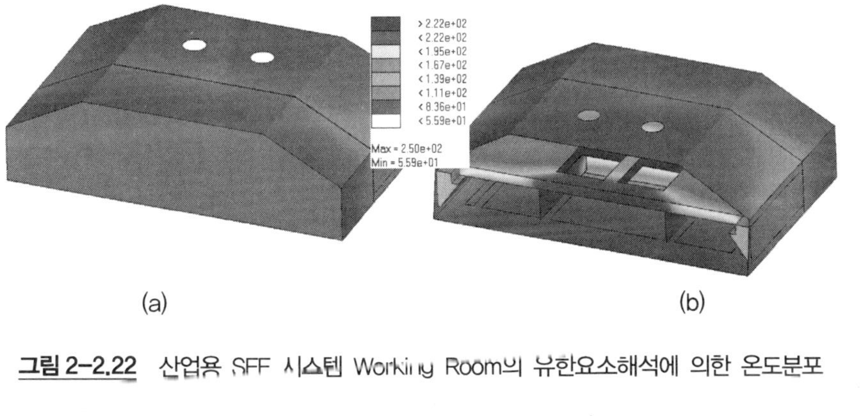

(a) (b)

그림 2-2.22 산업용 SFF 시스템 Working Room의 유한요소해석에 의한 온도분포

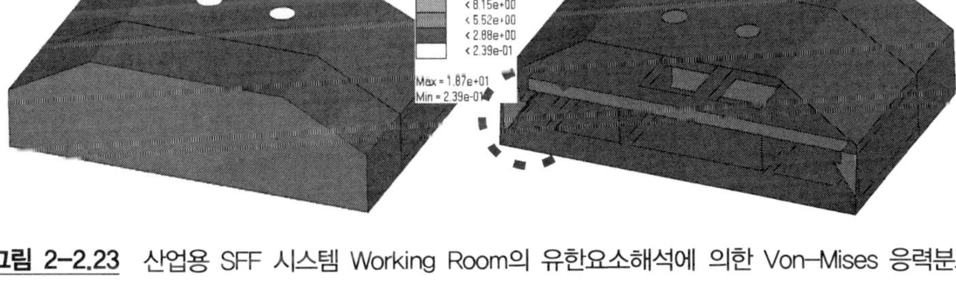

그림 2-2.23 산업용 SFF 시스템 Working Room의 유한요소해석에 의한 Von-Mises 응력분포

3-4. 산업용 SFF 시스템의 구조해석

1) 유한요소해석 모델링

본 절에서는 산업용 SFF 시스템을 대상으로 유한 요소를 해석하여 강도가 약한 부위를 도출하고 그 성능을 평가하였다. 그림2-2.24는 유한 요소 전후처리 전용 S/W인 HYPERMESH를 사용하여 산업용 SFF 시스템을 유한 요소 모델링한 것이며 구조해석 및 평가에는 상용 유한요소해석 S/W인 ANSYS를 사용하였다.

구조해석 모델을 실제 산업용 SFF 시스템에 최대한 가깝게 근사시키기 위하여 삼각형과 사각형의 shell element를 혼합 사용하였고 등방성 재질의 쉘 요소인 SHELL 63을 적용하였다.

표 2-2.10은 산업용 SFF 시스템의 물성치를 나타낸 것인데, 스테인레스강(STS 304)으로 Working Room, Build Room, Feed Room을 제작하였고 알루미늄 압출재(Al 6061)로 지지대를 제작하였다. 그림 2-2.25는 지지대의 단면을 나타낸 것으로 단면 사이즈가 80 × 120이고 산업용 SFF 시스템의 하단을 지지하는데 사용하였으며, 그 외에 30 × 60, 40 × 40, 40 × 80, 80 × 80 부재를 사용하였다.

표 2-2.10 산업용 SFF 시스템의 물성치

	E	v	σ_Y	σ_t
STS 304	21406.7 kg_f/mm^2	0.3	21 kg_f/mm^2	53 kg_f/mm^2
Al 6061	7135.6 kg_f/mm^2	0.33	21.9 kg_f/mm^2	26.5 kg_f/mm^2

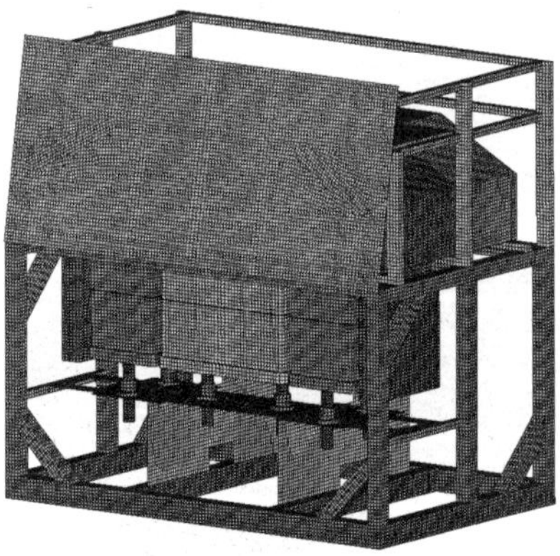

(a)

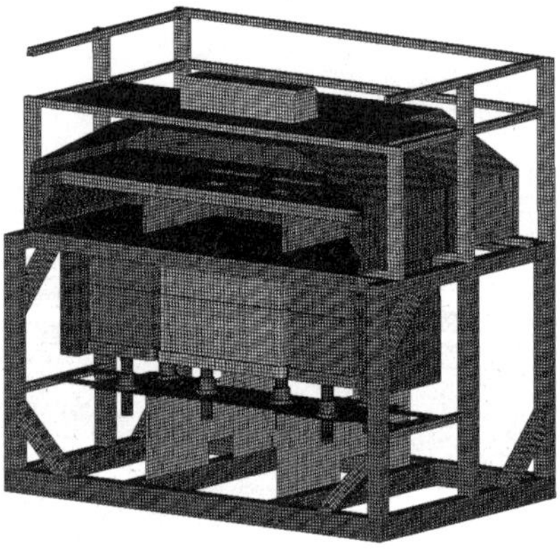

(b)

그림 2-2.24 산업용 SFF 시스템의 유한요소모델

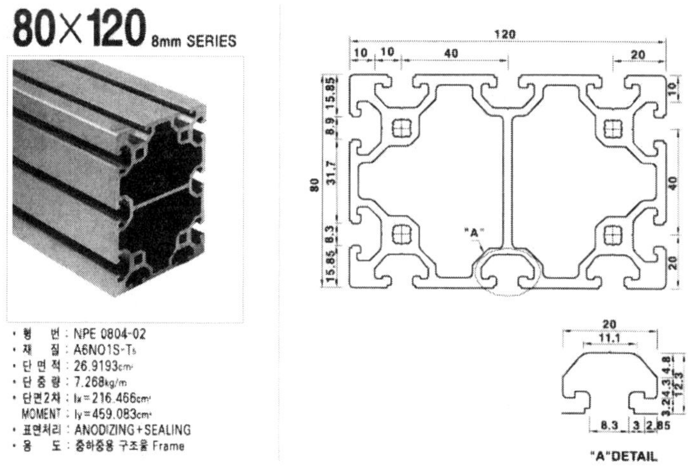

그림 2-2.25 알루미늄 압출재(Al 6061)로 제작한 지지대의 단면

2) 유한요소해석 및 결과

본 절에서는 자중을 받고 있는 산업용 SFF 시스템을 대상으로 항복강도를 적용하여 구조해석을 하였다.

그림 2-2.26은 산업용 SFF 시스템의 자중 W1g를 부하하여 구조해석한 후 Von-Mises 응력으로 나타낸 것으로, 위쪽에서 보았을 때(a)와 아래쪽에서 보았을 때(b) 응력이 크지 않는 것으로 나타났다. 표 2-2.10에서 알 수 있듯이 스테인레스강(STS 304)의 항복응력은 21 kg_f/mm^2이고 알루미늄 압출재(Al 6061)의 항복응력은 21.9 kg_f/mm^2 이다. 그림 2-2.26에서 최대응력은 2.45 kg_f/mm^2으로 Build Room이 연결된 부위에서 발생하였으며 STS 304 항복응력(21 kgf/mm^2)의 11.7 %에 해당하므로 이 부위는 재질의 강도조건을 만족한다고 할 수 있다.

그림 2-2.27은 산업용 SFF 시스템의 자중 W1g를 부하하여 구조해석한 후 변위를 나타낸 것이다. 위쪽에서 보았을 때 변위가 크게 변하는 부위는 레이저 엔진과 레이저 파워 공급 장치이다. 이는 레이저 엔진의 중량이 6.6 kg이고 레이저 파워 공급장치의 중량이 7.3 kg으로 Working Room의 윗 판에 무게가 집중되어 아래쪽으로 처짐이 생기기 때문이다. 최대 처짐은 Working Room의 윗 판의 가운데 부위에서 발생하였으며 처짐량은 1.29 mm으로 매우 적어 구조 측면에서 안전하다고 할 수 있다

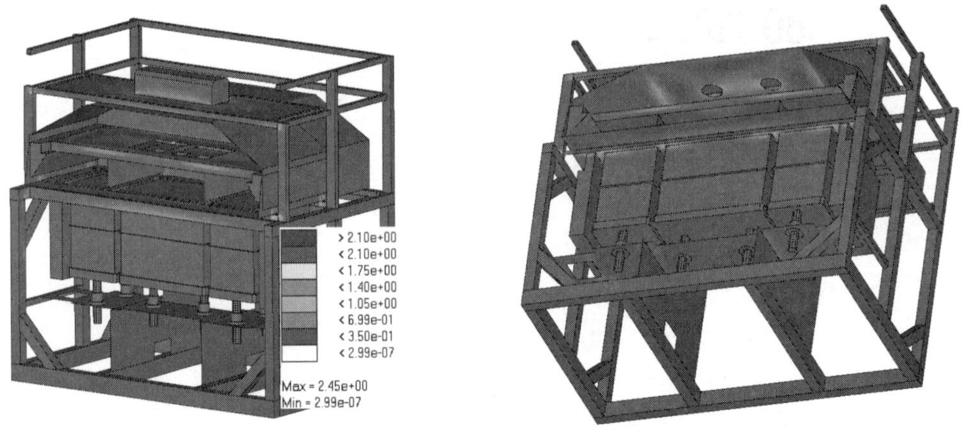

(a) (b)

그림 2-2.26 산업용 SFF 시스템의 유한요소해석에 의한 Von-Mises 응력분포

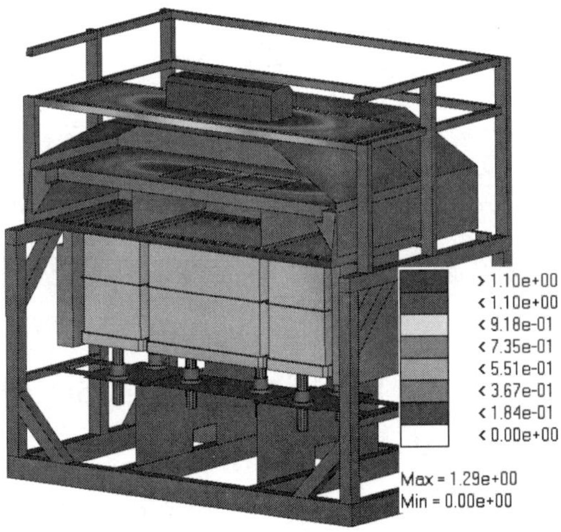

그림 2-2.27 산업용 SFF 시스템의 유한요소해석에 의한 변위

4 듀얼 레이저 궤적 생성 S/W 개발

대형 형상 가공을 위한 임의 형상 제작 시스템(SFFS)을 개발하기 위하여 레이저가 중앙에 위치한 단일 레이저 주사 시스템으로는 가장 자리 부분의 정밀도를 보장할 수 없어 가공 영역에 한계를 가지게 된다. 이를 보완하기 위하여 가공 면적을 분할하여 각각을 독립적으로 가공할 수 있는 듀얼 레이저 주사 시스템이 제안되었다. 이러한 듀얼 레이저 시스템을 구동하기 위해서는 가공하고자 하는 단면 형상에 대해서 각각의 레이저가 담당해야 할 부분으로 분할되어져야 하며, 각각 독립된 주사 경로 생성이 필요하다.

싱글 레이저 주사 시스템에서는 가공하고자 하는 단면 정보를 이용하여 X, Y 축에 대해서 지그재그 해칭(zigzag hatching) 방식을 이용하여 슬라이싱 단면의 윤곽 선분(contour segment)과의 교점을 구해 주사 경로를 생성시킨다. 이때, 주사 간격(scan spacing), 주사 속도, 레이저 파워 등은 최종 가공품의 치수 정밀도에 직접적인 영향을 미치는 부분으로 실험을 통하여 최적의 값을 선정하도록 하여야 한다. 또한 슬라이싱 단면 윤곽을 이루고 있는 윤곽점(contour point)이 주사점으로 계산 되어질 경우에 대해서 주사 방향 따라 계산된 점들을 선택적으로 저장함으로써 레이저 가공의 순서가 잘못되는 것을 방지하여 가공 에러를 미연에 방지할 수 있다.

이렇게 잘못된 주사 경로의 수정을 통한 최적의 싱글 레이저 주사 경로가 생성되면 이를 바탕으로 듀얼 레이저 주사 경로를 생성할 수 있다. 슬라이싱 된 단면을 분할하여 각각의 독립적인 주사 경로를 생성할 경우, 두 개의 레이저 빔이 만나는 부위가 서로 일치하지 않게 되어 최종 제품의 강도 및 형상 정밀도에 영향을 미치게 된다.

따라서 싱글 레이저 주사 경로를 분할 하여 듀얼 레이저 주사 경로를 생성시킴으로써 두 개의 빔이 만나는 접합 부위가 일치하게 되어, 표면 조도 및 기계적 강도를 향상시킬 수 있고, 주사 파라메터(주사 속도, 주사 미러 딜레이 등)를 조절함으로써 접합부위의 치수 정밀도를 향상 시킬 수 있다.

그림 2-2.28과 같이 대형 형상을 가공하기 위해서 두 개의 레이저를 가진 듀얼 레이저 시스템 개발을 최종 목표로 하며, 우선 최적화된 싱글 레이저 주사 시스템을 개발한 후 통합을 통하여 듀얼 레이저 시스템을 구축한다. 레이저부는 소결제가 코팅된 분말을 이용하는 SLS 장비의 특성상 CO2 레이저와 같이 파장이 비교적 긴 적외선 영역의 레이저를 이용한다.

이는 높은 열에너지로 인하여 분말이 소결되어 서로 결합하여 하나의 층이 생성되는 것이다. 또한 레이저의 파워 및 레이저 빔의 직경에 따라서 소결되는 입자의 크기가 달라지고 가공된 형상의 정밀도 및 가공 속도에 영향을 미치게 된다. 따라서 적절한 레이저의 선택은 물론 전체적인 장비의 정밀도에 따라서 파워 및 빔의 직경을 최적화해야 한다.

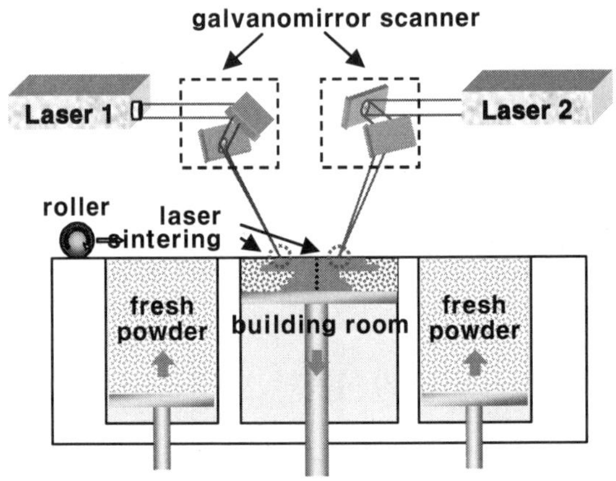

그림 2-2.28 듀얼 레이저 시스템 개략도

옵틱부는 레이저 헤드에서 발진된 레이저를 스캐닝 미러까지 도달하는데 있어서 초점을 제어하고 정렬하는 역할을 수행한다. 정렬시 조금의 오차라도 존재한다면 스캐닝 미러를 통하여 주사된 레이저 빔으로 인한 소결부위는 매우 큰 오차가 발생할 것이다.

마지막으로 스캐닝 미러 부분은 직접적으로 레이저의 경로를 제어하는 부분으로 전체적인 가공 속도 및 정밀도에 가장 큰 영향을 미치는 부분이다. 스캐닝 미러는 슬라이싱 된 2차원 단면상에서 주사 경로 생성 알고리즘에 따라 생성된 경로에 따라서 매우 빠른 속도로 우수한 정밀도를 가지고 구동 되어져야 한다. 스캐닝 미러는 그림 2-2.28과 같이 두 개의 축을 동시에 제어하여야 하므로 2개의 마이크로 모터가 필요하다. 레이저 주사 경로 생성은 임의의 단면에 대해서 원하는 방향으로의 지그재그 주사가 가능하도록 알고리즘을 구현하여야 하며 주사 간격을 제어할 수 있어야 한다. 이를 위해서 임의의 방향으로 주사 경로 생성이 가능한 알고리즘을 구현하며, 적절한 방향으로 주사 경로를 생성시킬 수 있도록 한다.

이렇게 생성된 최적의 싱글 레이저 주사 경로 생성 및 제어 알고리즘을 바탕으로 분할선을 바탕으로 듀얼 레이저 주사 시스템을 개발한다. 각각의 싱글 레이저에 대해서 분할선에서의 정확한 위치를 제어하기 위해서 하드웨어적인 정렬과 소프트웨어적인 보상을 통해서 듀얼 레이저 시스템의 정렬을 완료하고 생성된 싱글 레이저 주사 경로를 좌표변환을 통해서 분할함으로써 듀얼 레이저 주사 경로를 생성하게 된다.

4-1. 싱글레이저 궤적 생성

1) 싱글레이저 궤적 생성

상용 소프트웨어에서 생성된 2차원 슬라이싱 단면을 바탕으로 주사 경로를 생성한다. 그림 2-2.29(a)과 같이 3차원 모델링 형상으로부터 그림 2-2.29(b)와 같이 슬라이싱 단면을 생성시킬 수 있다. 이렇게 생성된 단면으로부터 그림 2-2.30과같이 하나의 단면에 대해서 주사점들을 구한다. 슬라이싱 단면에 대한 주사 경로 생성 알고리즘은 그림 2-2.30에서와 같이 주사선(scan ray)을 주사 간격(scan spacing)만큼 옮겨가면서 윤곽 선분과의 교점을 연속적으로구하는 것이다. 주사선과 윤곽 선분과의 교점 계산 시간을 줄이기 위해서 그림 2-2.30에서와 같이 하나의 레이어 안에 존재하는 모든 루프에 대해서 사각형 경계로 하는 BRLp(Bounding Rectangle of Loop)를 설정하여 주사선이 이 경계와 만나지 않을 경우에는 루프를 건너뛰어 다음 루프에서 계산하게 된다.

우선 하나의 슬라이싱 단면에서 X축에 평행한 직선인 주사선과 윤곽 선분과 만나는 점들을 모두 구한 후 이를 주사 방향에 따라 오름차순 혹은 내림차순으로 정렬하는 것을 주사선의 시작위치부터 끝 위치, 즉 BRLr(Bounding Rectangle of Layer)로 정의된 레이어 경계의 시작위치부터 끝위치까지 수행함으로써, 하나의 층에 대한 주사 경로를 생성할 수 있다. 이때, 계산된 주사 점들은 항상 짝수 개로써, 레이저 켜짐과 꺼짐의 쌍을 항상 가지게 된다.

즉, 정렬이 완료된 한 층에 대한 주사점들을 차례대로 레이저를 켜고 끄면서 이동함으로써 가공 부위와 이동 부위를 인식하게 된다. 그러나, 단순한 주사선과 윤곽 선분과의 교점을 구하는 방법에서는, 그림 2-2.31과 같이 윤곽점들이 주사점으로 채택 되어질 때는 심각한 오류가 발생한다.

이는 선분을 이루는 두 개의 점을 제외한 위치에서 교점이 생길 때는 문제가 없으나, 윤곽점이 교점으로 구해질 때는 일부의 경우에 있어서 레이저 가공 부분(Marking)과 이동 부분(jumping)의 순서가 바뀌어져 잘못된 주사 경로가 생성된다.

(a)

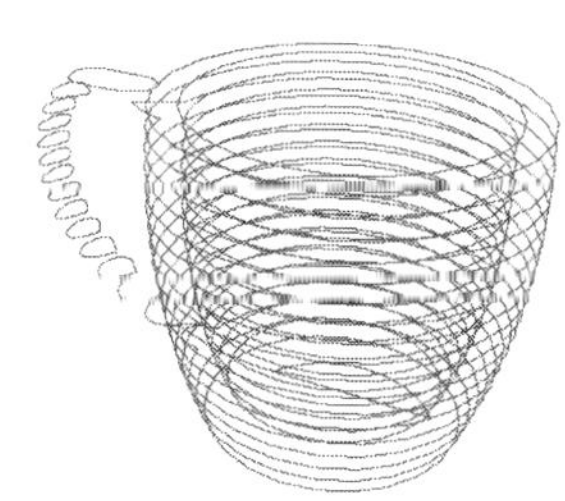
(b)

그림 2-2.29 (a) 모델링된 부분, (b) 슬라이스된 섹션

이를 해결하기 위하여 윤곽점이 주사점으로 계산되어질 경우에는 이웃하는 두 선분을 그림 2-2.32와 같이 벡터로 나타낸 뒤 식 2-2.18의 조건을 만족할 때, 주사점으로 채택하고 그렇지 않을 경우에는 버린다. 식 2-2.16과 2-2.17은 각 벡터가 X, Y축과 이루는 각을 나타낸다. 그림2-2.30에서와 같이 짝수층은 X축 방향, 홀수 층은 Y축 방향의 주사 경로를 생성하기 때문에, 각각의 주사 방향에 따라서 θ_1 과 θ_2 를 그림 2-2.32와 같이 다르게 정의한다.

그림 2-2.33은 그림 2-2.31과 같이 잘못된 주사 경로를 수정하기 위해서 식 2-2.16 ~ 2-2.18을 적용하여 윤곽점이 주사점으로 선택되어 졌을 때 선택적으로 이를 저장함으로써 올바른 주사 경로를 생성함을 보여주고 있다.

$$\theta_1 = \cos^{-1}\left(\frac{x_1 - x_0}{\sqrt{(x_1 - x_0)^2 + (y_1 - y_0)^2}}\right) \tag{2-2.16}$$

$$\theta_2 = \cos^{-1}\left(\frac{x_2 - x_1}{\sqrt{(x_2 - x_1)^2 + (y_2 - y_1)^2}}\right) \tag{2-2.17}$$

$$\begin{aligned} &0^\circ < \theta_1 \leq 180^\circ \quad \text{and} \quad 0^\circ \leq \theta_2 < 180^\circ \\ &180^\circ < \theta_1 \leq 360^\circ \quad \text{and} \quad 180^\circ \leq \theta_2 < 360^\circ \end{aligned} \tag{2-2.18}$$

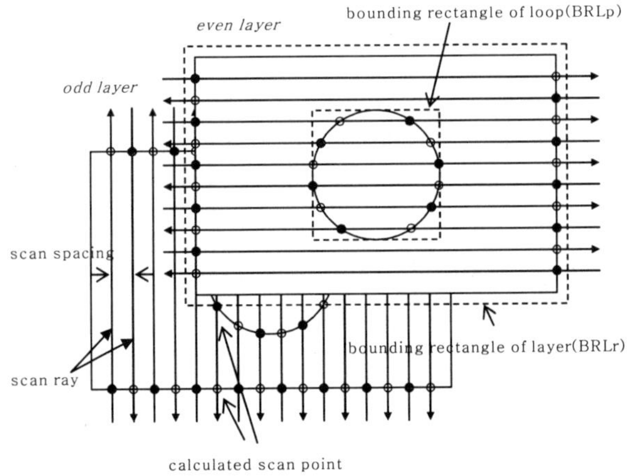

그림 2-2.30 계산된 주사 지점

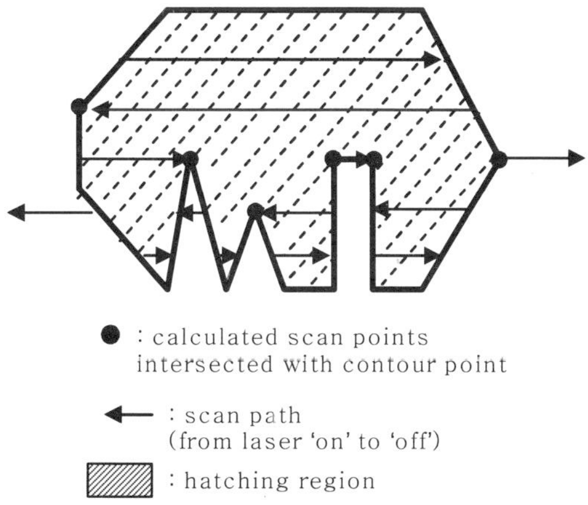

그림 2-2.31 잘못된 주사 경로

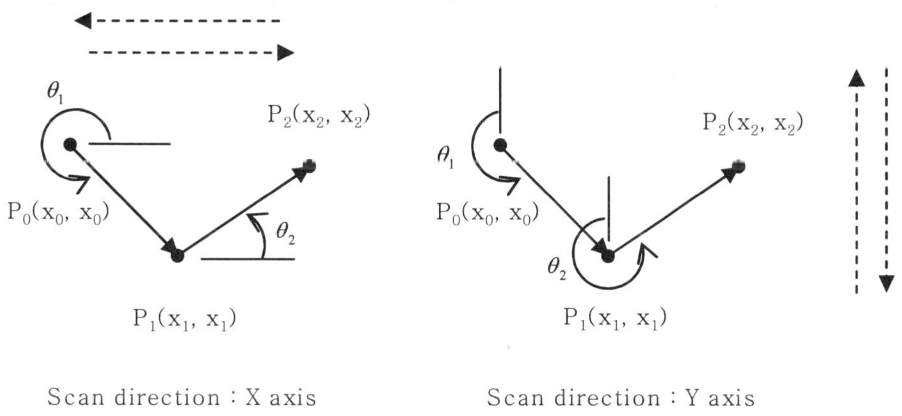

그림 2-2.32 이웃한 세그먼트간의 벡터 표현

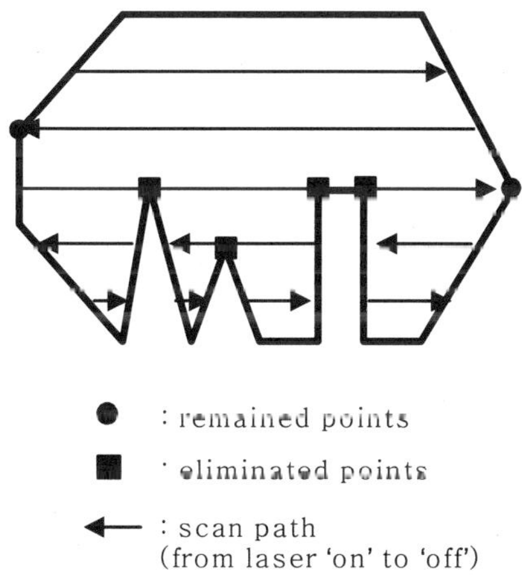

그림 2-2.33 수정된 주사 경로

그림 2-2.34는 지금까지 언급한 최적 싱글 레이저 주사 경로 생성 흐름도를 나타낸다. 또한 그림 2-2.35는 주사 경로 생성 알고리즘으로부터 생성된 주사 경로 파일을 나타낸다. 이는 같은 형상에 대한 재가공이 필요할 경우, 주사 경로 생성 알고리즘을 거치지 않고 바로 파일로부터 주사 경로를 읽어 들여 가공을 수행할 수 있다.

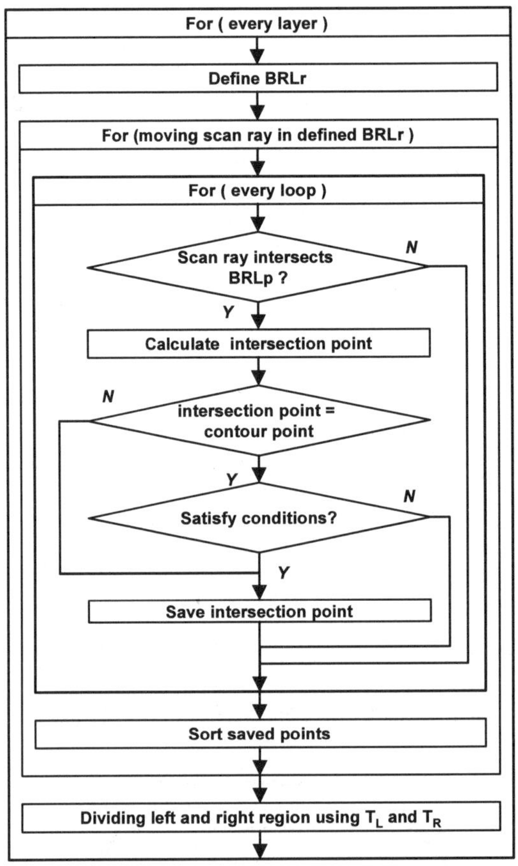

그림 2-2.34 주사 경로 생성 흐름도

layer No.	x	y	laser on/off	param. 1	param. 2
0	9.4690	42.2500	0	0	0
0	8.6578	41.7817	1	0	0
0	10.4020	42.5000	0	0	0
0	7.9748	41.0987	1	0	0
0	11.3350	42.7500	0	0	0
	⋮		⋮		⋮

그림 2-2.35 생성된 주사 경로 파일

2) 임의의 방향으로의 주사점 생성

다음은 입력된 단면으로부터 주사점들을 구하는 과정을 식으로 표현한 것이다. 그림2-2.36은 임의의 단면과 주사선들과의 관계 및 각 파라메타들을 나타내고 있으며 그림 2-2.37은 주사점과 주사벡터를 나타내고 있다.

그림 2-2.36과 그림 2-2.37로부터 주사선과 각 세그먼트간의 교차점은 1차 방정식으로부터 다음과 같이 구할 수 있다. 식 2-2.19는 입력된 단면의 세그먼트의 식을 나타내고 식 2-2.20은 주사선을 나타낸다. 중간 과정인 식 2-2.21을 거쳐 최종적으로 구해진 식 2-2.22를 이용하여 입력된 단면을 임의의 방향으로 주사경로를 생성시킬 수 있다.

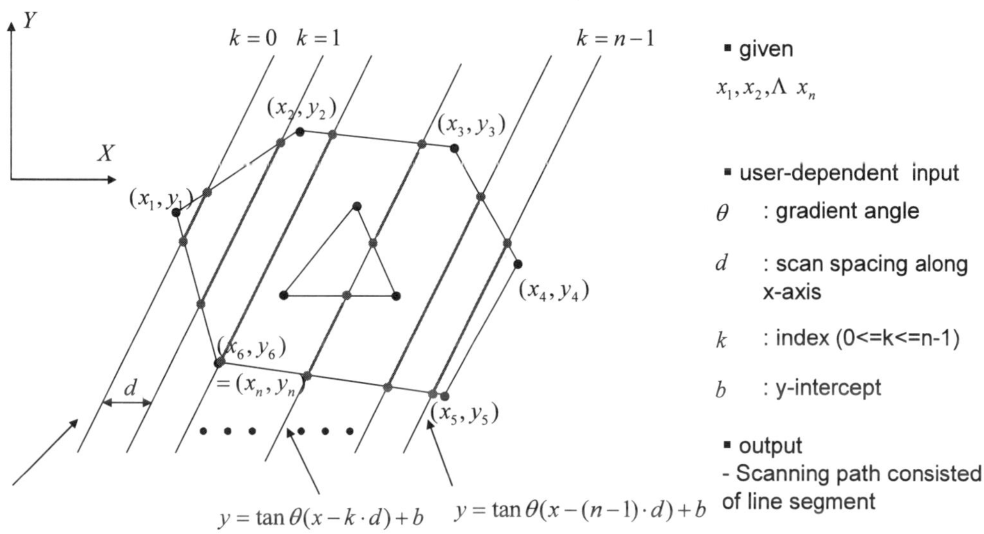

그림 2-2.36 임의 구간의 주사 지점 계산

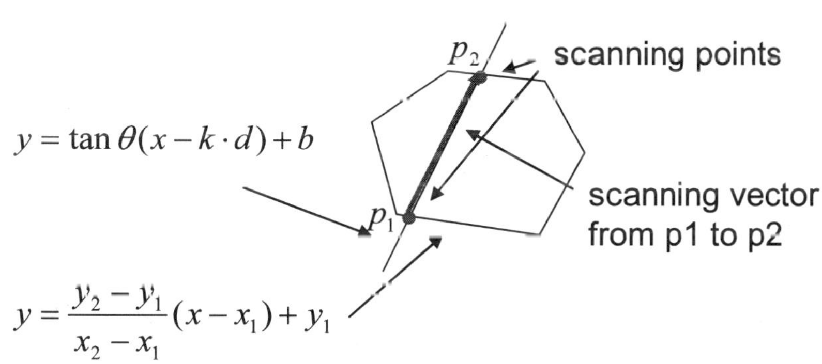

그림 2-2.37 주사 지점과 주사 벡터

$$y = \frac{y_2 - y_1}{x_2 - x_1}(x - x_1) + y_1 \tag{2-2.19}$$

$$y = \tan\theta(x - k \cdot d) + b \tag{2-2.20}$$

$$\frac{y_2 - y_1}{x_2 - x_1}x - \frac{y_2 - y_1}{x_2 - x_1}x_1 + y_1 = \tan\theta \cdot x - \tan\theta \cdot k \cdot d + b \tag{2-2.21}$$

$$\begin{aligned} x &= \frac{(y_2 - y_1) \cdot x_1 - (y_1 + \tan\theta \cdot k \cdot d - b) \cdot (x_2 - x_1)}{(y_2 - y_1) - \tan\theta \cdot (x_2 - x_1)} \\ &= \frac{\Delta y \cdot x_1 - (y_1 + \tan\theta \cdot k \cdot d - b) \cdot \Delta x}{\Delta y - \Delta x \cdot \tan\theta} \end{aligned} \tag{2-2.22}$$

여기에서, $\Delta y = y_2 - y_1$, $\Delta x = x_2 - x_1$

3) 주사 경로 검증을 위한 중립 파일 생성

생성된 주사 경로는 가공하기 이전에 가시화시켜 에러의 여부를 판별할 필요가 있다. 또한 어떠한 경로를 가지는지 확인할 필요가 있기 때문에 상용 프로그램에서 읽어 들일 수 있는 중립파일이 필요하다. 생성된 경로는 모두 선형이므로 IGES 파일(*.igs)의 106번 entity를 이용하여 Form Number은 12로 세팅해서 Linear Path Entity를 파일에 쓰게 된다. 그림 2-2.38은 생성된 경로에 대한 IGES 파일을 나타낸다.

```
                                                                        S      1
,,,5Hp.igs,14HProduction Lab.,8HIGES 4.0,32,8,24,8,56,,1.0,1,2HMM,1,0.5 G      1
,13H1020401.010011,0.000001,1000000.0,,,6,0;                            G      2
     106       1       0       1       1       0       0       000000000D      1
     106       0       2       2      12                               D      2
     106       2       0       1       1       0       0       000000000D      3
     106       0       2       2      12                               D      4
     106       3       0       1       1       0       0       000000000D      5

     106       0       2       2      12                               D   1368
     106     685       0       1       1       0       0       000000000D   1369
     106       0       2       2      12                               D   1370
     106     686       0       1       1       0       0       000000000D   1371
     106       0       2       2      12                               D   1372
106,2,2,5.064559326,41.30599588,0.,12.50000858,45.59885,0.;           1P      1
106,2,2,3.357962513,39.16599263,0.,14.50001001,45.59885,0.;           3P      2
106,2,2,1.651365701,37.02598939,0.,6.97669338,40.10056553,0.;         5P      3
106,2,2,11.76548496,42.86537273,0.,16.50001144,45.59885,0.;           7P      4
106,2,2,1.292837859,35.66429331,0.,4.244733167,37.36856907,0.;        9P      5

106,2,2,14.41950475,-6.409136506,24.,17.92811503,-4.383441541,24.; 1361P    681
106,2,2,25.52046647,0.,24.,32.,3.740956501,24.;                    1363P    682
106,2,2,15.0316545,-7.210412205,24.,17.7906942,-5.617481562,24.;   1365P    683
106,2,2,27.5204679,0.,24.,32.,2.58625635,24.;                      1367P    684
106,2,2,29.52046933,0.,24.,32.,1.431556198,24.;                    1369P    685
106,2,2,31.52047076,0.,24.,32.,0.2768560469,24.;                   1371P    686
S0000001G0000002D   1372P   686                                        T      1
```

그림 2-2.38 Generated IGES file

또한 스캐닝 점들만을 표시하기 위해서 x, y, z 좌표만을 나타내는 텍스트 파일(*.txt)도 생성하였다. IGES 파일은 각 단면의 주사 경로를 선형으로 검증하기 위하여 생성하였으며 텍스트 파일은 경로를 제외한 스캐닝 점들만 표시함으로써 실제 형상과의 비교를 위해서 생성하였다.

4) 레이저 주사 제어

그림 2-2.39는 생성된 주사 경로로부터 미러를 구동시키기 위한 흐름도이다. 주사 경로를 입력받은 다음 주사 미러를 초기화시키고 가공 명령(mark)과 다음 가공지점으로 이동시키기 위한 이동 명령(jump)으로 미러를 구동시킨다. 하나의 층의 소결이 완료되었을 경우에는 베드 제어기(bed controller)로 새로운 파우더 도포를 위한 신호를 보내고 도포 완료 신호가 입력될 때까지 대기한다. 이때 미러를 home에 위치시키고 정렬한 후 다음 층을 가공하게 된다. 이러한 과정을 모든 레이어에 대해서 반복함으로써 전체 형상에 대한 가공이 완료된다. 스캐닝 미러는 그림 2-2.40과 같이 미러의 중심으로부터 동일한 거리, 즉 구면 위의 3차원 이미지를 생성시킨다. 따라서 실제 좌표는 2차원 단면이기 때문에 구면과 단면간의 거리만큼 보정이 되어야 한다.

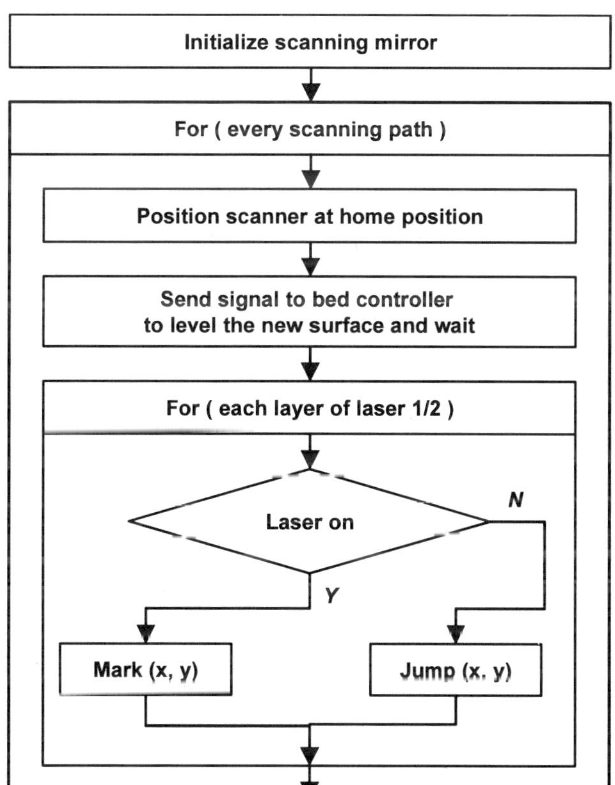

그림 2-2.39 레이저 주사 제어 흐름도

이를 위해서 SCANLAB사에서 제공하는 3차원 보정파일을 이용하여 2차원 단면으로 맵핑이 된다.

주사 제어를 위해서 주사 속도 및 딜레이 시간을 조정하여야 한다. 이는 주사시의 위치 및 속도를 제어하게 함으로써 고른 주사를 할 수 있다. 그림 2-2.41(a)는 레이저 On 딜레이가 짧을 경우이며 스캐닝 미러의 각속도가 필요한 속도까지 도달하지 못했기 때문에 과소결이 발생한다.

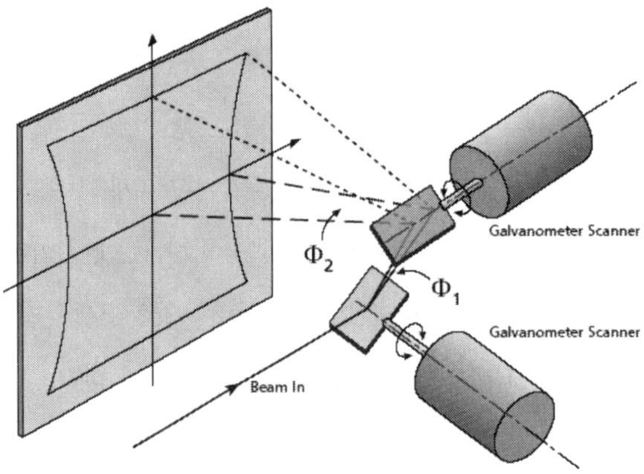

그림 2-2.40 이미지 필드 수정

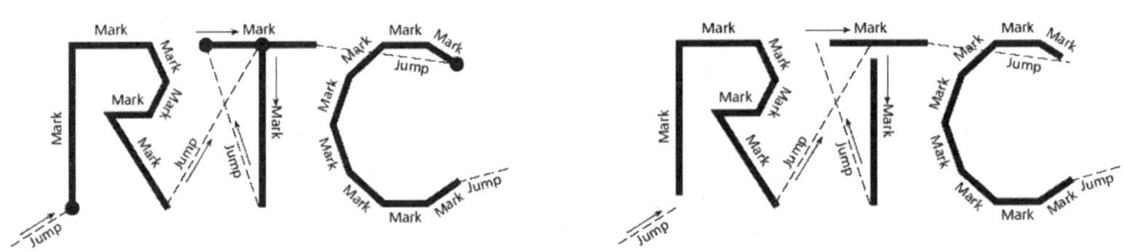

짧은 시간의 레이저 On 딜레이

(b) 긴 시간의 레이저 On 딜레이

그림 2-2.41 레이저 On 딜레이

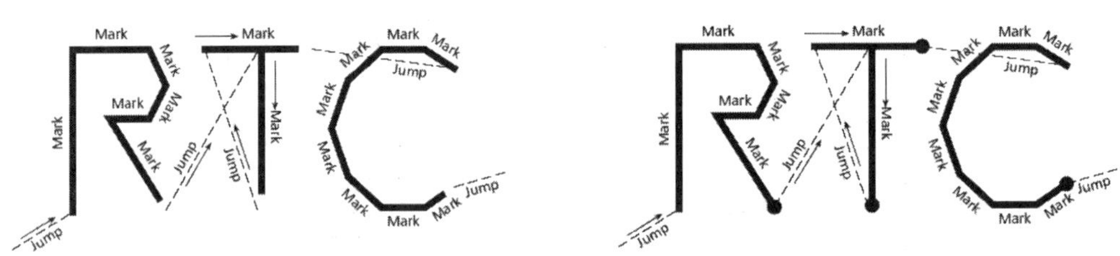

(a) 짧은 시간의 레이저 Off 딜레이

(b) 긴 시간의 레이저 Off 딜레이

그림 2-2.42 레이저 Off 딜레이

이와 반대로 그림 2-2.41(b)는 필요한 속도까지 도달은 하였으나 레이저가 너무 늦게 켜져서 첫부분에서 소결이 이루어지지 않는다. 그림 2-2.42(a)는 Laser Off 딜레이가 짧을 경우이며 마크가 이루어지고 있는 상태에서 마지막 위치까지 도달하기 전에 레이저가 꺼져서 마지막 부분에서 소결이 이루어지지 않는다. 이와 반대로 그림 2-2.42(b)는 마크 명령이 끝났음에도 불구하고 레이저가 늦게 꺼져서 과소결이 일어난 경우이다.

그림 2-2.43(a)는 다음 가공을 위하여 점프 명령이 수행하고 난 다음 스캐닝 미러가 안정상태에 도달했을 경우 가공이 이루어져야 하는데 너무 짧은 딜레이 시간으로 인한 오버슈트 때문에 형상이 왜곡되었음을 나타낸다. 이와 반대로 점프 딜레이 시간이 길 경우 전체 가공시간에 있어서 불필요한 시간이 낭비될 뿐 형상에는 영향을 미치지 않는다. 그림 2-2.43(b)는 마크 딜레이 시간이 너무 짧을 경우를 나타내는데 이때에는 미처 이전 마크 명령에서 마지막 위치까지 도달하지 못하였음에도 불구하고 다음 명령이 수행되어 형상의 왜곡이 발생된다. 이러한 딜레이 시간은 실험을 통하여 최적값을 구해야 하며 이는 가공 품질 및 가공 시간에 큰 영향을 미친다.

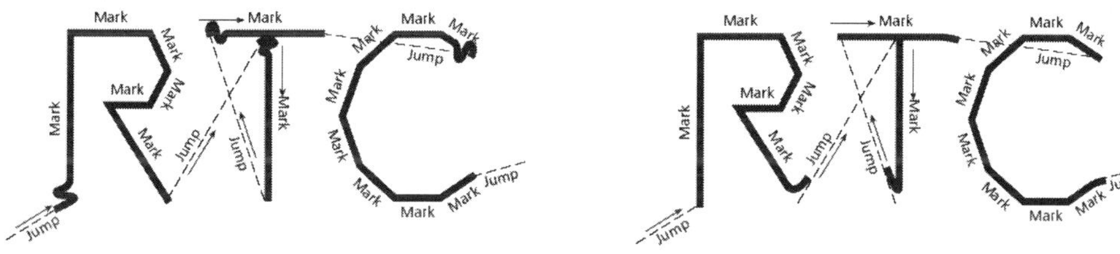

그림 2-2.43(a) 짧은 시간의 점프 딜레이, (b) 짧은 시간의 마크 딜레이

4-2. 듀얼 레이저 주사 경로 생성

모든 오류 상황을 처리한 최적화된 싱글 레이저 주사 경로가 완성되면 좌표계 변환을 통하여 듀얼 레이저 주사 경로를 생성한다. 슬라이싱 단면을 분할하여 각각을 독립적으로 주사 경로를 생성할 경우 주사선의 시작 위치가 달라지기 때문에 그림 2-2.44와같이 접합 부위에서의 빔이 어긋날 수 있으며, 이는 강도 및 표면의 질을 떨어뜨릴 수 있는 요인이 된다. 따라서 싱글 레이저 주사 경로를 분할하고 그림 2-2.45와 같이 양분된 좌표계로 좌표변환을 취함으로써 듀얼 레이저 주사 경로를 생성할 수 있다. 식 2-2.23은 싱글 좌표계에서 듀얼 좌표계로의 변환을 나타낸다. 여기에서, O, O_L, O_R은 각각 싱글 레이저 좌표계의 원점, 레이저1 좌표계의 원점, 레이저 2 좌표계의 원점을 나타내며, T_L과 T_R은 레이저 1, 2를 위한 좌표계 변환을 나타낸다.

$$T_L : (x, y) \rightarrow (x + 250, y)$$
$$T_R : (x, y) \rightarrow (x - 250, y) \quad (2\text{-}2.23)$$

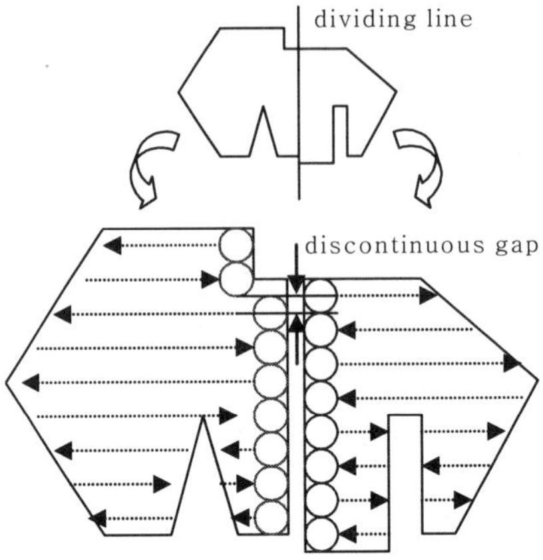

그림 2-2.44 불연속적인 레이저 빔의 위치

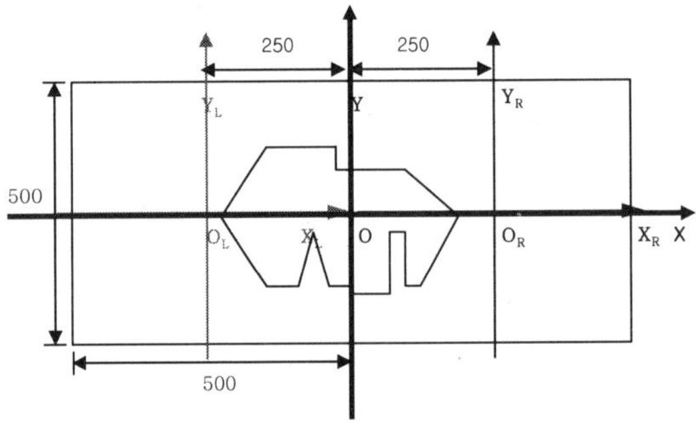

그림 2-2.45 듀얼 레이저용 좌표계

4-3. 레이저 주사 경로 검증

싱글 레이저 주사 경로 생성의 검증 및 이로부터 생성된 듀얼 레이저 주사 경로의 경로 검증을 위하여 그림 2-2.46(a)의 기계 부품에 대한 STL 모델에 대해서 싱글 및 듀얼 레이저 주사 경로를 생성하여 보았다. 그림 2-2.46(b)는 STL 모델에 대한 쉐이딩(shading) 형상을 나타낸다. 표 2-2.11은 그림 2-2.46(a)의 기계 부품에 대한 정보를 나타내며, 약 446 mm × 309.2 mm × 58.8 mm(X × Y × Z)의 크기를 가진다.

표 2-2.11 STL file and layer information

Model size(mm × mm × mm)	Layer thickness(mm)	The number of layer
446.0 × 309.2 × 58.8	0.1	588

이로부터 상용 소프트웨어에서 그림 2-2.47(a)와 같이 0.1 mm 간격으로 슬라이싱하여 588개의 슬라이싱 단면을 생성하였다. 그림 2-2.47(b)는 그림 2-2.47(a)의 슬라이싱 단면으로부터 개발된 싱글 레이저 주사 경로 생성 알고리즘을 통하여 생성된 주사점을 나타낸다. 그림2-2.48은 싱글 레이저 주사 경로로부터 Y축 좌표 분할을 통한 듀얼 레이저 주사점을 나타낸다.

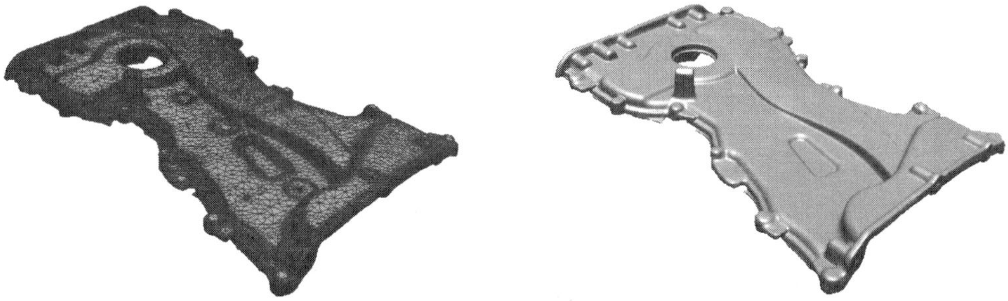

(a) (b)

그림 2-2.46 (a) 기계 부품의 STL 파일 (b) 기계 부품의 쉐이딩 형상

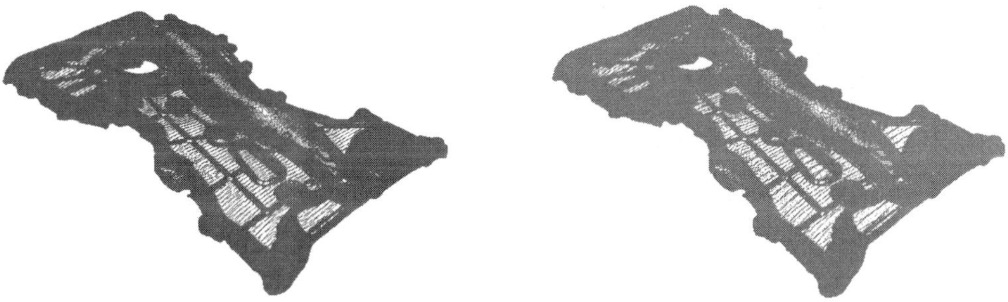

(a) (b)

그림 2-2.47 (a) 558개의 층으로 슬라이싱된 단면 (b) 생성된 싱글 레이저 주사 경로

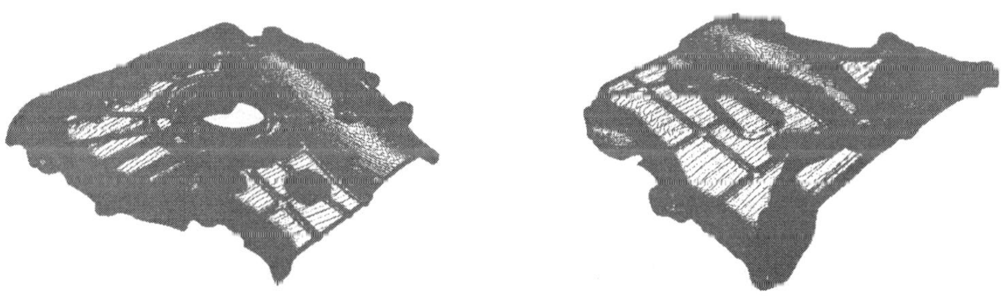

(a) 좌측 레이저 주사 지점 (b) 우측 레이저 주사 지점

그림 2-2.48 생성된 듀얼 레이저 주사 지점

4-4. 레이저 궤적 제어 S/W

Visual C++ MFC 환경에서 그림 .2-2.49와 같은 소프트웨어를 개발하였다. STL 파일을 불러들여 화면에서 3차원으로 보여주는 부분과 생성된 경로를 보여주는 부분, 그리고 레이저 주사를 제어할 수 있는 파라메터를 입력하는 부분이 있다. 주사 경로를 보여주는 부분은 싱글 및 듀얼 레이저에 따라서 각기 다른 주사 경로를 보여준다. 그림 2-2.50은 레이저 주사 제어를 위한 파라메터를 입력하는 창으로 주사 경로를 생성하기 위하여 사용자가 직접 입력하는 값들인 주사 간격(spacing), 그리고 스캐닝 미러를 보정하기 위한 a, k 값 등이 있다. 또한 실험을 수행하기 위하여 수동 모드로 임의의 두 점을 주사할 수 있으며 생성된 경로의 한 층을 주사할 수도 있다.

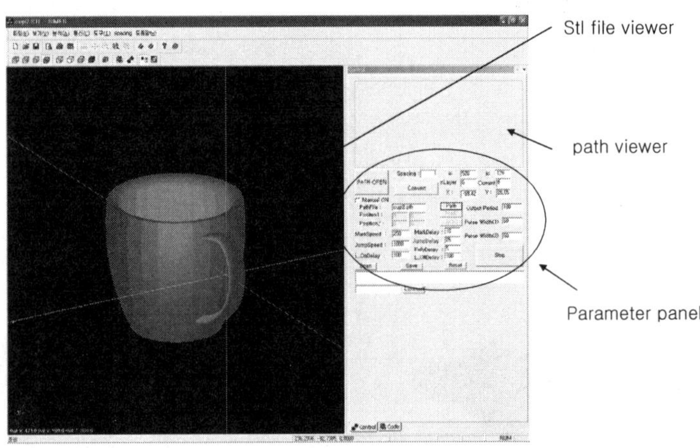

그림 2-2.49 개발된 소프트웨어

또한 레이저의 파워를 제어할 수 있는 Output Period와 Pulse Width를 입력할 수 있으며 Mark 및 Jump 속도를 입력하여 실험을 수행할 수 있도록 하였다.

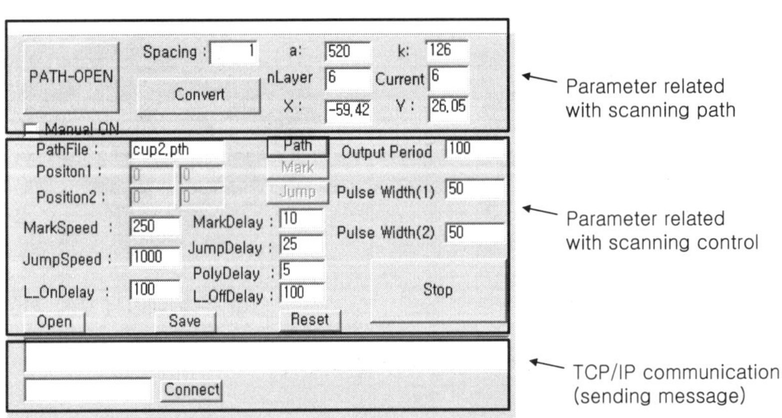

그림 2-2.50 레이저 주사 제어를 위한 파라미터

1) 싱글 레이저 주사 경로 생성

그림 2-2.51 (a)~(b)는 그림 2-2.46(a)의 기계 부품에 대해서 생성된 주사 경로를 개발된 소프트웨어에서 나타내고 있다. 층이 증가할수록 형상이 바뀌는 것을 단계별로 알 수 있으며, 주사 경로 검증은 물론 현재 가공 상태를 알 수 있다.

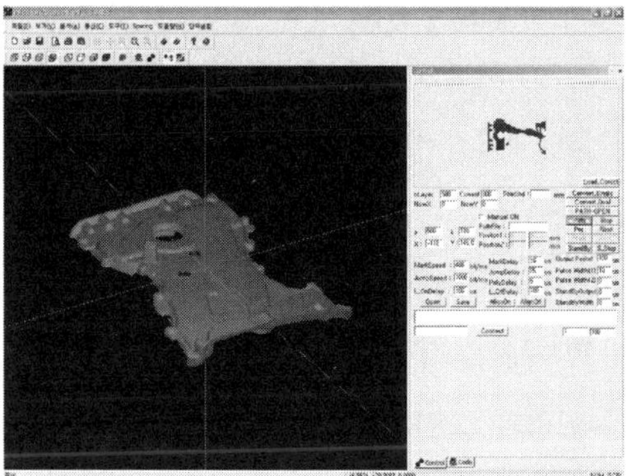

(a) 300번째 층에서 싱글 레이저 주사 경로

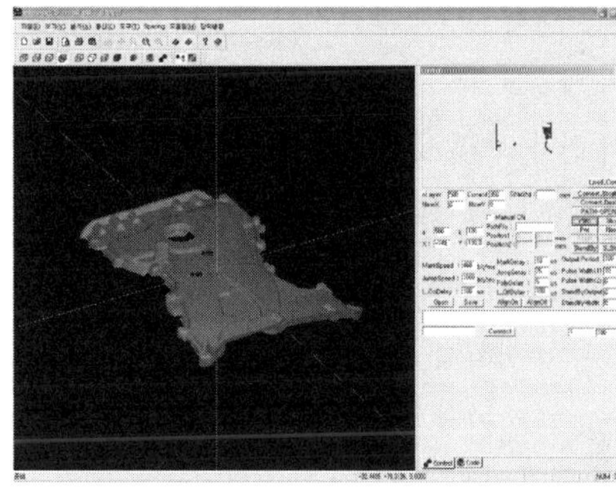

(b) 350번째 층에서 싱글 레이저 주사 경로

그림 2-2.51 싱글 레이저 주사 경로 생성

2) 듀얼 레이저 주사 경로 생성

그림 2-2.52 (a) ~ (b)는 싱글 레이저 주사 경로로부터 생성된 듀얼 레이저 주사 경로를 개발된 소프트웨어에서 보여주고 있다.

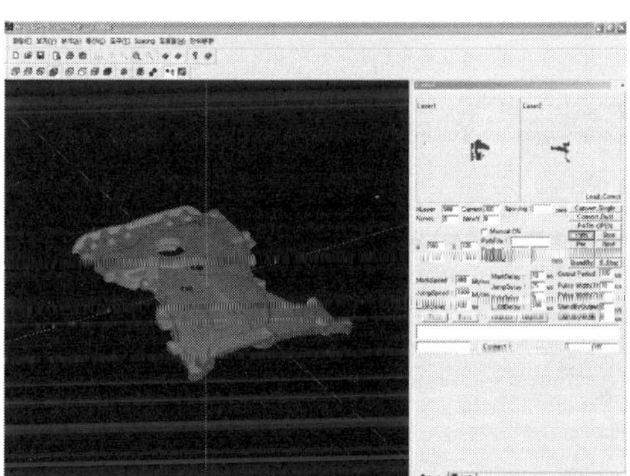

(a)300번째 층에서 듀얼 레이저 주사 경로

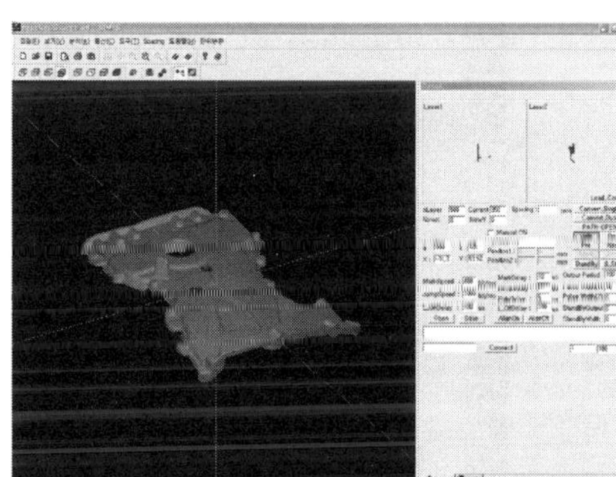

(b) 350번째 층에서 듀얼 레이저 주사 경로

그림 2-2.52 듀얼 레이저 주사 경로 생성

5. PBF 시스템의 성능 시험

5-1. 구동부 실험

산업용 SFF 시스템 장비의 파우더 룸에서 빌드룸으로의 파우더 공급을 원활히 하고 균일한 평탄화 작업을 수행하기 위해서 롤러의 수평 이송 구동기인 AC 서보 모터를 일정한 속도록 제어하여야 한다. 모터 제어를 위해서 PI 제어기를 설계했다. 이 PI 제어기가 원하는 응답 특성을 갖도록, P 게인과 I 게인을 최적화하는 작업이 필요하다. 그림 2-2.53은 P 게인과 I 게인의 변화에 따른 AC 서보 모터의 속도 응답을 보여준다. 그림 2-2.53(a)의 경우 P 제어기만을 사용한 경우로서 속도의 요동이 심하게 나타났으나, 2-2.53(b)의 경우와 같이 PI 게인을 적절히 선택한 경우 모터의 출력 속도가 입력 속도를 잘 추종하고 있는 것을 확인할 수 있었다. 산업용 SFF 시스템 장비의 빌드 룸과 피드 룸의 수직 이송 제어, 롤러의 수평 이송과 회전 제어가 잘 수행되는지 확인하는 실험을 수행하였다. 빌드 룸과 피드 룸의 수직 이송은 충분한 파우더를 공급할 수 있도록 제어된다.

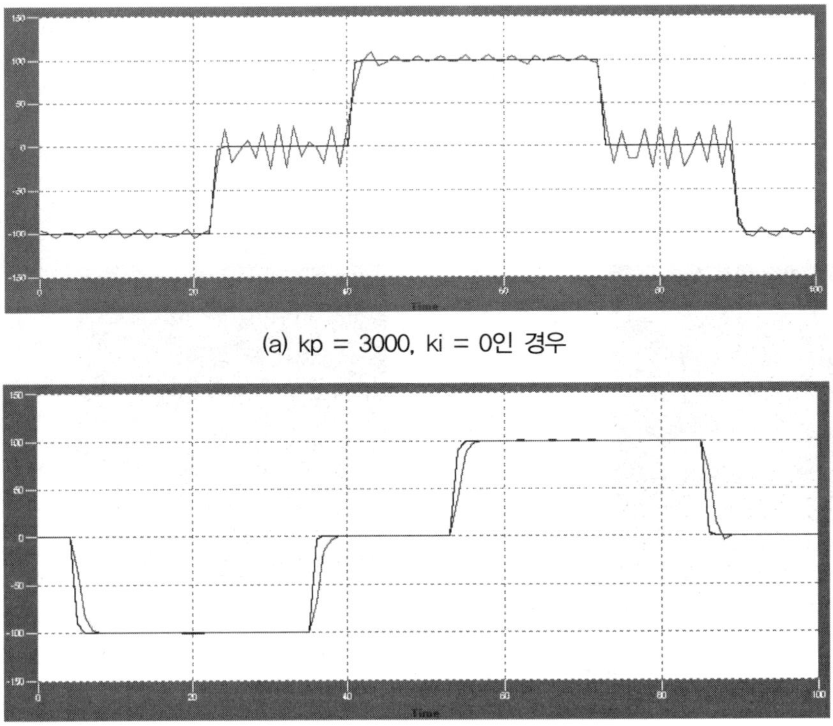

(a) kp = 3000, ki = 0인 경우

(b) kp = 500, ki = 75인 경우

그림 2-2.53 게인에 따른 AC 서보 모터의 속도 응답

빌드 룸의 수직 하강 이동량과 피드 룸의 이동량이 적절하지 못하면 그림 2-2.54와 같이 파우더가 골고루 적층되지 못하는 short feeding 문제가 발생한다. 따라서 빌드 룸의 이동량을 100 ㎛로 하고 피드 룸의 이동량을 빌드 룸의 3배로 설정하였다.

롤러의 수평 이송 속도를 증가시킬수록 적층된 파우더의 표면이 더 거칠어지는 현상이 발생한다. 그림 2-2.55는 롤러 이송 속도에 따른 파우더 표면 거칠기를 테스트한 결과이다. 롤러의 수평 이송 속도가 150 ㎜/s일 경우 적층된 파우더의 표면이 매우 부드러웠으나 속도를 증가시킬수록 더 거칠어지는 것을 알 수 있었다. 따라서 수평 이송 속도에 따라 롤러의 회전 속도를 최적으로 맞추어 주는 것이 필요하다. 현재 롤러의 메커니즘에서 수평 이송과 회전은 독립적으로 제어되기 때문에 롤러의 수평 이송 속도에 따른 최적의 회전 속도를 쉽게 적용할 수 있다.

그림 2-2.54 파우더가 골고루 적층되지 않은 short feeding 현상

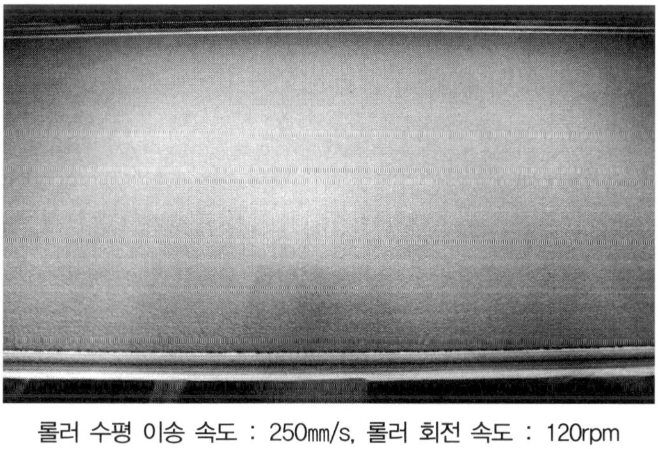

롤러 수평 이송 속도 : 250㎜/s, 롤러 회전 속도 : 120rpm

그림 2-2.55 롤러의 수평 이송 속도에 따른 적층 파우더 표면

5-2. 히터부의 성능시험

SLS (Selective Laser Sintering) 공정에서 소결이 이루어지는 워크룸의 온도는 파우더의 레이저 소결 시 중요한 변수로 작용하게 된다. 그림 2-2.56은 워크룸의 정확한 온도제어를 위해 설치한 라디언트 히터부 (radiant heater part)와 피스톤 히터 (piston heater), 면 히터 (cylindrical heater)를 나타내며, 1 °C 이내에서 워크룸의 온도제어를 위해 PID 제어를 수행하였다. 파우더의 소결 온도가 184℃이므로 빌드 룸의 온도를 150 °C로 피드 룸의 온도를 100 °C로 설정하였다.

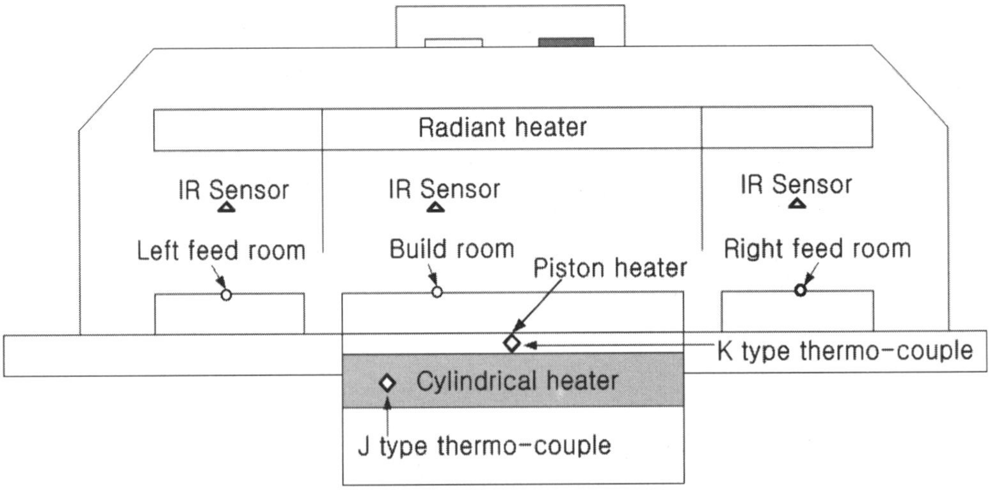

그림 2-2.56 설치된 히터 및 센서의 개략도

빌드 룸의 온도 제어를 위해 IR센서를 이용하여 파우더 표면 온도를 측정하였고, J형 열전대를 이용해 파우더 내부의 온도를 측정하였다. 파우더 표면의 온도가 소결 온도를 넘어서면 파우더가 녹는 현상이 발생하고, 단계적인 예열 없이 바로 온도를 올려 레이저 소결을 할 경우 curling 문제가 발생하게 된다.

Curling은 레이저 소결시, 소결된 파우더와 소결되지 않은 파우더의 온도차에 의한 열전달 현상 때문에 소결된 파우더의 끝부분이 말려 올라가는 현상을 말한다. Curling을 방지하기 위해서 파우더의 표면과 내부가 균일한 온도로 유지될 수 있도록 단계적으로 예열하는 제어를 수행하였다.

성능시험 조건은 빌드룸의 온도를 150 °C, 양쪽 피드룸의 온도를 130 °C로 설정하였고 상용장비의 실제 SLS 공정에 따라 실험을 진행하였다. 그림 2-2.57은 2차 히터 성능시험결과를 나타내며, 빌드룸과 피드룸, 피스톤 히터, 실린더 히터 모두 1 °C 이내에서 정확히 제어되었다. 그림 2-2.57의 빌드룸과 피드룸 히터 온도 그래프에서 관찰되는 피크점들은 IR 센서가 감지하고 있는 부분에 레이저가 조사되거나 또는 이송중인 롤러가 감지된 것으로 히터의 온도제어에는 크게 영향을 미치지 않는 것을 확인할 수 있었다. 또한 실제 실험과정에서 100 ㎛씩 폴리아미드 파우더를 적층할 때, 빌드룸에서 새로운 파우더 층이 150 °C에 도달하는 시간은 약 2~4초로 매우 짧음을 확인할 수 있었다.

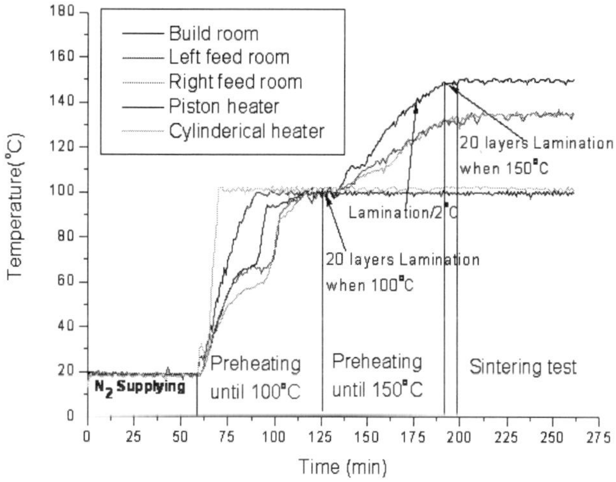

그림 2-2.57 2차 히터 성능시험 결과 (실제 공정 중 히터 성능 평가)

5-3. 레이저의 성능시험

레이저의 파워측정 실험에 앞서 레이저 헤드 유닛의 align을 체크하고, 미러의 깨끗이 클리닝 한 후에 레이저 파워 성능 실험을 수행하였으며, 이를 통하여 레이저의 duty cycle을 구하였다. 그림 2-2.58에서 duty cycle은 pulse width/pulse period로 계산되어지는 값으로 pulse width는 레이저가 조사되는 폭을 나타내며, pulse peroid는 레이저 한 펄스가 조사되는 주파수를 의미한다.

그림 2-2.58은 CO_2 레이저 빔이 소결하고자 하는 파우더의 표면에 도달했을 때의 파워를 측정한 그래프로, 본 연구에 사용된 레이저 빔의 최대 값은 50 Watts이지만 조사되는 실제 레이저 빔의 최대 값은 30 Watts로 레이저 빔의 조사과정에서 상당한 손실이 있음을 알 수 있다. 레이저 빔의 파워 손실 요소로는 레이저유닛으로부터 조사된 레이저 빔이 빔익스팬더, 반사미러, 다이나믹 포커싱 렌즈 갈바노 미러를 거쳐 최종적으로 빌드룸의 베드 (bed)에 도착하는 동안 발생하는 약 15 Watts의 파워 손실을 들 수 있다. 이러한 손실을 제외하고 레이저의 파워에 가장 큰 영향을 미치는 요소로는 다이나믹 포커싱 렌즈부와 갈바노 미러의 청결을 들 수 있다.

실제 실험 과정에서 다이나믹 포커싱 렌즈부와 갈바노 미러에 파우더가 점착되었을 경우 급격한 레이저 파워 감소하는 것을 관찰 할 수 있었다. 따라서 레이저 파워의 손실을 막고, 소결공정 중에 레이저 파워의 변동을 막기위해 레이저 조사부에 CO_2 레이저의 파장대인 10.6 ㎛을 투과할 수 있는 필터의 설치가 필요하다.

그림 2-2.59는 레이저 파워를 측정하기 위한 레이저 빔 파워 미터 (Field MaxII-TO)를 나타내며, 최대 300 Watts까지 레이저 파워를 측정할 수 있다.

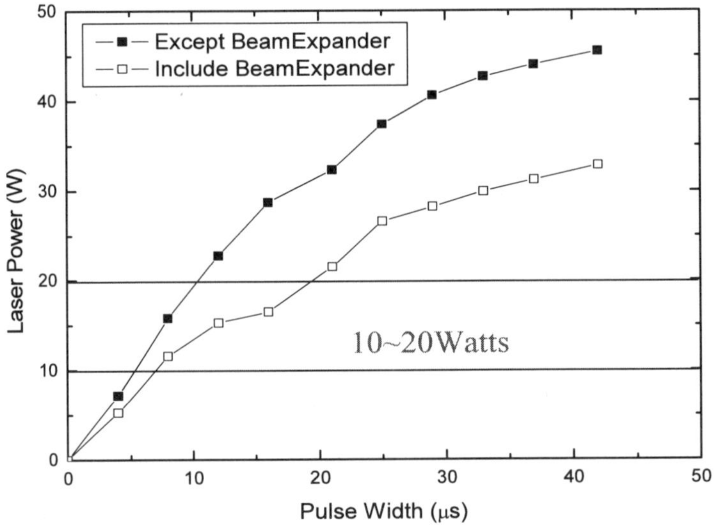

그림 2-2.58 레이저 유닛의 성능곡선

그림 2-2.59 레이저 빔파워 미터 (FieldMaxII-TO)

6. 폴리머 파우더 재료기술 개발

6-1. 배경이론

고분자는 단순한 반복단위로 이루어진 거대분자이다. 이 이름은 그리스어인 poly(즉 "많다"는 의미)와 mer("부분"이라는 의미)에서 따온 것이다. 고분자는 단량체라 불리는 저분자들로부터 합성이라는 공정을 통하여 제조된다. 이러한 고분자 즉, 플라스틱은 경제적인 측면과 쉬운 가공성으로 철과 금속의 사용량을 초과하고 있다. 또한, 블렌딩 기술이나 복합체 제조 기술들을 응용하여 높은 물성을 보이는 소재를 제조할 수 있기 때문에 플라스틱의 사용량은 증가되고 있는 추세이다.

이러한 고분자의 가장 큰 특징은 분자량이 높다는 데에 있다. 보통, 분자량이 10,000이상인 물질을 고분자라 칭하며, 이러한 고분자량으로 인해 상이한 물성을 보인다. 또한, 고분자의 가공에 있어서 유리전이온도와 용융온도와 같은 열적 성질은 중요한 변수로 작용할 수 있다.

6-2. 폴리아미드

1) 반결정질 분말

고분자의 가공에 있어서 이러한 열적 성질은 중요한 요인이다. 고분자의 결정화도가 100%인 완전 결정질 분말에서의 연화점은 분말의 용융온도를 의미한다. 결정화도가 0%인 무정형 분말에 있어서 연화점은 분말의 초기 유리 전이 온도를 의미한다. 무정형 분말은 넓은 소결성을 제공할 수 있으나 온도가 증가에 따라 점도가 너무 느리게 감소하기 때문에 여전히 높은 점도를 유지하게 된다. 이러한 현상은 전체 입자를 용융시키지 않고 입자들의 경계에서 내부 연결 확산을 일으킨다 따라서 무정형 분말은 거의 충분한 밀도로 소결하기가 불가능하므로 용융온도와 유리전이온도를 모두 보이는 반결정질 분말을 이용하게 된다.

2) 폴리아미드의 물성

분자사이의 수소결합에 의해 폴리아미드는 폴리에스테르에 비하여 아주 높은 용융온도를 가진다 (표 2-2.12). 예를 들어, 나일론 66은 265 ℃ 부근에서 녹는 반면에, 상응하는 poly (hexamethylene adipate)는 60 ℃ 이하에서 녹는다. 아미드기($-\overset{\overset{O}{\|}}{C}-\overset{|}{N}-$) 사이에 짝수의 탄소를 갖는 폴리아미드는 보다 높은 용융온도를 나타내는데, 이는 결정격자 사이에서의 충전이 잘 되는 현상 때문이다. 예

를 들어, 나일론 4, 6는 295 ℃의 용융온도를 가지는 반면, 나일론 5,6은 230 ℃의 보다 낮은 용융온도를 가진다.

이러한 폴리아미드의 주요 특성으로는 주위로부터 습기를 흡수하는 경향을 보이며, 이러한 성질은 가소제 역할을 한다. 이러한 기후에 따른 물성변화는 폴리아미드의 상업적인 응용에서 특히 감안해야 하는 요소의 하나이다. 그러나 나일론 11과 나일론 12와 같은 보다 소수성 성향이 강한 폴리아미드의 경우에는 그다지 우려할 요소는 아니다.

표 2-2.12 다양한 폴리아미드의 용융온도

Nylon	Melting point(℃)	Nylon	Melting point(℃)
Nylon	Melting point(℃)	Nylon	Melting point(℃)
3	〉320	46	295
4	265	56	230
5	250-270	66	265
6	233	76	220
7	233	68	240
8	200	69	205
9	188	410	236
10	188	510	186
11	190	610	225
12	179	612	212

6-3. 레이저 소결용 재료기술 개발

1) 소결 실험

레이저 소결용 고분자로 사용할 수 있는 고분자 중에서 우수한 성형성과 물성으로 폴리아미드 11(PA-11)과 폴리아미드 12(PA-12)는 대표적인 레이저 소결 분말로 이용되는 고분자 소재중의 하나이다. 실험에 필요한 PA-12는 A사(독일), B사(미국), 및 C사(국내)에서 구입한 것을 사용하였고, PA-11는 국내에서 구입한 고분자를 KIMM에서 후처리하여 사용하였다. 각각의 고분자분말은 직접 제작한 간이 레이저 소결장치를 이용하여 소결한 뒤 소결된 형상물을 optical microscope로 확인하였다. 본 실험에 사용된 간이 실험 장치를 그림 2-2.60에 나타내었다.

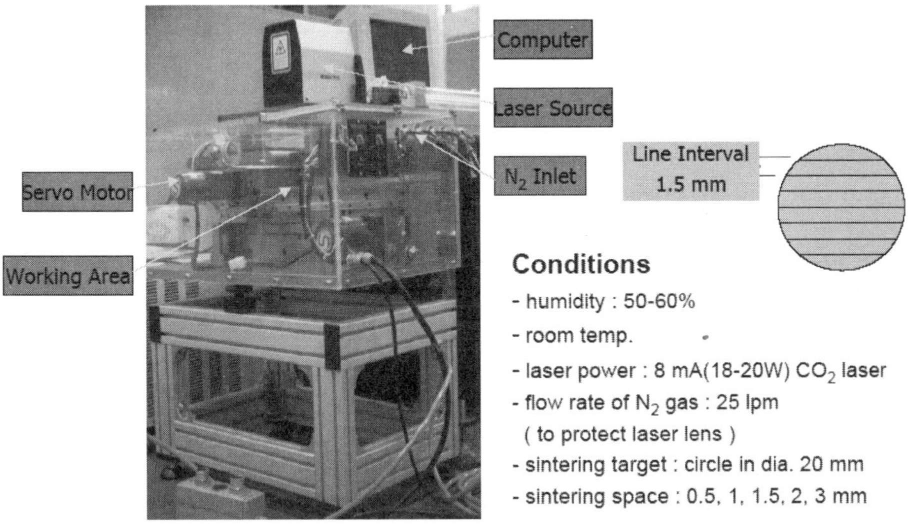

그림 2-2.60 레이저 소결을 위한 간이 실험 장치 및 실험 조건

실험조건은 그림 2-2.60에서 보는 바와 같이, 부착되어 있는 롤러를 이용하여 분말을 얇게 도포한 후 8 mA의 레이저를 조사하여 지름이 20 mm의 크기를 가지는 원형의 소결품을 제작하였다. 간격은 0.5, 1, 1.5, 2, 3 mm을 각각 조절하여 실험하였고 다른 조건들은 동일한 상태로 소결하여 성형정도를 비교하였다.

2) 습식실험을 통한 폴리아미드12(PA-12) 파우더 제조

Pellet 형태의 폴리아미드12(PA-12)를 이용하여 파우더형태의 고분자를 만들기 위해서 phenol과 xylene을 3:1비율의 혼합 solvent로 만들어, 온도를 110 ℃로 가열한 가운데 폴리아미드12(PA-12)를 넣어 용해시켰다. 약 20~30분 사이에 (용량의 차이에 따라서) 완전히 용융되었음을 확인한 후 nosolvent인 hexane을 이용하여 solvent와 폴리아미드12(PA-12)를 분리 시켜준 다음, 분리된 폴리아미드12(PA-12)를 methanol 을 이용하여 희석시켰다. 희석시킨 용액을 뷰리히기 위하여 원심분리기를 이용하여 분리시킨 다음 분리 되어 나온 고분자를 오븐에서 건조시켜 고분자를 생산하는 방법과 상온에서 건조시켜 고분자를 생산하는 방법, 고분자간에 서로 달라붙는 현상을 막기 위하여 Rotary vacuum evaporator을 이용하는 실험도 하였다. 이러한 방법을 통하여 연구에 저용할 고뷰자 뷰말을 제조하였다

3) 건식 저온 분쇄를 통한 폴리아미드6(PA-6) 파우더 제조

폴리아미드6(PA-6)의 성질은 열에 의해 유연해지기 때문에 분쇄를 하는데 어려움이 있다. 이에

이번 실험은 특수 장비를 통해 분쇄하는 과정으로 실험을 진행 하였다. 그림 2-2.61에 나타난 장비의 구조도를 보면 열에 의해 연화되지 않도록 폴리아미드6(PA-6)를 액체질소로 급냉 시킨 다음 분쇄기를 통해 분쇄시키는 과정을 알 수 있다.

이렇게 하여 나온 분말을 분석한 결과 입자 사이즈가 서로 다르고 입자 모형이 뾰족한 모형을 띠는 것을 그림 2-2.62와 같이 SEM사진을 통해 알 수 있었다

또한 그림 2-2.63과 같이 건식 저온 분쇄 장치를 통해 분쇄한 분말의 입도 사이즈와 평균 입도 사이즈를 분석하였다. 현재 레이저 소결용 고분자로 가장 좋은 모델로 알고 있는 3D Systems의 파우더와 비교해 보았을 때, 모양과 입자 사이즈, 평균 입도가 많이 다른걸 알 수 있었다. 그렇기 때문에 가장 비슷한 모형의 고분자를 만들기 위하여 여러 방법으로 실험을 실시하였다. 현재 레이저 소결용 고분자로 가장 좋은 모델로 알고 있는 3D Systems의 파우더와 비교해 보았을 때, 모양과 입자 사이즈, 평균 입도가 많이 다른걸 알 수 있었다. 그렇기 때문에 가장 비슷한 모형의 고분자를 만들기 위하여 여러 방법으로 실험을 실시하였다. 일단 모형을 구형으로 만들기 위하여 실험을 실시하였다. 첫 번째 방법으로 분쇄한 분자를 온도를 변화시켜가며 분자모형의 변화를 시도 하였다. 오븐을 이용하여 분자가 녹지 않고 유연성이 있을 때 stirring 을 하여 구형으로 만드는 방법으로 실험을 실시하였다. 두 번째 방법으로는 물과 폴리아미드6(PA-6)사이의 성질을 이용하여 분자를 구형으로 만드는 실험을 하였는데, 물과 폴리아미드6(PA-6)를 넣고 온도를 120 ℃~ 140 ℃로 가열하여 실험을 하였다.

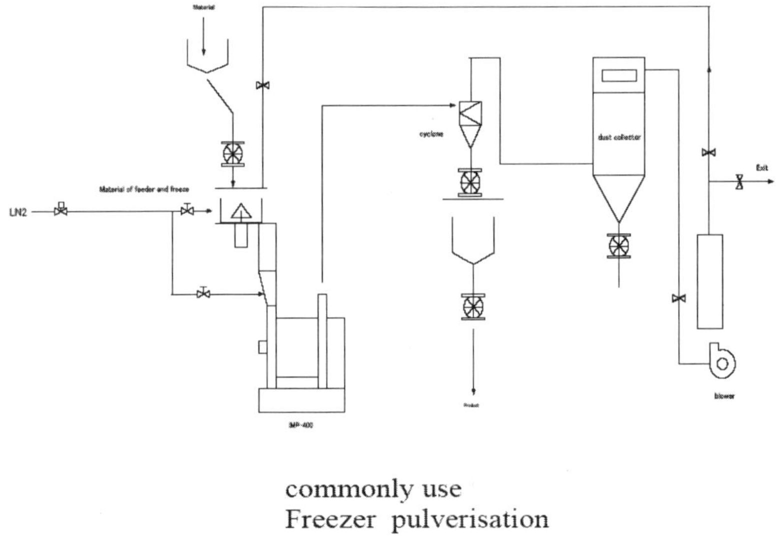

그림 2-2.61 건식 저온 분쇄 장치

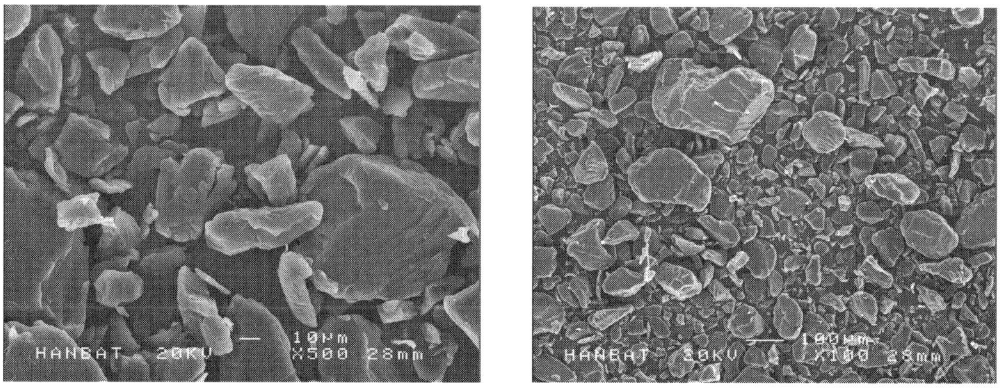

그림 2-2.62 폴리아미드6 (PA-6) 분말 SEM사진

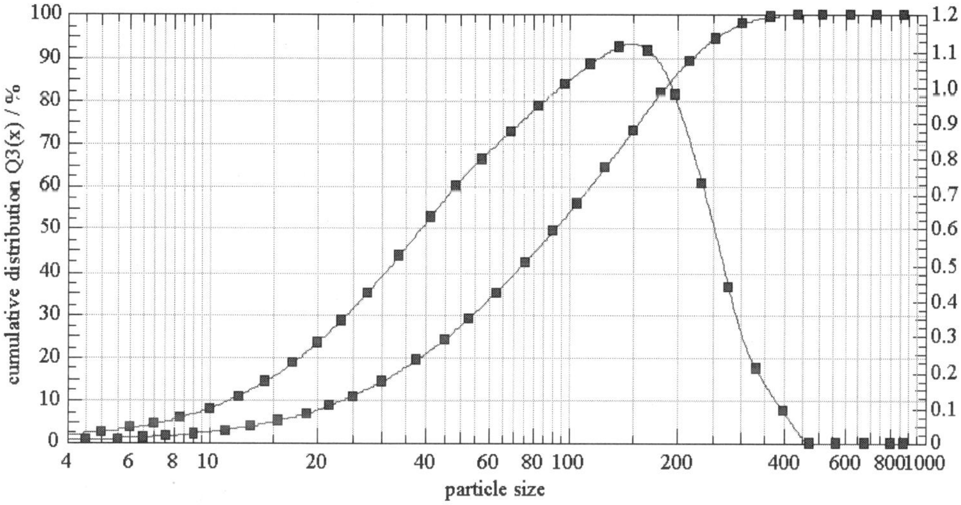

n x10 = 23.89 μm   x50= 91.74 μm   x90= 222.88 μm

n x16 = 32.94 μm   x84= 191.96 μm   x99= 352.64 μm

그림 2-2.63 폴리아미드6 (PA-6) 분말 입도 분석

6-4. 폴리아마이드 파우더 분석

구입된 각각의 샘플들은 소결과정에 영향을 줄 수 있는 화학 구조, 열적 성질과 입도 크기, 분포 및 모폴로지를 측정하였다. 화학 구조를 파악하기 위해서 FT-IR을 측정하였고, 고분자 열적 성질 즉, 유리전이온도와 용융온도를 측정하기 위해 DSC 2050 (TA Instrument)를 이용하였다. 입도 크기와 분포는 레이저 회절 입도 분석기를 이용하여 측정하였고, SEM을 통해서 입자의 모폴로지와 크기 분포를 확인하였다.

1) 습식실험을 통한 폴리아미드12(PA-12) 파우더 분석

SLS장비의 레이저 소결에 있어 소결되는 파우더의 형상이 가장 구형에 가까울 때의 레이저 소결 특성을 확인하기 위하여 습식실험으로 고분자 입자를 제조하였다. 고분자 입자가 구형의 형태를 가지게 되면 열의 분산이 균형적이어서 성형성에 좋은 영향을 주는 반면, 구형이 아닌 불규칙적인 모양의 형태를 가질 경우 부위의 두께, 면에 따라 소결되는 양과 열이 가해져 분산되는 열분산력이 차이가 있어 좋은 성형성을 얻기 힘들다. 습식실험을 통해 얻어진 폴리아미드12(PA-12)를 보면, 그림 2-2.64에서 보는 것과 같이 구형의 파우더를 얻었음을 알 수 있었다.

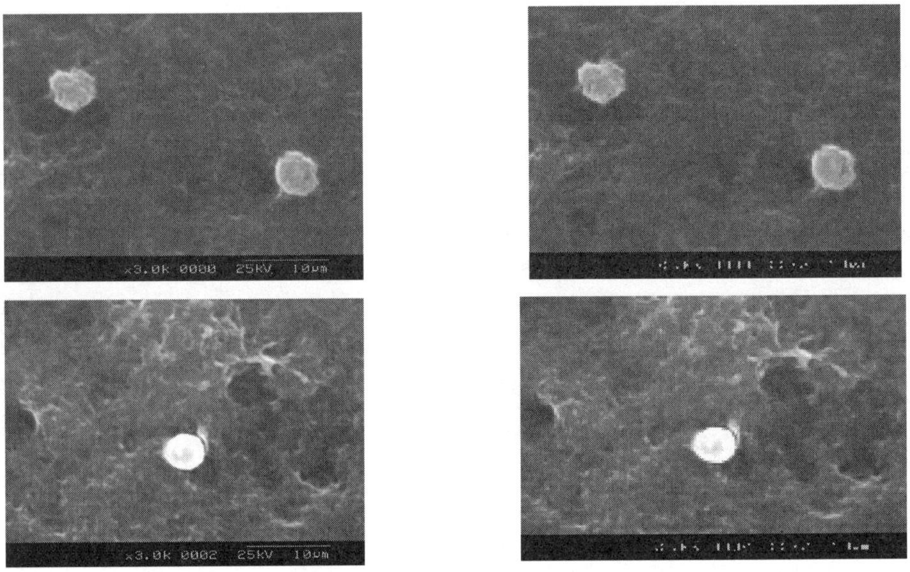

그림 2-2.64 습식실험으로 제조된 폴리아미드 12(PA-12)의 입자형상

2) 건식 저온 분쇄실험을 통한 폴리아미드6 (PA-6) 파우더 제조

폴리아미드6(PA-6)를 분쇄하여 파우더를 생산했는데, 표 2-2.13에서 보는 것과 같은 크기를 갖도록 분쇄 실험을 진행 하였다.

분쇄실험을 통해 얻은 파우더의 정확한 크기, 입도분포를 알기 위하여 레이저 회절 입도 분석기(Laser Scattering Paticle Size Analyzer)를 사용하여 분석하였다.(그림 2-2.65)

표 2-2.13 건식 저온 분쇄실험을 통해 얻은 폴리아미드 분말의 입자 크기

PA-6	입도 DATA	Ave	125.975㎛
		Top	834.27㎛

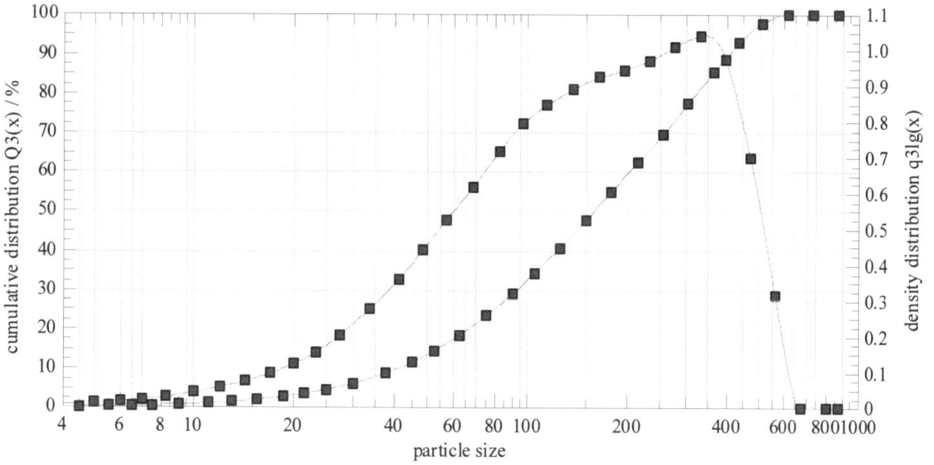

그림 2-2.65 PA-6의 입도분포

또한 위 실험에서와 같이 구형으로 만든 실험 결과 아래 그림 2-2.66 ~ 그림 2-2.67과 같이 폴리아미드6(PA-6) 분자의 뾰족한 모양이 구형으로 변한 것을 알 수 있었다.

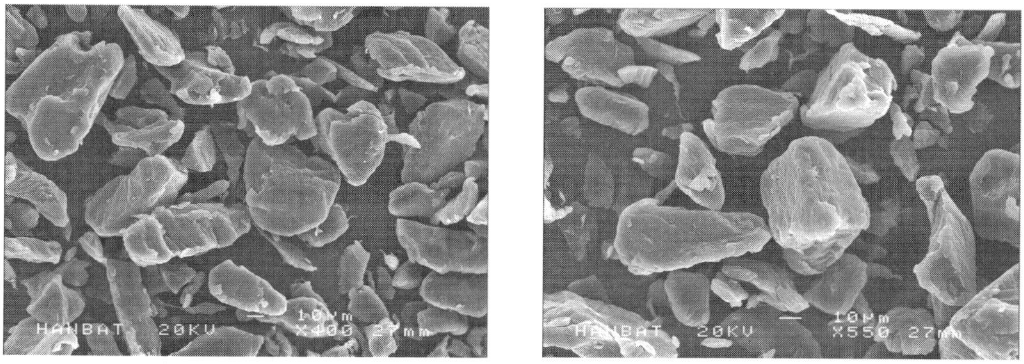

그림 2-2.66 건식 저온 분쇄실험을 통한 폴리아미드6 (PA-6) 파우더

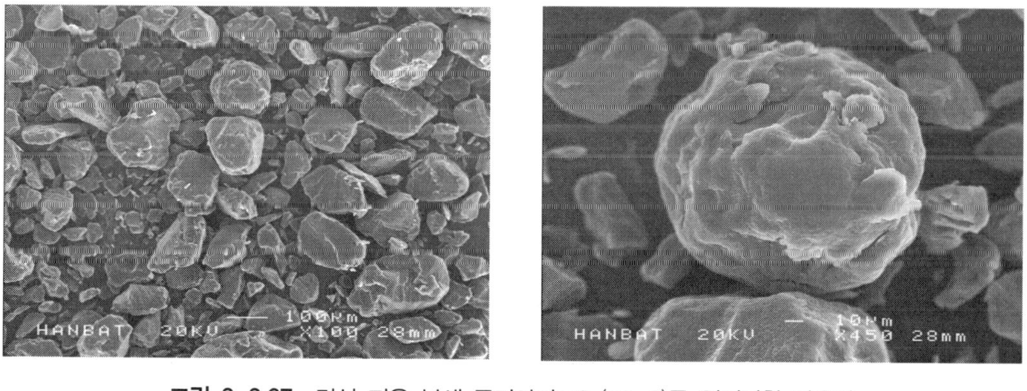

그림 2-2.67 건식 저온 분쇄 폴리아미드6 (PA-6)를 열처리한 파우더

6-5. 폴리아마이드 파우더 제조 결과

1) 폴리아미드의 화학구조

먼저, A사(독일), B사(미국), 및 C사(국내)에서 구입된 PA12와 및 KIMM에서 개발된 PA11의 화학적 구조를 파악하기 위해 FT-IR을 측정하였다.

그림 2-2.68에서 보듯이 3300 cm^{-1}, 2900 cm^{-1}에서 각각 -NH기의 stretch와 알킬기의 peak을 1650 cm^{-1}에서 C=O, 1600 cm^{-1}에서N-H기의 bending peak을 확인하여 amide구조임을 확인하였다. 또한, 1000 ~ 1700 cm^{-1} 영역에서의 peaks를 확인한 결과, 네 가지 샘플이 모두 동일한 화학 구조를 가지고 있음을 알았고, 소결 실험에서 화학 구조에 의한 영향은 없을 것이라는 것을 예상할 수 있다

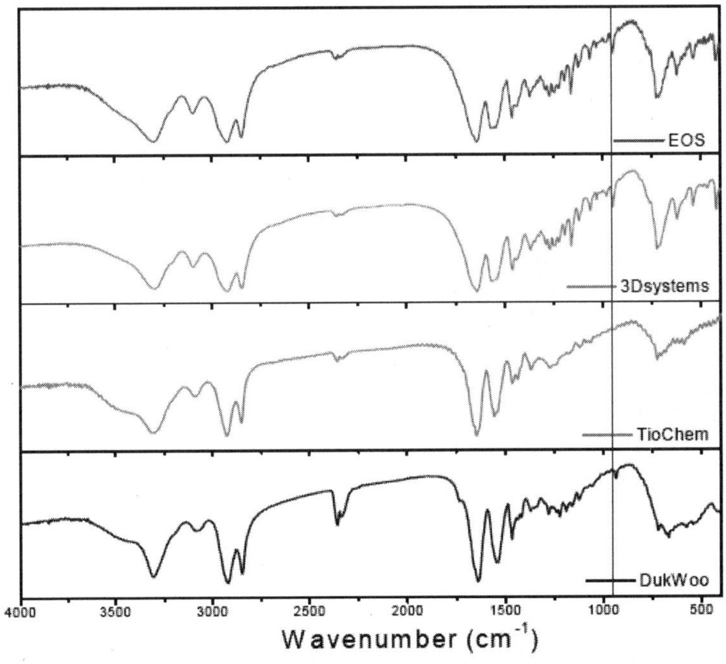

그림 2-2.68 FT-IR을 이용한 PA-11과 PA-12의 화학 구조 분석

2) 폴리아미드의 열적 성질

시차주사 열량계인 DSC를 이용하여 폴리아미드의 유리전이온도와 용융온도를 측정하였다. 각각의 샘플에 대한 DSC 열량 곡선은 그림 2-2.69에서 종합적으로 보여주고 있다. 낮은 온도 영역에서 나타나는 흡열 peak는 폴리아미드의 유리전이온도를 보여주는 것이다. 가장 높은 유리전이온도(Tg)를 보이는 것은 B사(미국)의 고분자분말로 60 ℃의 유리전이온도를 보이고 있다. A사(독

일), C사(국내) 및 KIMM의 고분자 분말들은 30 ~ 40 ℃에서 비슷한 유리전이온도를 가지고 있음을 알 수 있다. 용융온도(Tm)를 분석한 결과 A사(독일), B사(미국) 및 KIMM의 샘플은 190 ℃근방에서 비슷한 용융온도를 가지고 있지만, C사(국내)의 샘플은 확연히 구별되는 125 ℃의 용융온도를 보인다.

또한, 결정성을 보여주는 용융온도와 무정형을 보여주는 유리전이온도의 peak의 면적을 비교 분석하여 상대적인 반결정성 고분자의 결정성과 무정형의 비율을 비교하였다. A사(독일)와 B사(미국)의 샘플은 적은 면적의 유리전이온도를 가지며, 용융온도의 면적이 크게 나타남을 알 수 있다. 이러한 사실은 두 샘플이 모두 결정성이 많은 폴리아미드 입자임을 보여준다. KIMM의 고분자분말을 A사(독일)와 B사(미국)의 샘플과 비교 시 무정형의 비율이 크게 나타남을 알 수 있었고, C사(국내)의 샘플과 비교 시 결정성이 큰 것으로 파악된다. 또한, C사(국내)의 시료는 결정성이 다른 샘플과 비교 시 매우 낮은 것으로 판단되어 상이한 유변학적 특성을 보일 것으로 예상된다.

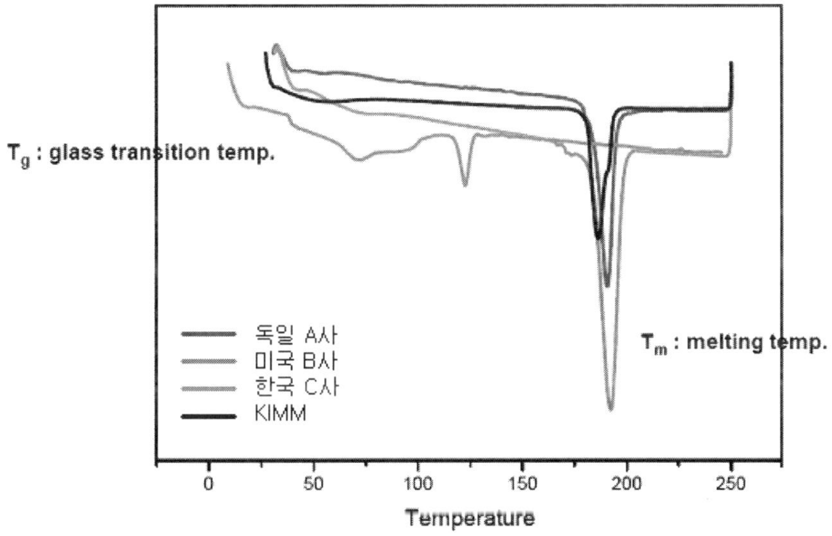

그림 2-2.69 DSC를 이용한 유리전이온도와 용융온도 측정

3) 입자의 크기, 분포 및 모폴로지

일반적으로, 큰 입자보다 작은 입자 즉, 입자의 크기가 작아질수록 입자의 열전달 속도가 향상된다. 따라서 열전달 속도는 레이저로 입자를 소결시키는 데에 큰 영향을 준다.

입자가 너무 크면 열전달 속도가 충분히 높지 않아 소결되지 않는 입자들이 존재하게 되어 불량이 일어날 수 있으므로 긴 시간의 소결 시간이 필요하게 되어 생산성에도 좋지 않은 결과가 된다. 또한, 균일하게 작은 입자들을 사용하는 것도 올바른 선택이 아닐 수 있다. 작은 입자들은 열전달 속도는 충분히 높은 값을 가지게 되지만, 자유 유동성을 가지고 있지 않기 때문에 가공성이 떨어지게 된다.

따라서 이러한 작은 입자들의 사용은 열전달 속도 면에서 필요하므로 큰 입자를 도입하여 비교적 분포가 넓은 입자를 사용하는 것이 좋다. 또한 이렇게 크기 분포가 넓은 입자들은 큰 입자 간에 작은 입자가 채워지게 되므로 소결품의 고밀도화를 가질 수 있다. 즉, 같은 물질의 고분자라고 해도 이러한 밀도화에 따라 소결된 제품의 물성과 외관이 크게 영향을 받을 수 있기 때문에 입자의 분포는 중요한 요인이라 할 수 있다.

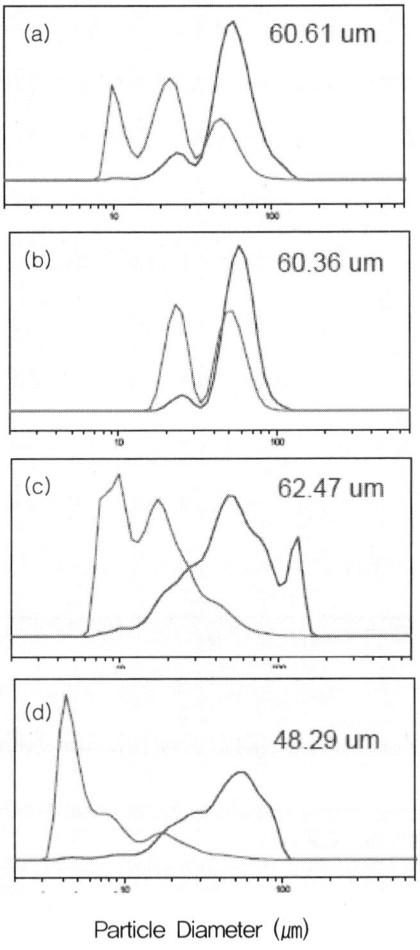

(a) B사(미국), (b) A사(독일), (c) KIMM, (d) C사(국내)

그림 2-2.70 파우더의 입도 분석

평균 입도 크기가 비슷한 시료를 이용하여 입도 크기와 분포에 의한 영향을 파악하였고, 입자의 모양에 따른 영향도 파악하였다. 그림 2-2.70은 입도 크기 분석기를 이용하여 측정한 입자들의 평균 크기를 나타내 준다. A사(독일)와 B사(미국), KIMM의 샘플들은 60 ~ 63 ㎛의 평균 크기를 가지고 있다. C사(국내)의 샘플은 48.29 ㎛의 평균 입도 크기를 가지고 있다. 붉은 색 선은 입자의 수 평균 곡선을 나타낸다. A사(독일)와 B사(미국) 샘플의 경우에는 40 ㎛ 이상의 크기를 가지는 입자들이 상당수 존재함을 볼 수 있다. 또한, A사(독일)의 샘플은 두개의 peak를 보이면서 비교적 균일한 크기로 입자 존재하여 작은 입자 분포를 보임을 알 수 있고, B사(미국)의 샘플은 작은 입자도 상당수 포함한 넓은 입자 분포를 보인다. 그에 반해, C사(국내)와 KIMM의 샘플은 큰 입자의 수가 적고 작은 입자가 많이 있음을 알 수 있고, C사(국내)에 비해 KIMM의 샘플이 넓은 입자 분포를 가지고 있음을 알 수 있었다.

그림 2-2.70에서 보여준 바와 같이 각각의 네 가지 폴리아미드 샘플들은 다른 입자 크기와 분포도를 가짐을 알 수 있었다. 이러한 입자의 크기와 분포도는 소결 과정과 소결 성형품에 지배적인 영향을 줄 수 있고, 입자의 모양을 파악하기 위해서 주사전자현미경인 SEM을 통해 입자의 표면을 관찰하여 좀 더 가시적으로 분석하였다. 그림 2-2.71은 각각의 샘플에 대한 SEM 사진 결과이다.

이러한 SEM 결과를 통해 입도 분석기를 이용한 입도 크기와 분포를 재확인하였다. A사(독일)와 B사(미국) 샘플들은 구형의 모양을 가지고 있어 입도 분석기에서 보여준 결과와 일치하는 것을 확인할 수 있었다. B사(미국)의 샘플은 작은 입자들과 큰 입자들이 존재함을 확인할 수 있었고, 큰 입자 사이에 작은 입자들이 채워져 있는 것을 확인할 수 있었다. A사(독일)의 샘플은 거의 모든 입자들이 큰 입자들로 구성이 되어 있음을 확인할 수 있었다. 그에 반해, KIMM와 C사(국내)의 샘플들은 구형의 모양을 가지고 있지 않음을 확인할 수 있었다. 이러한 모양으로 인해 입도 분석기를 통해 확인한 결과와는 다소 상이한 결과를 보인다. 특히, C사(국내)의 경우 막대 모양과 같이 길쭉한 모양을 지니고 있는 입자들이 많아 입도 분석기를 통해 측정 시 많은 오차가 생기는 것으로 추정된다. 하지만, KIMM와 C사(국내)의 샘플들은 입도분석과 SEM 사진 결과를 통해 넓은 분포의 입도 분포를 가지고 있음을 확인할 수 있었다. 또한, 입자의 모양의 차이를 보이는 것은 고분자를 중합하는 과정에서 생기는 차이가 아닌 입자를 생성시키는 방법의 차이에서 오는 것임을 여러 문헌을 통해 확인하였다.

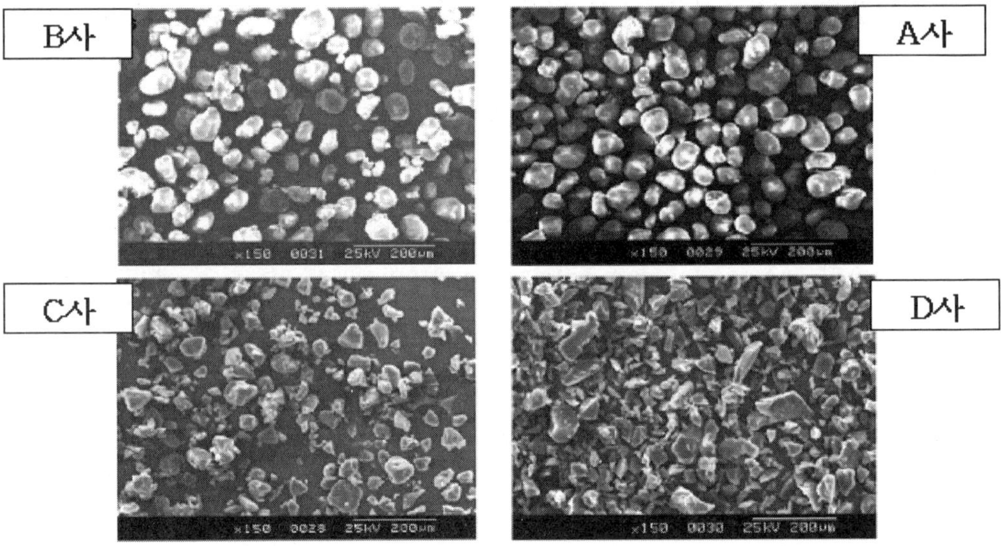

그림 2-2.71 폴리아미드 파우더의 SEM 사진 결과

4) 폴리아미드의 파우더 제조 결과

SLS공정을 이용하는 3차원 실물복제기의 기본재료로 용융온도가 낮으며 성형성이 우수한 PA11과 PA12를 여러 종류로 구입하여 기본적인 열적물성과 입자의 크기 분포 및 형상에 대한 분석을 한 뒤 레이저 소결 간이 실험 장치를 통해 소결을 하여 성형물을 제조하였다.

각각의 고분자 분말들은 동일한 화학 구조를 가지고 있었지만 열적 성질, 입자의 크기와 분포, 입자의 모양에서 상이한 성질을 보였다. 또한, 각각의 폴리아미드분말을 레이저로 소결하여 얻은 소결 성형품을 확인하여 성형 과정에 영향을 줄 수 있는 요인들을 해석하고 최적의 조건을 모색하였는데, 40 ℃이상의 유리전이온도에서는 좋은 외관을 가지는 소결 성형품이 나올 수 없음을 확인하였다. 따라서 유리전이온도는 33 ~ 40 ℃사이의 폴리아미드를 사용하는 것이 소결 시 좋은 성형물을 얻을 수 있다는 것을 확인하였다. A사(독일)가 좋은 성형성을 보였는데 이는 무정형 부분과 결정성 부분의 비율을 조절함으로써 성형성을 조절할 수 있다는 사실을 암시하는 것이다. 또한, 입자의 모양에서도 원형과 같이 aspect ratio가 1에 근접한 입자를 사용하는 것이 중요함을 암시해준다.

지금까지의 연구결과 레이저 소결을 이용하여 성형성과 물성이 좋은 파우더를 만들기 위해서는 입자분포가 어느 정도 일정하고, 입자크기가 작으며, 입자 형태가 구형을 띠고 있을 때, 성형성과 물성이 뛰어난 고분자 파우더가 된다는 걸 알았다.

레이저 소결에 있어 조건은 앞으로 여러 가지 더 연구 검토할 필요가 있다고 여겨진다. 레이저의 파워, 온도에 따라서 소결의 성형성과 물성이 변한다는 것을 알았고, 지금까지 실험해온 파우더들을 비율별로 소결시키는 실험도 진행 되어야 한다고 생각한다. 아울러 기존의 성형성과 물성이 좋은 파우더와 변수들을 비교해 보는 것도 중요하다고 판단된다.

7. 산업용 SFF 시스템의 소결 공정 실험

7-1. 폴리아마이드 파우더 및 소결 공정

SLS 공정에서 소결 변수 실험을 위해 사용된 출발원료로 폴리아마이드(Average grain size 58 ㎛)를 사용하였고 표 2-2.14에 파우더의 물성을 나타내었다. CO_2 레이저의 파장은 10.6㎛로 레이저 소결 공정에 사용되는 폴리머(polymer)는 대부분 C-C 또는 C-O 결합으로 이루어져있으며, 조사된 광의 파장이 10 ㎛ 근처인 경우 진동이 급격하게 증가하면서 용융된다. 이러한 과정을 통해 폴리아미드 파우더의 소결이 이루어지게 되며, 그림 2-2.72에 소결공정의 블록다이어그램을 나타내었다.

그림 2-2.73은 실제 소결과정을 나타내며, 전체 프로세스는 질소를 공급하고 파우더를 예열하는 전처리 과정과 레이저를 조사하는 소결 과정, 소결이 끝난 후 소결물의 열 변형을 막기 위한 후처리 과정으로 구성된다.

표 2-2.14 Polyamide의 대표 물성치

	Density (g/cm^3)	particle size average (㎛)	Melting point (℃)
polyamide powder	0.59	58	184

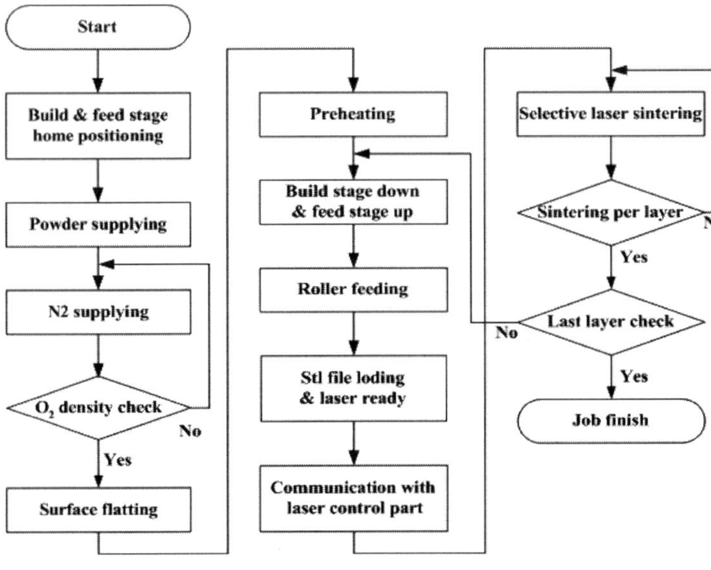

그림 2-2.72 소결공정 블록다이어그램

① 전처리 과정

a. Build room 과 Feed room의 home positioning

b. Build room 과 Feed room에 파우더 공급

c. Surface flatting (20layer)

d. N_2 GAS supplying

e. N_2 GAS의 농도가 95%에 도달했을 때, Heater On

f. 100 ℃ 까지 Preheating 후 20 layer 적층

g. Build room의 온도를 2 ℃ 올릴 때 마다 1 layer 씩 적층하여 150 ℃ 까지 25 layer 적층

h. Build room 과 Feed room의 온도가 각각 150 ℃, 130 ℃에 도달했을 때 25 layer 적층

i. stl file 로부터 slicing data 생성 후 scan path 생성

② 소결과정

a. Laser power ON

b. 생성된 scan path 로부터 Selective laser sintering 수행

③ 후처리 과정

a. 소결 완료 후 Cooling 과정에서 발생하는 열변형을 막기 위해 25 layer 적층

b. Heater Off

c. Build room 온도 100 ℃에서 25 layer 적층

d. 1.5 시간 Cool down

e. Chamber Open

f. Powder 제거 작업

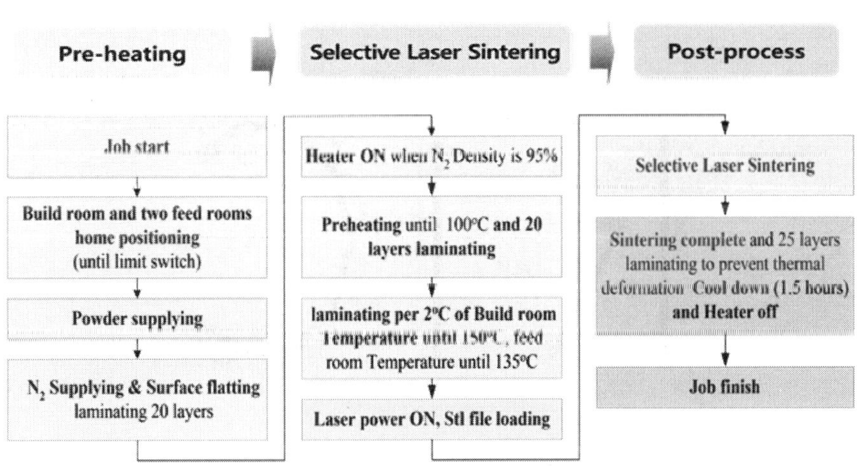

그림 2-2.73 SLS 소결공정도

7-2. 싱글레이저 소결 변수 실험

소결 변수 실험을 위해 사용된 출발원료로 표 2-2.14와 같은 물성을 가지는 폴리아미드 파우더를 사용하였고, 그림 2-2.73에 제품 제작을 위한 SLS 공정의 전체 흐름을 나타내었다. 먼저 질소 주입을 통해 95% 이상의 질소 분위기를 조성한 후 빌드룸과 피드룸의 파우더 표면의 온도를 각각 제어한다. 그 후 파우더의 적층과 CO_2 레이저 빔의 조사를 반복하여 다층의 임의 형상을 제조하게 된다. 폴리아미드 파우더의 소결을 위해 표 2-2.15와 같이 빌드룸의 온도, CO_2 레이저의 스캔 간격 (scan space), 스캔 속도 (scan speed), 레이저 빔 파워 (laser beam power)를 변수로 하여 동일한 형상을 가지는 시편에 대해 소결 변수 결정 실험을 반복 수행하였다. 소결 변수 실험 과정에서 예열된 파우더를 100 ℃와 150 ℃, 160 ℃에서 각각 25층 가량 적층하여 파우더의 온도 편차를 줄일 수 있었으며, 제작된 시편의 컬링 률이 감소함을 알 수 있었다. 또한 그림2-2.73에 나타낸 레이저의 온/오프 딜레이 (on/off delay), 마크 딜레이 (mark delay)와 점프 딜레이 (jump delay)를 조절함으로써 레이저의 주사 경로 (scan path)의 시작점과 끝 점에서 발생하는 미소 컬링을 방지할 수 있었다.

소결변수 실험 결과 표 2-2.15와 같은 결과를 얻을 수 있었으며, SLS 공정의 경우 소결변수가 다양하기 때문에 각 변수들의 조합에 따라 소결조건이 변하는 것을 알 수 있었다.

실제 시스템에서는 레이저 파워는 낮추고, 가능하면 스캔 스페이스를 넓게 하고 스캔 스피드를 빠르게 가져가는 것이 작업시간을 단축시키고 경쟁력을 높일 수 있는 방법이기 때문에 시편들의 Test를 통해 최종적으로 가장 경제성 있는 3가지 조건을 도출 하였다. 표 2-2.16은 변수실험을 통해 도출된 최종 소결 조건을 나타낸다.

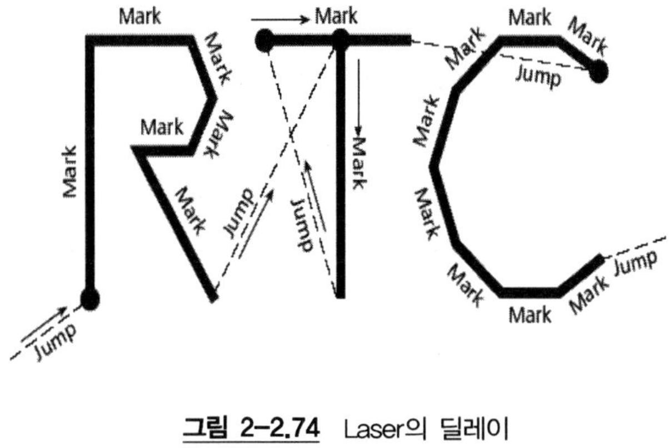

그림 2-2.74 Laser의 딜레이

표 2-2.15 소결 변수실험 결과

연구 절차	Test	Results
Temperature (℃)	150−165	155~160
Scan speed (m/s)	1−10	3.5~7
Scan spcing (mm)	0.1−0.5	0.3~0.5
Laser power (Watts)	10−20	12~18
Layer thickness (mm)	100~150	100

표 2-2.16 최종 소결 조건

	Condition 1	Condition 2	Condition 3
Temperature (℃)	155	160	165
Scan speed (m/s)	6	6	6
Scan spcing (mm)	0.4	0.4	0.4
Laser power (Watts)	17	16	15
Layer thickness (mm)	100	100	100

8. 시제품 제작 실험

8-1. 싱글레이저를 이용한 시제품 제작

1) 폴리머 파우더를 이용한 시제품제작

싱글레이저를 이용한 소결 변수 실험을 통하여 얻은 변수 값들을 이용하여 CAD 데이터로 부터 그림 2-2.75(a)와 같은 다양한 모양을 가지는 간단한 모델을 제작하였다. 표 2-2.17은 1차 모델의 소결 조건을 나타내며 그림 2-2.75(b)는 제작된 시편을 나타낸다.

표 2-2.17 1차 모델의 소결 조건

Variables	1st sample
Temperature (℃)	155
Scan speed (m/s)	5
Scan space (mm)	0.3
Laser power (Watts)	15.4
Layer thickness (㎛)	100

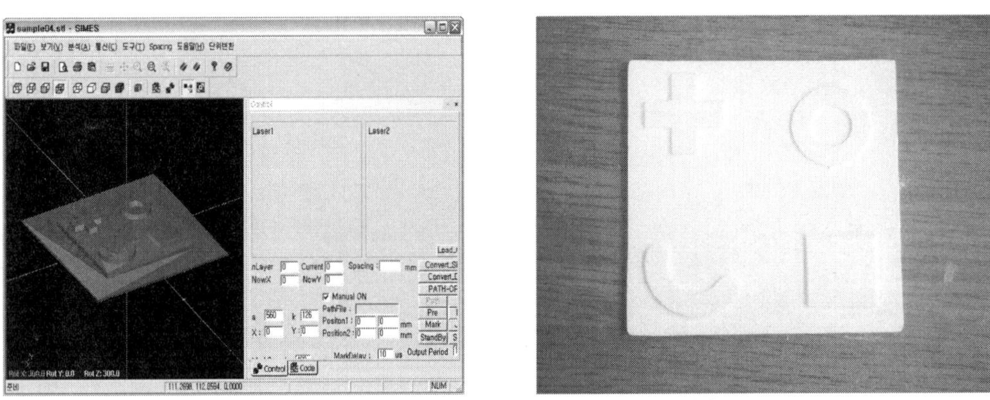

(a) 1차 CAD 모델　　(b) 제작된 모델

그림 2-2.75 모델 제작

2) 메탈 파우더를 이용한 시제품제작

폴리머가 코팅된 메탈파우더로 시제품 제작 실험을 하기위해 사용된 출발원료로 Laser Form ST-100 파우더를 사용하였다. 표2-2.18은 본 실험에 사용된 메탈 파우더의 대표 물성을 나타내었다. 그림 2-2.76(a) 제작할 3D CAD 모델을 나타며, 그림 2-2.76(b)는 재료시험용 장비로부터 제작된 샘플을 나타낸다. 표 2-2.19는 메탈파우더의 소결 조건을 나타내며, 소결조건은 폴리아미드 파우더 (16~20 Watts)의 소결조건과 달리 25~30 Watts 이상의 높은 레이저 파워를 요구한다. 그 이유는 메탈파우더의 표면에 코팅된 폴리머만을 녹여서 형상을 제조해야하기 때문이다. 또한 레이저가 조사된 영역에 메탈파우더의 영향으로 인해 충분한 에너지 전달이 되지 않기 때문에 폴리머 파우더에 비해 적은 적층두께(75 ㎛ 이하)를 요한다. 하지만 메탈파우더 (7.5 g/cm^3)의 경우 폴리머파우더 (0.59 g/cm^3)에 비해 밀도가 높아 폴리아미드 파우더의 소결 시 발생하는 컬링 현상은 발생하지 않았다.

표 2-2.18 메탈파우더의 대표 물성치

	Density (g/cm^3)	Thermal Conductivity	Melting point (℃)
Metal powder	7.5	23(100 ℃)	184 (polymer)

표 2-2.19 메탈 파우더의 소결 조건

Variables	메탈 파우더의 소결조건
Temperature (℃)	130
Scan speed (m/s)	3.5
Scan space (mm)	0.1
Laser power (Watts)	25
Layer thickness (㎛)	0.5
Sample size X×Y×Z (mm)	80×80×11

(a) 3D CAD 모델

(b) 제작된 시편

그림 2-2.76 메탈파우더를 이용한 시편제작

8-2. 싱글레이저 및 듀얼레이저를 이용한 실물복제

1세부과제의 산업용 Full 3D 자동측정 시스템으로부터 측정된 3D 데이터로부터 실물을 복제하기 위한 과정을 그림 2-2.77에 나타내었다. 산업용 Full 3D 자동측정 시스템의 경우 실물을 스캔하기 위해서는 역기구학 해석을 통한 로봇의 이동경로 생성이 필요하며, 스캔된 데이터는 데이터 정렬작업과 합병작업 후 고품질 매쉬 생성 알고리즘으로부터 고품질의 3D 데이터를 획득하게 된다. 이렇게 획득된 3D 데이터는 stl 파일로 변환된 후 z축에 대해 0.1 mm 간격으로 슬라이싱데이터를 생성하게 된다. 그 후 산업용 SFF 시스템의 레이저 스캔 패스 생성프로그램을 통해 레이저 스캔패스를 생성하게 되고 레이저 스캔패스에 따라 싱글레이저 또는 듀얼레이저를 이용하여 소결 작업을 하게 된다.

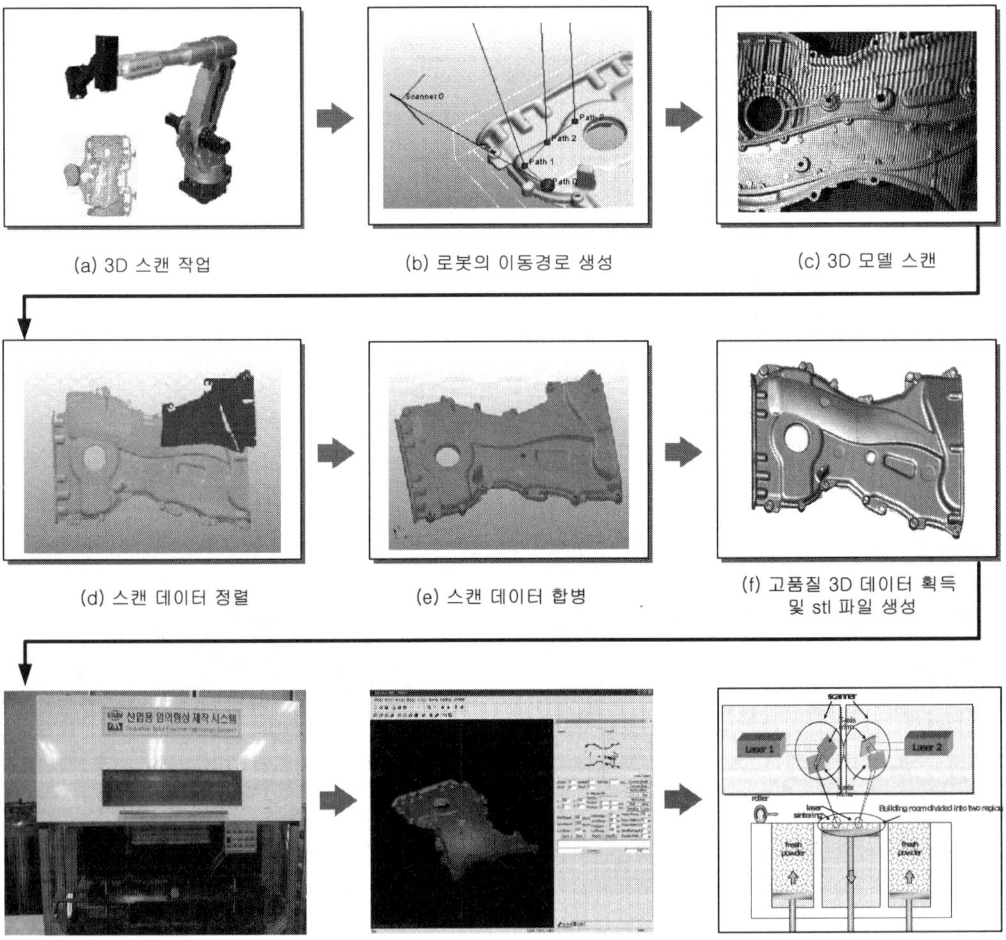

(a) 3D 스캔 작업 (b) 로봇의 이동경로 생성 (c) 3D 모델 스캔

(d) 스캔 데이터 정렬 (e) 스캔 데이터 합병 (f) 고품질 3D 데이터 획득 및 stl 파일 생성

(h) 산업용 SFF 시스템 (h) 슬라이싱 데이터 생성 및 스캔 패스 생성 (i) 싱글 및 듀얼레이저 소결

그림 2-2.77 스캔된 데이터로부터 실물복제 과정

그림 2-2.78은 산업용 Full 3D 자동측정 시스템으로부터 측정된 자동차용 미션커버를 나타낸다.

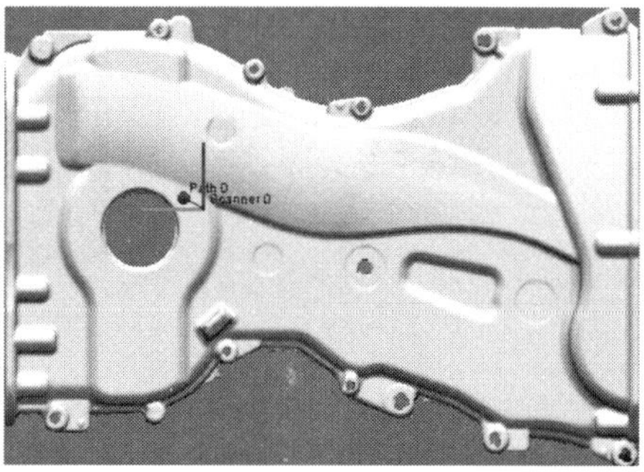

그림 2-2.78 3D 스캐너로부터 스캔된 데이터

표 2-2.20 듀얼레이저를 이용한 미션커버 제작 조건

Variables	3차 미션커버 제작 조건
Temperature (℃)	165
Scan speed (m/s)	4.5
Scan space (mm)	0.4
Laser power (Watts)	16
Layer thickness (mm)	100
Overlap rate (mm)	6
Sample size X×Y×Z (mm)	324×201×45

듀얼레이저를 이용하여 임의형상을 제작할 경우 두 개의 레이저 빔이 만나는 부분의 겹침 정도(overlap rate), 레이저 파워, x-y 좌표의 정확도 및 레이저 주사 경로 생성 방법에 따라 소결정도, 치수 정밀도 및 기계적 특성이 결정되게 된다. 따라서 표 2-2.20과 같은 조건으로 듀얼레이저를 이용한 미션커버를 제작하였다. 여기서, 두 개의 레이저 빔의 겹침 영역은 6 mm로 듀얼레이저 소결 공정실험의 결과 얻어진 인장강도 값을 바탕으로 레이저 빔이 겹침 영역을 결정하였다. 그림 2-2.79(a)~(c)는 듀얼레이저를 이용한 미션커버 제작을 위한 레이저 패스 생성 프로그램을 나타낸다.

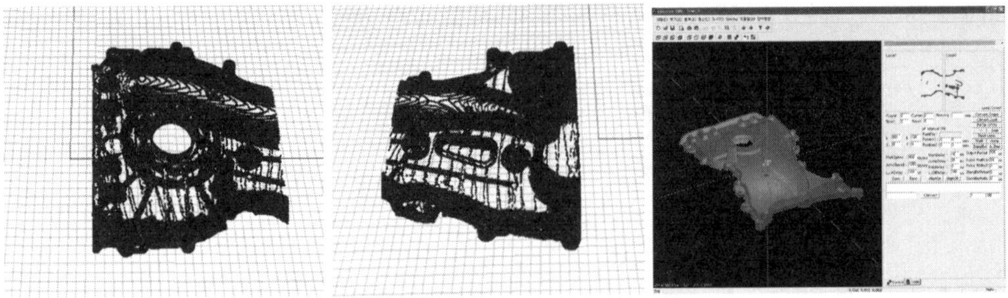

(a) (b) (c)

그림 2-2.79 듀얼레이저 패스 생성 (a) Left laser 영역 (b) Right laser 영역 c) 듀얼레이저 패스

그림 2-2.80(a)는 듀얼레이저를 이용해 제작된 미션커버의 전면을 나타내고, 그림 2-2.80(b)는 듀얼레이저를 이용해 제작된 미션커버의 후면을 나타낸다. 제작된 시편의 관찰결과 전면과 후면 모두 스캔된 데이터와 동일하게 복제되었음을 확인할 수 있었다.

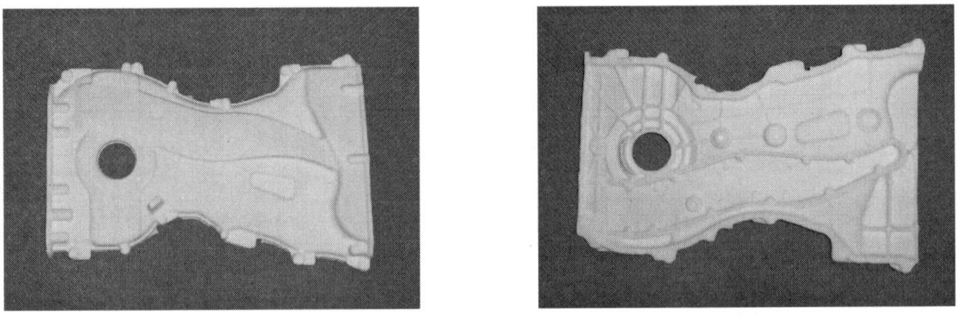

(a) (b)

그림 2-2.80 듀얼레이저를 이용한 3차 미션커버 제작 결과 (a) 미션커버 전면부 (b) 미션커버 후면부

8-3. CAD 모델의 제작 오차 검증

그림 2-2.81(a)는 시제품을 제작하였을 때의 오차를 검증하기위한 3D CAD 모델로 SLS 공정을 이용하는 상용 장비에서 제작치수 검증을 위해 일반적으로 사용하고 있는 스케일 바를 산업용 SFF 시스템으로 제작하여 치수검증을 하였다. 그림 2-2.81(b)는 3D CAD 모델로부터 제작된 스케일 바 시편을 나타내며, 시편은 표 2-2.21의 조건으로 싱글레이저를 이용하여 제작하였다. 그림 2-2.82는 제작된 시편의 치수검증을 위한 치수 측정 부를 나타내며, 치수 검증 결과를 표 2-2.22에 나타내었다. 치수검증 결과 x, y, z 축 모두 1 mm 이내의 복제 오차율을 가지고 있음을 확인할 수 있었다.

표 2-2.21 3D CAD 모델의 치수 검증을 위한 스케일 바 제작조건

Variables	스케일 바 제작 조건
Temperature (℃)	160
Scan speed (m/s)	5
Scan space (mm)	0.4
Laser power (Watts)	17.2
Layer thickness (㎛)	100
Sample size X×Y×Z (mm)	160×160×20

(a)

(b)

그림 2-2.81 3D CAD 모델의 치수 검증을 위한 스케일 바 (a) 3D CAD 모델 (b) 치수검증을 위해 제작된 시편

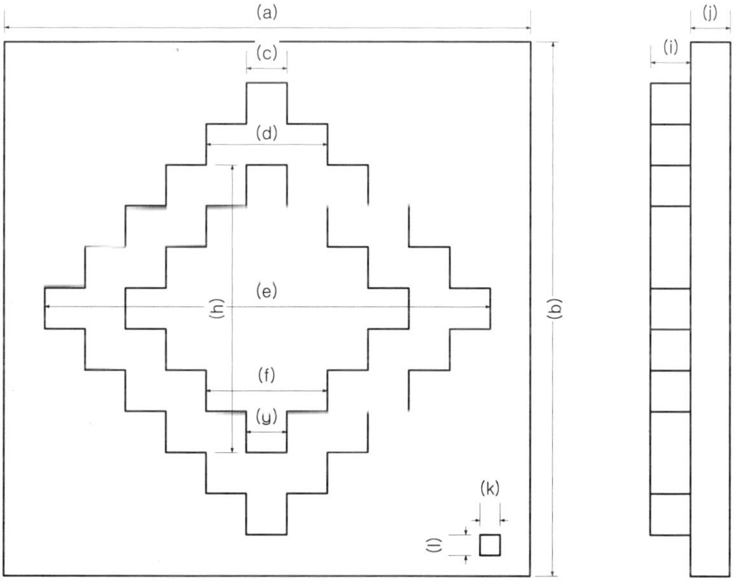

그림 2-2.82 3D CAD 모델의 치수검증 주요부

표 2-2.22 3D CAD 모델의 치수 검증 결과 단위: mm

측정위치	(a)	(b)	(c)	(d)	(e)	(f)
3D CAD 모델 치수	157.9	157.5	11.9	36.4	135	37.7
제작 치수	157.52	157.17	11.21	35.58	134.01	38.9
제작 오차	0.38	0.33	0.69	0.82	0.99	0.8
측정위치	(g)	(h)	(i)	(j)	(k)	(l)
3D CAD 모델 치수	14.3	87.1	10	12.3	5.8	5.8
제작 치수	14.26	88.09	7.72	12.25	5.68	5.71
제작 오차	0.04	0.01	0.28	0.15	0.12	0.09

8-4. 실물복제 오차 검정

CAD 모델의 치수 검증 후 1세부 과제의 산업용 Full 3D 자동측정 시스템으로부터 측정된 데이터와 산업용 SFF 시스템으로부터 복제된 실물의 오차검증을 위해 그림 2-2.83과 같은 시편을 선정하였다. 그림 2-2.84는 산업용 Full 3D 자동측정 시스템으로부터 측정된 데이터로, 실물을 3D 스캐너로 측정했을 때의 스캔 치수 오차를 측정하기 위한 주요 치수 부를 나타낸다.

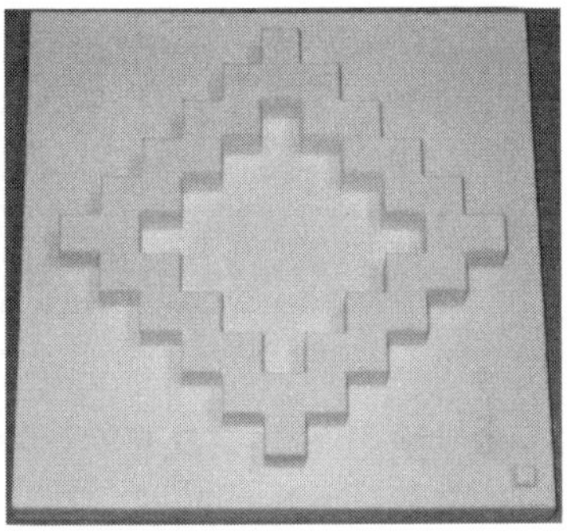

그림 2-2.83 복제 오차검증을 위한 시편

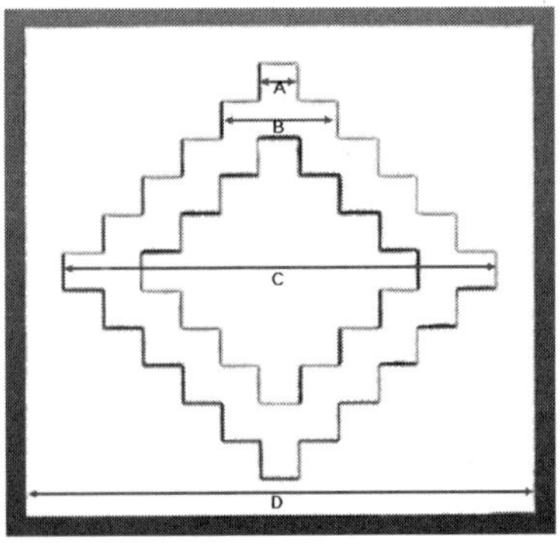

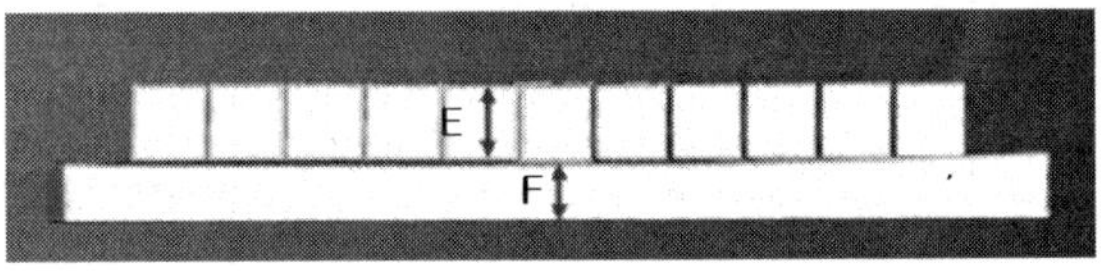

그림 2-2.84 3D 스캐너로부터 측정된 데이터 및 치수 검증을 위한 주요 치수

그림 2-2.85는 산업용 Full 3D 자동측정 시스템으로부터 측정된 데이터를 stl 파일로 변환 후 산업용 SFF 시스템에서 제작한 스케일 바 형태의 시편을 나타낸다.

표 2-2.23은 실물데이터의 치수, 3D 스캐너로부터 스캔된 데이터의 치수 검증 결과, 스캔된 데이터로부터 복제된 시편의 치수 검증 결과를 나타내었다. 치수 검증결과 실물을 3D 스캐너로 스캐닝할 경우 +0.022 ~ -0.024 mm로 매우 작은 편차를 가지고 있었고, 3D 스캐너로부터 스캔된 데이터를 이용하여 제작된 시편의 경우 최대 1 mm 이내의 제작 편차를 가지고 있음을 확인할 수 있었다.

표 2-2.23 3D CAD 모델의 치수 검증 결과

	A	B	C	D	E	F
실물치수	12	36	135	160	12	10
3D 스캔치수	12.022	35.988	134.985	159.976	12.015	9.990
제작치수	11.47	35.78	134.07	159.02	11.53	9.13
3D 스캔 편차	+0.022	−0.012	−0.015	−0.024	0.015	−0.010
제작편차	0.53	0.22	0.93	0.08	0.47	0.87

그림 2-2.85 3D 스캐너로부터 측정된 데이터 제작된 샘플

8-5. 표면조도 측정실물복제 오차 검징

제작된 시편의 표면 거친기를 측정하기 위헤 그림 2-2.86과 같은 Form Talysurf series2 표면조도계를 이용하여 시편의 표면을 측정하였으며, 그림 2-2.87은 시편들의 측정과정을 나타낸다. 표면 거칠기 측정의 기준으로는 중심선 평균 거칠기 (Ra) 값을 사용하였다. 그림 2-2.88과 그림 2-2.89는 그림2-2.87(a)와 그림 2-2.87(b)와 같은 폴리머로 제작된 시편의 표면 거칠기 측정 결과를 나타낸다. 그림 2-2.90 그림 2-2.100 (c)와 같은 메탈 파우더로 소결된 시편의 표면 거칠기 측정 결과를 나타낸다. 표 2-2.24는 폴리머 파우더와 메탈 파우더로부터 소결된 시편들의 중심선 평균 거칠기 측정값들을 나타낸다. 본 과제에서 폴리머 파우더로부터 소결된 시편들의 표면거칠기 측정결과

두 시편 모두 13 ㎛ 이내의 표면 거칠기를 가지고 있었다. 그리고 메탈파우더로 소결된 시편의 경우 3 ㎛ 이내의 좋은 표면 거칠기를 가지고 있었다.

그림 2-2.86 표면 조도계 (Form Talysurf series2)

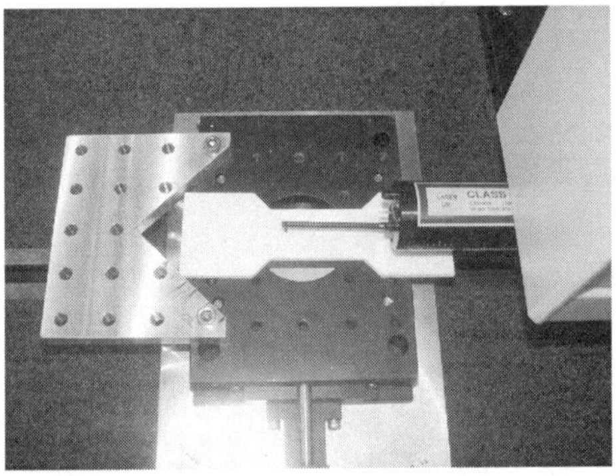

(a) 폴리머 시편 (인장시편)

(b)폴리머 시편 (스케일바)

(c) 메탈 시편 (스케일바)

그림 2-2.87 시편들의 표면 조도 측정

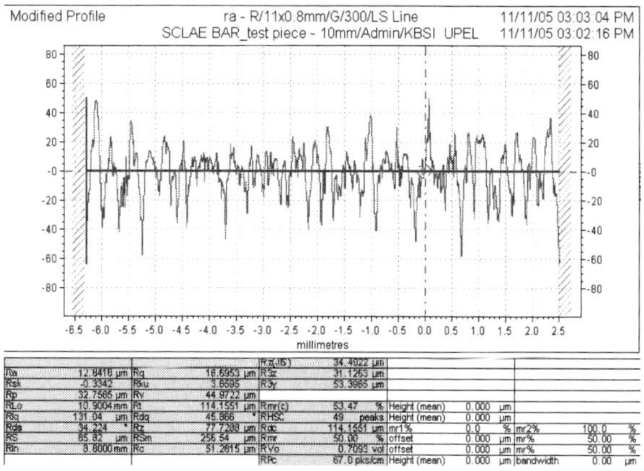

그림 2-2.88 인장시편의 표면 조도 측정 (폴리머)

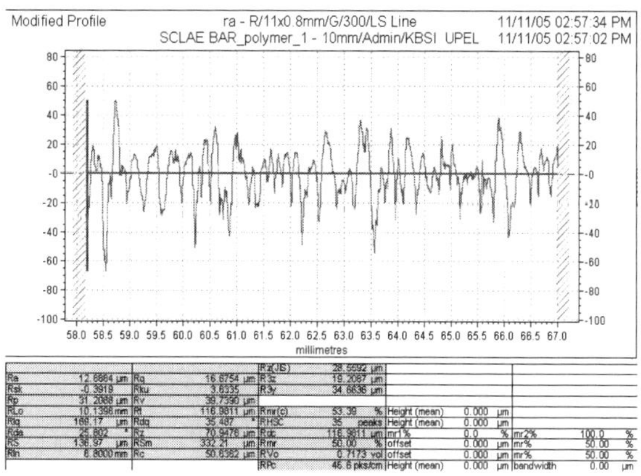

그림 2-2.89 스케일바의 표면 조도 측정 (폴리머)

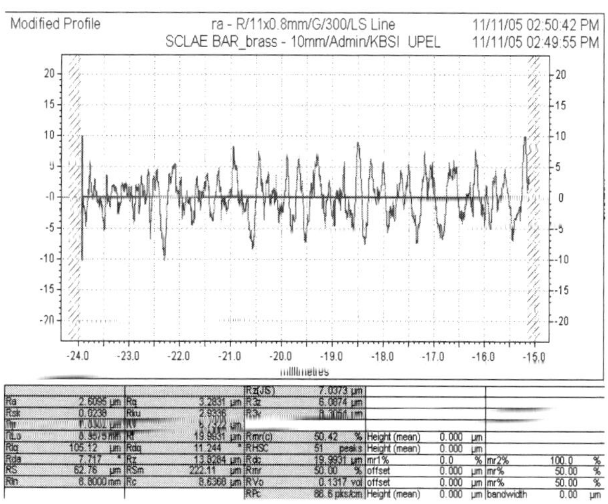

그림 2-2.90 스케일바의 표면 조도 측정 (메탈)

표 2-2.24 제작된 시편들의 표면거칠기 측정 결과

	인장시편 (폴리머)	스케일바(폴리머)	스케일바(메탈)
표면거칠기(R_a) (㎛)	12.8418	12.8884	2.6095

8-6. PEEK 파우더를 이용한 시제품 제작

PEEK(Polyaryletherketone) 소재를 이용하여 그림 2-2.91과 같은 모델을 제작하였다. 그림 2-2.92는 제작된 시편의 도면이고, 표 2-2.25는 시편 1,2의 제작 조건이다.

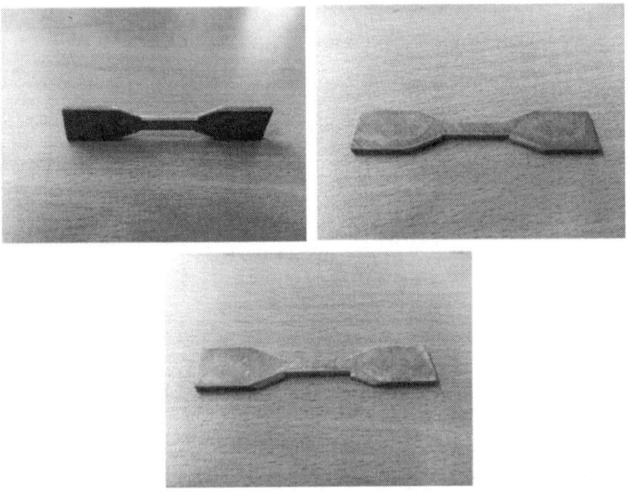

그림 2-2.91 Peek 인장, 탄성율, 항복강도 시편 출력물

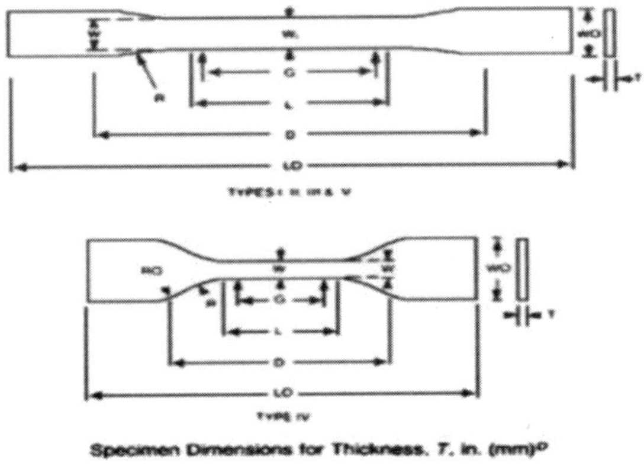

규격	LO	D	L	G	R	RO	W	WO	T
ASTM D638	115	65	33	25	14	25	6	19	3.2

그림 2-2.92 인장 시험 시편 치수 도면

표 2-2.25 각 시편의 제작 조건

*Parameter 값 (PEEK 입자 사이즈 : 50㎛)

시편	Layer 두께	레이저 파워	스캔 스피드	해칭 거리	베드 온도	챔버 온도
1	0.12	6.8	1000	0.2	100	365
2	0.1	6.8	1000	0.2	100	365

또한, 표면 거칠기를 측정 하기 위해 표 2-2.26과 같은 조건으로 제작된 시편으로 거칠기를 측정한 결과(그림 2-2.94), 최대높이 거칠기(Ry)는 49 ㎛으로 측정되었고, Rz는 34 ㎛로 측정되었으며 산술평균거칠기(Ra)는 10 ㎛로 매우 좋은 표면 거칠기를 갖는 것을 보여주었다.

표 2-2.26 각 시편의 제작 조건

*Parameter 값 (PEEK 입자 사이즈 : 50㎛)

Layer 두께	레이저 파워	스캔 스피드	해칭 거리	베드 온도	챔버 온도
0.12	6.8	1000	0.2	100	354

그림 2-2.93 Peek 시편의 표면 조도 측정

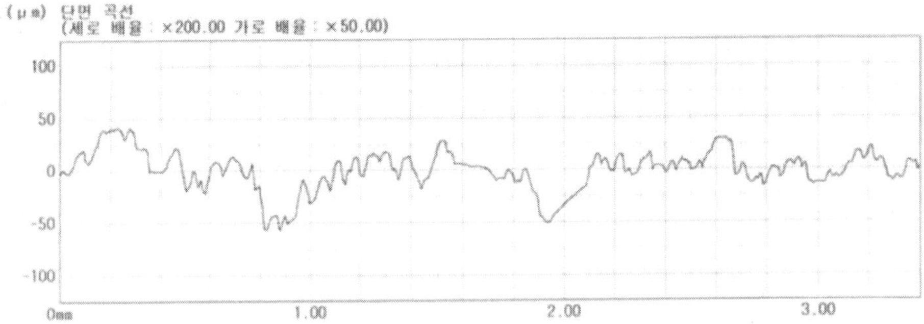

그림 2-2.94 Peek 인장, 탄성율, 항복강도 시편 출력물

9. 요약

그림 2-2.95는 3D Systems에서 PBF 공정으로 제작한 Electrical THruster Mechanism(ETHM)이다. 3D Systems는 Thales Alenia Space와 협업하여 Spacebus NEO 위성의 주요 서브시스템 성능을 개선하고자, 서로 다르게 제작된 브래킷 7개로 구성된 ETHM을 제작했다. ETHM은 Spacebus NEO 위성의 추진 장치를 지향하여 우주 궤도에서 정확한 위치를 유지할 수 있도록 도와주는 메커니즘으로, PBF 방식으로 제작되어 제한된 부피 내에서 질량을 최소화할 수 있었다.

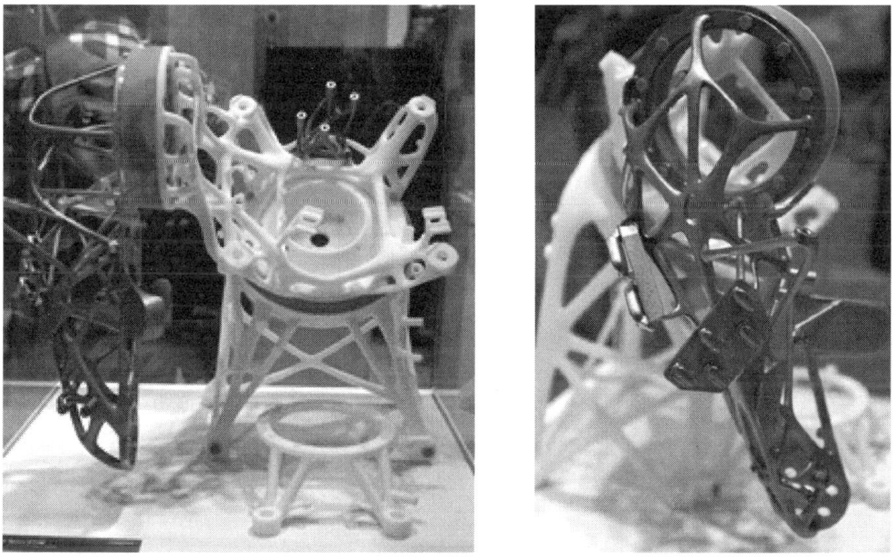

그림 2-2.95 3D Systems에서 PBF 공정으로 제작한 ETHM

출처 Formnext 2022

그림 2-2.96 oerlikon에서 PBF 공정으로 제작한 항공우주 부품들이다. 항공우주 산업은 부품 의 복잡한 모양과 중량, 그리고 성능이 중요하다. PBF 공정을 이용하면 부품의 무게를 줄여서 생산할 수 있고 부품 수명으로 인한 교체 비용 문제도 해결할 수 있다.

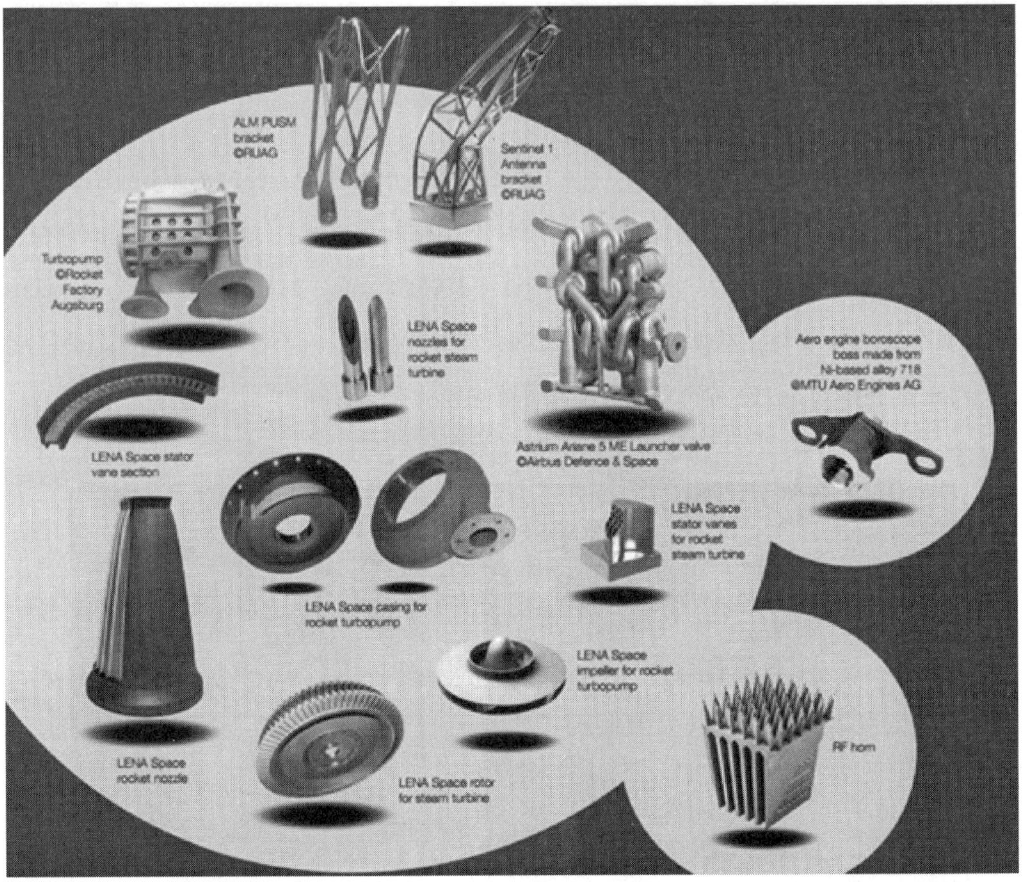

그림 2-2.96 oerlikon이 PBF 공정으로 제작한 항공우주 부품

출처 oerlikon

국내 산업 분야에서 PBF 시스템의 경우 아직까지는 선진국 같은 대형시장을 형성하지 못하고 소규모 시장 형성단계에 머무르고 있어, 상용화된 제품이 전무한 실정이다. 그러나 PBF 시스템에 대한 관심은 현저히 증가되고 있으며, 이 분야에 대한 연구개발 및 상업화 추진이 지속적으로 진행되고 있다. 향후 제조업, 의공학, 국방, 디자인산업, 스포츠산업 등에 대형시장이 형성될 것으로 전망되며, 특히 이러한 시장에 활기를 배가시킬 것으로 기대되는 것이 저가형 PBF 시스템 장비의 등장과 3D 프린터의 시장 확대 등이다. 지금까지의 PBF 시스템 시장이 제조업에 제한되었으나, 가격 인하와 다양한 재료, 컬러 지원 등의 관련기술이 개선된다면, 일반프린터를 쓰는 것처럼 패러다임이 변화하여 산업디자인이나 목업 (Mockup) 시장 등으로의 큰 시장 확대가 이루어질 것으로 기대된다.

10. 참고문헌

[1] 김동수, 최두선, 최병오, 김성종, "디지털 3차원 실물복제기 개발사업", 기계와재료 제 16권 제 1호 통권 59호 특집호, pp.6-13, 2004.

[2] 김성종, 김광영, 주영철, 백영종, 박혁성, "SLS 공정을 이용한 산업용 SFFS 개발", 기계와재료 제 16권 제1호 통권59호 특집호, pp.35-42, 2004.

[3] 이원희, 이택민, 김동수, "오피스용 SFFS(Solid Freeform Fabrication System) 기술 개발", 기계와재료 제 16권 제1호 통권59호 특집호, pp.43-49, 2004.

[4] 김범준, "스텐실마스크를 이용한 다기능 마이크로/나노 패터닝 기술의 개발", 기계와재료 제 16권 제1호 통권59호 특집호, pp.50-59, 2004.

[5] 노창섭, 최영선, 전민수, "산업용 고분자 재료기술 개발" 기계와재료 제 16권 제1호 통권59호 특집호, pp.60-66, 2004.

[6] 김동수, 이원희, 김성종, 이택민, 김광영, 최병오, "오피스용 및 산업용 디지털 3차원 실물복제기 요소 기술 개발에 관한 연구", 2004년도 한국정밀공학회 춘계학술대회, pp.1405-1409, 2004.

[7] 최경현, 최재원, 김대현, 도양회, 이석희, 김성종, 김동수, "SFFS 장비 개발을 위한 레이저 주사 시스템에 관한 연구", 2004년도 한국정밀공학회 춘계학술대회, pp. 1414~1417, 2004.

[8] 손현기, 이제훈, "레이저 소결 공정을 위한 레이저 시스템", 2004년도 대한기계가공학회 춘계학술대회, pp.231-234, 2004.

[9] 김동수, 김성종, 이원희, 최병오, " 오피스용 및 산업용 실물복제기 개발에 관한 연구", 2004년도 대한기계가공학회 춘계학술대회, pp.235-238, 2004.

[10] 최경현, 최재원, 김대현, 도양회, "SLS 장비 개발을 위한 레이저 주사 시스템 및 주사 경로 생성", 2004년도 대한기계가공학회 춘계학술대회, pp.245-248, 2004.

[11] 이원희, 김동수, 이택민, "3DP 공정을 이용한 오피스용 임의형상 제작시스템(SFFS)에 관한 연구", 2004년도 한국정밀공학회 추계학술대회, pp.1128-1131, 2004.

[12] 이현정, 김정수, 이민철, 김동수, 이원희, "오피스용 3차원 실물 복제기를 위한 타이밍 벨트 시스템의 고속•고 정밀 제어", 2004년도 한국정밀공학회 추계학술대회, pp.339-342, 2004.

[13] 김동수, 임현의, 김성종, "SLS 공정을 이용한 산업용 임의형상제작 시스템에 관한 연구", 2004년도 한국정밀공학회 추계학술대회, pp. 1299~1302, 2004.

[14] 최경현, 최재원, 김대현, 도양회, 이석희, 김성종, 김동수, "레이저 주사 경로 생성 및 주사 제어에 관한 연구", 2004년도 한국정밀공학회 추계학술대회, pp. 1295 ~1298, 2004.

[15] 박남수, 황면중, 이두용, "산업용 SFFS (Solid Freeform Fabrication System)을 위한 PC 기반 제어기," 2004년도 한국정밀공학회 추계학술대회, pp.73-77, 2004.

[16] 손현기, 이제훈, 김성종, 배상규, 김동수, "디지털 3차원 실물 복제기 요소 기술 개발 - 레이저 sintering 헤드 유닛 개발-", 2004년도 한국레이저가공학회 추계학술대회, pp.14-17, 2004.

[17] 김성종, 임현의 백영종, 김동수, 최병오, "산업용 임의형상제작 시스템에 관한 연구", 2004년도 한국기계가공학회 추계학술대회, 2004.

[18] 손현기, 이제훈, 김동수, "듀얼 레이저 소결 공정을 위한 레이저 시스템", 2004년도 한국기계가공학회 추계학술대회, 2004.

[19] 최경현, 최재원, 김대현, 도양회, 이석희, 김성종, 김동수, "레이저 주사 경로 생성 및 주사 제어에 관한 연구", 2004년도 한국기계가공학회 추계학술대회, 2004.

[20] 이원희, 김동수, 이택민, 김광영, "임의형상제작시스템(SFFS)을 위한 3DP 공정에 관한 연구", 2004년도 한국기계가공학회 추계학술대회, 2004.

[21] 김정수, 이민철, 김동수, 이원희, "오피스용 3차원 실물 복제기를 위한 타이밍 벨트 시스템의 고속고 정밀 제어", 2004년도 한국기계가공학회 추계학술대회, 2004.

[22] 김동수, 이원희, 김정수, 이민철,"3DP 공정 분석 및 임의형상제작 시스템 개발" 한국자동차공학회 춘계학술대회 pp.1195 ~ pp.1200 May,2005

[23] 안영진, 김동수, 김성종,"산업용 임의형상제작 시스템 개발 및 성능평가" 한국 자동차 공학회 춘계학술대회 pp.1190 ~ pp.1194 May,2005

[24] 김동수, 안영진, 이두용, 최경현, 백영종, "CO2 레이저를 이용한 산업용 임의 형상제작 시스템의 개발 및 성능평가" pp.6 ~ pp.10 한국정밀공학회 쾌속조형 및 생산 부문 May,2005

[25] 이원희, 김동수, 김정수, 이민철,"3DP 공정에서 광 경화를 이용한 공정시간 단축에 관한 연구" pp.133 ~ pp.133 한국정밀공학회 쾌속조형 및 생산 부문

[26] 김동수, 안영진,백영종,"CO2 레이저를 이용한 산업용 임의형상제작 시스템의 온도 성능 및 소결 실험" pp.132 ~ pp.132 대한기계학회 춘계학술대회 ,pp.223-228, May 2005

[27] 이두용, 곽성조, 황면중, 박남수, 김성종, 김동수 "산업용 SFFS 장비의 SLS 공정을 위한 빌드룸 온도 제어" pp.133 ~ pp.133 대한기계학회 춘계학술대회, pp.223-228, May,2005

[28] 이원희, 김동수, 김정수, 이민철, "광 경화를 이용한 3차원 프린팅 시스템의 공정개선" 대한기계학회 춘계학술대회,pp.550 ~ pp.557 ,May,2005

[29] 김정수, 이민철, 이원희, 김동수, “ 오피스용 3차원 실물 복제기의 제어 및 시 스템 통합”대한 기계학회 춘계학술대회, pp.134 ~ pp.134 ,May,2005

[30] 송기영, 백영종, 조현택, 김동수, 안영진,"선택적 레이저 소결을 이용한 쾌속 조형 시스템 개발" pp.132 ~ pp.137 한국기계가공학회 춘계학술대회, June 2005.

[31] 최재원, 최경현, 도양회,"대형 형상 가공을 위한 레이저 주사경로 생성" pp.277 ~ pp.281 한국기계가공학회 춘계학술대회, June 2005.

[32] 이원희, 김동수, 김정수, 이민철,"3DP 공정에서 UV 경화를 이용한 공정시간 단축에 관한 연구" pp.127 ~ pp.131 한국기계가공학회 춘계학술대회, June 2005.

[33] 김동수, 안영진, 이원희, 최병오, 장민호, 백영종, 최경현,"디지털 3차원 실물 복제기 시스템 및 공정기술 개발" pp.376 한국정밀공학회 춘계학술대회 June 2005.

[34] 안영진, 김동수,"산업용 디지털 3차원 실물복제기 및 소결공정 개발" 한국정 밀공학회 추계학술대회 (KSPE) October 2005.

[35] 김정수, 이민철, 이원희, 김동수," 오피스용 임의형상 제작 시스템의 통합과 제어" 대한 기계학회 추계학술대회 November 2005.

[36] 이원희, 김동수, 김정수, 이민철, 장민호,"기계적 강도 향상을 위한 듀얼 레이 저 경로 생성" 대한 기계학회 추계학술대회 November 2005.

[37] 안영진, 김동수, 최병오, 최경현," 듀얼레이저를 이용한 산업용 임의형상 제작 시스템의 소결 공정개발 및 성능평가" 대한 기계학회 추계학술대회 November 2005.

[38] 최경현, 최재원, 도양회, 조수정, 이석희, 안영진, 김동수, "기계적 강도 향상을 위한 듀얼 레이저 주사 경로 생성", 대한 기계학회 추계학술대회 November 2005.

[39] 김동수, 안영진, 최병오, 최경현, "듀얼레이저를 이용한 산업용 SFF 시스템의 소결 공정개발", 한국기계가공학회 추계학술대회 Novmber 2005

[40] 김정수, 이민철, 이원희, 김동수, "오피스용 임의형상 제작 시스템의 통합과 제어", 한국기계가공학회 추계학술대회 Novmber 2005

[41] 최경현, 최재원, 도양회, 이석희, 안영진, 김동수, "듀얼 레이저 주사 경로에 따른 인장 강도 해석", 한국기계가공학회 추계학술대회 Novmber 2005

[42] 김형일, 허현, "고분자 입자의 특성이 레이저 소결성에 미치는 영향", 한국공업화학회 춘계학회 초록집, 2005.05, 한국공업화학회

[43] 김형일, "The effect of polymer particles on the processibility of laser sintering", Proceeding of the Third Korea-Vietnam International Symposium, 2005.05, Center for Nano Science and

Technology

[44] 김형일, 하현, "Distribution of polymer particles and effects of shape on the selective laser sintering process", 한국고분자학회 추계학술대회논문집, 2005.10, 한국고분자학회

[45] 김형일, 하현, "Effect of Shape and Distribution of Polymer Particles on the Selective Laser Sintering Process", 한국공업화학회 추계학술대회논문집, 2005.10, 한국공업화학회

2-3 Polyjet 3D printer

1. 서론

본 장에서는 파우더 기반의 UV 레진을 아용한 3차원 프린팅 공정을 제안한다.

제안한 새로운 3차원 프린팅 공정의 개념도는 그림 2-3.1과 같다. 제안한 공정은 기존의 3차원 프린팅 공정과 유사하지만, 파우더 간의 결합을 위해 사용되던 저 점성의 접착용액 대신에 광경화성 레진(resin)을 사용하였으며, 프린팅된 레진을 경화시킬 수 있는 UV(ultra violet) 경화 장치를 설치하여, 매 레이어마다 프린팅된 레진을 UV 램프로 경화함으로써 프린팅과 동시에 경화될 수 있도록 하였다.

기존의 저 점성의 접착 용액에 의한 결합은 제작물의 충분한 강도를 얻지 못하였지만, 점성이 높은 광경화성 레진을 사용할 경우 결합력을 높여 제작물의 강도를 향상시킬 수 있을 것으로 기대된다. 또한, 프린팅과 동시에 매 레이어 마다 UV 램프로 프린팅된 레진을 경화시켜 줌으로 모든 레이어의 프린팅이 완료된 후, 별도의 건조시간을 필요로 하지 않는 특징이 있다. 그리고 충분한 강도를 얻을 경우, 강도 개선을 위한 후처리 작업을 필요로 하지 않으므로 임의형상 제작시간을 줄일 수 있을 것으로 예상된다.

본 장에서는 제안한 새로운 3차원 프린팅 공정의 실험을 위한 시스템 구성과 입력파형에 따른 마이크로 액적의 특성을 파악하고, 석회혼합 파우더 및 메탈 파우더를 사용해 제안한 공정의 가능성을 확인하였으며, 제작물의 강도, 치수 오차, 표면 조도 실험을 통해 기존 공정과의 비교평가 연구를 수행하였다.

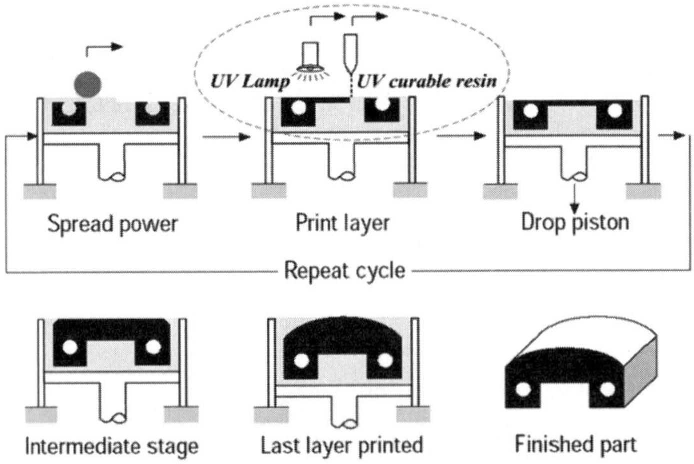

그림 2-3.1 3DP 공정의 개념도

2. 시스템 구성

2-1. 피에조 프린팅 시스템

제안된 새로운 3차원 프린팅 공정의 검증을 위해 1차 실험장치 중 스테이지에 장착된 프린터 헤드부를 변경하여 그림 2-3.2와 같은 실험 장치를 구성하였으며, 시스템의 사양은 표 2-3.1 과 같다. 변경된 프린터 헤드부는 기존의 써멀 잉크젯에서 상대적으로 고점도 물질 프린팅이 가능한 피에조 구동 잉크젯 프린터 헤드로 대체하였다.

써멀 잉크젯과 피에조 잉크젯의 차이는 그림 2-3.3과 같다. 써멀 잉크젯은 그림 2-3.3(a)에 나온 것처럼 노즐 뒤의 히터에서 급속한 열을 가해 잉크를 토출시키는 방식이고, 피에조 방식은 그림 2-3.3(b)의 그림처럼 압전소자를 이용하여 잉크를 토출하는 방식이다.

잉크젯 프린팅 유닛은 Dimatix사의 Spectra SL-128 모델을 사용하였으며, 128개의 노즐을 개별 구동할 수 있다. 피에조 구동 잉크젯 시스템은 노즐의 메니스커스(meniscus) 제어를 위한 공압 제어기와 프린팅을 위한 패턴 드라이버(pattern driver), 프린터 헤드의 노즐 막힘 방지를 위한 클리닝 장치인 maintenance unit, 128개 노즐의 프린팅 상태 관찰을 위한 CCD 카메라, 잉크 공급 및 클리닝을 위한 펌프 및 진공 유닛 등으로 구성되는 복잡한 시스템이다.

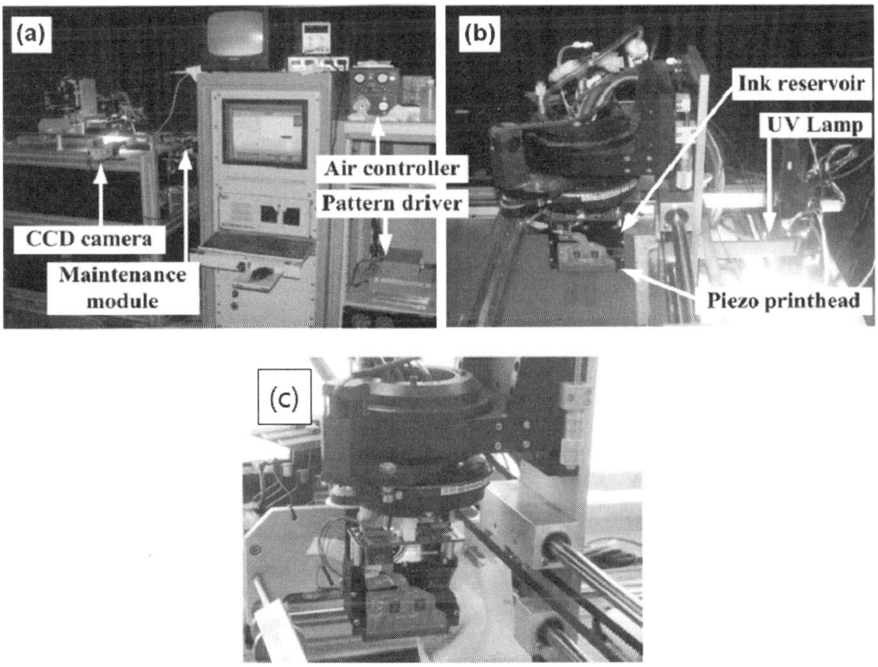

그림 2-3.2 피에조 프린팅 시스템 (a) 3D 프린팅 시스템과 잉크젯 헤드 (b) 피에조 잉크젯 헤드와 UV 램프 (c) 피에조 프린팅 헤드 측면

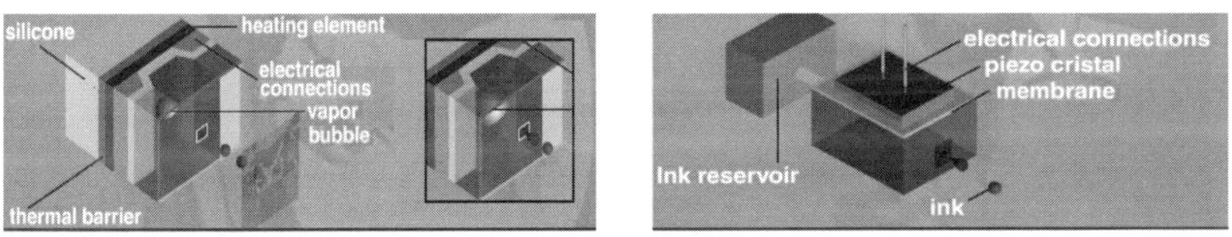

(a) (b)

그림 2-3.3 (a) 써멀 잉크젯 공정 (b) 피에조 잉크젯 공정

표 2-3.1 3D 프린팅 시스템 특성

Items		Specification
X, Y stage	Accuracy	±14 ㎛
	Repeatability	±7 ㎛
Z-axis	Accuracy	±2 ㎛
	Repeatability	±1 ㎛
Print head unit	Nozzle dia.	50 ㎛
	Drop size	65~90
	Drop velocity	8 ㎧
UV lamp	Power	250 W

2-2. 입력파형에 대한 마이크로 액적의 특성

피에조 잉크젯 프린터 헤드는 노즐 상부의 잉크 챔버(chamber)의 부분 또는 전체를 감싸고 있는 피에조 액추에이터의 변위에 따라 챔버 내의 압력 변화에 의해 마이크로 액적이 토출되는 원리이다.

잉크젯 프린팅에서 토출되는 액적의 안정성과 액적 크기는 중요한 문제이다. 챔버 및 노즐이 일정한 상태에서 피에조 액추에이터의 구동 신호에 따라 토출되는 액적의 크기와 안정성이 결정된다. 그러므로 피에조 액추에이터의 입력 파형에 따라 프린터 헤드의 마이크로 액적 토출량과 안정성을 제어할 수 있다. 그림 2-3.4는 양극성(bipolar) 형태의 입력파형의 구간별 물리적 의미를 나타내고 있다. 입력 파형의 변수로는 상승시간(Tr_1), 유지시간(T_1, T_2), 하강 시간(T_{fall}), 양전압(V_1), 음전압(V_2) 등이 있다.

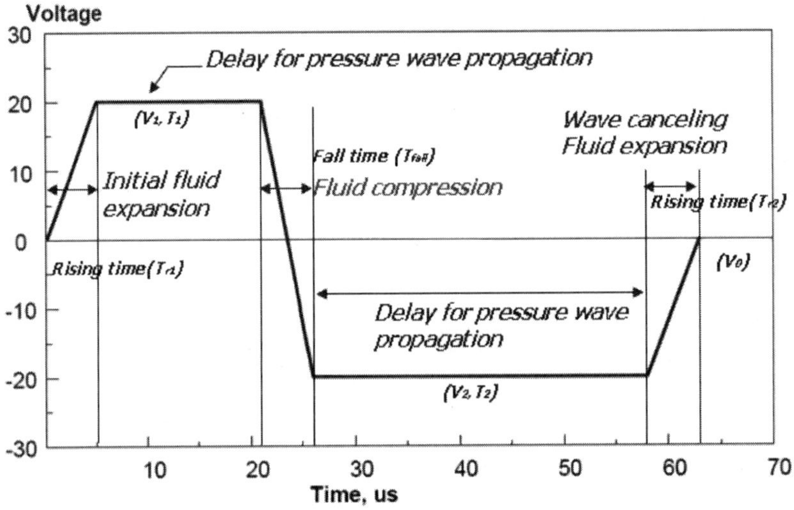

그림 2-3.4 입력 파형에 따른 액적 그래프

피에조 액추에이터에 그림 2-3.5(a)와 같은 임의의 파형을 입력으로 두었을 경우, 그림 2-3.6(a)와 같이 불필요한 위성 액적 (satellite drops)이 발생함이 확인되었다.

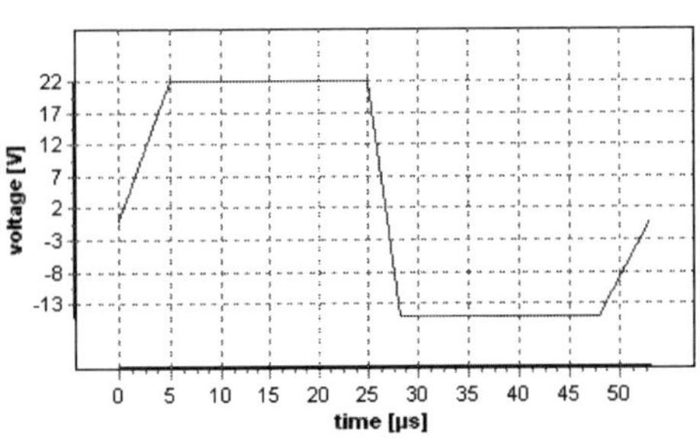

(a) 위성 액적 파형

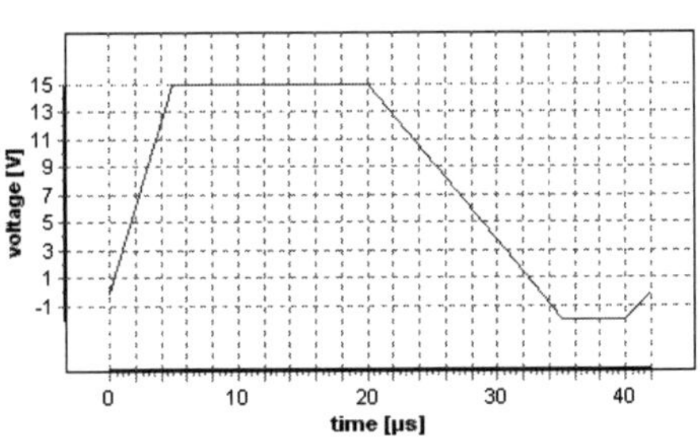

(b) 단일 액적 입력 파형

그림 2-3.5 피에조 헤드의 입력파형 분석

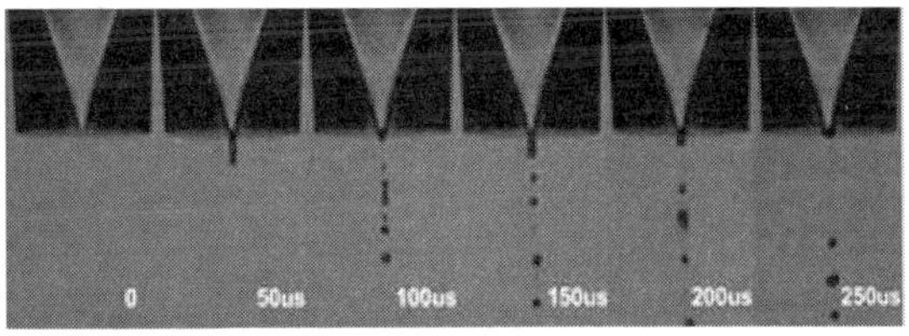

(a)

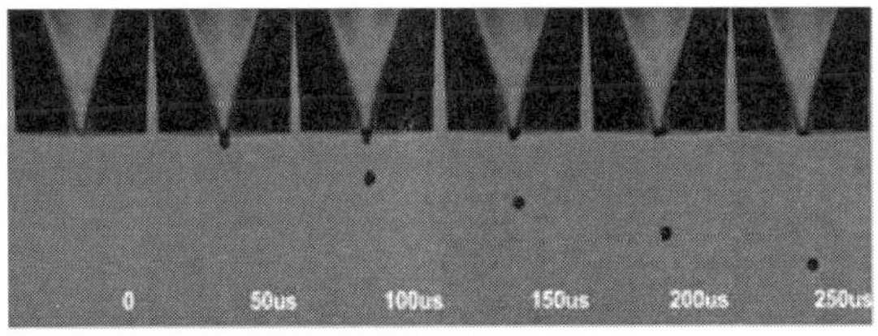

(b)

그림 2-3.6 각 파형에서 토출된 마이크로 단위의 물방울 (a) 파형에 따른 위성 액적과 (b) 단일 액적 입력 파형

그림 2-3.5(b)를 입력 파형으로 주었을 때, 그림 2-3.6(b)와 같은 위성드롭이 없는 단일 액적 토출 결과를 얻을 수 있었다. 그러므로 프린터 헤드에서 입력 파형의 변화만으로 프린팅 성능이 크게 달라지는 특성이 있음을 확인할 수 있었다.

2-3. 경화모델

광경화성 레진은 자유 라디칼(free radicals)을 생성시키는 광 반응 개시제(photoinkiator)를 보통 2∼5% 정도 함유하고 있어 자외선에 노출될 경우 모노머(monomer) 혹은 올리고머(oligomer)는 자유 라디칼에 의해 중합반응을 일으키며, 자유 라디칼을 생성시키는 에너지원(자외선)을 차단할 경우, 여분의 라디칼은 모노머 혹은 올리고머 그리고 산소와의 반응 등을 통해 소모되어 중합반응이 멈추게 된다.

광중합 반응을 이용한 공정에서 경화 레이어는 일반적으로 투사된 빛의 흡수에 의해 결정된다. 자외선은 프린팅된 레진에 수직으로 침투하고, 흡수에 의해서 점차적으로 감쇠된다. 경화율은 Beer-Lambert의 흡수의 지수법칙에 의해 깊이에 따라 지수적으로 감소한다. 실질적으로 노출량이 경계치 이하이면 중합반응은 일어나지 않는다. 경계치는 산화 방지가 주요한 원인이며, 중합반응을 시작하기 위한 최소한의 값을 말한다. 노출량의 경계치는 critical exposure(E_c)라고 하며, UV 빛에 의한 광경화성 폴리머의 경화 깊이는 Beer-Lambert의 법칙으로부터 유도된다. 수학적인 형태에서 보면 레진의 경화 깊이는 자외선 조사량이 EC보다 클 때 자연로그에 비례하고, 그렇지 않으면 0이 된다.

$$C\begin{cases} D_p \ln(E/E_C) & E > E_C \\ 0 & E \leq E_C \end{cases}$$

여기서, C는 경화 깊이, E는 자외선 노출량, D_p는 레진의 고유 침투 깊이이며 이것은 노출량과 상관없는 레진 자체의 특성이다. 실질적으로 제작에서 평균 노출이 EC보다 작으면 경화는 일어나지 않을 뿐만 아니라 E_{av}가 $E < E_{av} < 2Ec$ 범위에 들어가면 경화는 일어나지만, 제작된 시편은 충분한 기계적인 강도를 가지지 못한다. 그러므로 충분한 기계적 강도를 가지기 위해 서는 일반적으로 $E_{av} > 2Ec$ 이상이어야 한다.

3. 금속 파우더를 이용한 임의형상 제작

제안한 공정의 가능성을 확인하기 위하여 레이저 소결공정(Selective Laser Sintering* SLS)에서 사용되는 금속 파우더를 이용하여 공정실험을 수행하였다.

3-1. 금속 파우더의 최적 실험조건

실험에 사용된 파우더는 3D Systems사에서 판매되는 ST101 파우더를 사용하였다, ST101 은 금속 입자에 폴리머로 코팅되어 있으며, SLS 공정용으로 개발된 재료이다. 본 연구에서는 기존의 3차원 프린팅 공정에서 사용이 어려운 금속 파우더를 이용한 공정연구를 수행하였다.

금속 파우더는 그림 2-3.7과 같이 크기가 40-80 ㎛로 일정한 원형을 이루고 있으며, 금속 입자 외부에 폴리아미드(polyamide) 폴리머로 코팅되어 있다. 원형으로 코팅된 파우더는 입자들 간의 결합력이 높지 않으며, 워형이기 때뮤에 롤러에 의해 파우더 베드를 형성할 때 입자들이 잘 구를 수 있어, 롤러의 이송 속도에 덜 영향을 받는 특징이 있다. 일반 석회혼합 파우더의 경우 입자가 작고 완전한 구형이 아니기 때문에 입자들의 결합력이 높아 파우더 베드 형성시에 롤러의 이송 속도가 중요한 변수가 되어 차이를 보인다.

그림 2-3.7 금속 파우터 분석

따라서 금속 파우더의 경우는 레진의 분사량과 UV 램프의 경화 횟수에 의한 요소가 제품의 결합력과 형상 변형에 크게 영향을 받는다. 또한 분사량의 경우 파우더의 적층 두께 즉, 파우더 베드의 체적과 단일 프린터 헤드를 이용한 프린팅 시에 프린팅 분해능을 맞추기 위하여 필요로 하는 반복 프린팅 횟수에 의해 결정된다. 그러므로 공정의 주요 변수로는 레이어의 두 께, 반복 프린팅 횟수,

경화 횟수의 3가지의 공정 변수로 나타낼 수 있다.

첫 번째 공정분석 실험에서는 표 2-3.2와 같이 최소 레이어 두께와 최대 분사량으로 설정하였다. 실험은 한 레이어의 반복 프린팅이 완료된 후 프린팅된 레진의 경화를 위한 UV 램프의 이송 속도를 변화시켜가며 제작물의 층간 결합 상태를 확인하였다.

표 2-3.2 실험 조건

Items	Specification
Layer thickness	70 ㎛
Jetting Volume (90 pl)	Jetting voltage : 140 V
	Rising time : 1.5 ㎲
	Falling time : 1.5 ㎲
	Duration time : 3.5 ㎲
Exposed times of UV lamp [sec]	1 times

실험조건은 최소 레이어 두께인 70 ㎛ 분사량은 최대인 90 pl, 프린팅 해상도는 400 × 1600 dpi로 설정하였다. X축의 프린팅 해상도는 스테이지의 분해능에 의해 400 dpi로 제한되며, Y축은 엔코더 펄스에 의해 3000 dpi까지 가능하다. 그리고 한 레이어의 반복 프린팅이 완료된 후, UV 램프를 1회 조사하도록 하였다.

첫 번째 실험결과 표 2-3.3과 같이 램프의 이송속도가 높을수록 변형은 감소하였으나, 경화시간 부족으로 층간 결합력이 낮음을 알 수 있었다. 또한, 초기 레이어 에서부터 변형에 의해 롤러를 이용한 파우더 베드를 형성할 때 제작물의 밀림이 전체적으로 조금씩 발생하였다.

표 2-3.3 UV 램프 이송시간에 따른 경화 결과

Moving speed of the UV lamp	Results
0.2 m/s	Very weak and fully distorted from about 50th layer
0.1 m/s	Weak and fully distorted from about 30th layer
0.02 m/s	Some strong and fully distorted from about 15th layer

두 번째 실험에서는 층간 결합력이 상대적으로 가장 높았던 조건으로 램프의 이송 속도를 (0.02 m/s) 고정하고, 레이어 두께를 70 ㎛, 100 ㎛, 150 ㎛으로 바꿔가며 변형이 발생하지 않는 조건을 실험하였다. 그 결과, 표 2-3.4와 같이 70 ㎛일 경우 첫 번째 레이어부터 롤러에 의해 조금씩 밀림이 발생하였으며, 레이어 두께가 증가하면 적층이 가능한 횟수는 증가했으나. 여전히 변형이 발생하였다.

표 2-3.4 0.02 m/s의 층 두께 및 이동 속도에 따른 경화 결과

Layer thickness	Results
70 ㎛	The part was pushed by roller from first layer
100 ㎛	The part was pushed by roller from 3^{th}layer
150 ㎛	The part was pushed by roller from 5^{th}layer

실험결과 표 2-3.3과 표 2-3.4에서 경화속도는 낮을수록 즉, 램프 조사 시간이 길수록 강한 강도를 가지며, 레이어의 두께는 높을수록 변형이 감소하는 결과를 보였다. 그러므로 레진의 경화를 위해 램프의 이송 속도를 느리게 가져가면서 레이어 두께는 일부 변형을 커버할 수 있는 150 ㎛ 이상의 두께에서 분사량을 제어하는 것이 바람직하다.

변형이 일어나지 않으면서 충분한 결합 강도를 가지는 최적의 분사량을 결정하기 위하여 DoD 방식의 프린팅 대신 연속적인 분사를 통해 많은 양의 레진을 프린팅한 후, 결합 상태를 확인해 보았다. 그림 2-3.8은 연속 분사 후, 금속 파우더의 결합 구조를 현미경으로 측정한 결과이다.

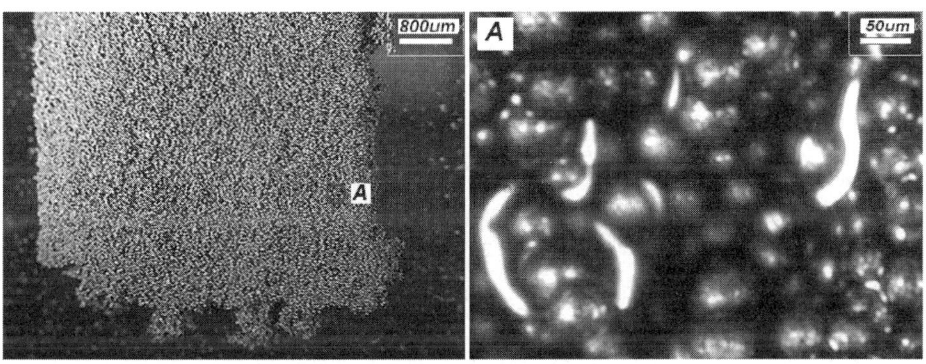

그림 2-3.8 연속 인쇄 후 수지로 분말을 결합한 모습과 (A) 확대 사진.

실험결과 그림 2-3.8의 (A)에서 흰색 부분이 UV 레진으로 코팅되어 반사된 부분이며, 전체적으로 안전히 레진에 의해 결합되어 있음을 현미경을 통해 확인하였다. 따라서 DoD 방식으로 프린팅할 때, 파우더 사이의 공극을 메우고, 아래로 스며들어 층간 결합을 유지할 수 있는 충분한 분사량을 고려해야 한다.

실험결과를 바탕으로 원활한 적층을 위하여 레이어 두께를 150 ㎛로 설정하고, 충분한 레진 양을 위해 분사량이 최대인 상태에서 프린팅 해상도를 400x1600 dpi로 설정하였다. 파우더 베드에 프린팅되는 레진 양은 프린터 헤드의 분사량과 프린팅 해상도에 의해 결정된다.

실험결과 최대 분사량을 가지고 해상도를 400 × 1600 dpi로 프린팅했을 경우 150 ㎛의 메탈 파우더를 경화시키기 위해서는 한 레이어에 대해 3회 반복 프린팅을 해야만 층간 결합이 이루어짐을 확인하였다. 이렇게 많은 양을 프린팅하는 것은 경화 시 발생하는 변형을 고려하여 레이어 두께를 150 ㎛로 설정했기 때문이다. (표 2-3.5)

표 2-3.5 광경화 위한 실험 조건

Items		Specification
Temperature of resin		70 ℃
Printing resolution		400×1600 dpi
Jetting signal	Rinsing and duration time	6 ㎲
	Delay time	6 ㎲
	Applied voltage	140 V
Moving speed of the UV lamp		0.2 m/s
Layer thickness		150 ㎛

실험에 사용된 단일 프린터 헤드의 경우 1회 프린팅에 의해 50 dpi 분해능을 가지므로 400 × 1600 dpi의 해상도를 맞추기 위해서는 프린터 헤드를 일정 간격씩 이동하면서 8회의 프린팅이 필요하며, 이 모든 과정을 3회 반복 프린팅하여 최종적으로 24회의 프린팅이 요구된다.

경화 방법과 프린팅 순서에 따른 2가지 방법을 그림 2-3.9와 2-3.10에 나타내었다. 먼저, 그림 2-3.9와 같은 방법으로 프린팅할 때마다 램프로 경화할 경우 경화 시 제작물의 변형은 없으나, 레진 자체의 수축에 의해 제작물의 표면 조도가 나빠지는 특성이 있다. 그리고 그림 2-3.10과 같이 한 레이어에 해당하는 모든 프린팅 동작을 완료한 후에 UV 경화를 레이어별로 1회만 하는 경우이다. 이 경우는 많은 레진 양이 한꺼번에 경화되면서 제작물의 끝단에서 휨 현상이 발생되어 적층하기가 어려워지는 단점을 가지고 있다. 하지만 한꺼번에 경화를 함으로써 표면 상태가 비교적 고르게 나타나는 장점을 가진다.

레진의 경화 공정을 반복적으로 실험하여 본 연구에서는 가장 최적이라고 여겨지는 경화 모델을 제시하였다. 그림 2-3.11은 앞서 소개한 2가지 방법을 조화시켜 3D 형상 제작을 위한 적층이 가능한 동시에 경화 표면이 비교적 매끄러운 형태를 가지도록 하였다.

그림 2-3.11은 3D 프린팅을 위한 UV 경화 공정 모델이며, 프린팅 해상도가 200 dpi일 때의 예를 나타내고 있다. 한 레이어당 총 프린팅 횟수의 절반은 프린팅 후 바로 램프에 의해 매번 경화시키고, 50% 이후 공정에서는 프린팅을 완료한 후 한 번에 경화 시키는 방법이다. 이러한 경화 방법은

1차 경화 공성에서는 베이스를 만드는 효과로 경화시의 휨 변형을 막을 수 있고, 2차 경화 공정에서는 최종으로 표면을 고르게 구현할 수가 있는 장점이 있다.

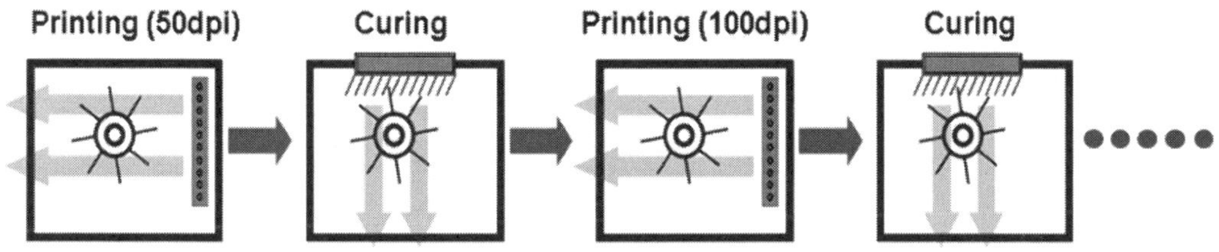

그림 2-3.9 인쇄할때마다 무조건 경화

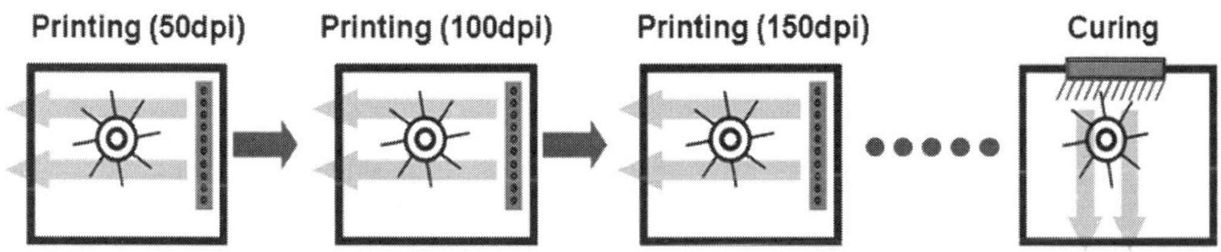

그림 2-3.10 프린팅 동작 완료 후 1층씩 농작

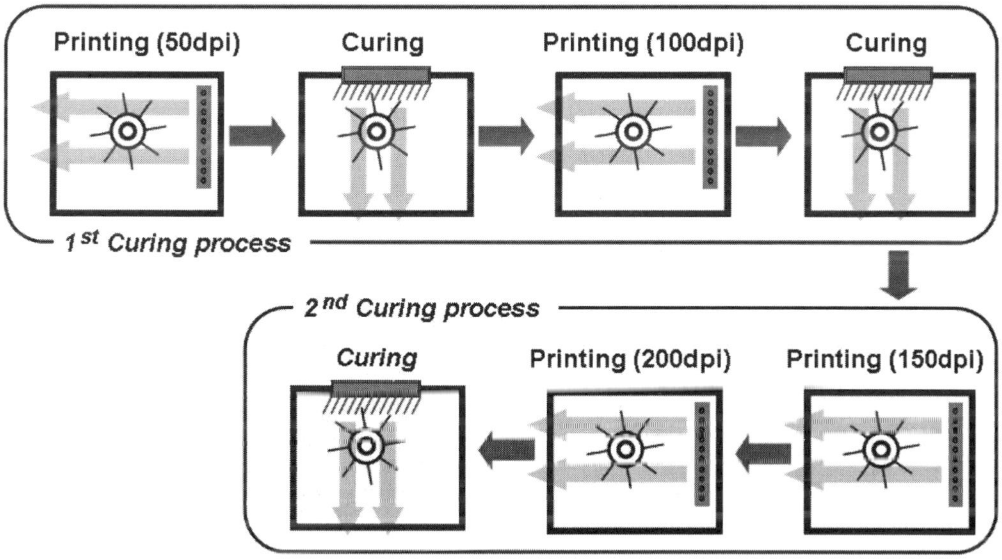

그림 2-3.11 복합 프린팅 공정

3-2. 임의 형상 제작 실험

임의형상제작 실험에서는 앞선 연구에서 수행된 파우더 기반의 UV 경화 공정을 이용하여 쿨링팬 모델을 제작하였다. 쿨링팬 모델은 150 ㎛의 레이어 두께로 적층하여 총 141개의 레이어로 구성되며, 해상도는 400 × 1600 dpi로 프린팅 되어진다. 그림 2-3.12는 금속 파우더를 이용한 쿨링팬 제작 결과이다. 한 레이어에 3번의 반복 프린팅 과정을 통해 제작하였다.

그림 2-3.12에서 보듯이 새로운 공정을 통한 임의형상제작은 성공적으로 제작되었으나 쿨링팬 모델의 특성상 얇은 두께를 가지는 부분에서는 제작 파트를 빌딩룸에서 분리해 내는 과정에서 약간의 손상을 입었다. 하지만 기존 3차원 프린팅 공정에 비해 사용자가 제작 파트를 손쉽게 꺼낼 수 있었고 손상도 훨씬 적은 특징을 볼 수 있었다.

기존 3DP 공정의 경우 후처리 공정 이전에는 아주 낮은 강도로 인해 많은 주의를 기울여야 하는 반면 본 공정에서는 UV 레진에 의한 강한 결합으로 사용자에게 보다 쉬운 작업 환경을 제공해 주었다.

또한 기존 3DP 공정의 경우 금속 파우더를 이용하여 임의형상을 제작하는 방법은 불가능하였으나, 본 논문에서 제시한 UV 경화를 이용한 새로운 공정기법을 통해 그 가능성을 보일 수 있었다. 이는 레이저 등과 같은 고가의 장비를 사용하지 않고도 3DP 공정에서 보다 다양한 소재에 대한 제작 방법을 제시하였다는 것에 큰 의미를 가지고 있다.

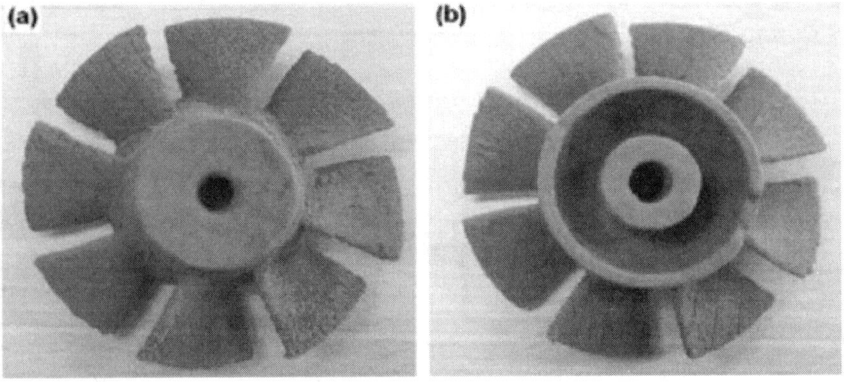

그림 2-3.12 UV 3D 프린팅 공정을 통해 금속분말로 제작한 팬 모델의 (a)후면 및 (b)전면

4 석회혼합 파우더를 이용한 임의형상 제작

기존의 3차원 프린팅 공정에서 사용되고 있는 Z-corp사의 석회혼합 파우더(Zpl02)를 새로운 공정에 적용하여 임의형상제작 실험을 수행하였다.

4-1. 석회혼합 파우더의 최적 실험조건

석회혼합 파우더의 경우 금속 파우더보다 다양한 제작 조건을 가진다. 금속 파우더의 경우 폴리머 코팅과 재료의 특성상 파우더에 스며드는 레진 양이 적은 반면, 석회혼합 파우더의 경우 코팅이 되어 있지 않기 때문에 파우더 베드를 형성할 때 롤러의 이송 속도에 따라 표면 조도에 많은 영향을 받는다. 또한 석회혼합 파우더의 경우 레진이 입자에 잘 스며들기 때문에 금 속 파우더에 비해 더 많은 분사량을 필요로 한다.

표 2-3.6은 레이어 두께가 일정한 상태에서 경화 공정에 따라 적층 가능성을 실험한 결과이다. 금속 파우더와 동일한 조건으로 레이어 두께를 150 ㎛으로 실험한 결과 적층이 불가능하였다. 이는 금속 파우더에 비해 석회혼합 파우더가 UV 경화시 열변형에 더욱 민감하게 반응하는 결과를 보인다는 것을 알 수 있다.

표 2-3.6 경화시간에 따른 실험 결과

Layer thickness	First (base) curing	Second curing	Results
150 ㎛	12 times	12 times	Not laminated and distorted
100 ㎛	8 times	5 times	Distorted
100 ㎛	8 times	2 times	Not distorted

따라서 100 ㎛ 에서 경화 방법을 달리 하여 실험을 수행하였다. 1차 경화에서 8회, 2차 경화에서 5회로 하였을 때 변형이 발생하였으나, 이를 각각 8회와 2회로 나누어 실험하였을 경우는 변형이 발생하지 않았다. 하지만 적층시 롤러에 의한 손상으로 적층이 불가능하였다. 따라서 석회혼합 파우더의 경우 기존 금속 파우더 공정과는 달리 적은 경화 횟수를 가지며, 그 외에 레이어의 두께 (두께가 클수록 롤러에 의한 손상을 적게 받음) 와 롤러의 이송속도에 크게 영향을 받았다.

표 2-3.7의 실험 결과에서 롤러의 이송 속도가 공정에 아주 큰 영향을 미침을 알 수 있다. 롤러의 이송 속도에 따라 파우더 베드를 형성할 때 제작물에 손상을 가하여 150 ㎛ 이하의 레이어 두께에서는 적층이 불가능하였다. 따라서 150 ㎛ 이상의 레이어 두께를 가져야 하며, 롤러의 이송 속도는

아주 낮게 가져가야 한다는 결과를 얻었다. 또한 200 ㎛에서 1차 경화 12회와 2차 경화 2회, 롤러 이송 속도 0.2 m/s일 때 가장 좋은 결과를 가져왔지만, 층 분리가 발생하여 분사량이 더 필요함을 알 수 있었다. 이것은 금속 파우더와는 달리 롤러의 이송 속도가 너무 낮은 경우 롤러에 의한 제작물의 손상이 크게 작용하므로 일정한 속도를 유지할 때 더 나은 결과를 얻을 수 있음을 나타낸다.

표 2-3.7 롤러의 이송속도에 따른 실험결과

Layer thickness	First curing	Second curing	moving speed of the roller	Results
150 ㎛	8	2	0.15 m/s	Damaged by the roller
			0.3 m/s	Damaged by the roller from 10th layer
			0.4 m/s	Damaged by the roller
200 ㎛	12	2	0.35 m/s	Damaged by the roller from 10th layer
			0.2 m/s	Damaged by the roller from 10th layer the layers were detached

4-2. 임의형상 제작 시험

석회혼합 파우더의 임의형상 제작은 앞선 금속 파우더를 이용한 임의형상 제작에 비해 어려운 적층 조건을 가지고 있었다. 이는 석회혼합 파우더가 다양한 공정 변수를 가지고 있기 때문이다. 임의형상 제작 실험은 금속 파우더의 임의형상 제작 실험과 동일한 쿨링팬 모델의 제작을 통해 수행되었다.

금속 파우더 실험과 동일한 레이어의 두께(150 ㎛)와 레이어 개수(141개)를 가지고 있으며, 석회혼합 파우더의 경우 각 레이어에 대해 400 x 1600 dpi 의 해상도로 4번의 반복 프린팅을 필요로 하였다. 또한 롤러의 이송 속도는 0.26 m/s에서 가장 좋은 제작 조건을 나타내었기 때문에 이를 적용하였다. 금속 파우더와의 경화 횟수에 대한 차이점은 1차 경화 횟수의 경우 프린팅 횟수의 50%를 가지는 것은 동일하였으나, 석회혼합 파우더는 2차 경화 횟수가 1회로 아주 낮은 경화 횟수를 가진다는 특징을 보였다.

그림 2-3.13은 석회혼합 파우더로 제작된 임의형상제작 실험 결과이다. 금속 파우더와 유사한 결과를 보였으며 이는 다양한 소재에 대한 적용 가능성을 보여주었다. 표 2-3.8은 금속 파우더와 석회혼합 파우더의 제작 조건을 나타낸 것이다. 표 2-3.8에서 알 수 있듯이 본 논문에서 제시한 새로

운 3DP 공정의 경우 다양한 소재에 대해서 각 소재에 적합한 공정변수 모델을 가지고 있다면 기존 3DP 공정을 뛰어넘는 다양한 분야에 적용이 가능하다. 기존 임의형상제작 시스템의 경우 사용자가 추구하는 모델링 형태에 대해 다양한 시스템이 존재하고 각 시스템과 각 공정기법은 그들만의 독자적인 특징과 결과를 보여 왔다. 하지만 본 논문에서 제시한 새로운 3DP 공정 기법은 단지 소재에 따른 공정변수 모델의 변화만으로 시스템 장비의 한계 및 제작 결과물에 대한 한계를 극복한 통합된 임의형상제작 환경을 제공하여 줄 수가 있다.

표 2-3.8 모델 제작을 위한 실험 조건

Items	Metal powder	Starch mixed powder(Zpl02)
Printing resolution	400 x 1600 dpi	400 x 1600 dpi
No. of repeat printing per layer	3 times	4 times
No. of total printing per layer	24 times	32 times
No. of first curing	12 times (50%)	16 times (50%)
No. of second curing	12 times	1 times
Moving speed of the UV lamp	0.2 m/s	0.25 m/s
Moving speed of the roller	0.02 m/s	0.26 m/s
Layer thickness	150 ㎛	150 ㎛
Jetting volume	90 pl	90 pl

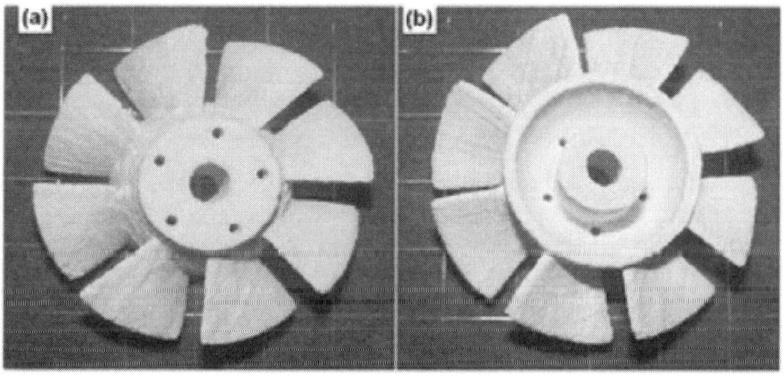

그림 2-3.13 (a) Zpl02 분말을 사용한 제안된 새로운 3DP 공정에 의해 제작된 팬 모델의 후면 및 (b) 전면.

5 시편제작 및 비교분석

기존의 3차원 프린팅 공정과 본 연구에서 제안한 새로운 3차원 프린팅 공정의 비교평가를 위하여 동일한 재료와 크기의 시편을 제작하여 강도, 치수 오차, 표면조도를 측정 및 분석하였다.

5-1. 측정용 시편 제작

두 공정의 비교 실험을 위하여. 그림 2-3.14와 같이 측정용 시편을 제작하였다. 기존의 3차원 프린팅 공정으로는 실험의 신뢰성을 높이기 위하여 Z-corp.사의 Z310 printer를 사용하였으며, 공정변수는 기본값으로 설정하였다. 비교 평가를 위하여 두 공정에 동일한 파우더를 사용하였으며, Z310 장비에 의해 제작된 시편은 강도 측정 실험을 위해 별도의 전용 후처리 재료(Z-bond 101)를 이용하여 후처리 작업을 수행하였다. 제작 조건은 표 2-3.9 과 같다.

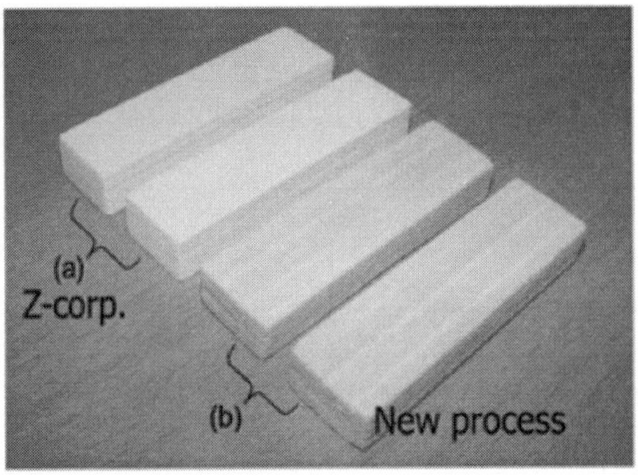

그림 2-3.14 (a) Z310printer로 제작된 시편 (b) 표면 프로파일, 강도 및 치수 오차의 측정을 위해 제안된 새로운 3DP 프로세스

표 2-3.9 실험 샘플 제작 조건

Items	Conventional 3DP(Zcorp)	Proposed 3DP
Layer thickness	100 ㎛	150 ㎛
Layer count	100 layers	66 layers
Model size(x,y,z)	75 x 20 x 10 mm	75 x 20 x 10 mm
Powder	plaster mixed powder (Zpl02)	plaster mixed powder (Zpl02)
Binder or photopolymer resin	Zb56 binder(Zcorp.)	Fullcure720(Objet)
Lamp	–	250 W

Items	Conventional 3DP(Zcorp)	Proposed 3DP
Heating temp	–	70 ℃
Jetting volume	50 pl	90 pl (270 pl)
Printing resolution	450x450 dpi	400x1600 dpi
Post-processing	Z-bond 101	–

실험 결과 세 공정의 제작시간은 표 2-3.10과 같다. 기존 공정에서는 프린팅 시간 20분, 건조시간 20분, 후처리 시간 15분으로 전체 55분의 시간이 소요되었다. 그러나 파우더 기반의 UV 레진을 이용한 새로운 3DP 공정에서는 프린팅 시간 66분이 전체 제작시간이며, 각 공정에 사용된 프린터 헤드의 노즐 개수를 고려하여 계산하면 전체 제작시간은 28분이 소요됨을 알 수 있다. 그러므로 제안한 새로운 공정이 기존 공정보다 처리속도 면에서 약 2배 빠르다고 할 수 있다.

표 2-3.10 각 노즐의 제작시간 및 처리량

Items		Conventional 3DP (Zcorp)	Multi Printing 3DP	Proposed 3DP (UV)
Fabrication time	Printing time	20 min (5 layers/min)	13 min (8 layers/min)	66 min (1 layers/min)
	Drying time	20 min	20 min	–
	Post processing time	15 min	15 min	–
	Total	55 min	48 min	66 min (28 min)
Number of nozzles		300 ea	900 ea	128 ea

5-2. 강도측정

제작물의 인장강도 (Uensile strengdi)와 굽힘강도 (bcnding strength)를 측정하기 위하여 Instron 사의 IX series. 측정 장비를 이용하였다. 실험 결과 그림 2-3.15(a)와 같이 인장강도에서의 항복응력 (yield stress)의 경우 기존 공정과 제안한 공정에서 각각 0.3 MPa 과 1.4 MPa로 4배 이상 높은 결과를 얻었으며, 최대응력 또한 6 MPa로 기존 공정(약 0.5 MPa) 보다 약 9배 이상 높은 강도를 보였다. 그림 2-3.15(b)는 3점 굽힘강도 측정 결과이며, 최대부하 또한 320 N으로 기존 공정보다 4배 이상 높은 강도를 가짐을 확인하였다. 그리고 제안한 공정에서 금속 파우더를 이용한 실험 결과 항복 응력과 최대부하 실험에서. 각각 5.2 MPa 과 550 N의 상대적으로 매우 높은 강도를 가짐을 확인하였다.

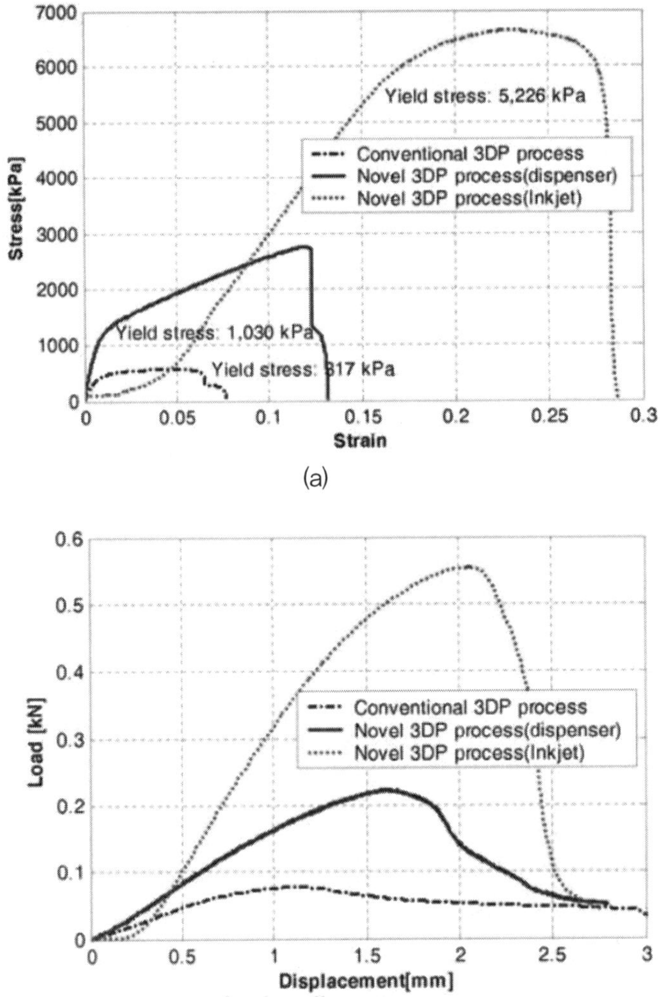

(a)

(b)

그림 2-3.15 시료의 강도특성, (a) 변형-응력곡선(장력시험), (b) 굽힘 조건 곡선

5-3. 치수 오차 측정 및 분석

두 공정에 의해 제작된 시편의 치수 오차를 측정한 결과 표 2-3.11과 같다. 기존 3차원 프린팅 공정에서 X, Y, Z축의 최대 치수 오차는 각각 550 ㎛, 500 ㎛, 850 ㎛ 인 반면, 제안한 공정의 경우 X, Y, Z축의 오차는 각각 450 ㎛, 350 ㎛, 500 ㎛임을 확인하였다. X축과 노축의 치수 오차는 두 공정의 특성보다 스테이지의 정밀도에 많은 영향을 받는다. 그러나 고축의 치수 오차는 파우더 및 스테이지 정밀도보다 층간 결합에 의한 공정특성의 영향을 지배적으로 받는다.

기존 공정의 경우 매 레이어 마다 프린팅된 접착제가 서서히 경화되기 때문에 상부 레이어의 접착제가 하부 레이어로 많이 스며들면서 최하위 레이어에서 불필요하게 많은 파우더가 경화되는 특성이 있다. 반면, 제안한 공정에서는 매 레이어마다 UV 램프에 의해 경화되므로 이러한 특성을 최소화할 수 있어, Z축의 치수 오차 개선 효과를 얻을 수 있었다.

표 2-3.11 두 공정의 치수 오차

Items	Conventional 3DP (Zcorp)	Proposed 3DP (UV)
Dimensional errors (X, Y, Z)	550 ㎛, 500 ㎛, 850 ㎛	450 ㎛, 350 ㎛, 500 ㎛

그림 2-3.16은 기존 파우더에 UV 레진으로 출력한 것이 아닌, 순수 UV 레진으로만 출력한 출력물이다. 잉크젯 헤드에서 레진이 토출되는 즉시 UV를 통해 경화되면서 한 층씩 적층하여 제조된 인쇄물로, 순수한 레진만 이용해서 3D 형상 제작이 가능하다는 것을 보여주었다.

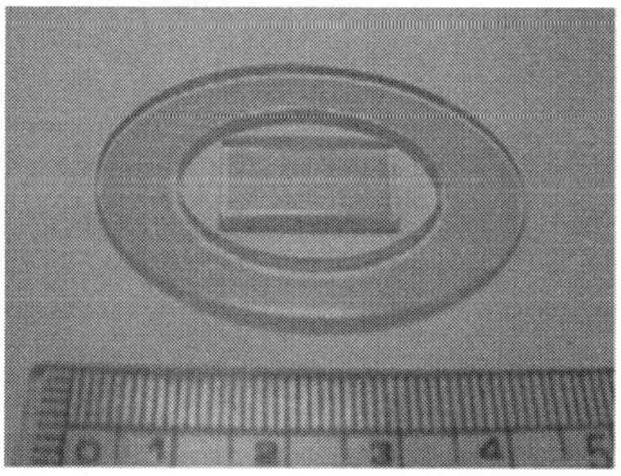

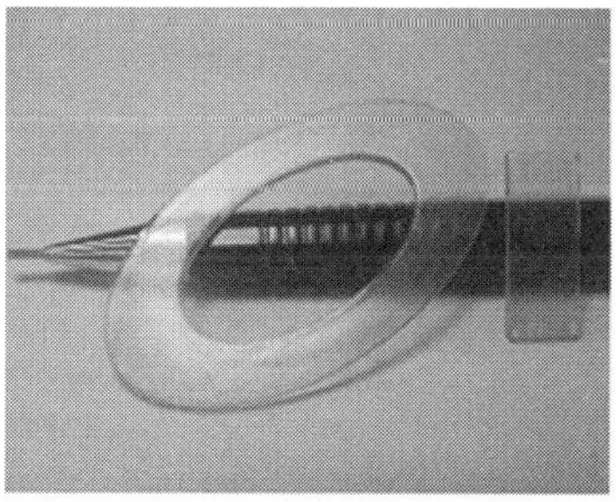

그림 2-3.16 UV 레진으로만 인쇄한 출력물

6. 요약

본 장에서는 기존의 3차원 프린팅 공정의 문제점을 개선할 수 있는 파우더 기반의 UV 레진을 이용한 새로운 3차원 프린팅 공정을 제안하였으며, 공정의 가능성 검증을 위한 실험을 수행한 결과를 정리하였다. 기존의 3차원 프린팅 공정에서 프린팅 후, 별도의 건조시간과 후처리 시간이 요구되었으나, 제안한 공정에서는 광경화성 수지를 UV 램프로 매 레이어마다 경화함으로써 프린팅 후 별도의 건조시간이 없을 뿐만 아니라 제품의 강도 또한 개선되어 추가적인 후처리 공정을 필요로 하지 않는다. 그러므로 프린터 헤드의 노즐당 처리시간에서 기존 공정은 11초인 반면, 제안한 공정은 30초로 동일한 노즐 개수를 사용할 경우 제안한 공정이 약 3배 정도 빠르다. 두 공정에 의해 제작된 시편의 표면조도, 치수 오차를 비교 평가한 결과 유사한 특성을 보였으나, Z축의 치수 오차가 기존 공정보다 40% 정도 개선되었음을 확인하였다. 또한 인장강도와 굽힘강도 비교 평가에서 동일한 석회혼합 파우더를 사용할 경우 항복응력이 1.4 MPa로 기존 공정보다 4배 향상되었으며, 최대부하 역시 6 MPa로 9배 향상된 결과를 얻었다. 그리고 금속 파우더를 사용한 실험에서는 각각 5.2 MPa과 550 N으로 기존 공정 보다 17배와 7배 정도의 높은 강도를 가졌다.

그림 2-3.17은 폴리젯 3D 프린터 회사인 Stratasis에서 제작한 출력물이다. 순수 UV 레진만을 재료로 사용했다. 다양한 종류의 레진을 동시에 인쇄할 수 있기 때문에 색상, 질감, 투명도를 조절하여 실사와 비슷한 느낌의 출력물을 제작할 수 있다.

그림 2-3.17 Stratasis에서 폴리젯 공정으로 제작한 출력물

출처 : Formnext

7. 참고문헌

[1] Brunahl, J., and Grishin, A.M., 2002, "Piezoelectric shear mode drop-on-demand inkjet actuator," Sensors and Actuators A, Vol. 101, pp. 371-382.

[2] Wilkes, E.D., and Basaran, O.A., 2001, "Drop ejection from an oscillation rod," J. of Colloid and Interface Science, Vol. 242, pp. 180-201.

[3] Chang, C.C., 2004, "Rapid prototyping fabricated by UV resin spray nozzles," Rapid Prototyping Journal, Vol. 10, No. 2, pp. 136—145.

[4] Tanaka, T., and Isono, Y., 2001, "New development of a grinding wheel with resin cured by ultraviolet light," J. Materials Processing Technology, Vol. 113, pp. 385-391.

[5] Lee, W.H., Kim, D.S., Kim, J.S., and Lee, M.C., 2006, "A study on reduction of processing time and improvement of strength by using photopolymer resin in the 3DP process," Key Engineering Materials, Vol. 326-328, pp. 151-154.

[6] Egodawatta,A.K., Harrison, D.K., Silva, A.D., Haritos G., 2004 "Feasibility study on developing productivity and quality improved layered manufacturing method for rapid prototyping/tooling/manufacture," J. of Materials processing technology, No. 149, pp. 604-608.

2-4 Binder Jet 3D Printer

1. 서론

본 장에서는 써멀 잉크젯 프린팅 시스템을 이용한 파우더 기반의 3차원 임의형상 제작에 관한 연구를 수행하였다. 본 공정은 Binder Jetting 공정으로, 그림 2-4.1처럼 분말 상태의 소재가 고르게 분사된 베드에 액체 상태의 접착제를 분사해 소재들을 응고시킨 상태로 한 층씩 쌓아올려 원하는 모델을 제작하는 공정이다. 저가격, 고속화를 위하여 Desktop용 프린터 카트리지를 사용하였으며, 다수의 프린터 헤드를 이용한 멀티 프린팅 시스템과 고속 강인한 서보제어 시스템 구현을 위해 SMCSPO(slidmg mode control with sliding perturbation observer) 알고리즘을 적용하였다.

3차원 프린팅을 위한 비트맵 파일 생성을 위하여 XOR 알고리즘을 적용하였으며, 3차원 프린팅 공정를 및 기하학적인 제어 요인 등에 대한 다양한 공정실험을 통하여 최적의 제작공정 조건을 도출하였다. 3차원 프린팅 공정의 주요 공정변수로는 레이어 두께, 프린터 헤드의 분사량, 파우더 베드의 상태(롤러 이송속도 및 회전속도), 파우더와 접착제간의 결합력 등이 있다. 그리고 3차원 프린팅에 의한 임의형상 제작물의 치수오차와 강도 개선을 위한 실험적 연구를 수행하였다.

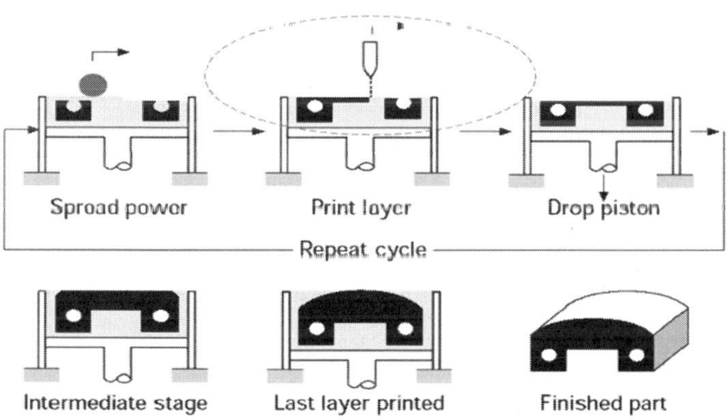

그림 2-4.1
써멀 잉크젯 프린팅 공정 개념도

2. Thermal printing inkjet system

써멀 잉크젯 프린팅 방식을 이용한 임의형상 제작 실험을 위한 실험 장치를 구성하였다. 실험 장치는 크게 5축 제어시스템과 X, Y 스테이지에 장착되는 프린터 헤드부로 나눌 수 있다. 본 절에서는 기구부 구성과 기구부에 대한 위치제어 알고리즘을 설명하고, 프린터 헤드의 구성과 제어 방법 및 프린팅시 발생할 수 있는 위치오차의 요인들을 설명하고자 한다.

프린터 헤드를 장착한 임의형상 제작 시스템은 저가격, 고속 제작을 특징으로 하는 시스템으로 임의형상을 고속으로 제작하기 위하여 3차원 프린팅 기술을 사용하며, 3차원 프린팅 공정에서 제작속도는 프린팅 속도에 의해 결정된다. 프린팅 속도는 프린터 헤드가 장착된 X, Y 스테이지의 이송속도 와 한 번에 프린팅 할 수 있는 노즐(nozzle)의 수에 의해 좌우된다.

또한 제작물의 형상 정밀도는 다양한 공정변수의 영향을 받지만, 기본적으로 프린팅 헤드를 장착하고 있는 X, Y 스테이지의 위치제어 정밀도와 Z축의 빌딩룸(building room)의 위치제어 정밀도에 의해 결정되므로 기구부 구성이 중요하다.

2-1. 시스템 구성

1) 기구부

기구부 제작을 위해 그림 2-4.2 과 같이 3차원 모델링 및 시뮬레이션을 통해 기계적인 간섭문제를 확인한 후, 그림 2-4.3과 같이 기구부를 제작하였다. 임의 형상제작 시스템의 기구부는 5축으로 구성되어 있으며, 시스템은 고속 프린팅을 위한 X, Y 스테이지와 파우더 공급을 위한 롤러부(roller part), 일장 두께로 적층하기 위하여 상, 하로 움직이는 피딩룸(feeding room)과 빌딩룸 (building room)으로 구성되어 있다. 프린팅을 위한 스테이지는 잉크젯 프린터헤드를 장착한 상태에서 고속 이송이 요구되는 Y축과 롤러부가 장착된 X축으로 이루어진다. 구동방식에 서는 저가의 고속 시스템 구현을 위하여 타이밍 벨트 시스템을 채택하였다.

롤러부는 파우더공급을 위한 롤러와 피딩룸 및 빌딩룸 외부로의 파우더 누설을 방지하기 위한 롤러 가이드(roller guide) 그리고 롤러에 달라붙는 파우더를 제거하기 위한 클리닝 장치로 그림 2-4.4와 같이 구성하였다.

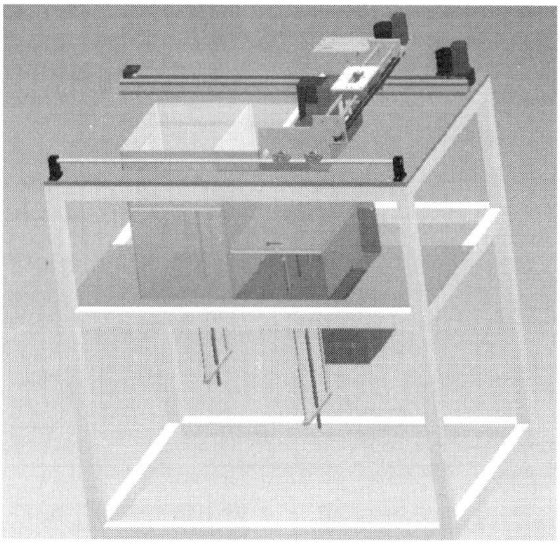

그림 2-4.2 오피스용 SFF 시스템의 3D 모델링

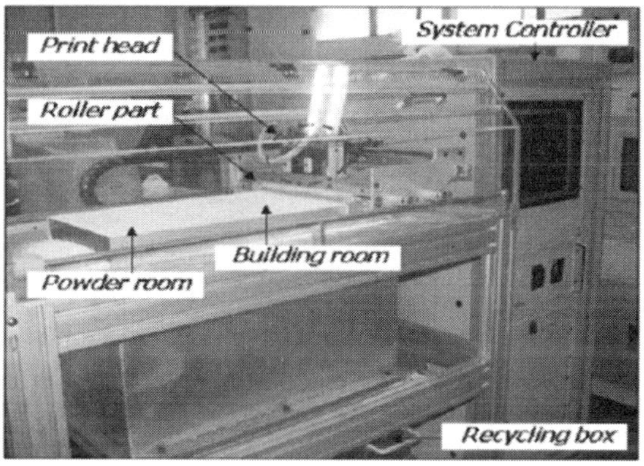

그림 2-4.3 제작된 SFF 시스템에 프린트헤드가 장착된 모습

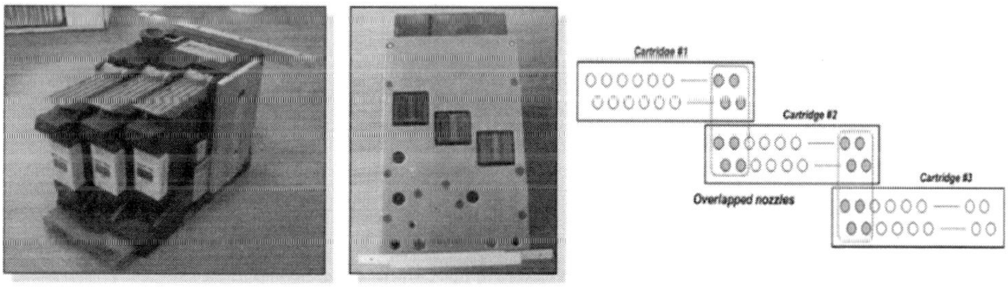

<Multi-Thermal / Buzzle jet printing head> <Nozzle Layout>

그림 2-4.4 잉크젯 프린터 헤드

롤러 가이드는 스프링을 사용하여 양쪽에서 빌딩룸 및 피딩룸의 벽면을 밀어주는 방법을 채택하였다. 가이드 링이 벽면에 너무 강하게 밀착될 경우, X축의 이송에 마찰력을 가중 시키게 되고, 또한 너무 약할 경우 파우더 누설이 증가할 수 있다.

롤러부의 역할은 빌딩룸에 일정한 레이어 두께로 파우더 베드 (powder bed)를 형성하는 것과 평탄한 파우더 표면을 만드는 것이다. 파우더 베드의 두께는 Z축의 위치정밀도에 의해 결정되나, 파우더 베드 표면(surface)의 평탄도는 파우더 입자의 크기 및 균일성, 롤러의 회전속도와 이송속도, 그리고 롤러의 표면상태 등의 영향을 받는다. 파우더 베드 형성을 위해 피딩룸의 파우더 한 층에 대한 공급 레이어 두께는 외부로의 누설을 고려하여 빌딩룸의 레이어 두께의 1.5배로 설정하였다.

그림 2-4.5 X축에 설치된 롤러 가이드(좌) 및 파우더 제거 장치(우)

2) 제어부

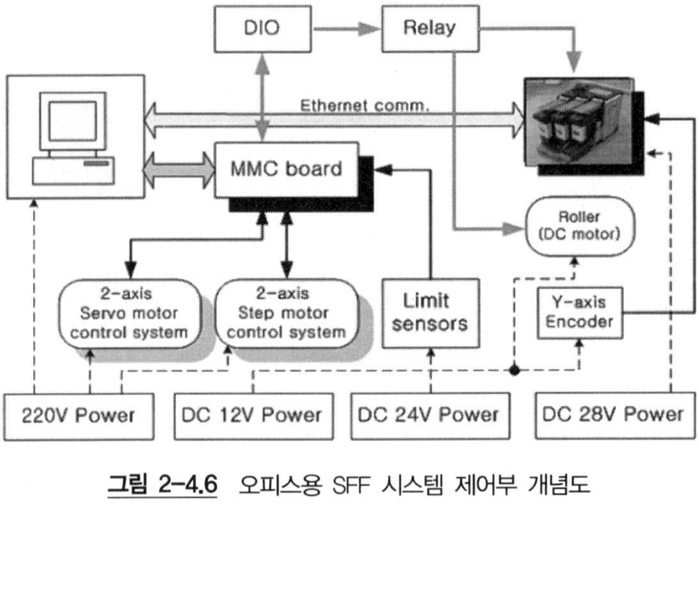

그림 2-4.6 오피스용 SFF 시스템 제어부 개념도

임의형상제작 시스템의 제어를 위해 MMC(multi motion control) 보드를 이용한 PC기반의 위치 제어 시스템을 그림 2-4.6과 같이 구성하였다. 프린터 헤드는 이더넷(ethernet)을 통해 주 제어기와 통신하며, 프린터 헤드를 제외한 모든 제어는 MMC 보드를 중심으로 설계하였다.

그리고 X,Y 축의 고속 서보 제어를 위해 속도 모드로 SMCSPO (sliding mode control with sliding perturbation observer) 알고리즘을 적용한 속도모드 제어를 구현하였다.

2-2. 고속 고정밀의 위치제어

1) SMCSPO 알고리즘

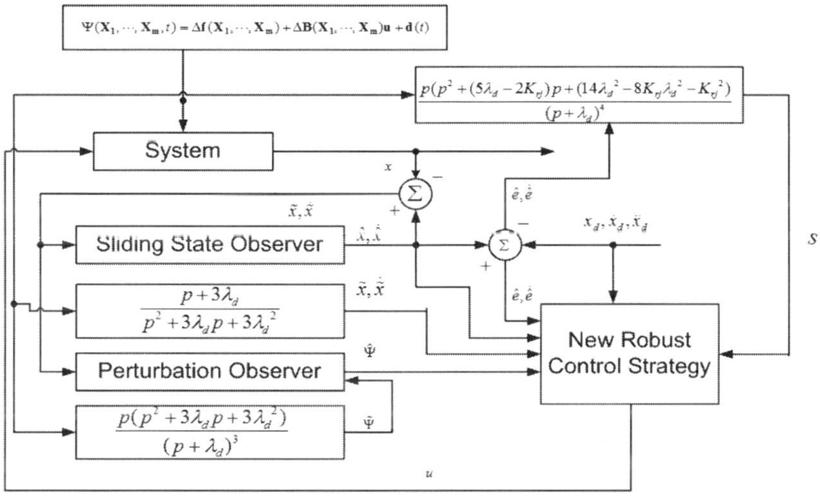

그림 2-4.7 SMCSPO 알고리즘의 블럭도

MMC 보드를 이용한 위치 제어의 경우 PDD 제어 방식이며, 모터의 엔코더 신호를 받아서 이를 제어한다. MMC 보드에서 제공하는 제어의 경우 X축의 엔코더의 분해능이 28.99 ㎛의 정밀도로 그 이하의 성노를 내기가 어렵다. 또한 기존 PID 제어의 경우 시스템에 대한 비선형성이 높고 외란이 존재할 경우 그 오차를 보상하고 제어하는데 제약을 가져온다. 하지만 엔코더 신호의 출력을 4배로 하여 7.248 ㎛의 분해능으로 입력을 받을 수 있기 때문에 이를 이용하고 외란 등에 관해 견실한 제어 알고리즘을 적용할 경우 임의형상 제작시스템에서 필요로 하는 고속과 고정밀의 시스템 제어의 구현이 가능하다. 임의형상 제작시스템에 적용될 고급 제어 알고리즘인 SMCSPO 알고리즘은 슬라이딩 섭동관측기를 통해 섭동항으로 가정한 시스템의 비선형성이나 외란, 그리고 모델식의 불확실성에 대해 관측하고 그것을 보상함으로 강인한 제어를 가능하게 하는 알고리즘이다. 그림 2-4.7은 임의형상 제작 시스템의 SMCSPO 알고리즘의 제어 블록도이다.

3. 3차원 프린팅(3DP) 공정 분석 및 공정변수 실험

3-1. 프린팅 공정 분석

1) 3DP 공정

그림 2-4.8은 3DP 공정 개념도를 나타낸 것이다. 오피스용 임의형상제작시스템의 각 슬라이싱을 적층시키는 프린트 헤드는 비트맵 데이터를 전송받는다. 따라서 임의 형상으로부터 추출된 STL 파일을 원하는 두께로 슬라이싱하고, 슬라이싱 된 데이터를 비트맵으로 변환하는 과정이 필요하다.

STL 파일로부터 슬라이싱을 하는 작업은 Rapidform이라는 프로그램을 사용한다. Rapidform을 이용하여 STL 파일을 로딩하고 로딩한 모델링을 원하는 두께로 슬라이싱한다. 슬라이싱 된 포인트 좌표를 비트맵으로 변환시키기 위해서 반전 알고리즘을 사용한다. 반전 알고리즘을 사용하여 변환된 비트맵 데이터는 Ethernet 통신 미디어를 통해 프린트 헤드에 전달되고 프린트 헤드는 Y축의 엔코더 신호를 피드백 받아서 1.5 inch씩 프린팅하여 하나의 layer를 프린팅하게 된다.

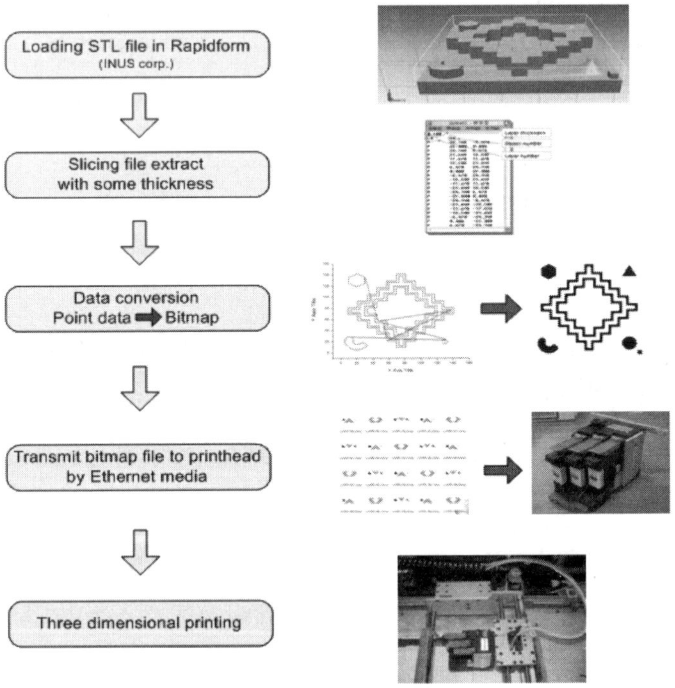

그림 2-4.8 3DP 공정 개념도

2) 프린팅 실험

오피스용 임의형상제작시스템의 프린트 헤드는 비트맵을 전송 받아서 엔코더로부터 펄스 신호를 받아 정확하게 프린팅된다. 따라서 프린팅하고자 하는 헤드의 분해능과 헤드가 Y축으로 이동하는 엔코더 신호의 분해능이 일치해야만 정확한 프린팅이 가능하다.

HP 버블젯 프린트 헤드는 Y축 엔코더 신호를 전송받는다. 또한 X축의 경우 1.5 inch로 스텝 이동하기 때문에 비트맵 변환시 프린팅 분해능과 일치하는 엔코더 분해능을 정해주어야 한다. 프린팅 분해능은 600 dpi로 설정하였고, 엔코더 분해능은 가능한 600 dpi에 근접하도록 엔코더의 풀리를 교체하여 635 pulse/inch가 출력되도록 구현하였다. 그림 2-4.9(a)는 헤드의 등속운동과 분해능이 정확히 일치하지 않는 경우에 프린팅된 모습을 나타낸다. 그림 2-4.9(b)는 헤드가 등속운동을 하며 분해능이 일치하는 경우를 나타낸 것으로 3개의 카트리지가 정확히 뿌려짐을 알 수 있다.

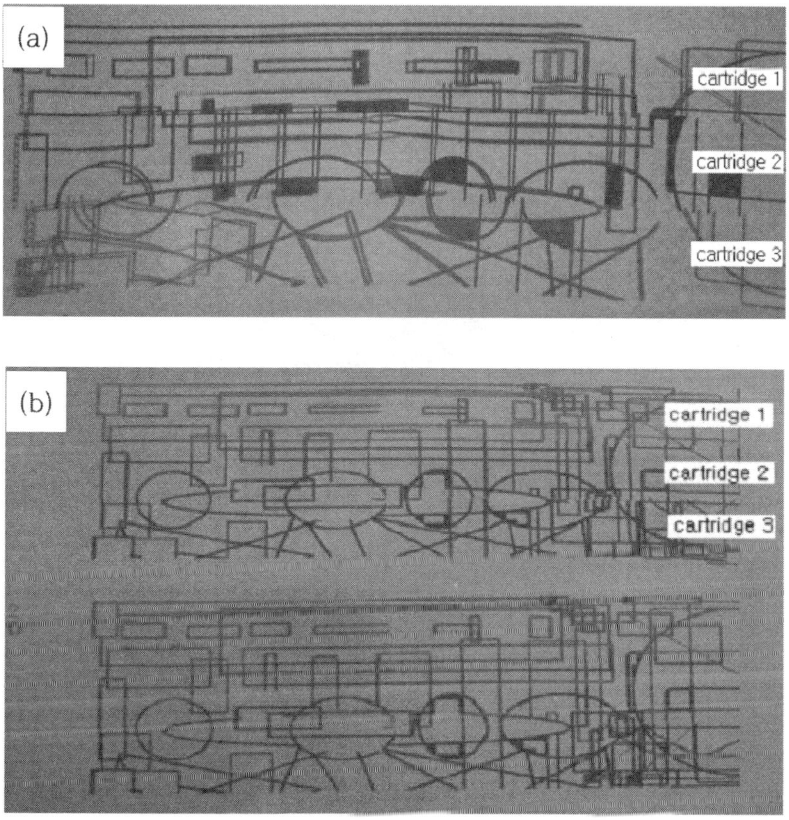

그림 2-4.9 프린팅 실험 (a) 엔코더 분해능과 등속운동이 불일치하는 경우 (b) 엔코더 분해능과 등속 운동이 일치하는 경우

3-2. 공정변수 실험

3DP 공정을 이용한 실물 제작의 경우 layer thickness, jetting volume, powder spreading speed 등의 공정변수의 변화에 따라 그 정밀도 및 정도가 크게 달라진다. 따라서 공정 변수의 최적화는 시스템의 성능을 향상시키는데 크게 영향을 미친다.

1) 파우더 평탄화 속도 실험

파우더 빌딩룸에 파우더 공급을 위한 롤러는 180 rpm으로 회전한다. 따라서 파우더를 공급하기 위해 파우더를 평탄화 시키고 빌딩룸의 표면을 매끄럽게 가져가기 위해 평탄화 작업 시 두께에 따른 최적의 X축의 속도를 시행착오적으로 구했다.

각 두께에 따른 최적화 된 X축 속도의 선정은 보다 빠른 시간내에 좋은 질의 실물 복제품을 얻을 수 있다. 그림 2-4.10은 layer 두께에 따른 X축 속도 변화에 대한 파우더 평탄화의 질을 나타낸다. Surface Quality는 파우더의 갈라짐, 파우더 공급량 부족 등의 상태를 보고 결정 하였으며 100%가 가장 좋은 상태를 의미한다. 0.3 m/s에서 모든 두께에 대해 좋은 상태를 보였다. 따라서 X축 속도를 0.3 m/s로 정했다.

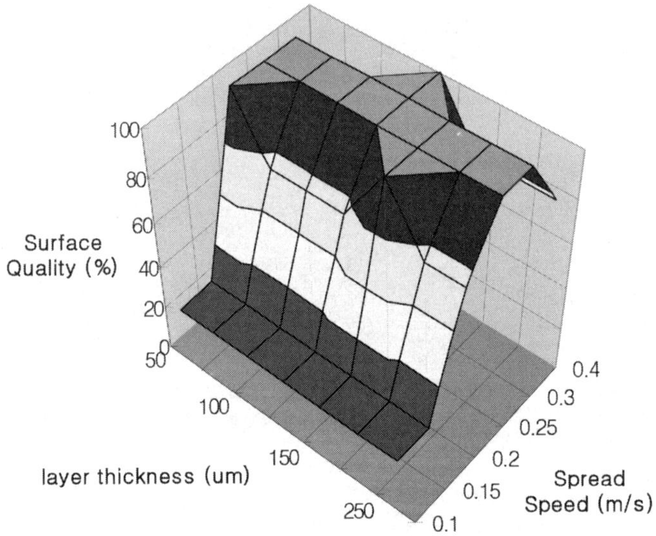

그림 2-4.10 두께에 따른 X축 속도 실험

2) 파우더 평탄화 속도 실험

오피스용 SFF 시스템은 layer thickness 및 jetting volume에 따라 형상의 정밀도와 완성도에서 많은 차이를 보인다. 따라서 각 layer thickness에 따른 치수의 오차와 완성도에 대한 평가를 하였다. 그림 2-4.11은 최대의 jetting volume에서 layer thickness를 가변시켰을 때의 각 축의 오차를 측정한 것이다.

X축과 Y축의 경우 치수 오차는 엔코더와 프린팅 resolution에 의해 발생하므로 layer thickness에 따른 오차는 거의 발생되지 않았다. 하지만 Z축의 경우 layer thickness에 따라 각 layer의 접착력과 초기 layer에 대한 오프셋 현상 등이 발생하므로 큰 변화를 보였다. jetting volume은 60 pl로 최대로 하였고 layer thickness는 70 ㎛에서 100 ㎛까지 가변하였다. 70 ㎛의 layer thickness를 가질 경우 초기 layer에서 많은 jetting volume에 의해 약 800 ㎛의 오프셋 오차를 발생 시켰다. layer thickness가 점점 증가함에 따라 Z축의 오차는 점차 감소하고 이것은 초기 layer의 오프셋 오차가 감소하기 때문이다. 100 ㎛에서는 약 200 ㎛의 Z축 오차를 가진다.

Layer thickness가 증가할 때 Z축의 오차는 감소한다. 하지만 이와는 반대로 각 layer의 결합력은 떨어지고 이것은 3DP 공정의 후처리 공정에도 영향을 미친다. 높은 결합력은 후처리 공정 시간을 단축시키며 형상의 완성도를 좋게 가져온다.

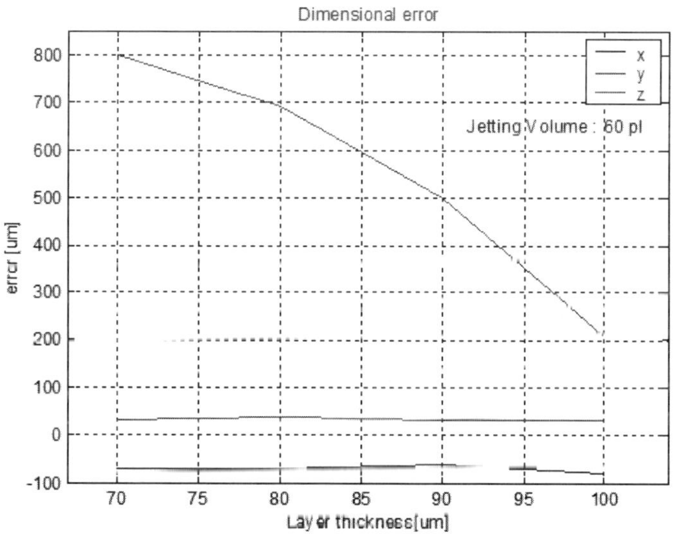

그림 2-4.11 layer thickness에 따른 각 축의 오차

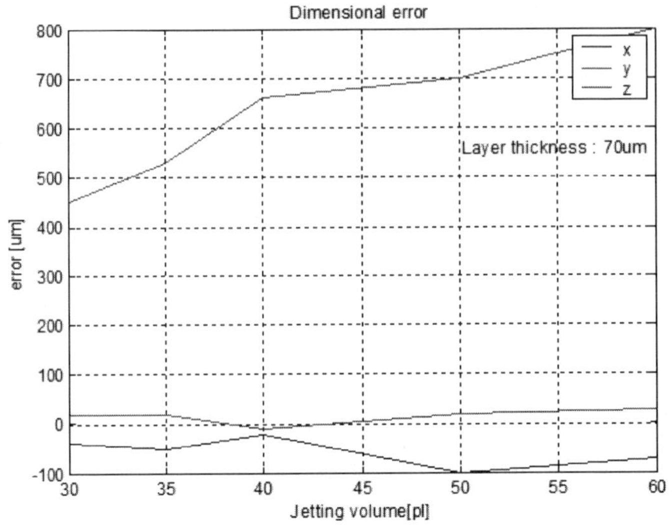

그림 2-4.12 jetting volume에 따른 각 축의 오차

그림 2-4.12는 layer thickness를 70 ㎛에 고정시키고 jetting volume을 조절한 결과이다. jetting volume은 30 pl에서 60 pl로 변화시켰다. Z축은 60pl 즉 최대의 jetting volume에서 최대 오차를 가졌으며 X와 Y축은 변화가 적었다. X와 Y축은 실제 제작 시에 여러 환경에 따라 200 ㎛ 이내에서 미세한 오차가 발생할 수 있기 때문에 여기서 발생한 약간의 오차 변화는 무시할 수 있다. Z축은 최소 30 pl에서 최소의 오차인 약 450 ㎛을 가졌다. 이것 역시도 초기 layer의 오프셋 오차에 의해 발생 되었다고 볼 수 있다. 이런 Z축 오차는 layer 개수의 증가와 상관없이 layer thickness 혹은 jetting volume에 따라 일정하게 발생하므로 초기 layer에 대한 오프셋으로 단정 지을 수가 있었으며 다른 3DP 공정을 이용한 장비에서도 비슷한 현상이 발생되고 있다. 표 3.1은 layer thickness에 따른 Z축의 오프셋 오차를 나타낸다.

표 3.1 layer thickness에 따른 오프셋 오차

Layer thickness	Offset error
70 ㎛	500~800 ㎛
70~90 ㎛	200~500 ㎛
100 ㎛~	0~200 ㎛

4 시제품 제작 실험

4-1. 레이어 두께에 따른 형상제작 실험

오피스용 임의형상제작시스템은 정밀한 복제품을 만들 수 있다. 따라서 layer 두께를 조절함에 따라 제작 시간과 제작품의 정밀도를 조절할 수 있다. 예를 들면 정밀도가 낮은 제작품의 경우 layer 두께를 크게 설정하여 제작 시간을 단축시킬 수 있다. 반대로 높은 정밀도를 필요로 할 경우 layer 두께를 작게 설정하여 제작 시간은 오래 걸리나 제작품의 질을 높일 수도 있다.

오피스용 임의형상제작시스템은 이러한 측면에서 최소의 layer 두께와 최대의 layer 두께를 실험을 통해 측정하여 그 범위를 정할 필요성이 있다.

layer 두께를 50 ㎛에서부터 300 ㎛까지 설정해 슬라이싱한 결과, 그림 2-4.13의 출력물처럼 100 ㎛의 두께를 설정하였을 때, 3차원 형상이 가장 잘 나왔다.

그림 2-4.13 100 ㎛으로 제작 시의 제작물

4-2. 다양한 형상에 대한 실물 제작 실험

앞서 실험한 다양한 공정변수 값들을 기반으로 하여 치아, 스케일 바, 신발, 두개골 등의 형상에 대한 제작 실험을 수행하였다. 특히 치아와 스케일 바에 대한 3D 모델은 1세부 솔루션닉스로부터 스캐닝 데이터를 STL 파일로 전달받아 사용하였다.

1) 치아 모델

3차원 스캔한 치아형상을 복제하기 위한 실험조건은 다음과 같다.

실험조건 :

- ❑ Layer thickness : 100 ㎛
- ❑ Powder spread speed : 0.3 m/s
- ❑ Jetting volume : Droplet dia = 100 ㎛
- ❑ Layer count : 340회
- ❑ Part size : 70 × 55 × 34 mm (X*Y*Z)
- ❑ Printing resolution : 600 dpi
- ❑ Encoder resolution : 635 dpi

위의 실험 조건에 따라 앞서 구한 최적 공정변수를 적용하여 치아 형상을 제작 하였다. 제작 과정은 그림 2-4.14와 같이 3차원 모델링으로부터 Rapidform®을 이용해 슬라이싱 데이터를 추출하고 비트맵 변환을 하여 프린트 헤드에 전송하였고 이를 프린팅하여 적층시켰다.

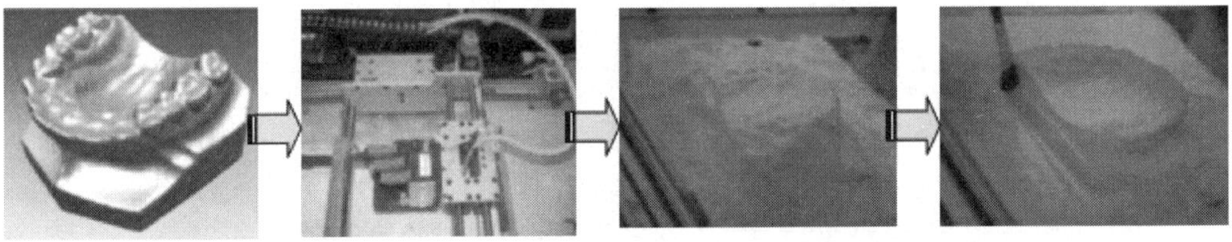

그림 2-4.14 치아 형상 제작 과정

그림 2-4.15는 약 1시간 30분의 제작 시간으로 제작된 치아 형상의 제작물이다. 사이즈의 변화는 없었고 프린팅 분해능 600 dpi로 인한 바인딩 액의 많은 분사량이 후처리 과정을 단축시켰고 슬라이싱 면간 접착력을 높게 유지했다. 또한 제작물의 상태도 아주 양호하였다.

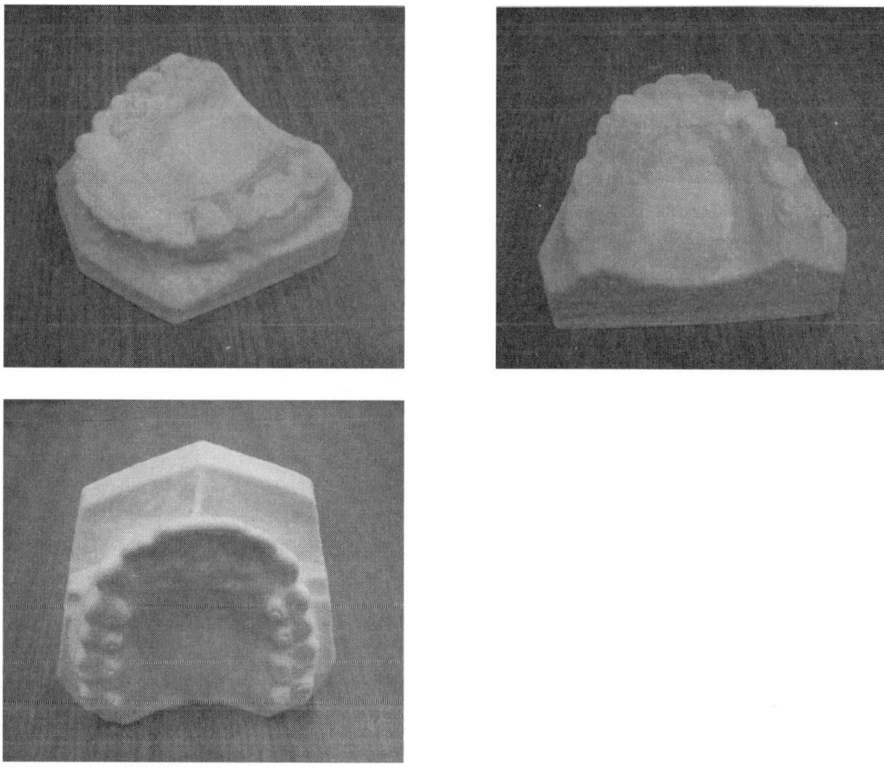

그림 2-4.15 치아 형상

2) 스케일 바 제작 및 오차 보정

사업 1단계 2차년도에 제작한 치아 형상의 경우 치수 오차 검증 및 보정(calibration) 과정이 전혀 수행되지 않았다. 따라서 1단계 3차년도에 들어서면서부터 제작된 형상의 치수 오차를 검증하고 보정하기 위한 작업이 수행되었으며, 이러한 작업을 위해 기본적인 스케일 바를 제작하였다. 실험 조건은 다음과 같다.

실험조건 :

❑ Layer thickness : 100 ㎛

❑ Powder spread speed : 0.3 m/s

❑ Jetting volume : Droplet dia = 100 ㎛

❑ Layer count : 550회

❑ Part size : 140 × 140 × 55 mm (X*Y*Z)

❑ Printing resolution : 600 dpi

❑ Encoder resolution : 635 dpi

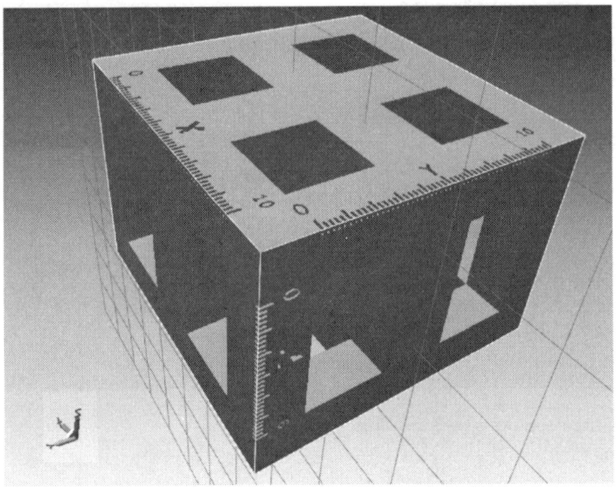

그림 2-4.16 스케일 바 CAD 모델

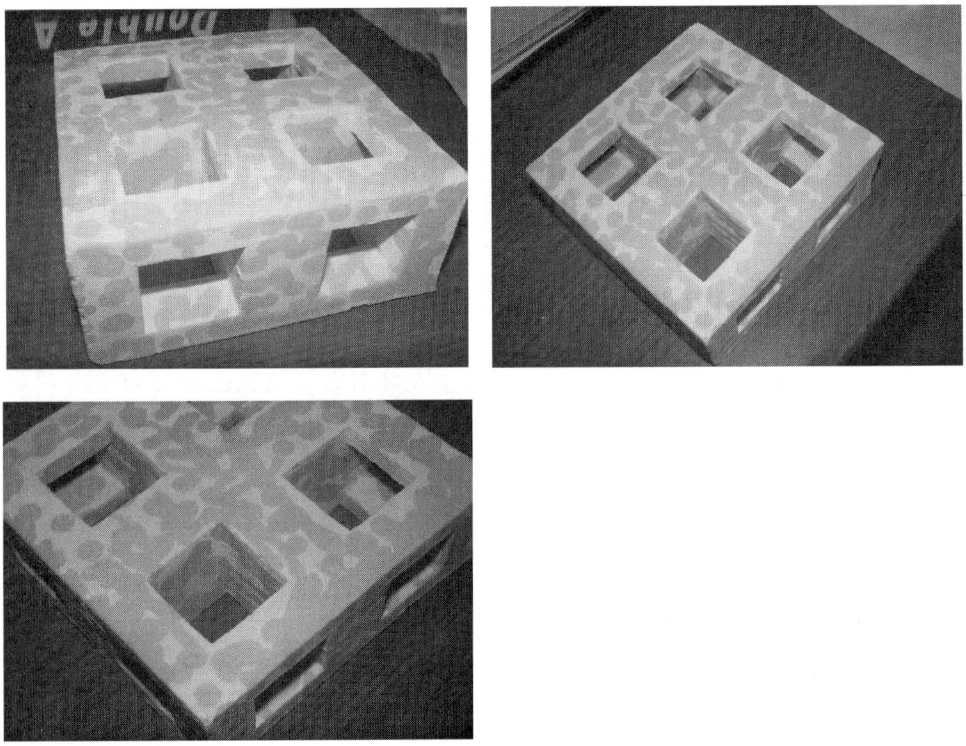

그림 2-4.17 스케일 바 제작 결과

그림 2-4.16은 스케일 바의 CAD 모델이고 그림 2-4.17은 제작된 스케일 바다. 바인더량을 고려하여 Z축을 1/2로 축소하여 140 × 140 × 55 mm로 제작하였고 스케일 바 내에는 X, Y축은 0 ~ 14 mm의 눈금으로 Z축은 0 ~ 10 mm의 눈금이 1/2로 축소되어 제작되었다. 실제 오차 측정은 후처리

과정의 파손 등을 고려하여 눈금의 사이즈를 기준으로 측정되었다. X축의 경우 200 ㎛ 이내의 오차를 가졌고 Y축의 경우 1.3 mm의 오차를, Z축의 경우 0.97 mm의 오차를 가졌다.

오차 calibration은 X축의 경우 1.5 inch당 450 pixel을 프린터 헤드가 프린팅함으로 실제 CAD상의 길이와 비트맵 변환 시의 pixel의 개수는 다음의 비율로 계산되어진다.

X축의 비트맵 배율 :

$$\frac{450(\pi xel)}{1.5\times 25.4(mm)}=11.811(\pi xel/mm)$$

Y축의 경우는 엔코더 분해능이 635 dpi이고 프린팅 분해능이 600 dpi이므로 배율은 다음과 같이 결정된다.

Y축의 비트맵 배율 :

$$11.811(\pi xel/mm)\times\frac{635(dot/inch)}{600(dot/inch)}=12.5(pixel/mm)$$

Y축의 경우 엔코더 분해능 계산 시 풀리 사이즈의 가공도 오차 및 계산과정의 소수점 이하 값의 소실 등으로 인해서 1.3 mm의 오차가 발생하여 배율을 12.5배에서 12.615배로 수정하였다. Z축의 경우는 빌딩 룸의 입력 plus당 이동을 재측정하여 보정하였다. 보정된 값을 통해 2차 스케일 바를 제작 하였다. 또한 제어 성능의 향상을 위해 고급 PID의 게인 값을 정밀 튜닝하였다. 실험 조건은 다음과 같다.

실험조건 :

- ❑ Layer thickness : 88.9 ㎛
- ❑ Powder spread speed : 0.4 m/s
- ❑ Jetting volume : Droplet dia. = 100 ㎛
- ❑ Layer count : 338회
- ❑ Part size : 150 × 150 × 30 mm (X*Y*Z)
- ❑ Printing resolution : 600 dpi
- ❑ Encoder resolution : 635 dpi

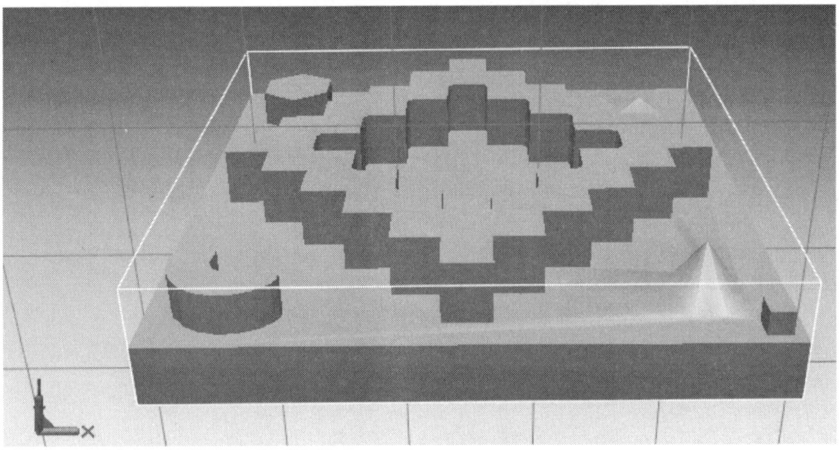

그림 2-4.18 2차 스케일 바의 CAD 모델

그림 2-4.19 2차 스케일 바 제작 결과

그림 2-4.18은 2차 스케일 바의 CAD 모델이며 그림 2-4.19은 제작한 2차 스케일 바다. 각 축의 오차는 200 ㎛ 이내로 측정 되었다.

3) 신발 및 두개골 형상의 제작 실험

1, 2차 스케일 바 제작 실험 후 각 축에 대한 오차를 보정하고 다양한 공정 실험을 통해 형상 제작의 질을 높였다. 이러한 실험 결과를 토대로 하여 신발, 두개골 등의 복잡하고 다양한 형상 제작 실험을 수행하였다. layer thickness에 따른 오프셋 오차 실험을 통해 100 ㎛이상의 thickness에서 200

㎛ 이하의 오프셋 오차를 가짐을 알 수 있었지만, 실제 제작물의 상태와 각 layer간의 접착력은 70 ㎛에서 최적의 효과를 보였다. 즉 layer thickness가 커질수록 오프셋 오차는 적어지나 layer간의 접착력이 떨어져 후처리 시간이 오래 걸리며 정밀한 후처리 작업이 필요하게 된다. 따라서 후처리 과정의 효율성과 제작물의 좋은 질과 상태를 위해 70 ㎛의 layer thickness에서 실험을 수행하였다.

신발 모양의 모델은 Rapidform® 소프트웨어의 데모 CAD 파일을 사용하였고 실험 조건은 다음과 같다.

실험조건 :

❑ Layer thickness : 69.85 ㎛

❑ Powder spread speed : 0.4 m/s

❑ Jetting volume : Droplet dia = 100 ㎛

❑ Layer count : 809회

❑ Part size : 147 × 72 × 52 mm (X*Y*Z)

❑ Printing resolution : 600 dpi

❑ Encoder resolution : 635 dpi

그림 2-4.20 신발 모형의 CAD 모델

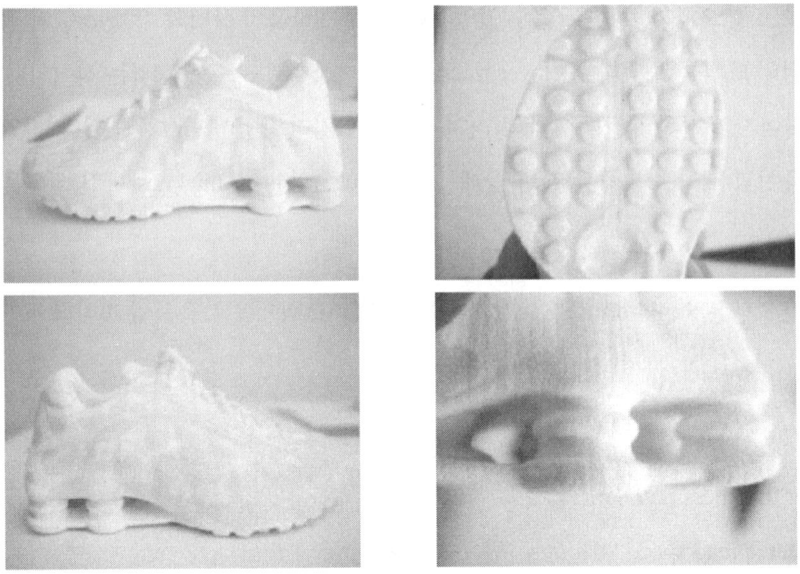

그림 2-4.21 제 작된 신발 모형

그림 2-4.20은 신발 모형의 CAD 모델이고 그림 2-4.21은 제작된 신발 모형을 나타낸다. 제작 시간은 2시간이 소요되었고 형상의 제작 상태는 양호하였다. 치수 오차는 실제 측정이 어려움이 있지만 스케일 바 제작 실험을 통해 X, Y축은 200 ㎛ 이내 Z축은 layer thickness가 70 ㎛이므로 약 500 ~ 800 ㎛로 추정할 수 있다.

신발 모형에 비해, 보다 복잡하고 미세한 형상을 제작하여 비트맵 생성 알고리즘의 검증과 개발한 3DP 공정의 정밀도를 알아보기 위해 두개골 형상의 제작 실험을 수행하였다. 실험 조건은 다음과 같다.

실험조건 :

- ❑ Layer thickness : 69.85 ㎛
- ❑ Powder spread speed : 0.4 m/s
- ❑ Jetting volume : Droplet dia = 100 ㎛
- ❑ Layer count : 1,202회
- ❑ Part size : 171 × 142 × 84 mm (X*Y*Z)
- ❑ Printing resolution : 600 dpi
- ❑ Encoder resolution : 635 dpi

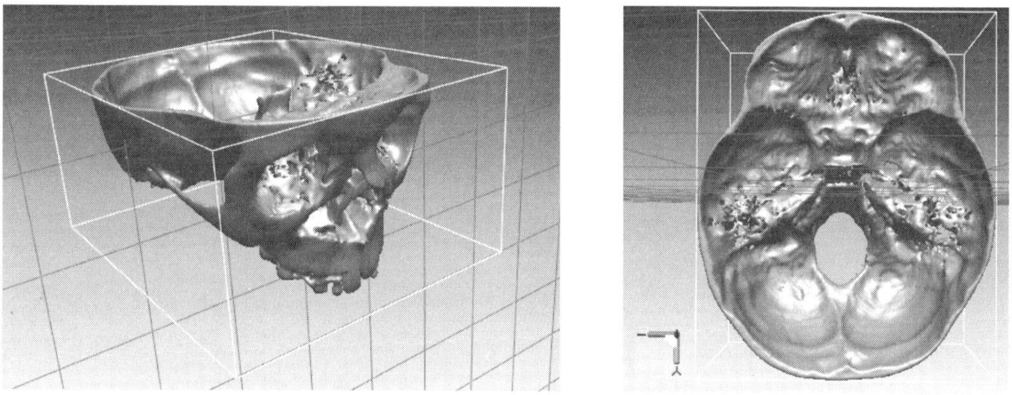

그림 2-4.22 두개골 형상의 CAD 모델

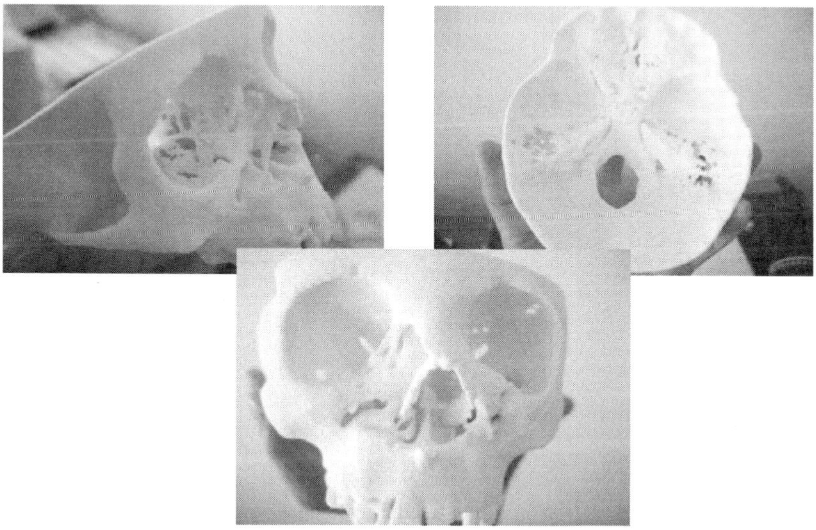

그림 2-4.23 제작된 두개골 형상

그림 2-4.22는 두개골 형상의 CAD 모델이며 그림 2-4.23은 제작된 두개골 형상이다. 실제 제작시간은 3시간 40분이 소요되었다. 형상이 복잡성으로 인해 CAD 데이터의 용량이 무척 크고 하나의 layer에 약 70~90개의 컨투어가 존재하여 비트맵 변환 시 프로그램 Overflow가 발생하였으나, 현재 개선이 되어 용량이 큰 CAD 모델에도 정상적으로 비트맵 생성이 가능하다. 두개골 제작물의 정밀도는 후처리 과정상의 파손이 있긴 하지만 두개골의 뼈대 등이 잘 구현되었다.

4-3. 시제품 강도 측정

개발된 오피스용 SFF 시스템의 성능평가의 일환으로 인장강도와 굽힘강도(bending strength or flexural strength) 와 인장강도(Tensile strength) 측정 실험을 수행하였다. 실험을 위해 그림 2-4.24

와 같이 시편 모델을 정의하고, 제작방향(수평, 수직), 형상 내부 밀도, 후처리 상태(유, 무) 등과 같은 공정변수를 변화시켜 가며, 시편을 제작하였다. 그림 2-4.25는 빌드룸 내에 시편을 어떻게 배치할 것인가를 나타내고 있다.

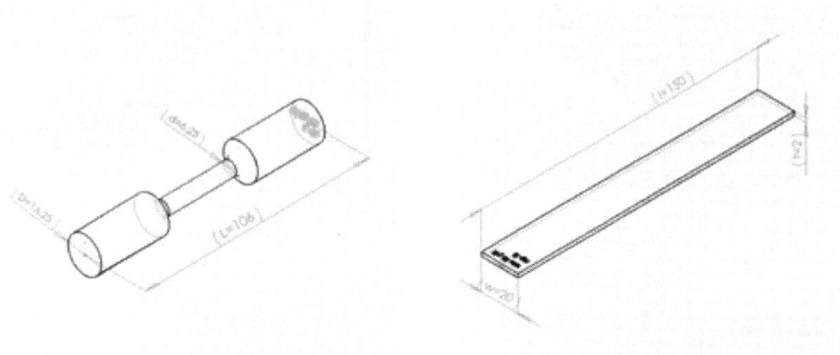

그림 2-4.24 강도 측정실험을 위한 시편 모델

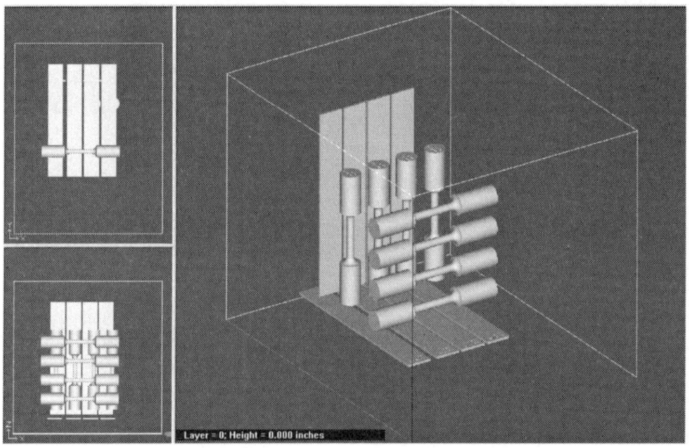

그림 2-4.25 시편 제작을 위한 공간 배치

그림 2-4.26(a)는 공정변수 중 시편 내부의 공간 밀도를 다르게 하면서 제작할 경우, 물리적인 특성 시험을 위한 시편 제작 과정을 보여주고 있다. 그리고 그림 2-4.26(b)는 프린팅이 완료된 시편을 약 1시간 정도의 건조시간 뒤 조심스럽게 접착제와 결합되지 않는 파우더 부분을 제거하는 모습이다.

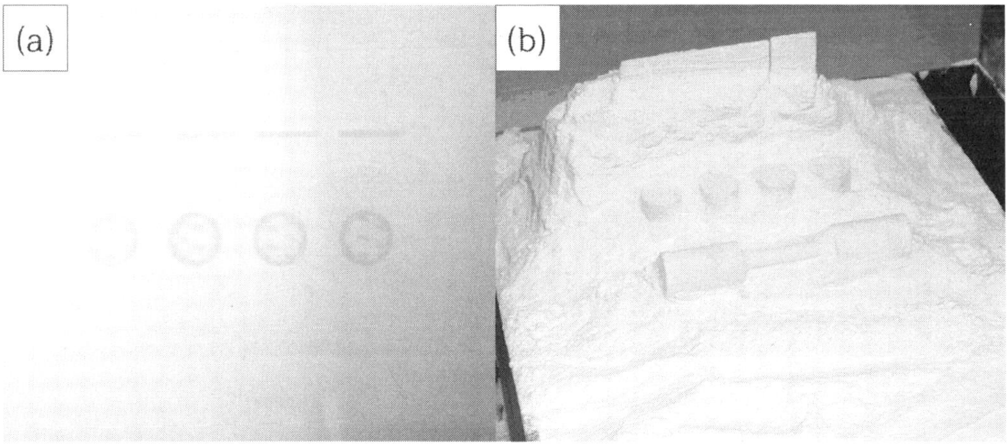

그림 2-4.26 (a)시편의 내부 구조 (내부 밀도) (b) 빌드룸에 제작된 시편 (파우더 제거 작업 중)

그림 2-4.28(a)는 여러 공정변수에 따라 제작이 완료된 시편을 나타내고 있으며, 원통형의 시편은 인장강도 측정용이며, 납삭한 시편이 굽힘강도 측정용 시편이다. 그리고 밝은 흰색을 띤 시편은 제작 후 별도의 후처리를 하시 않은 시편이며, 아이보리 색을 띠는 시편은 강도를 높이기 위해, 제작 후 결합력이 아주 뛰어난 후처리 용액(일반적인 순간 접착제와 유사한 접착제)를 이용하여 제작된 시편의 외부에 덧칠을 한 상태이다. 강도를 높이기 위한 후처리 방법으로는 Waxing unit에 시편을 넣어 침투시키는 방법 또는 덧칠이 많이 사용된다.

실험을 위해 그림 2-4.27과 같이 Instron사의 Series IX Automated Materials Testing System을 사용하였다. 시편 실험 결과 그림 2-4.28(b)과 같이 시편의 절단 위치가 시편의 중앙 점에 있지 않고 상, 하 코너 위치에 몰려 있다. 이는 시편 제작 시에 발생하는 치수 오차 및 시편의 강도가 균일하지 않아 발생하는 문제인 것으로 판단된다.

그림 2-4.27 강도측정 시험기. 굽힘강도 측정(좌), 인장강도 측정(우)

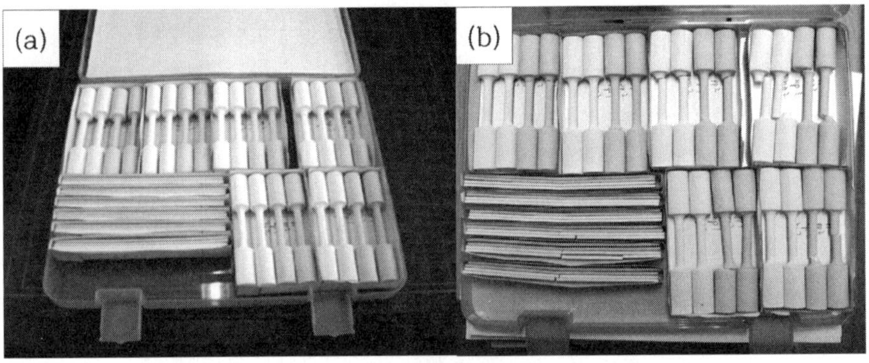

그림 2-4.28 (a)제작이 완료된 시편 (b) 강도측정 후 시편

굽힘강도 측정 결과 그림 2-4.29와 같다. 실험 결과 크게 두 부분으로 분류되는데 강도가 낮은 데이터군은 후처리 하지 않은 시편을 측정한 결과이며, 상대적으로 높은 데이터군은 후처리 된 시편의 실험 결과이다. 또한 수평 방향으로 제작된 시편보다 수직 방향으로 제작된 시편이 상대적으로 높은 강도를 보였다. 그 외 내부 밀도 등의 공정변수는 크게 영향을 미치지 않는 것으로 판단되며, 최대 강도가 20 N 정도로 아주 낮음을 알 수 있다.

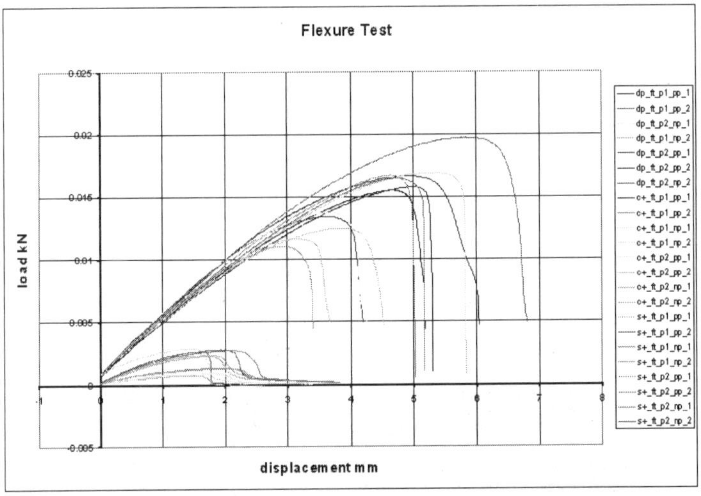

그림 2-4.29 굽힘강도 측정 결과

인장강도 측정 실험에서는 후처리 되지 않는 시편은 강성이 매우 낮아 시험장치에 설치할 수 없어, 후처리 된 시편만을 시험하였다. 시험 결과 굽힘강도 시험에서와 동일하게 수직 방향으로 제작된 시편에서 상대적으로 높은 강도를 얻을 수 있었다. 이는 매 레이어 마다 롤러에 의해 파우더 베드를 형성할 때, Z축 방향으로 힘이 가해져 수평 방향보다 수직 방향으로의 파우더 밀도가 높은 점이 지배적인 영향을 준다고 판단된다. 그림 2-4.30과 같이 최대 인장강도는 약 120 N으로 측정되었다.

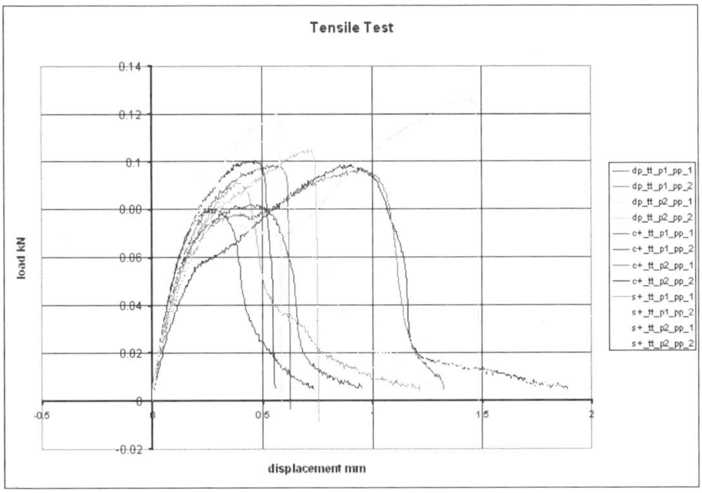

그림 2-4.30 인장강도 측정 결과

4-4. 표면 조도 측정

제작된 시편의 표면 거칠기를 측정하기 위해 그림 2-4.31와 같은 Form Talysurf series2 표면조도계를 이용하여 시편의 표면을 측정하였으며, 그림 2-4.32은 오피스용 SFF 시스템을 사용하여 제작된 '스케일 바' 시편의 측정과정을 나타낸다. 표면 거칠기 측정의 기준으로는 중심선 평균 거칠기 (Ra) 값을 사용하였다.

표면거칠기 측정결과는 그림 2-4.33과 같으며, Ra는 8.3 ㎛, Rz(10점 평균 거칠기)는 43.7 ㎛, Rt (중심선을 기점으로 상위 최대 값과 하위 최대 값을 더한 결과)는 73.5 ㎛ 값을 얻었다.

그림 2-4.31 표면 조도계 (Form Talysurf series2)

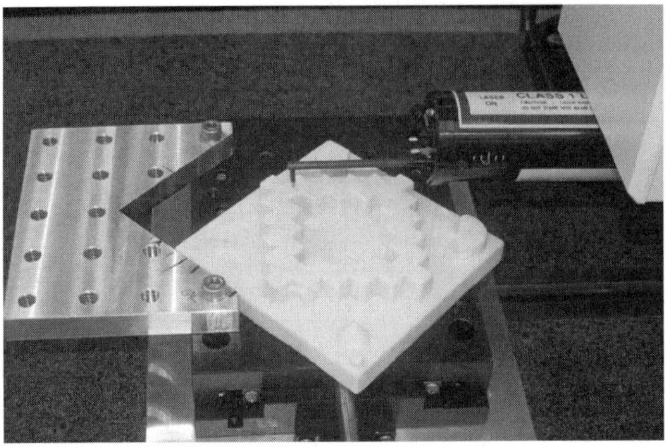

그림 2-4.32 시편의 표면 조도 측정

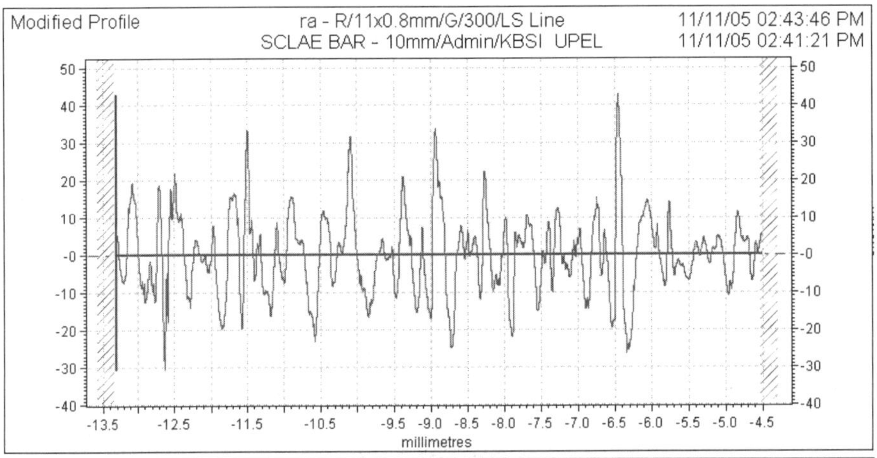

				Rz(JIS)	15.3323 μm				
Ra	8.2832 μm	Rq	10.7527 μm	R3z	13.9140 μm				
Rsk	0.3792	Rku	3.7711	R3y	22.7939 μm				
Rp	24.0851 μm	Rv	19.6384 μm						
RLo	9.2928 mm	Rt	73.5075 μm	Rmr(c)	50.70 %	Height (mean)	0.000 μm		
Rlq	185.28 μm	Rdq	20.892 °	RHSC	34 peaks	Height (mean)	0.000 μm		
Rda	14.048 °	Rz	43.7235 μm	Rdc	73.5075 μm	mr1%	0.0 %	mr2%	100.0 %
RS	160.21 μm	RSm	280.88 μm	Rmr	50.00 %	offset	0.000 μm	mr%	50.00 %
Rln	8.8000 mm	Rc	28.6249 μm	RVo	0.4204 vol	offset	0.000 μm	mr%	50.00 %
				RPc	44.3 pks/cm	Height (mean)	0.000 μm	bandwidth	0.00 μm

그림 2-4.33 스케일 바의 표면 조도 측정

5. 요약

본 장에서는 잉크젯 기술을 응용한 3차원 프린팅 시스템을 구성하고 관련 요소기술에 관한 연구에 대해 정리했다. 3차원 프린팅 시스템의 고속 위치제어를 위해 SMCSPO 알고리즘을 적용하였으며, SMCSPO 속도모드 제어를 수행함으로써 위치오차를 20 ㎛ 이내로 최소화 하였다. 또한 3D 데이터 파일을 XOR 알고리즘을 사용하여 프린팅 가능한 비트맵 화일로 변환하였으며, 프린터 헤드의 노즐간 오버래핑을 이용해 멀티 프린터헤드 제어 시스템을 구성하였다. 또한 파우더 및 바인더간의 결합 메카니즘 및 액적 토출현상에 대한 공정연구 및 임의형상제작 실험을 통하여 프린팅 공정변수의 최적 실험조건을 도출하였다. 연구를 통해 개발된 임의형상제작 시스템의 3축에 대한 치수오차를 검증하였으며, X, Y 축은 150 ㎛ 이내에 들었으며, Z축은 800 ㎛의 치수오차를 가졌다. 분사량을 줄일수록 교축의 치수오차는 작아지나, 결합력이 약화 되어 제품의 강도가 함께 낮아지는 특성을 확인하였다. 모든 레이어의 프린팅 작업 완료 후, 프린팅된 접착제의 건조시간이 추가적으로 요구되어 전체 제작시간이 증가하는 문제가 있으며, 제작된 제품의 낮은 강도로 인하여 강도개선을 위한 후처리 작업이 반드시 필요하다. 그러므로 프린팅 시간 이외의 건조시간 및 후처리 시간으로 인해 전체 제작 시간이 프린팅시간의 2배 이상 소요되는 것을 확인하였다. 그러므로 추가적인 건조공정으로 인한 건조시간을 줄이고, 제품의 강도를 개선하여 후처리 시간을 줄일 수 있는 새로운 3차원 프린팅 공정에 대한 연구가 요구되고 있다.

그림 2-4.34은 바인더젯 회사인 Voxeljet에서 제작한 출력물이다. 분말 형태의 재료를 사용하기 때문에 사용할 수 있는 재료의 폭이 다양하고, 복잡한 형상의 구조물도 인쇄 가능해 자전거 휠 등 실제 부품으로도 사용 가능하다.

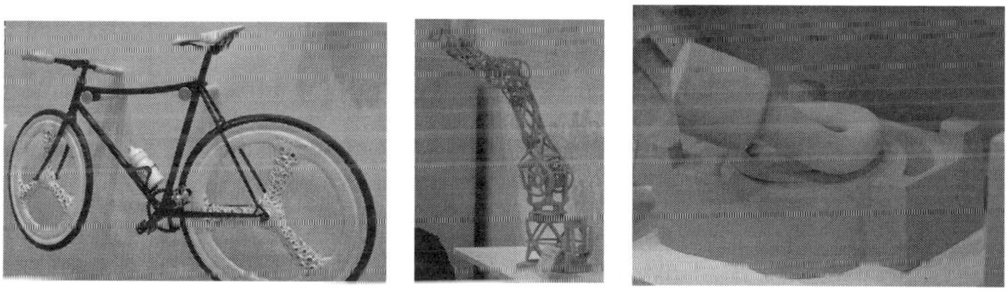

그림 2-4.34 Voxeljet에서 바인더젯 공정으로 제작한 출력물

출처 FORMNEXT 2022

6. 참고문헌

[1] Lee, W.H" Kim, J.S., Kim, D.S. and Lee, M.C., 2006, "Three dimensional printing process using inkjet technology,“ J. of Korean Society and Precision Engineering, Vol. 23, No. 8, pp. 33~38.

[2] Lee, W.H., Kim, D.S., Kim, J.S., and Lee, M.C., 2006, "A study on the development of SFF system based on 3DP process," J. of Korean Society and Precision Engineering, Vol. 23, No. 7, pp. 168-176.

[3] Elmali, H. and Olgac, N.. 1992, "Sliding . Mode Control with Perturbation Estimation (SMCPE),“ Int. J. of Control, Vol. 56, pp. 923-941.

[4] Jairo Terra, M., Elmali, H. and Olgac, N., 1997, "Sliding Mode Control With Sliding Perturbation Observer," J. of Dynamic Systems,Measurement, and Control, Vol. 119, pp. 657-665.

[5] Slotine, J. J., Hedrick, J. K. and Misawa, E. A., 1987, "On Sliding Observers for Non-Linear Systems,“ ASME J. of Dynamic Systems, Measurement and Control, Vol. 109, pp. 245-252.

[6] Lee, M. C., Son, K. and Lee, J. M., 1998, "Improving Tracking Performance of Industrial SCARA Robots Using a New Sliding Mode Control Algorithm," KSME Int. J., vol. 12, no. 5, pp. 761-772.

[7] Lee, M. C. and Aoshima, N., 1993, "Real Time Multi-Input Sliding Mode Control of a Robot Manipulator Based on DSP,“ Proc. of SICE, pp. 1223-1228.

[8] Lee, E.R., 2003, Microdrop generation, CRC Press, New York, pp. 33-42.

[9] Meinhart, C.D., and Zhang, H,, 2000, "The flow structure inside a microfabricated inkjet printhead," J. of microelectromechanical systems, Vol. 9, No. 1, pp. 67-74.

[10] Bredt, J.F., 1995, Binder stability and powder/binder interaction in three dimensional printing, MIT, Boston.

[11] Melcher, R., Martins, S., Travitzky, N., and Greil, P., 2006 "Fabrication of A12O3-based composites by indirect 3D-printing," Materials Letters, No. 60, pp. 572-575.

[12] Wnag, H.R., Cima, M.J., Keman, B.D., and Sachs, E.M., 2004, "Alumina-doped silica gradient-index (GRIN) lenses by slurry-based three- dimensional printing (S-3DP)," Journal

of Non-Crystalline solids, No. 349, pp. 360-367.

[13] Hong, W., Lee, Y., and Gong, H., 2005, "A study of the staircase effect induced by material shrinkage in rapid prototyping,“ Rapid Prototyping Journal, Vol. 11, No. 1, pp. 82-89.

[14] Chen, P.H, Chen, W.C., Ding, P.P, and Chang, S.H, 1998, "Droplet formation of a thermal sideshooter inkjet printhead," Int. J. of Heat and Fluid. Flou, Vol. 19, pp. 382-390.

[15] Beaman, J.J, Atwood, C., Bergman, T.L, Bourell, D., Hollister, S., and Rosen, D., 2004, "Additive/subtractive manufacturing research and development in europe," WTEC Panel Report, WTEC, Boston.

[16] Albert, W.L., and Tseng, Y.C., 2002. "A robust process optimization for a powder type rapid prototyper,“ Rapid Prototyping Journal, Vol. 8, No. 3, pp. 180-189.

2-5 Digital light processing 3D printer

1. 서론

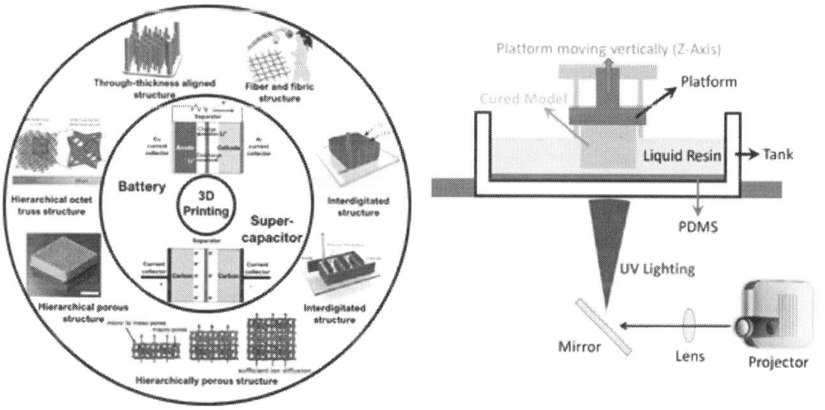

그림 2-5.1 (a) 세라믹 소재의 응용 분야 (b) DLP 3D 프린팅 원리

세라믹은 높은 기계적 강도와 경도를 갖고, 우수한 열적, 화학적 안정성, 내마모성 등 우수한 특성이 있다. 이러한 우수한 특성 덕분에 그림 2-5.1(a)처럼 화학, 기계, 전자, 항공, 우주, 바이오를 포함한 광범위한 분야에 응용되고 있다. 세라믹 부품은 일반적으로 분말이나, 바인더 및 다른 첨가물이 포함된 혼합물 형태로 성형하고 고온의 치밀화 과정을 거쳐 물리적인 성질을 부여한다. 기존의 세라믹 성형은 분말 가공에서 고가의 다이 또는 금형을 사용한 성형 및 소결에 이르는 일련의 작업을 통해 진행된다. 하지만, 복잡한 부품을 제조하기가 어려워 제조비용 및 생산시간이 크게 증가하여 기존의 세라믹 제조공정의 한계가 있다. 이러한 공정한계를 극복하려는 방법으로 3D 프린팅 공정이 주목을 받고 있다. 그 중, DLP(Digital light process) 3D 프린팅은 그림 2-5.2(b)와 같이 아크릴계열의 감광성 수지가 들어있는 수조에 광원인 프로젝트를 통해 UV 파장을 조사해 경

화하는 방식이다. 레이저를 사용하여 경화시키는 SLA(Stereolithography)와는 달리, 하나의 평면을 경화시키므로 공정속도가 상대적으로 빠르므로 산업 분야 응용에 적합하다.

3D 프린팅으로 제작된 세라믹 성형체는 탈지(Debinding) 및 소결(Sintering)과 같은 열처리 공정을 거쳐, 최종적으로 요구되는 물성을 가진 소결체가 된다. 탈지 공정은 세라믹 슬러리에 존재하는 바인더가 열 분해되어 제거되어야 한다. 하지만, 과도한 가열속도 및 부적절한 유지구간 및 유지시간으로 인해 바인더가 세라믹 성형체에서 빠져나가면서 미세균열을 형성시킨다. 미세균열을 제거하지 못할 경우, 소결 공정 중에 미세균열로 인하여 기계적 물성이 저하되는 문제점이 발생한다. 그러므로 가열속도와 바인더의 열분해 되는 구간에서의 유지구간을 정확히 파악한 후, 적절한 유지시간을 통하여 세라믹 성형체의 열적 안정화를 갖추어야 한다. 또한, 소결 공정에서 가열온도가 제대로 충족되지 않으면 세라믹 치밀화 과정이 제대로 이루어지지 않아 물성이 저하되므로 적절한 소결 온도가 요구된다.

2. Experiment method

2-1. Material and Equipment

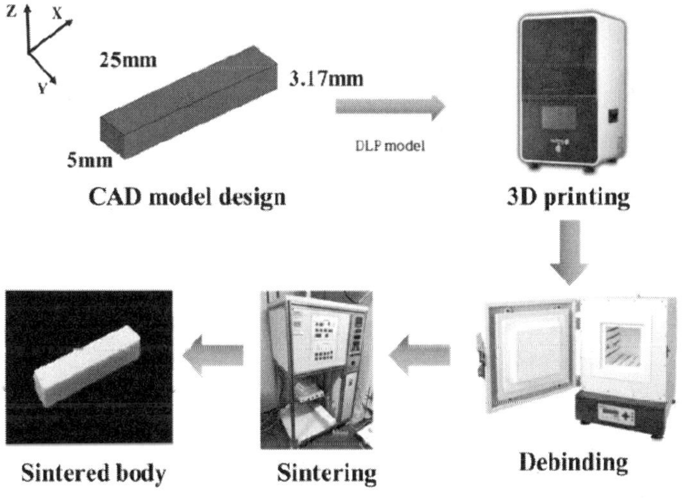

그림 2-5.3 세라믹 소재 제조 공정도

그림 2-5.3과 같은 공정 순서로 세라믹 소결체를 제작하였다. 3D CAD 모델링을 이용하여 직육면체 형상의 3차원 모델을 제작하였다. 시편의 크기는 25 mm * 5 mm * 3.17 mm이고, 3D프린터 및 재료는 각각 DLP 3D 프린터 (Carima, IMC) 및 세라믹 슬러리(Carima, CCTP17W)를 사용하였다. 실험에서 각 레이어의 두께 및 조건은 다음과 같이 설정하였다. 모델과 기판 사이를 견고하게 밀착시키기 위해 초기 레이어는 80초의 긴 노광시간으로 10개의 층에 조사하였고, 일반 노광시간은 10초로 설정하였다. 후처리는 에탄올 용액에 넣고 초음파 세척기에 5분 동안 세척 후, UV 경화는 15분 진행하였다.

2-2. Debinding and Sintering process

탈지 공정은 인쇄된 세라믹 내부의 바인더가 열처리 공정을 통하여 기체로 열 분해되어 세라믹만 존재하게 한다. 이 과정에서 빠른 가열속도 및 알맞지 않은 유지구간을 설정하여 진행할 경우, 바인더가 열 분해될 때 가스가 생성되어 열응력이 발생한다. 그로 인해 세라믹 내부의 바인더가 빠져나간 통로를 통하여 기공 및 균열이 생긴다. 따라서, 탈지 공정을 하기 전, TG-DSC곡선을 통해 바인더의 열 분해되는 온도 구간을 정확히 파악해야 한다.

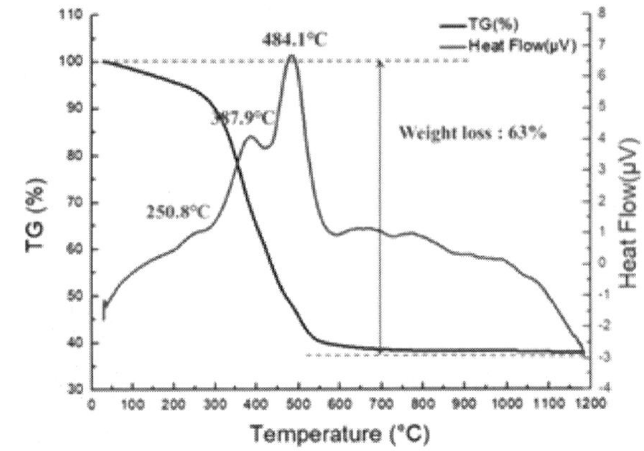

그림 2-5.4 세라믹 성형체의 TG-DSC 곡선

그림 2-5.4는 DLP 3D 프린터로 인쇄한 세라믹 시편의 TG-DSC 곡선을 나타낸다. 먼저, DSC 곡선을 통해 실온에서 200 °C 구간까지 흡열반응이 점차 증가하였다. 이후, 250.8 °C, 387.9 °C, 484.1 °C 구간에서 뚜렷한 흡열피크를 보였다. 250 ~ 485 °C에서 바인더가 열 분해되는 주요범위라는 것을 확인할 수 있다. TG 곡선은 온도가 증가함에 따라 샘플의 질량이 감소함을 보여주었다. 25 ~ 300 ℃ 사이에서 점차 감소하고 300 ~ 550 °C 사이에 가장 급격하게 질량이 감소하고 있음을 확인하였다. 이후, 질량 변화율이 천천히 감소하여 600 °C에서 열처리 전과 비교하여 60% 가까이 질량이 감소하는 경향을 보였다. 질량이 손실된 것은 슬러리 내부의 바인더가 포함된 감광성 폴리머가 분해된 것이다. TG-DSC 곡선의 결과에 따라 탈지 및 소결 공정의 매개변수가 결정된다. 탈지 공정 설정 시, 바인더는 열분해율이 매우 높으므로 가열속도를 엄격하게 제어해야 하고, 바인더의 열 분해되어 발생하는 가스의 확산속도를 느리게 하도록 충분한 유지시간이 필요하다.

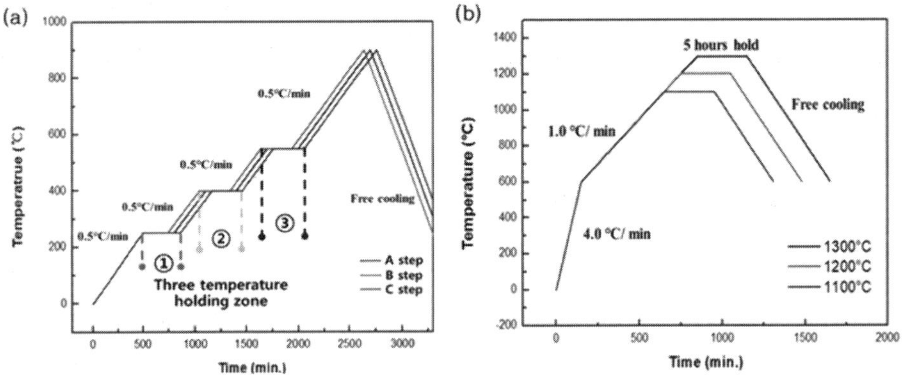

그림 2-5.5 탈지(a) 및 소결(b) 공정 (A step: 4시간, B step: 5시간, C step: 6시간, "Step"은 3개의 온도 유지 영역 시간)

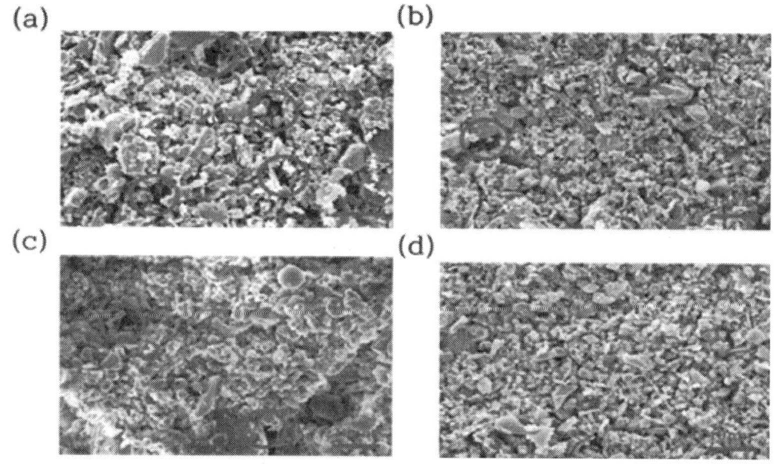

그림 2-5.6 온도에 따른 탈지 공정 후 세라믹 표면의 SEM 이미지 (a): 600 ℃ (b): 700 ℃, (c): 800 ℃, (d): 900 ℃

TG-DSC 분석을 통해 얻은 탈지 및 소결 공정은 그림 2-5.5와 같다. 탈지 공정의 가열속도는 0.5 °C/min으로 설정하여 열응력을 최소화하였다. DSC 곡선에서 얻은 뚜렷한 흡열피크를 나타낸 250, 400, 550 °C 구간에서 각각 4, 5, 6시간의 유지시간을 주었고, 기계적 강도를 올리기 위해 900 ℃까지 가열 후, 자연 냉각시켰다. 그림 2-5.6을 통하여 기공의 수가 감소함에 따라 기계적 강도는 증가하게 된다. 소결 공정은 600 °C까지 4.0 °C/min으로 가열 후, 1100, 1200, 1300 °C로 1.0 °C/min으로 진행하였고, 유지시간은 5시간이다. 소결 온도는 치밀화 과정이 진행하는 데 있어 세라믹 입자 크기와 기공 수에 영향을 주므로 세라믹의 수축 및 밀도의 주요 요인이다. 이는 세라믹 물성에 큰 영향을 미친다.

3. Analysis of Ceramic properties

3-1. Physical properties

그림 2-5.7은 DLP 3D 프린팅으로 출력한 시편의 탈지 공정(6시간 유지) 후, 1300 ℃로 소결한 공정 단계별 시편의 수축률을 보여준다. 소결체는 감광성 폴리머의 분해로 상당한 수축이 관찰되었다. 그중, 탈지 공정에서 수축률이 가장 크게 나타났고, 이방성 수축을 보였다. 수축의 이방성은 시편의 실제 치수(길이-폭 비율, 길이-높이 비율, 다공성)에 의존한다. 또한, 인쇄 공정의 적층 과정 시, 세라믹 입자의 균일한 분포도가 요인이 된다.

탈지 후, 중량감소율, 선형 수축률, 밀도 등 소결 온도에 따른 세라믹 소재의 물리적 특성을

표 2-5.1에 표시하였다. 중량감소율은 모두 같은 것을 보여주었고, 소결 온도가 증가할수록 선형 수축률 및 밀도가 증가하는 것을 확인하였다. 최종적으로 1300 ℃로 진행한 소결체의 밀도는 1.36 g/cm^3, 선형 수축률은 X, Y, Z 각각 22.1/ 21.6/ 28.5%인 것을 보여주었다.

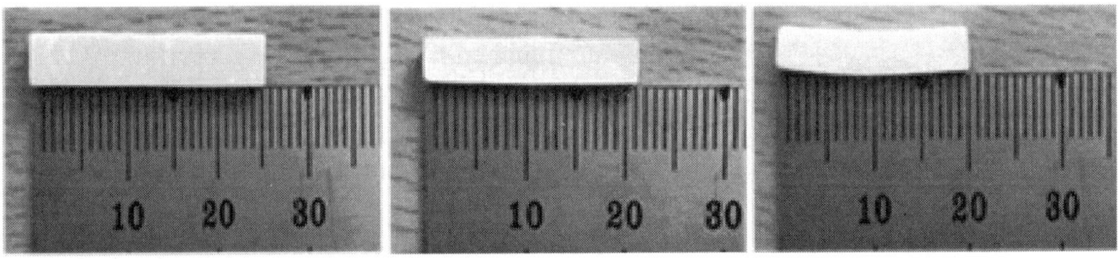

(a) (b)

그림 2-5.7 각 단계의 세라믹 시편 (a) 탈지(6시간 유지) 후, (b) 소결(1300 ℃), (c) 성형체

표 2-5.1 소결 온도에 따른 세라믹의 물리적 특성

Sample	Weight loss rate after debinding (%)	X, Y and Z linear shrinkage (%)	Density (g/cm^3)
1100 ℃	60	16.9 / 20 / 15.1	1.10
1200 ℃	60	20.8 / 20 / 21.2	1.14
1300 ℃	60	22.1 / 21.6 / 28.5	1.36

3-2. Microstructure and Phase composition

세 가지 샘플(미성형체, 탈지 공정 후 시편, 소결체)의 화학적 결합구조는 FTIR 스펙트럼으로 특성화되었다. 그림 2-5.8(a)를 보면, 미성형체의 경우 996, 1727, 2880 cm^{-1}에서 흡수 피크가 아크릴레이트 그룹에 기인한다고 볼 수 있다. 탈지 공정 후, 아크릴레이트의 피크는 약해졌으며, 이는 열분해 후 결합제가 제거되었음을 나타낸다. 또한, 1064 cm^{-1}에서의 흡수 피크는 탄산칼슘($CaCO_3$)의 C-O 그룹에 할당될 수 있다. 소결체의 경우 899, 1146 cm^{-1}에서 흡수 피크가 각각 규회석과 석영(SiO_2)에 기인한다고 볼 수 있다. 소결 온도에 따른 세라믹 시료의 결정화 거동과 스펙트럼은 그림 2-5.8(b)와 같다.

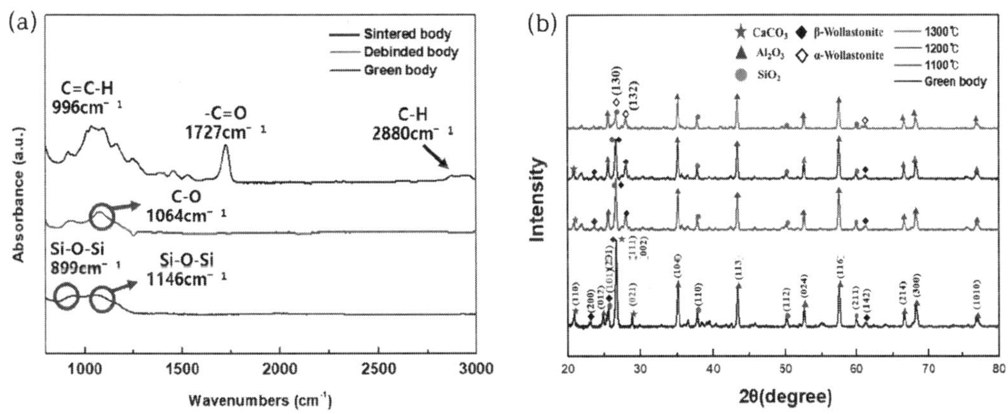

그림 2-5.8 (a) 공정 단계에 따른 세라믹의 FTIR 스펙트럼, (b) 소결 온도에 따른 세라믹의 XRD 패턴

넓은 회절 혹이 2θ = 26.1°, 37.9°, 50.2°, 60.1°에서 관찰되었으며, 이는 SiO_2(Quartz)를 나타낸다. 2θ = 21.7°, 26.9°, 29.0°에서 강한 회절 혹이 관찰되었으며 이는 $CaCO_3$의 아라고나이트의 특성 피크(111)와 일치하였다. 또한, 2θ = 23.8°, 26.3°, 26.6°에서 강한 회절 혹이 관찰되었다. β-규회석으로 표시되었다. 1200 °C에서 소결된 후 $CaCO_3$의 회절 피크는 약해졌다. 이는 $CaCO_3$(aragonite)의 융점이 825 °C에서 결정성을 변화시키기 때문이다. 1300 ℃에서 소결 후 2θ = 23.8°, 26.3°, 26.6°에서 관찰되었으며, 이는 β-규회서 상을 α 규회석 상으로 결정성의 변화가 일어났다. 그림 2-5.9는 A, B, C step의 탈지 공정과 1100, 1200, 1300 °C의 소결 공정을 진행한 9개의 세라믹 시편의 표면 SEM 이미지이다. 탈지의 유지시간이 증가함에 따라 기공의 수가 점차 줄어드는 것을 확인할 수 있다. 또한, 소결 온도가 증가함에 따라 세라믹 내부의 입자의 치밀화 과정이 더욱 활발히 이루어지는 것을 확인할 수 있다. 결과적으로, SEM 이미지를 통해 최적의 탈지 및 소결 공정은 C step의 탈지 공정 후, 1300 °C의 소결 온도라는 것을 보여주었다. 하지만, 소결되지 않은 입자들을 통하여 소결 온도가 충족되지 않다는 것을 알 수 있다.

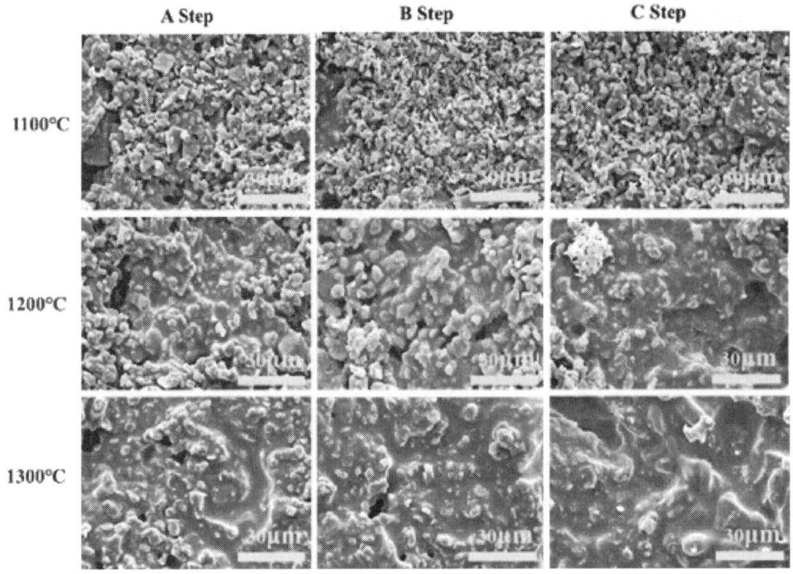

그림 2-5.9 소결 온도 및 탈지 공정의 유지시간(A, B, C step)에 따른 세라믹의 표면 SEM 이미지

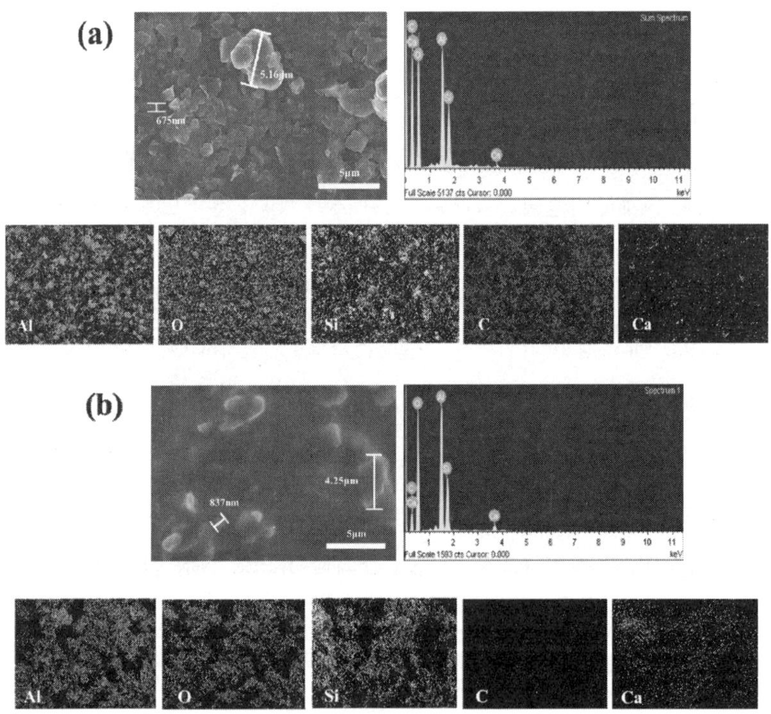

그림 2-5.10 (a) 미가공체에서의 세라믹 입자의 FE-SEM 이미지 및 EDAX 스펙트럼, (b) C step 탈지 공정 후 1300 ℃에서 소결된 세라믹 입자의 FE-SEM 이미지 및 EDAX 스펙트럼

그림 2-5.10(a)는 미가공체에 있는 세라믹의 FE-SEM 이미지와 EDAX 스펙트럼을 보여준다. SiO_2의 입자 크기는 5.16 μm, Al_2O_3의 입자 크기는 675 nm로 나타났다. EDAX 스펙트럼의 매핑 이미지에서 슬러리에서 많은 양의 탄소가 발견되었다. 그림 2-5.10(b)은 C step 탈지 공정 후 1300 ℃에서 소결된 세라믹 시료의 SEM 이미지와 EDAX 스펙트럼을 보여준다. SiO_2의 입자 크기는 4.25 μm, Al_2O_3의 입자 크기는 837 nm로 나타났다. 소결된 입자에 약간의 C 원소가 나타나는 것을 볼 수 있으며, 이는 $CaSiO_3$에 탄소가 포함되어 있음을 보여준다.

3-3. Mechanical properties

A, B, C step의 탈지 공정 후, 소결 온도에 따른 기계적 물성은 굽힌 강도시험으로 측정한 결과는 그림 2-5.11과 같다. 굽힌 강도는 시편의 X-Y 평면에 수직으로 측정하였다. 샘플의 굽힘 강도는 3.05 MPa에서 8.58 MPa까지 다양하게 나타났다.

탈시 공성의 유지시간 및 소결 온도가 증가함에 따라 굽힌 강도는 점차 증가하였다. C step의 탈지 공정 후, 1300 °C에 소결한 시편의 굽힘 강도는 8.58 MPa로 최댓값에 도달하였다. 하지만 기존이 DLP 3D 프린터를 이용하여 1300 ℃의 소결 공정을 진행한 Al_2O_3 세라믹의 굽힘 강도는 20 MPa 정도의 값을 가진다. 같은 소결 온도로 진행하였지만, 상대적으로 낮은 값의 굽힘 강도의 원인을 예측할 수 있다.

세라믹 슬러리 자체의 세라믹의 함유량이다. 세라믹의 함유량이 적을수록, 탈지 공정 시, 열분해되는 바인더의 함량은 상대적으로 많게 되므로 기공의 크기 및 수가 증가하게 된다. 최종적으로 소결 공정 진행하였을 때, 세라믹 입자의 치밀화 과정이 이루어지기 상대적으로 어렵다. 최종적으로 기공의 크기 및 수의 증가는 기계적 성질에 직접적인 영향을 준다.

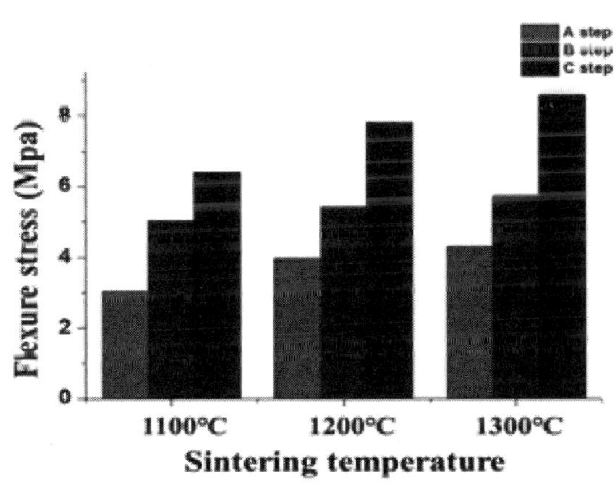

그림 2-5.11 A, B, C 탈지 공정 단계 및 소결 온도에 따른 소결된 세라믹의 굽힘 강도.

3-4. Manufacturing of Complex shapes

그림 2-5.12는 DLP 3D 프린팅 방법을 이용하여 제작한 세라믹 미가공체를 최적화된 탈지 및 소결 공정조건을 통하여 복잡한 형상의 격자 구조를 제작하였다. 이를 통하여 DLP 3D 프린팅을 이용하여 최적화된 탈지 및 소결 공정을 통해 복잡한 형상의 구조제작 가능성을 제시하였다.

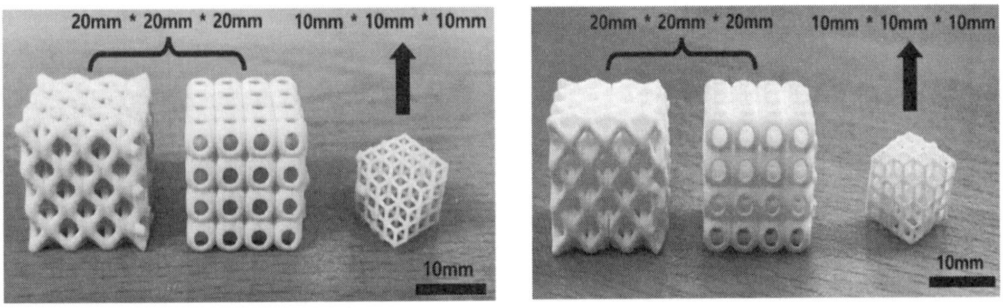

그림 2-5.12 DLP 3D 프린팅을 이용한 격자 구조의 세라믹

4. 요약

본 연구를 통해 탈지 공정 6시간(C step)에 따른 1300 ℃에서 소결한 소결체의 밀도는 1.36 g/cm^3, 선형수축률은 X, Y, Z축에서 각각 22.1/21.6/28.5%인 것을 확인하였다. 굽힌 강도는 8.58 MPa을 나타냈다. FAIR, XRD, EDAM 분석을 통하여 소결체 내부의 바인더 유무 및 상조 성을 확인하였고, SEM 이미지는 탈지 유지시간 및 소결 온도가 증가함에 따라 기공 감소 및 치밀화 과정이 점진적으로 증가하는 것을 확인하였다. DLP 3D 프린팅 방법을 이용하여 세라믹 소결체를 제조할 때, 탈지 공정 시유지 시간 및 소결 온도에 따른 기계적 특성변화를 확인하였고, 복잡한 형상의 세라믹 소결체 제작 가능성을 제시하였다.

그림 2-5.13은 Carbon3D사의 CLIP(Continuous Liquid Interface Production technology) 공정으로 제작한 출력물로, 5cm의 지름의 출력물이 6 ~ 7분가량의 짧은 시간만에 인쇄되었다. 기존 DLP 방식은 연속적인 출력이 불가능하기에 경화를 시킨 후 3D 출력물의 단면을 노출시켜 부분적으로 경화하고, 떼어내고 경화시키기를 반복해 출력하는 방식이다. 반면 CLIP 공정은, 산소 투과성 창을 통과해 액체가 담긴 수조 안에 산소로 인한 데드존이 생성되고 그 위로 UV가 투과되지 않아 경

화를 막는다. 이로 인해 데드존 아래에 있는 재료는 액체 상태를 유지하면서 경화가 진행되기 때문에 DLP 공정과 달리 연속적인 제작이 가능해진다.

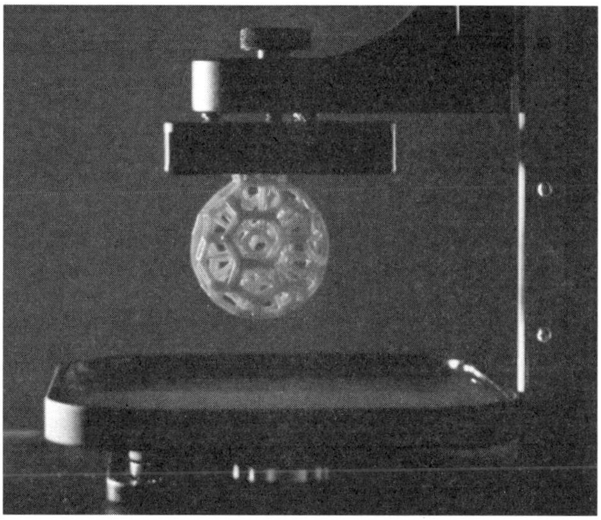

그림 2-5.13 CLIP 공정으로 제작된 출력물

그림 2-5.14는 Carima에서 DLP 공정으로 제작한 출력물들의 모습이다. 엔지니어링 소재, 세라믹 소재, 덴탈 소재 등 다양한 종류의 재료를 사용할 수 있기 때문에 실제로 엔지니어링 부품, 금속 주조 공정 등으로 사용이 가능하다.

그림 2-5.14 Carima에서 DLP 공정으로 제작한 출력물(출처 : FORMNEXT)

5. 참고문헌

[1] Chen, Z.; Li, Z.; Li, J.; Liu, C.; Lao, C.; Fu, Y.; Liu, C.; Li, Y.; Wang, P.; He,Y. 3D printing of ceramics: A review. Journal of the European Ceramic Society. 2019, 39, 661-687.

[2] He, R.; Liu, W.; Wu, Z.; An, D.; Huang, M.; Wu, H.; Jiang, Q.; Ji, X.; Wu, S.; Xie,Z.Fabication of complex-shaped zirconia ceramic parts via a DLP-stereolithography-base d 3D printing method. Ceramics International. 2018, 44, 3412-3416.

[3] Varghese, G.; Moral, M.; Castro-García, M.; López-López, J. J.; Marín-Rueda, J. R.; Yagüe-Alcaraz, V.; Hernández-Afonso, L.; CarlosRuiz-Morales, J.; Canales-Vázquez, J. Fabrication and characterisation of ceramics via low-cost DLP 3D printing. Boletín de la Sociedad Española de Cerámica y Vidrio. 2018, 57, 9-18.

[4] Li, S.; Duan, W.; Zhao, T.; Han, W.; Wang, L.; Dou, R.; Wang, G. The fabrication of SiBCN ceramic components from preceramic polymers by digital light processing (DLP) 3D printing technology. Journal of the European Ceramic Society. 2018, 38, 4597-4603.

[5] Zhang, C.; Luo, Z.; Liu, C.; Zhu. J.; Caoo. J.; Yuan, J.; Wang, P.; Liu, C.; Lao, C.; Chen, Z. Dimensional retention of photocured ceramic units during 3D printing and sintering processes. Ceramics International. 2021, 47, 11097-11108.

[6] Zheng, T.; Wang, W.; Sun, J.; Liu, J.; Bai, J. Development and evaluation of Al2O3-ZrO2 composite processed by digital light 3D printing. Ceramics International. 2020, 46, 8682-8688.

[7] Fan, J.; Xu, X.; Niu, S.; Zhou, Y.; Li, X.; Guo, Y.; Luo, Y. Anisotropy management on microstructure and mechanical property in 3D printing of silica-based ceramic cores. Journal of European Ceramic Society. 2022, 42, 4388-4395.

[8] Mamatha, S.; Biswas, P.; Ramavath, P.; Das, D.; Johnson, R. Effect of parameters on 3D printing of alumina ceramics and evaluation of properties of sintered parts. Journal of Asian Ceramic Societies. 2021, 9, 858-864.

[9] Chen, R.; Duan, W.; Wang, G.; Liu, B.; Zhao, Y.; Li, S. Preparation of broadband transparent Si3N4-SiO2 ceramics by digital light processing(DLP) 3D printing technology. Journal of European Ceramic Society. 2021, 41, 5495-5504.

[10] Kovacev, N.; Li, S.; Essa, K. Effect of the preparation techniques of phothopolymerizabel

ceramic slurry and printing parameters on the accuracy of 3D printed lattice structures. Journal of European Ceramic Society. 2021, 41, 7734-7743.

[11] Truxova, V.; Safka, J.; Seidl, M.; Kovalenko, I.; Volesky, L.; Ackermann, M. Ceramic 3D printing : Comparison of SLA and DLP technologies. MM Science Journal. 2020, 3905-3911.

[12] Wang, K.; Qiu, M.; Jiao, C.; Gu, J.; Xie, D.; Wang, C.; Tang, X.; Wei, Z.; Shen, L. Study on defect-free debinding green body of ceramic formed by DLP technology. Ceramics International. 2020, 46, 2438-2446.

[13] Shuai, X.; Zeng, Y.; Li, P.; Chen, J. Fabrication of fine and complex lattice structure Al2O3 ceramic by digital light processing 3D printing technology. Journal of Materials Science. 2020, 55, 6771-6782.

[14] Li, H.; Liu, Y.; Liu, Y.; Zeng, Q.; Hu, K.; Lu, Z.; Liang, J.; Li, J. Influence of debinding holding time on mechanical properties of 3D-printed alumina ceramic cores. Ceramics International. 2021, 47, 4884-4894.

[15] Sun, L.; Dong, P.; Zeng, Y.; Chen, J. Fabrication of hollow lattice alumina ceramic with good mechanical properties by Digital Light Processing 3D printing technology. Ceramics International. 2021, 47, 26519-26527.

[16] Zhou, M.; Liu, W.; Wu, H.; Song, X.; Chen, Y.; Cheng, L.; He, F.; Chen, S.; Wu, S. Preparation of a defect-free alumina cutting tool via additive manufacturing based on stereolithography – Optimization of the drying and debinding processes. Ceramics International. 2016. 42, 11598-11602.

[17] Kang, K.H.; Jeon, S.H.; Hyun, M.H.; Lee, D.K.; Synthsis of Cubic and Rod Shapes $CaCO_3$ by Hydrothermal Method. Journal of the Korea Academia-Industrial. 2016, 17, 255-261.

[18] Shamsudin, R.; Abdul Azam, F. A.; Abdul Hamid, M. A.; Ismail, H. Bioactivity and Cell Compatibility of β-Wollastonite Derived from Rice Husk Ash and Limestone. Materials, 2017, 10, 1188.

[19] Anbalagan, G.; Prabakaran, A.; Gunasekaran, S. Spectroscopic characterization of indian standard sand. Journal of Applied Spectroscopy. 2010, 77, 86-94.

[20] Mohammed, A.A.; Khodair, Z.T.; Khadom, A.A. Preparation and investigation of the structural properties of α-Al2O3 nanoparticles using the sol-gel method. Chemical Data

Collections. 2020, 29, 100531.

[21] Zhang, C.; Xu,Z.; Hu, Y.; He, J.; Tian, M.; Zhou, J.; Zhou,Q.; Chen, S.; Chen, D.; Chen,P.; Sun,W. Novel insights into the hydroxylation behaviors of α-quartz (101) surface and its effects on the adsorption of sodium oleate. Minerals. 2019, 9, 450.

[22] Redemaker, H.; Launspach, M. Detection of interaction between biomineralising proteins and calcium carbonate microcrystals. Beilstein Journal of Nanotechnology. 2011, 2, 222-227.

[23] Núñez-Rodríguez, L. A.; Encinas-Romero, M. A.; Gómez-Álvarez, A.; Valenzuela-García, J. L.; Tiburcio-Munive, G. C. Evaulation of Bioactive Properties of α and β Wollastonite Bioceramics Soaked in a Simulated Body Fluid. Journal of Biomaterials and Nanobiotechnology. 2018, 9, 263-276.

[24] Li, H.; Liu, Y.; Liu, Y.; Zeng, Q.; Hu, K.; Lu, Z.; Liang, J. Effect of sintering temperature in argon atmosphere on microstructrue and properties of 3D printed alumina ceramic cores. Journal of Advanced Ceramics. 2020, 9, 220-231.

[25] Grigoriev, S.N.; Fedorov, S.V.; Hamdy, K. Materials, properties, manufacturing methods and cutting performance of innovative ceramic cutting tools - a review. Manufacturing Review. 2019, 6, 19.

[26] Yang, J. F.; Ohji, T.; Kanszki, S.; Díaz, A.; Hampshire, S. Microstructure and mechanical properties of silicon nitride ceramics with controlled porosity. Journal of the American Ceramic Society. 2002, 85, 1512-1516.

[27] Santoliquido, O.; Camerota, F.; Ortona, A. The influence of topology on DLP 3D printing, debinding and sintering of ceramic periodic architectures designed to replace bulky components. Open ceramics, 2021, 5, 100059.

[28] Cramer, C. L., Ionescu, E., Graczyk-Zajac, M., Nelson, A. T., Katoh, Y., Haslam, J. J.,& Minary-Jolandan, M. (2022). Additive manufacturing of ceramic materials for energy applications: Road map and opportunities. Journal of the European Ceramic Society.

[29] https://www.designboom.com/technology/carbon3d-clip-technology-layerless-3d-printing-03-18-2015/

2-6

Direct Energy Deposition 3D printer

1. 서론

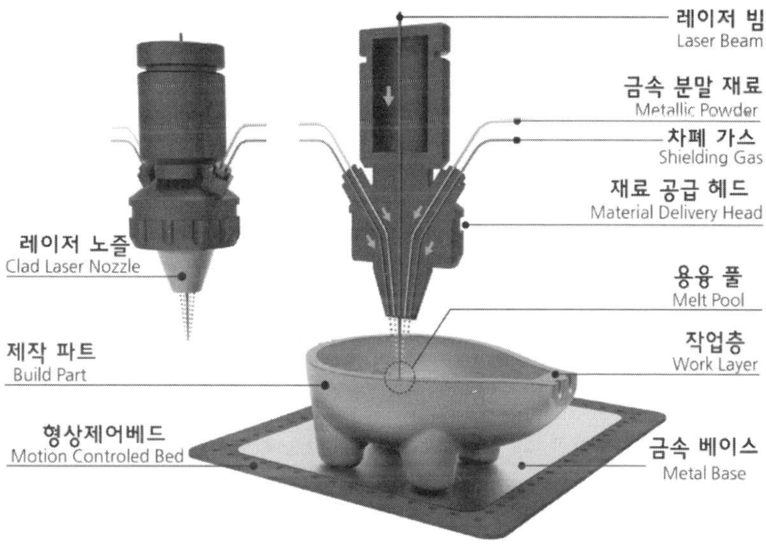

그림 2-6.1 DED 공정의 개요도

출처 3D 프린팅 장비, 소재 최신 동향과 응용 산업 전망, 한국폴리텍 II 대학 최성권 교수

직접 용착 방식(Direct Energy Deposition, DED) 공정은 그림 2-6.1처럼, 물체의 표면에 직접 금속 분말 또는 와이어를 뿌리면서 고출력 레이저나 전자빔을 이용하여 재료를 녹여 붙이면서 적층하는 방식이다. 가동 축의 개수가 4~5개로 많고, 형상에 따라 다른 방향으로 움직이는 특징이 있다 특히 기능성 금속제품, 2종 합금제품의 제조나 금속제품의 수리나 보수에 유용하게 사용된다.

그림 2-6.2는 금속 적층가공(AM)의 타임라인을 보여주고 있다. 2000년대 초반에 금속 AM은 새

로운 기계와 기술이 프로토타입을 넘어 이동하였고 제조업체가 기능성 부품을 만들기 시작하면서 진화하고 했다. 2000년대 중반에서 후반까지 이 기술은 산업, 특히 항공우주 및 의료 응용 분야에서 더 많은 관심을 받았다. 2010년대 중반에 AM의 이점은 프로토타입뿐만 아니라 실제 비행 응용 프로그램의 활용까지 영역을 확장했다.

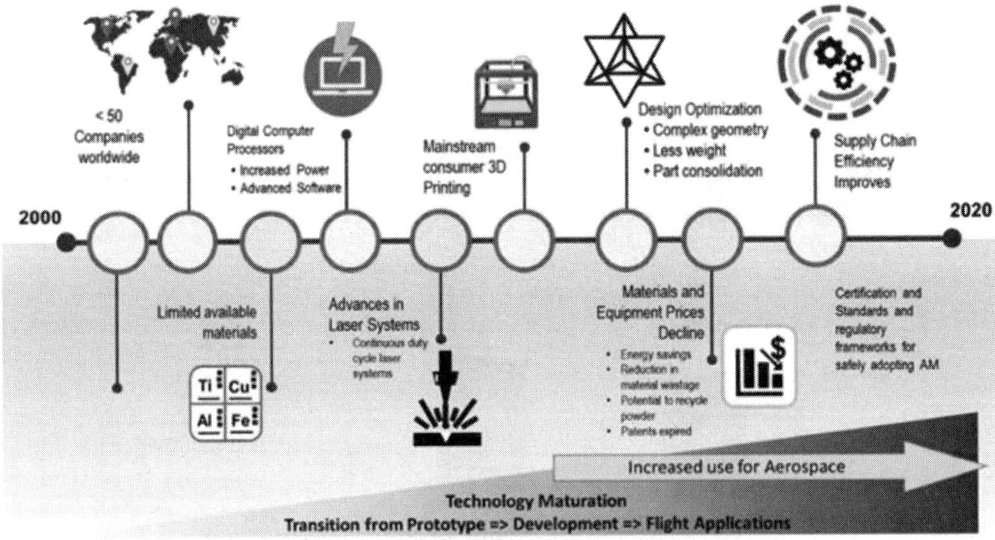

그림 2-6.2 금속 적층가공(AM)의 진화

출처 Introduction to and Applications of Additive Manufacturing for Propulsion

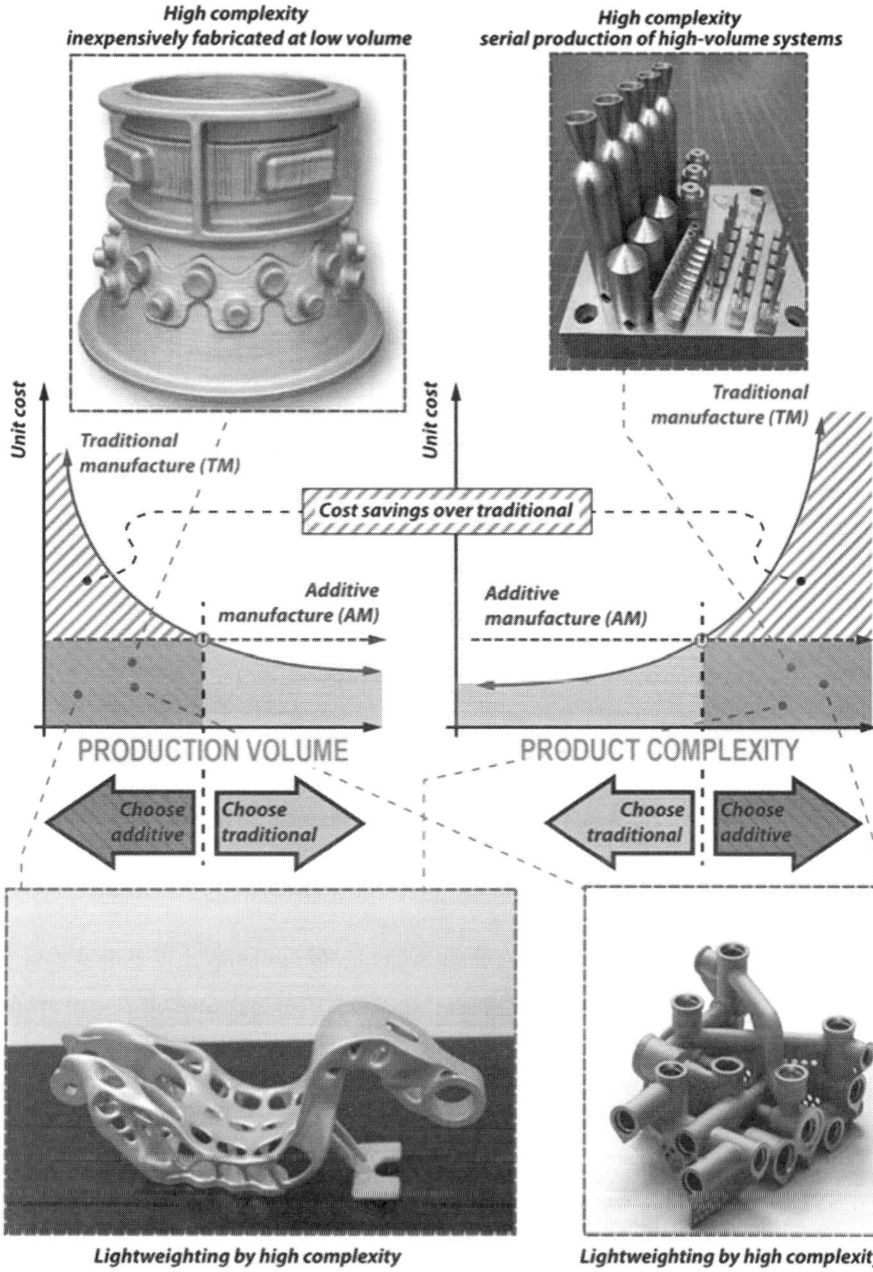

그림 2-6.3 AM에 대한 최적의 시나리오를 찾기 위한 단위 비용 대 생산량 및 생산 복잡성의 도표

출처 Introduction to and Applications of Additive Manufacturing for Propulsion

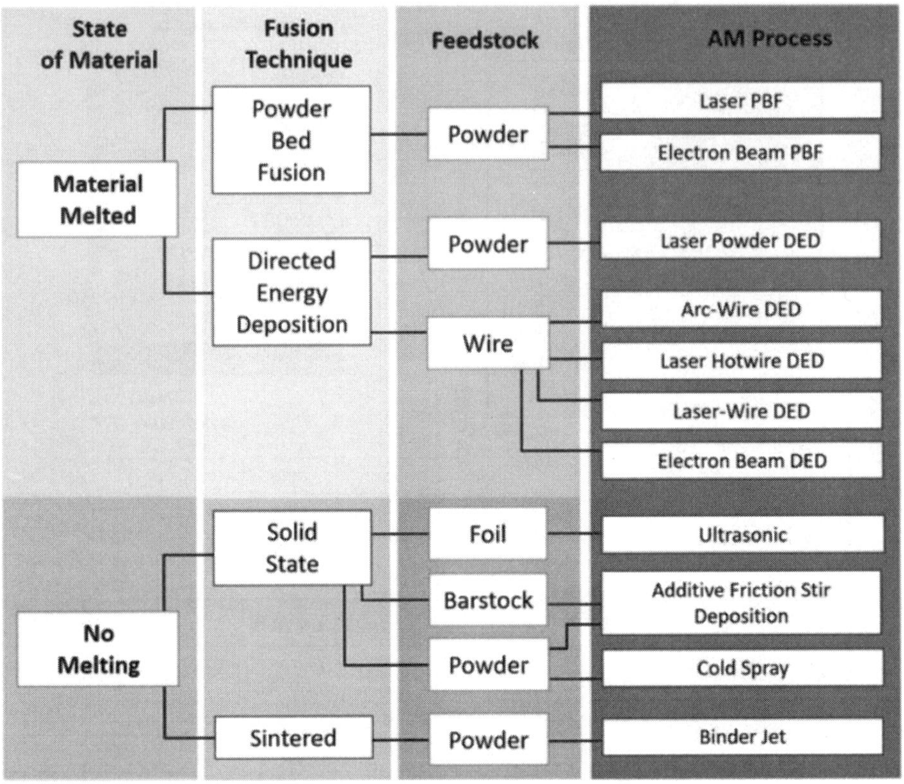

그림 2-6.4 AM 금속 기술의 카테고리와 공정

출처 Introduction to and Applications of Additive Manufacturing for Propulsion

DED 기술은 레이저, 전자 빔, 전기 아크, 저항 아크 등 다양한 에너지원을 사용하여 공급 원료 금속을 녹일 수 있다. 그로 인해, 부피가 작고 구조가 복잡한 프린팅에서 적합하다. 복합적인 경제적 이점을 가능하게 하는 선택된 상업적 사례는 그림 2-6.3에 나온 것처럼 복합성과 생산성이 단가에 미치는 영향으로 보여주고 있다.

금속 AM 공정은 금속을 함께 녹이는 공정과 녹이지 않고 결합하는 공정으로 나뉜다. 용융 금속 공급원료는 열 입력이 높은 에너지원이 필요한 반면, 고체 공정은 실온 또는 처리되는 합금의 용융 범위 미만의 온도에서 수행된다. 이러한 재료들의 범주는 사용된 융합 기술을 기반으로 더 세분화될 수 있으며 공정에 사용되는 공급 원료에 의해 추가로 정의될 수 있다. 이러한 방식으로 AM 공정을 그림 2-6.4에 세분화하여 나타냈다.

본 장에서는 DED의 대표 회사인 Optomec, Trumpf, Insstek의 기술들과 이용사례에 대해 설명하고자 한다.

2. HWACHEON

HWACHEON은 DED 기반 5축 모션 금속 3D 프린트 기술인 DLMF를 사용한다. DLMF는 고출력 레이저와 금속 분말을 이용해서 2차원 단면에 해당하는 금속 층을 만든다. 고출력 레이저 빔을 금속 표면에 국부적으로 조사하면 금속 표면에 순간적으로 용융 풀이 생성되고, 동시에 용융풀 안으로 정밀하게 제어되는 금속 분말을 실시간으로 공급한다. 금속 분말은 용융풀 안에서 완전 용융과 급속 응고 과정을 거치는데, 이 때 레이저 빔과 금속 시편을 공구 경로를 따라 전후좌우로 이동시켜 2차원의 금속층을 만든다. 이러한 공정을 한 층씩 반복적으로 수행하여 3D 모델 데이터와 동일한 금속 제품을 프린트한다.

그림 2-6.5는 DLMF 공정을 이용하는 DMX 01 장비이다. 3D 프린터에서 3차원 모델 데이터를 2D 슬라이싱한 2차원 단면정보로 인쇄 경로를 생성하는 일반적인 상식에서 벗어나, 2D 슬라이싱, 어댑티브 2D 슬라이싱(adaptive 2D slicing), 그리고 3D 슬라이싱(3D slicing)의 3가지 방식을 통해 얻은 2차원의 단면 또는 3차원의 곡면 정보로부터 조형 정보를 생성하고, 동시에 그림 2-6.6처럼 5축 프린팅을 이용해 더 다양한 금속을 프린트 가능하다.

DLMF 기술의 주요 이점

이러한 기술을 이용해 그림 2-6.7처럼 복잡한 구조물의 출력물을 제작하는 것뿐만 아니라, 금속 제품의 단순한 형상부 또는 내부 부피에 해당하는 금속 블록 등을 절삭 가공 또는 주조 등의 전통적인 금속 가공 방식으로 제작하고, 다시 그 위에 기술적으로 복잡한 형상을 DLMF 기술을 이용하여 프린트하는 것도 가능하다.

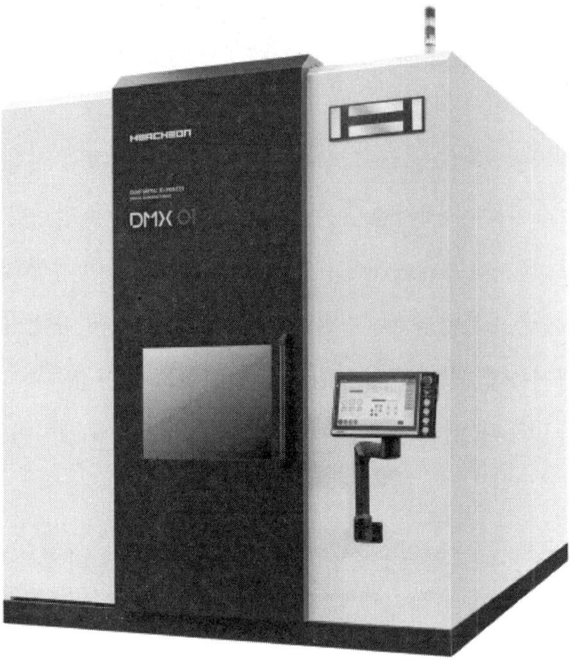

그림 2-6.5 HWACHEON사의 DMX 01

그림 2-6.6 HWACHEON사의 DLMF 5축 프린팅

그림 2-6.7 DMX 01로 제작된 출력물

또한, DLMF 금속 3D 프린팅 기술은 프린팅에 사용되지 않은 금속 분말을 회수하여 재사용할 수 있고, 전통적인 금속가공 방식에 비해 buy-to fly ratio가 극히 낮기 때문에 고가의 Ti, Ni, Co, Al, 그리고 내화 합금(refractory metals) 등의 특수 합금 제품 제작에 적합하다. 3D 모델 데이터로 부터 직접 복잡한 형상의 금속 제품을 쉽고 빠르게 제작할 수 있어 주문 적응형 생산에 적합하고, DfAM (Design for Additive Manufacturing)을 적용하여 기존 부품 보다 더 가볍고 기능이 향상된 금속 제품을 설계/프린트할 수 있기 때문에 항공우주, 의료, 국방, 발전 등의 특수 산업분야에서 활발히 응용되고 있다.

그리고 프린트 과정에서 공급되는 금속 분말을 다른 종류의 합금 분말로 재빠르게 스위칭 함으로써, 2종 이상의 합금으로 만들어진 고기능성 다소재 금속 제품을 제작할 수 있다. 이는 한 개의 부품을 제작하더라도 부위별로 또는 기능별로 각기 다른 2종 이상의 합금을 사용하여 금속 제품을 만듦으로써, 제품의 성능과 수명을 극대화할 수 있음을 의미한다. 값비싼 특수합금 제품을 제작할 때, 구조물 부위는 저렴한 일반 합금을 사용하고 특수합금의 기능을 필요로 하는 부위는 특수 합금으로 프린트하여 제품의 제작 단가를 낮출 수 있다. 그리고 서로 다른 물리적 특성을 갖고 있는 2종 이상의 합금을 사용하여 완전히 새로운 개념(특성)의 제품개발에 활용할 수 있다.

마지막으로 DLMF 기술은 합금 설계에서도 적용할 수 있다. 재료 및 금속공학 분야의 합금 설계에서 가장 힘들고 많은 노력을 필요로 하는 것이 설계된 화학조성의 금속 샘플을 제작하는 것이다. DLMF 금속 프린터를 활용하면, 각 분말 공급장치의 호퍼에 서로 다른 성분 금속을 집어 넣고, 공정에서 금속분말의 공급량을 정밀하게 제어하여 균일한 합금 조성의 금속 샘플을 쉽고 빠르게 제작할 수 있다. 이것이 가능한 이유는 레이저 빔의 조사로 인해 형성 된 용융풀(melt pool) 내부에 왕성한 대류 현상이 발생되어 용융된 성분 금속이 균일하게 혼합되기 때문이다.

3. Optomec Inc

Optomec Inc.는 금속 구성요소를 생성, 향상 및 수리하기 위한 전체 범위의 LENS(Laser Engineered Net Shaping) 적층 제조 솔루션을 제공한다. LENS 시스템은 고출력 레이저가 분말 금속, 합금, 세라믹 또는 복합 재료에서 직접 층별로 구조를 구축하는 DED(Directed Energy Deposition)를 사용하여 우수한 기계적 및 피로 특성을 가진 고밀도 부품을 생산합니다. DED에 대한 수십 년의 경험을 바탕으로 Optomec은 이 전문 지식을 LENS 금속 적층 제조 솔루션에 통합하여 고속, 고품질, 저렴한 금속 3D 프린팅 프로세스를 통해 복잡한 금속 부품을 보다 쉽고, 정확하고, 효율적이고 저렴하게 생산하고 수리한다.

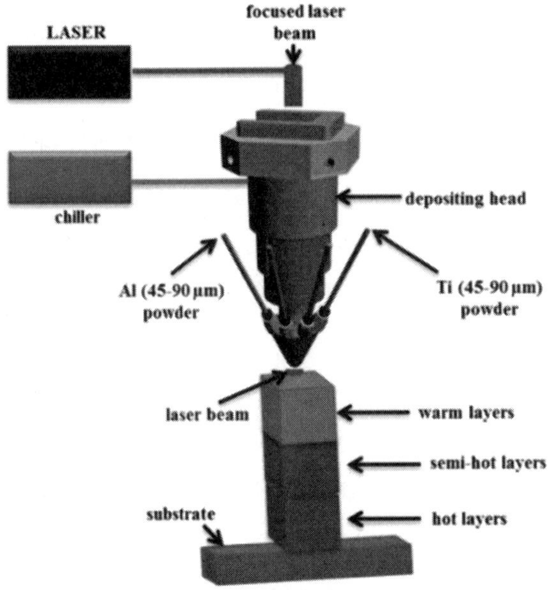

그림 2-6.8 Optomec Lens 공정 개요도

출처 Effects of Al and Heat Treatment on the Microstructure and Hardness of Ti-Al Synthesized via In Situ Melting using LENS

LENS 시스템은 고출력 레이저(400 W ~ 3 kW)를 사용하여 분말 금속을 완전히 조밀한 3차원 구조로 융합한다. LENS 3D 프린터는 CAD(Computer-Aided Design) 모델에 포함된 기하학적 정보를 사용하여 레이어별로 구성 요소를 구축할 때 LENS 프로세스를 자동으로 구동한다. 추가 소프트웨어 및 폐쇄 루프 프로세스 제어는 완성된 부품의 기하학적 및 기계적 무결성을 보장한다.

LENS 공정은 산소와 수분 수준이 10 ppm 미만으로 유지되도록 아르곤으로 퍼지되는 밀폐된 챔버에서 이루어져, 부품을 깨끗하게 유지해 산화를 방지한다. 금속 분말 공급 원료는 질량 흐름을 정확하게 조절할 수 있는 Optomec의 독점적인 분말 공급 시스템에 의해 재료 증착 헤드로 전달된다. 단일 층이 증착되면 재료 증착 헤드가 다음 층으로 이동하면서, 연속적인 레이어를 구축함으로써 전체 부품이 구성된다. 완료되면 구성 요소가 제거되고 열처리, Hot-Isostatic-Pressed, 기계 가공 또는 일반적인 방식으로 마무리될 수 있다.

고출력 레이저, 공정 제어 및 완전한 환경 제어를 사용하는 LENS 공정은 중요한 응용 분야에 필요한 품질로 티타늄, 스테인리스 스틸 및 Inconel®을 포함한 많은 고성능 금속을 지원한다.

LENS 공정의 특성상 고도의 제어 및 공정 능력이 가능합니다.

LENS 기술은 턴키 시스템 구성이나 기존 또는 새로운 CNC 공작 기계에 통합할 수 있는 모듈식 인쇄 엔진으로 사용할 수 있다. LENS Print Engine을 사용하면 동일한 시스템에서 금속 증착 및 가공을 수행할 수 있으므로 자본 자산을 활용하고 기계 기술자에 대한 사용자 인터페이스를 통해 적층 기술의 구현을 가속화할 수 있다.

Optomec LENS 시스템 주요 이점

OPtomec은 20년 이상의 DED 처리 기술 보유하고 있기 때문에 적층제조 기술(AM) 또는 하이브리드 기능이 있는 레이저 안전, 대기 제어, 견고한 다축 시스템을 가지고 있다.

또한 사용자 친화적인 인터페이스로, CAD 파일에서 고급 도구 경로 생성과, 친숙한 기계공 G&M 코드, 공정 제어를 위한 고급 폐쇄 루프 소프트웨어를 갖고 있다.

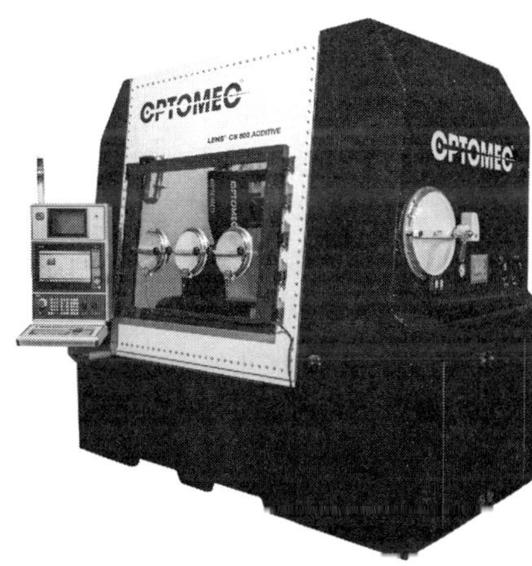

그림 2-6.9 Optomec 사의 LENS CS 800

그리고 특정 산업 요구 사항에 따라 선택할 수 있는 다양한 시스템 및 옵션 제공하며, Optomec LENS 소프트웨어를 통해 예술에서 부품까지 다양한 범위에서 LENS 소프트웨어는 시간을 절약하고 새로운 적층 제조 응용 프로그램의 개발 속도를 높인다.

LENS 기술의 적용

LENS 공정은 재료 개발, 기능적 프로토타이핑, 제조 및 하이브리드 제조, 표면 코팅, 재작업 및 수리 등 광범위한 분야에서 적용 가능하다.

그림 2-6.10은 Opeomec LENS 공정 적용사례중 주로 사용되는 부품 수리의 모습을 보여주고 있다.

그림 2-6.10 Opeomec LENS 공정을 이용한 부품 수리

LENS 기술을 이용한 부품 수리 사례–블리스크

블리스크는 로터 디스크와 블레이드를 모두 포함하는 터보 기계 구성 요소로, 연소가 일어나기 위해 충분한 양의 압축 공기가 엔진에 들어갈 수 있도록 하는 엔진 압축기의 중요한 부품이다. 제조하는 데 수만 달러 또는 수십만 달러가 소요될 수 있으며 결과적으로 손상된 블리스크를 교체하면 사용 중 운영 비용이 크게 증가할 수 있다. 하나의 에어포일을 수리할 수 없는 경우 전체 블리스크를 폐기해야 하기 때문에, 모든 에어포일을 수리할 수 있는 효과적인 수리 기술을 개발이 필요하다.

LENS 공정을 사용하면 블리스크 및 기타 항공기 엔진 압축기 부품의 마모되거나 손상된 부분에 재료를 정밀하게 추가하여 복원할 수 있다.

블리스크 에어포일을 수리하기 위해 전체 블레이드 교체, 블렌딩 또는 컷아웃 섹션에 재료 추가를 하는 등 몇 가지 방법이 있다. LENS 기술은 블리스크 수리에 있어 몇 가지 장점이 있다. LENS 공정은 매우 국소적인 에너지원을 제공한다. 부품에 들어가는 에너지는 거의 낭비되지 않으므로 열이 영향을 미치는 영역은 일반적으로 다른 공정보다 훨씬 작다. 공정의 국소적 특성은 해칭 전후 패턴을 사용하여 3차원 형상을 구축할 수 있음을 의미한다. 이 공정은 단순히 얇은 벽을 구축하거나 넓은 영역을 레이저 클래딩하는데 국한되지 않는다. 열 입력이 적기 때문에 레이저 증착에 의한 부품 변형이 다른 공정보다 적다. LENS 공정의 유연성은 제한된 공간, 매우 얇은 선단 가장자리에서 수리가 가능하고 다양한 손상을 쉽게 채울 수 있음을 의미한다. LENS 3D 프린팅 시스템은 Ti-6-4, Inconel® 718 등 다양한 재료를 처리할 수 있다. 레이저 빔이 허용하는 급속 냉각은 바람직한 미세 구조의 생성으로 이어져 다른 기술보다 향상된 기계적 특성을 제공한다. LENS 공정에 사용되는 상대적으로 국부적인 레이저 빔은 추가 재료를 덜 추가하므로 증착 후 가공이 덜 필요하다.

AM355 강철로 제작된 T700 블리스크는 사용 중 에어포일 앞쪽 가장자리가 부식될 수 있다. Optomec은 코발트 기반 내마모성 소재인 Stellite® 21을 사용하여 수리했다. 블리스크는 육군 의무 회전 테스트인 60,000 rpm 증명 테스트와 50,000 cycle의 저주기 피로 성능 테스트를 통과했다.

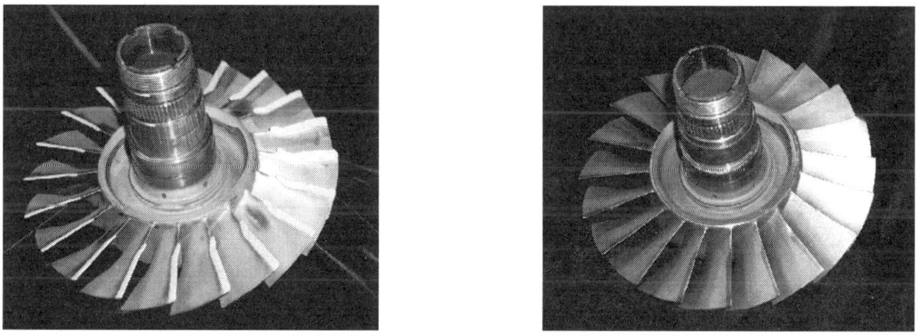

그림 2-6.11 LENS를 통해 수리중인 T700 블리스크(좌)와 수리가 끝난 T700 블리스크(우)

4. Trumpf

TRUMPF는 수많은 레이저 기술 응용 분야에 대한 다년간의 공정 전문 지식과 서비스를 보유하고 있는 회사로, 이 장에서는 Trumpf의 레이저 금속 증착(Laser metal deposition, LMD) 기술에 대하여 다룬다.

레이저 금속 증착은 금속 및 금속-세라믹 화합물을 위한 적층 가공 공정이다. 3D 형상을 생성 하거나 수정 하는 데 사용할 수 있고, 도구 제작 및 금형 제작에서 부서지거나 마모된 가장자리나 성형 기능 표면을 수리하거나 국부적으로 보호하는 데 사용된다. 에너지 기술 또는 석유 화학 분야의 베어링 포인트, 롤러 또는 유압 부품을 코팅해 마모와 부식을 방지하는 데 사용할 수 있다.

LMD 공정은 거칠고 미세한 구조를 생성할 수 있고, 다른 적층 가공 공정에 비해 빠른 빌드 속도를 갖고 있다. 또한 3D 부품 및 고르지 않은 표면에서도 쉽게 적용할 수 있고 지오메트리에 대한 변경도 쉽게 가능하다. 또한 여러 분말을 동시에 공급할 수 있기 때문에 재료를 쉽게 변경할 수 있다는 장점이 있다.

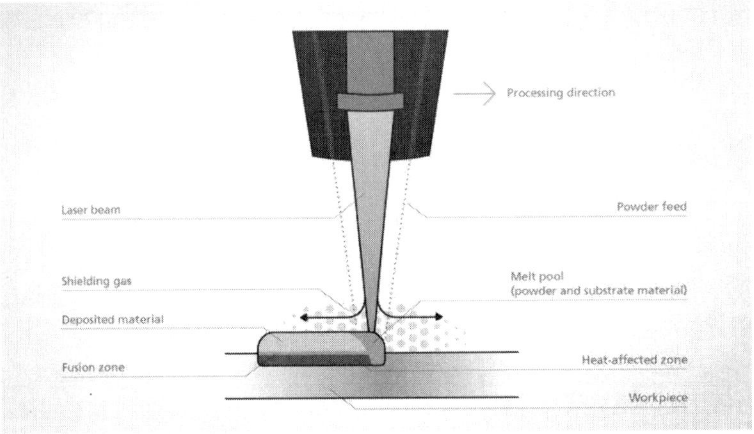

그림 2-6.12 LMD 공정 개요도

LMD 공정의 원리는 그림 2-6.12와 같다. 기존의 레이저 금속 증착에서 레이저 빔은 출력물을 국부적으로 가열하여 용접 풀을 생성한다. 미세 금속분말이 가공 광학 장치의 노즐에서 용접 풀로 직접 분사되면, 금속 분말이 거기에서 녹아 기본 재료와 결합해 레이어당 0.2 ~ 1 mm의 두께가 된다. 이러한 방식으로 서로 용접되는 비드가 형성되어 기존 베이스 본체 또는 전체 구성 요소에 구조를 형성하고, 필요한 경우 많은 레이어를 다른 레이어 위에 쌓을 수 있다. 레이저 금속 증착은 500 mm/min의 이송 속도와 최대 수 m/min의 이송 속도로 3D 표면에서 여러 cm^3/min의 높은 빌드 또는 체적 속도를 생성할 수 있다. 선, 영역 및 모양을 적용하기 위해 자동으로 제어되는 처리 광학 장치가 공작물 위로 이동한다. 지능형 센서 시스템은 레이어 두께가 항상 모든 곳에 균일하도록 한다.

LMD 장비 및 적용 사례

그림 2-6.13 TruLaser Cell 7040

그림 2-6.13은 TRUMPF의 LMD 장비중 하나인 TruLaser Cell 7040 장비로, LMD 뿐 아니라 절단 및 용접 기능도 갖고 있다. 기계의 모듈식 구성과 개별 조정 및 개조 옵션을 통해 TruLaser Cell 7040 시리즈를 수정된 생산 환경에 맞게 최적화하고 변화하는 고객의 요구 사항에 유연하게 대응할 수 있다.

LMD 공정을 이용하면 그림 2-6.14와 같은 밴 휠을 세삭할 수 있다. 이러한 3차원 부품의 레이저 가공은 재료를 절약하고 무게를 줄일 수 있고, 재작업으로 인한 시간을 줄여줄 수 있다. 또한 스패터가 거의 없고, 최대 300% 더 높은 생산성으로 제품을 제작하게 한다.

그림 2-6.14 TruLaser Cell 7040으로 제작한 팬 휠

또한, LMD 공정을 이용해 부식, 마모 등을 방지하는 부품의 코팅이나(그림 2-6.15(a)), 부품 내 작은 손상을 흔적 없이 빠르게 수리하거나(그림 2-6.15(b)), 별도의 후처리가 필요 없이 균일하고 단단하게 용접할 수 있다(그림 2-6.15(c))

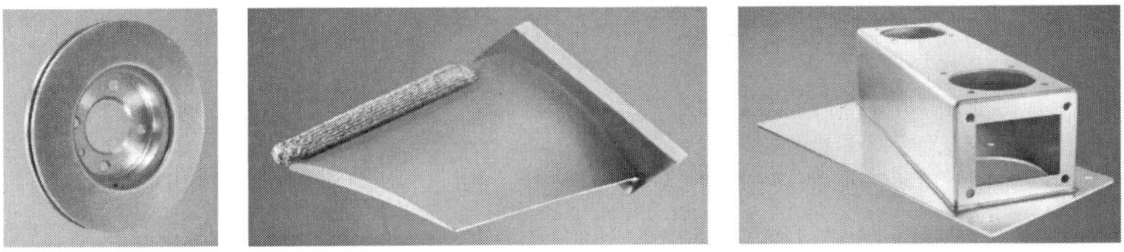

(a) (b) (c)

그림 2-6.15 LMD 공정의 적용 사례 (a) 부식, 마모 등을 방지하는 코팅 (b) 균열의 수리 (c) 부품의 용접

5. Insstek

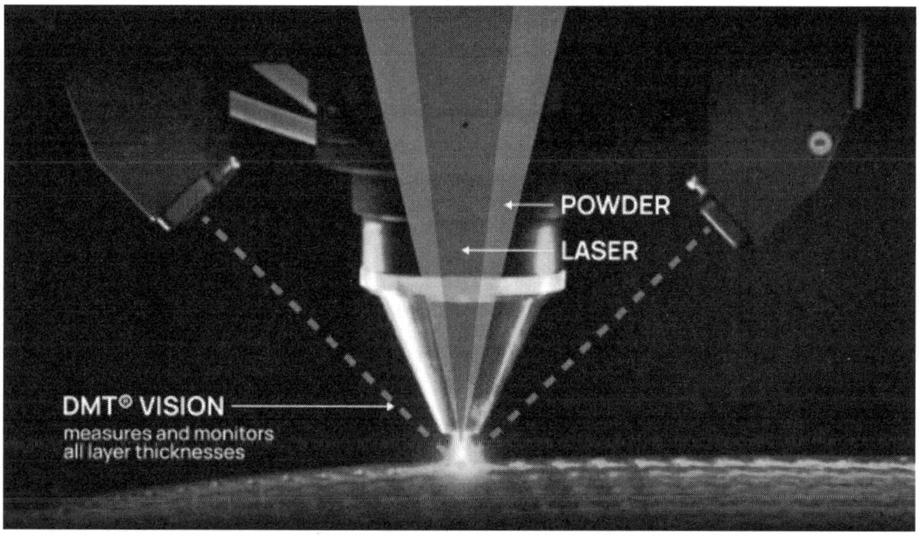

그림 2-6.16 DMT 기술의 개요도

DMT(Direct Metal Tooling) 기술은 InssTek에서 개발된 기술로, ASTM 표준에 따라 DED(Direct Energy Disposition) 기술로 분류된다. 분말과 고출력 레이저 빔을 이용하는 기술로 2대의 비젼 카메라를 사용하여 Meltpool의 높이를 실시간으로 분석하고 제어함으로 다양한 금속 제품을 정밀하게 생산할 수 있다.

DMT 적용 소재 및 기계적 특성 정리

표 2-6.16 은 DMT 기술로 가공 가능한 금속 재료들을 정리한 표이다. 그림 4.2 ~ 4는 DMT 공정으로 제작된 출력물들이 미세 구조를 재료별로 관찰한 사진으로, DMT 공정을 통해 균열 없이 미세한 인쇄가 가능하다는 것을 보여준다.

표 2-6.17 Insstek의 DMT 기술로 사용 가능한 재료 종류

Fe-based Alloys	P20, P21, H13, SS304L, SS316L, SS420, 2507
Ti-based Alloys	Ti(Grade 2), Ti6-Al-4V(Grade5, Grade23)
Ni-based Alloys	Inconel600, 625, 690, 713, 718, Hastelloy22, 276, Nimonic75, Invar36
Co-based Alloys	CoCr, Stellite6, Stellite21, Stellite25
Cu-based Alloys	Al-Bronze, Cu-Sn

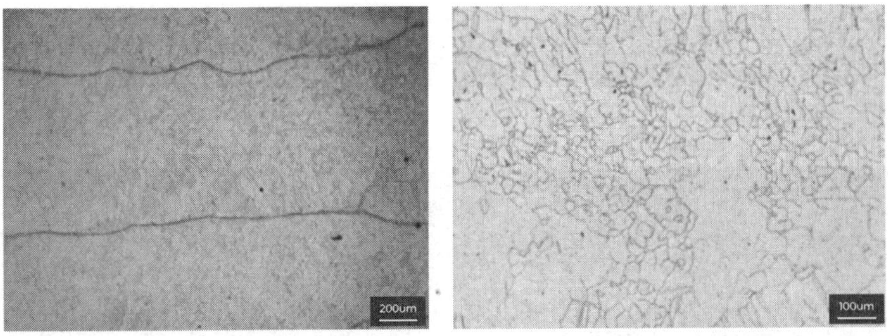

그림 2-6.17 DMT 공정으로 가공된 Fe 기반 재료 SS316L의 미세 구조

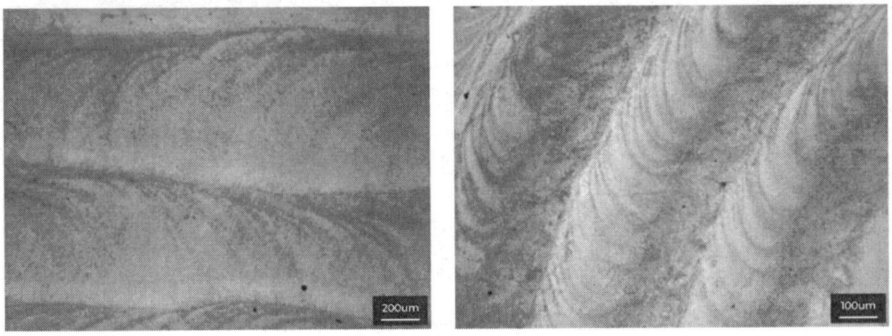

그림 2-6.18 DMT 공정으로 가공된 Ni 기반 재료 Inconel625의 미세 구조

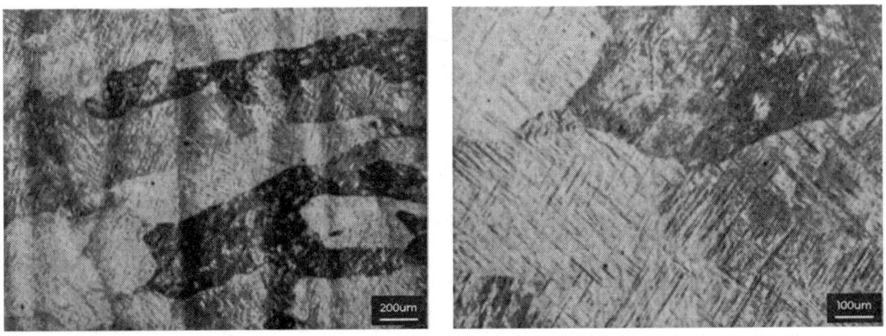

그림 2-6.19 DMT 공정으로 가공된 Ti 기반 재료 Ti-6Al-4V의 미세 구조

표 4.2 DMT 공정으로 제작된 재료들의 기계적 특성 정리

재료	인장강도	항복강도	연장	경도
SS316L	575 MPa	450 MPa	36%	182 Hv
Inconel625	1013 MPa	670 MPa	32%	252 Hv
Ti-6Al-4V	1141 MPa	1036 MPa	7%	38.5 HRC

DMT 기술의 장비 및 적용 사례

그림 2-6.20은 Insstek에서 제작한 MX-Fab라는 장비로 DMT 및 5축 시스템을 갖춘 DED 장비다. MX-Fab은 넓은 작업 범위로 짧은 시간에 다양한 현장 제품을 생산할 수 있는 대표적인 장비이다. 올인원 시스템이라 불리는 만큼 레이저, 칠러, 퓨리파이어, 진공펌프 등이 시스템에 모두 장착돼 있다. 또한 독립된 파우더 피더로 설계되어 사용자의 편의성을 높였다.

그림 2-6.20 Insstek의 MX-Fab

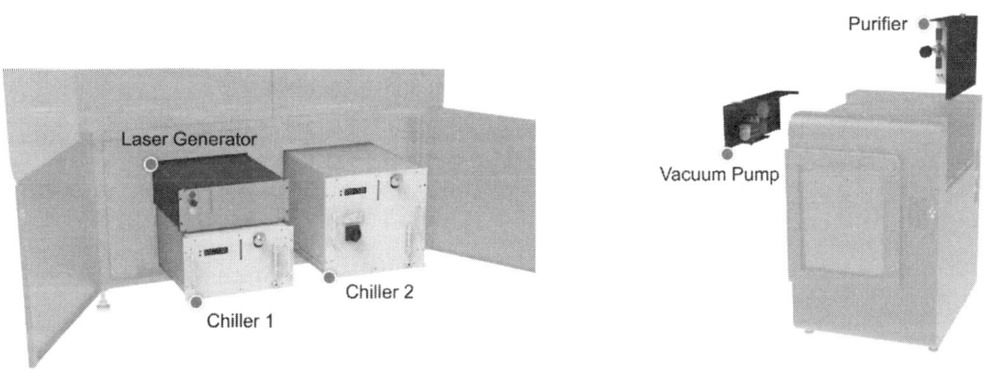

그림 2-6.21 MX-Fab의 올인원 시스템

표 4.3 MX-Fab의 기술 데이터

Laser Power Ytterbium Fiber Laser(W)	1,000 (*Max. 2,000)
X/Y/Z Stroke(mm) A/C Stroke(deg)	800 × 1,000 × 700 – 100 ~ + 100 / 360
Optic Module	SDM 800 / 1200 / 1600 / 2400
Beam Diameter(㎛)	800 / 1200 / 1600 / 2400
Powder Feeding System	PCM–Multi (Max. 6 hoppers)
Software(OS / CAM)	MX–OS / MIXO Pro
Feedback System	DMT® Closed–Loop Control
Atmosphere Control System (Option)	Gas : Argon(〉99.999%) O2 Level : ≤ 50ppm

Insstek에서는 DMT 공정을 이용해 자동차 금형을 제작했다. 제작된 자동차 금형은 그림 2-6.20과 같고, 인쇄를 통한 제작으로, 재료 기능적 특성이 요구되는 적소에 합금을 증착하여 원가절감이 가능하였다. 또한 신개념 제품 개발을 통해 원하는 곳에 고밀도 및 우수한 기계적 특성을 가질 수 있도록 하는 소재를 인쇄하여 수명을 30% 향상시켰다.

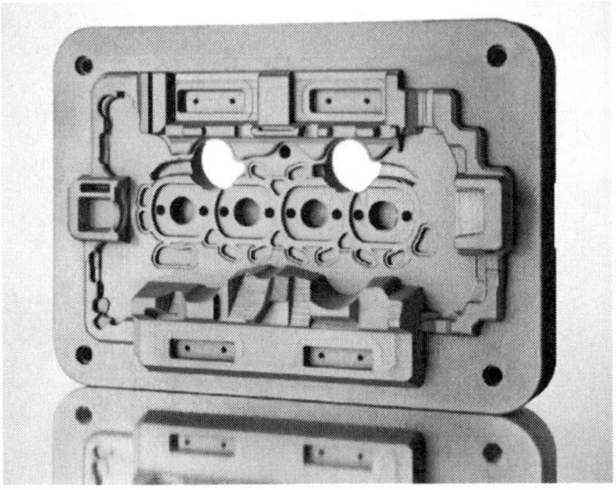

그림 2-6.22 부식 방지 소재로 제작된 MX 자동차 금형

그림 2-6.23은 Insstek 다중소재를 활용해 DED 공정으로 제작한 FGM 로켓 노즐이다. 로켓 노즐은 상부가 Al-Bronze에 하단이 SS316L로 이루어져 있는데 이는 로켓 노즐이 상부와 하단에 대한 고온 발열량 및 유량이 달라 적용할 수 있는 소재가 다르기 때문이다. 서로 다른 두 소재를 바로 붙이게 되면 소재의 특성이 달라 접착면이 약해질 수 있지만, DMT 공정을 이용하면 조성을 서서히 바꿔서 안정적으로 동시에 두 소재를 제작 가능하다.

그림 2-6.23 FGM Rocket Nozzle

6. 요약

본 장에서는 Optomec, Trumpf, Insstek의 DED 공정에 대한 설명을 다루었다. DED 공정은 금속 분말을 이용한 부품 제조 뿐 아니라, 이미 존재하는 출력물의 미세한 균열 수리부터 로켓 노즐 제작에 이르기까지 많은 분야에서 사용되고 있다. 향후 선박, 의료, 항공우주에 이르기까지 많은 분야에서 활용되고 응용되기 위해 현재도 많은 연구를 진행중에 있다.

그림 2-6.24는 DMG MORI에서 DED 공정으로 제작한 출력물들이다. 구리합금과 316L이종 금속을 섞어서 제작한 열 교환기부터(그림 2-6.24(a)), 의료용으로 제작된 무릎 임플란트까지 다양한 소재를 동시에 사용해 정밀하고 복잡한 모형을 제작할 수 있다는 것을 보여주었다.

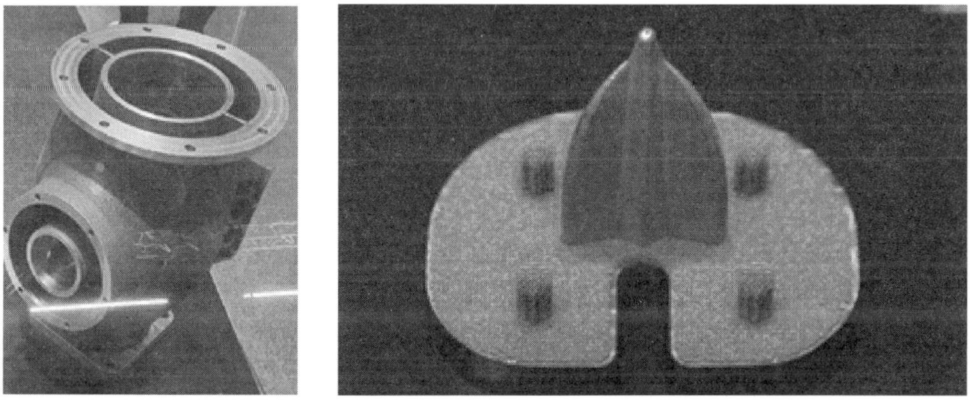

(a) (b)

그림 2-6.24 DMG MORI에서 DED 공정으로 제작한 출력물 (a) 구리합금과 316L이종 금속을 사용한 열 교환기 (b) 의료용 무릎 임플란트

7. 참고문헌

[1] http://www.hwacheon.com/ko/main.do

[2] https://www.trumpf.com/ko_KR/

[3] https://www.trumpf.com/ko_KR/

[4] https://www.trumpf.com/ko_KR/

2-7 Fused Deposition Modeling 3D printer with 3DPE

1. 서론

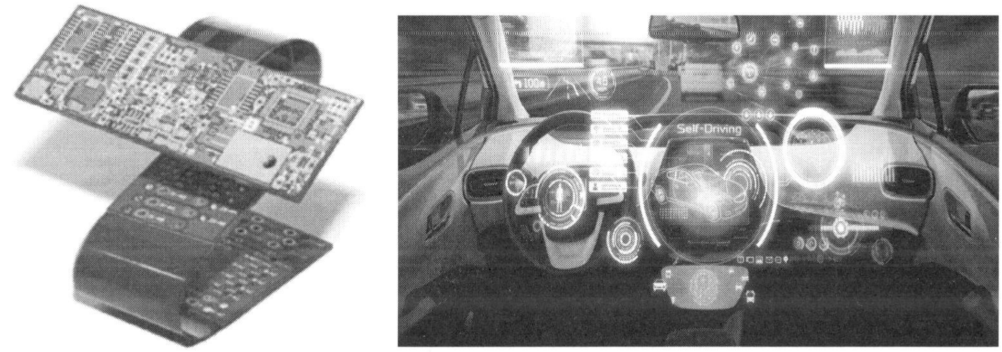

그림 2-7.1 Rigid & Flexible PCB, 자율주행 자동차의 IOT 모듈(예시)

4차 산업혁명의 핵심 시스템인 IoT 시스템은 센서로부터 수집된 정보를 개별 노드를 통하여 클라우드로 통합하고 빅데이터 처리를 통하여 서비스를 제공하는 것이 핵심 기술입니다. 이러한 IoT 시스템은 정보를 수집하는 센서 소자와 함께 정보를 저장하고 표시하는 추가적인 기능들이 집적되어 하나의 센서 모듈 혹은 시스템으로 구성됩니다. 따라서 IoT 시스템 기술의 확대를 위해서는 고성능의 센서 모듈이나 시스템이 저가로 생산되어야만 산업적 의미를 가집니다. 이러한 측면에서 인쇄전자 기술이나 3D프린팅 기술은 최적의 공정 솔루션으로 인식되고 있습니다.

인쇄전자 기술은 전자소자의 구성 요소인 반도체, 도체, 절연체의 일부나 전부를 인쇄공정으로 제작하는 기술로 용액의 프린팅 공정과 후처리의 매우 간단한 공정을 가지고 있습니다. 이는 기존의 진공 박막형성 공정에 비하여 공정 비용을 대폭 줄일 수 있는 특화된 장점이 있습니다. 또한 3D프린팅 기술은 적층 가공을 이용하는 방법으로 복잡한 구조의 제작과 생산시스템의 유연화를 가능하게 하는 인쇄 기술입니다.

3D프린팅 기술에 인쇄전자기술이 결합하면 3D프린팅으로 제작되는 형상 위에 전자 재료가 바로 입체적으로 인쇄되어 미세 패터닝과 3차원 틀의 제작이 한 번에 가능한 혁신적인 공정이 가능합니다. 이러한 하이브리드 3D프린팅 공정은 대량생산 시스템에서도 개별 제품의 커스터마이제이션이 가능한 mass customization 생산의 주요 기술입니다. 따라서 인쇄전자 및 3D프린팅 기술의 융합은 소형화된 센서 모듈을 일체형으로 저가로 생산하는 핵심 기술로써 연구개발의 가치가 매우 높은 기술입니다.

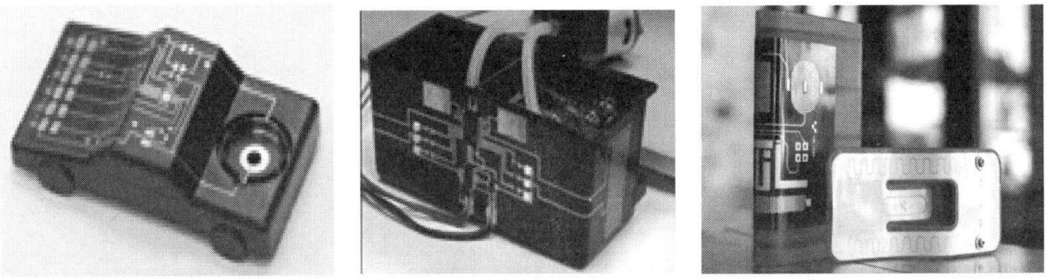

그림 2-7.2 3차원 적층 소자 제조 기술을 활용한 제품 예시 및 개념도

본 장에서는 이러한 3D 프린팅 기술 중 이종 재료를 적용할 수 있을 뿐만 아니라 정밀 인쇄가 가능한 3D 프린팅 기술인 FDM과 Polyjet 3D 프린팅 방식을 채택하여 고해상도의 출력물을 얻으며, 이러한 기술과 인쇄전자 Dispensing 기술의 융합을 통한 새로운 방식의 3차원 적층 소자 인쇄 기술 개발로 신제품, 신시장 창출이 가능할 뿐만 아니라 기존의 문제점을 극복할 수 있는 기술에 대해 설명 하였습니다.

인쇄전자 및 3D프린팅을 융합한 일체형 전자시스템 개발은 기존 사출 성형 등을 통해 제작되었던 플라스틱 제품과 전자적 기능을 갖는 제품을 3차원 프린팅 기술과 인쇄전자 기술을 융합하여 새로운 제품군을 만들어 낼 수 있는 3차원 적층 소자 제조 기술입니다. 이러한 기술은 기존의 사출 성형품의 표면에 전자 회로를 형성하는 MID(Molded Interconnect Device, 3차원 회로 부품) 기술을 진화시켜 3D 프린팅(AM : Additive Manufacturing) 기술과 PE(Printed Electronics) 기술을 융합시킨 기술입니다.

ASTM의 3D 프린팅 기술 분류 기준에 따르면, 3차원 소자 제조 기술을 구현할 수 있는 3D 프린팅 기술은 물성이 다른 이종 소재를 동시에 경화 또는 건조 시켜야만 구현할 수 있는 기술이므로 Powder bed fusion, Binder jetting, Sheet lamination과 같은 powder base의 3D 프린팅 기술은 적용할 수 없으며, 따라서, 3차원 적층 소자 제조 기술 구현을 위해 고해상도이며 적용될 수 있는 3D 프린팅 기술로는 FDM, Material Jetting, Polyjet 방식에 프린터를 이용할 수 있습니다. 또한, 3차원 소자 제조 기술 구현을 위해서 PE(Printed Electronics) 기술로는 Ink-jet, EHD(Electro-hydrodynamic), Dispensing 기술 등 전도성, 센싱, 저항 등 다양한 잉크를 인쇄할 수 있는 기술을 이용할 수 있습니다.

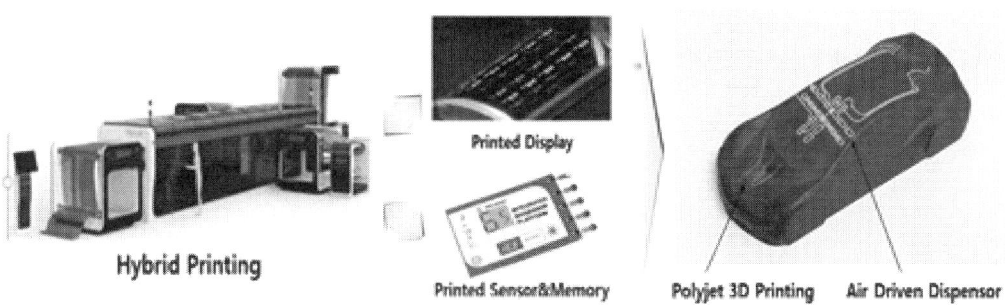

그림 2-7.3 3차원 적층 소자 제조 공정/장비 개념도

본 장에서는 AM(3D Printing Technology) 기술과 PE(3D Printing Technology) 기술을 이용하여 PLA(Polylactic acid), UV curable resin과 전도성 실버 잉크를 이용한 FDM(Fused Deposition Manufacture), Polyjet 3D 프린터와 디스펜서인 2D 프린터를 이용하여 3차원 및 발열체 내장형 히터, LED 내장형 디지털 사이니지 및 웨어러블 호흡기 모듈에 관하여 설명하였습니다.

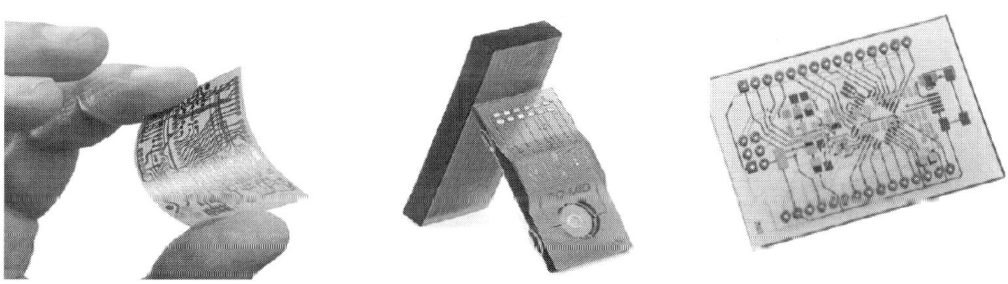

그림 2-7.4 전자회로 실장 부품 장착 3차원 구조체 일체형 전자 부품 (예시)

또한 Material Extrusion 기술을 이용한 이러한 제품들이 현재 너무도 많이 출시되어 있기 때문에 기술적 차별성 및 가격경쟁력 측면에서 기존 제품들과 경쟁하기에는 다소 무리가 있습니다. 따라서 실제 사업화가 가능한 기술이고, 기존 기술과의 기술적 차별성을 가지며, 가격경쟁력을 갖춘 새로운 기술적 도입이 필요한 시점이며, 이를 통한 신시장 창출이 가능한 기술이 반드시 필요합니다.

이러한 3차원 구조체 일체형 전자 부품을 제작하기 위해서는 조형물의 형상 정밀도 및 표면 거칠기가 매우 우수하고 연질, 경질, 투명성 재료 등 다양한 재료의 신축성 조절이 가능한 UV curable resin의 경화 방식을 이용한 Material Jetting 방식과 Dispenser nozzle을 이용한 배선 전극의 Jetting 기술을 이용한 장비 및 소재 개발이 필요합니다.

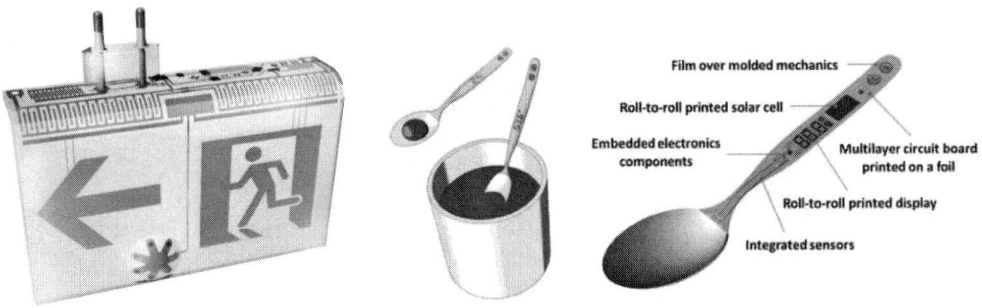

그림 2-7.5 일체형 전자 시스템 (예시)

2. 국내외 연구 동향

선진국에서는 기존의 우수한 미디어 인쇄기술을 기반으로 고정밀 R2R 인쇄 장비를 전자소자 R2R 인쇄특성에 맞추어 잉크젯, 바코팅, 그라비아, 오프셋 등이 혼합된 총괄적인 R2R 전자소자 인쇄 시스템을 개발하고 있습니다. 영국에서는 정부 지원 2005년 Next Generation Inkjet Technology 라는 산-학-연 협력 컨소시엄을 발족을 통해서 정전기력 잉크젯 시스템을 이용한 재현성 있는 복합형상 미세 노즐 가공 기술, 미세 패턴을 위한 잉크젯 공정기술과 유연성 소자의 소재 및 공정기술을 연구 중에 있습니다. 미국에서는 롤투롤 인쇄 공정 등을 이용한 플렉시블 소자 대량생산 공정을 개발을 진행하고 있으며, 일본에서는 잉크젯 연구개발을 지원, 소재와 부품 그리고 장비에 걸친 막강한 연구 인프라와 기술을 바탕으로 기업 및 연구소에서 유연성 소자에 대한 연구 수행 중에 있습니다.

3D 프린팅 제품과 관련하여 2016년 전세계 매출 약 26.6억달러로 전년 대비 12.9% 성장하고 있으며, 3D 프린팅 서비스는 2016년 전세계 매출은 약 33.9억달러였으며, 전년 대비 21.2%가 증가하였습니다. 3D 프린팅 산업별 가장 높은 순서별 시장 현황을 보면 1위는 산업/기업 기계, 2위는 우주항공, 3위는 자동차, 그리고 4위로 수요 생산품/전자제품으로 나타나고 있습니다. (출처:Wohlers Associates, Inc.)

국내의 프린팅 관련 공정장비 기술은 선진국에 비해 매우 뒤쳐져 있고 대부분의 인쇄 장비와 핵심 장비는 수입에 의존하고 있는 형편이며 인쇄관련 국가 연구기관은 기계연구원의 정보장비 연구센터가 유일하며, 전자 시스템에 필수적인 전자회로나 디스플레이의 성능은 정밀제어와 해상도에 가장 직접적인 영향을 받기 때문에 하이브리드 3D 프린팅 기술을 이용한 고정밀 제어와 고해상도를 위한 토출제어 및 디스펜서의 배선 제어 그리고 미세 선폭 구현 핵심 기술 개발은 필수적입니다.

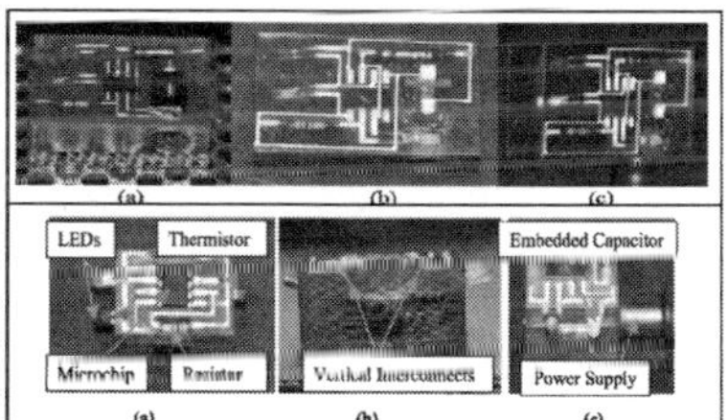

Figure 10. Fabrication of the 3D 555 timer circuit: (a) 3D 555 timer circuit, (b) vertical interconnects, (c) working 3D circuit (note the activated yellow LED)

Figure 11. Examples of 3D Structural Electronics

그림 2-7.6 일체형 전자 시스템 (예시)

3. 3차원 및 발열체 내장형 히터

3-1. 4D(3D/2D) 인쇄 장비

4D(3D/2D) 인쇄 장비는 아래 그림에서와 같이 상용된 인쇄 장비를 통해서 4D프린팅 공정을 수행하였으며, 3차원 적층 소자 제작을 위한 최적에 공정 조건을 확립 후 3차원 및 발열체 내장형 히터를 개발하였습니다.

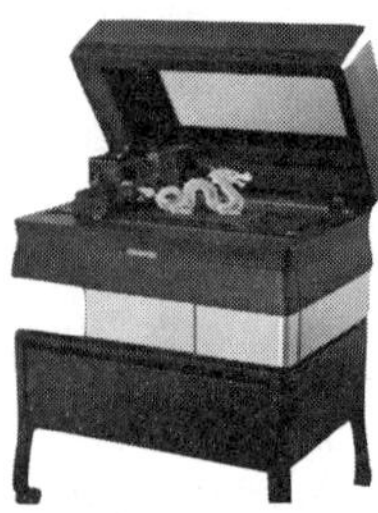

System description	
Jetting methode	Polyjet
Printing Area	300×200×150mm
Layer thickness	16um/28um
Accuracy	0.1mm
Build resolution	600×600×900dpi
Materials	o VeroClear, VeroWhitePlus o VeroBlue / Black & Gray o RGD525

스트라타시스 Objet30 PolyJet 3D 프린터

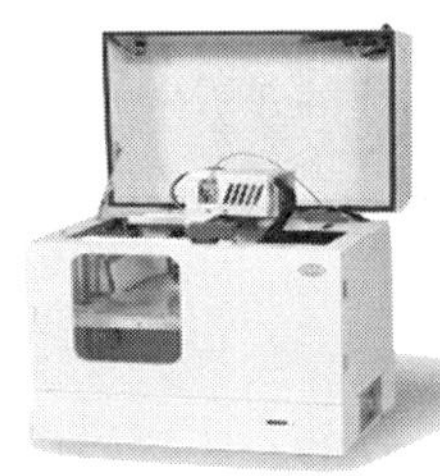

System description	
Jetting methode	FFF (Fused filament Fabrication)
Materials	PLA, PETG, TPU
Nozzle size	0.4mm
Printing Area	140×140×160mm
Layer thickness	0.12~0.24mm
Accuracy	±0.2mm(±200um)
Printing speed	30 ~ 150mm/s

대건테크 MyD S130 3D 프린터

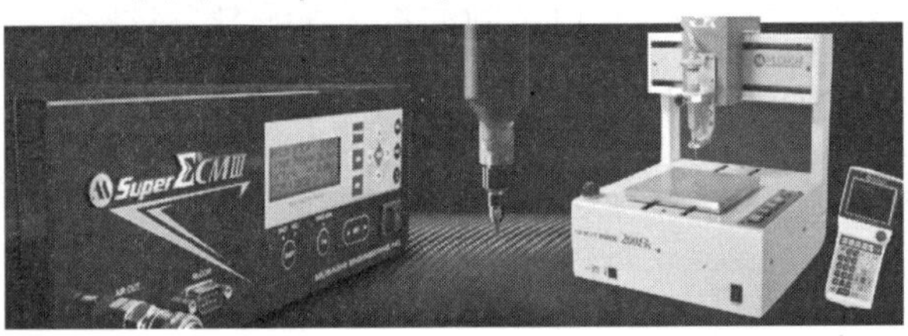

System description			
Method	Air puls	Chennel	100[CH]
Jet pressure	ON : 30~500 kPa OFF : 30~500 kPa	Jet time	ON: 0.02~9999.99 s OFF: 0.02~9999.99 s
Jet size	300×300×100mm	Vacuum pressure	0.0~20.0kPa

무사시 디스펜서

그림 2-7.7 3D 및 2D 인쇄 장비

3-2. 3차원 구조체 제작용 3D 프린팅 장비 최적 공정 조건 확립 연구

아래 표에서와 같이 2D 인쇄에 적합한 3D 재료 및 전도성 잉크 조사를 통해서 최적의 공정 조건 확립 연구를 진행하였습니다.

표 2-7.1 2D 인쇄에 적합한 3D 재료

A. Polyjet Materials

	RGD525 [Hight Temp.]	RGD 810 [Vero Clear]	RGD 835 [Vero White]
Tensile strength	70–80 MPa	50–65 MPa	50 - 65 Mpa
Elongation at break	10–15%	10–25%	10 - 25%
Modulus of elasticity	3,200–3,500 MPa	2,000–3,000 MPa	2,000 - 3,000 MPa
Flexural Strength	110–130 MPa	75–110 MPa	75 - 110 MPa
HDT, ° C@0.45MPa	63–67 ℃	45–50 ℃	45 - 50 ℃
Tg	62–65 ℃	52–54 ℃	52 - 54 ℃
Shore Hardness(D)	87–88	83–86	83 - 86
Polymerized density	1.17–1.18 g/cm^3	1.18–1.19 g/cm^3	1.17 - 1.18 g/cm^3

B. Fused Deposition Modeling Materials

	인쇄온도	Tg	비중	인장강도	굴곡강도
PLA (Polylaticacid)	190~230℃	60℃	1.17~1.24	20MPa	48MPa

전도성 실버 잉크는㈜파루 잉크를 사용하였으며, 150℃ 건조 시 10μΩ·cm 비저항을 갖는 것을 확인 후 디스펜서용 전도성 잉크로 사용하였습니다.

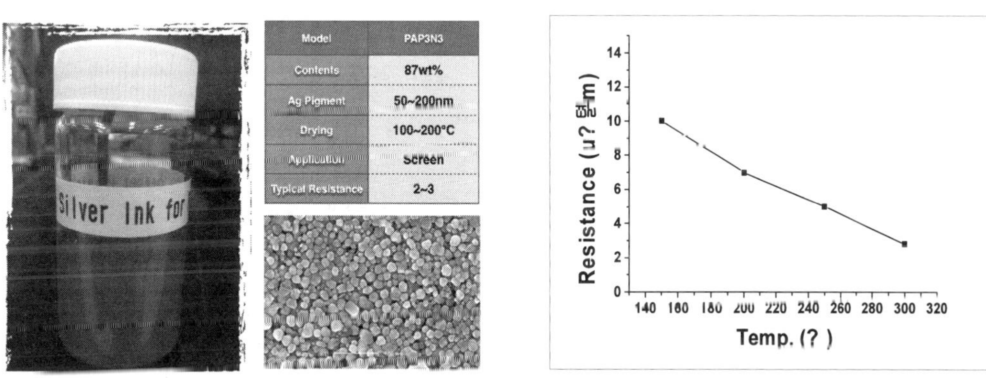

그림 2-7.8 디스펜서용 전도성 실버 잉크 [(주)파루]

3-3. Polyjet 3D 인쇄 물성 평가 (표면 조도)

먼저 3D 프린터를 이용한 3차원 형상물에 대한 표면 거칠기를 통해서 표면에 조도를 기존 인쇄전자에 많이 사용하는 PET, PI 필름과 비교하여 평가를 진행하였습니다.

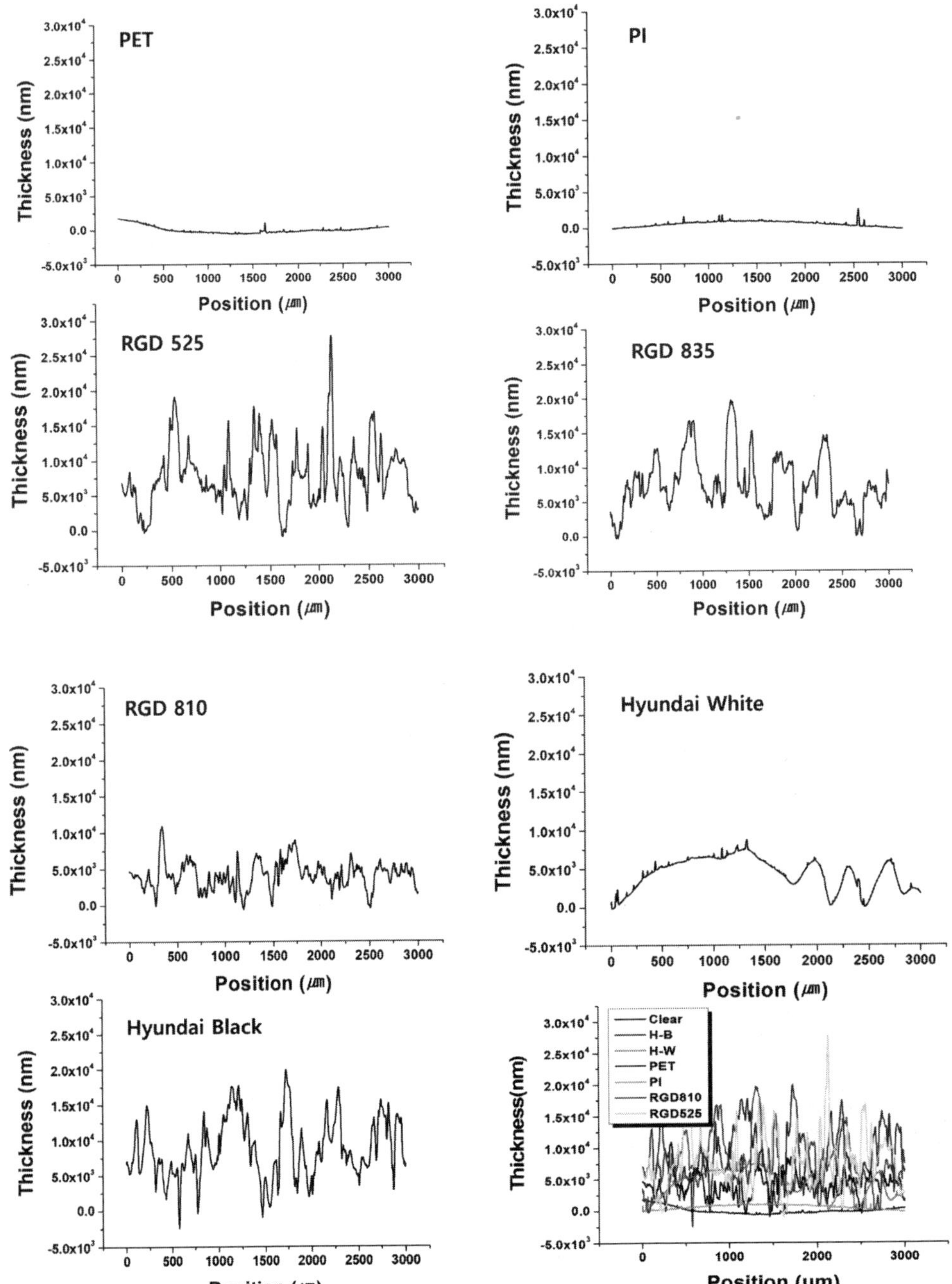

그림 2-7.9 Polyjet 3D 프린터를 이용하여 제작된 3차원 인쇄 기판 표면 조도

위 그림에서와 같이 Polyjet 3D 프린터를 이용하여 제작된 3차원 형상에 기판에 표면 조도는 스타라시스 RGD 525, 835 및 그 외 재료에 비하여 RGD 810 재료가 가장 조도가 우수함을 확인할 수 있었습니다.

3-4. Polyjet / FDM 3D 인쇄 물성 평가 (접착 강도)

아래 그림가 같이 3D 프린터를 이용하여 제작된 3차원 형상물에 스크린 프린터를 이용하여 전도성 잉크를 인쇄후 아래 그림에서와 같이 ASTM D3359 접착성 평가 방법을 이용하여 접착 강도를 측정하였습니다.

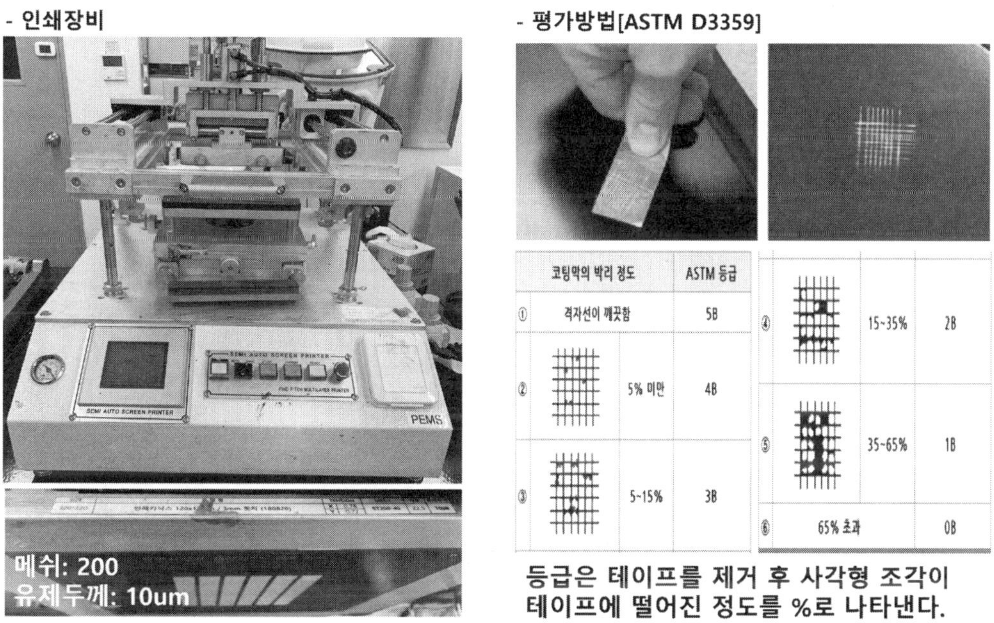

그림 2-7.10 접착 강도 측정을 위한 인쇄 장비 및 평가 방법

아래 그림에서와 같이 다양한 3D 프린터 재료를 이용하여 3차원 형상을 제작 후, 전도성 잉크를 이용하여 접착성 평가를 진행하였습니다. 접착 강도는 PI 기판과 비슷한 특성을 보인 재료는 RGD 525, 835 이며 그 이하로는 RGD 810, 타 재료가 그 다음으로 접착 강도는 나타 냈습니다. 하지만 FDM 3D 프린터를 이용하여 제작된 PLA 재료는 Polyjet 3D 프린터 재료에 비하여 접착 강도가 낮게 나오는 것을 확인 하였으며, 이는 FDM으로 제작된 3차원 형상에 표면 거칠기가 매우 좋지 않을 통해서 접착 강도가 낮음을 유추할 수 있습니다.

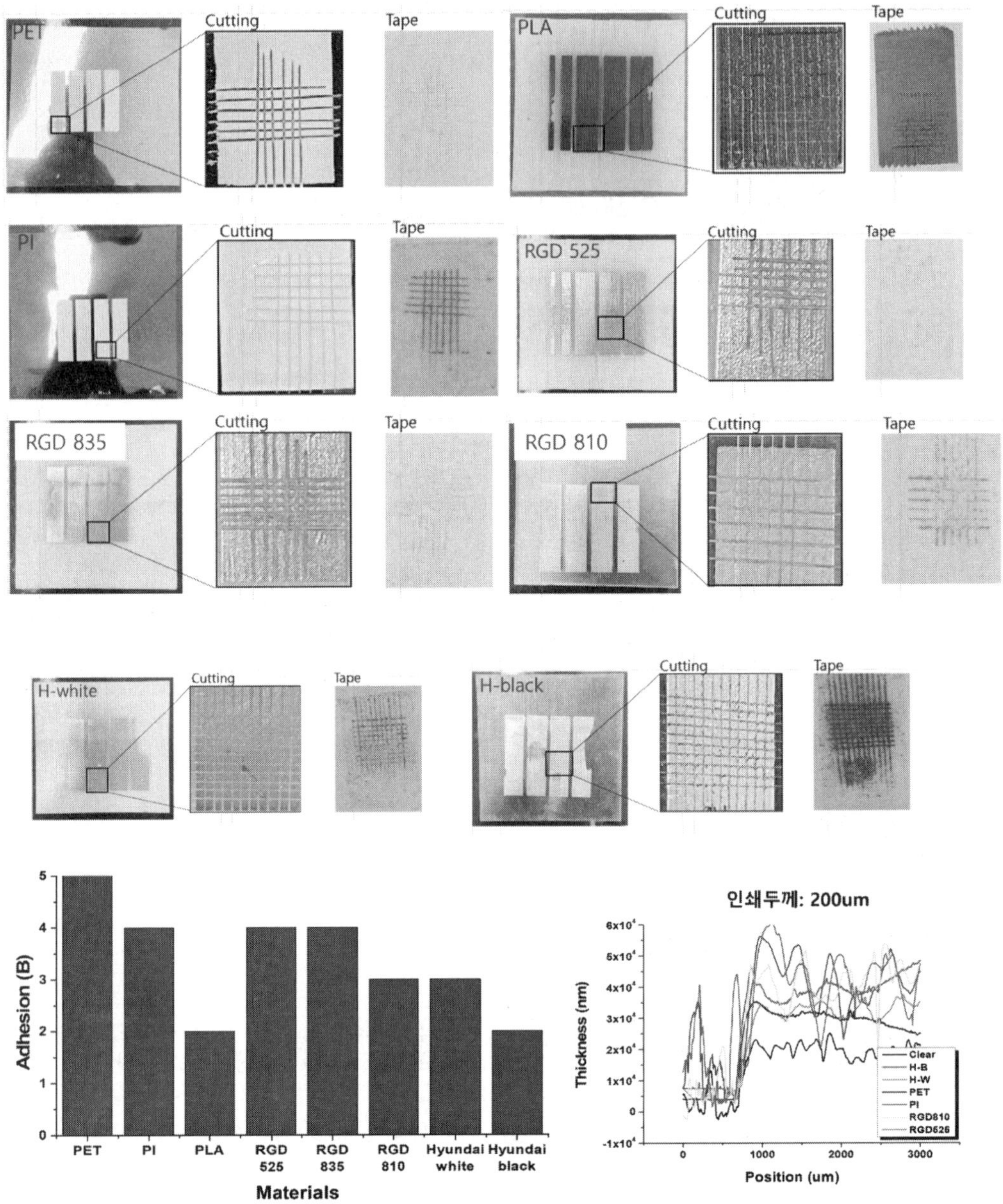

그림 2-7.11 3D 프린팅 재료별 접착 강도 측정 결과

3-5. 3차원 형상 시편에 각도별 인쇄성 평가

그림 2-7.12는 3차원 형상에 전도성 및 센싱 물질을 인쇄 시 3차원 형상에 각도별 인쇄성 평가를 위해서 15°, 30°, 45°, 60°, 75° 로 전도성 실버 잉크에 인쇄성 평가를 진행하였습니다. 결과적으로 ㈜파루 PAP3N3 (87wt%) 전도성 실버 잉크를 이용하면 60°까지 인쇄가 가능함을 확인하였으며, 70°는 디스펜서의 기계적 문제로 인쇄를 못했을 뿐 인쇄가 가능할 것으로 보입니다.

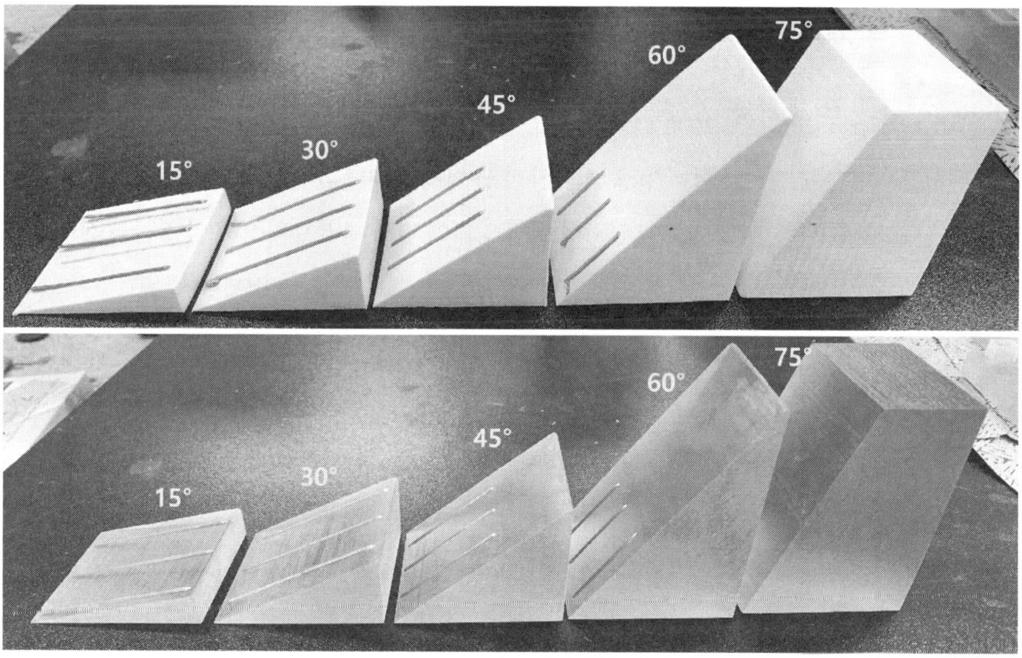

<u>그림 2-7.12</u> 3D 프린팅 각도별 인쇄성 이미지

3-6. Polyjet / FDM 3D 프린터를 이용한 3차원 시제품 제작

아래 그림 2-7.13과 같이 Polyjet / FDM 3D 프린터를 이용하여 의자 모양에 3차원 형상에 시제품을 제작하였습니다.

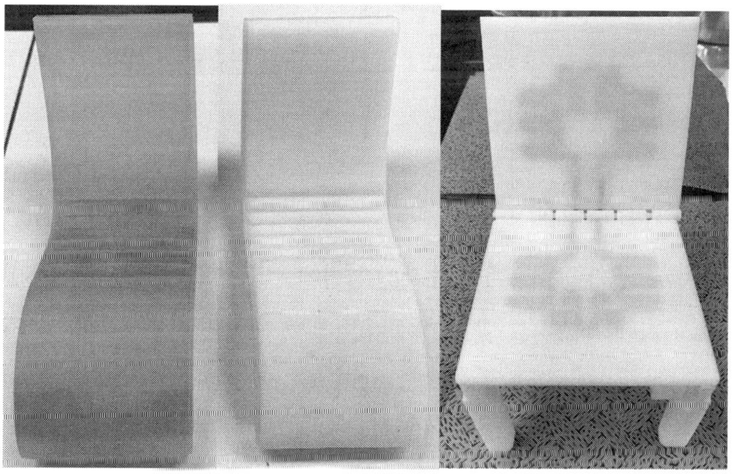

<u>그림 2-7.13</u> 3D 프린터를 이용한 제작된 시제품

3-7. 3차원 형상에 금속 배선 인쇄 기술

1) 배선 전극 인쇄기술 확보

디스펜서를 이용하여 전도성 실버 잉크 인쇄 시 배선 전극에 저항 균일성을 위하여 잉크에 균일성을 위한 탈포기를 이용하여 고점도에 전도성 실버 잉크에 기포 제거에 따른 특성 평가를 진행하였습니다.

아래 그림 2-7.14에서 같이 탈포기를 이용하여 전도성 실버 잉크에 기포를 제거 시 디스펜서 인쇄 공정을 통해서 제작된 배선 전극의 단면 분석을 통해서 기공 분포도가 현저히 감소 됨을 확인하였으며, 이를 통해서 전극에 대한 접착성 및 저항에 균일성을 확보하였습니다.

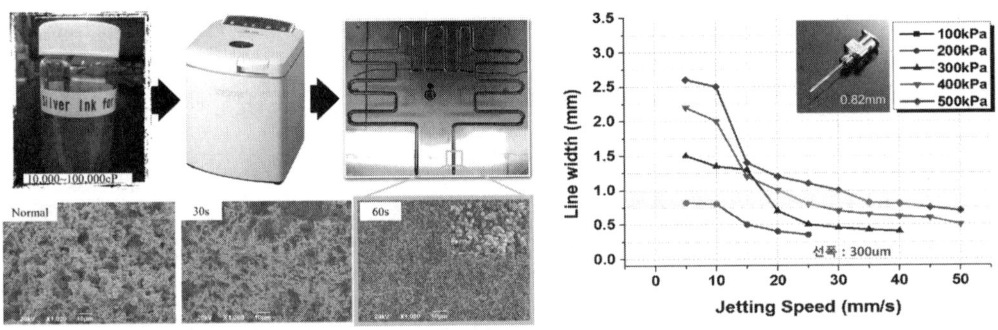

그림 2-7.14 탈포 공정 시간에 따른 전극에 균일성 / 인쇄 속도 및 압력별 선폭

그림 2-7.14에서 디스펜서에 인쇄 속도 및 압력에 따른 배선 전극에 인쇄 공정을 최적화하였습니다. 이는 노즐에 직경(820㎛)에 맞게 인쇄되는 조건은 노랑 선으로 표시하였으며, 이를 통해서 최적에 인쇄 속도 및 압력을 도출하였습니다.

2) 3D 인쇄 시편에서 건조 조건 확립

FDM 및 Polyjet 3D 프린터를 이용하여 제작된 시편에 전도성 실버 잉크를 선폭별로 인쇄 후 각(PLA, RGD 810) 기판에 건조 온도 및 시간에 따른 부착 강동 및 전도성을 측정을 통해서 최상에 건조 조건을 확립하였습니다. 아래 그림 2-7.15에서 보듯이 최상에 건조 온도 및 시간을 도출하였습니다.

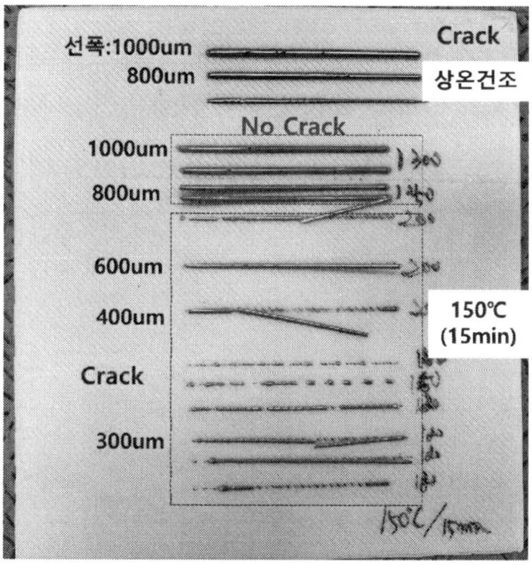

선폭에 따른 물성 평가 [PLA]

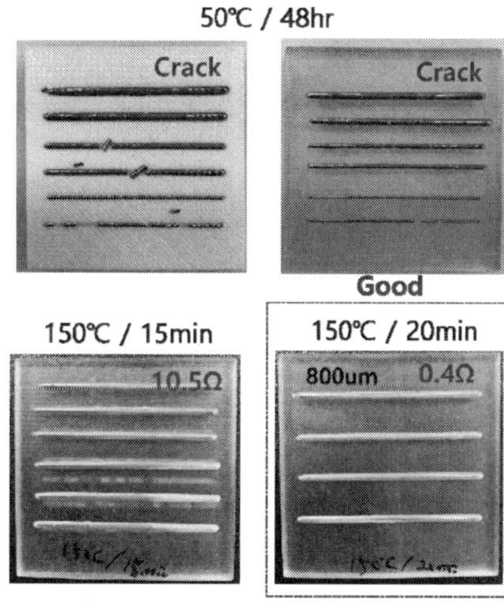

건조 온도/시간에 따른 물성 평가
[PLA/RGD810]

그림 2-7.15 선폭 및 건조 온도/시간에 따른 물성 평가

아래 그림 2-7.16은 최적에 인쇄 및 건조 공정을 도출 후 다양한 3차원 형상에 발열체 패턴을 인쇄된 시제품을 확인할 수 있습니다.

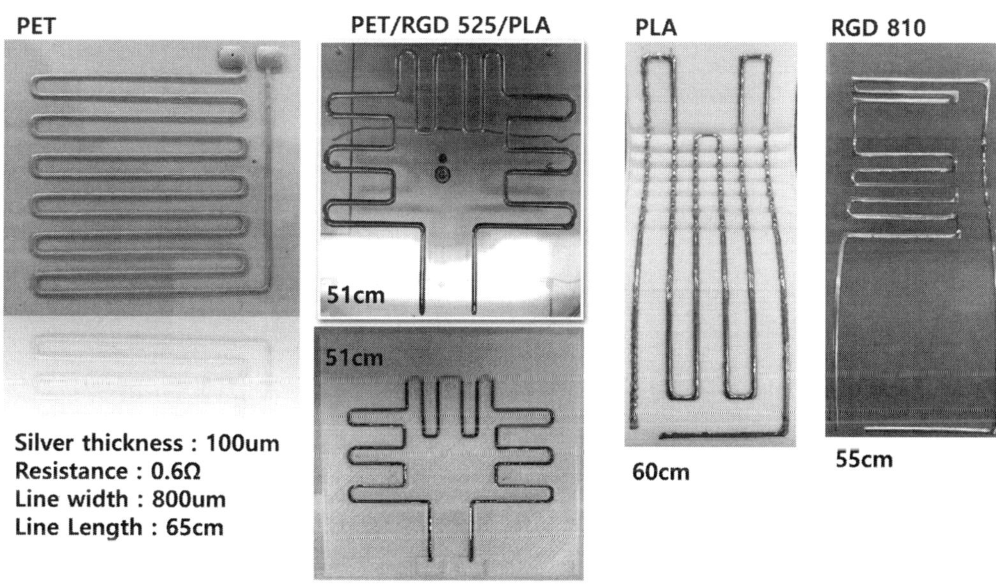

그림 2-7.16 기판별 발열체 패턴 인쇄 이미지

3) 발열 패턴 발열량 테스트

아래 그림 2-7.17에서와 같이 3차원 형상에 발열체 인쇄에 앞서 먼저 PET 기판 위에 발열 패턴을 인쇄 후 발열량을 체크 하였습니다. 인쇄된 발열 패턴은 선폭/길이 800㎛/65㎝, 그리고 두께는 100㎛로 저항은 0.6Ω을 갖는 발열 패턴을 인쇄 후 인가된 전앞에 따라서 발열 온도를 측정 하였습니다. 측정된 발열 온도는 4V에서 90℃ 이상에 발열량을 나타냄을 확인할 수 있었습니다.

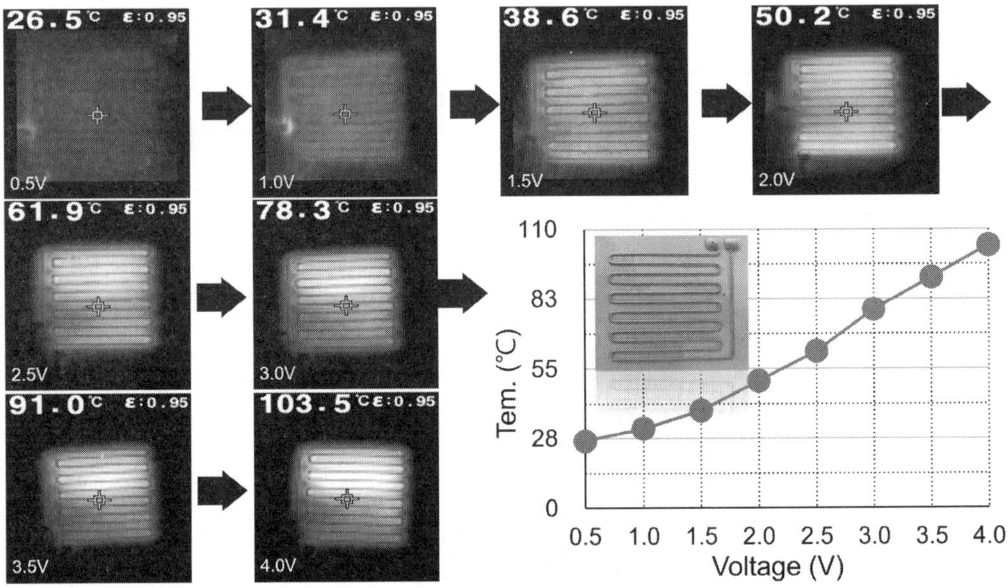

그림 2-7.17 PET 기판에서 발열량 테스트

3-8. 4D(3D/2D) 인쇄 공정을 이용한 3차원 및 발열체 내장형 히터 시제품 제작

1) 4D(3D/2D) 인쇄 공정

4D 인쇄 공정을 이용한 3차원 및 발열체 내장형 히터 시제품 제작은 아래 그림 2-7.18에서와 같이 2가지 공정을 통해서 제작하였습니다.

첫 번째 4D 인쇄 공정은 100% 인쇄 방식을 이용한 휴대용 접이식 발열 의자 시제품 제작 공정도이며, 두 번째 인쇄 공정은 발열체가 내장된 발열 히터 시제품 제작 공정도입니다. 4D 인쇄 공정을 통해서 제작된 시제품 들은 100% 인쇄 공정을 통해서 제작되었으며, 제작된 발열체는 인가되는 전압이 4V에서 70~90℃에 발열 온도를 갖는 것을 확인하였습니다.

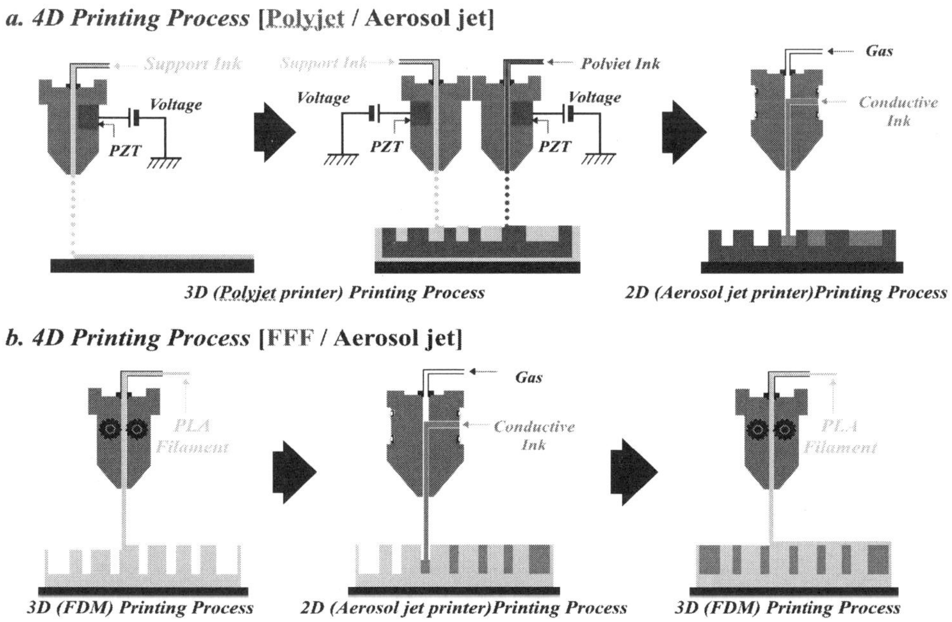

그림 2-7.18 4D(3D/2D) 인쇄 공정도

2) 4D(3D/2D) 100% 인쇄 휴대용 접이식 발열 의자 시제품

Polyjet 3D 프린터와 디스펜서를 이용하여 100% 인쇄 공정을 통해서 휴대용 접이식 발열 의자 시제품을 제작하였습니다. 접이식 발열 의자는 아래 그림 2-7.19와 같이 1인용 테이블/의자, 2인용 테이블/의자로 사용할 수 있습니다.

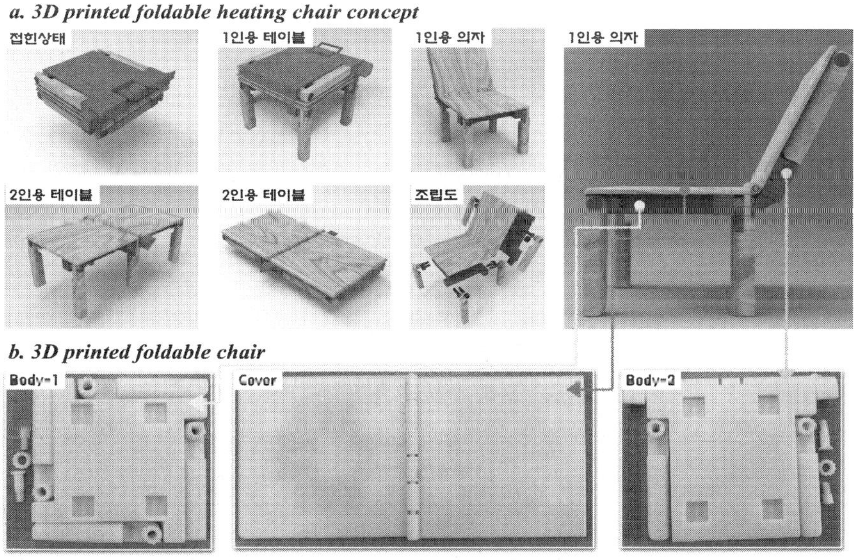

그림 2-7.19 Polyjet 3D 인쇄 공정을 통한 휴대용 접이식 의자 이미지

제작된 휴대용 접이식 의자 커버 뒷부분에 디스펜서 2D 프린팅 공정을 통해서 발열체를 인쇄 후 아래 2-7.20 그림에서와 같이 발열 테스트를 진행하였으며, 최종적으로 제작된 발열체의 발열 온도는 4V에서 90℃에 가까운 발열량을 나타내었습니다.

최종적으로 휴대용 접이식 의자는 조립 공정을 통해서 100% 인쇄 휴대용 접이식 발열 의자 시제품을 개발하였습니다. [그림 2-7.21 참조]

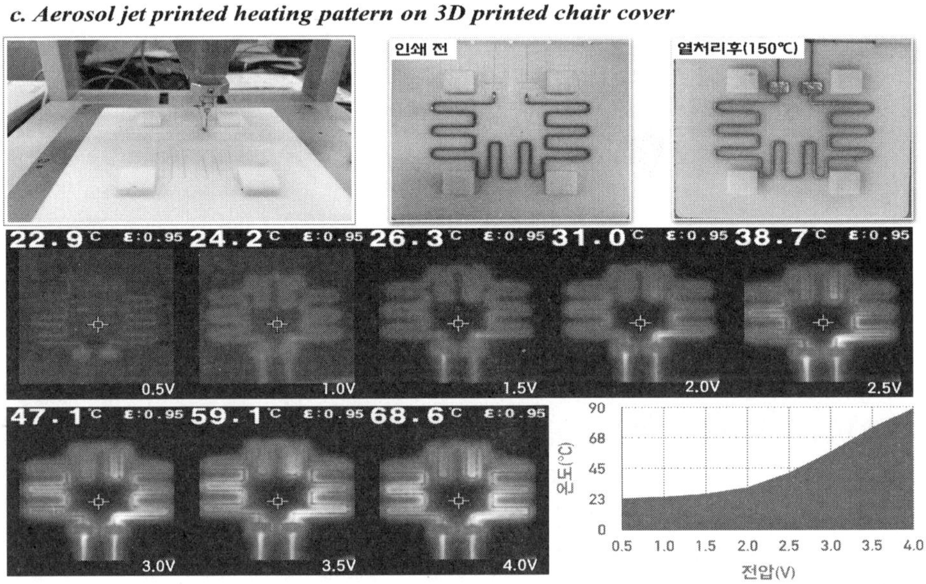

그림 2-7.20 휴대용 발열 의자에 발열체 인쇄 및 발열량 테스트

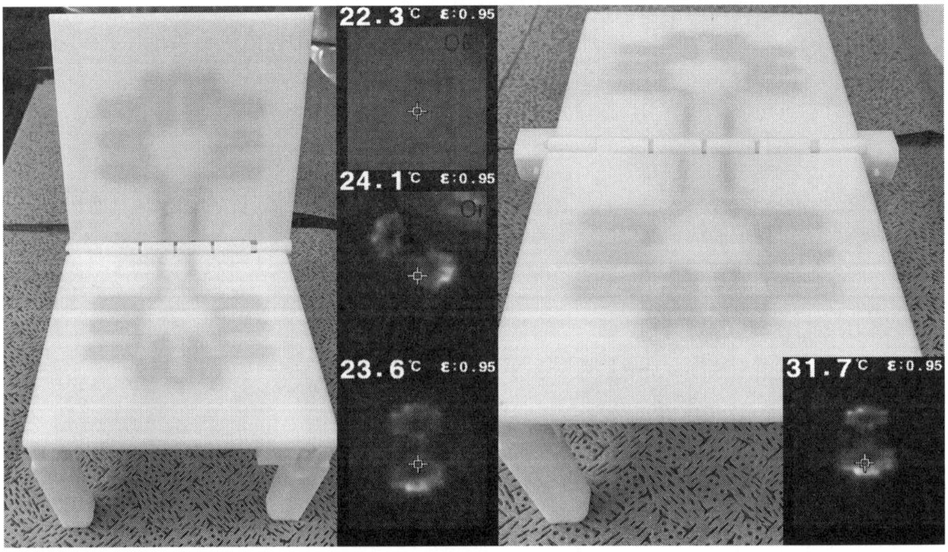

그림 2-7.21 4D(3D/2D) 인쇄 휴대용 접이식 발열 의자 시제품 이미지

3) 4D(3D/2D) 100% 인쇄 발열체 내장형 히터 시제품

FDM 3D 프린터와 디스펜서 공정을 통해서 제작을 진행하였으며, 아래 그림 2-7.22을 통해서 인쇄 공정을 확인할 수 있습니다.

최종적으로 4D(3D/2D) 100% 인쇄 공정을 통해서 발열체 내장형 히터 시제품을 개발하였습니다. [그림 2-7.23 참조]

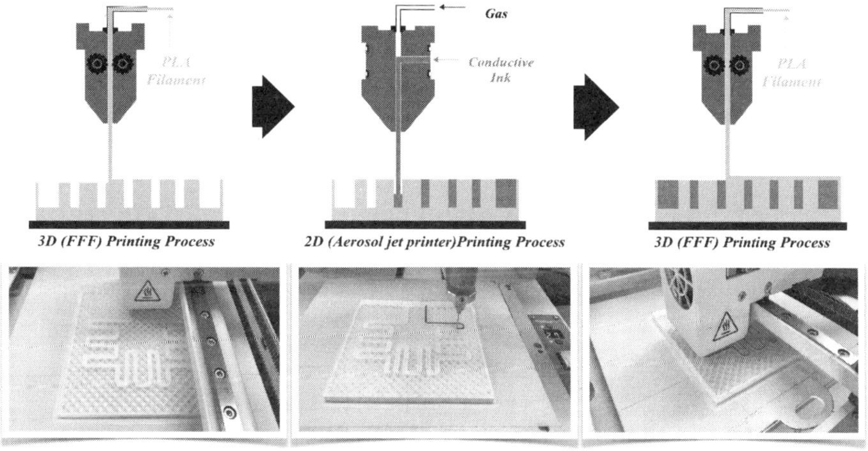

그림 2-7.22 발열체 내장형 히터 제작 공정도 및 인쇄 이미지

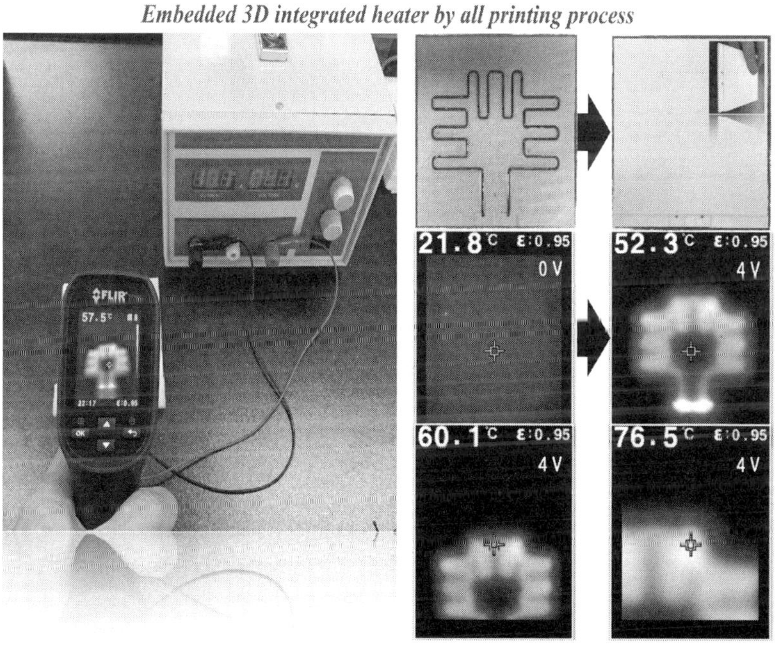

그림 2-7.23 4D(3D/2D) 인쇄 발열체 내장형 히터 시제품 및 측정 이미지

4. LED 내장형 디지털 사이니지

4-1. 4D(3D/2D) 프린팅 인쇄 방법을 이용한 LED 내장형 디지털 사이니지 정의

4D(3D/2D) 프린팅 인쇄 방법을 이용한 LED 내장형 디지털 사이니지 (Embedded LED Digital Signage)는 저항, 배선 및 LED chip이 내장되어 있어서 기존 광에 의한 LED, 저항 및 배선 등에 데미지가 가지 않아서 기존 LED 노출형 디지털 사이니지 보다 안정성이 우수한 특성을 보이며, 또한 100% 인쇄 방법을 통해서 제작되기 때문에 다양한 형태 변형이 가능하여, 그 응용 분야가 매우 광범위할 것으로 보입니다.

4-2. 4D(3D/2D) 프린팅 인쇄 방법을 이용한 LED 내장형 디지털 사이니지 인쇄 공정도

FDM 3D 프린팅 방법을 이용하여 3차원 형상을 제작 후, 제작된 3차원 형상에 2D 인쇄 방법인 에어로졸 디스펜서를 사용하여 저항 및 배선을 인쇄, 인쇄된 패턴에 LED chip을 본딩 후 다시 FDM 3D 프린팅 공정을 통해서 LED 내장형 디지털 사이니지를 아래 그림과 같은 제작 공정을 통해서 제작하였습니다.

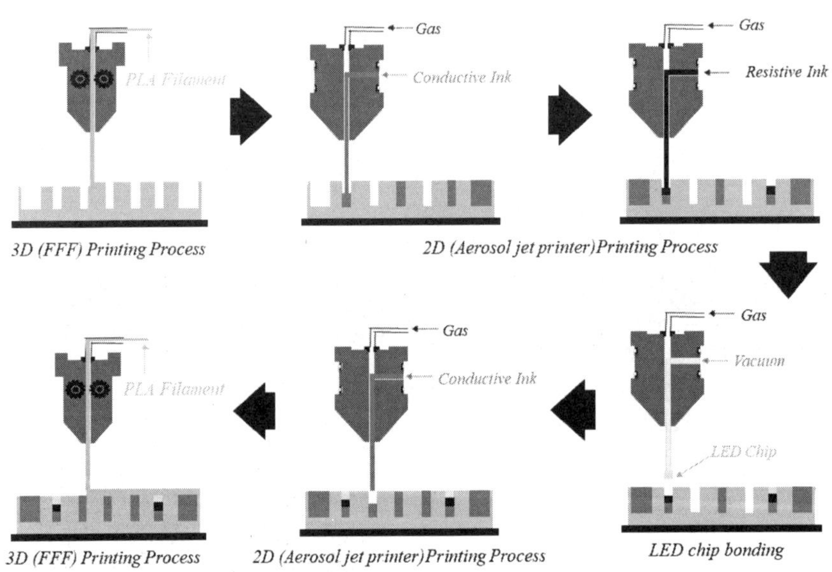

그림 2-7.24 4D(3D/2D) 프린팅 공정을 이용한 LED 내장형 디지털 사이니지 제작 공정도

표 2-7.2 LED 내장형 디지털 사이니지 제작 순서

1)	도면 설계
2)	FDM 3D 프린터를 이용하여 **3차원 형상** 인쇄
3)	인쇄된 3차원 형상에 2D 인쇄 방법을 이용하여 **저항** 인쇄
4)	2D 인쇄 방법을 이용하여 **실버 (+) 전극** 인쇄
5)	2D 인쇄 방법을 이용하여 **절연층** 인쇄
6)	2D 인쇄 방법을 이용하여 **실버 (-) 전극** 인쇄
7)	디스펜서를 사용하여 LED chip **본딩**
8)	FDM 3D 프린터를 이용하여 cover layer 인쇄
9)	**완제품** 제작 완료

4-3. 3D / 2D 인쇄 장비

3D 프린터는 대건테크에 MYD S140 FDM 3D 프린터를 사용하여 노즐 온도 210도에서 50mm/s 인쇄 속도를 통해서 3차원 형상에 사이니지 형상을 제작하였습니다.

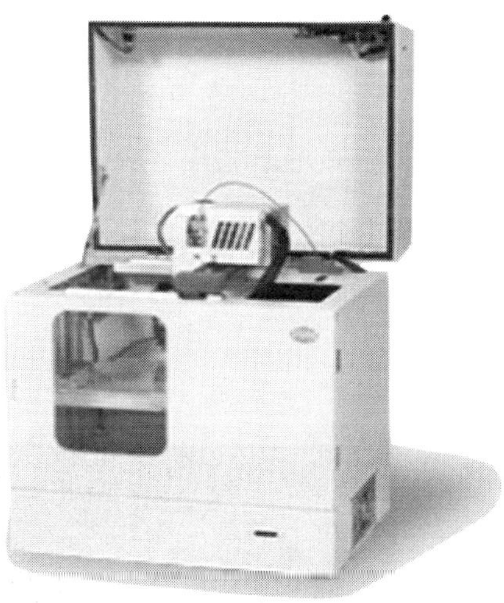

System description	
Jetting methode	FFF (Fused filament Fabrication)
Materials	PLA, PETG, TPU
Nozzle size	0.4mm
Printing Area	140×140×160mm
Layer thickness	0.12~0.24mm
Accuracy	±0.2mm (±200um)
Printing speed	30 ~ 150mm/s

그림 2-7.25 FDM 3D 프린터 [대건테크 MyD S140]

제작된 3차원 형상의 사이니지에 무사시 디스펜서를 이용하여 전도성 실버 잉크과 카본 잉크를 다양한 속도와 공압을 통해서 최상에 인쇄 조건을 확인 후 전도성 라인과 저항 그리고 절연층까지 인쇄하여 최종적으로 사이니지를 제작 하였습니다.

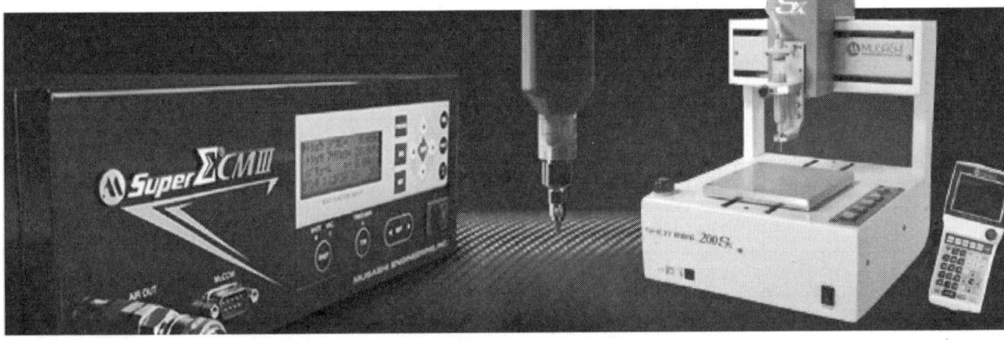

System description			
Method	Air pulse	Channel	100[CH]
Jet pressure	ON : 30~500 kPa OFF : 30~500 kPa	Jet time	ON: 0.02~9999.99 s OFF: 0.02~9999.99 s
Jet size	300×300×100mm	Vacuum pressure	0.0~20.0kPa

그림 2-7.26 무사시 디스펜서

4-4. 3D / 2D 인쇄 재료

FDM 3D 프린터에 재료는 PLA (Polyatic acid), ABS (Acrylonitrile butadiene styrene) 2가지가 있으며 본 연구에서는 PLA를 통해서 LED 내장형 디지털 사이니지에 본체로 사용하였습니다. 또한 2D 프린팅 재료로는 전도성 라인으로 전도성 실버 잉크를 사용하였으며, LED에 저항체 잉크로는 카본 잉크를 사용하여 제작을 진행하였습니다.

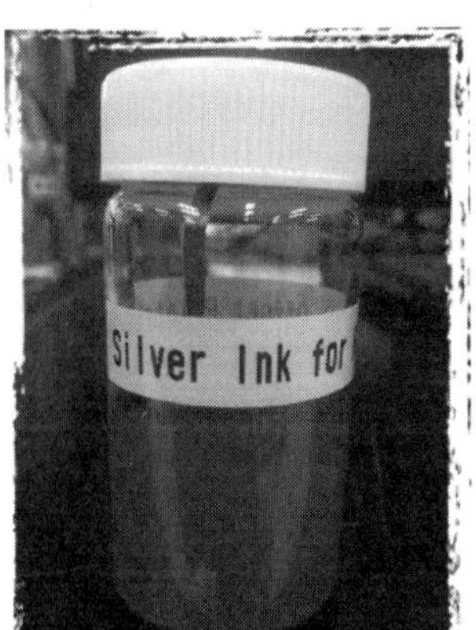

Model	PAP3N3
Contents	87wt%
Ag Pigment	50~200nm
Drying	100~200℃
Application	Screen
Typical Resistance	2~3

전도성 실버 잉크

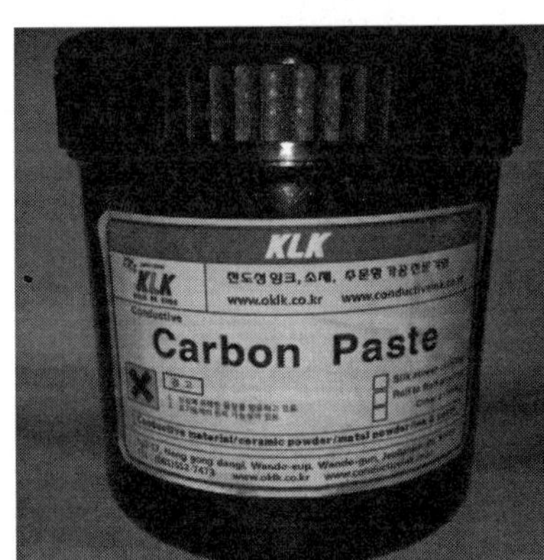

저항체용 카본 잉크

그림 2-7.27 무사시 디스펜서용 전자 잉크

4-5. LED 내장형 디지털 사이니지 제작 공정

LED 내장형 디지털 사이니지 제작은 FDM 3D 프린터를 통해서 3차원 형상을 제작 후 디스펜서를 통해서 저항 및 (+)전극을 카본 및 전도성 실버 잉크를 이용하여 인쇄합니다. 인쇄된 전극층 위에 동일한 인쇄 방법을 통해서 절연층을 인쇄 후 다시 (-)전극 인쇄를 통해서 3층 인쇄를 진행합니다. 마지막으로 LED Chip을 디스펜서를 통해서 마운팅 한 후 다시 Cover layer를 FDM 3D 프린터를 통해서 최종적으로 LED 내장형 디지털 사이니지를 제작하였습니다.

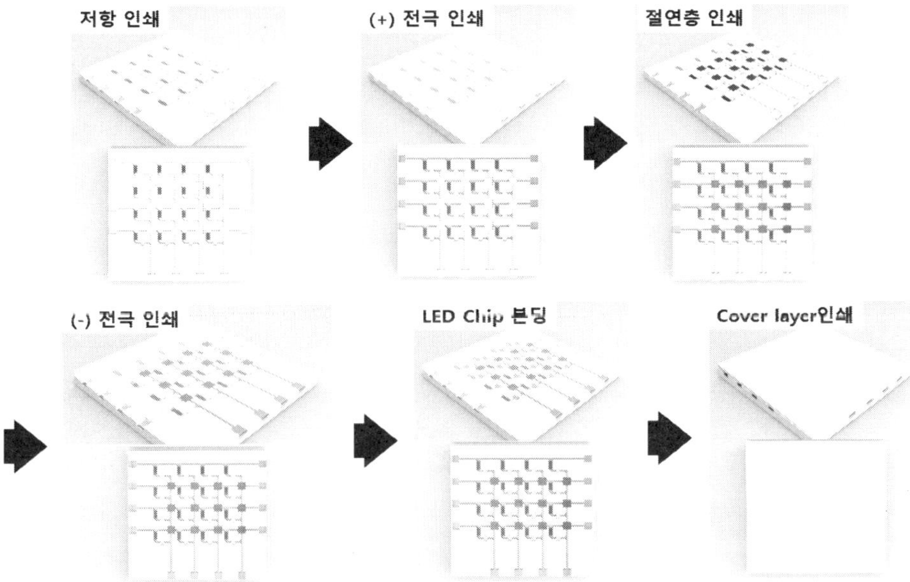

그림 2-7.28 LED 내장형 디지털 사이니지 제작 공정도

4-6. LED 내장형 디지털 사이니지

아래 그림과 같이 4D(3D/2D) 프린팅 방법을 이용하여 최종적으로 LED 내장형 디지털 사이니지를 제작하였습니다. 제작된 사이니지는 4×4 형태로 다양한 형태에 아직까지 표현되는 기호는 적지만 추후 8×8 이상에 사이니지 제작을 통해서 글자까지 표현할 수 있는 사이니지 제작이 가능할 것으로 보입니다.

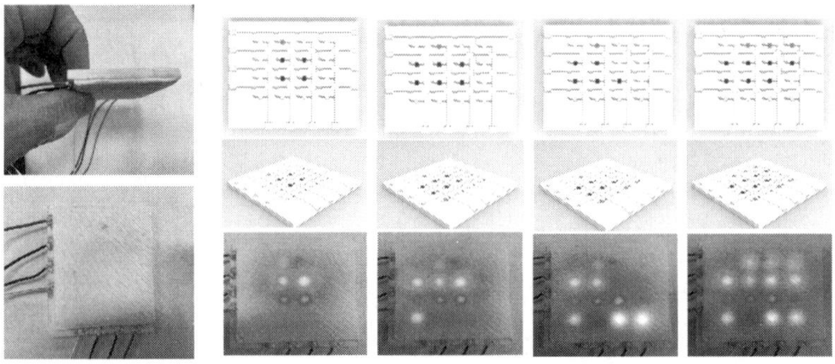

그림 2-7.29 내장형 LED 디지털 사이니지

내장형 LED 사이니지는 저항, 배선 및 LED chip이 내장되어 있어서 기존 노출형 디지털 사이니지 보다 안정성이 매우 우수할 것으로 판단되며, 또한 100% 인쇄 방법을 통해서 제작되었기 때문에 다양한 형태 변형이 가능하여 그 응용 분야가 광범위할 것으로 보입니다. 더욱이 이러한 4D(3D/2D) 인쇄 공정을 통한 MID(Molded Interconnect Device) 제작 기술은 다양한 형상에 IoT 모듈 제작 가능한 제작 기술로 기대할 수 있습니다.

5. Conclusion

본 장에서는 IoT 모듈 제작을 위한 하이브리드 (3D/2D) 프린팅 장비 및 공정 개발을 통한 국내 기술 확보 하였으며, 또한 4D(3D/2D) 인쇄 방식을 이용하여 완제품 형태의 제품을 100% 인쇄 방식으로 제작할 수 있는 기술 확보하였습니다. 이를 통해서 아래 그림 2-7.30에서와 같이 향후 성능이 우수한 기존 실리콘 기반의 IC, 저항, 센서 등을 MID(Molded Interconnect Device)/4D(3D/2D) 기술을 통해 IoT 모듈 제작이 가능성 또한 확보 하였습니다.

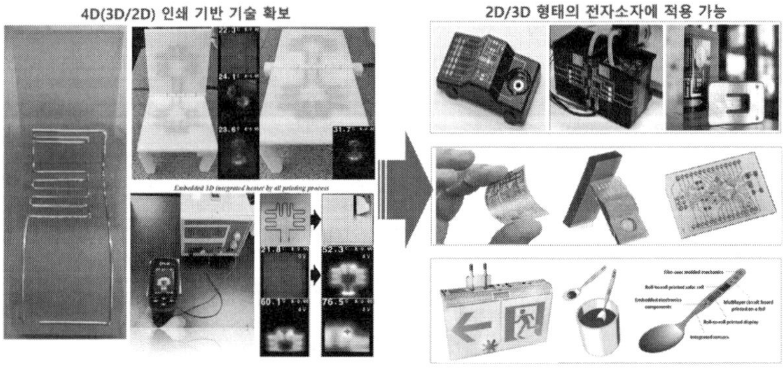

그림 2-7.30 4D/(3D/2D) 인쇄기술 적용 분야 확대

2-8

Laminated Object manufacturing 3D printer

1. 서론

그림 2-8.1 LOM 공정으로 제작된 출력물들의 모습

판재 적층 방식(Laminated Object Manufacturing, LOM)은 Helisys사에서 개발한 것으로, 플라스틱이나 종이로 된 재료의 층을 열과 압력을 사용해 물체를 3D 형상으로 적층하는 공정이다(그림 2-8.1). 주로 생산이 아닌 신속한 프로토타이핑 공정에 주로 사용되는 공정으로 저렴하고 빠른 제작이 가능하다는 장점이 있으나, 잘 알려지지 않은 공정이다.

본 장에서는 LOM 공정에 대해 설명하고, LOM공정을 이용한 인쇄장비에 대해 설명하고자 한다.

2. LOM 공정

그림 2-8.2는 LOM 공정의 개략도로 인쇄 원리는 다음과 같다. 먼저, 접착제가 코팅된 시트 형태의 재료가 가열된 롤러를 통해 공급되어 베드에 붙여지면, 레이저가 모델의 단면의 한 층의 모양대로 잘려지면서 필요 없는 부분은 제거된다. 이렇게 적층된 베드는 아래로 내려가고, 새로운 재료가 베드의 출력물 바로 위에 올려지면서 재료가 모델과 붙여지면 위의 과정을 반복해 형상을 제작한다.

이 방식은 분말 소결 방식(PBF)와 유사하다고 느낄 수 있으나, LOM 공정은 재료가 분말이 아닌 종이나 플라스틱처럼 박막 형태로 이루어져 있고, 3d 프린팅 후 재료를 출력물에서 분리하는 과정이 좀 더 간편하다는 특징이 있다.

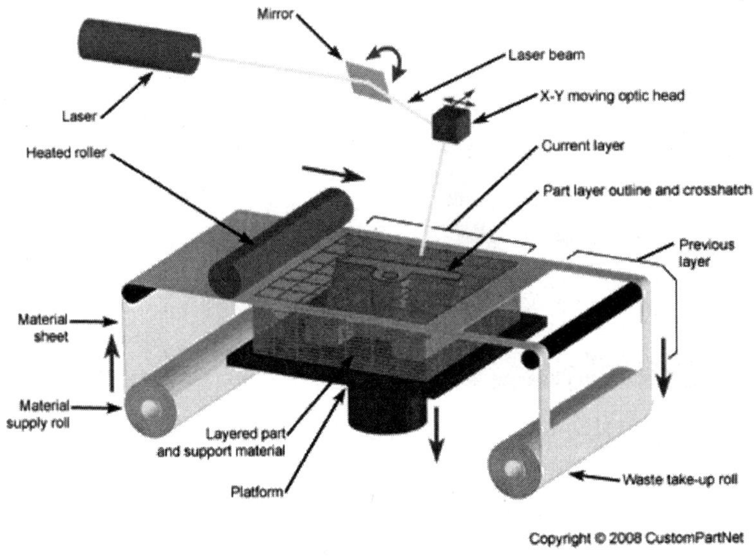

그림 2-8.2 LOM 공정의 개략도

LOM은 인쇄 비용이 저렴하고, 목재 재질 형상을 구현할 수 있으며, 화학 반응이나 열처리 공정이 불필요하다는 장점이 있다. 하지만, 인쇄시 재료(시트)의 소모가 많고, 사용할 수 있는 재료의 종류가 제한되어 있으며, 종이를 사용할 경우 내구성이 약하다는 단점이 있다. 또한 LOM은 적층 방식과 절삭방식이 합쳐진 방식이기 때문에, 절삭방식의 단점인 내부가 비어있는 구조는 출력 불가능하다는 단점을 가지고 있다.

그림 2-8.3 Helisys사의 Solidimension SD 300

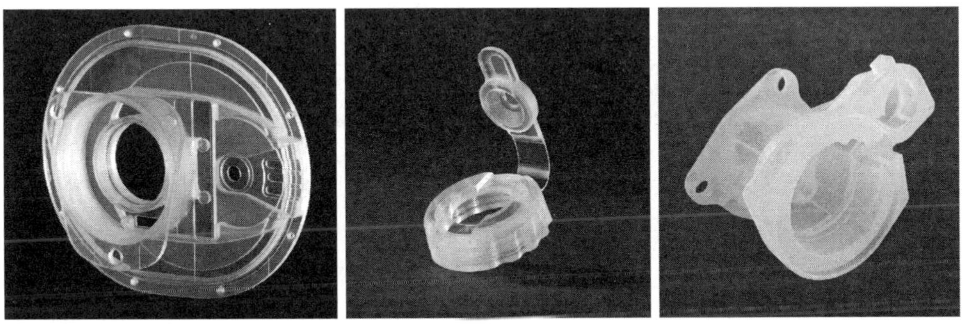

그림 2-8.4 Solidimension SD 300으로 제작한 출력물들의 모습

그림 2-8.3은 Helisys사에서 제작한 LOM 3D 프린터의 모습이다. PVC 플라스틱 시트를 재료를 사용하는 3D 프린터로, 그림 2-8.4처럼 실제 플라스틱 부품과 비슷한 출력물을 빠르게 제조할 수 있다.

3. SDL 공정

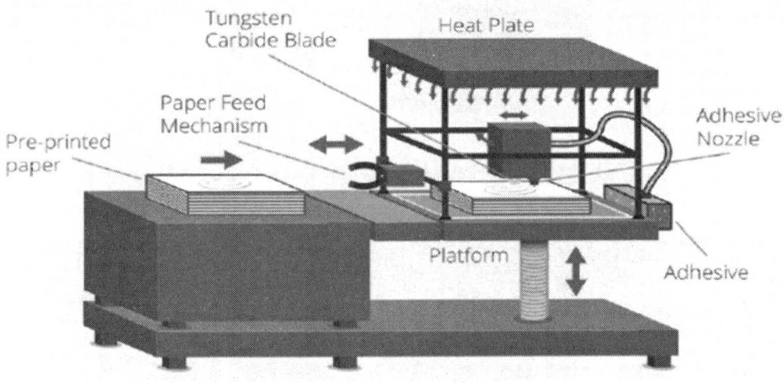

그림 2-8.5 SDL 공정의 개략도

선택적 박막 적층(Selective Deposition Lamination, SDL) 공정은 잉크젯 프린터로 출력된 종이들을 겹쳐서 만들어내는 방식이다. Mcor Technologues에서 고안한 방식으로, 공정과정은 그림 2-8.5에 나온 것처럼 제품을 미리 인쇄해놓고 한 층씩 올려 접착제를 도포하고 열을 가해 접합시킨 다음 칼날로 종이의 모양대로 잘라내기를 반복해 3D 형태의 출력물을 제작하는 방식이다.

그림 2-8.6 Mcor사의 ARke

그림 2-8.6은 Mcor의 SDL 3D 프린터 ARke로 풀컬러로 출력이 가능한 데스크탑 3D프린터다. ARke로 제작된 출력물을 보면, 종이에 인쇄된 출력물을 이용하기 때문에 결과물이 실제 제품과 거의 흡사한 퀄리티를 가진다는 것을 알 수 있다(그림 2-8.7). 또한, 시중에서 쉽게 구할 수 있는 복사용지를 이용한 프린팅 방식이기 때문에 재료 수급이 어렵지 않다는 장점이 있다.

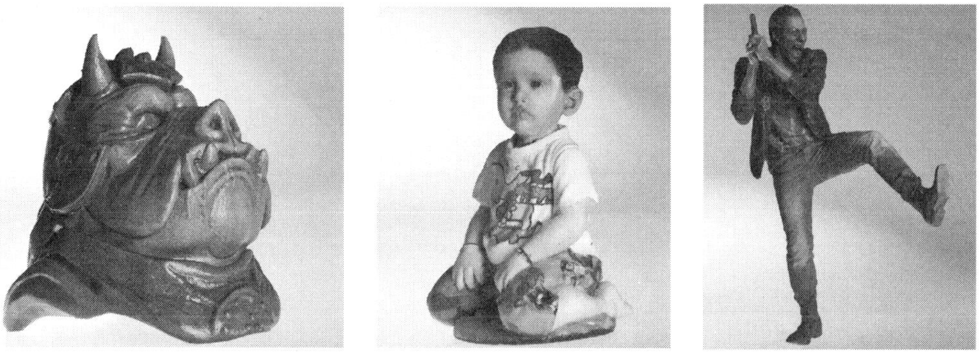

그림 2-8.7 ARke로 제작된 출력물의 모습

4. 요약

본 장에서는 LOM 공정의 정의와 장단점에 대해 다루었다. LOM은 생소한 공정이라 널리 알려지지는 않았으나, 적은 제조비용과 단순한 제조 공정으로 빠른 시제품 제작에 있어 유리한 공정이라 할 수 있다. 또한 화학반응이 없기 때문에 밀폐된 챔버를 필요로 하지 않아, 사무실 등의 공간에서도 편리하게 사용할 수 있다는 장점이 있다. 향후 LOM 공정에 대한 관심이 많아지면서, 기술의 발전이 이루어지기를 바란다.

5. 참고문헌

[1] Sculpteo

[2] CustomPartNet

[3] XYZist

[4] 3dprinterstore

2-9 Housing 3D printer

1. 서론

1-1. 기술의 정의

3D 프린팅 기술은 실계 데이터에 따라 액체·파우더 형태의 폴리머(수지), 금속 등의 재료를 가공 및 적층 방식으로 쌓아올려 3차원 형상의 조형물을 제조하는 장비를 통해 레이저와 파우더 재료를 활용하여 신속 조형하는 기술이며, 기술적 의미는 Rapid Prototyping(RP)에서 유래되었다.

기계가공 및 레이저를 이용하여 자르거나 깎는 방식으로 조형물을 생산하는 절삭가공(Subtractive Manufacturing)과 반대되는 개념으로 공식적인 기술 용어는 적층 가공 (Additive Manufacturing)이다. 3D 프린팅 기술은 적층 방식과 재료에 따라 표 2-9.1과 같이 구분할 수 있다.

표 2-9.1 적층방식 및 재료에 따른 3D 프린팅 기술 구분

적층방식 \ 재료		폴리머(수지)	폴리머 · 금속	Paper(Film)	금속
Extrusion(압출)		–	FDM(FFF)	–	–
Jetting (분사)	Material	MJM, Polyjet	–	–	–
	Binder	3DP(파우더)	–	–	–
액체 Light Polymerised		SLA, DLP	–	–	–
고체 Granular Sintering (Melting)		–	SLS, SHS	–	DMLS, SLM EBM(티타늄 전용)
Dircted Energy Deposition					DMD(DMT)
Wire(인발)		EBF³	–	–	–
Sheet Lamination		–	–	LOM	–

적층 방식은 압출, 잉크젯 방식의 분사, 광경화, 파우더 소결, 인발, 시트 접합 등으로 구분하며, 활용 가능한 재료로는 폴리머(수지), 금속, 종이, 목재, 식재료 등으로 분류된다.

3D 프린팅 기술 및 정의는 표 2-9.2와 같다.

표 2-9.2 3D 프린팅 기술 및 정의

적층방식	기술명	정의
Extrusion(압출)	FDM (Fused Deposition Modeling)	• 가는 실(필라멘트) 형태의 열가소성 물질을 노즐 안에서 녹여 얇은 필름형태로 출력하는 방식으로 적층 • 노즐은 플라스틱을 녹일 수 있을 정도의 고열을 발산하며 플라스틱은 상온에서 경화
Jetting(분사)	MJM (Multi Jetting Modeling)	• 프린터 헤드에서 광경화성 수지와 WAX를 동시분사 후, UV Light로 고형화하는 방식으로 적층 • 광경화성 수지는 모델의 재료이며, WAX는 지지대로 사용
	Polyjet	• 광경화와 잉크젯 방식의 혼합 • 이스라엘의 Objet에서 개발(현재 Stratasys에 인수)
	3DP (3 Dimensional Printing)	• 노즐에서 액체 상태의 컬러 잉크와 경화물질을 분말원료에 분사하는 방식으로 적층
액체 Light Polymerised	SLA (Stereo Lithography Apparatus)	• 액체 광경화성 수지가 담긴 수조 안에 저전력 · 고밀도의 UV 레이저를 투사하여 경화시키는 방식으로 적층 • 조형판 위에 지지대(받침대)를 조성하고 조형하고자 하는 모델의 아랫부분부터 경화 · 적층
	DLP (Digital Light Processing)	• 액체 상태의 광경화성 수지에 조형하고자 하는 모양의 빛을 DLP(Digital Light Projector)에 투사하여 적층 • 프로젝터에서 나온 이미지를 마스크 단위(2차원)로 투사
고체 Granular Sintering (Melting)	SLS (Selective Laser Sintering)	• 베드에 도포된 파우더(분말)에 선택적으로 레이저를 조사 · 소결하고, 파우더를 도포하는 공정을 반복하여 적층
	SLM (Selective Laser Melting)	• 도포된 금속 파우더에 선택적으로 고출력 Ytterbium–Fibre 레이저를 조사하여 용융시키는 방식으로 적층 • 금속 파우더가 용융되는 동안 산화 방지를 위해 불활성 가스(아르곤, 질소)가 챔버 내에 공급
	EBM (Electron Beam Melting)	• 고진공 상태에서 전자 빔을 활용하여 금속 파우더를 용해하는 방식으로 적층
Dircted Energy Deposition	DMD (Direct Metal Deposition)	• 지지대 역할 금속 포면에 고출력 레이저 빔을 조사하여 일시적으로 용융풀을 생성하고, 여기에 금속 분말을 공급하여 클래딩 층을 형성(DMT로도 알려짐)
Wire(인발)	EBF3(Electron Beam FreeForm Fabrication)	• 와이어 형태의 금속 원료에 전자빔을 조사시켜 경화시키는 방식으로 적층 • NASA의 Langley Research Center에서 개발 주도
Sheet Lamination	LOM(Laminated Object Manufacturing)	• 모델의 단면 형상대로 절단된 접착성 종이, 플라스틱, 금속 라미네이트 층 등을 접착제로 접합하여 조형

1-2. 기술의 시장 추세

그림 2-9.1처럼, 2020년 세계 인구는 82억 명에 도달(UN, 2006)하고, 세계건설시장은 2020년 12.7조 달러로 예상된다. 2050년까지 10만 명 규모의 도시 1만 4천개 조성이 전 세계적으로 필요하며, 시장규모는 1,000조 달러로 예상되고 있다. 때문에 도시성장에 따른 환경 문제점을 해결하기 위해 건축도시 분야에서 지속가능개발을 위한 창의적 원천기술 개발이 필요하다.

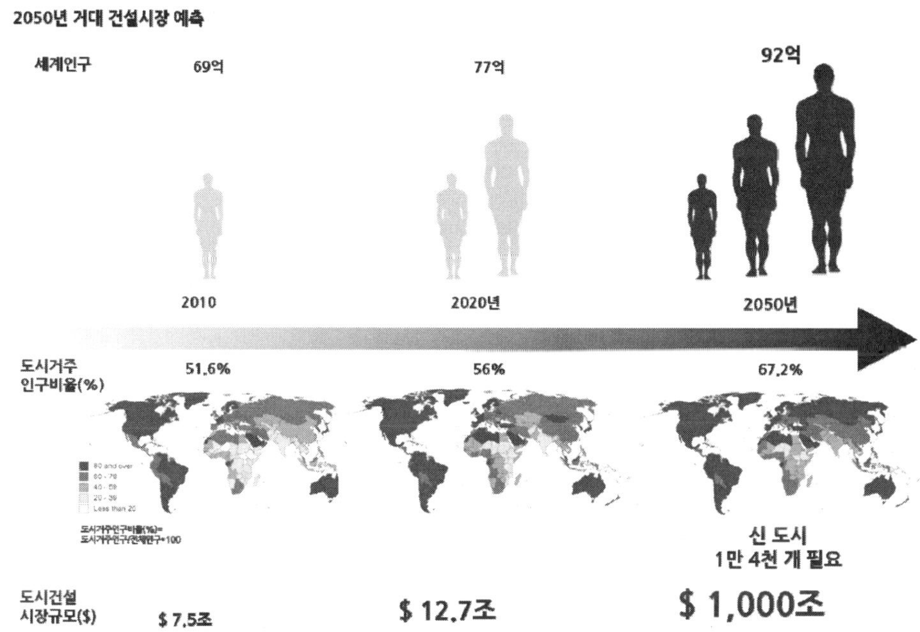

그림 2-9.1 2050년 건설시장 및 도시거주인구비율

에너지 과소비 및 폐기물이 대량 발생되는 건설시장 내의 한계점을 극복하고, 지속가능, 친환경, 에너지 자립 등이 글로벌 건설시장 점유율을 높이기 위한 새로운 패러다임으로 나타난다. 이에 따라, 기후/인구/사회학적 환경변화 대응, 에너지의 생산/소비 균형, 폐기물 배출과 재사용/재활용 순환, 이산화탄소 배출과 흡수 순환 등의 핵심기술개발을 위해 건설 및 3D 프린팅 기술간의 융복합 건축상품(기술)이 필요하다.

건설 산업에서 건축양식에 대해 살펴보면, 그림 2-9.2에 나와있는 것처럼 1900년대 이전은 '정형과 비정형의 조화', 1900~2000년대는 '극단적 정형 및 효율성 추구', 2000년대를 넘어오면서부터는 '극단적인 비정형 건축'으로의 시대적 변화가 파악된다.

그림 2-9.2 시대흐름에 따른 건축양식 패러다임의 변화

최근 건설산업에서 비정형 건축물 생산에서 구조부재의 맞춤형 제작 생산, 내외부 마감의 맞춤형 제작 생산, 맞춤형 곡면 노출콘크리트 등에 대한 생산단가 상승, 정밀한 생산방식 필요, 생산의 비효율성 급증 등의 기술적 한계에 도달한 실정이다(그림 2-9.3).

그림 2-9.3 비정형 건축물 생산의 기술적 한계

이에 따라, 비정형 건축물 생산에 직면한 기술적 한계에 대응할 수 있는 새로운 생산체계의 마련으로 건축특화 3D 프린팅 생산플랫폼 개발이 필요할 것으로 판단된다.

복잡하고 다양한 공급사슬 구조인 건설산업에서 건축설계 및 구조, 기계/설비, 실내 마감 등의 연계체계를 구축하여 건축물의 생산프로세스를 통합하고 효율화시키기 위해 3D 프린팅 기술의 이용이 필요할 것으로 판단된다(그림 2-9.4).

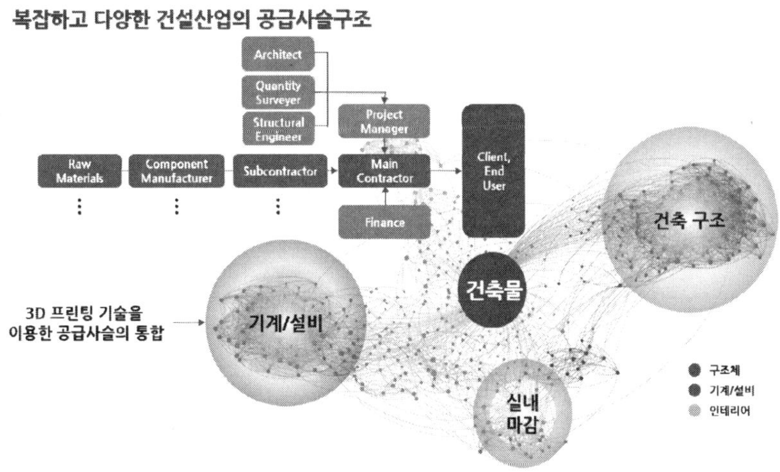

그림 2-9.4 3D 프린팅을 이용한 건설산업 공급사슬 구조 통합개념도

3D 프린팅을 이용하여 건설산업 공급사슬 구조 통합 및 효율화뿐만 아니라, 시장 니즈를 충족시킬 수 있는 다품종 대량생산 체제에 대응하기 위해 3D 프린팅 기술의 활용이 필요할 것으로 판단된다(그림 2-9.5).

그림 2-9.5 3D 프린팅 활용 가능한 건설산업 내 다양한 시장 니즈(Needs)

글로벌 시장별 3D 프린팅 건축 상품(기술) 특성은 다음 표 2-9.3과 같이 구분할 수 있다.

표 2-9.3 글로벌 시장별 3D 프린팅 건축 상품(기술) 특성

시장 구분		주요 핵심기술
기후	열대우림	열대환경 대응기술, 자연보존 기술
	사막기후	자원자립/소비최소화 기술
	극한지방	극한환경 대응기술
경제	선진국	도시재생 신기술
	중진국	도심지 및 낙후지역 특성화 기술
	후진국	신도시 개발 신기술
기타	자원약소국	자원재생기술, 자원생성기술
	환경오염국	CO_2재활용/쓰레기 재활용/고효율 설비 기술
	메가시티	고 인구밀도 분산기술, 능동형 교통체계 기술

영국 시장조사 기관인 「Canalys」에 따르면, 현재 건축분야(3.0%)의 3D 프린터 활용은 매우 미미한 실정이나 역으로 이것이 3D 프린팅 시장으로 확대될 가능성이 가장 큰 분야임은 자명하다. 산업분야별 3D 프린터 활용 현황에 의하면 건축은 전산업분야 중 3.0%를 차지하고 있으며, 현재 시점에서 다품종 소량생산 방식의 기존 타산업 분야와 비교해서 활용도는 작다고 할 수 있으나 성장의 가능성은 크다고 판단된다.

건설산업 내 3D 프린팅을 활용부분은 그림 2-9.6처럼 기존 생산방식과의 융복합을 통해 비정형 설계 상품의 효율적인 구현, 특정 부재 생산에 필요한 공급사슬 통합을 통해 생산기간 단축 및 효율화, 건축 소재 및 부재에 특수기능을 추가하여 새로운 부가가치 창출, 완전히 변화된 새로운 3D 프린팅 건축상품 등으로 예상될 수 있다.

현재 건설산업에서 3D 프린팅 적용 사례를 살펴보면, 대부분 사례가 그림 2-9.7처럼 기초·실험적 수준의 3D 프린팅 기술이 활용/적용되고 있고, 구조체 단위의 3D 프린팅 기술 적용 사례는 기존의 전통적인 건설 생산방식에서 설계, 구조, 재료 등은 유지하며, 단지 생산 수단(tool)만 3D 프린팅 방식으로 전환하는 수준이다.

그림 2-9.8에 나온 것처럼 기존의 Tilt-up Building, Precast Concrete 방식과 비교해보면, 더 낮은 성능/품질, 더 긴 공사기간, 더 높은 비용이 발생되어 품직, 경제성, 생산성 측면에서 우위를 확보하기 힘들기에 건축 상품에 대한 상용화가 어려운 실정이다.

그림 2-9.6 건설산업 내 3D 프린팅 예상 활용부분

그림 2-9.7 건설산업 내 3D 프린팅 사례

그림 2-9.8 3D 프린팅과 유사한 전통 건설기술

2. 국내 · 외 3D 프린팅 건축 논문 동향

3D 프린팅 논문 중에서 건축과 밀접하게 관련된 연구를 필터링하여 표 2-9.4에 나타냈다.

표 2-9.4 주요 3D 프린팅 건축 특허 내용

	저자	게재년도	유형	논문명
국내	서정환, 문성민, 허재명, 신창엽, 홍대희	2014	학술발표	3D 프린터 기술을 이용한 건축 공법 메커니즘 개발
	한나래, 김동현	2014	학술발표	건축물 3D 프린팅을 위한 프린터 규모 및 프린팅 재료에 관한 연구
	최성권	2014	리뷰	3D 프린팅 기술과 건축적 활용
국외	J. B. Gardiner	2011	학위논문	Exploring the Emerging Design Territory of construction 3D printing – project Led Architectural Research
	Cristina Naria Radu	2014	학위논문	How will 3D Printing affect architecture as we know it today?
	Dadi, GB, Taylor, TRB Goodrum, PM, maloney, WF	2014	학술지	Performance of 3D computers and 3D printed models as a fudamental means for spatial engineering information visualization

3D 프린팅 기술의 전체 동향과 비교하였을 때, 건축 분야의 논문은 매우 소수만 진행되고 있다.

국내·외 주요 3D 프린팅 연구는 국내 총 3건, 국외 총 3건 정도이다. 그리고 해당 연구도 주로 2014년에 발표되었던 것으로 미루어볼 때, 3D 프린팅 건축은 최근에서야 관심을 받고 있는 연구라는 것을 알 수 있다.

2-1. 국내

1) 3D 프린터 기술을 이용한 건축 공법 메커니즘 개발

본 논문은 3D 프린터 기술을 이용한 건축 공법 메커니즘을 개발하였다(그림 2-9.9). 건설 현장에서 무거운 건축 자재 운반 및 폐자재 수거 등을 위한 것으로, 멘델형 3D 프린터 방식인 직교좌표 로봇 시스템과 델타형 3D 프린터 방식인 델타로봇 시스템으로 구성되어 있다. 시스템이 건물 프레임에 설치되어 Global moving과 Local moving을 할 수 있도록 두 부분으로 나누어져 있으며,

직교좌표 로봇 시스템은 네모난 건물 모양의 프레임과 볼 스크류로 구성되어 있다.

멘델형 3D 프린터의 장점으로는, x, y 축을 따라 델타로봇을 정밀하게 이동시키고, z 축을 따라 건물 프레임의 상판을 움직여서 Global moving이 가능하다.

델타형 3D 프린터의 장점인 빠른 스피드로 건축 자재를 정확하게 운반할 수 있으며, 심플한 구조로 무게가 가벼워서 엔드 이펙터가 Local 영역에서 자유자재로 이동할 수 있다. 이를 이용하여 건축 자재 운반 및 폐자재를 모으는 역할을 하고 건설 현장에서 무거운 건축 자재 운반 및 폐자재 수거 역할을 통해 건설 자동화와 안전사고를 줄일 수 있도록 설계하였다.

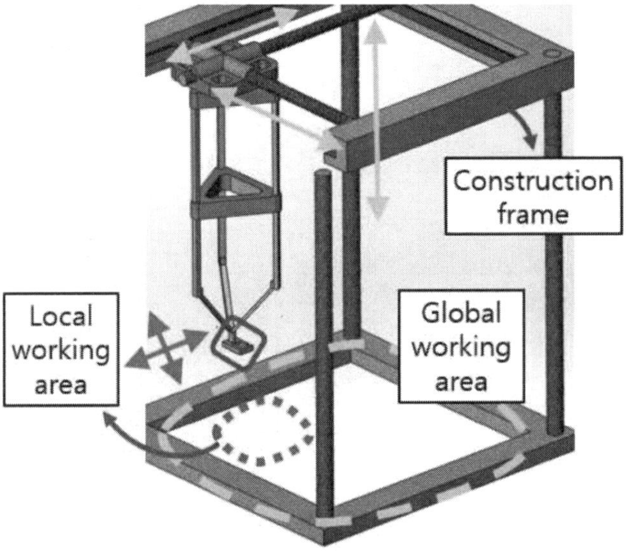

그림 2-9.9 3D 프린터 기술을 이용한 건축 공법 메커니즘

2) 건축물 3D 프린팅을 위한 프린터 규모 및 프린팅 재료에 관한 연구

본 논문은 건축물 형상을 출력할 때 3D 프린터의 기술적인 측면에서 가장 중요한 고려사항인 프린터 규모와 프린팅 재료로 한정하여 연구하였다.

이론고찰 및 사례분석을 통해 현재 건축분야에 적용되고 있는 3D 프린팅 기술의 사례에 대해 조사하고, 건축물 형상의 재현과 프린팅 재료 및 프린터 규모와의 관계를 분석하였다. 이후 실제사례를 재료 및 규모에 따른 항목에 대해 적합 여부를 판별하고 단계별로 분류함. 그리고 각 단계별로 향후 건축물 3D 프린팅의 연구 방향을 분석하였다.

건축물 3D 프린팅의 연구에 있어서 단계를 구분하고 각 단계에서 중요하게 다루어져야 할 기술유형을 제시하되 각 기술유형이 건축물의 형상요소와 어떠한 관계로 연관되어 있는지를 밝혔다. 그리고 각 단계별로 프린터의 재료 및 규모에 한계를 소거하는 기술 개발이 뒤따라야만 3D 프린팅 기술이 건축 생산시스템에 전방위적으로 적용될 수 있을 것이라 발표하였다.

3) 3D 프린팅 기술과 건축적 활용

3D 프린팅 기술이 무엇이며 앞으로 어떠한 분야에 활용 가능성이 있는지를 확인하였으며, 건축 분야에서의 3D 프린팅 기술 활용 현황을 파악하였다

건축분야에서 가장 활발하게 3D 프린팅 기술이 활용되는 부분은 지형지물과 인테리어를 포함한 건축모형 분야임. 과거와 달리 건물의 외형이 비선형적 형식일 경우 3D 프린팅은 가장 빠른 제작 방법이 될 수 있다.

폴리젯(Polyjet) 제작 방식은 잉크젯 프린터 노즐에서 나오는 재료가 자외선에 의해 순간 경화되면서 형상을 조형하는 방식으로 정밀도가 우수한 모형 제작이 가능하지만 단 강도가 약하다는 단점이 있다.

SLA방식은 액상기반의 3D 프린팅 기술로 빛에 반응하는 광경화성 수지에 레이저를 주사하여 경화된 파트를 제작하며, 수작업으로 제작하기에는 거의 불가능한 형상으로 치수 조립 정밀도와 표면조도가 우수하다.

영국 러프버러대(Loughborough University)의 건축학과 Russ Harris 교수는 포스터(Poster) 파트너스 건축사무소와 공동 연구 중에 비정형 건축에 사용될 수 있는 곡면과 크기가 다른 콘크리트 재료의 패널들을 만들었으며, 이는 앞으로 비정형 건축의 패널 제작에 사용될 수 있는 응용기술로 볼 수 있다.

디-셰이프(D-Shape) 프린터를 개발한 Enrico Dini 라는 이탈리아 발명가의 건물 3D 프린터는 사람의 개입 없이도 풀-사이즈 샌드스톤(full-size sandstone) 빌딩을 건축할 수 있다.

컨투어 크라프팅(Contour Crafting) 3D 프린팅 기술은 3D 프린터의 원리로 콘크리트를 분사하여 구조체를 만들고 중간에 로봇기술에 의해 골조나 기타 부속품을 결합해 가며 구조물을 완성하는 방식이다.

2-2. 국외

1) Exploring the Emerging Design Territory of Construction 3D Printing

– Project Led Architectural Research

본 논문은 J. B. Gardiner의 학위논문으로써 건설 산업 내에서 확장되고 있는 3D 프린팅 기술을 소개하고 있음. 건설 3D 프린팅은 건설산업 내에서 상당한 발전을 이끌 수 있으며, 기술의 개발을 위해 상당한 투자가 되어지고 있음. 현재 실제 건물 크기로 만들어낼 수 있는 몇 가지의 사례들이 있다.

중요한 과제는 현장에서의 제조 방법 및 디지털 설계 프로그램과 결합한 건설 3D 프린팅 디자인에 초점을 맞추어 더 상세한 건축의 개발을 통해 건설 3D 프린팅 기술의 한계까지 얻어낼 필요가 있다.

내용은 크게 두 부분으로 나뉘어있으며, 첫 번째 부분은 디자인, 오프 사이트 제작, 디지털 설계 툴, 건설 및 병렬 산업 (항공, 우주, 자동차, 제조, 조선) 내에서 3D 프린팅의 주제에 초점을 맞추고 인터뷰, 현장 방문 및 문헌 고찰을 기반으로 한 배경조사를 제시하였음. 두 번째 부분은 건설 3D 프린팅을 사용하여 제작하는 디자인에 초점을 맞춰 설계한 세 가지 건축 프로젝트의 사례 연구를 제시한다.

이 연구의 목적은 건설 및 연관 산업 내에서 새로운 동향의 주요 현장 조사에 있었으며, 새로운 설계 및 시공 방법을 형성하기 위해 문헌 검토와 현장 조사에를 통한 소개이다.

2) How will 3D Printing affect architecture as we know it today

본 논문은 Cristina Maria Radu의 학위논문으로써 3D 프린터 기술의 배경과 역사에 관한 연구를 하였으며, 전문가의 의견을 통한 미래 비전에 관해 서술하였다.

3D 프린팅 건축은 혁명적이며 비정형적 구조가 가능해질 것이라고 하였으며, 그 형상에는 제한이 없기 때문에 건축가에게 완전한 자유를 줄 수가 있게 된다.

그리고 기존의 콘크리트 및 벽돌을 대체하고 에너지 절감을 할 수가 있어서 환경적으로 기여가 가능하고, 시공이 빠르고 정확하기 때문에 매우 큰 잠재력을 가지고 있다.

앞으로는 3D 프린팅을 사용하여 달에 임시 주택을 건설할 수 있으며, 재활용 플라스틱 등을 활용한 건물이나 대량 생산이 가능해질 것이다.

3) Performance of 3D computers and 3D printed models as a fundamental means for spatial engineering information visualization

엔지니어링 정보는 해당 정보의 오류와 누락 등의 잘못된 해석으로 인하여 비효율적인 의사소통이 발생하는 원인이 될 수 있다.

기존에는 건축 도면의 시각화 및 계획을 지원하고 시공을 순차적으로 진행할 수 있도록 하기 위하여 건축 모형을 제공하였음. 그러나 3D CAD 및 빌딩 정보 모델링 기술의 도입 이후 감소하기 시작하였으며, 최근 3D CAD 모델의 프린팅이 가능하게 되었음. 3D 프린팅 모델은 생산성 측면에서 2D 도면과 3D 컴퓨터 소프트웨어를 상회하는 공학의 산물이다.

2-3. 3D 프린팅 건축 관련 논문 시사점

3D 프린터 기술 관련 논문은 SCI 등재지를 기준으로 4건밖에 존재하지 않았음. 미등재지의 경우에는 더 많은 수가 있을 것으로 예상되나 국내 학술지의 조사결과에 미루어 짐작하면 그 수는 미미할 것으로 판단됨. 주요 논문을 살펴보면, 국내 3건, 국외 3건이 존재하였음. 그러나 국내는 학술발표대회 2건에 리뷰논문 1건이었으며, 국외는 학위논문 2건에 학술지 1건이었다. 내용면에서 살펴보면 국내 논문들은 모두 3D 프린팅 기술 현황을 통한 소개가 주 내용이었으나, 국외 논문은 현황을 포함한 주요 건축 활용 기술의 소개를 하고 있다.

3. 유사기술 및 3D 프린팅 적용 건설기술 사례

제품개발 관련 연구 및 제품상용화단계까지 진행 중인 기계, 의료, 항공 등의 분야에 비해 건축 분야는 최근 기초적인 연구개발 및 Mock-up수준의 Test-bed 정도가 진행되는 실정이다. 건축분야에서는 실질적인 상품 생산에 있어서는 제품의 비정형화, 제작환경 여건, 타산업 대비 생산품의 거대화, 제품의 안전성, 기존 공법 및 재료/소재 대비 경제성 및 시공성 등의 타분야와는 상이한 조건을 충족시켜야 하는 어려움이 있다.

3-1. 기초 · 실험적 수준 사례

현재 건설 산업과 관련하여 가장 활발히 적용되는 3D 프린팅 기술 분야는 3D 프린터를 활용한 소형의 건축물 모형 제작이다. 최근 비정형 건축 설계와 관련하여 시도가 많아진 시점에서 소형 목업(Mock-Up) 모델을 통한 사전 프로젝트 시에 3D 프린터를 이용한 건축 모형 제작을 통해 비정형 건축 형태의 복잡하고 정밀한 외형을 빠른 시간 내에 간편하게 제작 할 수가 있으며, 이를 통해 불필요한 시간 및 노동력의 소비와 모델 제작 비용 또한 절감하는 효과가 있다. 2012년 9월, 미국의 메이커봇(Makerbot) 회사에서는 PLA 수지를 사용하여 인쇄할 수 있는 FDM 방식의 MakerBot Replicator 2를 개발하였으며, 미국 백악관의 모형 제작(그림 2-9.10)을 통하여 이 3D 프린터의 성능을 시연하였다.

그림 2-9.10 MakerBot Replicator 2를 이용하여 만든 Mock-Up 백악관

2012년 4월에 스트라타시스(Stratasys) 회사는 즉각적으로 생성된 100가지 이상의 디지털 재료를 비롯한 140가지의 재료 옵션을 통해 제품을 만들 수 있는 Connex 3D 프린터를 사용하여 오브젯 베로 클리어(vero clear)라는 투명재료를 사용해 에펠탑 모형(그림 2-9.11)을 제작하였다.

잉크젯 기반의 오브젯 3D 프린팅 기술을 통해 에펠탑 구조물의 세밀한 틈 사이까지 구현하였으며, 에펠탑이 가지고 있는 구조물의 아주 세밀한 틈 사이에도 불필요한 잔여물을 전혀 남기지 않는 뛰어난 디테일을 보여주었다.

모형의 출력에는 즉각적으로 생성된 100가지 이상의 디지털 재료를 비롯한 140 가지의 재료 옵션을 통해 제품을 만들 수 있는 Connex 3D 프린터를 사용하였다.

그림 2-9.11 3D 프린팅 기술을 통해 제작한 에펠탑 모형

미국의 Steelblue와 Autodesk는 최근 3D 프린터로 출력을 하여 미국 샌프란시스코의 스카이라인(그림 2-9.12)을 미니어처로 만들어내었다.

그림 2-9.12
3D 프린팅 기술로 제작한 샌프란시스코의 스카이라인

제작 시간은 18시간이 걸렸으며, 도시에 변화가 생길 경우에 다시 제작하는 일이 없도록 각 건물은 개별적으로 제작되었다. 의뢰는 부동산 업자인 Tishman Speyer가 의뢰를 하였으며, 기존에 광고용으로 이용하였던 3D 디지털 모델을 사용하여 제작하였다. 모델은 1:1250의 스케일로 만들어졌으며, 이 스카이라인 모델의 규모는 가로세로 6 feet 정도의 크기로 제작되었다.

Steelblue의 사장인 O'Brien Chalmers가 답변한 인터뷰에서는, 이 스카이라인 모델은 퍼즐 조각처럼 완벽히 맞도록 3D 프린팅 출력을 하였으며, 이토록 상세한 건물들을 제작할 수 있다는 것은 매우 많은 이점을 준다고 하였다. 미니어처의 제작은 스트라타시스(Stratasys)의 3D 프린터를 이용하여 제작하였으며, VeroClear 재료를 사용하여 투명하고 광택이 있는 모습으로 만들었다. 최근 중국에서는 중국 내 현존하는 가장 큰 규모의 제단인 천단(天壇)'기년전'의 복제품을 초대형 건축용 3D 프린터를 이용하여 실물 크기로 제작을 하는 작업(그림 2-9.13)을 진행하고 있다.

그림 2-9.13 초대형 3D 프린터를 이용한 중국의 천단 '기년전' 복제 3D 프린팅

2014년 6월, 중국의 3D 프린터 제조사인 Qingdao Unique Products Develop는 중국 칭다오에서 열린 2014 세계 3D 프린팅 기술 산업 컨퍼런스와 전시회를 통해 초대형 건축용 3D 프린터를 공개하였다. '기년전'의 복제품을 제작하기 위하여 6개월의 제작 기간을 거쳐 무게 20톤, 규모는 12 m * 12 m * 12 m의 출력물을 제작 가능한 초대형 3D프린터를 개발하였다. 현재 6 ~ 8개월의 제작 기간 동안 12톤의 콘크리트와 8톤의 신소재 혼합물을 사용하여 바닥넓이 100 m^{2}로 제작할 예정에 있다. 이것은 3D 프린팅 기술로 만들어진 세계에서 가장 큰 구조물이다. 초대형 3D 프린터는 120톤 이상의 무게의 크레인 및 기타 장비를 사용해 조립하였으며, 현재 이 지역의 프린팅 산업단지의 첨단 기술 영역에 배치되어 일반인에게도 공개하게 되었다.

3D 프린팅 조형 기술은 FDM 방식을 이용하게 제작되었고, 출력용 재료는 가볍고 튼튼하면서 내식성이 강한 친환경 소재인 그래핀 유리섬유 강화 플라스틱이 사용되었다.

3-2. 구조체 단위 적용 사례

미국 남부 캘리포니아 대학교(USC)의 'Behrokh Khoshnevis' 교수 연구팀은 기존의 FDM 3D 프린팅 방식을 사용하여, 기존의 미니어처 모형이 아닌 하루 만에 주택(주거공간)을 지을 수 있는 초대형 3D 콘크리트 프린팅 기술인 'Contour Crafting'(그림 2-9.14)를 발표하였다.

그림 2-9.14 캘리포니아 대학교(USC)의 초대형 3D 콘크리트 프린팅 'Contour Crafting' 방식

이 시스템은 산업계에서 널리 사용되는 CAD(Computer-Aided Design)/ CAM (Computer Aided Manufacturing) 소프트웨어로 설계된 3차원 물체 디자인을 3D 프린터를 통해 플라스틱 레이어들로 연속적으로 적층하여 출력하는 쾌속 시작기(Rapid Prototyping Machine)의 개념을 가지고 기존의 3D 프린터를 일정한 비율로 증대하여 제작한 것이다. 규모를 키운 FDM 방식의 3D 프린터로 경화속도를 조절한 콘크리트 모르타르를 적층시켜 거푸집이 없이 기성건축자재를 사용하여 로보틱스 기술과 전통적인 건축법을 융합하여 주거공간을 제작하였다.

건물 규모는 230평방미터이며, 약 20시간 내 주택(주거공간)을 시공하였다. 현재 'Behrokh Khoshnevis'교수의 'Contour Crafting' 방식을 이용한 건축 프로젝트는 NASA의 미항공우주국(NASA)의 도움을 받아 진행 되고 있다. 집의 설치와 해체가 쉬워지고 재료의 재활용이 쉽기 때문에 비용이 적게 든다. 전문가의 조종이 없이 3D 프린터가 자동으로 건물을 만들기 때문에 그림 2-9.15처럼 화성이나 달 같은 우주 공간에서 흔한 재료를 모아 집을 짓는 것도 가능하다.

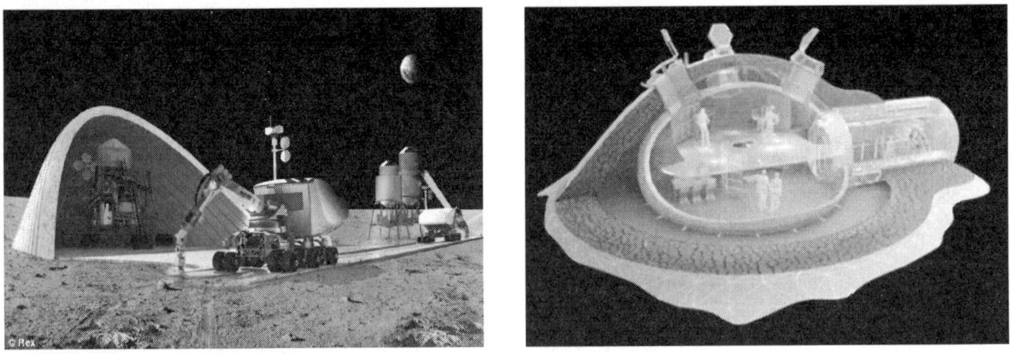

그림 2-9.15 캘리포니아 대학교(USC)가 Contour Crafting을 통하여 건축 중인 모습 예상도

미국의 미네소타 주(州)에 거주하는 안트레이 루덴코는 그가 직접 설계한 3D 프린터를 이용해 약 4개월 동안 본인의 주택 뒷마당에 약 3.6 m 높이의 성(그림 2-9.16)을 제작하였다.

그림 2-9.16 개인이 3D프린팅을 통하여 만든 콘크리트 성

오픈 소스 3D 프린팅 소프트웨어인 렙랩(RepRap) 프로젝트를 이용하였으며, 콘크리트와 모래로 이뤄진 고유 재료를 활용하여 FDM 기법으로 제작하였다. 루덴코가 설계한 이 3D 프린터는 한 층당 가로 30 mm 세로 10 mm의 사이즈로 원료를 압출시켜 조형할 수 있으며 용도에 따라 압출되는 사이즈를 조절할 수 있다. 이 3D 프린터를 이용하여 해당 성 건설에 투자한 시간은 불과 8시간이었다. 루덴코는 본인이 제작한 이 3D 프린터를 소규모의 건축 회사들도 감당할 수 있는 더 작은 사이즈의 제품으로 개선할 예정으로, 제작비용은 30,000 ~ 50,000 달러를 예상하고 있다.

2014년 4월 윈선 장식 디자인 엔지니어링사는 자사에서 제작한 4대의 거대한 3D 프린터를 이용해 기업 본사건물을 10,000 m2에 30일간 프린트하여 세웠다(그림 2-9.17). 윈선 장식 디자인 엔지니어링 회사는 지난 10년 동안 3D 프린팅 기술을 활용한 주택 연구를 해왔으며, 현재 섬유강화석고와 특수유리섬유시멘트 등 건축자재에 대하여 약 77개의 특허를 보유하고 있다. 제작에 사용된 대형 3D 프린터의 크기는 높이 20 feet(약 6.09 m), 가로 33 feet(10.05 m), 세로 132 feet(40.23 m) 가량이다.

기존의 데스크탑톱 3D 프린터와 마찬가지로, 이 건축용 3D 프린터 역시 FDM(Fused Deposition Modeling) 기술을 사용하여 치약 튜브에서 치약을 짜내듯 한 번에 한 층씩 쌓아 올리는 방식(적층 방식)을 택하고 있다. 주택 1채의 모듈의 규모는 15 m * 10 m * 6.5 m이고, 각 섹터별로 제작하여 기존의 프리캐스트 공법과 유사한 방식으로 접합한다. 하루 만에 프린트되는 집들은 약간의 공학적 작업, 배관설비, 전기공사, 냉난방 등은 모듈화를 통해 조립하게 됨. 덕트, 배관, 배선 채널 구조는 프린트가 가능하며. 물, 전력, 히터만 따로 추가하면 금방 들어가서 살 수 있는 집으로 완성된다.

CAD 디자인을 기반으로 하여, 컴퓨터가 3D 프린터의 출력 노즐(extruder)을 조종하여 콘크리트를 적층하는데, 이 콘크리트에는 특별 경화제가 추가돼 있어 각 층이 다음 층을 지지할 수 있을 만큼 단단하게 굳어지게 됨. 회사는 공장에서 건물의 벽들을 각각 3D 프린터로 출력하여 제조한 뒤 건축 현장에서 이들을 한 곳에 조립한다. 윈선 장식 디자인 엔지니어링 회사는 현재 기존 일반적인 주택건설에서 필요한 공사기간은 70% 재료의 60%, 기존 노동력의 80% 정도를 절약할 수 있고, 건축폐기물을 활용하여 시공이 가능하다고 발표하였다. 기존에도 3D 프린팅을 사용해 건축물을 지으려는 시도는 있었으나, 하루 만에 여러 채의 건물을 건설한 건 잉추앙이 처음이었다.

그림 2-9.17 윈선이 공개한 상하이 공업단지 사무실용 건물의 건축 모습

3-3. 기타 3D 프린팅 적용 사례

그림 2-9.18은 건축자자재 결합(Joint) 부위를 3D프린터(SLS, 선택적 레이저 소결 방법)로 제작한 모습이다.

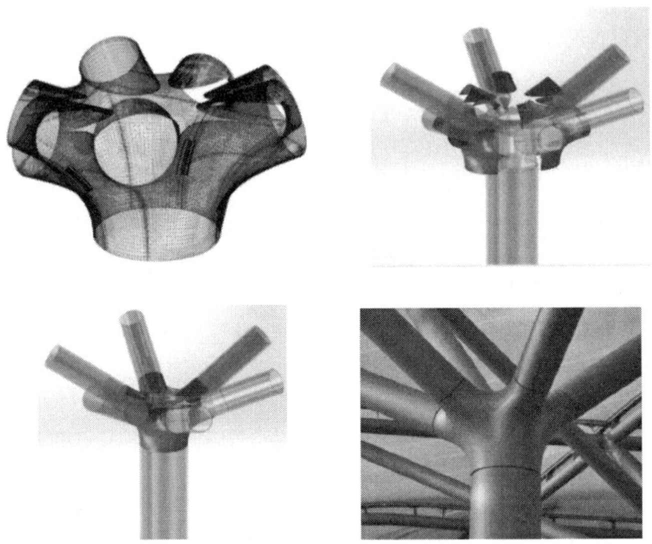

그림 2-9.18 EFTE 플라스틱 캐노피를 지지하기 위한 3D프린팅 건축부재, 영국

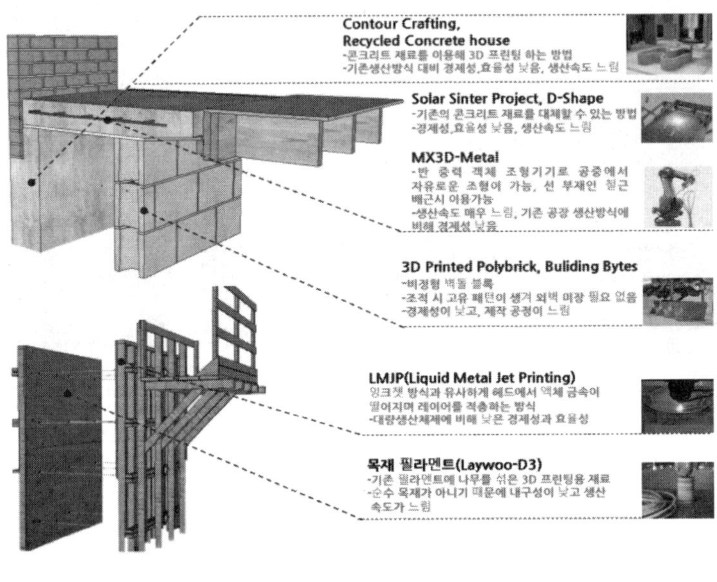

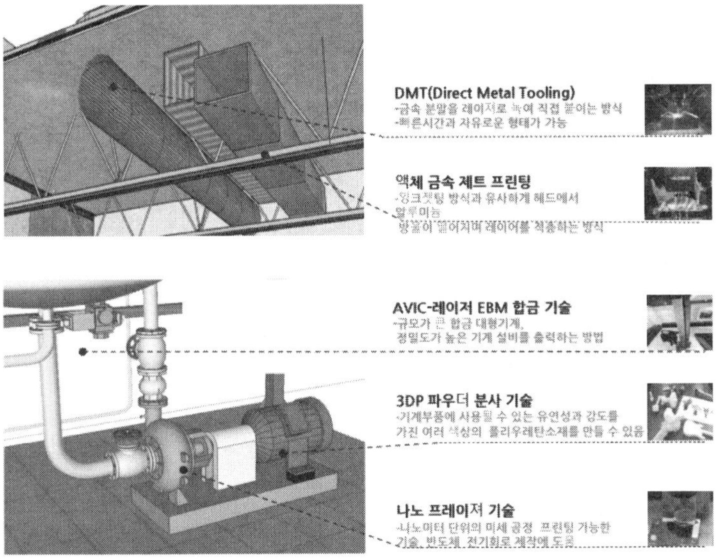

그림 2-9.19 3D 프린팅을 적용한 건축 사례

그림 2 9.20은 글로벌 화학기업 바스프와 독일의 캠퍼밴 제조업체 하이머(HYMER)와 함께 제작한 캠퍼밴 '비전벤처(VisionVenture)'의 모습이다. '비전벤처'는 최고의 편안함을 제공하기 위해 소음과 진동을 방지하는 맞춤형 소재, 그리고 휠 아치 라이닝 (wheel arch lining), 차체 부품, 조명 램프, 손잡이, 고리, 태블릿 거치대 등 100 가지 이상의 내·외부 부품을 3D 프린터로 제작해 탑재하였다. 이런 3D프린팅을 이용한 생산은 단품이나 소량 생산을 위해 이용할 수 있는 신속하고 저렴한 제작 방법이다.

그림 2-9.20 바스프와 하이머가 공동개발한 캠퍼밴 '비전벤처(VisionVenture)'

3-4. 소결

현재 건설산업 내 기업 및 대학 연구진에서 3D 프린팅 기술을 활용이 다양하게 시도되고 있다. 표 2-9.5를 보면, 국외에서는 Mock-up수준의 건축 모형부터 실물규모의 주거공간이 건축되고 있고, 이처럼 이미 국외에서는 3D 프린팅 기술을 적용하여, 건축 상품을 위한 제작하기 위한 기초수준에서 적정수준까지의 기술을 보유하고 있으며, 일부 건설업체는 3D 프린팅 기술을 활용한 실물규모의 주택, 빌라 등을 건설하여 분양사업을 시도하고 있다.

표 2-9.5 국외에서 시도되고 있는 3D 프린팅 건축 유사 사례

연도	국가	기관	성과물	출력 방식	성과물 기술수준		
2010	영국	D-shape	구조체	SLS	사업화	9	
					실용화	8	
						7	
					시작품	6	
						5	
					실험	4	
						3	
					기초연구	2	
						1	
2012	미국	Markerbot	백악관 (모형)	FDM	사업화	9	
					실용화	8	
						7	
					시작품	6	
						5	
					실험	4	
						3	
					기초연구	2	
						1	
2012	미국	Stratasys	에펠탑 (모형)	POLY JET	사업화	9	
					실용화	8	
						7	
					시작품	6	
						5	
					실험	4	
						3	
					기초연구	2	
						1	

연도	국가	기관	성과물	출력 방식	성과물 기술수준		
2012	미국	Stratasys	보스턴 야구장 (모형)	POLY JET	사업화	9	
					실용화	8	
						7	
					시작품	6	
						5	
					실험	4	
						3	
					기초연구	2	
						1	
2012	미국	MIT	거푸집	FDM	사업화	9	
					실용화	8	
						7	
					시작품	6	
						5	
					실험	4	
						3	
					기초연구	2	
						1	
2014	미국	Steelblue	미국 샌프란시스코 스카이라인 (모형)	FDM	사업화	9	
					실용화	8	
						7	
					시작품	6	
						5	
					실험	4	
						3	
					기초연구	2	
						1	
2014	미국	–	건축물	FDM	사업화	9	
					실용화	8	
						7	
					시작품	6	
						5	
					실험	4	
						3	
					기초연구	2	
						1	
2014	미국	빅렙	가구	FDM	사업화	9	
					실용화	8	
						7	
					시작품	6	
						5	
					실험	4	
						3	
					기초연구	2	
						1	

<table>
<tr><th>연도</th><th>국가</th><th>기관</th><th>성과물</th><th>출력 방식</th><th colspan="3">성과물 기술수준</th></tr>
<tr><td rowspan="9">2014</td><td rowspan="9">미국</td><td rowspan="9">University of Southern Calfornia</td><td rowspan="9">Contour Crafting (개발중)</td><td rowspan="9">FDM</td><td>사업화</td><td>9</td><td></td></tr>
<tr><td rowspan="2">실용화</td><td>8</td><td></td></tr>
<tr><td>7</td><td></td></tr>
<tr><td rowspan="2">시작품</td><td>6</td><td></td></tr>
<tr><td>5</td><td bgcolor="gray"></td></tr>
<tr><td rowspan="2">실험</td><td>4</td><td bgcolor="gray"></td></tr>
<tr><td>3</td><td bgcolor="gray"></td></tr>
<tr><td rowspan="2">기초연구</td><td>2</td><td bgcolor="gray"></td></tr>
<tr><td>1</td><td bgcolor="gray"></td></tr>
<tr><td rowspan="9">2015</td><td rowspan="9">미국</td><td rowspan="9">M.I.T</td><td rowspan="9">자가조립 모형</td><td rowspan="9">FDM</td><td>사업화</td><td>9</td><td></td></tr>
<tr><td rowspan="2">실용화</td><td>8</td><td></td></tr>
<tr><td>7</td><td></td></tr>
<tr><td rowspan="2">시작품</td><td>6</td><td></td></tr>
<tr><td>5</td><td></td></tr>
<tr><td rowspan="2">실험</td><td>4</td><td bgcolor="gray"></td></tr>
<tr><td>3</td><td bgcolor="gray"></td></tr>
<tr><td rowspan="2">기초연구</td><td>2</td><td bgcolor="gray"></td></tr>
<tr><td>1</td><td bgcolor="gray"></td></tr>
<tr><td rowspan="9">2013</td><td rowspan="9">중국</td><td rowspan="9">Qingdao Unique Products Develop</td><td rowspan="9">천단 기년전 (모형)</td><td rowspan="9">FDM</td><td>사업화</td><td>9</td><td></td></tr>
<tr><td rowspan="2">실용화</td><td>8</td><td></td></tr>
<tr><td>7</td><td></td></tr>
<tr><td rowspan="2">시작품</td><td>6</td><td bgcolor="gray"></td></tr>
<tr><td>5</td><td bgcolor="gray"></td></tr>
<tr><td rowspan="2">실험</td><td>4</td><td bgcolor="gray"></td></tr>
<tr><td>3</td><td bgcolor="gray"></td></tr>
<tr><td rowspan="2">기초연구</td><td>2</td><td bgcolor="gray"></td></tr>
<tr><td>1</td><td bgcolor="gray"></td></tr>
<tr><td rowspan="9">2014</td><td rowspan="9">중국</td><td rowspan="9">Winsun</td><td rowspan="9">건축물</td><td rowspan="9">FDM</td><td>사업화</td><td>9</td><td></td></tr>
<tr><td rowspan="2">실용화</td><td>8</td><td></td></tr>
<tr><td>7</td><td></td></tr>
<tr><td rowspan="2">시작품</td><td>6</td><td bgcolor="gray"></td></tr>
<tr><td>5</td><td bgcolor="gray"></td></tr>
<tr><td rowspan="2">실험</td><td>4</td><td bgcolor="gray"></td></tr>
<tr><td>3</td><td bgcolor="gray"></td></tr>
<tr><td rowspan="2">기초연구</td><td>2</td><td bgcolor="gray"></td></tr>
<tr><td>1</td><td bgcolor="gray"></td></tr>
<tr><td rowspan="9">2014</td><td rowspan="9">영국</td><td rowspan="9">러프버러 대학교</td><td rowspan="9">콘크리트 패널</td><td rowspan="9">FDM</td><td>사업화</td><td>9</td><td></td></tr>
<tr><td rowspan="2">실용화</td><td>8</td><td></td></tr>
<tr><td>7</td><td></td></tr>
<tr><td rowspan="2">시작품</td><td>6</td><td></td></tr>
<tr><td>5</td><td bgcolor="gray"></td></tr>
<tr><td rowspan="2">실험</td><td>4</td><td bgcolor="gray"></td></tr>
<tr><td>3</td><td bgcolor="gray"></td></tr>
<tr><td rowspan="2">기초연구</td><td>2</td><td bgcolor="gray"></td></tr>
<tr><td>1</td><td bgcolor="gray"></td></tr>
</table>

연도	국가	기관	성과물	출력 방식	성과물 기술수준		
2015	영국	–	모래상자	FDM	사업화	9	
					실용화	8	
						7	
					시작품	6	
						5	
					실험	4	■
						3	■
					기초연구	2	■
						1	■
2013	네덜란드	Leap frog 3D printers	자금성 (모형)	FDM	사업화	9	
					실용화	8	
						7	
					시작품	6	
						5	
					실험	4	■
						3	■
					기초연구	2	■
						1	■
2014	네덜란드	Dutch	건축물	FDM	사업화	9	
					실용화	8	
						7	
					시작품	6	
						5	■
					실험	4	■
						3	■
					기초연구	2	■
						1	■
2014	스페인	IAAC (Advanced Architecture of Catalonia)	건축물	FDM	사업화	9	
					실용화	8	
						7	
					시작품	6	
						5	■
					실험	4	■
						3	■
					기초연구	2	■
						1	■

그러나 대부분의 시도는 FDM 방식으로 이루어지고 있으며, 이 FDM 방식은 출력물의 표면이 고르지 않고, 현재 사용 중인 소재는 일정 수준 이상의 강도를 보장할 수 없기 때문에 당장 실용화가 될 수는 없다 또한, 일부 건설산업에서 시도되는 3D 프린팅 활용 건축물은 단지 내·외부 벽체 단위 모듈 생산 시 3D 프린팅 기술을 적용할 뿐 내부 설비 및 단열 등은 건축물 내 필수요소들에 대한 추가 작업은 기존 모듈러 공법과 생산체계가 동일하다. 이에 따라, 기존 건축방식과의 경제성, 효율성, 생산성 등을 비교에서 실질적으로 성능 및 품질 등이 현저히 떨어져 건축 상품으로써, 글로벌

시장에서의 상용화가 어려울 것으로 판단된다.

그러므로, 이러한 시점에서 온전히 상용화될 수 있는 건축 상품으로써, 건축물 대상 3D 프린팅 기술 개발 및 실용화(사업화) 단계까지 실현된다면 현재 글로벌 건설시장 내 3D 프린팅 기술 및 건축 상품을 선도할 수 있을 것으로 판단된다.

4. 기술개발에 따른 미래상

4-1. 현황 및 미래상

그림 2-9.21은 자연에 존재하는 모델을 본따 설계한 생체 모방(Biomimicry) 사례이다. 뼈의 구조물을 본따 압축강도를 높이거나(그림 2-9.21(a)), 벌집 구조를 적용해 내구성을 높이고(그림 2-9.21(a)), 프린팅 밀도(구조체 강성)을 조정해 부재를 경량화시켜 서비스 면적을 상승시키는 사례를 보여준다(그림 2-9.21(c)). 이처럼 건축 분야에서 생체 모방이 많은 부분에서 연구가 진행되고 있다.

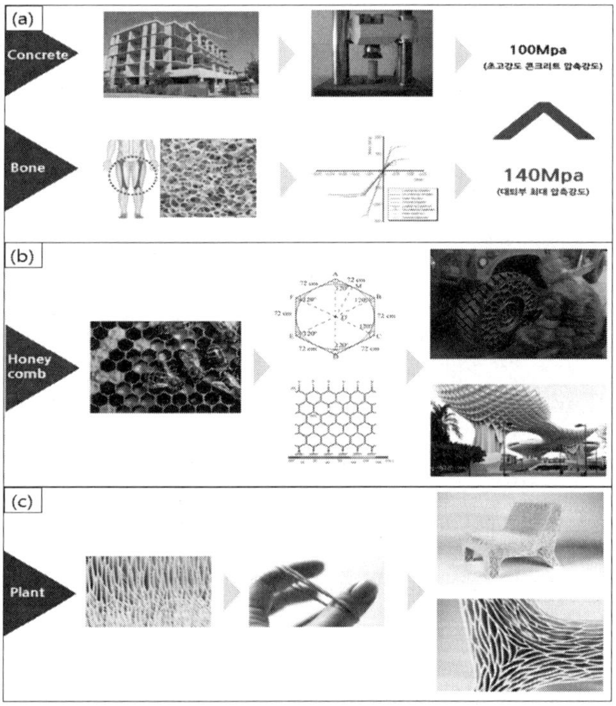

그림 2-9.21 생체 모방 건축 사례

현재 미국, 유럽, 중국 등의 국가에서는 전통적인 건축재료에 기반을 둔 기초적수준의 3D 프린팅 건축상품(소규모 구조체, 특정부위, 인테리어 등)이 연구/개발되고 있고, 최근까지 3D 프린팅 생산체계가 적용되어 경제성, 상품성, 효율성 등이 확보된 상품사례는 존재하지 않는다. 이에 따라, 건설 또는 건축 분야에서 상품의 규모, 형상, 기능 등 종합적/구체적인 건축물 대상 3D 프린팅 기획/설계 및 장비, 소재 연구/개발을 통해 단위모듈 규모의 건축 상품을 생산할 수 있는 플랫폼을 실용화 시켜 글로벌 시장 기술선도와 독점적 시장점유 확보가 가능하다.

그림 2-9.22과 같이 기획/설계된 단위모듈 규모의 건축 상품 생산가능 3D 프린팅 소재 및 장비를 통해 모듈 프린팅 Zone, 모듈 조립 Zone, 완제품 모듈 패키지 Zone, 완제품 모듈 출하 및 선적 Zone과 같은 단위모듈 규모의 건축 상품의 생산 플랫폼까지의 프로세스 및 핵심 기술 개발을 본 연구에서 예상되는 최종성과물이며 미래상이라 할 수 있다. 모듈 프린팅 Zone은 복합소재 동시 프린팅, Spot 또는 Linear Laser melting, 고출력 레이져 및 고온 용광로, FDM 및 SLS 혼용, X · Y · Z축 이동형 또는 틸팅(Tilting) Printing Bed 등의 기술개발이 필요할 것으로 예상된다. 모듈 조립 Zone은 서브모듈 간 접합 및 일체화 거동을 위한 기성품 금속빔(Beam), 고분자 단위의 집착력을 이용한 신개념 접착제, 화학반응 · 고온압착 · 나비장 등 기계적 결속구와 같은 접합/일체화 기법 등의 기술개발이 필요할 것으로 예상된다. 완제품 모듈 패키징 Zone은 접합부의 양생과 함침에 활용될 진공, 온도. 습도 조절이 가능한 Chamber가 가능한 기술개발이 필요할 것으로 예상된다. 완제품 모듈 출하 및 선적 Zone은 상기의 모듈 프린팅 및 조립, 완제품 모듈 패키징까지의 생산공정을 통해 출하된 단위모듈 규모의 건축 상품을 출하 및 선적하기 위한 기성 장비 활용 또는 단위모듈 맞춤형 운반장비 개발이 필요할 것으로 예상된다.

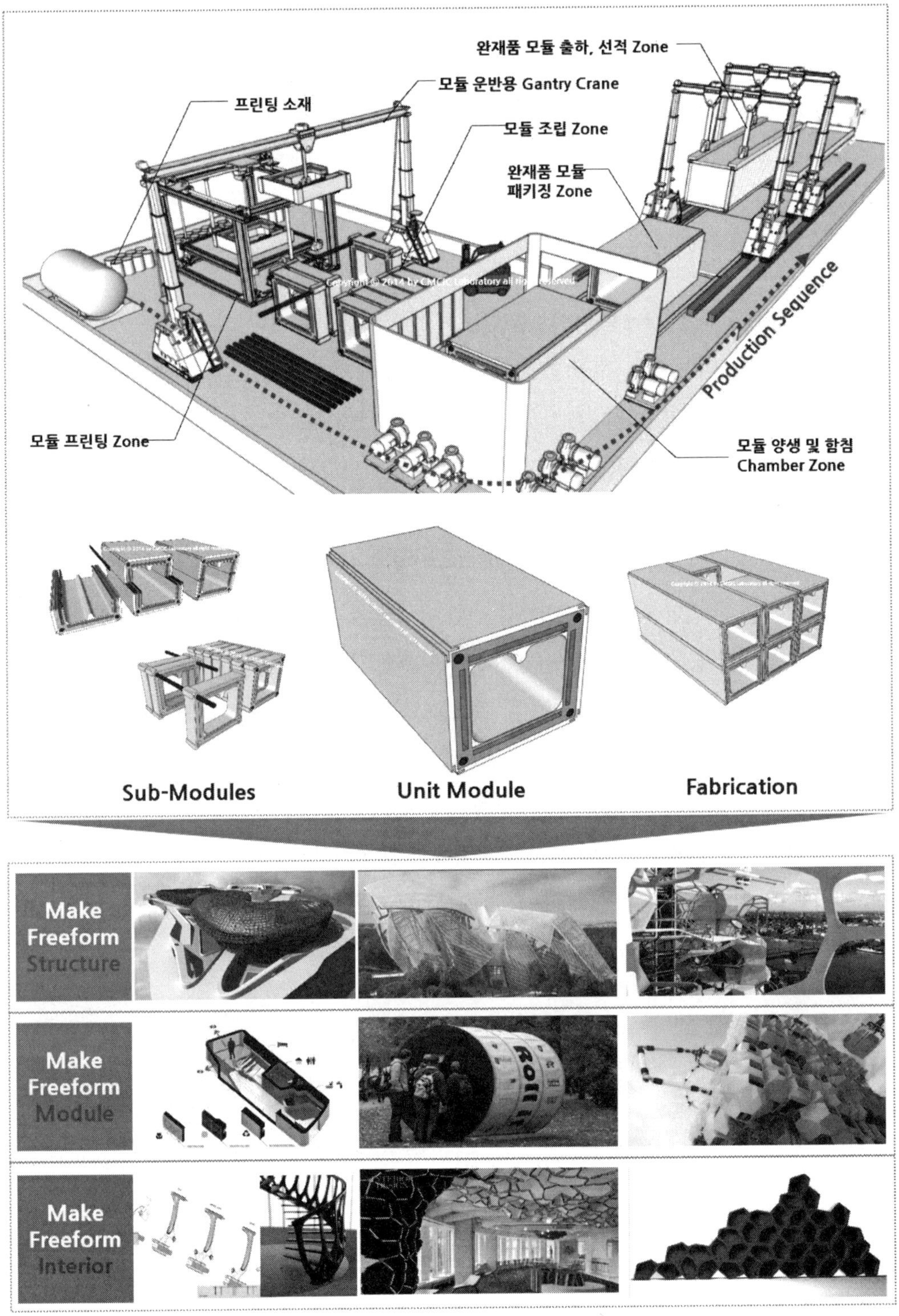

그림 2-9.22 3D 프린팅 건축 기술의 미래상

본 연구의 예상 최종 성과물은 그림 2-9.23에 정리된 것처럼 사용자 니즈(Needs)인 자외선 차단(차양), 층간소음(차음), 지진 대비 안전(내진), 화재 시 안전(내화) 등에 대한 건축물 대상 3D 프린팅 기술개발을 통해 벽체(내·외마감 포함), 바닥(보, 슬라브 등), 내부 인테리어 관련 규모 및 기능적인 한계점을 극복할 수 있는 가변형 건축 상품이다.

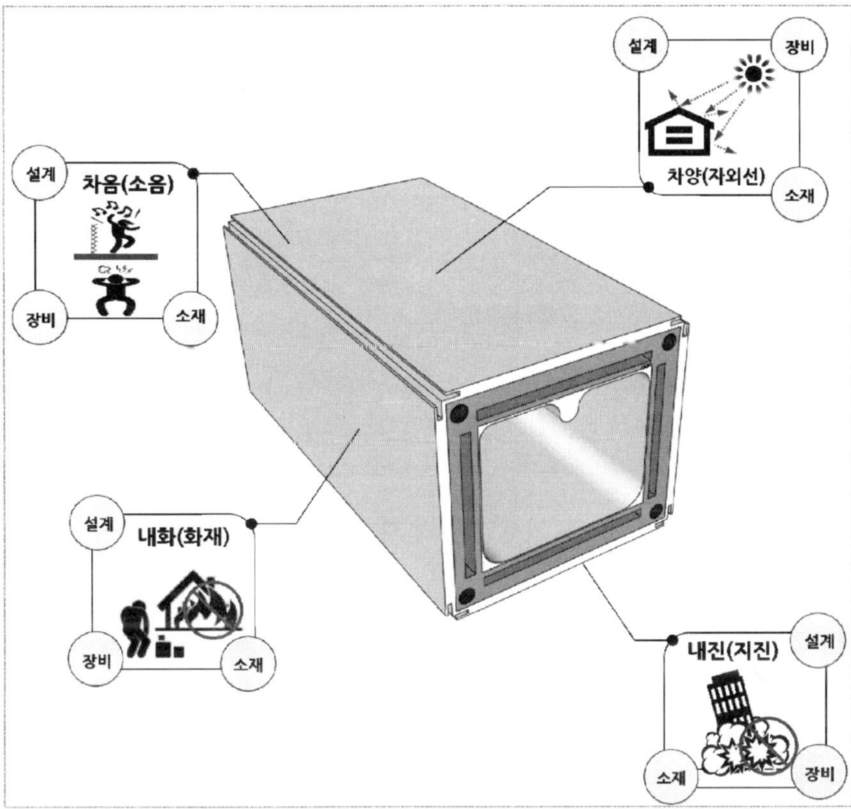

사용자 니즈(Needs) 대응형 규모·기능적 가변성 건축 상품

그림 2-9.23 예상 최종 성과물의 특징

4-2. 기술개발 전략 및 효과

Mckinsey & Company는 3D 프린팅 기술을 산업 근간을 뒤흔드는 12가지 와해성 기술(Distruptive Technology) 중 하나로 지목하였다. 또한 이 기술을 통해 파급되는 경제적 효과는 총 550억 달러로 추정하였다.

와해성 기술: 정치, 경제, 군사, 기타 사회적 측면 등 다양한 분야에서 국가 경쟁력에 위협이 될 수 있거나 혹은 국력 신장에 기여할 정도로 파급효과가 큰 기술을 의미한다. 이는 곧 업계를 완전히 재편성하고 시장 대부분을 점유하게 될 신제품이나 서비스로 이해될 수 있다.

3D 프린팅 기술은 그림 2-9.24처럼 와해성 기술의 기본적 특성 이외에도 일자리에 대한 감소, 직종 감소에 대해 막연한 불안감을 발생시켰으나, 기존 직종이 변화된 비즈니스 모델 변화로 인한 직종 계승 및 직업 수준 향상으로 진행되고 있다.

과거 3D 프린팅 기술의 등장에 따른 불안감은 점차 상쇄되고 산업의 재편과 혁신의 발판으로 이해되고 있으며, 국가전략화, 기업의 혁신 매개로 재평가되는 상황이다.

TED ideas worth spreading — **3D 프린팅 기술로 20억 개 일자리 사라지거나 대체될 것**
'2 billion Jobs to disappear by 2030', 2012, TED Thomas Frey, US

The Economist — **3D 프린팅 기술은 3차 산업혁명의 수단, 다품종 다량생산 체제**
'A third industrial revolution', 2012, The Economist, US

Harvard Business Review — **3D 프린팅 기술은 전통적인 제조방식을 붕괴시킬 것**
'Will 3-D Printing Cause Traditional Manufacturing to Collapse?', 2014, Harvard Business Review, US

theguardian — **3D 프린팅 기술의 발전은 건설분야의 직업을 위태롭게 할 것**
'Jobs of the Future', 2012, The Guardian, UK

McKinsey&Company — **12대 와해성 기술 중 하나, 비즈니스 모델의 변화를 가져올 것**
'Distruptive technologies: Advances that will transform life, business, and the global economy', 2013, McKinsey Global Institute, US

그림 2-9.24 3D 프린팅 기술의 파급효과

건설산업의 경우, 제조업과 다르게 생산규모가 비교할 수 없을 정도로 거대함에 따라, 국가적 차원의 3D 프린팅 기술 도입 전략에서 언급된 사례가 적음. 앞서 사례 조사에서 언급된 바와 같이, 미국, 중국, 영국 등 소수 국가 건설 산업에서 소극적으로 도입되고 있는 상황이다.

3D 프린팅 기술은 다품종 생산, 소비자 지향적, 생산체계의 통합, 생산물의 정확성, 신속성 부분에 가장 큰 강점을 가지고 있음. 건설산업 또는 건설상품의 경우 다품종 소량생산, 복잡한 공급사슬 구조, 생산 채계의 비효율성, 생산기간의 장기화 등 다양한 산업적 특성이 존재한다.

본 장에서는 위와 같은 3D 프린팅 기술의 강점과 건설산업의 약점에 집중하여 건설산업에 미칠 파급효과를 살펴보았으며, 그림 2-9.25에 예상되는 3D 프린팅 기술 도입 시나리오를 고려하였다.

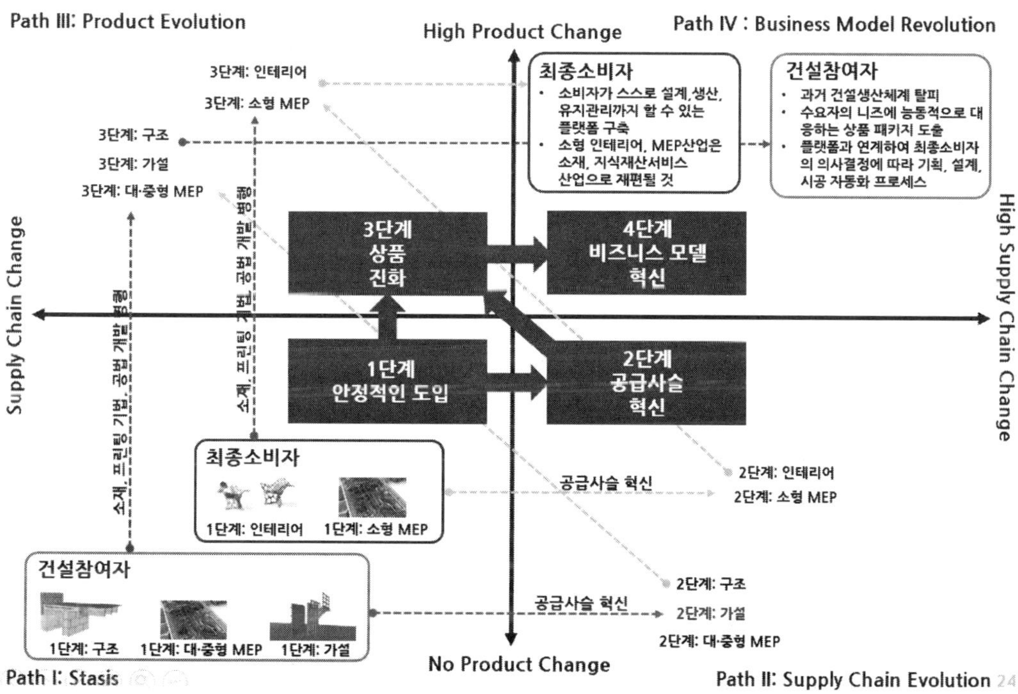

그림 2-9.25 건설산업 내 3D 프린팅기술 도입 시나리오

3D 프린팅 기술 도입이 심화 될수록 건설참여자 및 최종수요자에게 미치는 파급효과가 점진적으로 커지게 된다. 그림 2-9.26을 보면, 궁극적으로 수요자는 스스로 건축상품을 기획, 설계, 생산, 거래할 수 있으며, 건설참여자는 건축 상품, 엔지니어링 기술, 건축물 단위 3D 프린터를 거래하는 시장으로 변화될 가능성이 있다.

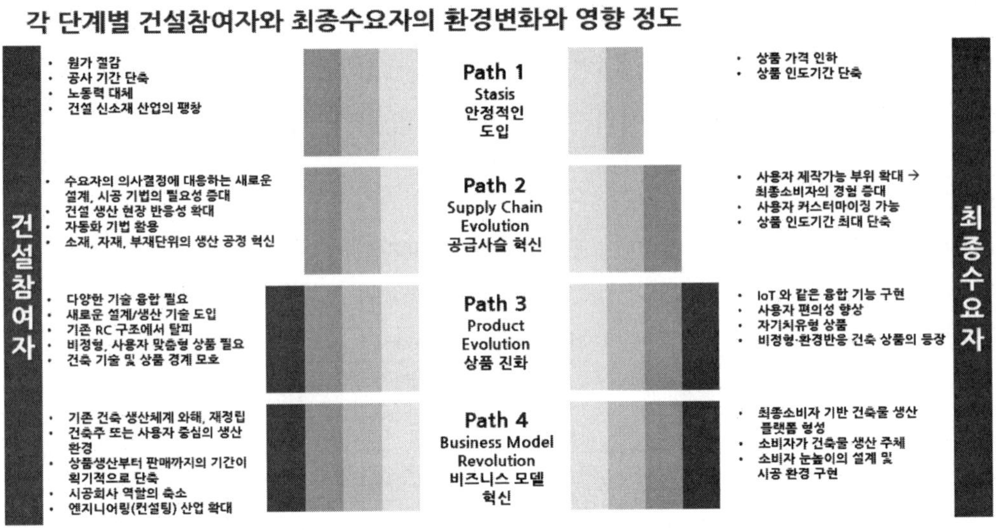

그림 2-9.26 3D 프린팅 기술 도입으로 인한 건설참여자 및 최종수요자의 변화

기대효과

① 사회 및 경제적 측면

건축물 대상 3D 프린팅 관련 기술개발 결과로 인한 글로벌시장 선점은 경제적 효과뿐만 아니라 미래 기술 보유국의 이미지, 건설산업의 국제적 위상 강화, 관련 핵심 원천기술의 자립화 및 기술 수출을 통해 국가 이미지 제고에 기여가 가능하다.

건축 규모를 극복하는 건축물 대상 3D 프린팅 관련 핵심기술의 개발이 성공하면 침체된 건설 경기 부양효과 및 글로벌 시장 내 새로운 분야로의 진출, 청년창업의 영역이 대폭적으로 확대될 것이며, 이른바 IT융합건설 산업의 대표적인 산출물이 될 것이다.

ICT 기술적 융합의 결정체인 건축물 대상 3D 프린팅은 다양한 어플리케이션 개발을 통해 청년들의 진입 장벽이 매우 낮아지므로 청년창업에 매우 유리하여 청년실업해소에 크게 기여하리라 판단된다.

국가발전의 핵심 사업으로 활용하기 위한 건축물 대상 3D 프린팅 관련 핵심기술에 대한 정책으로 활용 가능한 로드맵을 제시하여, 국가 신성장동력으로써의 역할을 할 수 있을 것으로 판단된다.

글로벌 시장에서 전무한 건출물 대상 3D 프린팅 관련 기술 개발을 통해 원천기술 특허확보 및 관련 첨단 건설 산업 활성화를 통한 국제 경쟁력 확보가 가능하며, 적정·하이브리드·미래기술대응을 고려하였기에 지속가능한 건설경제구조로의 전환이 가능하다.

경제적 측면에서 건축물 전 생애주기 단계에서 에너지 소비 절감을 달성하고, 더 나아가 국가 온실가스 감축 목표치를 달성이 가능할 것으로 판단된다.

② 기술적 측면

본 기획에 의한 연구가 진행되면, 1단계에서는 건축용 3D 프린팅 관련 원천기술 확보를 통해 국제 경쟁력 강화 및 3D 프린팅 산업 진출 후발주자로서 선두주자의 기술수준이 동등 또는 추월이 예상된다.

또한 2단계에서 건축 상품 관련 마켓 플랫폼 및 실질규모의 검증 및 법/제도, 정책을 통해 3D 프린팅 기반 스마트건축물 구현이 가능하게 되고, 3D 프린팅 기반 스마트건축물 구현은 차세대의 와해성 기술과 융합되어 신규 산업 창출에 기여를 하리라 판단된다.

과제 기획을 통해 건축물 대상 3D 프린팅 관련 기술 및 건축 상품에 대한 R&D 추진의 토대를 마련하여 기술의 융복합 협력체계를 구축할 수 있을 것으로 판단된다.

5. 요약

건축물 3D 프린팅 기술개발은 장비, 소재를 중심으로 이와 관련한 연구가 유럽, 미국, 중국을 중심으로 활발히 진행되고 있으며, 신시장 진입의 여명기로서 시장 선점자가 없는 상황이다. 따라서 건축물 관련 3D 프린팅 산업은, First Mover와 Fast Follower가 혼재되어 있는 상황이며, 이것은 3D 프린팅의 산출물의 특성과 건설현장에 소요되는 부품의 특성의 차이에 따른 시장의 불확실성에 근거하고 있다.

건축물 3D 프린팅의 규모와 그에 따른 생산방식 및 조달방식이 기획의 기본철학이 되며, 이를 바탕으로 장비, 재료, 설계, 엔지니어링, 시스템, 법·제도 연구에 대한 기획이 이루어져야 한다. 3D 프린팅으로 생산하는 제품의 규모에 따른 생산방식 및 조달방식의 포지셔닝 및 유연화된 시장창출 패스를 구축하게 되면 글로벌 신시장 창출이 가능하며 시장선도형 기술로서 자리매김 하리라 판단된다. 제품의 규모에 따른 생산방식 및 조달방식 확정, 연구기간 및 단계별 생산제품 및 생산방식을 바탕으로 한 시장창출 패스 구축, 각 규모별, 단계별 장비, 재료, 설계, 엔지니어링, 법제도와 관련한 연구수행, 테스트베드 적용 및 검증, 상용화 및 상품화의 단계를 거치게 되면 기존의 장비제조에 있어서 Fast Follower의 역할에서 탈피하여 건축분야에서는 First Mover의 역할이 가능하다고 판단된다.

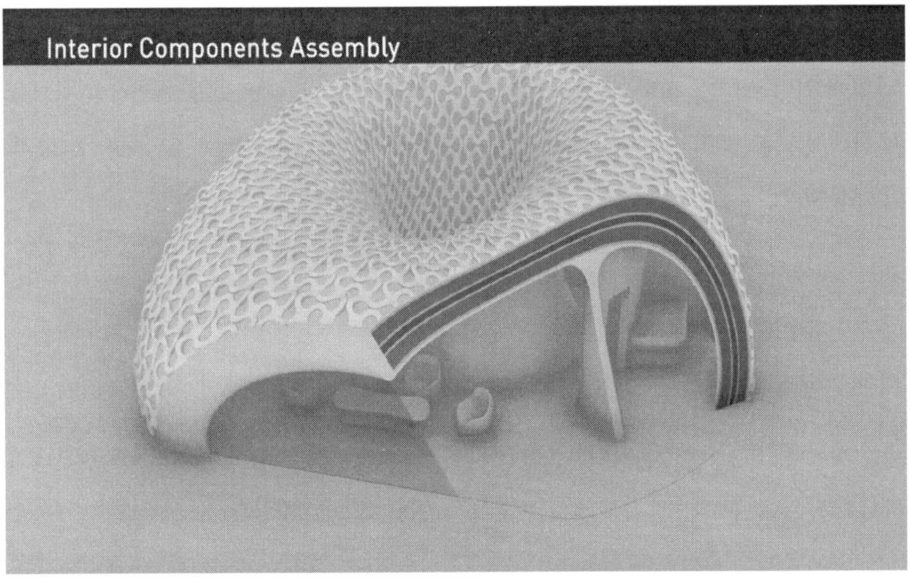

그림 2-9.27 건설산업 내 3D 프린팅기술 도입 사례

2-10 Nano 3D printer

1. 서론

21세기에는 기존의 소재가 갖고 있는 물성에 한계를 넘어 새로운 물리화학적 특성을 지닌 광범위한 응용성을 가질 수 있는 새로운 소재의 탄생을 기대하고 있다. 이러한 요구 속에서 탄생한 것이 바로 나노 과학 기술이며 새로운 특성을 갖는 나노 소재들이 개발 되고 있으며, 나노 크기의 무기 분자 나노 입자는 그 자체로서 혹은 정렬된 나노 구조에서 생기는 전자기적, 광학적인 특성 그리고 기계적인 특성들을 이용하여 매우 광범위한 응용 가능성을 가지고 있다. 또한 DNA 및 단백질 같은 생체 고분자들 역시 나노 크기의 구조를 가지고 있고, 생체 내에서 스위치, 촉매, 구조형성, 센서, 운반 등 다양한 기능을 수행하고 있으며, 현재 이들 생체 고분자들 역시 새로운 나노 소재로서 연구되고 활용될 수 있는 가능성을 지니고 있다. 이러한 나노 재료들 (나노 입자와 생 체 고분자)은 각각의 독특한 구조 및 성질을 지니고 있고 또한 생체 고분자는 생체 친화성을 가지고 있기에 이 두 재료들을 이용하여 나노 구조체를 제작하기 위한 연구가 꾸준히 진행되어지고 있다.

특히 소자분야 뿐만 아니라 바이오 분야에서도 나노 구조체를 이용한 암 치료제가 암 세포에 효과적으로 전달되도록 하는 연구가 활발하게 진행되고 있으며, 이를 통해서 DNA를 이용한 나노 구조체 제작 기술이 활발히 연구되어지고 있다. 이러한 나노 구조체 제작 기술로 DNA를 이용한 기술이 있으며, 이는 DNA의 자기 조립화(self-assembly)를 이용하여 2차원, 3차원적인 프로그램된 DNA 나노 구조의 형성 기술로서 New York 대학의 Seeman 그룹과 듀크대학의 LaBean 그룹에서 활발히 연구가 수행되고 있으며, 염기들 사이의 상보성을 이용하여 다른 조성과 염기배열을 가진 DNA 사슬들이 자기 조립화 과정을 통해 일정한 형태의 구조를 형성하게 되는 기술이다. 그리고 이 과정은 어떤 DNA의 사슬을 어떤 순서로 사용하느냐에 따라 조절이 가능하며, 이러한 연구는

DNA 나노 네트워크의 형성뿐만 아니라 나노 디바이스로서의 잠재적인 응용 가능성을 가짐. 실제로 Seeman 그룹에서 발표한 연구는 B-DNA에서 Z-DNA로의 구조변화를 가지는 DNA 나노구조체를 광학적 나노 디바이스로 응용이 가능함을 보인바 있다.

본 챕터에서 설명할 내용은 아래 그림 2-10.1에서와 같이 전자현미경(SEM/TEM)의 아이디어를 2D/3D 프린팅에 접목한 것으로 DNA/RNA 또는 나노 입자를 함유한 전하를 띄는 입자 방울(액체/DNA/메탈 등)을 전자기장의 렌즈 작용(유도 전류)을 이용하여 빛을 집속화 하듯 입자 방울(액적)을 나노 사이즈로 모아주어서 2D/3D 형태로 인쇄할 수 있게 하는 것이며, 이를 이용하면 기본적으로 나노 사이즈의 3D 프린팅에서, 넓은 면적의 3D 프린팅까지 자유롭게 조절할 수 있는 차세대 3D 나노 프린팅 기술로 AEM(Atomizer Electromagnetic Movable Mask) 기술을 개발하고자 한다.

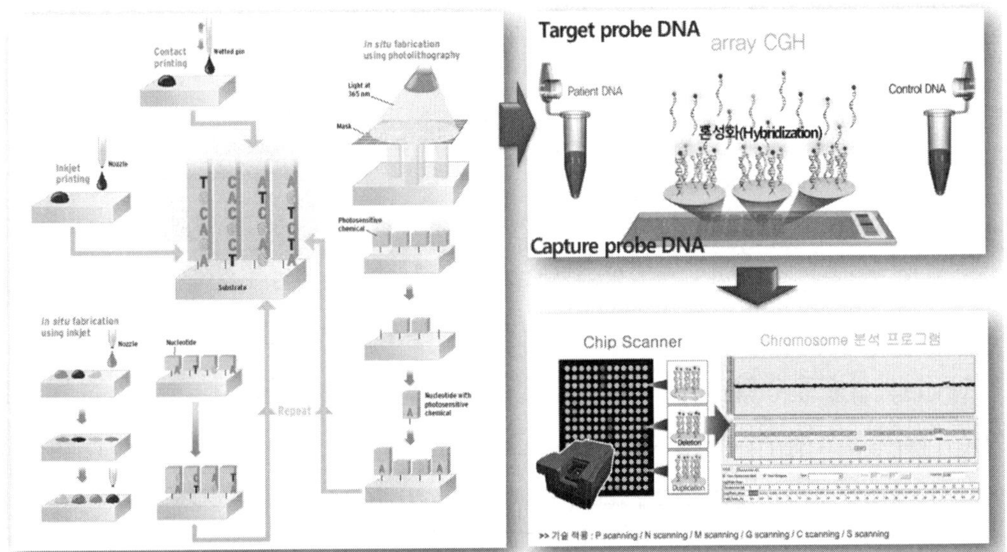

Source; "Microarray 기초 및 응용 ", ㈜이바이오젠, 유성덕 대표이사 https://www.mgmed.com/dna-chip

그림 2-10.1 DNA Microarray Chip 제작 및 유전자 분석 기술

2 국내 · 외 기술 동향

2-1. 국내 기술 동향

나노 구조물 제작 기술은 마이크로-나노 제조공정을 이용하여 현재까지도 수많은 연구결과가 발표되고 있을 정도로 국내외 모두에서 관심받는 연구 분야이다. 특히, 표 2-10.1을 보면, 기존 마이크로-나노 제조공정을 주도했던 연구는 MEMS 공정을 통한 2차원 구조를 기반 칩셋 제작이었다면 최근 들어서는 이를 3차원으로 확장하여 기존 설계 한계를 뛰어넘고자 하는 공정 연구가 대두되고 있다. 이를 위해 여러 분야 지식을 동원하고, 다양한 공정들을 융합하는 과정이 활발히 이루어지면서 전통적 방식으로 분류되는 기계식 가공, MEMS 외 성장, 식각법 등 DNA/RNA를 이용한 화학적 방법을 이용한 기능성 구조물 제작, 레이저, FIB, X-ray 등을 이용한 가공, 리소그래피 방법 등이 제안되었다. 아래 표에서와 같이 단일 공정이 아닌 여러 공정을 융합하여 제작 형상 복잡도 한계를 뛰어넘고, 정밀도를 높이기 위한 연구 기속적으로 되고 있으며, 또한 원자 또는 분자를 이용하여 나노 구조체 매우 정밀한 형상을 아주 긴 시간을 들여 제작하는 연구도 활발히 진행되고 있다. 더욱이 아직 도달하지 못한 영역이라 할 수 있는 수 나노미터 구조체도 많은 연구자가 도전하고 있다.

표 2-10.1 전자 현미경과 차세대 나노 3D 프린터 비교

공정명	형상 크기	사용 재료	응용 분야	제작 이미지	Source
Two photon lithography	수백 nm ~ 수백 ㎛	액체 resin	3D photonics, 3D scaffolds 제작, 3D microfluidics		TU Vienna: http://www.tuwien.ac.at/en/news/news_detail/article/7444/
FIB-CVD	수 십 nm ~ 수 백 ㎛	텅스텐 함유 가스	나노 형상 제작	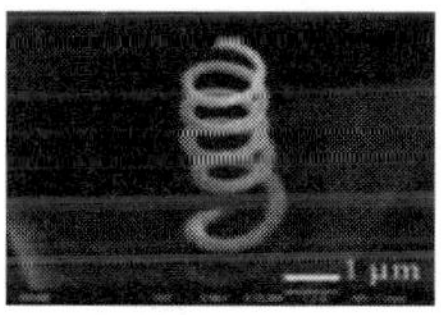	Nakamatsu, K., et al., Mechanical characteristics of tungsten-containing carbon nanosprings grown by FIB-CVD. Microelectronic engineering, 2006. 83(4): p. 808-810
Fused deposition modeling (FDM)	수 백 ㎛ ~ 수 백 cm	열가소성수지 (PLA, ABS), HDPE 등	쾌속 조형 및 프로토타입 제작	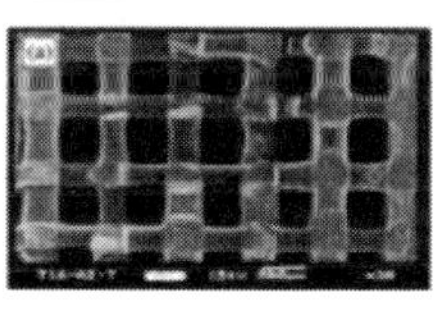	Zein, I., et al., Fused deposition modeling of novel scaffold architectures for tissue engineering applications. Biomaterials, 2002. 23(4): p. 1169-1185.

Electron beam melting (EBM)	수 십 ㎛ ~ 수백mm	티타늄 합금	항공, 의학, 치의학 제조 분야		Simchi, A., F. Petzoldt, and H. Pohl, On the development of direct metal laser sintering for rapid tooling. Journal of Materials Processing Technology, 2003. 141(3): p. 319–328.
NEMS with FIB	수 십 nm ~ 수백 nm	나이오븀 (Nb)	초 감도 양자 센서	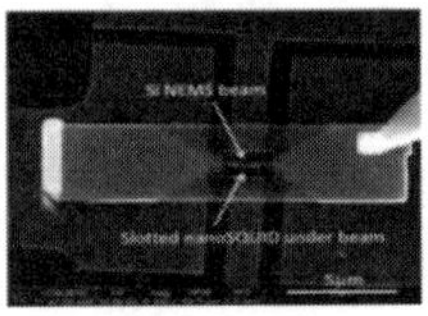	S. Bechstein et al. (2015). Design and Fabrication of Coupled NanoSQUIDs and NEMS. IEEE TRANSACTIONS ON APPLIED SUPERCONDUCTIVITY, VOL. 25, NO. 3
Probe station with	수 백 nm ~ 수 ㎛	백금	나노/마이크로 구동기 제작	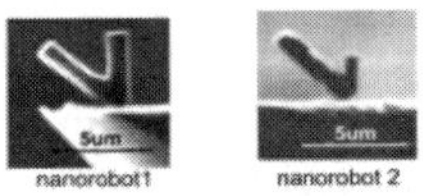	Bao, Jingjing, et al. "Self-actuating asymmetric platinum catalytic mobile nanorobot." Robotics, IEEE Transactions on 30.1 (2014): 33–39.
Light-induced shape-memory polymers	수 mm ~ 수십 mm	광반응 폴리머 (BHCA [10,2,1])	광반응으로 작동하는 구동기 및 센서 제작		Lendlein, Andreas, et al. Light-induced shape-memory polymers. Nature 434.7035 (2005): 879–882.
CNT by self-assembly	수 십 nm ~ 수 ㎛	카본 나노 튜브 (CNT)	나노 모터 제작		Amelia Barreiro, Riccardo Rurali, Eduardo R. Hernandez, Joel Moser, Thomas Pichler, Laszlo Forro, Adrian Bachtold – Thermal gradient driven nanomotor. Universitat Autonoma de Barcelona (UAB), Bellaterra, Spain; University of Vienna, Strudlhofgasse, Wien, Austria; Ecole Polytechnique Federale de Lausanne, Lausanne, Switzerland.
3D DNA Origami Nanoparticles	수 nm ~ 수십 nm	DNA / Nanoparticles	Nanostructured entities	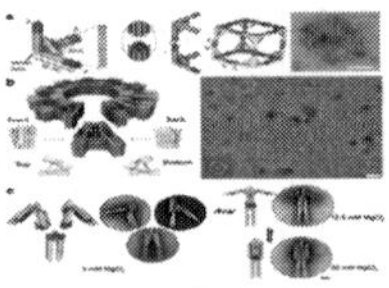	Angew. Chem. Int. Ed. 2018, 57, 10436–10448
			Biological World	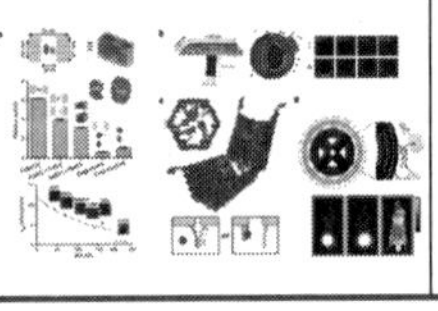	

한밭대학교 연구팀은 ESD/SAW-ED 장비 제작 기술 보유하고 있으며, 그림 2-10.2(a)에서처럼 ESD 기술을 이용하여 전도성 잉크, 단백질 패턴화 기술 및 대면적 패턴화 기술을 보유하고 있다. ESD는 용액을 정전기력 집중으로 수 마이크로미터 이하의 물방울로 만들어 정전기력으로 기판에 유도해서 고정하는 방법으로 분사된 물방울은 정전기력으로 유도되는 동안 공기중에서 완전히 건조되어 고정될 때는 건조된 상태로 패턴닝이 되는 dry patterning 공정이다. SAW-ED는 ESD의 점성이나 전기전도성이 높은 액체를 사용할 수 없다는 문제점을 극복하기 위해 고안된 공정으로 기계적인 진동에 의해 미세방울을 만드는 공정이다. SAW atomizer에 의해 만들어진 미세방울을 정전기력을 이용해서 수집 패터닝한다. 일반 초음파보다 고주파수를 사용하기 때문에 보다 작은 미세방울을 생성할 수 있다.

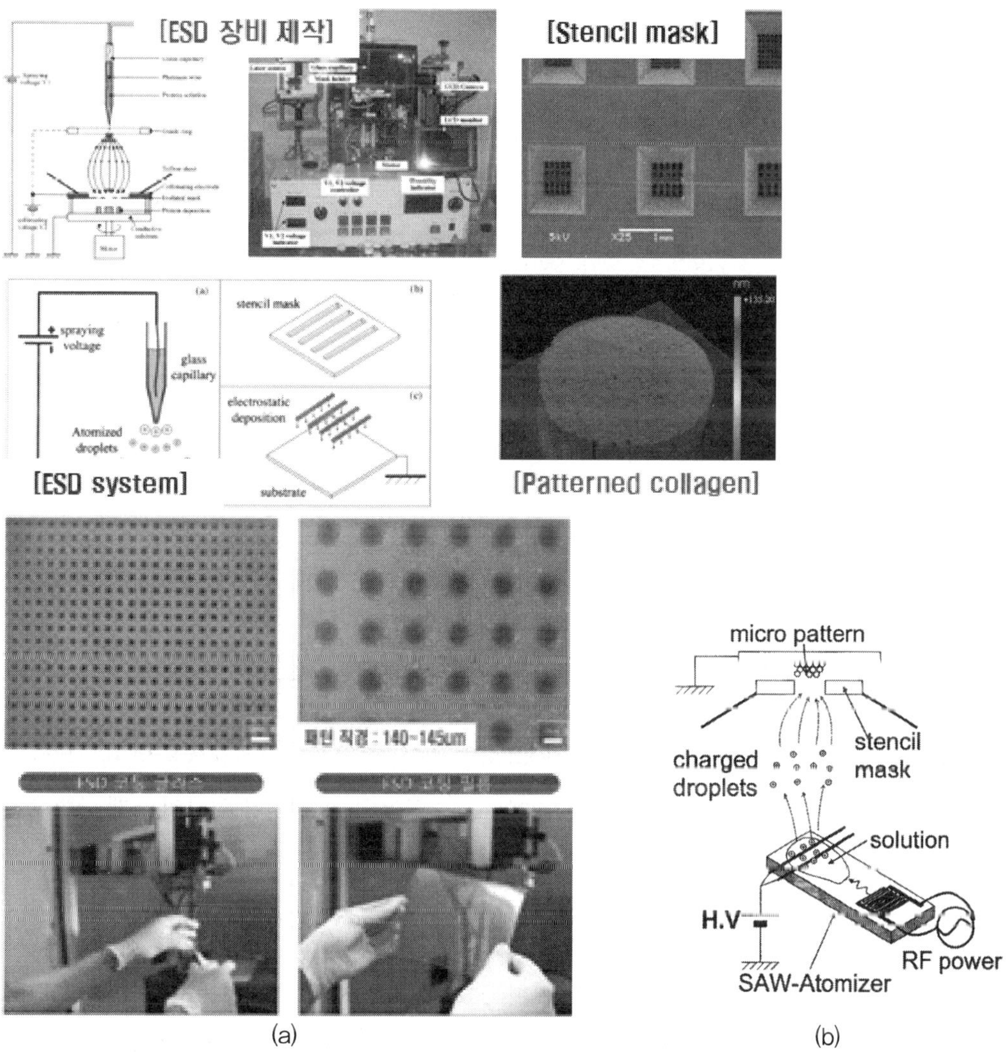

그림 2-10.2 (a) 한밭대학교 ESD 장비 제작 프린팅 기술 (b) SAW-ED

2D/3D 프린팅 장비 및 패턴화 기술의 종류로는 디스팬싱 노즐 제조 방법, 플라즈마 디스플레이 패널용 패터닝 장치 및 패터닝 방법, 나노 패터닝용 프린팅 헤드장치, 투명전극필름 제조 장치 및 인쇄기술과 마이크로/나노 3차원 조형 시스템, 메탈젯 유닛 제작 기술, 마지막으로 형상물의 슬라이싱 단면을 영역분할하고 그 분할된 면적에 따라 빔의 크기 및 속도를 조절하여 생산 속도를 향상시킨 3차원 형상 가공 방법 기술 등이 있다.

또한 한밭대학교에서는 "나노 패터닝용 프린팅헤드 장치"관련 특허에서 Movable Shadow mask에 대한 특허를 보유하고 있다. 본 기술에서 그림 2-10.3에 나와있는 나노 패터닝용 프린팅헤드 장치에 관한 것으로서, 쉐도우마스크의 구조와 분사구조를 개선하여, 패터닝의 정밀도가 향상되고, 초미세 나노 패터닝과 임의 형상의 패터닝이 가능한 나노 패터닝용 프린팅헤드 장치 기술이다. 쉐도우마스크는 엑츄에이터로 미세 유동시킬 수 있도록 하고, 이 엑츄에이터의 구동을 미리 입력된 패터닝 데이터에 근거하여 제어부에서 제어하도록 함으로써, 프린팅 물질의 패터닝 영역이 프린팅 헤드의 동작영역과 쉐도우마스크의 유동영역으로 정밀하게 제어하여 초미세 패터닝과 임의형상 패터닝이 가능한 원리이다.

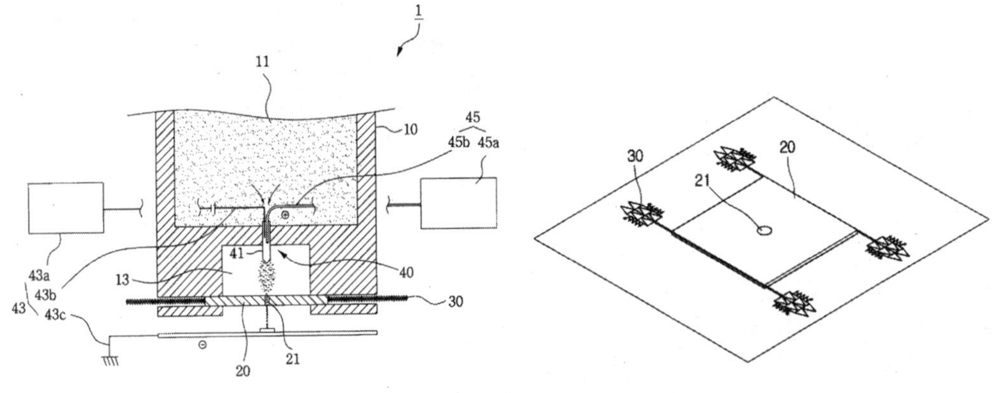

그림 2-10.3 한밭대학교 나노 패터닝용 프린팅 헤드 기술

기존 잉크 기반 3D 프린팅 기술의 경우 수 마이크로미터 수준의 3차원 구조물 프린팅 해상도를 갖는 한계가 존재한다. 또한 다양한 소재 적용에 어려움이 있어 3D 프린팅용 잉크의 소재 다변화 연구가 활발히 진행 중이다.

한국전자통신연구원(ETRI)은 그림 2-10.4에서처럼 무선·통신·전자 소재 개발을 중심으로 ICT 기술을 응용·접목하는 연구를 수행 중에 있다. 한국기계연구원(KIMM)에서는 3D 바이오 프린팅, 금속 프린팅, 초정밀 제어와 관련된 기술을 연구하고 있다. 한국화학연구원은 감성소자를 응용한 패키징 디자인과 3D 마이크로 레이저를 기반으로 마이크로미터 수준의 미세구조 활용을 위한 연구개발을 수행 중이다. 한국전기연구원(KERI)은 그림 2-10.5처럼 전기·전자 및 광전소자를 제조할 수 있는 기능성 잉크 및 나노급 3D프린팅 기술을 개발 중이다. 재료연구소(KIMS)는 금속·세라믹 소재 활용, 한국생산기술연구원은 제조혁신센터를 설립해 관련 통합인프라를 구축하고 활용할 수 있도록 계획을 수립했으며, 나로호를 개발한 한국항공우주연구원도 3D 프린터를 이용해 항공우주 부품 제작에 다양하게 활용하고 있다.

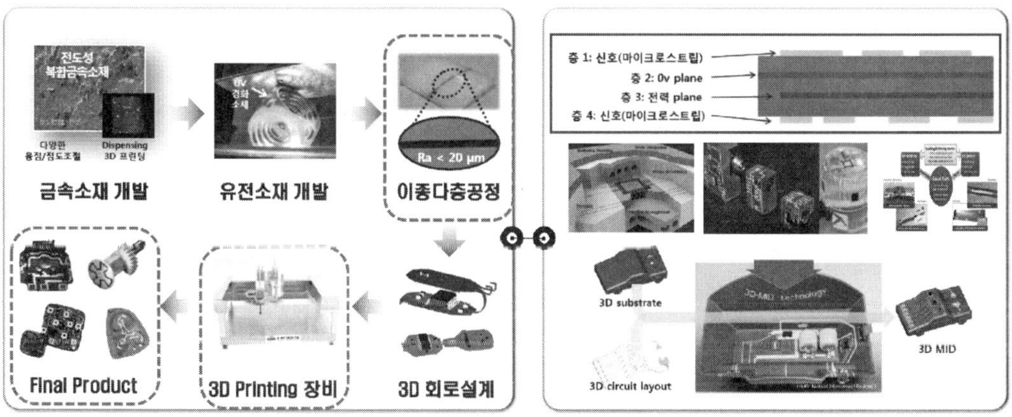

그림 2-10.4 한국전자통신연구원(ETRI) 전자통신소자용 3D 프린팅 기술 개발 결과

한국전자통신연구원(ETRI)은 기존의 3D 프린팅 기술이 갖는 문제점을 해결하기 위해서 그림 2-10.6처럼 쾌속 가열, 토출 제어, 마이크론급 패턴형성이 가능한 미세토출용 유도가열기를 개발하여, 고분자와 복합소재의 동시 토출이 가능한 노즐 구조를 갖는 프린팅 헤드를 제작하였고, 미세 토출기술을 구현하였다.

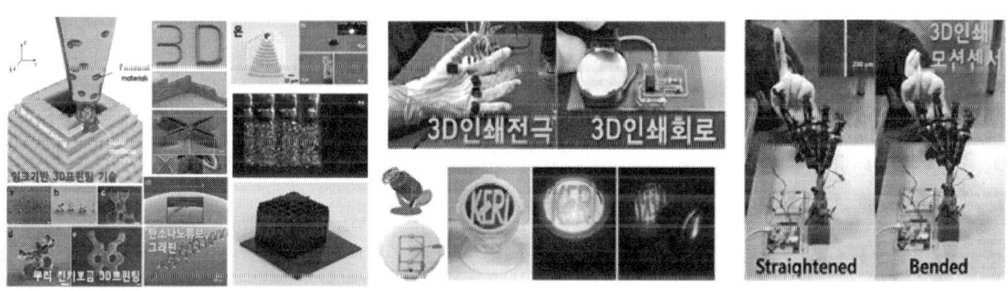

그림 2-10.5 한국전기연구원(KERI)의 잉크기반 3D프린팅 및 기능성 3D나노잉크와 3D인쇄전자 응용 결과

한국전기연구원(KERI)은 기존의 3D프린팅 기술로는 구현이 어려웠던 structural electronics 구현을 위해 필요한 다양한 기능성 소재 잉크화 및 수백 나노급 3D프린팅 기술을 개발하였고 전자

회로, 센서 및 웨어러블 소자 구현에 성공하였다.

분자 프린터와 연관된 다양한 코팅 장비와 잉크젯 프린터의 개발은 한국생산기술연구원을 포함한 다양한 산·학·연에서 추진되었으나, 분자 프린터 헤드 기술은 아직 초기이다.

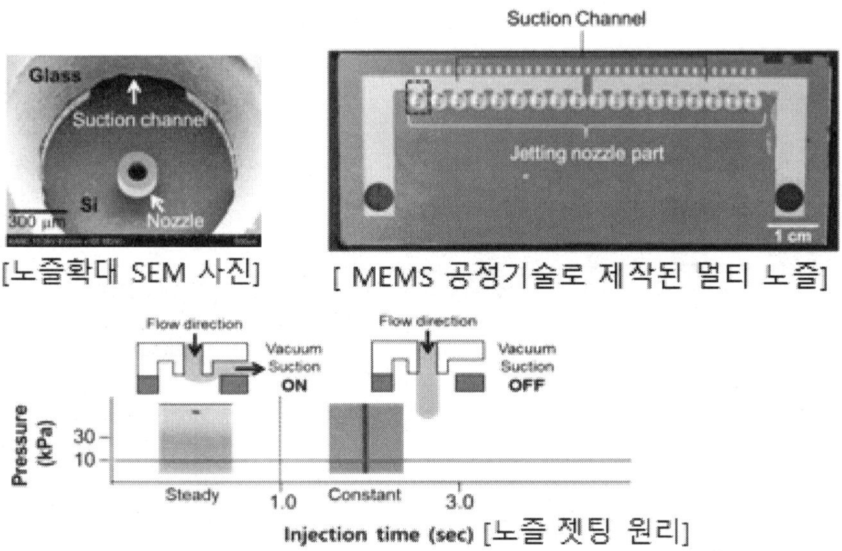

그림 2-10.6 한국전자통신연구원(ETRI)에서 개발한 노즐 프린터 헤드 사진 및 작동 원리

국내에서는 DNA 합성과 관련된 연구가 진행 중에 있으나 아직까지 DNA 저장 장치에 활용 가능한 고밀도 DNA 프린팅 기술은 존재하지 않으며, 현재 DNA writing보다는 시퀀싱을 이용한 DNA reading 그리고 DNA steganography 방법론이 국내에서 개발되어 single-nucleotide polymorphism(SNP)을 이용한 DNA 정보를 숨기는 알고리즘이 개발되고 있다.

2-2. 국외 기술 동향

3D 프린팅 기술은 새로운 개념과 가치의 신기술 개발을 위한 일종의 플랫폼이므로, 중소기업에 기술을 이전할 경우, 자체적인 기술개발 및 경쟁력을 강화시킴에 따라 종전 대기업 위주의 제조업 기술 개발에서 전문 분야별 중소기업 중심의 기술개발로 전환이 기대된다.

3D 프린팅 기술 수요가 증가함에 따라 종전의 소량다품종 생산에서 다량다품종 생산으로의 전환을 시도하고 있는 만큼, 맞춤형 제작이 요구되는 각종 제조분야에서의 제품 생산에 대한 패러다임 변화가 기대된다.

3D Systems 회사는 현재 구글과 어셈블 모듈 방식 스마트폰 개발 프로젝트인 아라(Ara) 프로젝트

를 수행하고 있다(그림 2-10.7(a)). 즉, 그림 2-10.7에 도시된 것처럼 스마트폰 표준 모듈 생산속도 향상 및 물량 대량 확보를 위해 양산 개념의 3D 프린팅 시스템을 개발·활용한다는 전략이다(그림 2-10.7(b)).

그림 2-10.7 (a) 구글 핸드폰 부품 모듈화 프로젝트인 'ARA' 프로젝트 (b) 부품 양산 생산을 위해 3D Systems 회사에서 개발 중인 컨베이어 형태 3D 프린팅 시스템

3D 프린팅 기술은 이전까지 불가능했던 의학적인 발전을 가능케 하고 있는데, 美 프린스턴 대학 연구원들은 3D 프린팅을 이용해서 하이드로겔(배양 연골)을 사람의 귀 모양으로 인간 세포와 함께 심고, 달팽이관 모양의 전극으로부터 신호를 처리할 수 있게 해 주는 은 나노입자 합금으로 만들어진 유도 코일을 내장시켜 생체 귀를 제작했다. 제작된 생체 조직들의 사진은 그림 2-10.8에 있다. 3D 프린트된 귀는 음파를 증폭해 수신하고 왼쪽과 오른쪽 귀가 한 쌍으로 동작해 스테레오 음악도 들을 수 있으며, 생체 조직과 기능적인 전기 부품을 3D 프린팅을 통해 일체화함으로써 인간 장기보다도 더 잘 작동하는 장기를 제작할 수 있을 것으로 기대된다.

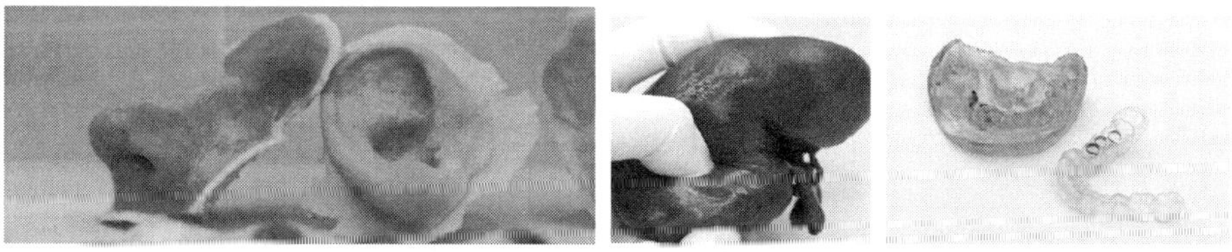

그림 2-10.8 3D 프린팅으로 제작된 각종 생체 조직

미국 Optomec 회사에서는 군수용의 항공기 부품과 자동차, 탱크에 장착할 수 있는 IoT 센서 및 안테나, 전력 분배 회로 등에 적용을 목적으로 에어로졸 기술과 3D 프린팅의 융합된 기술을 사용하여 전자소자용 3D 프린팅 소재를 연구하고 있다.

Optomec 회사는 Aerosol Jet 기술을 이용한 미세 배선 인쇄기술에 5축 제어기술을 결합하여 굴곡이 있는 표면이나 입체구조 표면에 배선을 형성할 수 있는 Aerosol Jet 5X를 출시하였다.

미세배선을 형성하는 Aerosol Jet 기술의 기본적인 원리는 그림 2-10.9에 나와있다. 분무기와 유사한데 단계별로 나누어 보면, 용기에 담긴 잉크는 외부에서 주입된 기체에 의해 크기 5 ㎛ 이하의 미세한 안개 형태가 된 후, 운반기체에 의해 분사노즐까지 이동하고, 노즐 근처에서 원통 형태의 sheath gas에 의해 노즐 중심으로 집중되어 기판 또는 표면에 분사된다. 이 방식으로 선폭 10 ㎛ 수준의 미세배선을 만들 수 있으나, 분무가 만들어져야 노즐로 분사할 수 있기 때문에 사용가능한 점도에 제한(1 ~ 1,000 cP)이 있고, 경사진 면에 인쇄하기 매우 어렵다. 따라서 기존의 Aerosol Jet에 5축 제어를 도입하여 3차원 표면에 패턴인쇄를 구현할 수 있도록 개발된 시스템이 Aerosol Jet 5X이다.

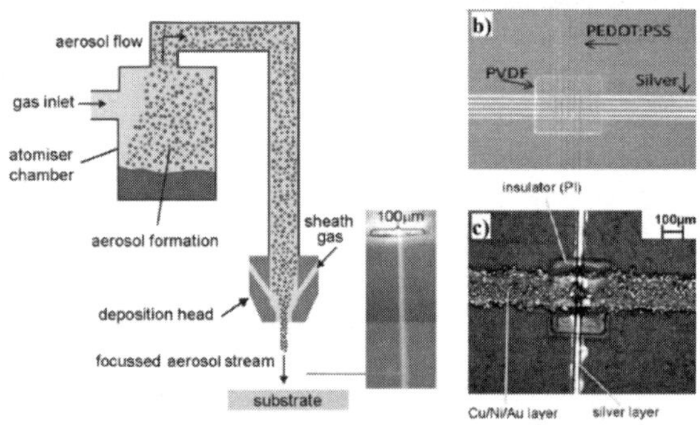

그림 2-10.9 Aerosol Jet Process 개념도

nScript 회사의 디스펜서 기반 프린팅 시스템은 Smart PumpTM이라고 부르는 이 회사 고유의 디스펜싱 기술을 이용하여 3D 프린터(3Dn 시리즈)를 제작하고 있다.

공압을 이용하여 잉크의 토출을 제어하는 Smart PumpTM 기술은 밸브제어와 'suck-back'이라 부르는 압력제어를 통해 20 pl(피코리터) 수준의 유체 제어가 가능하며, 넓은 점도 변화(1 ~ 1,000,000 cP)에 대응이 가능하다.

디스펜싱용 마이크로 펌프와 XYZ 스테이지를 결합하여 내놓은 3Dn 시리즈는 4종류로, 기능적인 면에서는 동일하고 이송거리만 달라짐. 마이크로 펌프를 사용하기 때문에 고점도의 잉크를 사용할 수 있어 높은 단차를 극복하고 배선을 연결할 수 있으며, 정밀한 토출제어로 via hole과 같은 곳에서도 인쇄가 가능한 장점을 가진다.

2013년 9월에 열 가소성 플라스틱 고분자 용액 기반 잉크를 사용하여 3D 고분자 구조체 제작 기술이 처음 보고된 바 있다. 뿐만 아니라 2015년에 하이드로젤, 세라믹, 등 다양한 소재 기반 잉크로 3D 구조체 제작 기술 개발이 보고되었다. 차세대 3D 나노 프린터 노즐/헤드는 선진국울 중심으로 나노 소재를 이용한 전기 방사 장비 기술 등으로 선 개발 중이나, 아직 초기 단계이다. DNA 저장 장치에 대한 R&D는 국외에서 활발히 연구가 진행 중에 있으며, 2012년에 미국 하버드 의학 대학원의 교수이며 유전체학 분야의 전문가인 조지 처치(George Church)는 책 1권을 DNA 1mg에 저장한 후 3개월 후에 DNA 메모리에서 책 내용을 복원하는 데 성공하였다. 영국의 Oxford Nanopore Technologies 회사는 100 g 미만의 USB 3.0의 인터페이스를 가진 USB 크기의 DNA sequencer인 MinION을 개발하였으며, 2015년 세계경제포럼(World Economic Forum)에도 소개되었으며, 해당 홈페이지 (https://nanoporetech.com/products/minion) 에서 MinION을 사용하여, 데이터를 읽고 쓰는 과정을 동영상을 통해볼 수 있다.

2016년 7월에 마이크로소프트(Microsoft)와 미국의 워싱턴 대학이 함께 200MB 상당의 저장 용량 개발 하였으며, DNA를 인위적으로 합성하여 대량의 데이터를 저장할 수 있는 기술을 개발하는 트위스트 바이오사이언스(Twist Bioscience) 회사에 자금을 투자하여 연구 체제를 구축하는데 합의하였다. 최초로 보고된 DNA 정보 전환 방법은 정보 저장의 물리적 밀도 측면에서 보면 1 g의 DNA를 이용하여 1.28 pentabyte의 정보를 암호화할 수 있었고, 2017년 3월에 보고된 DNA 정보 전환 방법의 경우 1 g의 DNA를 이용하여 214 pentabyte의 정보를 저장 가능한 방법이 개발되었다.

표 2-10.2에서와 같이 여러 연구진에서 정보의 손실이 발생하지 않도록 정보를 반복적으로 암호화하거나 RS(Read-solomon) 코드를 이용하여 손실된 정보를 복구하는 방법들이 개발되어 DNA를 통한 정보 저장의 안정성은 나날이 향상하고 있다.

표 2-10.2 정보의 손실이 발생하지 않도록 연구한 방법 비교

	Church et al. Science (2012)	Goldman et al. Nature (2013)	Grass et al. Angew Chem Int Ed Engl. (2015)	Bornholt et al. Association for Computing Machinery (2016)	Blawat et al. Procedia Comput. Sci. (2016)	Erlich et al. Science (2017)
염기서열 당 정보량 (bits/nt)	1	1.58	1.78	1.58	1.6	1.98
결손에 대한 대처방안	X	반복	RS	반복	RS	Fountain
오류 발견 및 수정	X	O	O	X	O	O
정보 전체 회수 여부	X	X	O	X	O	O
물리적 정보 밀도 (Pbytes/g)	1.28	2.25	25	–	–	214

3. 연구개발과제의 내용

3-1. ESD 및 SAW-ED의 나노입자 프린팅 효율

프린팅하는 잉크 등이 고가이기 때문에, 본 나노입자 프린팅을 실용화함에 있어서, 그 효율은 가장 중요한 성능 요소 중 하나이다. 본 기초 연구에서는, 수집 효율을 SAW atomizer에서 분사된 용액에 포함된 나노입자의 양에 대한 기판에 수집된 나노입자의 양으로 정의했다. Bradford 분석은 빠르고, 저렴하며, 단백질에 매우 특이적이며, 혼합 단계가 적고, 가열이 필요하지 않으며, 안정적인 비색 반응을 제공하기 때문에, SAW-ED에 의한 단백질 수집 효율의 정량 분석에 활용하였다. 표준 조건의 수집 효율 (약 2%)과 비교하여, 고전압을 5 kV에서 18 kV로 변경하면, 수집 효율을 8%로 높일 수 있음을 실험적으로 확인했다. 이 기초 실험에서, 수집 효율은 전압에 대해 선형적으로 증가했으며, 이는 더 강한 전기장이 더 높은 효율로 이어질 수 있음을 의미한다. 이러한 배경으로 SAW-ED의 효율 향상을 위해 보조 전극(Collimating electrode)을 도입했다(그림 2-10.10).

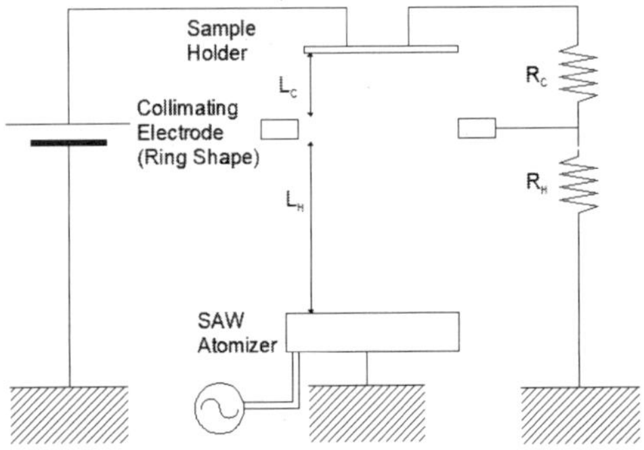

Solution supply system	BSA concentration	1 mg/ml
	Manually operated pipette	20 μl at once
SAW Atomizer	Driving frequency	9.6 MHz
	Driving Voltage	65 $V_{0\text{-}p}$
	Burst frequency	10 Hz
	Duty ratio	10 %
Electrostatic particle collector	High voltage	DC 18 kV
	The distance between atomizer and deposition substrate	150 mm
Collimating electrode	R_C	0.3 GΩ
	R_H	1 GΩ
	L_C	2.5 cm
	L_H	12.5 cm
	Ring inner diameter	6.5 cm

그림 그림 2-10.10 Collimating electrode을 도입한 SAW-ED의 구성 및 표준 조건

전기장을 시뮬레이션한 결과(그림 2-10.11), Collimating electrode이 있는 SAW-ED의 경우, SAW atomizer 근처의 전기장 세기가 훨씬 강함을 알 수 있었다. 즉, Collimating electrode의 도입으로, SAW atomizer로 생성한 Droplet에 보다 큰 정전기력이 작용되고, 그 결과 수집 효율이 향상될 것이라 예측된다.

Ring 모양의 Collimating electrode를 도입하여 수집 효율을 측정한 결과 (그림 2-10.11), Collimating electrode가 챔버 내부의 전기장을 변화시켜, 수집 효율을 기하급수적으로 높일 수 있음을 증명하였다. Collimating electrode의 도입으로 수집 효율이 33%로 증가되었지만, 상용화하기에는 여전히 효율이 낮다. 수집 효율을 높이는 방법으로, 대전된 Droplet을 자기수력학적으로 유도하는 방법을 제안했다.

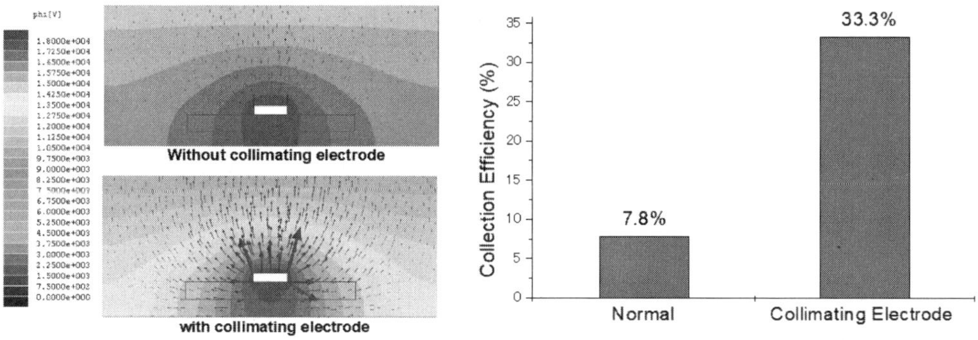

그림 2-10.11 Collimating electrode의 효과: 전기장의 세기 (왼쪽), 수집 효율 (오른쪽)

3-2. 노즐의 직경에 따른 유체역학 현상 시뮬레이션

나노 수준의 프린팅 최적화를 위해 직경의 노즐을 25 nm~25 ㎛의 범위에서 설계하고 액적의 이동 현상을 시뮬레이션 했다(그림 2-10.12). 25 nm 수준의 노즐에서는 유체의 표면장력으로 인해 출구부 주변에서 액적의 크기 제어가 불안정하다.

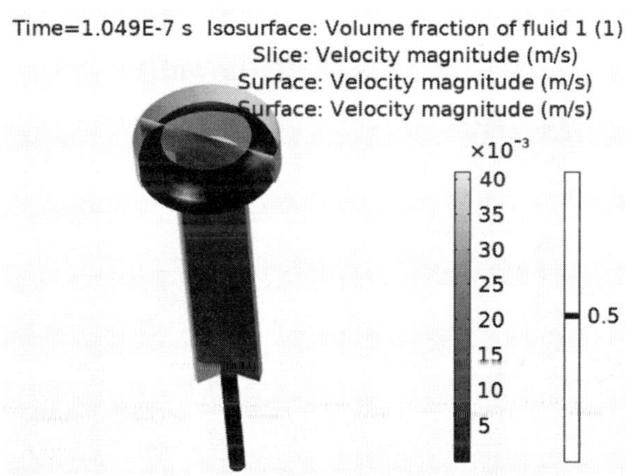

그림 2-10.12 25 nm 직경의 노즐 -유체역학 시뮬레이션

수십 마이크로 수준의 노즐 직경에서는 노즐 내부의 액적이 출구부를 통과하여 기판에 비슷한 수준으로 프린팅이 되는 것을 확인했다(그림 2-10.13). 즉, 수십 나노 수준의 액적의 안정적인 jetting을 위해서는 표면장력의 영향을 최소화하고 노즐의 직경을 수십 마이크로 수준으로 유지해야 한다.

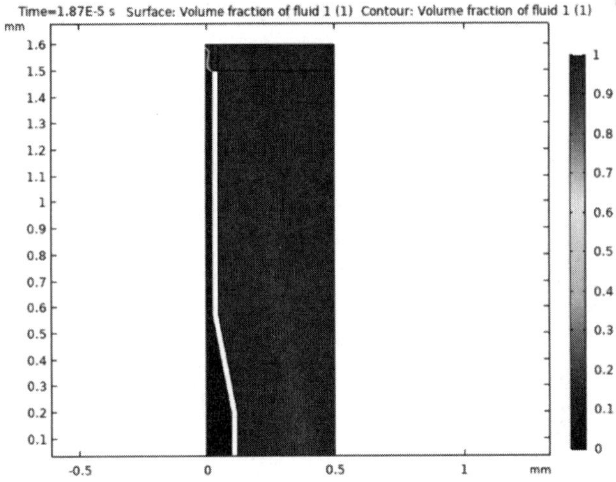

그림 2-10.13 25 ㎛ 직경의 노즐 - 유체역학 시뮬레이션

3-3. MHD (Magentic Hydrodynamic)을 통한 Magnetic Coils 설계 – 미세 토출형 유도코일 구조 설계 및 시뮬레이션 (Droplet)

MHD 현상은 전류(적용된 전기장에 의해 가속되는 하전된 입자의 움직임)와 수직의 자기장의 외적(cross product)에 기인한 Lorentz 힘으로 전기 전도성 유체 (액체 또는 플라즈마에 의해 이온화된 가스)의 가속 운동한다. 여기서 Lorentz 힘은 모든 하전 입자 (양수/음수)를 기호에 관계없이 동일한 방향으로 가속된다. 모든 전자기 장치와 마찬가지로 MHD 가속기는 가역적으로 주변 작동 유체가 자기장에 대해 상대적으로 이동하는 경우 전하 분리는 전극으로 활용할 수 있다.

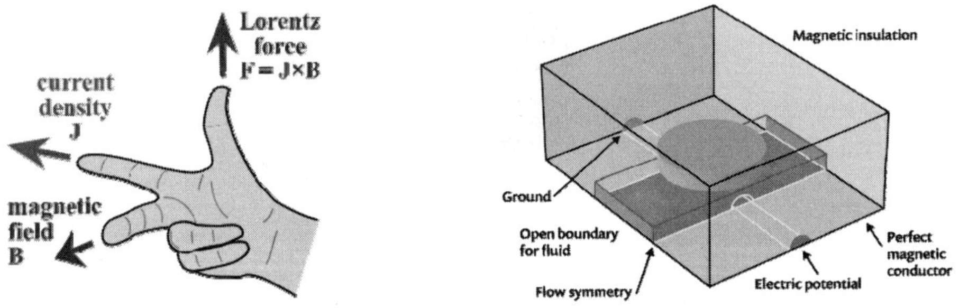

(a) (b)

그림 2-10.14 (a) 자기장과 전류의 외적인 Lorentz 힘의 오른손 법칙과 (b) MHD 모델링(Symmetry XY plane 사용)

그림 2-10.14처럼 채널 내의 비압축성 전도성 유체의 상대적으로 단순한 문제의 맥락에서 이 작업을 수행하는 방법을 살펴보면 전위차를 적용하여 유체를 통해 전류를 구동하는 양쪽의 흐름 채널

을 통해 돌출된 두 개의 전극이 있고, 또한 두 개의 원형 자석이 위와 아래에 배치된다. 자석은 정적 자기장 B를 설정하여 전도도 σ, 속도 v로 이동하는 유체가 이 자기장을 통과하여 $J=\sigma(v\times B)$의 유도 전류를 제공한다. 이러한 유도 전류 외에도 다음과 같은 전류가 발생하는 데, 전위장 V에 대한 경계 조건의 결과로 유체의 총 전류는 $J=\sigma(-\nabla V+v\times B)$이다. 자기장을 통해 흐르는 이 전류는 $F=J\times B$의 유체에 체적력을 유발하고 이것은 한 저장소에서 다른 저장소로 유체를 펌핑하는 역할을 한다. 시스템 내의 전기장, 자기장 및 유체 흐름(Flow Field)의 경우 전기장과 자기장을 설명하기 위해 유체 내의 $\nabla\times(\mu_0^{-1}\mu_r^{-1}B)=J$과 $\nabla\cdot J=0$의 편미분 방정식을 풀어야 한다. 이 방정식은 시뮬레이션 과정 중에 자기장 및 전기장 인터페이스를 통해 해결되며 별도의 속도 (Lorentz Term) 기능과 함께 Ampère의 법칙 및 전류 보존 기능을 사용한다. 움직이는 유체를 둘러싼 공간에는 전류 흐름이 없으므로 단일 벡터 방정식인 $\nabla\times(\mu_0^{-1}\mu_r^{-1}B+B_r))=0$을 풀면 되고, 여기서 B_r는 자기 영역에서 0이 아닌 잔류 자속 밀도다.

모든 자기장 경계 조건은 시스템의 대칭성을 활용하기 위해 Perfect Magnetic Conductor 조건이 사용되는 xy 평면을 제외하고 자기 질연 조건을 사용한나. 전극을 나타내는 노메인은 선류 반환 경로를 제공하기 위해 자기 절연 경계에 닿는 모델링 도메인의 경계까지 확장하고, 전압 유형의 접지 및 단자는 이러한 외부 면에 적용되는 반면 전기 절연 조건은 다른 모든 적용 가능한 경계에 적용된다. 유체의 흐름은 층류(laminar)라고 가정하고, 채널 영역에서 Navier-Stokes 방정식을 풀었다. 개방 경계 조건은 게이지 압력이 0인 채널의 양쪽 끝에 적용되고, 만약, 흐름이 난류(turbulent)라면 난류 모델을 추가할 수 있다. 결론적으로, 발생된 유체의 흐름은 유체의 전류와 자기장의 상호작용으로 인해 발생하는 체적 힘 ($F=J\times B$)에 의해 구동된다.

전하를 띄는 입자 방울(액체//DNA/메탈 등)을 자기장의 렌즈 작용을 이용하여 빛을 집속하듯 나노 사이즈로 모으는 과정을 시뮬레이션하기 위해서는 사용하는 소프트웨어는 다중 물리 기능이 있어서 사용자가 원하는 방식으로 다양한 물리 현상을 나타내는 모델을 쉽게 결합할 수 있어야 한다. MHD 현상의 모델링은 유체 흐름, 전류 흐름 및 자기장 간의 결합을 수치 적으로 해결해야 하는데, 이러한 다른 필드는 모두 유한 요소 방법을 통해 풀 수 있는 편미분 방정식으로 설명된다. 그림 2-10.15에서 나타낸 것처럼 axisymmetric 형태의 디자인에 한 개의 무한 저장소(액체 입자(액적)의 공급원으로 모델링되지 않음)과 inlet이 연결된 노즐 채널 내의 비압축성 액체 및 유체의 흐름을 시뮬레이션 했다.

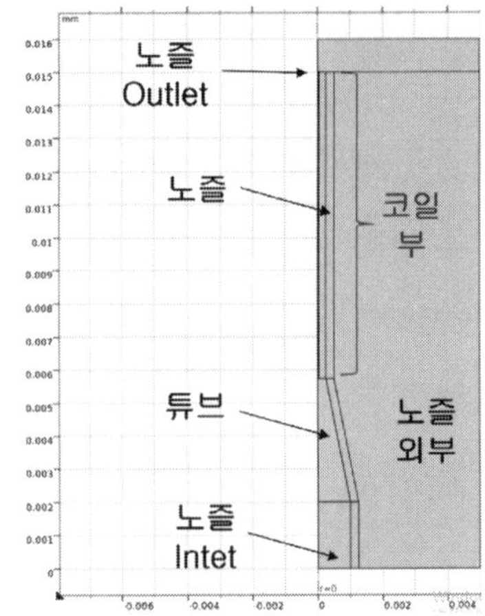

그림 2-10.15 노즐을 통해 토출되는 비압축성 액적 및 유체의 흐름 모델

유체 inlet에 펄스형 압력을 인가해서 공기의 흐름을 만들고 이를 따라 비압축성 액적(예: 마이크론 사이즈의 물방울)가 흘러나가는 모델을 형성했다. 그림 2-10.16(a) 참조. 그리고, 노즐 외부에 인접하여 코일부가 노즐 튜브를 감싸는 형태로 있고, 유체를 통해 흘러가는 액적이 AC 전류를 구동하는 자기장의 영형을 받을 수 있도록 했다. 그림 2-10.16(b)는 250 kHz의 AC 전류 파형을 나타낸다.

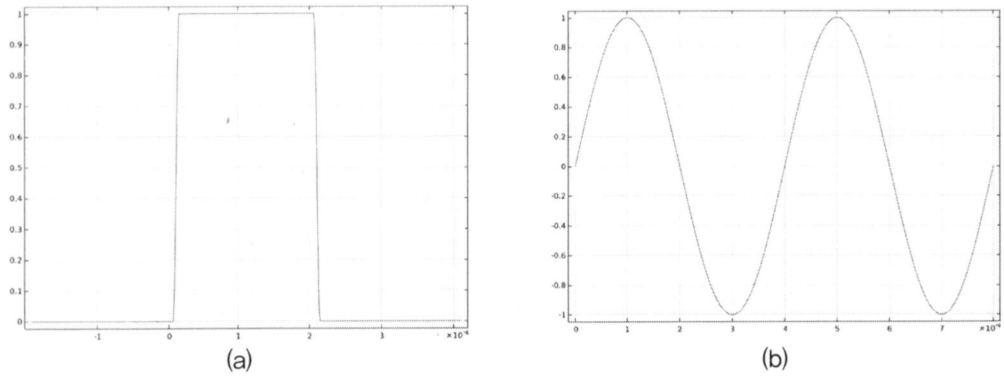

그림 2-10.16 모델 과정에 (a)유체의 입력 펄스와 (b)정현파 AC 전류의 파형

이 결과는 단면적을 기준으로 비압축성 액적 및 유체의 흐름이 두 개의 자석(자기장, B) 사이를 지나가는 형태가 된다. 자기장 B를 설정하고 전도도 σ, 속도 v로 이동하는 유체가 이 자기장을 통과하여 $J=\sigma(v\times B)$ 의 유도 전류를 경험한다. 이러한 유도 전류 외에도 유도된 전위장 V에 대한 조건까지 고려하면 유체의 총 전류는 다음과 같다.

$$J=\sigma(-\nabla V+v+B)$$

표 2-10.3 주요 모델 파라메터들

Name	Expression	Value	Description
Ratio	0.01	0.01	Range: 0.001 ~ 1
NozzleR	Ratio*0.025[mm]	2.5E-7 m	Nozzle radius
NozzleL	Ratio*0.375[mm]	3.75E-6 m	Nozzle length
InletR	Ratio*0.1[mm]	1E-6 m	Inlet radius
ThroatL	Ratio*0.025[mm]	2.5E-7 m	Throat length
TargetL	Ratio*1 [mm]	1E-5 m	Distance to target
AirW	Ratio*0.3[mm]	3E-6 m	Air gap width
e_air	1	1	Relative permittivity
e_ink	80	80	Relative permittivity
V0	1[kV]	1000 V	Nozzle voltage(X)
I0	0[A]	0 A	Range: 0.01A ~ 1000A
R2	1	1	Range: 1 ~ 10
NozzleR2	Ratio*0.025*R2[...	2.5E-7 m	Nozzle Thickness
NozzleR3	0[mm]	0 m	

표 2-10.4 모델에서 계산되는 주요 변수들

Name	Expression	Unit	Description
v_in	7[m/s]*rect1(t[1/s])	m/s	Inlet velocity
m_d	intop1(1e3[kg/m^3]*phils*(z>(1.55*Rati...	kg	Droplet mass
mu_r	1		
e_r	phils*e_ink+(1-phils)*e_air		Phase dependent permit...
T11	epsilon0_const*e_r/2*(mf.Er^2-mf.Ez^2)...	Pa	Maxwell S tensor, 11-co...
T13	epsilon0_const*e_r*mf.Er*mf.Ez+1/mu0_c...	Pa	Maxwell S tensor, 13-co...
T22	epsilon0_const*e_r/2*(-mf.Er^2-mf.Ez^2)...	Pa	Maxwell S tensor, 22-co...
T31	epsilon0_const*e_r*mf.Ez*mf.Er+1/mu0_c...	Pa	Maxwell S tensor, 31-co...
T33	epsilon0_const*e_r/2*(-mf.Er^2+mf.Ez^2...	Pa	Maxwell S tensor, 33-co...
Fr	d(T11,r)+T11/r+d(T31,z)	N/m³	Force, r-component
Fz	d(T13,r)+T13/r+d(T33,z)	N/m³	Force, z-component
Is	I0*wv1(t[1/s])	A	Coil current

자기상을 통해 흐르는 이 전류는 $F = J \times B$ 의 비압축성 액적 및 유체에 체적력을 유발하고 이것은 유체 흐름의 변형을 유발하는 역할을 한다. 표 2-10.3과 표 2-10.4는 각각 주요 모델 파라메터들과 모델에서 계산되는 주요 변수들을 나타내고, 특히 T11부터 T33까지는 원통형 좌표계의 맥스웰 변형력 텐서(Tij)를 정의한다. 그림 2-10.17과 그림 2-10.18은 각각 유체 속도의 모델 시뮬레이션 및 유체 압력의 모델 시뮬레이션 결과를 나타낸 것이다.

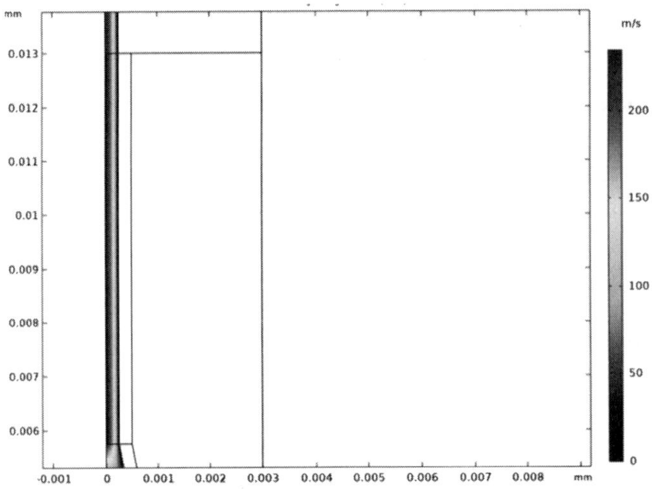

그림 2-10.17 유체 속도의 모델 시뮬레이션 결과

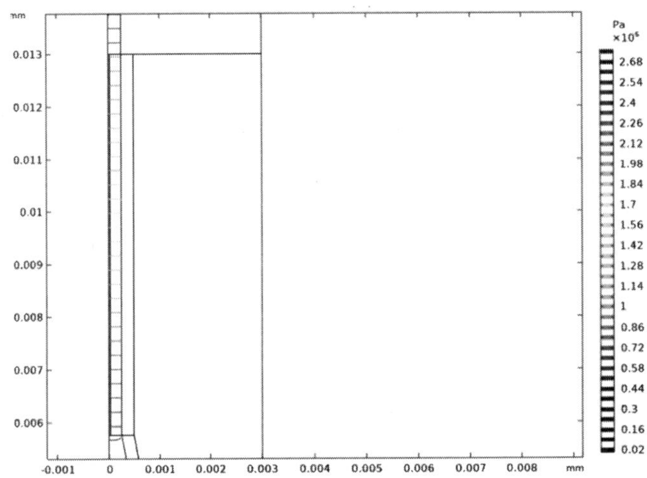

그림 2-10.18 유체 압력의 모델 시뮬레이션 결과

이에 따른 입자 궤적은 유체의 흐름과 유사한 형태로 나타났고, 유체 속도 필드의 이산화 오류와 입자 위치를 계산하는 시간 종속 솔버가 이산 시간 단계를 사용하기 때문에 입자가 때때로 노즐 튜브의 외부 경계에 부딪 힐 수 있었다. 또한 일부 입자는 노즐 튜브에 충분히 가깝게 통과하여 유체 속도가 매우 느려져서 연구의 마지막 시간까지도 입자가 출구에 도달하지 않는 문제도 일뷰 발생한다. 노즐의 투과 확률은 배출구에 도달하는 입자 수와 방출된 총 입자 수의 비율로 놓았고, 이 경우에 투과 확률은 Outlet에 도달하는 입자의 수를 기록하고 방출된 입자의 총 수의 일부로 표현하는 입자 카운터 기능에 의해 계산되었다. 이 경우 전송 확률은 약 0.991였다. 이는 입자의 약 1% 미만이 노즐에 갇혀 있음을 의미한다. 노즐지름(내경 범위: 50 nm~50 ㎛)과 AC 전류(크기: 0.01

A ~ 1000 A)의 변경에 따른 노즐 내의 평균적인 Volume force (Fr, Fz)의 크기 변화를 보기위해 그림 2-10.19처럼 AC 전류 및 자기장의 변화를 위한 코일 두께 변형을 모델링했다.

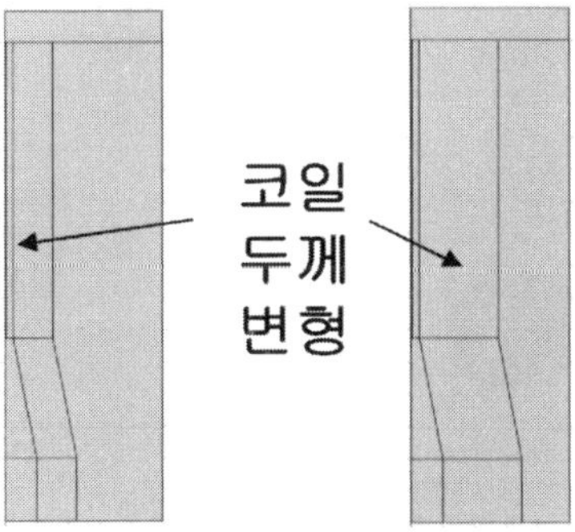

그림 2-10.19 AC 전류 및 자기장의 변화를 위한 코일 두께 변형

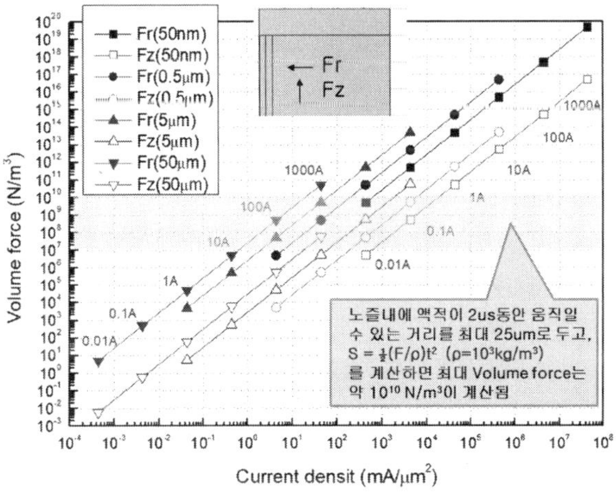

그림 2-10.111 노즐지름(내경 범위: 50 nm~50 ㎛)과 AC 전류(크기: 0.01A ~ 1000A)의 변경에 따른 노즐 내의 평균적인 Volume force (Fr, Fz)의 크기 변화

그림 2-10.20에서 노즐내에 액적이 2 us동안 움직일 수 있는 거리를 최대 25 ㎛로 두고, 이동 거리S = ½(F/ρ)t2 (ρ=103 kg/m³)를 계산하면 최대 Volume force는 약 1010 N/m³이 계산되고, 본 시뮬레이션에서 노즐 내에 입자의 포커싱(focusing)이 발생하여 나노 크기의 jetting이 만들어지는 영역을 정의할 수 있다.

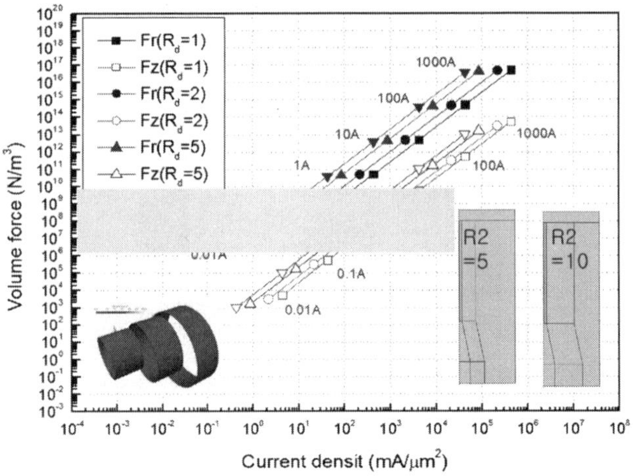

그림 2-10.21 노즐내 코일부의 상대적 단면적(크기: 1 ~ 10)의 변화에 따른 노즐 내의 평균적인 Volume force (Fr, Fz)의 크기 변화

그림 2-10.21에서 노즐내 코일부의 상대적 단면적(크기: 1 ~ 10)의 변화에 따른 노즐 내의 평균적인 Volume force (Fr, Fz)의 크기 변화를 보면 면적당 전류크기 감소 효과 및 전류밀도와 상관없이 노즐 내의 평균적인 Volume force (Fr, Fz)는 거의 변화가 없는 것이 관찰되었다. 그림 2-10.22는 노즐에 인가된 AC 전류가 off 상태일 때 jetting 특성(왼쪽으로부터 t=0.51, 0.53, 0.55, 0.57, 0.59 us)을 보였다. 이미 예측된 결과처럼 전자기장이 형성되지 않은 경우에 입자는 유체흐름과 같이 z축 이동만 관찰된다.

그림 2-10.22, 2-10.23, 2-10.24는 각각 노즐에 인가된 AC 전류(250 kHz)가 1A. 5A, 10A 상태일 때 jetting 특성(왼쪽으로부터 t=0.51, 0.53, 0.55, 0.57, 0.59 us)을 나타낸다.

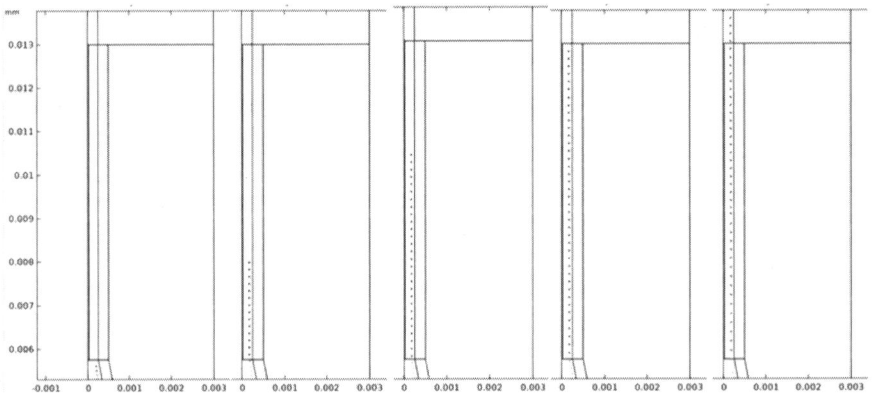

그림 2-10.22 노즐에 인가된 AC 전류가 off 상태일 때 jetting 특성(왼쪽으로부터 t=0.51, 0.53, 0.55, 0.57, 0.59 us)

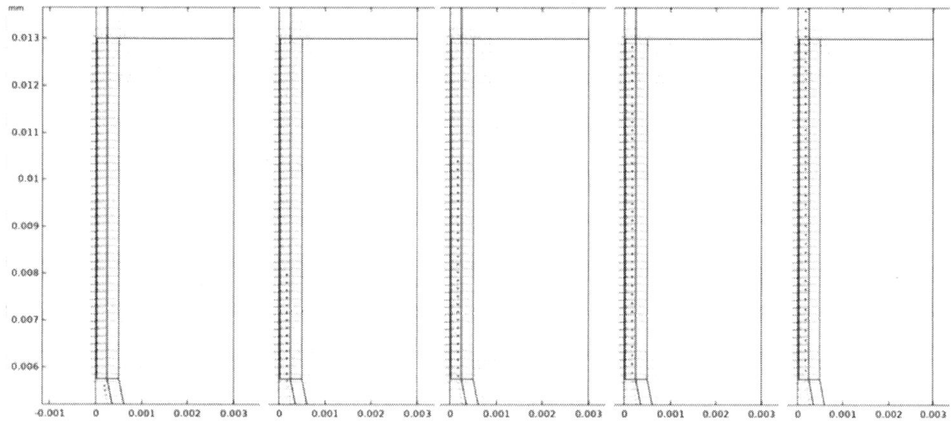

그림 2-10.23 노즐에 인가된 AC 전류(250 kHz)가 1A 상태일 때 jetting 특성(왼쪽으로부터 t=0.51, 0.53, 0.55, 0.57, 0.59 us)

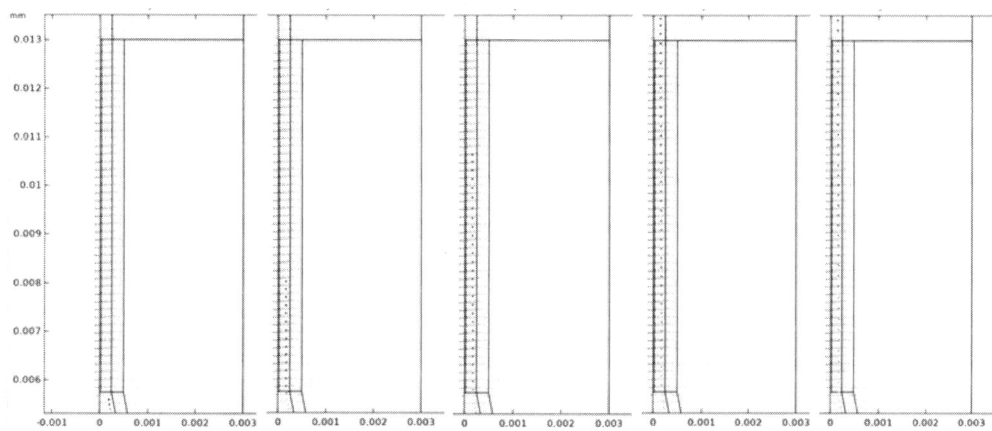

그림 2-10.24 노즐에 인가된 AC 전류(250 kHz)가 5A 상태일 때 jetting 특성(왼쪽으로부터 t=0.51, 0.53, 0.55, 0.57, 0.59 us)

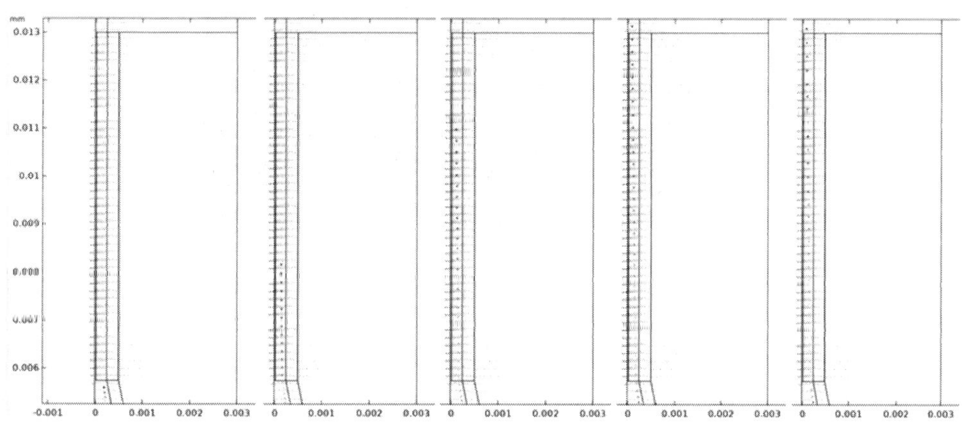

그림 2-10.25 노즐에 인가된 AC 전류(250 kHz)가 10A 상태일 때 jetting 특성(왼쪽으로부터 t=0.51, 0.53, 0.55, 0.57, 0.59 us)

노즐에 인가된 AC 전류(250 kHz)가 1 A. 5 A, 10 A로 커짐에 따라 입자가 가운데로 몰리는 현상, 즉, 노즐 내의 Volume force (Fr, Fz)의 영향으로 노즐 내에 입자의 포커싱(focusing)이 발생하여 나노 크기의 jetting이 만들어지는 과정이 관찰되었다.

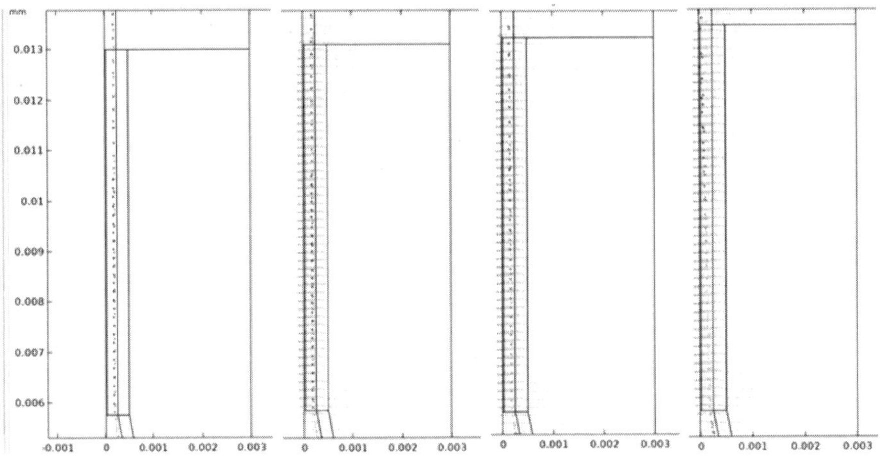

그림 2-10.26 0.85 us에서 노즐에 인가된 AC 전류별 jetting 특성(왼쪽으로부터 0 A, 1 A, 5 A, 10 A)

그림 2-10.26은 jetting이 시작된 이후의 0.85 us에서 노즐에 인가된 AC 전류별 jetting 특성(왼쪽으로부터 0A, 1A, 5A, 10A)을 나타낸 것으로 10A의 경우 노즐사이즈 500 nm보다 10배 작은 50 nm(입자의 직경은 20 nm로 설정) jetting이 됨을 알 수 있다.

그림 2-10.27 연속적인 토출 형태인 잉크젯 프린팅 모드에서 유도 전류에 의한 jetting 특성 변화

그림 2-10.27은 연속적인 토출형태인 잉크젯 프린팅 모드에서 유도코일에 고주파 교류(AC) 전원을 적용한 경우로 연속적으로 토출되는 액체재료의 토출면적도 10배 줄어든 결과가 나타났다.

3-4. ESD /SAW-ED 설계를 통한 Atomizer droplet 형성 장치 최적화

그림 2-10.28을 보면 Atomizer droplet 사이즈 : 50 nm이며, 전기장 발생을 통한 Atomizer droplet 형성을 위한 ESD 장치 최적 설계를 마쳤다. 전기장의 세기, 입력전압, 모세관 외경 및 모세관과 대응전극간의 거리에 따른 최적의 Atomizer droplet 형성 최적화 설계 후 한국전기연구원에서 제작된 나노 사이즈 노즐을 이용한 Atomize droplet 최적 공정을 연구했다.

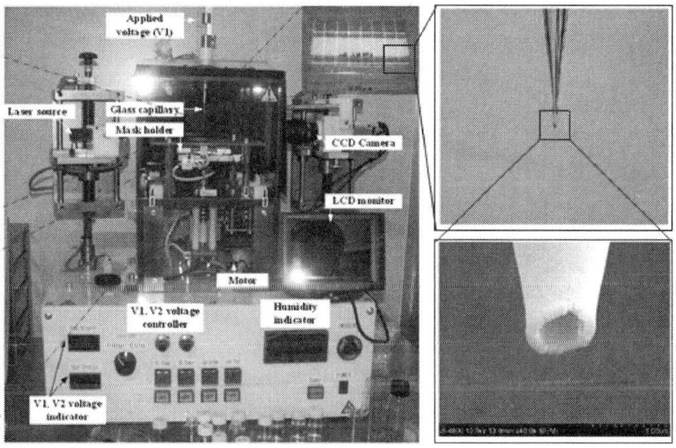

그림 2-10.28 ESD/SAW-ED와 유도코일, Movable Mask를 이용한 나노 3D 프린터 시스템 구성

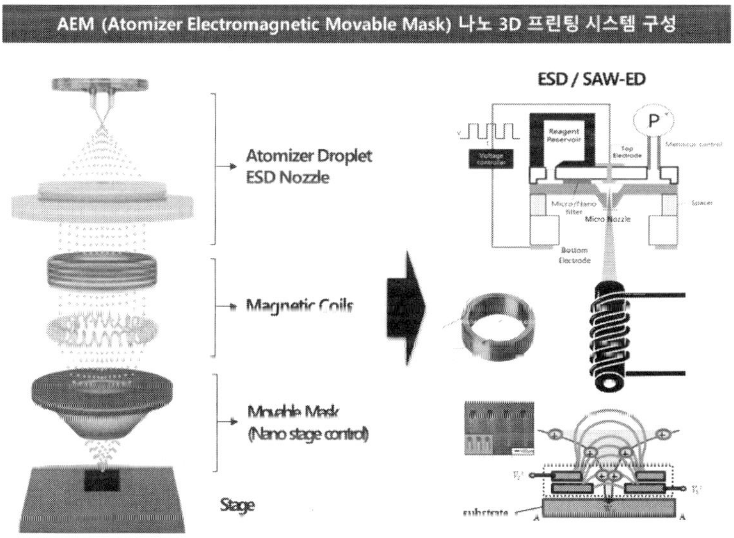

그림 2-10.29 1단계에서 Atomizer droplet 실험 및 유도 코일 시뮬레이션, Movable mask 테스트를 통해서 2단계에서 AEM 나노 3D 프린팅 시스템 구성

ESD/SAW-ED와 유도코일 설정 후, Movable Mask로 제작된 나노 3D 프린터를 이용한 수백 나노급 패턴 인쇄한다. Atomizer 노즐과 전압 인가 전극 일체화 설계 및 제작 공정 개발하고 Atomizer 노즐과 전압 인가 전극 일체화 설계 및 제작 공정은 1차년도 설계에 기반을 두며, 전기수력학적 환경에 맞게 수정 가능하다. 또한 1차년도 설계 기반의 Atomizer 노즐 칩과 전극 칩의 MEMS 가공 기술 개발하고, 3D 프린터를 이용하여 Atomizer 모듈 시제품 제작한다(그림 2-10.29).

다음은 노즐 plate와 전극 plate 접합 공정 개발이다(그림 2-10.30). 1차년도에 설계 및 제작한 접합 공정용 진공 지그 및 시스템을 광학 현미경에 통합하여 노즐 칩과 전극 칩을 마이크로 단위 정렬 및 접합했다.

그 다음 외부 잉크 저장 탱크 설계 및 조립 기술을 개발한다. DNA 분자 프린팅이라는 실험 특성을 고려하여 세척 및 교체 용이성에 주안점을 둔, 전기수력학 장비에 통합된 외부 잉크 저장 탱크를 설계하고, 이를 전기수력학 장비 및 Atomizer에 조립한다.

그 다음 Atomizer 기본 성능 평가 테스트 베드 구축 및 분사 성능을 평가하였다(그림 2-10.31). Atomizer 성능 평가가 가능한 전기수력학 테스트 베드 시스템을 구축하고, DNA 잉크를 사용하여 Atomizer의 분사 성능을 평가했다. 형광 표지된 DNA 잉크를 기판에 분사하여, 형광 현미경 및 AFM으로 확인했다.

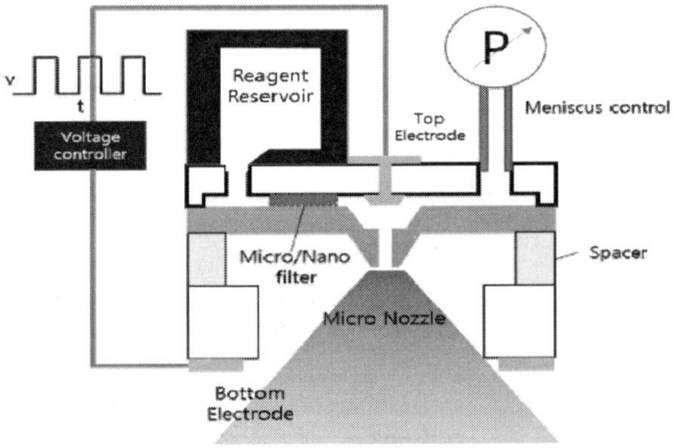

그림 2-10.30 마이크로 Atomizer 노즐의 구조와 미립화 개념도

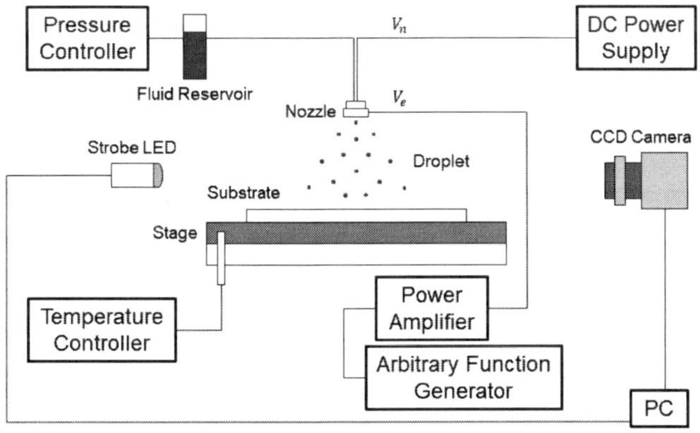

그림 2-10.31 전기수력학 인쇄 및 스프레이 테스트 배드 개념도

한국과학기술원에서는 나노 파티클 잉크 개발에 대한 연구를 하였다. 나노 파티클 형태로 분산이 가능한 금속 및 옥사이드 소재 탐색해 금속/옥사이드 나노 파티클 잉크를 개발했다. 나노 파티클 형태를 얻기 위해서, hot injection method를 이용해 균일한 크기의 나노 파티클을 제작했다(그림 2-10.32). 해당 방법에 적용 가능한 열역학적 거동을 보이는 금속 및 소재를 탐색했다. 나노 파티클이 포함된 colloid 용액 안에서의 분산은 electrostatic force에 의해 결정됨. 분산된 나노 파티클이 형성하는 제타포텐셜 값을 적절하게 조절할 수 있는 용매를 선택하는 방법으로 균일한 분산의 colloid 용액을 제작할 수 있을 것으로 기대된다.

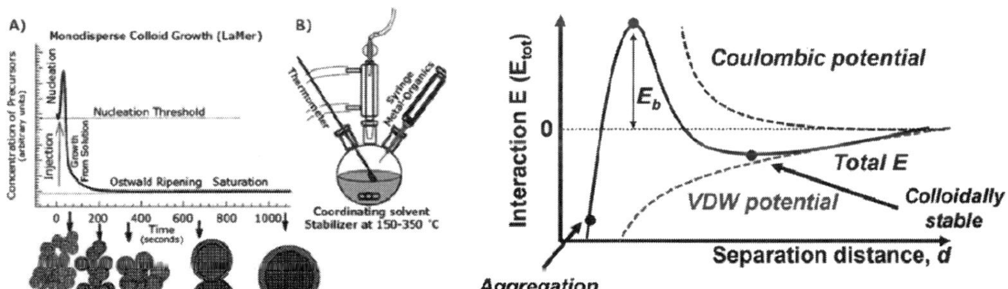

그림 2-10.32 Hot injection을 통한 나노 파티클 제작 전략과, 균일한 분산의 나노 파티클을 포함하는 콜로이드 획득 전략. Material Matters, 2017, 12.1

적정 점성과 증발속도를 만족하는 리간느-나노 파티클-용매 배합을 확보했다. 나노 파티클이 분산된 colloid 용액에서의 점성은 입자의 거동에 영향을 받는다(그림 2-10.33). 파티클 사이즈, 파티클 분산의 경향에 따라서 용액의 점성과 증발 속도를 조절할 수 있다. 나노 파티클의 사이즈 외에 polyelectrolyte 기반의 bridging polymer를 추가하는 방식, 용매의 functional group, 극성, 산성도,

증기압 등을 고려하여 적절한 배합으로 조합하는 방식으로도 colloid의 거동을 조절할 수 있을 것으로 기대된다.

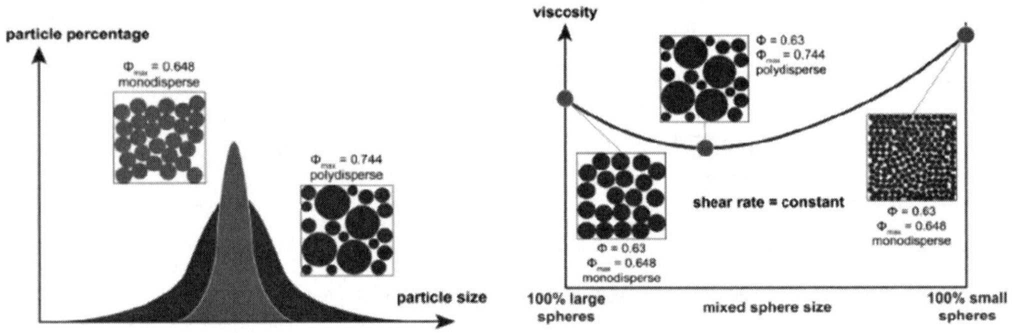

그림 2-10.33 분산된 나노파이클에 따른 용액의 점성 변화 J. Rheol. 2001, 45, 297-319

나노 잉크의 높은 분산성을 확보하기 위해 MOF 나노 입자 표면과 결합이 뛰어난 기능성 고분자 도입하여 MOF 나노 입자를 wrapping 하는 기술을 개발하고자 한다(그림 2-10.34). 이를 통해 전도성 MOF 나노 입자의 응집을 제어하고자 했다. 금속-Cu, Ni, Al 유기 리간드 -(Hexahydroxy-triphenylene(HHTP), Hexaiminotriphenylene(HITP), sulphurhydroxy- triphenylene (HTTP)) 등, 다양한 금속 및 유기 리간드 기반의 전도성 MOF 나노 입자 합성을 진행하였다.

기능성 고분자 도입을 통한 전도성 금속유기골격체 나노 입자 래핑 기술 개발하였다. 본 연구팀의 선행 연구 (ACS Applied Materials & Interfaces 11, 4385, 2019) 를 통해 Wrapping된 3차원 구조의 MOF 입자는 높은 분산성을 가짐으로 3D 프린팅 공정에 적용이 가능함을 확인한 바가 있다. 미세유체반응기를 통해 합성된 전도성 MOF 나노 입자 표면의 -OH, -NH2, aromatic 반응기와의 결합력을 가지는 저 분자량의 기능성 고분자 (ex, PFPE, Polyvinylpolypyrrolidone, etc)를 도입하고자 한다. 저 분자량의 고분자는 금속유기골격체 구조의 효율적인 wrapping을 유도하며 나노 입자 표면에 고분자 베리어 층을 형성하여 입자간의 응집을 억제시킬 수 있다.

위 고분자 wrapping 기술 개발을 통해 $Cu_3(HHTP)_2$, $Cu_3(HITP)_2$, $Ni_3(HITP)_2$, $Ni_3(HHTP)_2$ 등 다양한 금속 및 유기리간드 기반의 전도성 금속유기골격체 나노 잉크 개발을 진행하였다.

또한, 프린팅 적용을 위한 전도성 금속유기골격체 나노 잉크 배합 기술을 확보해 잉크의 점도, 프린팅 구동 온도 등의 조건에 따른 특성 평가를 진행하였다.

개발된 전도성 금속유기골격체 나노 잉크는 균일한 나노 입자 크기 및 높은 분산성으로 프링팅에 적용이 용이하면서, 나노미터 레벨의 높은 해상도를 가짐으로 고 집적화된 소자 제작이 가능할 것으로 기대된다. 또한 제작된 소자는 따로 열처리 공정이 요구되지 않아 다양한 기판에 적용 가능하여 에너지 저장, 전자 소자, 배터리와 같은 여러 전자 소자 분야에 적용 할 수 있을 것으로 기대된다.

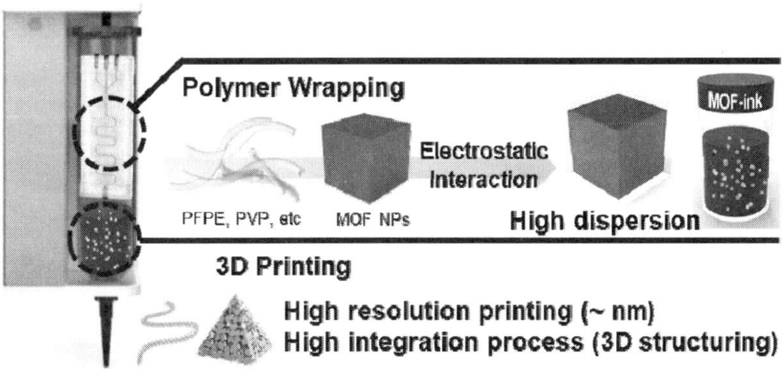

그림 2-10.34 전도성 금속유기골격체 나노 잉크 개발 모식도

3D 프린팅을 이용한 액체 금속 입자 기반 전극 패터닝 기술 개발

균일하면서 패터닝이 가능한 필름을 얻기 위해서는 입자간의 self-assembly로 인하여 close-packed되어야 하고, Evaporative regime에서 코팅이 일어나서, particle morphology를 유지해야만 한다(그림 2-10.35).

용액을 균일하게 분산시키는 역할의 Acetic acid와 자가조립에 필요한 bridging polymer를 첨가하여 3D 프린팅 간 필름의 균일성을 확보하고자 한다.

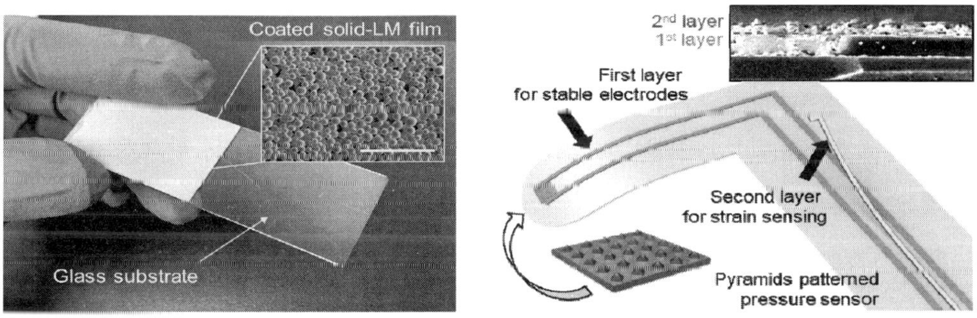

그림 2-10.35 용액 전단법을 이용한 액체금속 필름 코팅

3-5. 미세 액적 형성을 위한 유체 해석 및 설계 - 다중물리해석을 통한 미세 액적 수송 유체 해석

유체 흐름, 자기장 및 전류 흐름 간의 결합은 자기수력학적 (Magnetohydrodynamics, MHD) 유체 해석 시뮬레이션을 통해 유한 요소 방법으로 설명 가능하다. MHD 다중 물리 해석을 통해 미세 노즐 내, 분사 후 미세 액적의 유동 파악했다(그림 2-10.36). 제작된 다양한 잉크의 물리적 특성 (점성, 증기압, 표면장력, 등)을 기반으로 시뮬레이션 적용한 결과, Atomized 된 미세 잉크 액적의 균일성, 밀도 제어에 핵심이 되는 변수 탐색 및 피드백을 진행한다.

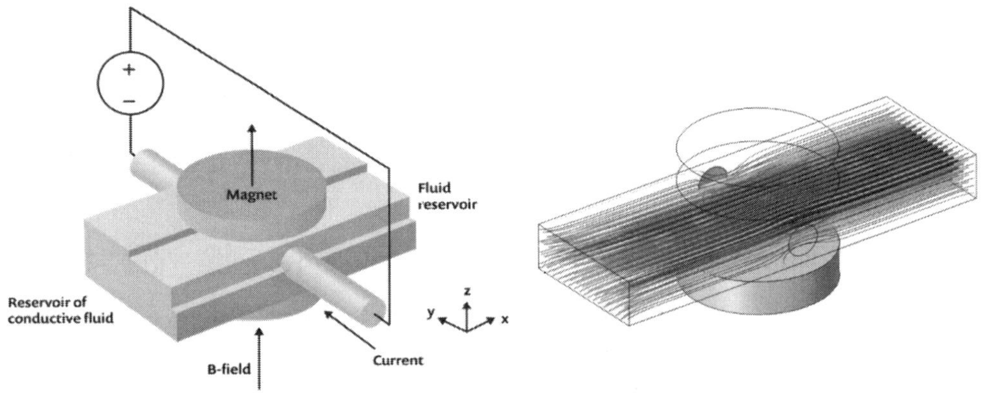

그림 2-10.36 자기수력학적 유체 해석 시뮬레이션 모델 및 결과 예

3-6. DNA 3D 프린팅 특성 분석 - 3D 나노 프린팅에 적용 가능한 DNA 합성

1차년도에서 확보된 3D 프린팅 잉크를 이용하여 DNA 프린팅을 수행했다. 프린팅된 DNA를 분석하기 위하여 DNA 합성과정에서 형광물질이 부착된 티미딘(thymidine) 대체물질(analog)을 이용했다. 1개의 형광부터 10개까지 다양한 개수의 형광물질을 부착하여 손쉽게 프린팅된 DNA의 시각화가 가능하도록 합성했다. DNA 프린팅 성공 여부를 형광현미경을 이용하여 분석하고 잉크 조성 및 DNA 농도 등을 한밭대학교 및 한국생산기술연구원과 협업하여 최적화 한다.

3-7. DNA 성장/연결 기술 개발

프린팅된 DNA의 길이를 증가시키기 위하여 2개의 합성된 DNA를 커플링 반응(coupling reaction)을 이용하여 연결했다. 첫 번째 DNA 3' 말단에 작용기(A)를 부착하고 프린팅을 수행했다. 그다음 A 작용기와 커플링 반응을 일으킬 수 있는 작용기(B)가 5' 말단에 부착된 DNA를 합성하고 두 번째 프린팅을 수행했다. 마지막으로 커플링 반응을 이용하여 두 개의 DNA 조각을 연결하여 프린팅된 DNA의 성장을 유도했다(그림 2-10.37).

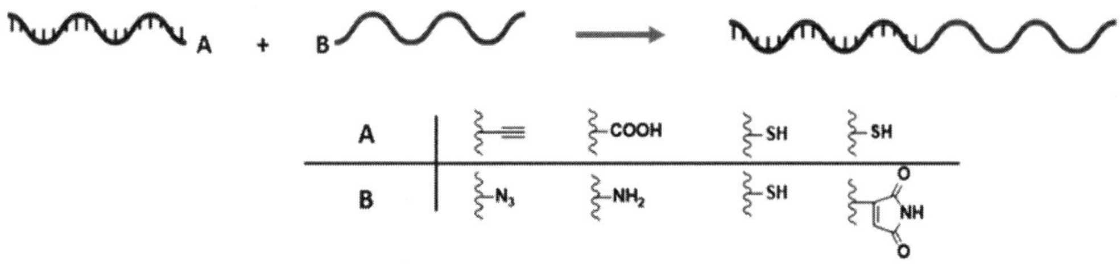

그림 2-10.37 다양한 커플링 반응을 이용하여 두 개의 DNA 조각을 연결시켜 프린팅된 DNA의 길이를 성장

프린팅된 DNA의 길이는 전자현미경을 이용하여 분석하였다. 또한, 프린팅된 DNA와 상보적인 서열을 가지는 형광 DNA 프로브를 이용하여 형광현미경으로 DNA의 성장 여부를 분석하였다. 형광 프로브는 두 DNA의 접합 부분을 인지하도록 하여 DNA 조각이 성공적으로 연결되었을 시에만 프로브와 결합할 수 있도록 설계했다.

한국전자통신연구원에서는 미세 토출형 유도코일 구조 설계, 제작 및 시뮬레이션 (Droplet) 연구를 하였다. MHD 노즐을 개발하기 위해 MHD 방식의 고해상도 패터닝을 위한 단위 기술 확보 및 노즐 구조를 개발했다. 마이크로 크기의 피펫형 노즐에 부과된 제약 내에서 코일의 물리적 크기를 맞추고, 사용되는 전기적는 에너지 소비를 최소화 하기 위한 목적으로 노즐 헤드 내의 임플란트형 코일부를 설계 및 제작했다.(그림 2-10.38, 2-10.39)

초극세 전선을 기반으로 초소형 코일, 미니 코일, 나노 코일 및 마이크로/미니 센서부를 설계 및 제작했다. (예: 직렬로 제조된 코일 권선의 미세한 크기, 59 AWG (약 0.009 mm))

그림 2-10.38 MHD 노즐헤드 내 장착될 Benatav 코일 예시

마이크로 유동 채널 주변의 MHD 유동의 패턴과 jetting 관련성을 조사하기 위해 전도성 유체 기반의 MHD 유동 조절 및 이를 이용한 다중 초점 렌즈 구조의 시뮬레이션 및 개발했다.

또한, MHD 구동 중에 AC 인가 신호에 대한 토출 기구 규명하기 위해 MHD 구동의 불안정성 억제를 위한 전류/전압, 교류 주파수의 인가 조건을 파악했다.

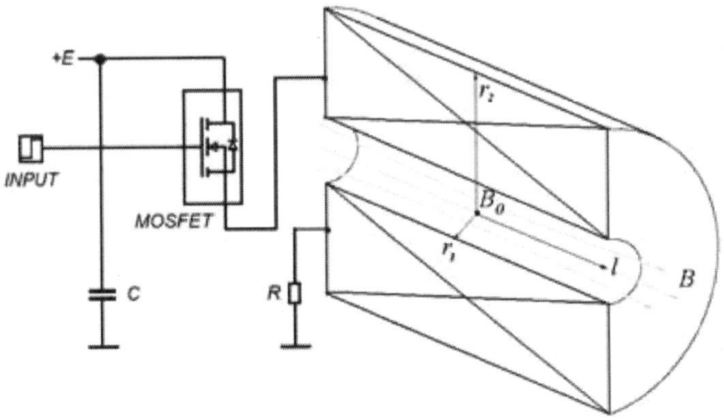

그림 2-10.39 MHD 마이크로 코일의 제어부 설계도

유도 코일형 렌즈에 AC 전압/전류를 인가하여 전도성 재료의 토출 패턴을 조절하는 과정 모델 수립 및 유도 코일형 렌즈를 동작시킬 수 있는 컨트롤러와 파워 모듈 제작, 채널의 특성 변화, inlet-outlet 연결부 연구를 하였다(그림 2-10.40). 이를 통해 개발된 렌즈의 초점 거리 등 특성 변화, 반응시간 등의 최적화를 마쳤다.

그림 2-10.40 MHD 코일부 및 노즐 제작

한국전기연구원에서는 Glass 타입의 500 nm급 미세 노즐 제작 기술을 개발하였다. 기능성 잉크 점·탄성 제어를 통해 나노소재 분산 및 기능화를 통한 잉크 제조 기술을 개발하였다(그림 2-10.41). 그 후, Glass 미세노즐을 이용한 다양한 잉크의 토출 연구를 하였다.

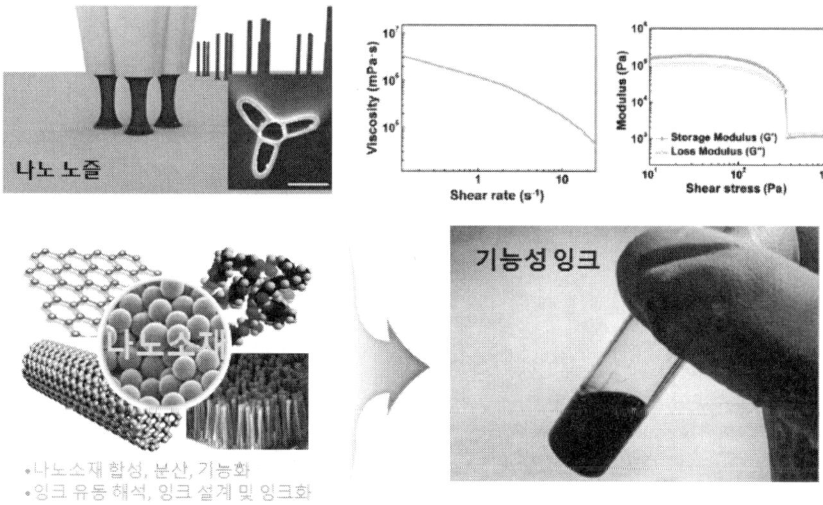

그림 2-10.41 Glass 타입 나노 노즐 형상/사이즈 제어 및 기능성 잉크 제조 기술

동경공업대학교에서는 Nano-patterning을 위한 Electrostatic lens 원리를 응용한 Stencil mask를 제작했다. 바이오 재료, 유기 고분자 재료 등에서는 다음 조건을 만족시키는 나노 패터닝 기술의 개발이 요구되고 있다. 먼저 드라이 패터닝 과정이다. 건조한 미립자에 의한 균일한 패턴이 가능하다. 또한 고속 건조에 의한 생체 고분자의 활성에도 유리하다. 그 다음은 상온 프로세스다. 열에 의해 분해되는 물질도 상온이라면 패터닝이 가능하다. 그 다음은 직접 패터닝 과정이다. 독성이 강한 화학적 에칭 등의 공정이 불필요하기 때문에 바이오 재료와의 적합성이 높다. 마지막으로 고해상도 과정이다. 집적도를 높일 수 있도록 나노 미터의 분해능을 얻을 수 패터닝 기술이 필요하다. 3차원 전극을 이용한 정전 렌즈 마스크 제작했고, 위의 요구 사항을 충족시키기 위해, Atomizer로 분사되는 Nano-droplet의 순간 건조 과정과 전기장을 변화시킬 수 있는 Electrostatic lens의 원리를 응용한 Stencil mask(이하, 정전 렌즈 마스크)를 융합한 나노 패터닝 기술 개발이 필요했다. 노즐 속의 용액에 고전압을 걸어 생성된 Nano droplet은 순간적으로 건조된 입자가 되어 기판으로 정전 유도되고 (그림 2-10.42 (a)), 스텐실 마스크의 구멍을 통해 패터닝이 된다. (그림 2-10.42 (b)). 전기장을 제어할 수 있는 정전 렌즈 마스크를 개발함으로써 Stencil mask의 Micro-hole보다 작은 나노 패터닝이 가능하다 (그림 2-10.42 (c)). 본 연구에서의 정전 렌즈는 전자 현미경에서 정전 렌즈와는 기능이 다른 것으로, 대전된 나노 입자를 기판 상에 패터닝할 때 능동

적으로 패턴의 크기를 제어할 수 있다. 전극의 개수가 많을수록 패턴을 더 작게 포커싱할 수 있다(그림 2-10.43). 또한 정전 렌즈 마스크의 Hole은 마이크로 사이즈이기 때문에, 일반 나노 스텐실 마스크의 문제점인 구멍 막힘을 해결할 수 있다.

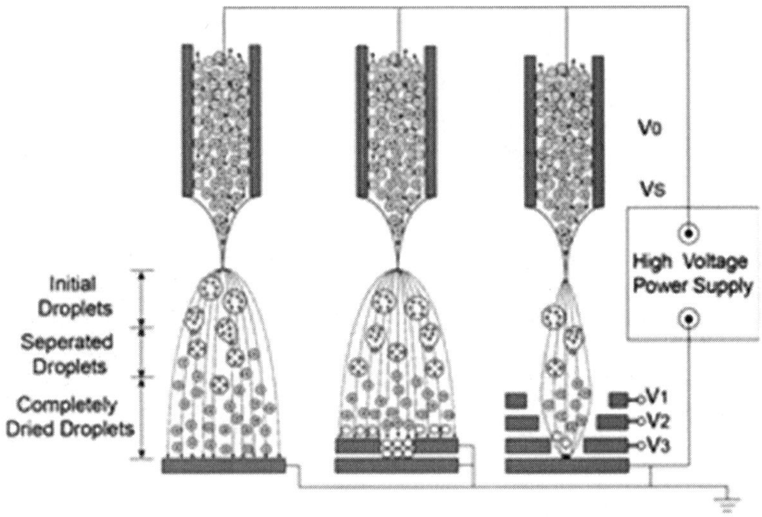

(a) 마스크 없음 (b) 메탈 마스크 (c) 정전 렌즈

그림 2-10.42 정전 렌즈 마스크에 의한 나노 입자의 포커싱

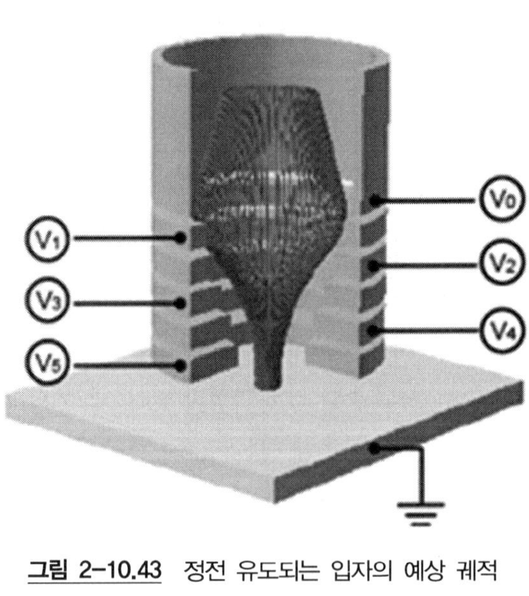

그림 2-10.43 정전 유도되는 입자의 예상 궤적

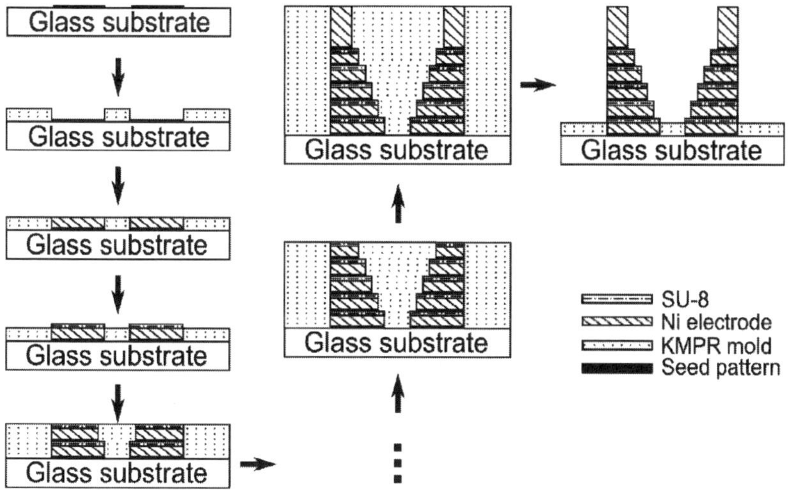

그림 2-10.44 정전 렌즈 마스크의 MEMS 제작 프로세스

MEMS 기술은 Photolithography를 기본으로 한 2차원 구조에 특화되어 있어서, 본 연구의 정전 렌즈 마스크와 같은 복잡한 3차원 마이크로 구조체를 제작하는 것은 쉽지 않다. 또한 마이크로 스케일에서 부품의 조립이 쉽지 않기 때문에, 모든 부품이 MEMS 프로세스만으로 제작과 동시에 조립되어야 한다. 본 연구에서는 Thick photoresist에 의한 Micro-mold와 전기 도금을 이용한 다층화 MEMS 프로세스(그림 2-10.44)를 고안해서, 복잡한 3차원 구조인 정전 렌즈를 다수 집적한 정진 렌즈 어레이 마스크(그림 2-10.45)를 제작했다. 유한 요소법 소프트웨어에 의한 시뮬레이션을 실시하여 정전 렌즈의 전극 구조, 치수, 구동 전압 등을 최적화했다. 전기장을 시뮬레이션한 예비 검토에서, 본 연구에서 제안한 정전 렌즈 마스크를 구현한다면, Stencil mask hole 사이즈가 50 ㎛임에도 불구하고 ESD된 패턴 사이즈는 6 ㎛가 될 것으로 예측된다. (그림 2-10.46). 예를 들어 MEMS 기술을 이용해서 5 ㎛ Hole의 Stencil mask를 실현하다면, Hole 사이즈의 12%인, 600 nm 패턴이 가능하다는 결론이 된다.

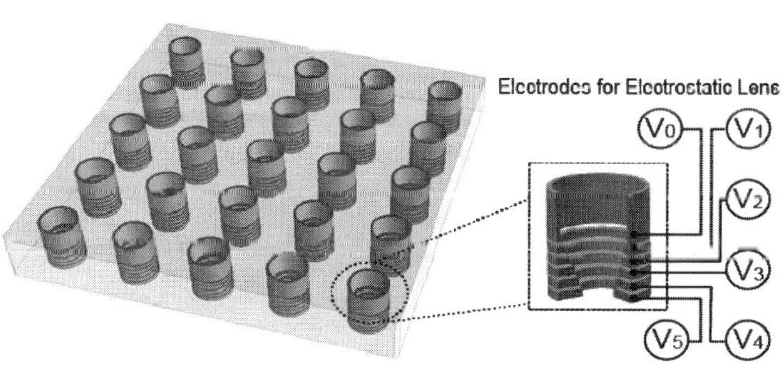

그림 2-10.45 정전 렌즈 어레이 마스크의 개략도

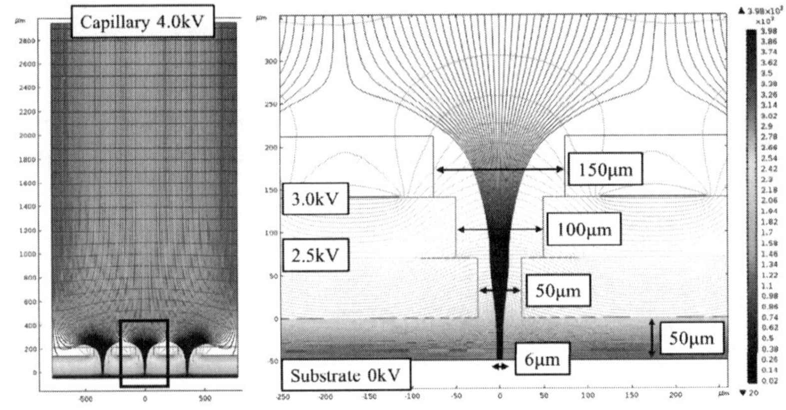

그림 2-10.46 정전 렌즈 마스크의 전기장 시뮬레이션으로 예측하는 포커싱 효과

3-8. Stencil mask와 기판의 간격 제어를 이용한 나노 패터닝

본 연구에서는, 3차원 전극을 이용한 정전 렌즈 마스크와는 별도로, 절연체로 표면을 코팅한 Stencil mask와 기판 사이의 간격을 조절하여 패턴의 크기를 제어하는 표면 전하 간격 제어 마스크를 제안한다. 마스크 표면에 생긴 표면 전하로 마스크 부근의 전기장을 변화시키는 방법이다. 이 간격 제어 마스크의 일부는 강자성체인 니켈로 만들어져 있기 때문에, 외부 자기력에 의해 간격을 쉽게 조절할 수 있다. 스페이서는 마스크와 기판 사이에 배치되어 초기 간격은 이 스페이서의 두께에 의해 결정된다. 전자석은 기판 아래에 배치되어 간격 제어 마스크에 자기력을 생성한다. 전자석에 인가되는 전압을 변경함으로써 발생하는 마스크 사이의 자기력으로 간격을 제어할 수 있고, 그 결과 같은 사이즈의 Hole이라도 다른 사이즈의 패턴을 형성할 수 있다. (그림 2-10.47). 3차원 전극 마스크 (그림 2-10.48 (a))와 표면 전하 간격 제어 마스크 (그림 2-10.48 (b))를 융합해서 간격 제어 정전 렌즈 마스크 (그림 2-10.48 (c))를 구현함으로써 고도의 패턴 포커싱을 가능하게 할 것이라 생각한다.

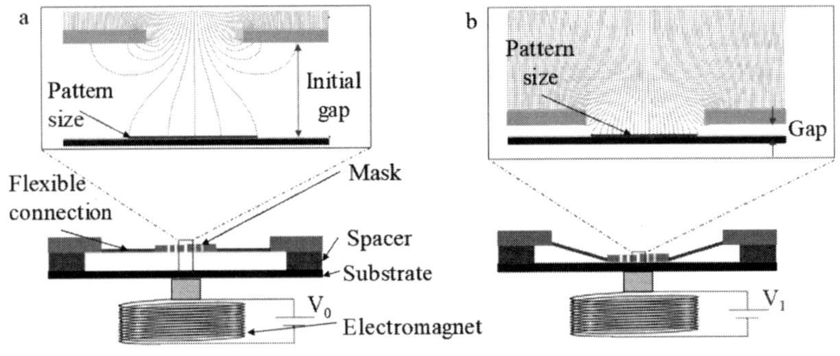

(a) 초기 간격의 패턴 사이즈 (b) 간격 줄인 후의 패턴 사이즈

그림 2-10.47 간격 제어 마스크의 작동 원리와 패턴 포커싱

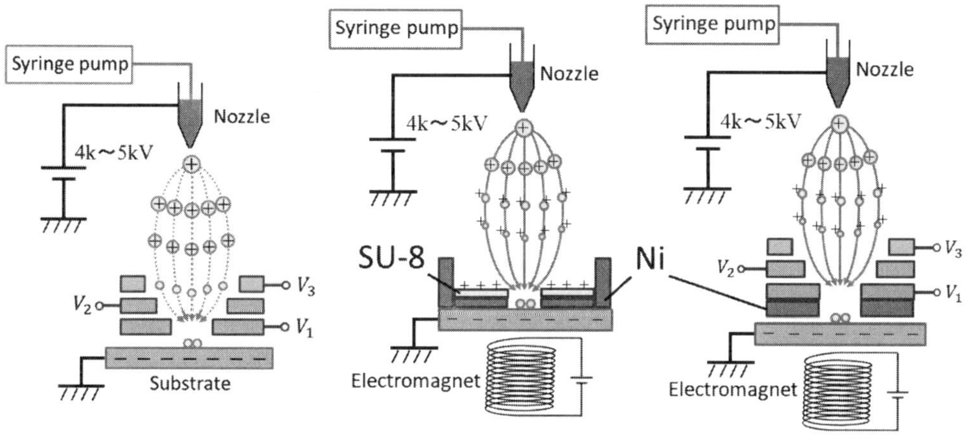

(a) 전극 마스크 (b) 간격 제어 마스크 (c) (a),(b)를 합친 스텐실 마스크

그림 2-10.48 본 연구에서 제안하는 3가지 종류의 정전 렌즈 마스크의 개념도

3-9. ESD용 Micro nozzle array의 제작

기존에는 수작업으로 제작한 유리 모세관을 ESD용 노즐로 사용하고 있었지만, 노즐의 치수 허용 오차로 인해 Electrostatic atomizer 성능의 재현성에 문제가 있었다. 또한 Nano-droplet 생성을 위한 노즐의 미세화에는 제작상의 한계가 있다. 이를 해결하기 위해 MEMS 기술에 의한 마이크로 노즐 제작 프로세스(그림 2-10.49(a))를 제안한다. 일괄 처리 방식의 MEMS 기술이기에 다수의 노즐을 한번에 Array 형태로 제작할 수 있고 (그림 2-10.49(b)). 그 결과 ESD의 Atomizing rate을 증가시켜 패터닝 속도의 향상을 기대할 수 있다. 마이크로 노즐 형상의 최적화가 필수적이며, 유한 요소법 소프트웨어을 이용해서 노즐 내경 100 ㎛, 높이 400 ㎛을 기준으로 최적화를 실시한다.

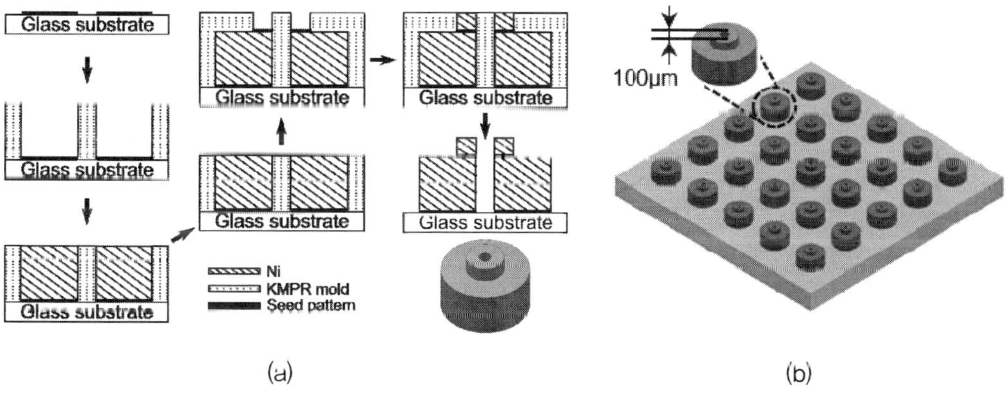

(a) (b)

그림 2-10.49 (a) Micro nozzle array의 MEMS 제작 프로세스 (b) Micro nozzle array의 개략도

3-10. Nano-droplet 형성을 위한 고주파 SAW atomizer 개발

기존의 SAW atomizer는 다른 초음파 분무기보다 더 높은 공진 주파수로 작동할 수 있지만 평균 입자 직경은 Kelvin'equation의 이론치보다 컸다. 기존의 SAW atomizer의 경우, 입자 크기 분포에서 직경 10 ㎛와 40 ㎛, 두 개의 피크가 있었다. 두 개의 피크 생성 이유가 Main high frequency와 Intermittent burst frequency의 서로 다른 두 개의 입력 신호 때문이다. 평균 입자 크기를 보다 작게 하기 위해서는, Main high frequency만으로 연속 구동하는 것이 바람직하다. 평균 작동 전력을 높이지 않으면서, 연속 구동을 하기 위한 방법으로, 반사 전극을 이용한 에너지의 제활용과, 기존의 Progressive wave 타입이 아닌 Standing wave 타입의 SAW atomizer(그림 2-10.50)을 개발하는 것이다. 본 연구에서 제안한 방법을 사용하면, Intermittent burst frequency에 의해 생성되는 큰 입자가 없는 Main high frequency에만 의존하는 SAW atomizer를 개발할 수 있다고 생각한다.

SAW atomizer로 생성하는 입자의 크기를 근본적으로 줄이는 방법으로, 기존의 약 10 MHz의 구동 주파수를 보다 고주파로 바꾸는 것이다. 본 연구에서는 추가로 20 MHz, 50 MHz, 70 MHz, 100 MHz의 SAW atomizer를 개발하였다.

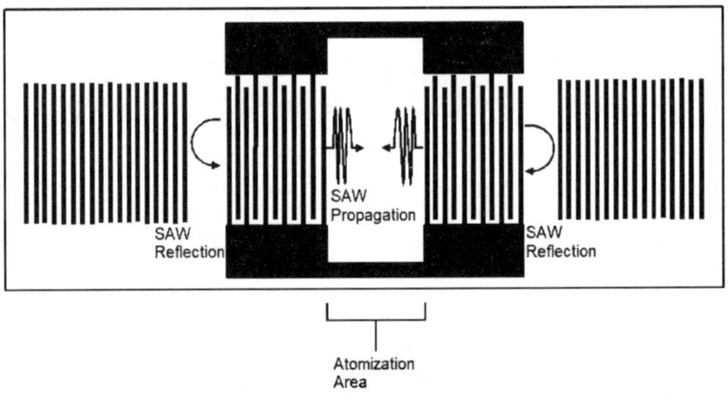

그림 2-10.50 Main high frequency만으로 구동하는 Standing wave 타입의 SAW atomizer

4. 요약

4-1. 연구개발성과의 활용방안

본 연구를 통해 AEM (Atomizer Electromagnetic Movable Mask)나노 3D 프린터 제작 및 나노급 3D 패턴 인쇄 기술 확보가 가능하다. 또한 대표적인 바이오 소재인 DNA 잉크의 분사에 적합한 노즐 기술과 미세 토출형 마이크론 유도코일 구조 개발할 수 있었다. 안정하게 분산 가능한 나노 파티클 기반 잉크 개발을 통해 공정 진행 간 균일성 및 프린팅 resolution 확보와 10 nm급의 2D/3D 인쇄가 가능한 기능성 나노 잉크 기술을 얻을 수 있었다. 마지막으로 마이크로 사이즈의 정전기 렌즈 마스크로 전기장을 제어함으로써, 마이크로부터 나노 사이즈까지 광범위하게 패턴 사이즈를 조절하는 기술 확보했다.

본 연구성과를 이용한다면 DNA칩 등 바이오산업에 필요한 세조장비 핵심부품으로 활용하거나, 임플란트-이식된 바이오 메디컬 마이크로기기의 자극부(예: 통증 관리 장치) 부품, 마이크로파 및 RF 장치를 이용한 인체내·외부의 표적 약물 전달, 이식 마커 및 내시경 조작, 미니어처 임플란트 센서와 무선 통신 등 마이크로 코일 및 초 미세 와이어 연결 기술에 사용할 수 있다. 또한, 3D 프린팅을 비롯한 기존 용액 공정 기술에 적용하여 2/3차원 형태의 전극 디자인 및 MEMS 소자에 활용할 수 있다. 그리고 Stencil mask를 변경하지 않고도 패턴 사이즈를 조절할 수 있는 차세대 나노 3D 프린팅 분야에 활용 가능하다. 단백질의 미세 나노 패턴과 그 신경 세포 네트워크를 마이크로 칩 위에 구현해서, 신경 세포의 메카니즘을 명확히 할 수 있다.

4-2. 연구개발성과의 기대효과

과학, 기술적 측면에서는 제안된 AEM(Atomizer Electromagnetic Movable Mask) 기술의 구현을 통해 나노급 해상도를 갖는 프린팅 기술이 선무하며 인쇄기술 분야에서 기술적 진보를 얻을 것으로 기대된다. 또한 2차원 패턴뿐만 아니라 3차원 패턴 또한 나노급으로 제작할 수 있어 3D프린팅 기술 발전에도 기여할 수 있을 것으로 기대된다. AEM 기술을 이용한 차세대 나노 3D 프린팅 기술은 3차원 나노 패터닝을 위해 마땅한 기술이 없었던 인쇄전자기술 분야에 새로운 공정 패러다임 제공할 것으로 판단된다.

차세대 나노 3D 프린팅 기술의 프린터 노즐/헤드의 설계를 위해서는 전자기학 해석과 유체 해석이 필요하며, 이는 전자기력을 이용한 미래형 유체기계 설계에 유용하게 활용될 것으로 판단된다.

나노 노즐/헤드 제작에 사용될 MEMS 기술과 3D 프린터 기술은 잉크젯 헤드, 가속도 센서, 화학 센서, 바이오 센서 등 맞춤형 마이크로 부품 제작에 유용한 기술이다. AEM 기술을 통해서 전도성 /반도체 고분자, 금속 나노 입자, 옥사이드 등 과 같이 용액에 분산 가능한 소재를 이용하여 나노 잉크로 응용 가능하며, 이 나노 소재들을 이용해 다양한 소자 제작에 접근 할 수 있으며 대표적으로 적층형 소자, 인체 삽입형 소자 등 차세대 전자 소자 제작이 용이할 것으로 판단된다. 트랜지스터 혹은 센서같은 적층형 소자의 경우 3차원 적층형 구조체 연구가 필요하다. 기존 연구의 경우 벌크 형태로 적층 후에 드라이 에칭을 이용하고 있으며 이는 시간이 오래 소요되고 비용이 높다는 단점이 있다. AEM 기술을 이용하면 벌크 구조에서 식각하여 내려오는 과정이 아닌 나노 단위로 옥사이드 절연층, 반도체 채널, 컨택 전극을 번갈아 쌓아 올릴 수 있어 쉽게 제작 할 수 있음. 상온 상압 조건에서 공정이 이루어지기 때문에 기존 공정 대비 공정 시간과 비용을 줄일 수 있다. 해당 분야에서 새로운 지평을 열 것으로 예상된다.

현재 인체 삽입형 소자는 2차원 기판 위에 소자가 패터닝 되고 있고, 경우에 따라 3차원 구조를 필요로 한다. AEM 기술을 사용하여 high resolution feature의 3차원 소자 제작의 문제를 극복 할 수 있다. Biomedical device, implantable device 분야에 큰 파급효과를 가져올 것으로 기대된다. 상기된 예 이외에도 포토닉 크리스탈, 나노와이어 어레이, 미세 플루이딕 채널 형성, 로터스 이펙트를 이용한 표면개질 등 다양한 분야에 응용 가능하다. 또한 바이오 분야에서도 잉크젯이 아닌 AEM 기술을 통해 DNA를 합성할 수 있는 기술을 개발하여 나노미터 수준의 정밀도를 보이는 최초의 DNA writing 기술 개발도 가능할 수 있을 것으로 기대된다.

03 3D printed electronics

3-1 Wearable respiratory module

1. 서론

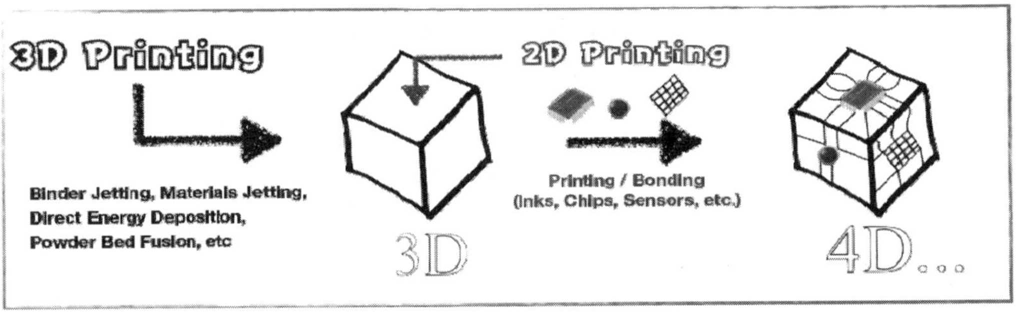

그림 3-1.1 3D printed electronics의 정의

인구 고령화 문제와 최근 Covid-19와 같은 예측불허한 호흡기 질환의 발생하여 건강에 관심이 많아지면서 질병 발생 후에 치료뿐만 아니라 질병의 예방 그리고 건강관리의 중요성이 증가하고 있다. 생체신호를 활용하여 개인의 건강을 파악하고 질병을 예방한다. 그림 3-1.1처럼 일상생활에서 간편하게 휴대할 수 있고 몸에 부착되어있는 휴대전화, 스마트 시계 그리고 스마트 옷 등을 이용하여 건강상태를 실시간으로 확인할 수 있다.

유비쿼터스 시대가 도래함으로써 웨어러블 기기의 활용도는 점차 증가하고 있다. 웨어러블 기술이란 인간의 생체인식과 IT기반의 디지털기기로 손, 팔, 가슴, 머리, 의류 등 몸의 부착 및 착용하여 두뇌 역활을 함으로써 피트니스, 헬스케어, 인포테인먼트, 군사, 전자 산업, 의료 등 다양한 분야에 적용되어 지고 있다. 웨어러블 디바이스는 체온, 수면의 질, 심박수, 습도 등 무자각상태에서 지속적으로 사용자의 생체신호를 모니터링 할 뿐만아니라 건강신호의 악화 상태를 분석하여 전달한다.

기존 전자산업에서는 Photolithography 공정을 이용하여 전자 소자들을 개발하여 발전해 왔다. Photolithography 공정은 반도체 제조 공정 기술로서 빛을 이용하여 회로 패턴을 새기는 공정이다. Photolithography를 이용하기 위해서는 코팅, 노광, 현상, 식각, 박리 등의 공정을 이용한다. 이러한 공정은 진공 증착 및 노광 공정을 반복적으로 수행하여야 하며 고가의 진공 장비가 필수적이므로 생산단가가 높고 재료의 불필요한 소모 및 많은 화학적 오염물질 배출이 이루어지고 있다.

인쇄전자 기술은 Photolithograpy 공정에 비하여 노광 및 식각 기술의 의존하는 패턴 공정의 수가 대폭 단축되며, 비진공 공정, 고가의 장비가 필요 없고 재료의 불필요한 낭비가 거의 없으며, 화학물질 배출이 적다. 또한 인쇄전자 기술은 PCB기판 없이 전자 제품을 제작할 수 있으며, 필요에 따라 유연기판을 이용하여 유연한 소자 제작이 가능하다. 전자 장치의 형상 제작 등 사용되는 제조 공정은 절삭 공정이 주된 생산을 이룬다. 이러한 생산 방식들은 맞춤화 제작과 사용자 환경에 맞는 모듈을 제작비용 및 제조 시간 등 한계점을 마주하게 된다. 적층 제조 공정 기술은 모델링이나 3D 스캐너를 통하여 제품의 설계를 간편하게 진행할 수 있으며 만들어진 파일을 통하여 3D 프린터 입력하면 재료를 적층하여 제품을 제작하는 방식이다.

적층 제조 공정은 기존의 제조공정인 절삭 가공과 성형가공에 비하여 공정의 단순화, 맞춤형 제작, 복잡한 형상 작업시간 단축, 자동화 기술을 통한 작업 인원 감소, 불 필요한 재료의 낭비를 줄여준다는 이점을 갖고 있다. 3D 프린팅과 인쇄전자 기술을 함께 사용하여 센서, 전자 소자에 대한 연구가 지속적으로 진행되고 있다. Wu, Sung-Yueh 연구 그룹에서 ME방식을 이용한 수동 전자소자, Yong Lin Kong 연구 그룹에서 개발된 능동 반도체 전자소자, AndreaBellaciccab 연구 그룹에서 FDM과 클러스터빔을 이용한 광 센서, 압력센서, 습도 센서, Dong-soo Kim의 연구그룹에서 제시된 이중 레이어 블랑켓을 이용한 투명전극 등 다양한 센서가 3D 인쇄 전자 기술을 이용하여 연구가 진행되고 있다.

Wang, Junjie 연구 그룹에서는 사람의 호흡은 상대습도 90% 이상의 습도를 갖고 있다고 제시하였다. 본 연구는 인쇄공성 기술을 이용하여 웨어러블 호흡기 모듈을 제작하고 특성을 분석하였다. 웨어러블 호흡기 모듈의 습도 센서는 선행 연구를 PET 필름을 통하여 채널 길이에 따른 센서의 특성을 확인하고 LED가 점등되는 전압을 설정하였다. 습도 센서는 직류 전압 4.5V에 사람의 호흡을 이용하여 LED가 점등되는 방식을 이용하였다. 따라서 상대습도 80%에서 LED가 점등되는 IDE 채널 길이 750 ㎛를 적용하여 웨어러블 호흡기 모듈을 제작하였다.

2. 웨어러블 호흡기 모듈 설계

2-1. 호흡기 모듈 설계

그림 3-1.2는 웨어러블 호흡기 모듈의 전기회로도이다. 전기 회로도 설계의 구성 요소는 저항, 가변저항, LED로 구성되어 있으며, 저항과 가변저항은 인쇄공정을 통하여 제작되었다. 웨어러블 호흡기 모듈은 직류 전압 9V를 인가하여 구동된다. 웨어러블 호흡기 모듈의 저항 R_1과R_2는 음극과 양극을 나타낸 것으로 저항의 공식을 따라 길이와 두께, 그리고 선폭에 따라 저항값이 변화한다. 동일한 두께를 통하여 인쇄를 진행하였을 때 길이에 변화로 인한 저항 값은 대략 0.2 Ω 에서 1.4 Ω이다. 가변저항 R_3, R_4, R_5, R_6은 호흡에 따라 MΩ에서 kΩ으로 저항 값이 바뀌어 LED가 점등되는 방식의 웨어러블 호흡기 모듈을 설계하였다. 그림 3-1.2는 웨어러블 호흡기 모듈의 레이아웃이다. 그림 3-1.2에서의 저항 R_1과R_2는 버스라인을 의미하며, 가변저항은 제작되는 습도 센서를 나타내었다. 호흡기 모듈은 LED 칩을 제외하고 인쇄공정만을 이용하여 제작되었다.

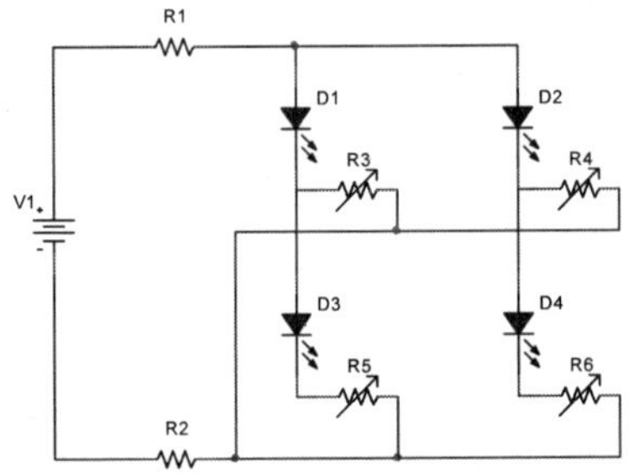

그림 3-1.2 웨어러블 호흡기 모듈의 전기 회로도

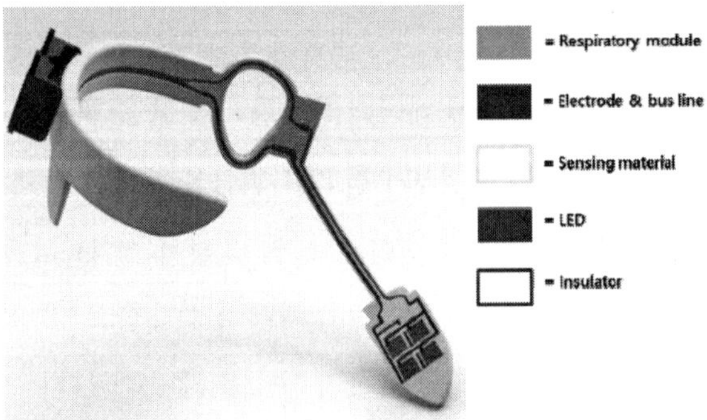

그림 3-1.3 웨어러블 호흡기 모듈 레이아웃

2-2. 제조 장비 및 재료

2D 프린팅 방법은 그림 3-1.5에 나온 것처럼 디스펜서를 이용하여 Ag 전도성 잉크와 PDDA를 인쇄하였다. 감지물질은 양이온성 친수성 고분자 물질인 PDDA로, 친수성 물질에 저항성 습도 센서의 감지물질로 흡습성이 띄어난 재료이다. PDDA는 20 wt%를 SigmaAldrich에서 구매하였다. 디스펜서는 공압방식의 디스펜서를 이용하였고, 30 kPa ~ 500 kPa까지 압력의 세기를 조절할 수 있으며 인쇄 크기는 300 X 300 X 100 mm의 최대 크기를 갖고 있다. 사용된 Ag잉크는 $4X10^{-5}$ Ω·cm를 갖고 있으며 점도는 5(Pa·s@25 °C)를 갖고 있다. 3D 차원 형상 제작은 재료 분사 방식인 Polyjet(그림 3-1.6)을 이용하였으며, 압전소자 방식으로 구동되는 잉크젯 기반의 재료로 최대 294 X 192 X 148.6mm의 크기를 인쇄할 수 있으며, 해상도는 16 micron으로 우수한 해상도를 갖고 있다. 사용된 재료는 Veroclear는 약 비율 20~30%의 acrylate를 갖고 있으며, 챔버 내부 온도는 30~50 °C의 온도를 유지하며 제작되었으며, 슬라이싱 프로그램은 Grabcad print를 사용하였다.

2-3. 2D / 3D 프린팅 습도 센서 제작공정

센서는 3D 프린팅으로 제작한 기판에 적용하기 위해 센서의 우수한 성능과 LED 점등을 위한 채널길이를 결정하기 위하여 채널 길이를 250 ㎛, 500 ㎛, 750 ㎛, 1000 ㎛로 4가지 형태를 제작하여 PET필름을 통한 선행 연구를 진행하였다. 그림 3-1.4는 선행연구 2차원 형상의 습도 센서의 제작 공정도이다. 2차원 습도 센서는 2D 프린팅 장비 디스펜서를 통하여 제작되었다. 습도 센서의 제작방법으로 PET 기판 위에 감지물질 PDDA를 인쇄후에 40 °C에서 2시간 오븐을 통하여 건조한 다음 마지막으로 IDE 전극을 감지 물질 위에 인쇄하였다. 그 후 150 °C로 가열된 오븐을 이용하여 30분간 어닐링 과정을 거쳐 센서를 제작하였다. 감지물질의 인쇄는 얇은 선폭의 병렬 형태로 나열하는 방식인 부분 프린팅 방식을 이용하였다. 부분 인쇄방법은 코팅 방법에 비하여 상대적으로 이력현상을 줄여주며 수분의 흡착 및 탈착 반응이 더 우수하다.

웨어러블 호흡기 모듈의 센서는 6단계의 공정을 통하여 제작되었다(그림 3-1.5). 제작된 형상은 선행 연구를 통하여 센서의 성능과 LED의 점등 조건을 고려하여 모듈의 채널 길이를 적용하였다. 웨어러블 호흡기 모듈의 센서 부위는 선행연구와 동일한 공정 조건을 통하여 인쇄하였다. 감지물질 PDDA를 디스펜서를 이용하여 인쇄공정을 진행한 후 40 °C에서 2시간 동안 오븐에서 건조를 진행하였다. 그 후 전류가 흐르는 전도성 라인을 버스라인이라 지칭하며, 버스라인은 감지물질 PDDA를 건조시킨 후 인쇄를 진행하였으며, 오븐에 150 °C로 30분간 어닐링을 진행하였으며, 유전체는 80 °C에서 15분간 건조 작업을 거친 후에 버스라인 및 IDE 전극을 인쇄하였으며 150 °C의 온도에서 30분간 어닐링 공정을 거친 후 LED 칩을 부착하여 호흡기 모듈의 센서를 제작하였다.

3D 습도 센서의 측정은 어레이 구조 중 1개의 센서를 갖고 측정을 하였으며, 3D 프린팅 조형슬라이스는 801개의 조형슬라이스로 3D 프린팅 layer 두께는 10.7 ㎛를 갖고 제작되었다(그림 3-1.6).

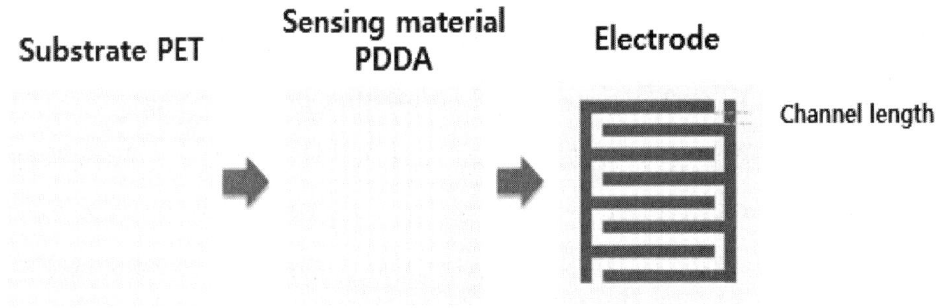

그림 3-1.4 2D 습도 센서의 공정도

3D 프린팅된 습도 센서는 2차원 습도 센서와 동일한 조건의 선폭과 두께를 통하여 제작되었습니다. IDE 전극과 PDDA의 선폭은 광학 현미경을 통하여 측정을 진행하였으며 IDE의 두께는 마이크로미터를 이용하였고, PDDA는 알파스텝을 이용하여 측정하였다(그림 3-1.7, 3-1.8). 센서의 전극과 감지 물질에 대한 선폭 및 두께는 센서의 직접적인 영향을 미치기 때문에 일정한 선폭과 두께를 유지하는 것은 센서를 제작시에 중요하다. 선폭과 두께를 유지시키기 위해서 토출 속도, 압력, 팁의 크기, 토출되는 높이 등을 고려해야 한다.

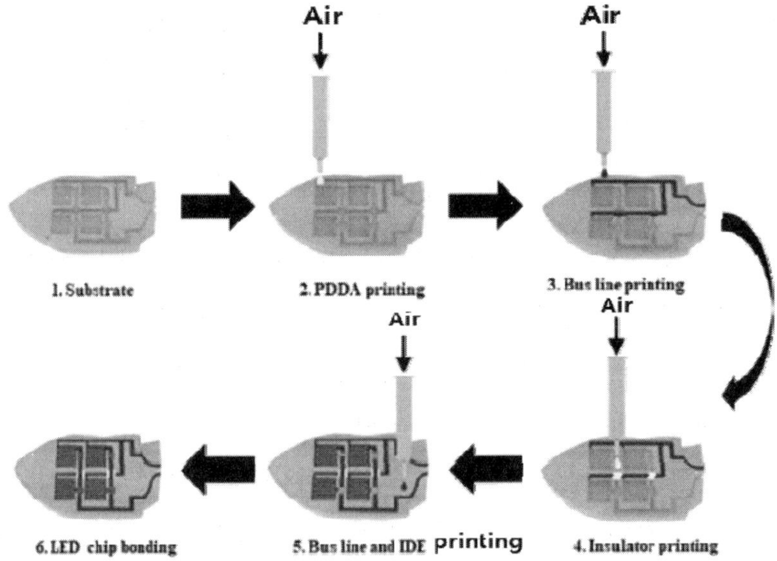

그림 3-1.5 3D 웨어러블 호흡기 모듈의 센서 공정도

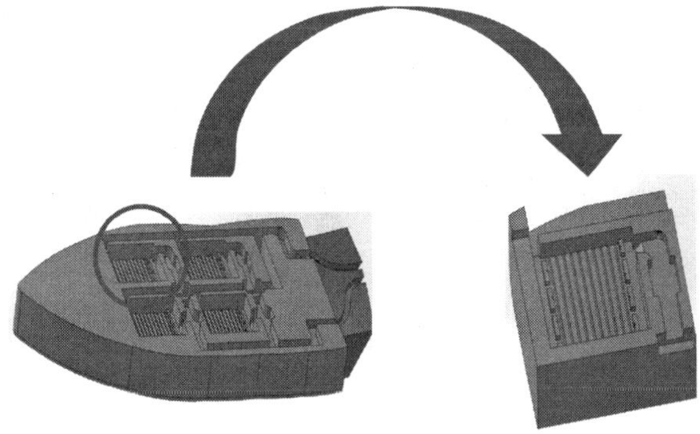

그림 3-1.6 3D 습도 센서 모델링

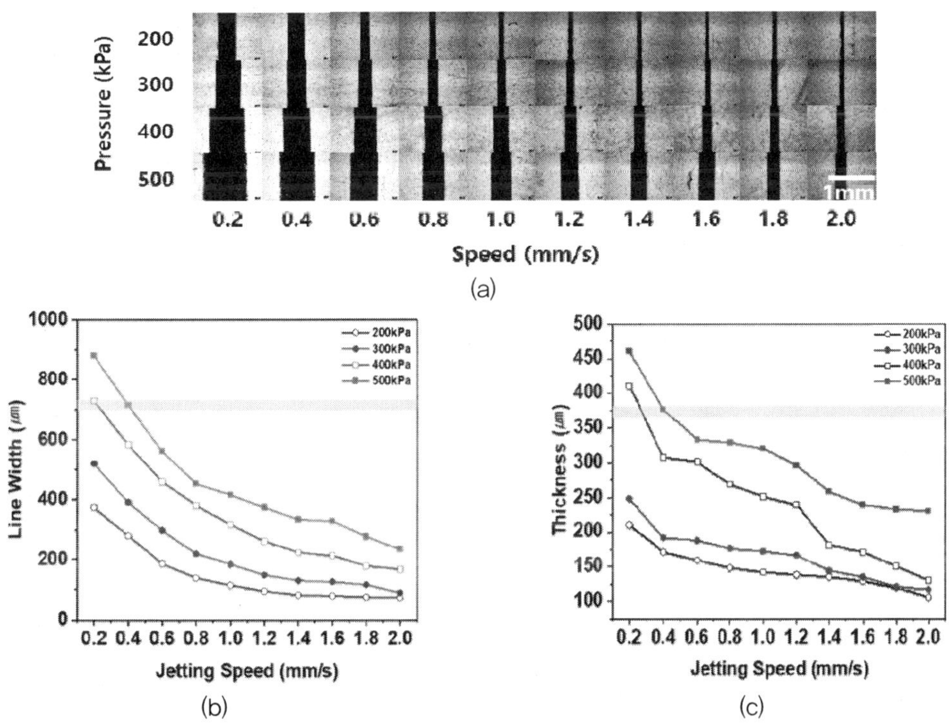

그림 3-1.7 (a) Ag 광학 현미경 측정 이미지, (b) 속도에 따른 Ag 선폭, (c) 속도에 따른 Ag의 두께

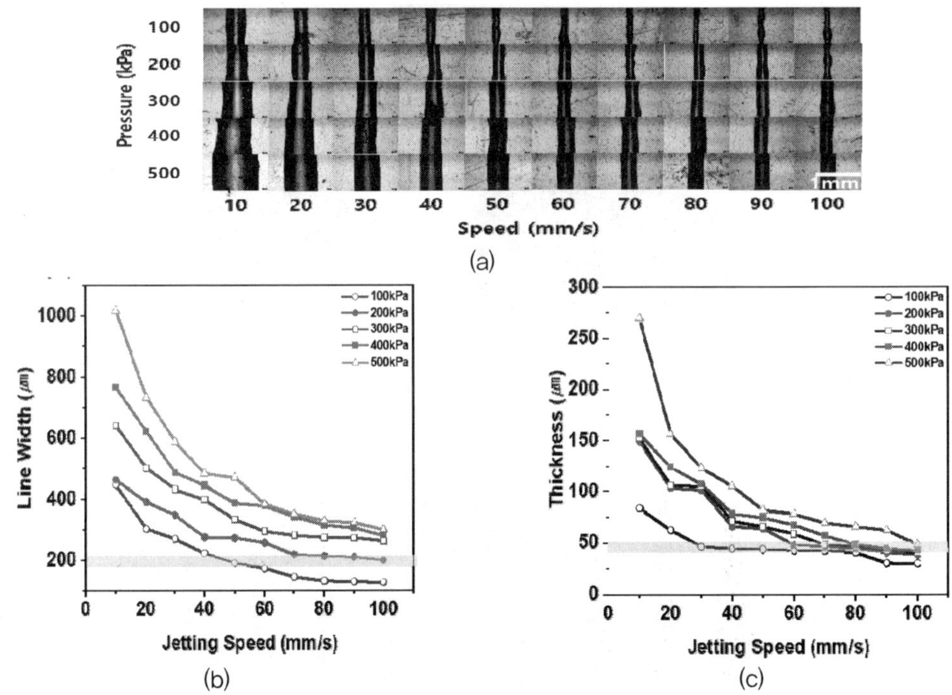

그림 3-1.8 (a) PDDA 광학 현미경 측정 이미지, (b) 속도에 따른 PDDA 선폭, (c) 속도에 따른 PDDA 두께

사전연구를 위하여 PET 필름 위에 제작된 2D 프린팅 습도 센서이다(그림 3-1.9). 2D 프린팅된 습도 센서는 내경 210 ㎛의 팁을 이용하여 100 kPa의 압력과 50 mm/s의 속도를 이용하여 감지 물질 PDDA를 부분 프린팅를 하였으며 PDDA의 건조가 끝난 후 IDE 전극을 PDDA 위에 내경 330 ㎛의 팁을 이용하여 500 kPa의 압력과 0.4mm/s의 속도로 인쇄를 진행하고 어닐링 과정을 거쳐서 제작되었다.

호흡기 센서 모듈을 프린팅 공정으로 제작할 때 주의해야 하는 요소 중 하나는 균열이다. 매우 얇은 선폭의 전극을 프린팅 후, 어닐링 과정을 통해 전극의 균열이 발생하기 때문에 이를 방지하고자 호흡기 모듈 제작에 적절한 양의 선폭의 최적화된 공정 조건으로 실험을 진행하였다.

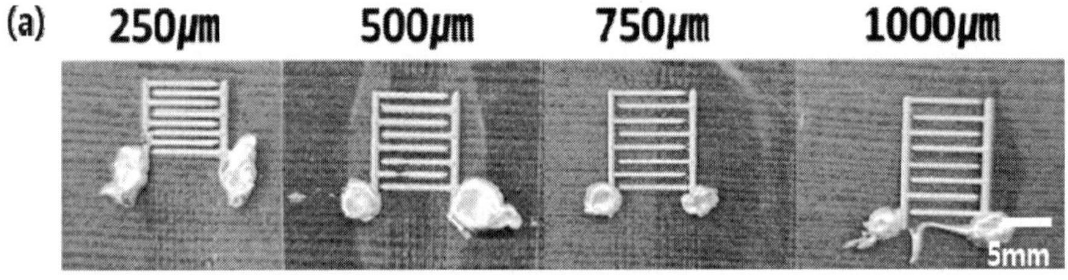

그림 3-1.9 제작된 채널 길이 별 2D 습도 센서

3차원 습도 센서는 2차원 습도 센서와 동일한 채널길이 750 ㎛를 갖는다. Polyjet을 통한 기판 제작 후 감지 물질 PDDA를 프린팅 하였으며, 마지막으로 IDE 전극을 인쇄하였다(그림 3-1.10). 사용되었던 감지 물질 PDDA와 IDE전극의 압력과 속도는 동일한 조건으로 진행하였으며, 사용되는 노즐의 내경 또한 동일한 조건에서 인쇄가 진행되었다.

그림 3-1.10 3차원 형상의 프린팅된 습도 센서

호흡기 모듈은 복합프린팅 공정을 이용하여 제작되었으며, 노즐의 팁의 내경 330 ㎛로 버스라인 Cathod와 Anode는 프린팅하였으며 프린팅 속도 0.2mm/s와 500kPa의 압력을 이용하여 반복되는 어닐링 공정에서 균열을 방지하였다. 그리고 감지물질 PDDA는 그림 IDE는 그림 3-1.7과 3-1.8과 동일한 방식의 동일한 조건을 이용하여 호흡기 모듈을 제작하였다(그림 3-1.11).

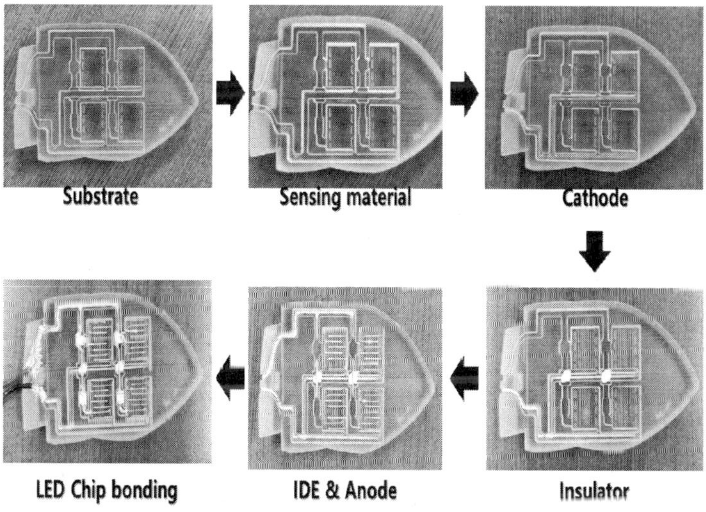

그림 3-1.11 웨어러블 호흡기 모듈의 제작 공정

3. 실험 장치 및 결과 고찰

본 연구에서 2D 습도 센서와 3D 습도 센서를 측정하였다. 제작된 습도 센서들은 상대습도 값을 변경하여 측정하였다. 습도의 민감도, 반복성, 히스테리시스 및 응답 시간과 회복 시간 그리고 선형성 등이 측정하였다. 측정은 항온항습기(BS Tech co. ltd)를 이용하여 25분마다 습도의 값을 조절하으며, Impedence analyzer(PHOCOS co. ltd)를 통하여 교류 전압 1V로 고정하여 습도 센서의 특성을 확인하였다(그림 3-1.12). Imdepence analyzer는 측정 시간 동안 오류값 및 노이즈로 인하여 손실된 데이터는 제외하였다. 그리고 항온항습기 측정 장비의 특성으로 습도를 pulse로서 순간 가동하는게 불가능하다. 장비 자체에 습도와 온도를 유지한 상태로 증가하여 오랜 시간이 소요된다. 습도 센서의 특성을 확인한 후 습도 센서에 LED를 부착하여 MFC를 이용하여 LED점등을 확인하였다. 측정은 25°C 온도에서 직류 전압 4.5V를 인가하여 상대습도를 변화하여 채널 길이에 따른 LED에 점등 조건을 확인하였다(그림 3-1.13).

습도센서는 온도 의존성을 갖고 있다. 온도에 따라 저항, 캐패시턴스, 임피던스의 값이 변화한다. 그림 3-1.14는 온도에 따른 저항 변화 값을 측정한 그래프다. 측정은 상대습도 80%에서 온도를 변화하여 측정을 진행하였다. 온도 45°C이상에서 측정을 진행시에 장비의 오류로 인하여 15°C ~ 45°C까지 측정을 진행하였다. 상대 습도를 동일하게 유지하고 온도를 변화하여 측정을 진행시에 온도가 높아질수록 저항값은 더 낮은 값을 갖게 되었다. 이는 고분자 전해질의 이온 수송은 작동 온도에 영향을 미치며, 캐리어 이온의 이동도가 향상되므로 전기저항 값이 낮아짐을 확인할 수 있다.

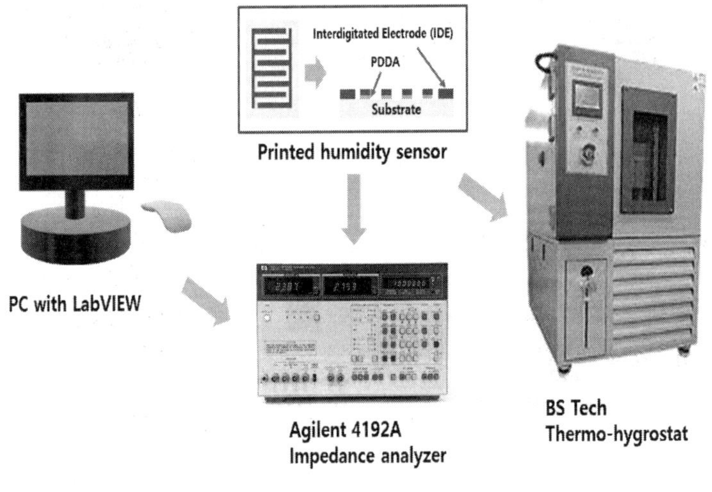

그림 3-1.12 항온항습기 측정 개략도

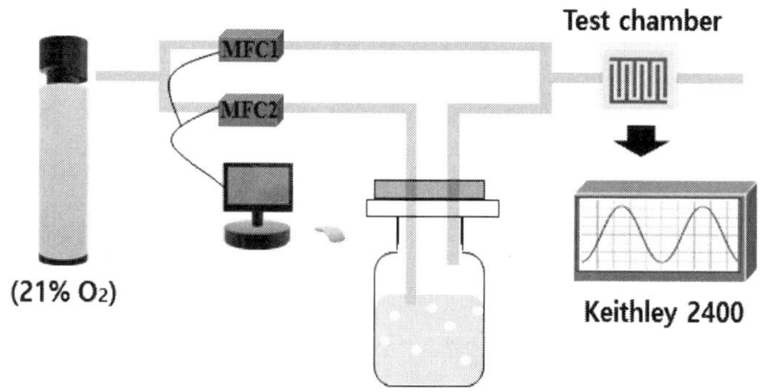

그림 3-1.13 MFC 측정 개략도

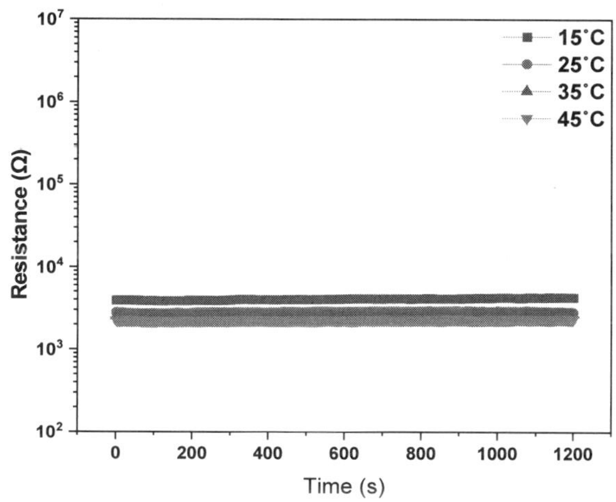

그림 3-1.14 온도에 따른 저항 변화

3-1. 2D 습도센서

채널 길이가 서로 다른 2D 습도 센서를 제작하여 센서의 특성을 확인하였다. 센서의 특성은 항온항습기와 Impdence analyzer를 이용하여 측정하였다. 채널 길이 변조효과에 따르면 채널 길이가 짧을 수록 저항값과 캐패시턴스의 값은 작아진다. 상대적으로 채널 길이가 짧게 제작된 센서의 저항값이 낮다는 것을 확인하였다(그림 3-1.15). 측정되는 습도에 따른 저항값을 통하여 채널 길이별 히스테리시스를 확인하였다(그림 3-1.15 (b)). 히스테리시스는 채널 길이가 상대적으로 짧은 센서에서 더 적은 히스테리시스를 확인할 수 있었으며 표 3-1.1은 그림 3-1.15를 통하여 측정된 센서의 특성을 갖고 습도 센서의 성능을 나타낸다. 250 ㎛ 채널길이를 갖는 센서는 R^2 = 0.9964로 가장 우수한 선형성을 보여주었고, 채널 길이가 넓은 센서의 경우 R^2 = 0.8867로 선형성이 상대적으로 선형회귀분석 계수 값이 낮음을 실험을 통하여 확인할 수 있었다. 동일한 센서를 통하여 측정 영역 RH 20% ~ RH 80%를 반복하여 측정을 진행하였으며 반복적인 측정에 일치하는 것을 확인하였다(그림 3-1.15 (c)). 센서의 응답속도 및 회복속도는 장비의 습도 변화의 시간으로 인하여 호흡을 통하여 각 채널길이 별 반응을 유추하였다. 채널 길이의 간격이 좁을수록 더 빠른 회복 반응을 확인할 수 있었다. 응답시간에 비한 회복시간은 상대적으로 더 긴 시간을 보인다. 이는 호흡에 따른 수분의 증발이 침투에 비하여 느리다는 것을 확인할 수 있다(그림 3-1.16).

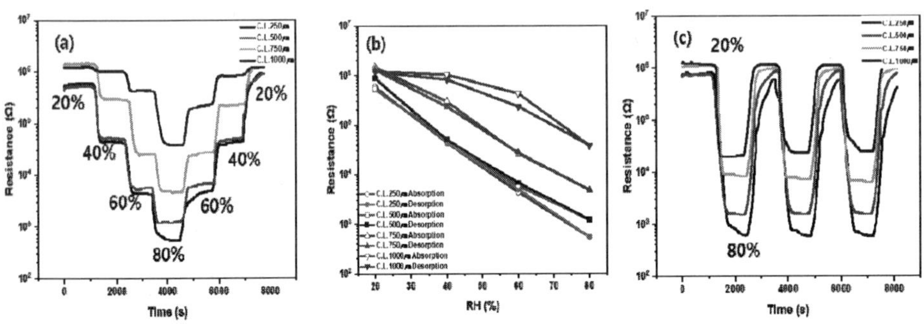

그림 3-1.15 (a) 단계별 습도에 따른 2D 습도 센서의 저항 변화, (b) 2D 습도 센서의 히스테리시스, (c) 상대 습도20%~80% 영역 반복성에 따른 서로 다른 채널길이의 습도 센서의 저항 변화

LED 점등은 MFC장비와 Keithly 2400장비를 이용하여 4.5V에서 측정하였다(표 3-1.2). 상대적으로 채널 길이가 좁은 센서에서 작은 양의 습도를 인가하였을 때 LED가 점등되는 것을 확인할 수 있다. 사람의 호흡을 통하여 LED가 점등되기 위해선 습도 80%에서 점등되는 방식으로 설계를 진행해야 한다. 따라서 습도 80%이상에서 설계를 진행해야 한다. 따라서 호흡기 모듈에 적용하는 채널 길이는 750 ㎛로 80%의 습도에서 LED를 점등하였다.

표 3-1.1 채널길이에 따른 선형성

Channel length (㎛)	Linear fit (R^2)	Response (s)	Recovery(s)
250	0.9964	1	57
500	0.9887	1	58
750	0.9871	1	60
1000	0.8876	1	61

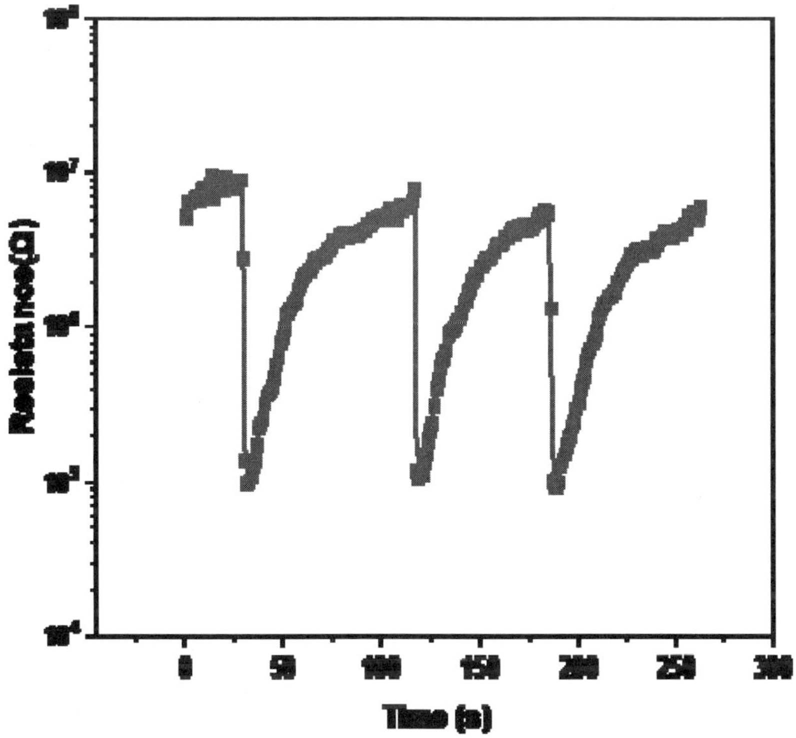

그림 3-1.16 호흡을 통한 저항 변화 값

표 3-1.2는 LED를 부착 후 직류 전압 4.5 V에서 상대습도를 변경하여 측정하였다. 인간의 호흡을 통한 LED 점등을 설계하기 위하여 상대 습도 80%에서 LED가 점등되는 채널 길이는 750 ㎛로 확인할 수 있다.

표 3-1.2 상대 습도에 따른 2D 습도 센서 채널 길이의 점등 조건

Channel length (㎛)	RH 20%	RH 40%	RH 60%	RH 80%
250		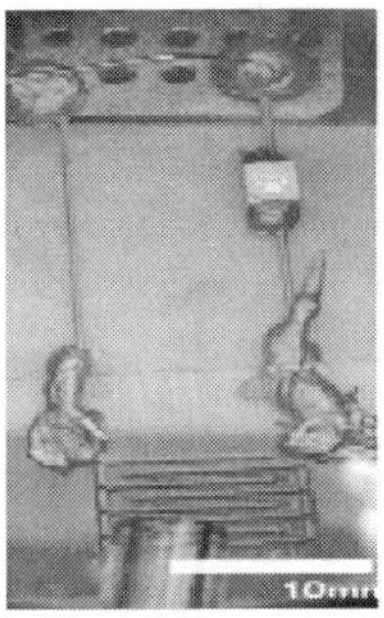		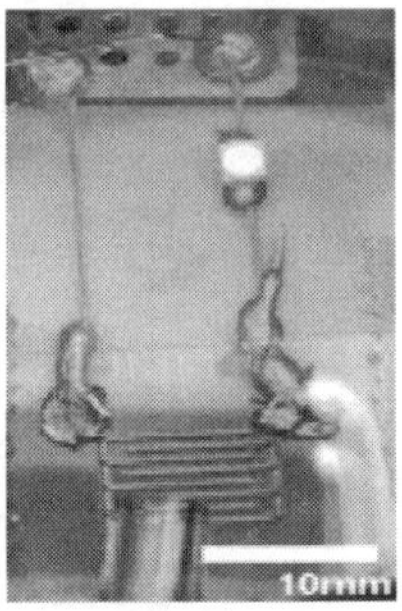
500	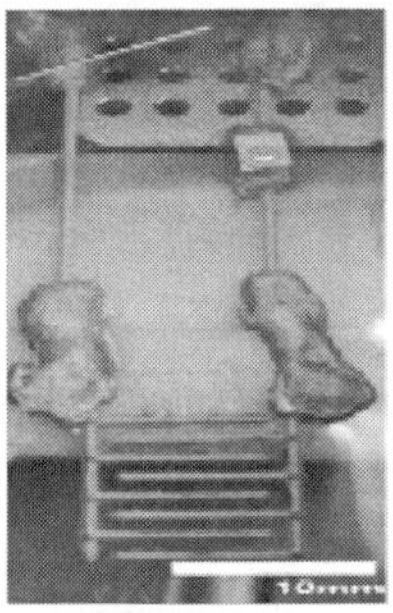	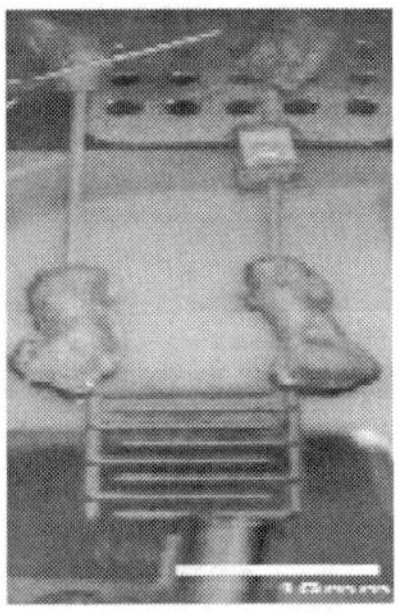	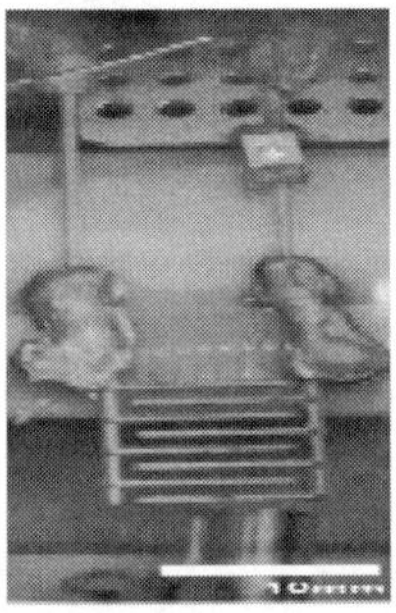	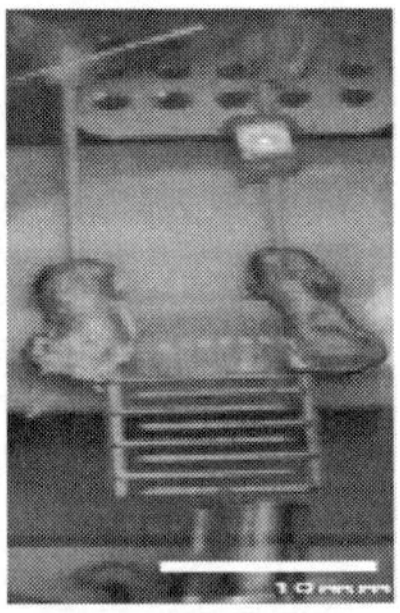
750	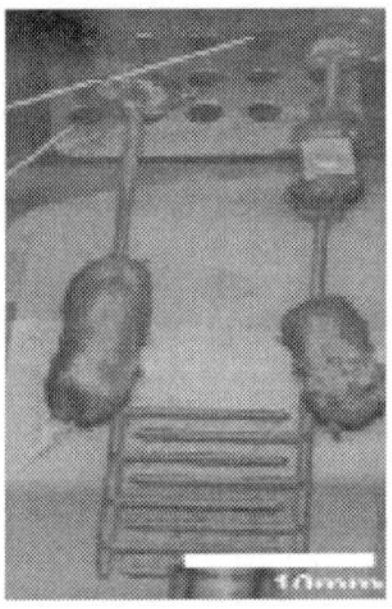	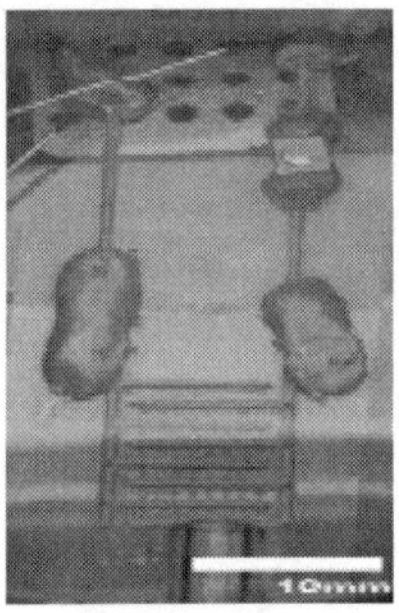		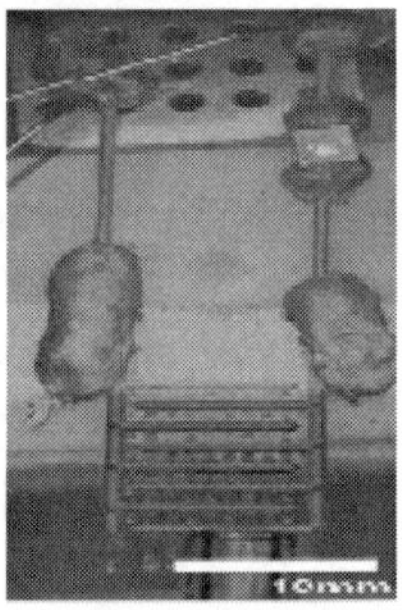
1000			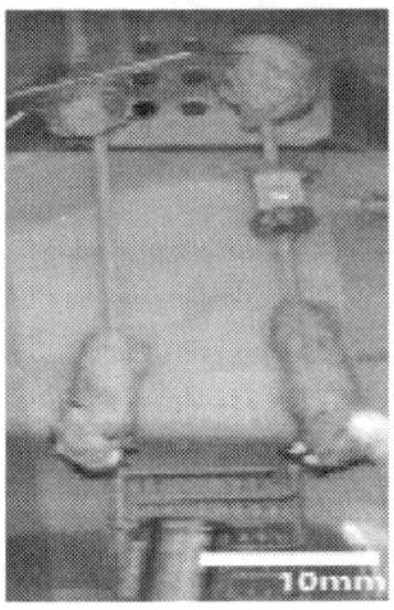	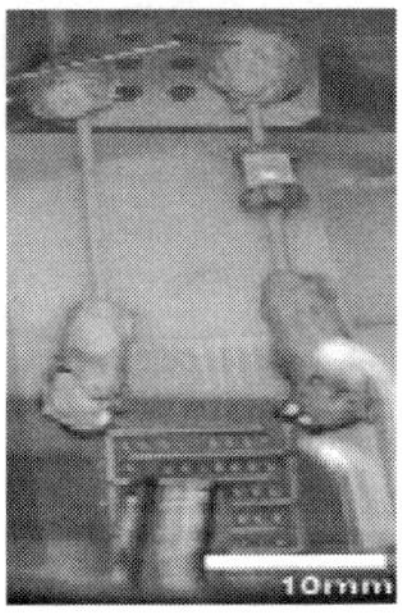

3-2. 3D 습도 센서

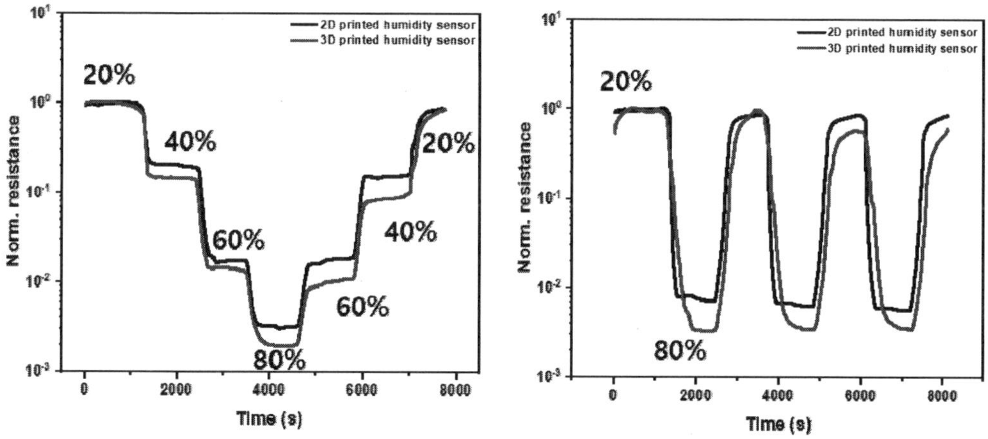

그림 3-1.17 (a)단계별 습도에 따른 3D 습도 센서와 2D 습도 센서 비교 (b) 상대습도 20%~80%에서 3D 습도 센서와 2D 습도 센서 반복성 비교

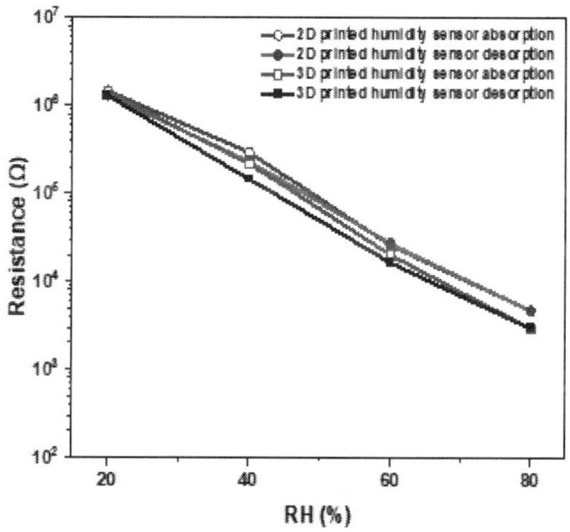

그림 3-1.18 2D / 3D 센시 히스테리시스 비교

표 3-1.3 2D 및 3D 습도 센서의 성능 비교

Substrate type	Linear fit (R^2)	Response time (s)	Recovery time (s)
2D printod humidity sensor	0.9955	1	60
3D printed humidity sensor	0.9871	1	67

표 3-1.4 상대습도에 따른 3D 프린팅 습도 센서 점등 조건

RH 20%	RH 40%	RH 60%	RH 80%
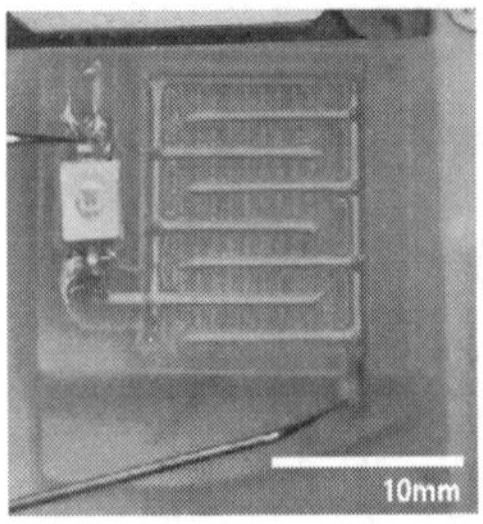	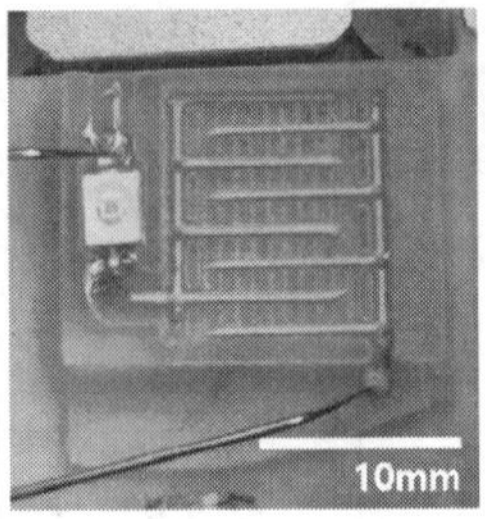	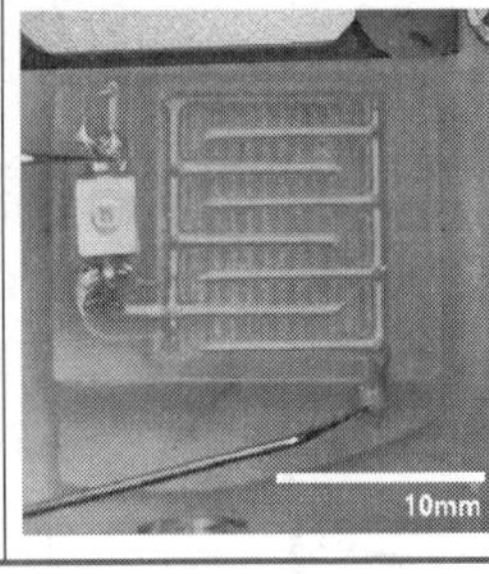	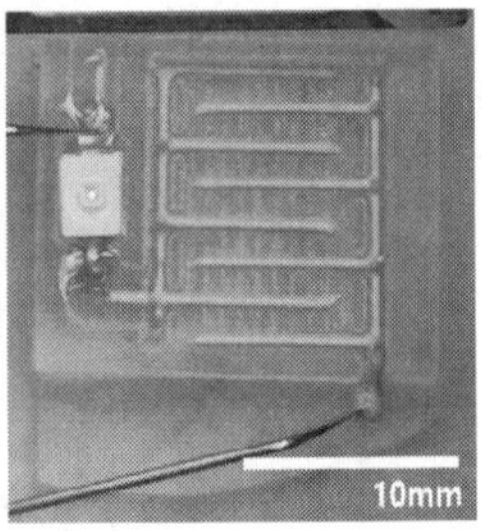

제작된 3D 습도 센서는 동일한 채널길이 750 ㎛를 갖는 2D 프린팅 습도 센서에 대하여 비교하였다. 그림 3-1.15 (a, c)의 측정방법에 따라 상대습도를 변화시켜 저항값의 차이를 비교한다. 3D 형상의 센서 제작을 위하여 동일한 조건 100kPa의 압력과 50mm/s 속도를 이용하여 감지물질 PDDA를 인쇄하였으며, IDE 전극 제작을 위해 500kPa의 압력과 0.4mm/s의 속도를 이용하여 제작되었다. 센서의 특성은 2D 습도 센서에 비하여 3D 습도 센서가 상대적으로 습도에 따른 저항의 변화가 민감하게 반응하는 것을 확인할 수 있고, 상대 습도 80%에서 3D 습도 센서의 저항은 약 2.5kΩ의 저항 값을 갖고 있으며, 2D 습도 센서는 4kΩ의 저항값으로 약 1.5kΩ의 차이를 확인할 수 있다. 표면 에너지가 다른 기판을 이용하여 제작된 센서의 영향을 확인할 수 있다. 사전연구 2D 습도 센서를 이용하여 호흡시에만 LED 점등되는 설계를 진행하였으며, 표 3-1.4를 통하여 2D 습도 센서와 3D 습도 센서가 상대 습도 80%에서만 LED가 점등되므로, 이는 큰 지장을 미치지 않는 것을 확인할 수 있다.

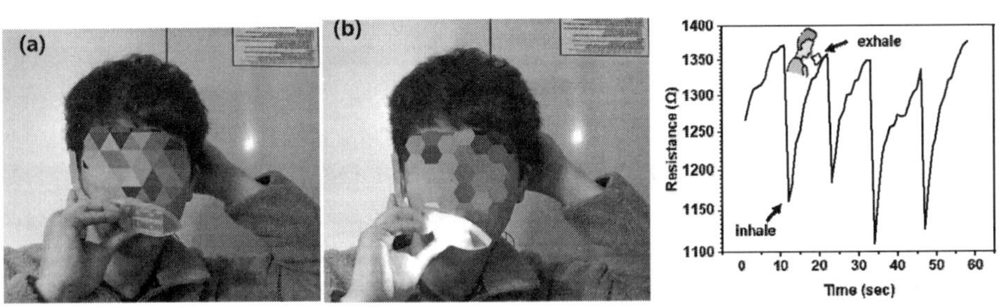

그림 3-1.19 (a) 제작된 웨어러블 호흡기 모듈 호흡 전, (b) 제작된 웨어러블 호흡기 모듈 호흡 후, (c) 호흡에 따른 웨어러블 호흡기 모듈 저항값 변화

웨어러블 호흡기 모듈의 센서 부분은 채널 길이 750 ㎛를 이용하여 건조 조건과 어닐링 조건을 동일하게 제작되었다. 버스 라인은 등각면과 곡면, 그리고 평면에 대한 인쇄가 진행되어 균열을 방지하기 위하여 약 900 ㎛의 선폭과 470 ㎛의 두께를 이용하여 균일하게 인쇄되었다. 제작된 웨어

러블 호흡기 모듈은 LED 점등을 통하여 호흡의 유무를 확인하였다(그림 3-1.19(a, b)). 호흡을 통한 수분의 흡착 및 탈착 반응을 확인 반복적으로 확인하였다(그림 3-1.19 (c)). 센싱물질 PDDA에 수분이 흡착되어있어 탈착하는 과정시간까지 호흡을 통하여 측정하였으며, 날숨을 약 6초의 간격으로 내쉴 때 저항의 값은 약 1.1 kΩ까지 떨어지는 것을 확인할 수 있으며, 저항 값은 수 초 동안 약 200 Ω의 회복을 갖고있는 것을 확인하였다.

4. 결론

본 연구에서는 복합프린팅 공정을 이용하여 웨어러블 호흡기 모듈을 설계하여 제작하였다. 웨어러블 호흡기 모듈을 설계하기 위해서 가변저항(습도 센서)을 신행연구를 신행하였다. 일정한 감지물질과 전극 선폭과 두께를 인쇄하기 위하여 토출 높이, 압력, 속도, 팁의 내경에 대한 연구를 진행하였다. 감지 물질 PDDA 압력 100 kPa과 속도 50 mm/s를 이용하여 약 200 ㎛의 선폭과 45 ㎛의 두께로 프린팅하였으며, IDE 전극은 압력 500 kPa과 속도 0.4 mm/s를 이용하여 약 770 ㎛의 선폭과 375 ㎛의 두께를 갖는 센서를 제작하였다. 유연한 PET 필름에 제작된 채널 길이가 다른 4가지의 습도 센서에 대한 성능과 특성을 확인하였다. 2D 프린팅 습도 센서를 통하여 직류 4.5 V 전압에서 상대 습도 80%를 유지하였을 때, 채널 길이 750 ㎛를 갖는 습도 센서의 LED는 점등하여 3D 형상에 채널 길이 750 ㎛를 적용하였다. 제작된 3D 습도 센서는 동일한 채널 길이를 갖는 2D 습도 센서와 비교하였고, 3D 습도 센서는 2D 습도 센서와 동일하게 상대습도 80%에서 LED가 점등한다. 제작된 호흡기 모듈은 polyjet 프린터를 이용한 웨어러블 호흡기는 6단계의 프린팅 공정을 거쳐 제작되었으며, LED 점등을 통한 호흡의 유무를 확인할 수 있는 모듈을 설계하여 제작하였다.

5. 참고문헌

[1] 문경실, and 박수현. "생체 신호 데이터의 의미 관계 표현." 한국정보통신학회논문지 15.2 : 292-298, (2011).

[2] Huifeng, Wang, Seifedine Nimer Kadry, and Ebin Deni Raj. "Continuous health monitoring of sportsperson using IoT devices based wearable technology." Computer Communications 160 : 588-595, (2020).

[3] Lee, T. M., Choi, H. C., Noh, J. H., & Kim, D. S., EL display printed on curved surface. In 2009 IEEE 22nd International Conference on Micro Electro Mechanical Systems (pp. 943-946). IEEE (2009, January).

[4] Noh, J. H., Lee, T. M., Park, S. H., Jo, J. D., & Kim, D. S. . Design and development of gravure offset printing system. Journal of the Korean Society for Precision Engineering, 27(9), 16-19, (2010).

[5] Goyanes, Alvaro, et al. "3D scanning and 3D printing as innovative technologies for fabricating personalized topical drug delivery systems." Journal of controlled release 234 : 41-48, (2016).

[6] Oh, Seolyoung, and Dongae Suh. "Mannequin fabrication methodology using 3D-scanning, modeling and printing." International Journal of Clothing Science and Technology (2021).

[7] Attaran, Mohsen. "The rise of 3-D printing: The advantages of additive manufacturing over traditional manufacturing." Business horizons 60.5 : 677-688, (2017).

[8] Wu, Sung-Yueh, et al. "3D-printed microelectronics for integrated circuitry and passive wireless sensors." Microsystems & Nanoengineering 1.1 : 1-9, (2015).

[9] Kong, Yong Lin, et al. "3D printed quantum dot light-emitting diodes." Nano letters 14.12 (2014): 7017-7023.

[10] Bellacicca, Andrea, Tommaso Santaniello, and Paolo Milani. "Embedding electronics in 3D printed structures by combining fused filament fabrication and supersonic cluster beam deposition." Additive Manufacturing 24 : 60-66, (2018).

[11] Pinto, Thassyo, et al. "3D-printed liquid metal-based stretchable conductors and pressure sensors." Smart Materials and Structures 30.9 : 095005, (2021).

[12] Kalsoom, Umme, Sidra Waheed, and Brett Paull. "Fabrication of humidity sensor using 3D printable polymer composite containing boron-doped diamonds and LiCl." ACS applied materials & interfaces 12.4 : 4962-4969, (2020).

[13] Lee, H., Cho, N. J., & Kim, D. S. (2022). Development of a Novel Reverse Offset Printer Equipped with Double-Layer Blanket (DLB) for Micropattern Printing on 3D Curved Surfaces. Processes, 10(2), 424.

[14] Wang, Junjie, et al. "Flexible humidity sensors composed with electrodes of laser induced graphene and sputtered sensitive films derived from poly (ether-ether-ketone)." Sensors and Actuators B: Chemical (2022): 132846.

[15] Rauen, K. L., Smith, D. A., Heineman, W. R., Johnson, J., Seguin, R., & Stoughton, P. Humidity sensor based on conductivity measurements of a poly (dimethyldiallylammonium chloride) polymer film. Sensors and Actuators B: Chemical, 17(1), 61-68, (1993).

[16] Yan, Feng-Jie, et al. "Direct ink write printing of resistive-type humidity sensors." Flexible and Printed Electronics 6.4 : 045007, (2021).

[17] Lu, Yanfeng, et al. "Direct-print/cure as a molded interconnect device (MID) process for fabrication of automobile cruise controllers." Journal of Mechanical Science and Technology 29.12 : 5377-5385, (2015).

[18] Vatani, Morteza, Erik D. Engeberg, and Jae-Won Choi. "Force and slip detection with direct-write compliant tactile sensors using multi-walled carbon nanotube/polymer composites." Sensors and Actuators A: physical 195 : 90-97, (2013).

[19] Jeon, Eun-chae, et al. "Quantitative analysis on air-dispensing parameters for manufacturing dome lenses of chip-on-board LED system." International journal of precision engineering and manufacturing 15.11 : 2437-2441, (2014).

[20] Ankenbrand, M., Y. Eiche, and J. Franke. "Programming and Evaluation of a Multi-Axis/Multi-Process Manufacturing System for Mechatronic Integrated Devices." 2019 International Conference on Electronics Packaging (ICEP). IEEE, 2019.

3-2 3D curved Sensor

1. 서론

습도 센서는 환경 모니터링, 자동차, 의료 등 다양한 분야에 걸쳐 사용된다. 저항형, 용량형, 광학 및 표면 탄성파 등 서로 다른 유형의 습도 센서가 서로 다른 원리에 따라 사용될 수 있다. 임피던스 및 캐패시턴스 응답에 기반한 센서는 비용이 저렴하고 제작이 쉬우며 응답성이 뛰어나 저항 및 캐패시턴스 등의 변수를 이용하여 환경의 수분 함량을 검출할 수 있어 습도 감지에 가장 적합하다.

저항형 센서는 다른 센서보다 가격이 저렴하고 읽기 쉽다는 장점이 있다. 일반적으로 세라믹, 유리, 실리콘 등의 단단한 기판이 사용된다. 기존 센서의 측정 정확도와 감도는 고온 또는 높은 습도에 의해 제한되며, 실용화를 위해서는 유연성, 넓은 응답 범위 및 높은 감도를 갖는 습도 센서를 구현하는 것이 매우 중요하다. 저항형 센서의 경우, 단단한 기판을 비롯한 다양한 기판에 다양한 인쇄 기술을 이용하여 습도 센서를 제조하는 인쇄공정에 대한 광범위한 연구가 진행되고 있다. 인쇄 전자제품의 기술은 다양한 장치, 특히 플렉서블 기판에 적용할 수 있다는 가능성을 갖는 것을 특징으로 한다. 최근, 인쇄 공정을 이용하여 가볍고 유연하며 얇은 기판에 착용할 수 있는 삽입형 전자 장치의 연구가 진행되고 있다. 특히, 다양한 인쇄 방법을 이용하여 곡면에 전극을 인쇄해 습도 센서를 제조함으로써 특정 범위를 설정하고 다양한 센서 적용이 가능하다. 본 연구에서 새롭게 제안된 Double blanket reverse off-set(DB-RO) 인쇄는 3D 기판에 선폭이 수 마이크로미터인 미세 패턴을 인쇄할 수 있다. DB-RO는 soft blanket을 사용하여 기판에 손상을 주지 않고 미세 라인 폭을 구현할 수 있다. 제안된 습도 센서는 DB-RO를 사용하여 제작되었다. 특히 DB-RO는 블랭킷 경도가 부드러워서 3D 형태로 인쇄가 가능하다. 이 기술은 전통적인 리소그래피의 고해상도 및 고정밀의 장점을 계승하고 있으며, 정밀하고 발전 가능한 곡면 전자 제조 분야에서 중요한 위치를 차지하고 있다.

기존의 비접촉 인쇄 방식인 잉크젯과 디스펜서를 이용한 곡면 습도 센서의 제조로 여러 가지 재료를 한 번의 공정으로 인쇄하는 데 한계가 있고, 완전한 전자 장치를 실현하는 데도 어려움이 있었다. 전자 소자를 3D 형태로 직접 제조할 수 있게 되면 소자의 구조제어 범위가 넓어져 기존의 연구보다 기능이 높은 소자를 제조할 수 있게 된다. 2D 표면에서 기존 공정을 이용하여 만들어진 대부분의 전자 장치와 센서, 그리고 견고하고 부서지기 쉬운 기판은 많은 분야에서 많은 응용에 매우 적합하지만, 본질적으로 의료/모니터링 영역의 부드러운 3D 생물체 또는 등변 적분에 필요한 불규칙한 곡면 날개와 같은 복잡한 곡면과는 호환되지 않는다.

곡면 리소그래피는 높은 패턴의 해상도가 표면에 잘 적용될 수 있지만, 곡면의 넓은 면적에서 증착, 에칭 또는 재료 성장/도핑하는 것에는 어려움이 있다. 따라서, 정확도 요건이 높지 않거나 전자 구조가 복잡하지 않은 경우에는 잉크젯 프린팅, 3D 프린팅 또는 laser direct writing을 통해 어느 표면에서나 첨가하여 전자 소자를 제조하는 것이 바람직하다. 이에, 전자 장치를 3D 형상으로 제작하여 센싱 감도가 더 높은 습도 센서에 대해 추가적인 연구를 하였다. 3D 습도 센서로부터 신호를 얻기 위해 DB-RO 장비를 통해 선폭 30um, 폭 40um의 IDE 패턴을 제작하였다. 일반적으로 이상적인 습도 센서 재료는 고감도, 넓은 습도 감지 범위, 빠른 응답 시간, 짧은 복구 시간 및 저렴한 제작비용이 요구된다. 습도 센서의 감지물질로 셀룰로오스 나노섬유(CNF)를 사용하였다. 자연에서 발견되는 가장 풍부한 중합체인 셀룰로오스는 저렴하고 가공이 용이하며 재생가능하다는 등 많은 장점을 갖고 있다. 또한 셀룰로오스는 생체적합성, 저습도 이력현상, 우수한 선형성 및 빠른 응답 및 회복성을 갖는다. CNF의 특성을 바탕으로 유연하고 생분해성이며 저렴한 센서를 설계할 수 있다. 본 연구의 목적은 Double blanket를 이용한 인쇄공정을 통해 곡면 기판 등 다양한 기판상에 센서를 제조하는 것이며, 다양한 기판상에서 간단하고 직접적인 인쇄공정을 이용한 센서의 습도감지 반응을 조사하였다.

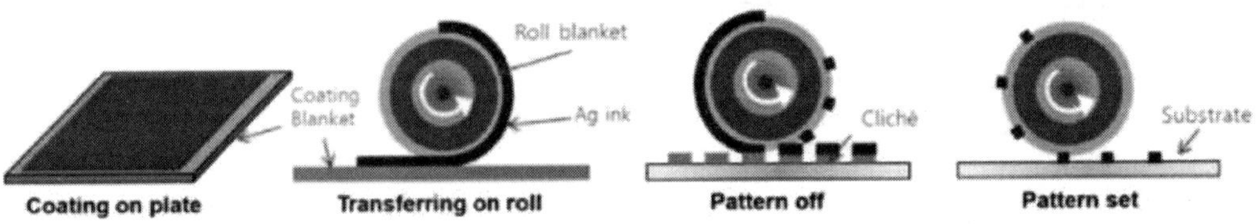

그림 3-2.1 리버스 오프셋 인쇄 과정에 대한 개략적 설명

본 연구에서 전극 제작에 쓰인 리버스 오프셋 인쇄는 전통적인 그라비어 오프셋 인쇄의 변형된 롤 인쇄 방법이며, 블랭킷 위에 잉크를 슬릿 코팅하는 방법이다. 박막으로 코팅되므로 미세한 선폭을 구현할 수 있고 균일한 두께의 코팅이 가능하다. 인쇄는 코팅, 이송, 오프, 세팅 4단계로 진행된다. 먼저 코팅 블랭킷이라 불리는 바닥 블랭킷에 잉크를 코팅하면 얇은 잉크 막이 형성되어 롤 블랭킷으로 옮겨진다. 코팅 블랭킷에 비해 롤 블랭킷은 표면 에너지가 높아 잉크 박막이 필름 형태로 100% 전사된다. 전사된 잉크 박막이 부착된 블랭킷은 원하는 패턴이 새겨진 클리셰와 접촉하여 패턴이 전사되며 블랭킷 롤에 패턴이 남아 있다. 계면에서의 접착에 의해 잉크의 응집력이 깨지지 않는 경우, 분리 없이 잉크 박막의 100% 전사가 가능하다. 마지막으로, 나머지 패턴이 기판에 전사되면, 리버스 오프셋 인쇄가 완료된다.

잉크를 전사할 때, 인쇄 압력, 속도 등의 공정 조건에 따른 정밀도 향상에 기여할 수 있고, 인쇄 품질을 높일 수 있다. 균일하게 코팅된 잉크 박막을 사용하고 고해상도의 클리셰로 인쇄하여 초미세 패턴을 형성할 수 있다.

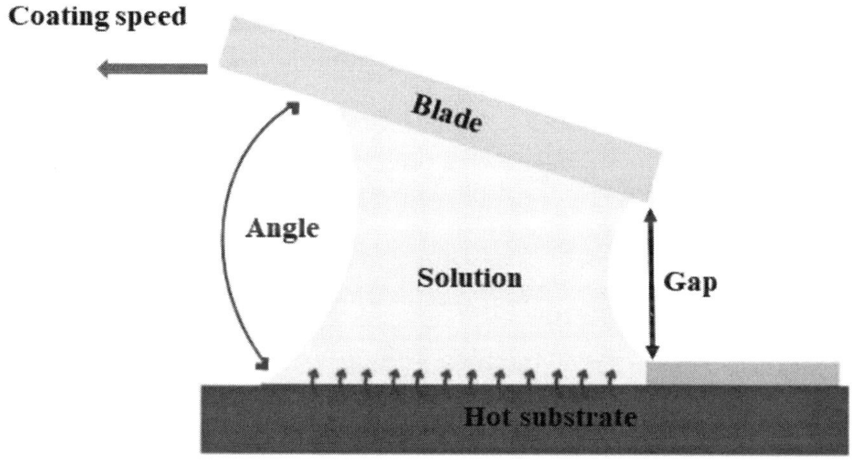

그림 3-2.2 전단 응력 코팅 개략도

전단 응력 인쇄 공정은 그림과 같이 기판과 블레이드 사이에 용액을 주입한 후, 그 사이에 형성된 메니스커스를 이용하여 용액을 기판에 고르게 도포하여 박막을 제조한다. 박막을 제조하는 과정에서 블레이드와 기판 사이의 간격은 항상 일정하게 유지되어야 하며, 이 간격으로 인해 모세관 현상이 발생하여 블레이드가 이동할 때 블레이드와 기판 사이에 갭에 존재하게 된다. 또, 블레이드가 이동함에 따라 이동 방향과 반대 방향으로 형성된 용액부에 두께가 매우 얇고 곡률 반경이 큰 면이 형성되고, 결정체가 자란다 이때, 메니스커스 영역에서의 급격한 증발은 외부 대류 흐름을 촉발시켜 용매의 증발 손실을 보상하고 커피링 효과로, 용질을 접촉선으로 이동시킨다. 이러한 인쇄 공정은 블레이드 코팅과 유사하지만, 저점도 용액을 사용하며, 블레이드 이동 속도와 메니스커스 표면에서 발생하는 용매의 증발 속도 사이에서 적절한 균형을 이루어야 한다. 소량의 재료를 사용하기 때문에 재료 손실이 적고 넓은 면적에 걸쳐 균일한 품질의 박막을 제조할 수 있다. 용액 전단 공정의 변수로는 기판 온도, 블레이드와 기판 간격, 인쇄 속도, 블레이드 각도 등이 있다.

2. 곡면 센서 제작

2-1. 재료

전도성 Ag 잉크(점도:1.5cps, 표면장력:24.4mN/m, 분산 용매:옥탄 기반)는 전극 제조를 위해 국내 ANP 회사로부터 구입하였다. PDMS 기반 블랭킷(#CF 0.70)은 Fujikura(일본)에서 구입했다. 상기 기재로는 유리기판을 사용하였으며, 곡률반경이 10도인 유리를 사용하였다. CNF 현탁액은 2, 2, 6, 6-tetramethylpiperidine-1-oxyl (TEMPO) aqueous counter collision (ACC) 방법의 조합으로 경질목 펄프(표백 아카시아 크래프트 펄프, 한솔 종이, 한국)에서 분리되었다. 모든 화학물질은 Sigma-Aldrich에서 구매하였다.

그림 3-2.3 리버스 오프셋 인쇄 잉크에 사용되는 재료

2-2. 센서 제작

센서는 저항 변환의 원리를 기반으로 하며, 3D 기판에 IDE(Interdigitated Electrode) 패턴 인쇄 후 셀룰로오스 나노섬유 감지층을 코팅하는 것으로 제작된다. 센서 작동의 기본 원리는 민감한 필름에 물 분자의 흡수로 인해 필름의 전기 전도도가 증가한다는 것이다. 습도에 따른 전도성의 변화는 IDE 전극 간의 저항을 측정함으로써 쉽게 정량화할 수 있다. 전극 제조에는 그림 3-2.3의 은 잉크를 사용하였다. 고해상도 하단 전극은 Double Blanket Reverse Offset 인쇄 시스템을 사용하여 3D 형상으로 제작되었습니다. IDE는 각각 100개의 가지 쌍을 가지고 있었고 그 간격은 40㎛이다. 전극 제작 공정은 실리콘 Blanket에 Ag 잉크를 4000rpm에 20s 동안 스핀 코팅을 진행 한 다음 실리콘 블랭킷을 리버스 오프셋 장치에 부착하여 Double Blanket 압력1kgf, 속도 3mm/s로 Roll

Blanket에 전사하였다. 그 후 Roll Blanket에 잉크가 전사되면 패턴이 새겨진 클리셰를 지나면서 패턴이 남겨지며, Roll Blanket의 패턴은 3D 기판에 인쇄되며 전극이 완성된다.

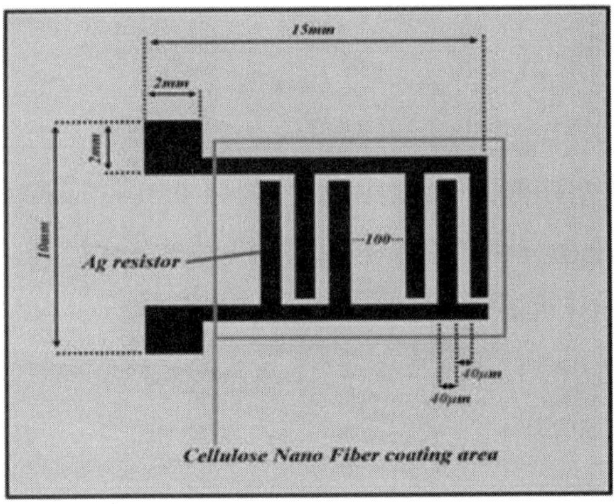

그림 3-2.4 습도 센서 도식 모델(사이즈 10mm*15mm/IDE 100ea)

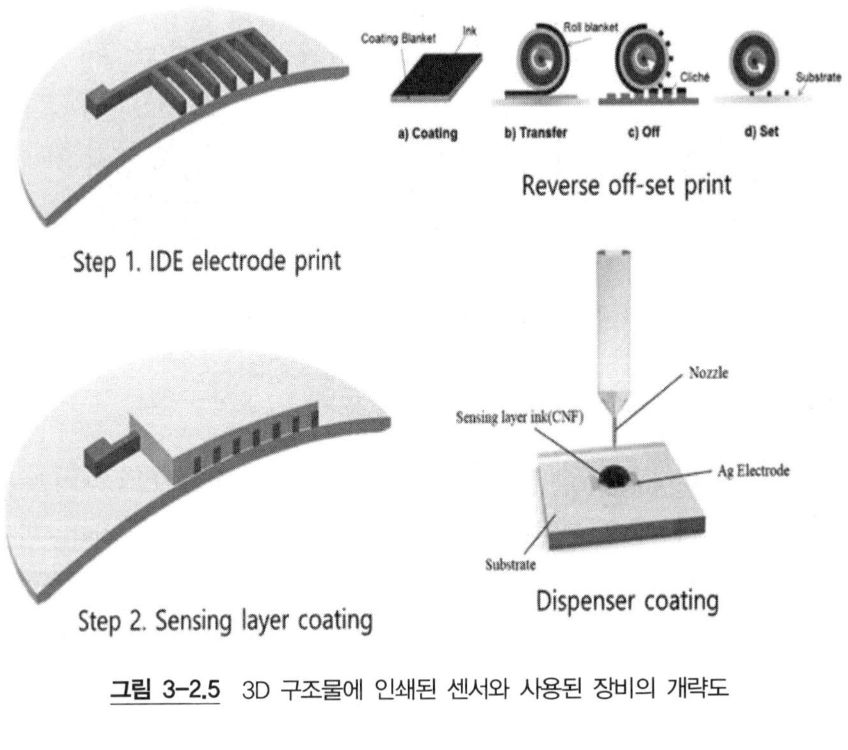

그림 3-2.5 3D 구조물에 인쇄된 센서와 사용된 장비의 개략도

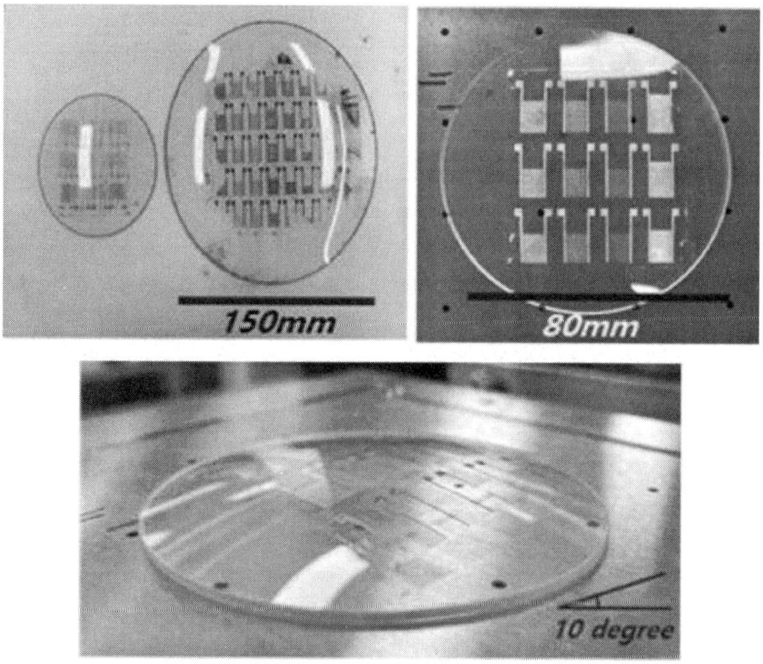

그림 3-2.6 곡률 반경이 유리에 인쇄된 센서 IDC 전극

본 연구에서 제안하는 센서의 제조 공정은 빠르고, 롤투롤 기술과 호환되며, 반도체 제조 공정과 같이 높은 비용이 요구되지 않으며, 고온이 요구되지 않는다. 감지 물질의 코팅은 박막 코팅이 가능한 디스펜서 코팅 기술을 사용하였다. 감지층에 사용된 셀룰로오스 반응물은 셀룰로오스 나노섬유(CNF)와 DI Water가 1:2의 비율로 희석된 잉크(인하대학교에서 공급한 셀룰로오스 재료)였다. 그림 3-2.8(a) 3um CNF는 디스펜서를 이용하여 전극 표면에 코팅하였으며, 마지막으로 CNF가 코팅된 시료를 80°C에서 20분간 열처리하였다.

Ag IDE는 주사전자현미경(SEM), X-선 회절(XRD) 및 3D profiler 시스템으로 관찰했다. 상기 복합필름의 표면형태는 시료를 ca.3nm의 백금 합금으로 코팅한 후 15kV의 가속전압에서 주사전자 현미경(SEM)(S-4800, Hitachi, Japan)으로 특성화하였다. 제조된 센서의 습도 감지 특성은 실온(23℃) 및 밀폐된 챔버 내부의 온도 및 상대습도(RH)에 대한 실시간 모니터링을 진행하였다. 습도 감지 응답은 RH 변화에 따른 저항 변화로 기록되었으며, 맞춤형으로 설계된 Labview 기반 인터페이스로 구동되는 임피던스 분석기를 사용하여 IDE 전체의 저항을 실시간으로 모니터링 했다.

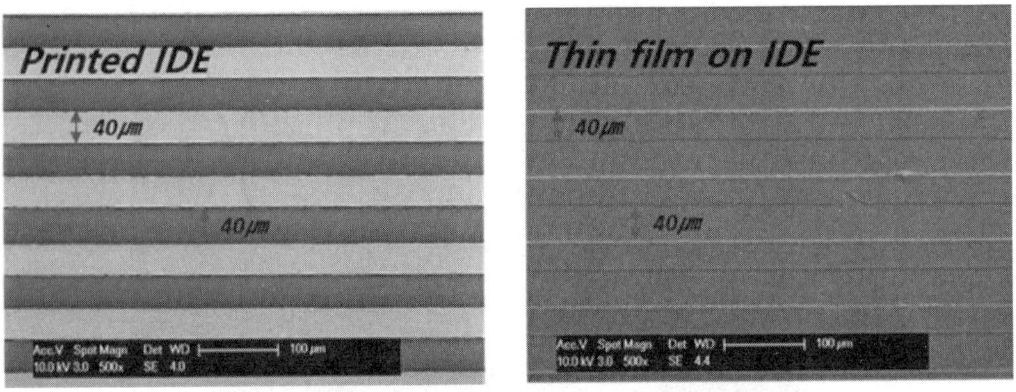

그림 3-2.7 IDE 전극 제작의 주사전자현미경(SEM) 이미지, CNF 코팅 제작의 SEM 이미지

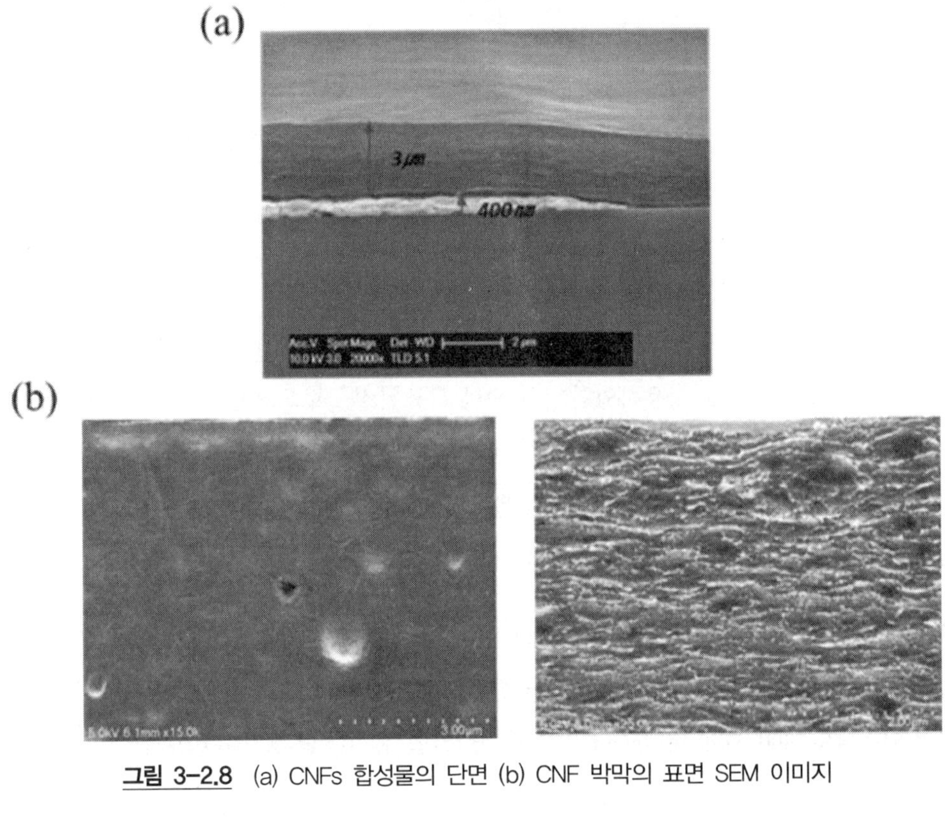

그림 3-2.8 (a) CNFs 합성물의 단면 (b) CNF 박막의 표면 SEM 이미지

2-2. 인쇄 공정

본 연구에서는 플랫한 유리기판 및 3차원 곡률반경을 갖는 유리기판에 전극을 인쇄하였다. 리버스 오프셋 인쇄는 PDMS Blanket Roll을 통해 처음 기판에서 대상 기판으로 고정된 설계 패턴을 전달하는 원리에 따라 작동한다. Inter Digitated Transducer(IDT) 전극의 여러 디자인이 준비되었으며 클리셰에 각 디자인이 있었다. 인쇄 시스템의 공정 상세 및 작동 원리는 그림 3-2.9로 리버스

오프셋 인쇄로 제조된 전극은 400°C에서 20분간 경화시켰다. 리버스 오프셋 인쇄 방식을 사용하는 이점은 시스템이 대량 생산에 적합하고 공정 매개변수의 최적화로 전통적인 리소그래피 기술과 경쟁할 수 있는 매우 고품질의 패턴을 인쇄할 수 있다는 것이며, 40μm까지의 패턴 크기가 매우 높은 품질로 성공적으로 인쇄되었다. 본 공정은 주로 센싱 소자의 하부 트랜스듀서를 인쇄하는 데 사용되었으며, 상부 감지층은 다른 인쇄 방법을 통해 그 위에 코팅되었다.

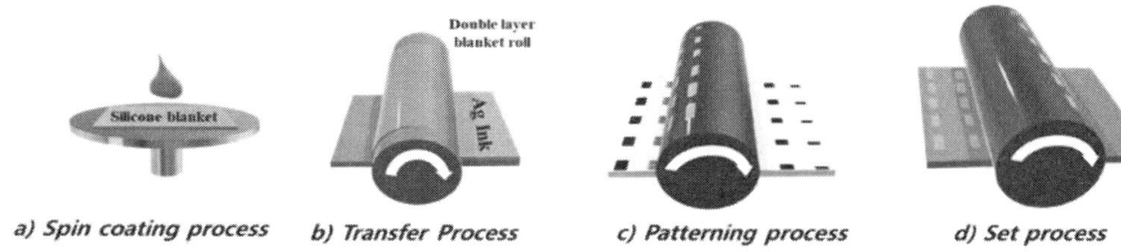

그림 3-2.9 리버스 오프셋 인쇄 공정의 개략도

센서 전극을 곡면에 인쇄할 때 패턴이 왜곡되지 않도록 최적의 공정설계를 찾았다. 잘 알려진 바와 같이, 리버스 오프셋 공정은 고해상도로 미세한 패턴을 인쇄할 수 있다. 우리는 Soft한 재질의 Double blanket을 추가하여 곡면에서도 패턴의 왜곡 없이 프린팅할 수 있도록 개발하였다. 속도는 가장 낮은 레벨로 설정되어야 하며, 곡률 반경을 가지므로 압력별로 실험을 수행하였다. 최근 3D 프린팅 전자기술이 각광받아 Fully 3D 프린팅 기술이 요구되고 있으며, 센서 전극은 3D 형태로 직접 프린팅할 수 있는 공정으로 프린팅하여 감도를 분석하였다.

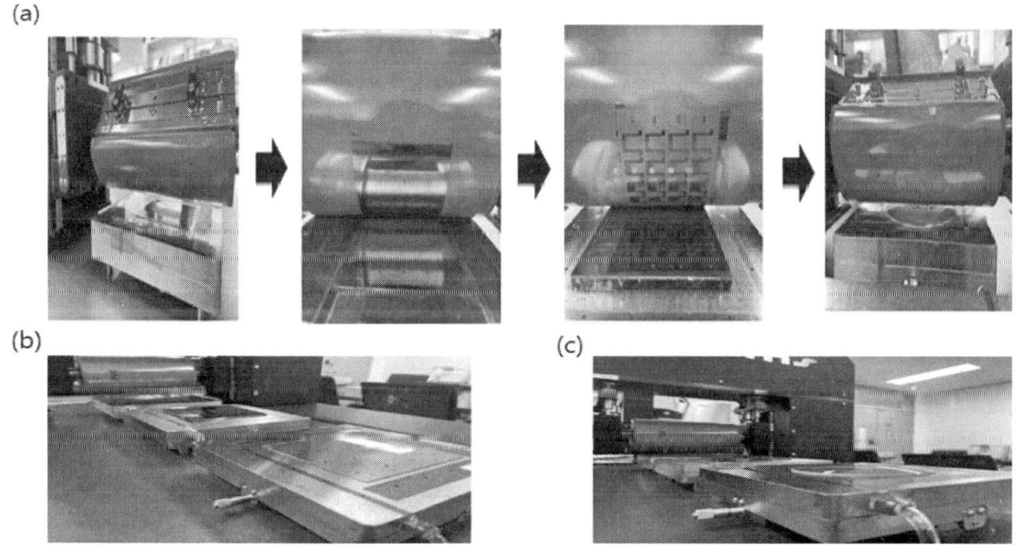

그림 3-2.10 (a) 더블 블랭킷 리버스 오프셋 인쇄 공정 (b) 평판유리 인쇄공정 (c) 곡면유리 인쇄공정

2-4 측정 시스템

Ag IDE는 SEM, X-선 회절(XRD) 및 3D profiler 시스템을 통해 특성을 확인하였다. 상기 복합필름의 표면형태는 시료를 ca. 3nm의 백금합금으로 코팅 후 15kV의 가속전압에서 SEM(S-4800, 일본 Hitachi)을 통해 확인하였다. 제조된 습도 센서는 밀폐된 챔버 내부의 상온에서 온도 및 상대습도(RH)를 실시간으로 모니터링하여 얻었다. 습도 감지 응답은 RH와의 저항 변화로 기록되었으며, 맞춤형 Labview 기반 인터페이스로 구동되는 임피던스 분석기를 사용하여 IDE 전반의 저항을 실시간으로 모니터링 하였다 (그림 3-2.11).

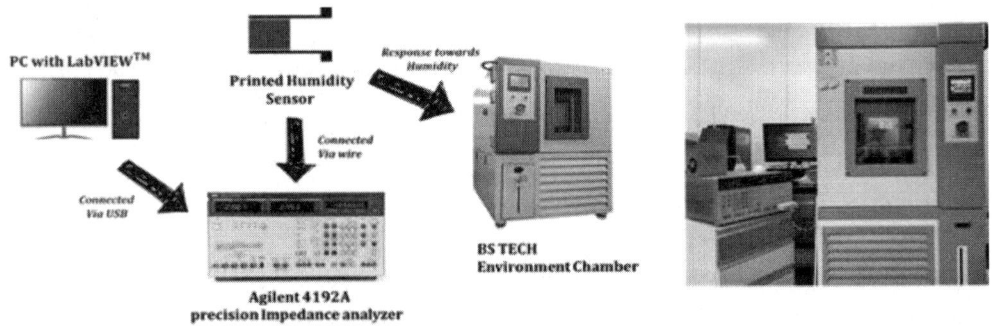

그림 3-2.11 개별 구성 요소를 보여주는 습도 측정 설정 개략도

3. 결과 및 논의

3-1. 센서 특성화

본 공정을 이용하여 습도 센서의 대면적 제작을 성공적으로 이루었다. Ag IDE 전극은 인쇄공정을 통해 빠르고 쉽게 제작할 수 있었다. 그림에는 전체 치수가 100×100 mm^2인 36개의 습도 센서 유닛으로 구성된 센서 어레이의 이미지가 나와 있다. 총 감지 면적은 15mm×10mm였다. 인쇄로 제작된 센서의 선폭은 30μm, 전극-전극간 간격은 40μm로 미세한 선폭을 구현하였다. 또한, 3D 곡면에 인쇄된 샘플은 정교하게 인쇄되었다. 평면 기판과 3D 기판은 동일한 선폭으로 인쇄되었다. 곡면 기판에 인쇄하는 동안 롤 압력을 배제할 수 없었다. 그러나 DB-RO 공정을 사용하여 곡면 기판의 패턴이 축소되지 않고 직접 인쇄가 가능했다. 이 결과는 블랭킷의 경도가 일반 블랭킷 롤에 비해 낮다는 것을 나타내므로 곡면 인쇄가 가능하다는 것을 나타낸다. CNF의 두께는 분사기 공기압에 의해 제어될 수 있다. 그림 3-2.8(a)은 약 3μm 두께의 전극층의 CNF 단면 이미지를 나타낸다.

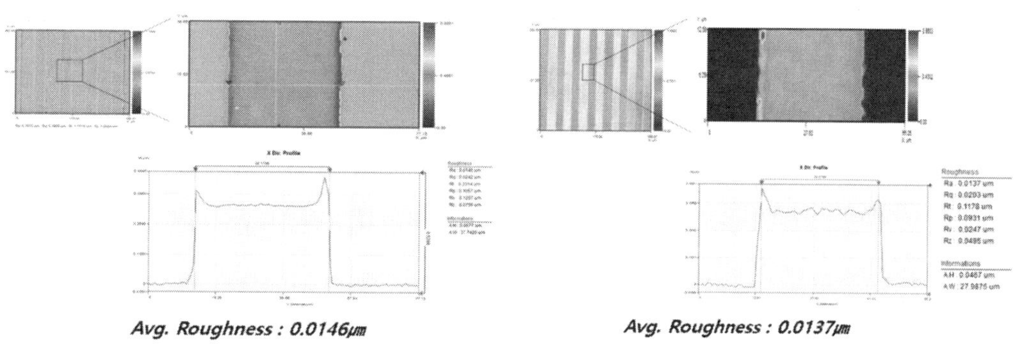

그림 3-2.12 평균 거칠기를 보여주는 수직 주사 간섭계의 3D출력(a) 0.014 μm (b) 0.013 μm

3-2. 습도센서 테스트

본 연구에서 제작된 센서의 습도 감시는 서로 다른 RH 값으로 측정하였다. 습도 민감도, 반복성, 히스테리시스 및 응답 시간을 포함한 매개변수를 평가하였다. LCR 주파수를 1kHz와 1v로 고정한 후 계속 진행하였다. 샘플 A와 B는 기판이 다른 평판 유리와 곡면 유리에 해당한다.

Sensitivity and linearity

상대 습도의 변화에 대한 임피던스 반응에 대해 두 가지 유형의 센서를 테스트했다. 굴곡진 기판과 평평한 기판을 가진 두 개의 샘플이 제작되었다. 모든 측정에 대한 테스트 주파수는 1kHz로 고정되었다. 샘플의 전류-전압(I-V) 곡선은 그림 3-2.13에서 확인할 수 있다. 센서는 선형 I-V 특성을 보였다. 기판의 형상은 곡선의 기울기에 약간의 변화를 가져왔다. 가장 중요한 문제 중 하나는 RH가 센서 응답에 미치는 영향이다. RH가 증가하면 센서 반응이 증가하며, 이는 CNF 코팅 표면의 습도 상승 후 반응 효과가 증가함을 나타낸다.

Response time, stability, and hysteresis

제작된 센서는 기판 역할을 하는 서로 다른 임의의 곡률에 제작되었다. 그림 3-2.6은 센서가 손상 없이 임의로 형성된 기판으로 쉽게 이송될 수 있음을 보여준다. 곡면으로 전사된 후의 IDE의 CNF 코팅은 그림 3-2.7과 같으며, 물 분자의 흡수가 유전계수를 변화시켜 정전용량 변화를 초래한다. 이러한 특성을 위해 센서를 10% RH로 설정하고 습도를 90% RH로 증가시킨 후 다시 습도를 감소시켰다. 흡수 및 탈착 사이클 동안 각 습도에 대한 정전용량을 기록했다. 일반적으로 물 분자를 검출하는 CNF 감지층은 표면의 하이드록실기와 같은 친수성 작용기에 의존한다. 친수성 작용기는 물 분자를 끌어당겨 용량을 증가시킨다. 이 결과를 설명하기 위해 몇 가지 가설이 세워질 수 있다. 즉, CNF 표면의 하이드록실기에 물 분자가 흡착되어 자유자재로 흡착되어 임피던스가 변화하는 분자 구조가 발생하였다.

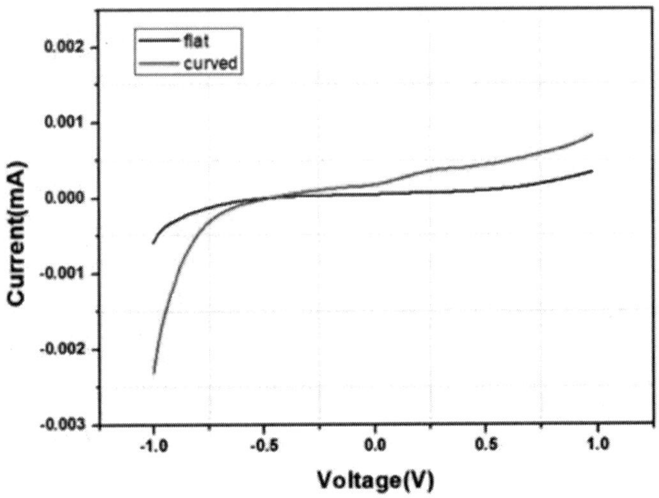

그림 3-2.13 23° C의 상온에서 평판유리와 곡면유리습도센서의 전형적인 I-V 곡선

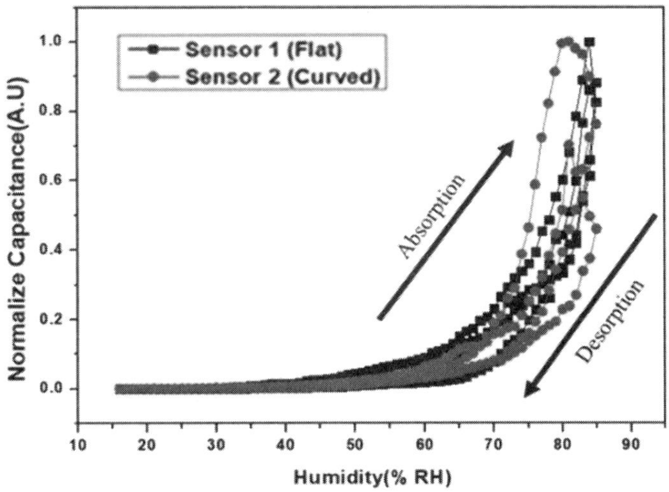

그림 3-2.14 평판유리와 곡면유리의 이력현상

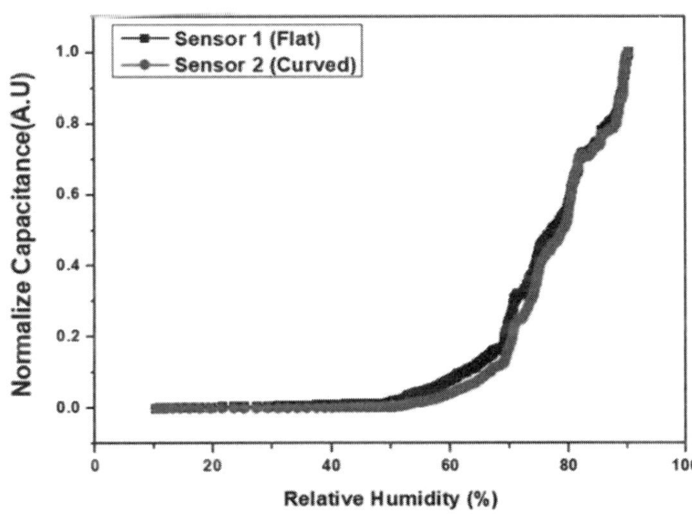

그림 3-2.15 곡면 및 평면 기판을 갖는 센서의 정전용량 응답

응답 속도의 차이는 곡면 기판보다 평면 기판에서 CNF 코팅 두께가 두껍기 때문일 수 있다.

CNF는 점도가 낮기 때문에 코팅되면서 곡면에 퍼져서 코팅이 얇아진다. 센서의 반응 및 회수율은 이전의 나노 셀룰로오스 기반 센서 연구에서 얻은 것과 유사하였다. 센서 성능은 10~90% RH의 광범위한 습도에서 측정되었다. 그림에는 흡착 및 탈착 시 센서1 및 2의 정규화된 정전용량 변화가 나와 있다. 정규화된 캐패시턴스는 RH가 65%까지 증가함에 따라 천천히 증가했으며 그 이후에는 램프(ramp)가 증가했다. 이상적인 습도 센서의 이온들 사이에 히스테리시스 곡선이 나타났다. 안정성을 확인하기 위해 RH를 유지했다. 센서는 곡면 기판에 직접 코팅하는 공정을 이용하여 제작하였다. 우리는 다양한 전자 장치가 3D 기판에 적용될 수 있음을 보여주었다.

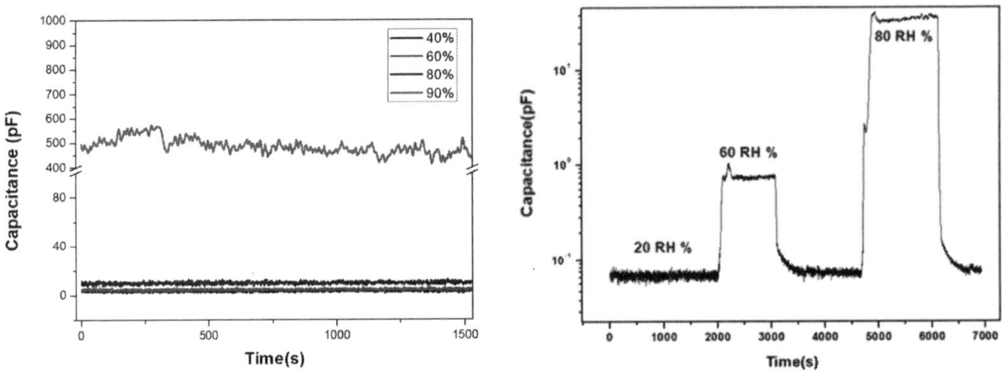

그림 3-2.16 곡면 기판을 사용한 센서의 안정성과 각 습도에서의 안정성

4. 요약

본 연구는 곡면 전자 장치 제작에 대한 문제를 다룬다. 저렴한 3D 습도 센서를 개발하고 특성화한다. 3D 장치의 연구를 위해 개발된 인쇄 공정이 사용되었다. 기존에는 패드 프린팅, 잉크젯, PCB 기반 3D 소자 제작이 있었으나, 본 연구에서는 연속성이 우수한 3D 소자 제작에 대한 새로운 제안을 제시하였다. DB-RO 공정을 이용하여 곡률 반경을 갖는 3차원 형상의 유리기판에 고해상도 선폭을 인쇄하였다. 곡률 반경 패턴의 왜곡 없이 인쇄하기 위한 다양한 시도가 있었다. 속도가 빠르면 안 되며, off 공정의 압력이 낮아야 한다. 설정공정의 압력의 경우 압력이 너무 낮으면 곡률반경이 있는 부분에서는 패턴 전달이 일어나지 않으므로 10kgf 이상의 압력을 가해야 한다. 이 공정을 이용하여 3D 곡면에 다양한 전극을 인쇄하여 3D 소자의 제조 가능성을 입증하였다.

3D 습도 센서의 전극부는 DB-RO 인쇄 공정을 이용하여 40μm 미세 선폭을 구현하여 제작하였다. 본 연구에서는 3D 습도 센서 위에 Ag IDE의 제작을 제안한다. 본 연구는 센서와 같은 전자 장치가 곡면 기판과 같은 다양한 기판에 제작될 수 있음을 입증한다. 제작된 CNF 기반 센서는 곡면을 갖는 기판에서도 우수한 특성을 갖는다. 센서는 높은 정밀도로 RH를 10%~90% 범위에서 정량적으로 검출할 수 있다. 또한, 센서는 각각 61.5초와 31.5초의 매우 빠른 응답과 복구 시간을 보였다. 제안된 방법은 3D 곡면 및 변형 가능한 표면의 통합을 위한 유망한 전략을 제공한다.

5. 참고문헌

[1] Izdebska, J.; Thomas, S. Printing on polymers: fundamentals and applications, William Andrew: 2015.

[2] Nguyen, H. A. D.; Shin, K.-H.; Lee, D. Effect of process parameters on fidelity of printed line width in high resolution roll-to-roll gravure printing. Jpn. J. Appl. Phys. 2014, 53 (5S3), 05HC04.

[3] Hrehorova, E.; Rebros, M.; Pekarovicova, A.; Bazuin, B.; Ranganathan, A.; Garner, S.; Merz, G.; Tosch, J.; Boudreau, R. Gravure Printing of Conductive Inks on Glass Substrates for Applications in Printed Electronics. J. Display Technol. 2011, 7 (6), 318- 324.

[4] Vornbrock, A. d. l. F.; Ding, J. M.; Sung, D.; Huai-Yuan, T.; Subramanian, V. In Printing and scaling of metallic traces and capacitors using a laboratory-scale rotogravure press, 2009 Flexible Electronics & Displays Conference and Exhibition, 2-5 Feb. 2009; 2009; pp 1-7.

[5] Rebros, M.; Hrehorova, E.; Bazuin, B. J.; Joyce, M. K.; Fleming, P. D.; Pekarovicova,A. In Rotogravure printed UHF RFID antennae directly on packaging materials, Proc TAGA 60th Annu. Tech. Conf, 2008; pp 16-19.

[6] Tuomikoski, M.; Suhonen, R.; Välimäki, M.; Maaninen, T.; Maaninen, A.; Sauer, M.; Rogin, P.; Mennig, M.; Heusing, S.; Puetz, J.; Aegerter, M. A. Manufacturing of polymer light-emitting device structures, SPIE: 2006; Vol. 6192.

[7] A. Cavallaro, F. Sandiumenge, J. Gàzquez, T. Puig, X. Obradors, J. Arbiol, H.C.Freyhardt, "Growth Mechanism, Microstructure, and Surface Modification ofNanostructured CeO2 Films by Chemical Solution Deposition," Adv. Funct. Mater.,16 1363-1372 (2006)

[8] J. F. Dijksman, "Hydrodynamics of Small Tublar Pumps," J. Fluid Mech., 139[1] 137-191 (1984)

[9] Oberländer J, Jildeh ZB, Kirchner P, et al. Study of interdigitated electrode arrays using experiments and finite element models for the evaluation of sterilization processes. Sensors (Basel). 2015;15(10):26115-26127. Published 2015 Oct 14.

[10] Zhang, Y., Yu, K., Jiang, D., Zhu, Z., Geng, H., & Luo, L. (2005). Zinc Oxide Nanorod and Nanowire for Humidity Sensor. Applied Surface Science, 242, 212-217.

[11] Arregui, F.J., Liu, Y., Matias, I. R., & Claus, R. O. (1999). Optical Fiber Humidity Sensor Using a Nano Fabry-Perot Cavity Formed by the Ionic Self-Assembly Method. Sensors and Actuators B: Chemical, 59, 54-59.

[12] Southworth, D. R, Bellan, L. M., Linzon, Y., Craighead, H. G., & Parpia, J. M. (2010). Stress-based vapor sensing using resonant microbridges. Applied Physics Letters, 96, 163503.

[13] Penza, M. & Anisimkin, V. I. (1999). Surface acoustic wave humidity sensor using polyvinyl-alcohol film. Sensors and Actuators A: Physical, 76, 162-166.

[14] Hassan, G., Bae, J., Lee, C. H., & Hassan, A. (2018). Wide range and stable ink-jet printed humidity sensor based on graphene and zinc oxide nanocomposite. Journal of Materials Science: - 88 -Materials in Electronics, 29, 5806-5813

[15] Li, Y., Chen, Y., Zhang, C., Xue, T., & Yang, M. A. (2007). humidity sensor based on interpenetrating polymer network prepared from poly(dimethylaminoethyl methacrylate) and poly(glycidyl methacrylate). Sensors and Actuators B: Chemical, 125

[16] Schubert, P. J. & Nevin, J. H. (1985). A polyimide-based capacitive humidity sensor. IEEE Transactions on Electron Devices, 32, 1220-1223

[17] Yoo, K, -P., Lim, L. -T., Min, N. -K., Lee, M. J., Lee, C. J., Park, C. -W. (2010). Novel resistive-type humidity sensor based on multiwall carbon nanotube/polyimide composite films. Sensors and Actuators B: Chemical, 145,120-25

[18] Rittersma, Z. M. (2002). Recent achievements in miniaturised humidity sensors-a review of transduction techniques. Sensors and Actuators A: Physical, 96, 196-210

[19] Zhu, Z. -T., Mason, J. T., Dieckmann, R., & Malliaras, G. G. (2002). Humidity sensors based on pentacene thin-film transistors. Applied Physics Letters, 81

[20] Aziz, S., Bum, K. G., Yang, Y. J., Yang, B, -S., Kang, C. U., Doh, Y. H., Choi, K. H., & Kim, H. C. (2016). Fabrication of ZnSnO3 based humidity sensor onto arbitrary substrates by micro-Nano scale transfer printing. Sensors and Actuators A: Physical, 246

[21] Wang, X, Gu, Y, Xiong, Z, Cui, Z, & Zhang, T. (2014). Silk-molded flexible, ultrasensitive, and highly stable electronic skin for monitoring human physiological signals. Advanced Materials, 26(9), 1336-42

[22] Tomer, V. K., Thangaraj, N., Gahlot, S., & Kailasam, K. (2016). Nanoscale, 8, 19794-19803.

[23] Koga, H., Saito, T., Kitaoka, T., Nogi, M., Suganuma, K., &Isogai, A. (2013). Transparent, conductive, and printable composites consisting of TEMPO-oxidized nanocellulose and carbon nanotube. Biomacromolecules, 14

[24] Zeng, X., Deng, L., Yao, Y., Sun, R., Xu, J., & Wong, C. -P. (2016). Flexible Dielectric Papers Based on Biodegradable Cellulose Nanofibers and Carbon Nanotubes for Dielectric Energy Storage. Journal of Materials Chemistry C, 4, 6037

[25] Kim, J., Kim, J. W., Kim, H. C., Zhai, L., Ko, H.-U., & Muthoka, R. M. (2019). Review of soft actuator materials. International Journal of Precision Engineering and Manufacturing, 20, 2221-2241 [116] Kim, H. C., Kim, J. W., Zhai, L., & Kim, J. (2019). Strong and tough long cellulose fibers made by aligning cellulose nanofibers under magnetic and electric fields. Cellulose, 26, 5821-5829. [117] Choi, S. H., Duzik, A. J., Kim, H. J., Park, Y., Kim, J., Ko, H. U., Kim, H. C., Yun, S., & Kyung, K. U. (2017). Perspective and potential of smart optical materials. Smart Materials & Structures, 26, 093001

[26] Kim, H. C., Kim, D., Lee, J. Y., Zhai, L., & Kim, J. (2019). Effect of wet spinning and stretching to enhance mechanical properties of cellulose

3-3 3D Transparent electrode

1. 서론

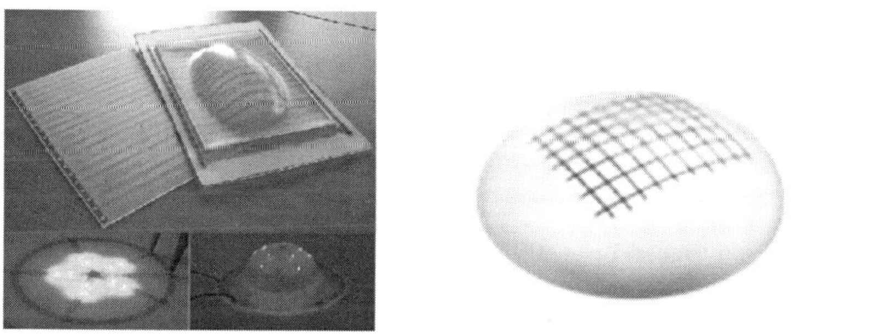

그림 3-3.1 곡면 기판에 직접 인쇄를 통한 전자소자 제작

인쇄전자 기술로 새롭게 제안되는 Double-layer blanket 리버스 오프셋 인쇄 장비를 이용하여 3D 곡면 기판 표면에 마이크로 패턴과 투명전극 인쇄를 위한 공정 기술을 제안하고 분석하고자 한다.

첫 번째는 인쇄전자 분야에서 활용되고 있는 코팅과 패터닝 분야의 공정 기술과 이 들의 장단점 분석과 산업적인 관점에서 시장 규모와 성장성에 대한 내용을 설명한다.

두 번째는 3D 곡면 기판 인쇄를 위하여 새롭게 고안된 Double-layer blanket 리버스 오프셋 인쇄 장비에 관한 내용이다. 인쇄전자는 주로 종이, 유리, 유연 플라스틱 기판 등 평면 기판을 주로 사용하여 인쇄 특성과 소자 개발 연구를 진행하였으나 전자 제품을 사용하고 소비자들의 취향이 디자인적으로 다양한 형태의 전자소자를 요구하고 있으며 이에 따라 산업적인 요구가 증가할 것으로 전망되어 3D 기판이나 곡면 기판에 기능성 패턴이나 코팅을 안정적으로 수행할 장비 및 공정 개발의 필요성이 증대되고 있다. 기존 리버스 오프셋 기술의 3D 곡면 기판 표면 적용에 대한 한계와 문제점을 도출하여 이를 개선한 새로운 리버스 오프셋 기술을 도입하고자 한다. 새로운 리버스 오프셋 기술은 Double-layer blanket 리버스 오프셋 프린터로 3D 곡면 기판 표면에 기능성 전자 소재를 이용하여 수 마이크로미터에서 수십 마이크로미터의 패턴을 인쇄할 수 있도록 개발되었다. 이러한 새로운 형태의 Double-layer blanket 리버스 오프셋 기술은 인쇄전자 공정 기술 중 패터닝 기술이며 장비를 이용하여 미세 패턴과 전자 회로 형성 기술을 개발하고자 한다. 즉, 기존의 평면 기판을 대상으로 진행한 인쇄전자 공정기술에서 3D 곡면 기판에 인쇄를 위하여 새롭게 제안된 Double-layer blanket이라고 명명한 Offset 롤과 리버스 오프셋 장비를 제시한다.

세 번째는 Double-layer blanket 리버스 오프셋 장비의 공정 최적화와 평면 기판과 3D 곡면 기판과의 패턴 및 투명전극의 성능을 비교하여 평가한다. Double-layer blanket 리버스 오프셋 장비를 사용한 최적화 공정은 평면 기판을 대상으로 공정 최적화를 진행하였다. 가로와 세로의 미세 패턴이 설계되어 제작된 Cliché를 활용하여 가로와 세로 각각의 최적 인쇄 조건을 확인하였으며 가로와 세로의 미세 패턴을 동시에 인쇄하여도 양호한 인쇄 공정을 개발하였다. Double-layer blanket 리버스 오프셋 인쇄 공정은 기존 리버스 오프셋 공정과 마찬 가지로 Transfer, Off, Set 단계를 거치는데 Transfer와 Off 공정은 평면 기판 공정 과 같은 공정을 거치게 된다. 다만 차이점으로는 Set 단계에서 곡면 기판 인쇄에 적합한 Blanket 구조와 공정이 필요하며 3D 곡면 기판을 이용하여 평면에서 확보된 최적의 인쇄 조건을 기반으로 Set 공정을 진행하여 가로와 세로의 미세 패턴에 대한 Set 압력 공정을 확인하였으며 이를 통해 3D 곡면 기판에 인쇄를 위한 최적의 인쇄 공정을 확인하였다. 또한 미세 패턴 형성 조건을 기반으로 Touch screen panel(TSP), 박막 태양전지, Organic Light Emitting Diodes(OLED) 등의 전자소자에 필수적인 투명전극을 3D 곡면 기판 표면에 인쇄하여 특성을 평가하였다.

메탈메쉬와 허니컴 구조의 투명전극을 인쇄하였으며 투과율, 면저항, 선폭, 선 높이, 인쇄패턴의 표면 거칠기를 측정하였다. 인쇄전자 기술은 현재 일부가 전자 산업에 적용되고 있으며 현재보다 미래에 활용 가능성이 높은 전자소자 제조 기술이다. 또한 과거 반도체 공정의 집적 기술이 매해 2배씩 증가하던 것과 마찬가지로 높은 기술적 성장과 산업적으로 확산이 예측된다. 유연 소자의 활용과 다양한 형태의 3D 기판과 곡면 기판에서의 전자소자를 제작하기 위한 인쇄전자 공정 기술이며 향후 핵심적으로 사용되는 기술이 될 것이다. 따라서 본 논문의 목적인 3D 곡면 기판 표면에 미세 패턴과 투명전극 인쇄를 위한 Double-layer blanket 리버스 오프셋 장비와 공정 기술 연구는 인쇄전자 기술의 발전과 더불어 많은 응용연구가 진행될 것이며 이러한 연구를 통해 미래 3D 구조를 가진 전자소자의 제작 공정 기술이 될 것이다.

2. Double Layer Blanket 리버스 오프셋 프린팅 장비

2-1. 리버스 오프셋의 개요

리버스 오프셋(Reverse offset) 공정은 미세 패턴 인쇄를 위하여 고안된 접촉식 인쇄 공정 기술 중 하나이다.

대표적인 접촉식 공정인 Gravure offset 공정은 높은 해상도를 구현할 수 있다는 장점이 있으며 좋은 인쇄 품질로 전자소자를 만들 수 있으나 인쇄 압력, 속도와 같은 인쇄 매개 변수와 Gravure 롤에 음각된 패턴 셀에 대한 매개 변수를 조절하기 때문에 구성이 복잡하고 인쇄 품질을 안정화하는데 상당히 어려운 기술이다[69]. 이러한 Gravure offset의 장점인 높은 해상도 구현을 더욱 개선한 공정 기술이 Reverse offset 공정이며 수~수십 μm의 선폭을 가지는 정교한 패턴 인쇄를 구현할 수 있는 장점이 있으며 PDMS Blanket 변형이 인쇄에 미치는 연구 등 최근 많은 연구가 진행되고 있다[70,71,72].

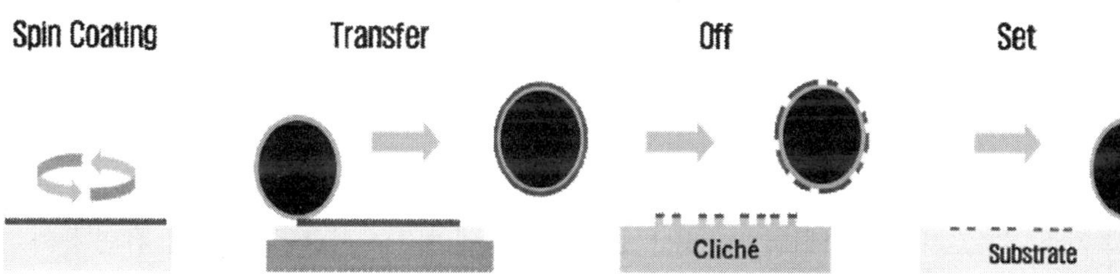

그림 3-3.2 리버스 오프셋 공정 프로세스

그림 3-3.2와 같이 reverse offset 공정은 미세 패턴을 균일하게 구현 가능한 공정으로 Slot-die 혹은 스핀-코팅 공정으로 Bottom 기판이라고 하는 기판에 잉크를 코팅한 후 이를 블랭킷 롤에 필름 형태로 전이하는 공정을 Transfer라고 한다. 이후 Cliché라 불리는 인쇄용 요철판을 이용하여 양각으로 제작된 비 인쇄 패턴부 에서 불필요한 패턴의 잉크를 제거하는 공정을 Off라고 하며 음각에 접촉하여 Blanket 롤에 남겨진 패턴을 기판에 인쇄하는 공정을 Set이라고 한다[73].

그림 3-3.3은 그라비아 오프셋 공정 개념도와 그라비아 롤에 각인된 패턴 Cell의 형상 변수이다. 각 Cell의 높이, 체적, 채널 너비, 각도 등에 따라 잉크 전이의 양과 품질이 상이하므로 최적화 공정을 확립하는 것이 어렵다[74].

2-2. Double Layer blanket 리버스 오프셋 개요

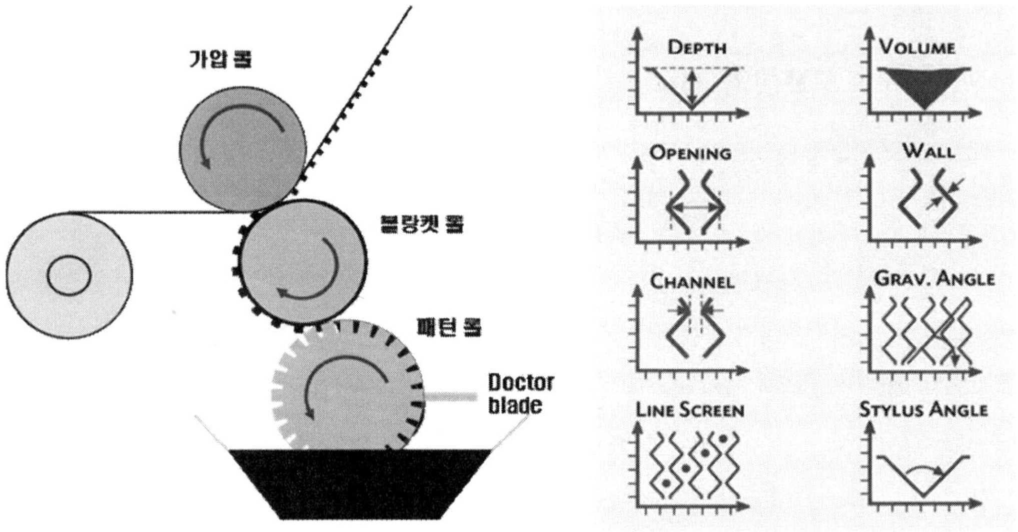

그림 3-3.3 그라비아 오프셋 공정 및 패턴 롤의 Cell 변수

미세 패턴 인쇄를 위해 고안된 리버스 오프셋(Reverse offset) 공정은 Bottom 기판 에서 최종 기판으로 패턴을 전이시키는 블랭킷 롤이 존재해야 한다.

인쇄전자 연구는 평면 기판에 대한 다양한 인쇄기술과 유연 플라스틱 기판 이용한 연속 생산 인쇄에 연구를 중심으로 진행되었으며 정밀한 인쇄 공정 기술과 롤투롤 인쇄 연구에 많은 성과를 보여왔으나 기존 전자소자 제작 방식인 Photolithography 기술과 마찬가지로 유리, 종이, 유연 플라스틱 등 대부분 평면 기판을 대상으로 진행되는 기술적 한계가 있다.

또한 접촉식 인쇄 공정 기술을 이용하여 곡면 기판에 인쇄 공정을 진행하면 기존 장비들은 블랭킷 롤이 기판 표면 높이까지만 하강하여 인쇄되기 때문에 높낮이가 변화되는 기판이나 곡면 구조, 3D 형상의 기판에 인쇄를 통한 높은 인쇄 품질의 미세 패턴과 전자소자를 인쇄하기에는 한계가 있었다.

인쇄전자 공정의 한계에도 불구하고 다양한 디자인과 벤더블, 플렉시블, 폴더블, 롤러블의 전자소자들이 등장하고 있으며 점차 산업적인 성장이 급격하게 커질 것으로 전망된다. 이에 따라 증가하는 산업적 요구에 맞춰 다양한 형태의 전자소자와 전자 부품을 생산할 수 있는 인쇄전자 공정과 장비 연구가 필요하다[77].

인쇄전자 분야에서도 3D 곡면 표면이나 중간층을 인쇄하기 위한 연구가 진행되고 있다. 연구되는 공정 기술로는 Pad를 이용한 인쇄 공정[19]과 Soft blanket gravure printing 인쇄 공정[78], Soft blanket reverse-offset 인쇄 공정[79] 연구가 있다.

이들 연구는 주로 곡면 기판에 접촉식 인쇄 공정으로 인쇄 가능성을 주로 보여주고 있으며 3D 곡면 기판에 대한 가로와 세로의 미세 패턴 형성과 평면 기판과 3D 곡 면 기판과의 인쇄 품질에 대한 비교 연구가 부족하다.

또한 단순한 인쇄 패턴 형성에 머물지 않고 3D 곡면 기판에 Touch screen panel(TSP)과 Photovoltaics(PV) 등의 전자소자를 형성하기 위해 전도성 라인으로 연결된 투명전극[80]이 필수적이므로 리버스 오프셋 공정을 기반으로 메탈 메쉬와 허 니컴 구조의 투명전극을 제작하여 성능을 제시하는 것이 하였다.

기존 리버스 오프셋을 포함한 접촉식 인쇄 공정의 문제점은 3D 곡면 기판에 인쇄 를 진행할 수 없다는 단점을 가지고 있으며 이를 개선할 수 있는 새로운 공정 장비 의 필요성이 증대되고 있다. 이에 기존 리버스 오프셋 공정을 새롭게 개선한 Double-layer blanket(DLB) 리버스 오프셋 장비를 제안하고자 한다.

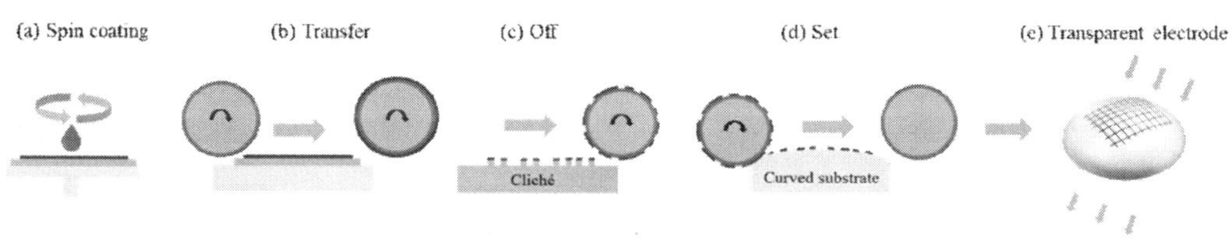

그림 3-3.4 Double Layer Blanket(DLB) 리버스 옵셋 공정도

그림 3-3.4는 Double-layer blanket(DLB) 리버스 오프셋 인쇄 장비로 3D 곡면 기판에 미세 패턴 인쇄를 위한 공정도이다.

DLB reverse offset 인쇄 공정은 그림 3-3.2의 일반적인 reverse offset 공정과 동일하며 그림 3-3.4는 새롭게 제안한 DLB 리버스 오프셋 공정도이다.

DLB 리버스 오프셋의 공정 진행은 a) 전도성 Ag 잉크를 스핀 코팅으로 Bottom 기 판에 고르게 코팅한 후 Bottom 기판을 3개의 suction plate 중 첫 번째인 Bottom Plate에 위치시키면 DLB roll이 이동하여 Bottom 기판 위에 코팅된 잉크를 (b)와 같이 필름 형태로 DLB roll에 Transfer 시킨다. 이후 DLB roll에 전이된 기능성 잉크의 용매 일부는 대기로 증발되고 일부는 DLB 에 흡수되어 반

건조 상태로 변화된다. (c) Off 단계에서는 Cliché라 불리는 요철판을 이용하여 인쇄 패턴이 아닌 불필요한 부분을 남겨서 제거한 후 (d)와 같이 DLB roll에 남아있는 패턴을 3D 기판에 인쇄하는 방식으로 공정이 진행된다.

그림 3-3.5는 DLB 리버스 오프셋 공정의 세부적인 공정에 대한 개념도와 단위 과정에 대한 사진이다.

상부의 이미지는 Bottom 기판에 기능성 잉크를 스핀 코팅 후 블랭킷 롤 표면에 필름 형태로 100% 전이시키는 사진이다. 이때 잉크 필름의 전이 상태가 조금이라도 불량하게 되면 이후 Off 공정과 Set 공정에서 공정 진행이 완벽하게 진행되어도 인쇄 품질은 나쁘게 된다.

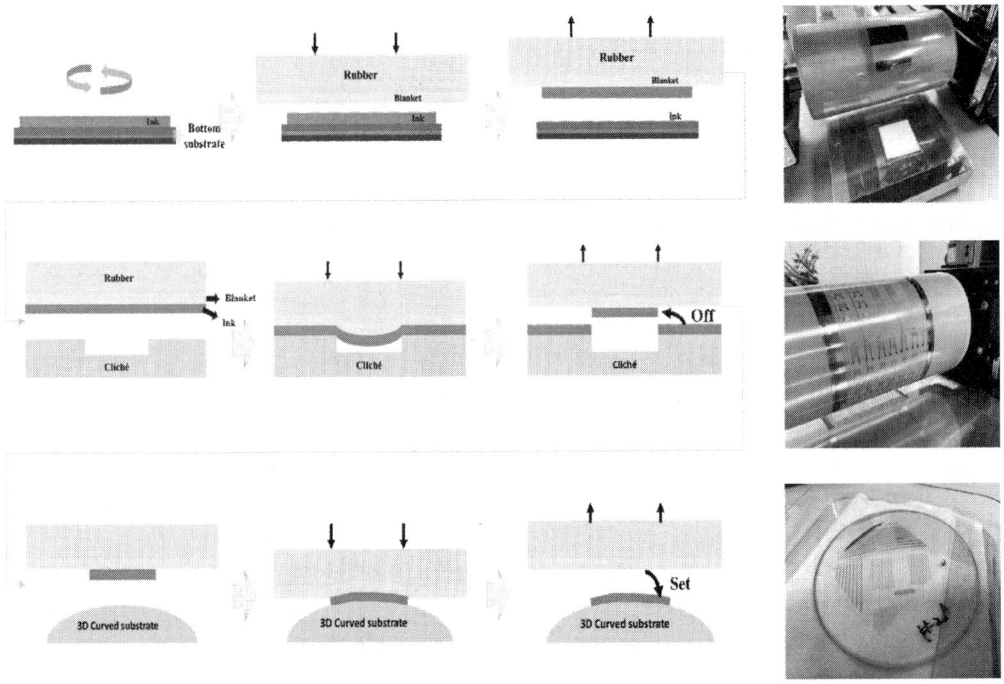

그림 3-3.5 Double Layer Blanket(DLB) 리버스 옵셋 세부 공정.

이후 두 번째 이미지는 Off 공정에 대한 내용으로 블랭킷 롤 표면에 부착된 잉크 필름이 양각의 불필요한 비 패턴부에는 100% 전사시키고 음각의 패턴부는 잉크 필름에서 분리되어 블랭킷 롤에 부착되어야 한다. 이때 잉크 필름의 응집력보다 블랭킷 롤과의 부착력이 커야 안정적으로 분리된다.

마지막으로 3D 곡면 기판 표면에 블랭킷에 남은 패턴부를 적정한 압력으로 인쇄하면 공정은 완결되게 된다.

2-3. Double layer blanket roll 모듈

그림 3-3.6은 DLB 리버스 오프셋 프린터의 구성 중 3D 곡면 인쇄에 가장 중요한 역할을 수행하는 DLB Blanket 롤 모듈의 3D 설계 이미지이다. DLB Blanket 롤 모듈은 DLB Blanket 롤과 롤을 상승 및 하강시키는 업/다운 모터, 블랭킷 롤을 회전시키는 롤 모터, 롤 압력을 실시간으로 확인하는 로드셀과 Weight bar로 구성되어 있다. 그림 2.6 은 Double-layer blanket 롤과 기존 리버스 오프셋 블랭킷 롤을 절단면 으로 구성을 비교하였으며 (a)와 같이 기존의 리버스 오프셋이 블랭킷 롤은 금속 실린더에 PET와 PDMS를 구성된 블랭킷 sheet를 감싼 구조이며 두께가 대부분 1mm 이하이므로 딱딱한 특성이 있어 평면 인쇄에 주로 활용되었다. (b)는 DLB 롤의 구조이며 구성은 Stainless Steel 재질의 45mm의 금속 실린더 원통을 기반으로 내부 Layer는 경도 25/Shore A의 두께 37.5mm, Room temperature vulcanizing silicone(RTV silicone) 재질로 제작된 Rubber roll이 실린더 원통을 감싸고 있으며 외부 Layer는 PET 250㎛, PDMS 430㎛, 총 두께 680㎛이며 경도 55/Shore A, Swelling 0.3064g의 blanket sheet가 고무 롤을 감싸는 구조로 제작되어 Double Layer Blankct(DLB)이라고 명명했다.

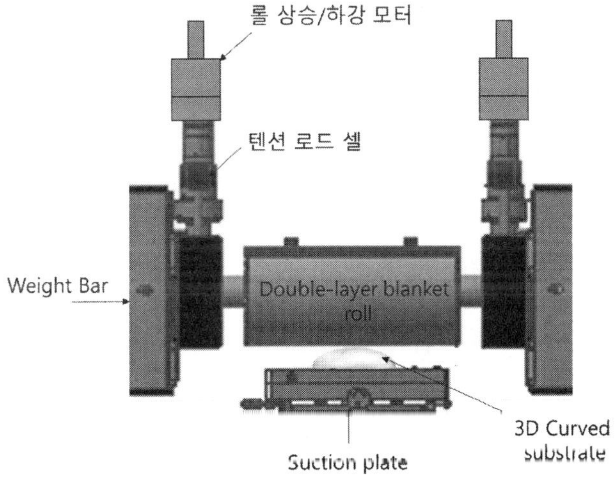

그림 3-3.6 DLB Blanket 롤 모듈

Double-layer blanket(DLB) 리버스 오프셋 프린터는 기존의 리버스 오프셋 프린터와 유사하지만, 기존 장비에서는 3D 곡면 기판 표면을 대상으로 미세 패턴 인쇄가 제한적으로 수행되었으며 특히 곡면 구조의 유리 기판에 인쇄하기에는 많은 어려움이 있었다.

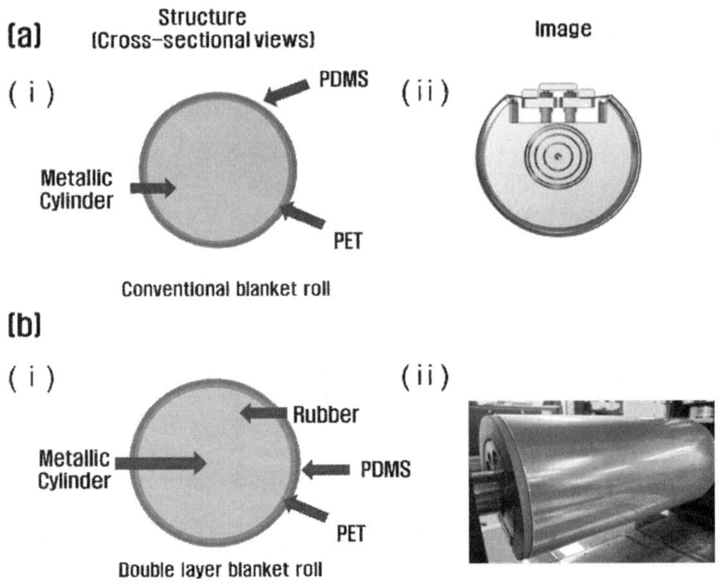

그림 3-3.7 전통적인 블랭킷 롤과 DLB 롤의 구조

약 1mm 두께 이하의 블랭킷을 금속 실린더 롤에 감싸기 때문에 그림 3-3.8 과 같이 유리 기판 등 압력에 취약한 소재는 파손되어 인쇄를 진행이 어렵게 되며 또한 기판이 파손되면 유리의 날카로운 조각들로 인해 블랭킷이 손상되기도 한다. 그러나 DLB 리버스 오프셋은 기판 표면 형상에 의해 인가되는 압력을 부드럽고 Cushion이 있는 소재들이 완화해주며 기판 전체적으로 압력을 고르게 배분하여 인쇄가 가능하다.

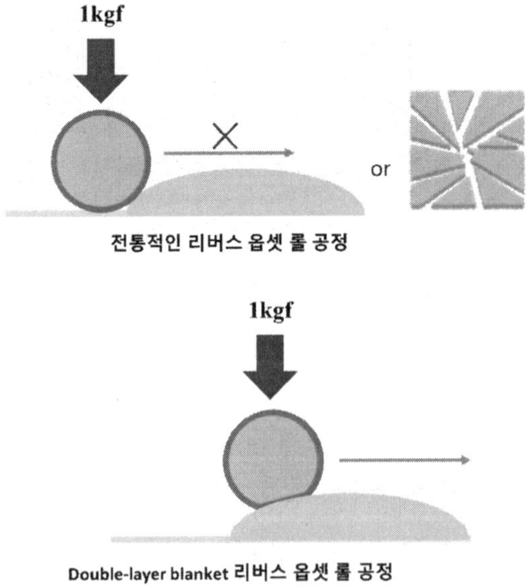

그림 3-3.8 전통적인 리버스 오프셋 공정과 DLB 공정 비교

표 3-3.1 Double-layer blanket(DLB)의 구성

substance	Stainless Steel	Rubber	Blanket
Harness(Shore A)	–	25	55
Material	–	Room Temperature Vulcanizing(RTV)	Polydimethylsiloxane (PDMS)
Color	–	Gray	Translucent white
Outside diameter(thickness)	45mm	120mm	680㎛ (PET 250㎛ PDMS 430㎛)
Form	cylindrical roll	cylindrical roll	Sheet(on to PET film)
Length	389mm(샤프트 109mm 포함)	280mm	276mm

표 3-3.1과 같이 Double-layer blanket(DLB) 구조는 부드럽고 Cushion이 있는 Rubber로 금속 실린더를 감싸고 그 위를 Blanket sheet로 한번더 감싸 낮은 경도를 가질 수 있게 되어 3D 곡면 기판, 유리 기판 등에 미세 패턴이나 전자 회로의 인쇄가 가능하게 되었다. 또한 그림 3-3.9와 같이 Rubber는 Shore A의 경도 25의 Soft이고, PDMS는 Shore A 55의 Medium soft이므로 적정한 경도는 인쇄 공정에 적용에 이 가능하나 Extra soft의 소재는 Off 공정 시 낮은 인쇄 압력에도 cliché의 음각 부분에 잉크가 전이되면 안되나 블랭킷이 너무 부드럽기 때문에 잉크가 묻어 인쇄패턴 형성이 부정적인 영향을 미친다.

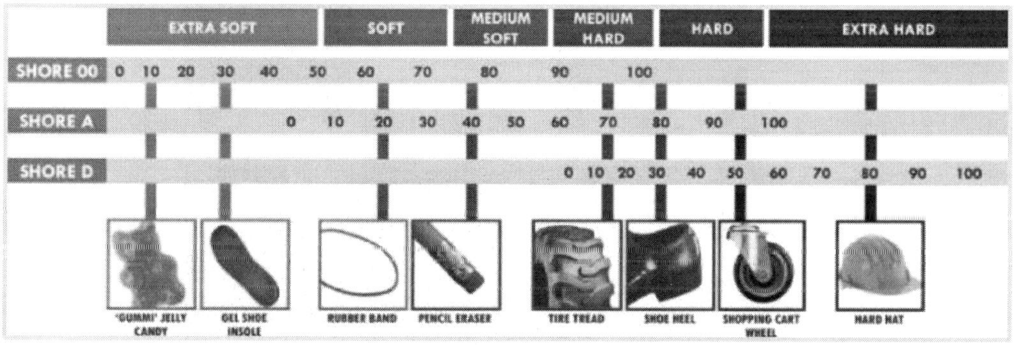

그림 3-3.9 Shore hardness scale

2-4. Double-layer blanket 리버스 오프셋 프린터

3D 곡면 인쇄를 위하여 새롭게 제안된 Double-layer blanket(DLB) 리버스 오프셋 프린터는 그림 3-3.10과 같이 3.3의 DLB Blanket 롤 모듈과 석션((Suction)) 플레이트 모듈, Touch screen panel

이 포함된 제어 모듈로 구성되어 있다.

셕션 플레이트 모듈은 기능성 잉크가 박막으로 코팅된 Bottom 기판이 위치하게 되는 Transfer 플레이트, cliché는 블랭킷 롤의 회전, 이동 시에도 Off 플레이트에서 고정되어 있어야 정밀한 패턴 제작이 가능한데 cliché를 고정하여 주는 cliché 플레이트, 3D 곡면 기판에 Off 공정으로 형성된 패턴을 Set 공정을 통해 인쇄하는 Substrate 플레이트로 구성되어 있으며 3개 플레이트 모두 석션으로 Bottom 기판, cliché, 3D 곡면 기판을 고정한다.

석션(Suction) 플레이트는 공기 압축기로 구동되는 크기가 가로와 세로 각각 180mm 인 정사각형의 흡착판으로 제작되었으며 사용 시에는 기판 사이즈 이외의 흡착 구멍을 테이프 등으로 막아 흡착력을 높여 실험을 진행하며 TSP 제어 모듈에서 흡착판마다 흡착 여부를 선택하여 진행할 수 있다.

그림 3-3.11은 제작된 DLB 리버스 오프셋 프린터와 구성 모듈을 나타내고 있다. 리버스 오프셋 프린터에서 DLB 모듈은 3D 곡면 기판에 미세 패턴과 전자소자를 만들기 위하여 새롭게 제안된 공정 기술로 미래에 다양해지는 3D 구조의 전자소자를 인쇄전자 공정으로 제작하기 위한 제안된 기술이다.

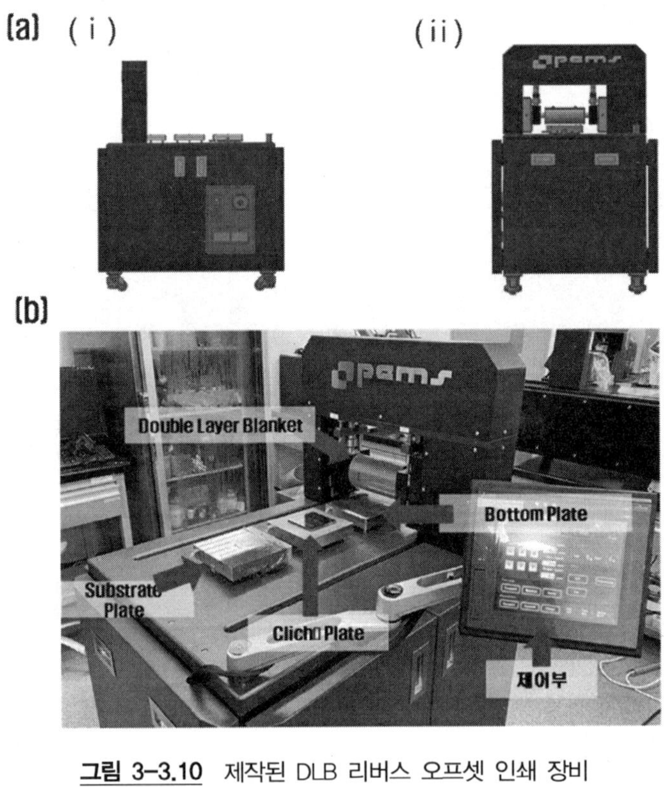

그림 3-3.10 제작된 DLB 리버스 오프셋 인쇄 장비

표 3-3.2는 제작된 DLB 리버스 오프셋 프린터의 규격을 나타내고 있다. 장비의 크기는 가로 1112.6mm이고 높이는 이동을 위한 바퀴를 포함하여 1338.7mm이고 장비의 너비는 825.6mm이다.

표 3-3.2 DLB 리버스 오프셋 인쇄 장비의 규격

Specifications	DLB Reverse Offset printer
Suction Plate size/EA	180×180mm/3EA
Dimension(W×H×L)	1338×1120×830mm
Accuracy	2㎛ or less
Printiong pressure	1 - 30kgf or less
Printiong Speed	0.1 - 100 mm/s

3. 공정 최적화

DLB 리버스 오프셋 공정은 기존의 리버스 오프셋 공정과 프로세스는 동일하며 새로운 DLB roll 구조와 DLB roll 모듈의 기판 높이에 상관없이 실시간으로 정해진 압력 값으로 인쇄가 가능한 점이 다르며 이러한 주요 기능이 3D 곡면 기판에 인쇄를 가능하게 한다. 유리로 제작된 3D 곡면 기판에 Set 공정 시 인쇄 압력을 증가시켜 Cliché 패턴과 인쇄 패턴의 선폭 비교를 통해 최적의 Set 공정의 압력을 확인하였다. 그림 3-3.11은 인쇄 속도는 1mm/s로 고정한후 압력을 1kgf에서 4kgf까지 1kgf씩 증가시킨 후 인쇄된 미세 패턴의 이미지이다. 3D 곡면 기판의 특성상 OM(Optical Microscope) 촬영 시 짧은 초점 거리로 인하여 가로 패턴의 경우좌와 우의 초점이 상이하여 2번의 추점 조절을 통해 가로 패턴은 좌측과 우측을 측정하였고 세로 패턴은 상부와 하부로 측정한 2개의 평균값으로 선폭을 제시하였다. Cliché의 선폭과 가장 유사한 특성을 가진 인쇄 압력은 3kgf로 확인되었으며 이후 전자소자인 투명전극 제작의 Set 공정 시 인쇄 압력은 3kgf로 진행하였다. 설계된 패턴 폭은 30㎛, 35㎛, 40㎛, 45㎛, 50㎛, 55㎛, 60㎛까지 7개이며 3D 곡면 기판에 인쇄된 패턴과의 평균오차율은 표 3-3.3과 같으며 3D 곡면 기판의 특성에 맞는 인쇄 압력으로 공정을 진행하는 것이 필요하나 1kgf에서 2kgf로 인쇄 압력을 높이면 가로와 세로의 미세 패턴 모두 오차율이 증가하는 것을 확인하였다. 3kgf의 인쇄 압력으로 공정 진행 시 패턴의 선폭이 Cliché의 패턴과 가장 작은 오차율을 보이며 4kgf까지 높이면 오차율이 더 커지는 것을 확인할 수 있으며 유리

기판이 파손되는 현상은 없었다. 이후 3D 곡면 기판에 전자소자 인쇄를 위한 투명전극을 제작하였으며 인쇄 압력은 3kgf로 진행했다.

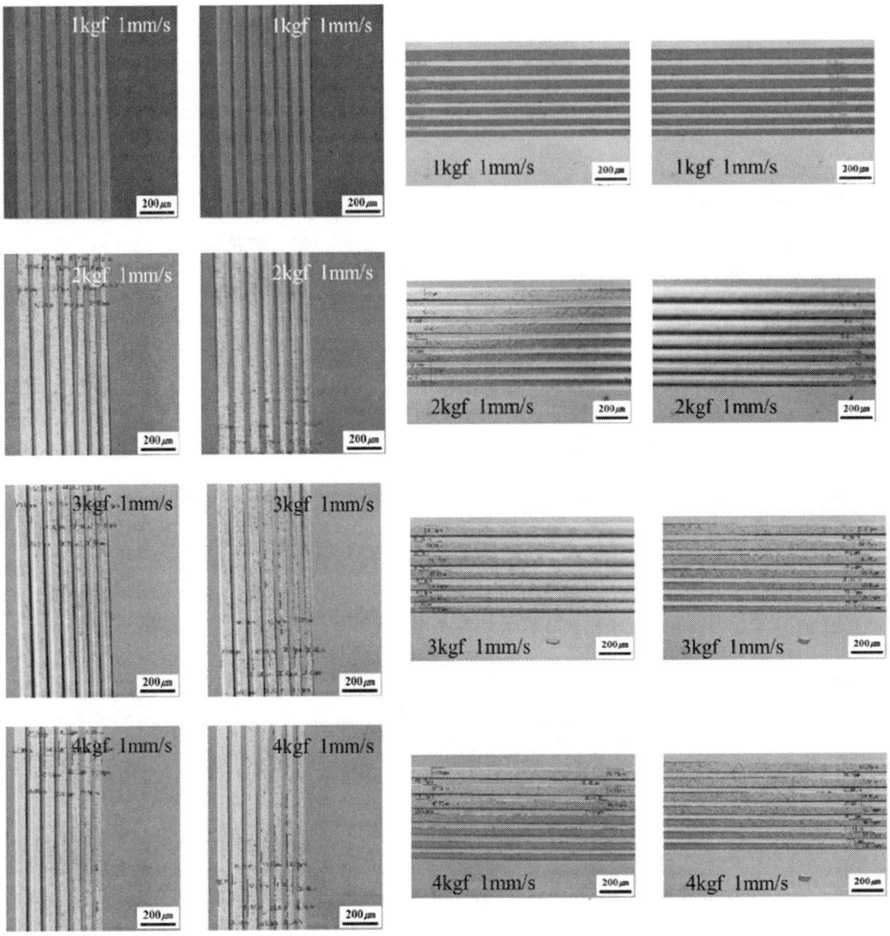

그림 3-3.11 곡면 기판에 Set 공정의 인쇄 압력에 따른 패턴 변화

표 3-3.3 인쇄 압력별 오차율

	1kgf	2kgf	3kgf	4kgf
세로 미세 패턴 오차율(%)	4.67%	5.67%	3.48%	6.76%
가로 미세 패턴 오차율(%)	3.21%	4.35%	3.1%	6.42%
평균 오차율(%)	3.94%	5.01%	3.29%	6.59%

4. 곡면 투명전극 제조

최근 전자소자들은 소형화, 경량화, 멀티 디자인, 파격적인 폼 팩터(Form factor)가 중요한 제품 우위의 경쟁 요인이 되고 있다.

파격적인 폼 팩터로서의 flexible 디스플레이, bendable 태양전지, 곡면 터치패널 등은 유연성과 투명성을 동시에 갖는 투명전극이 필요하다.

가장 보편적으로 사용되고 있는 투명전극은 높은 전도도 특성을 보이는 인듐 주석 산화물(Indium Tin Oxide, ITO) 박막 있으나 휘거나 굽혔을 때 박막이 쉽게 깨지며 가격의 지속적인 상승, 공급의 불안정성 등의 단점이 있다[85].

플렉서블 소자나 높은 곡률을 가진 소자에 적용하기 어렵기 때문에 그림 3-3.12와 같이 ITO를 대체하기 위한 차세대 소재로 은나노와이어(Silver Nanowire), 탄소나노 튜브(Carbon Nanotube), 전도성 고분자(Conducting Polymer) 등이 연구되고 있으며 메 탈 그리드 메쉬(Metal grid mesh) 투명전극의 경우 금속을 mesh 형태로 인쇄하여 높은 광 투과율을 가지면서도 금속 자체의 높은 전도도를 그대로 유지할 수 있어 ITO와 같은 현재 전도성 산화막의 단점을 극복할 수 있는 유망한 기술이며 곡면 기판의 요구 사항도 충족한다.

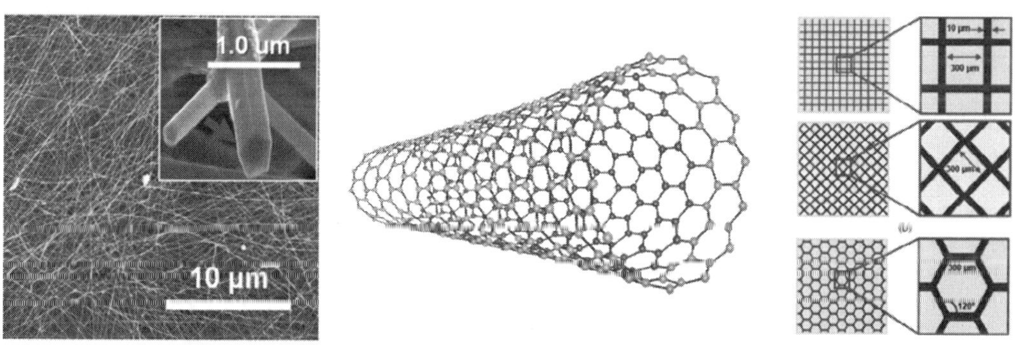

은나노와이어 탄소나노튜브 메탈 메쉬

그림 3-3.12 투명전극 종류

본 연구에서 최적화된 공정으로 투명한 3D 곡면 기판에 metal-mesh와 honeycomb 구조의 투명전극을 인쇄하였으며, 그림 3-3.13은 소자의 개념도와 3D 곡면 기판에 인쇄된 투명전극이다. 그림 3-3.14는 투명 3D 곡면 기판에 인쇄된 Metal mesh와 Honeycomb 구조의 투명전극을 확대한 촬영한 SEM 이미지다. 인쇄된 Metal mesh 투명전극은 선폭 30㎛, 피치 589㎛이고 Honeycomb 투명전극은 선폭 30.4㎛, 피치 589㎛이다.

다른 구조의 투명전극 모두 선폭과 피치가 평균 오차율 3.25% 이내를 만족하는 결과를 확인했다.

그림 3-3.13 3D 투명전극의 개념도와 인쇄된 투명전극

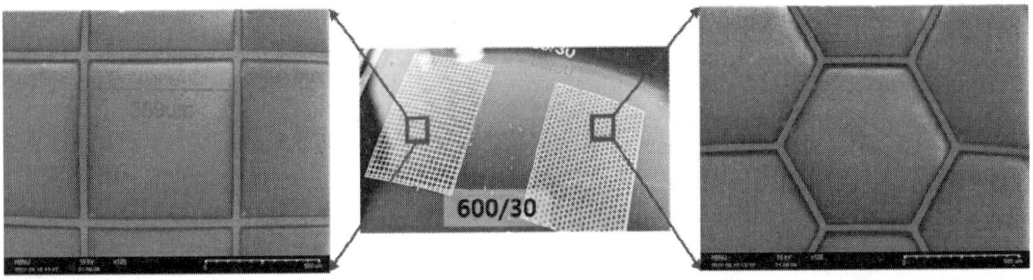

그림 3-3.14 Metal mesh와 Honeycomb 투명전극의 SEM 이미지

투명 3D 곡면 기판에 인쇄된 투명전극의 전기 전도도 측정을 위하여 400℃의 furnace에서 15분 동안 소결한 뒤 선저항을 측정한 후 면저항으로 환산하였으며 그림 3-3.15는 선저항을 면저항으로 변환하는 방법에 대하여 설명하였다.

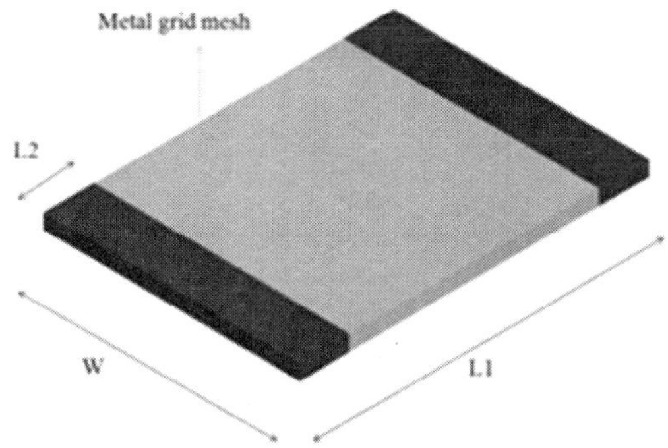

$$R_{TD}\,\text{or}\,R_{MD} = R_{TD}\,\text{or}\,R_{MD}\,resistance\,\frac{W}{(L1 - L2 \times 2)}$$

$$R_S = \frac{R_{TD} + R_{MD}}{2}$$

그림 3-3.15 Metal mesh 투명전극의 면저항 측정 방법

RTD or RMD는 시료의 가로 세로를 뜻하며 먼저 측정할 시료 양단에 면저항 측정을 위한 전도성 패드를 형성한다. 이렇게 형성된 전도성 패드에 멀티미터를 사용해 손 쉽게 선저항(Resistance)을 측정한 후 세로 W와 곱하고 시료의 가로 L1에서 패드 구 간 L2×2을 빼서 나눠주면 시료의 면저항으로 환산할 수 있다.

본 연구는 위와 같은 방법으로 면저항을 측정하였다. 투과도는 UV/Vis spectrometer Lambda 950으로 측정하였으며 그림 3-3.16 (a)는 3D 곡면 기판에 인쇄된 투명전극의 투과율 그래프로서 Bare-Glass의 투과율은 84.82%, Metal mesh 투과율(350~800nm)은 83.45%이며 면저항은 2.4Ω/sq이며, Honeycomb 투 과율(350~800nm)은 82.97%, 면저항은 2.85Ω/sq이다. 그림 3-3.16 (b)는 2D 평면 기판에 인쇄된 투명전극의 투과율 그래프로서 Bare Glass 의 투과율은 89.98%, Metal mesh 투과율(350~800nm)은 82.95%이며 면저항은 3.15Ω/sq이며, Honeycomb 투과율(350~800nm)은 83.92%, 면저항은 3.4Ω/sq이다.

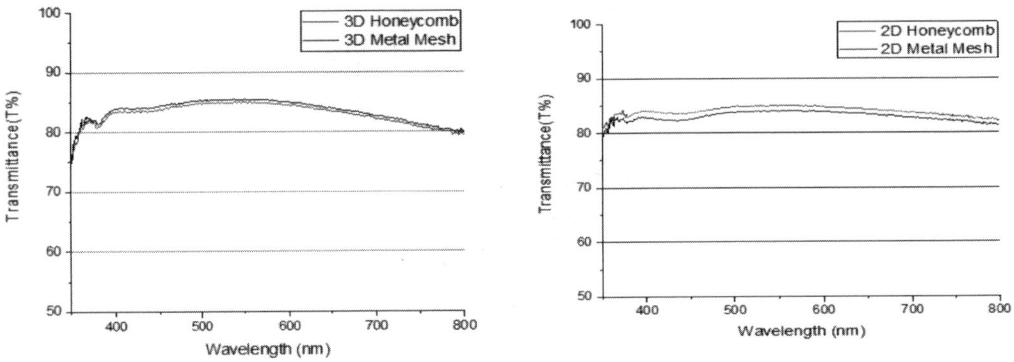

(a) (b)

그림 3-3.16 Metal mesh와 Honeycomb 투명전극의 투과율 (a) 3D (b) 2D

그림 3-3.17은 Metal grid mesh와 Honeycomb 구조의 투명전극을 10배 간섭렌즈를 가진 Contactless 3D Surface profiler(NanoSystem co.,Ltd, NV-2400)로 측정한 3D 이미지와 표면 거칠기이다. 3D 이미지에 곡면 구조의 기판이 보이며 Metal grid mesh 투명전극의 표면 거칠기는 Ra 0.065μm, 패턴의 높이는 0.484㎛이며 Honeycomb 투명전극의 거칠기는 Ra 0.075μm, 높이는 0.512㎛이다.

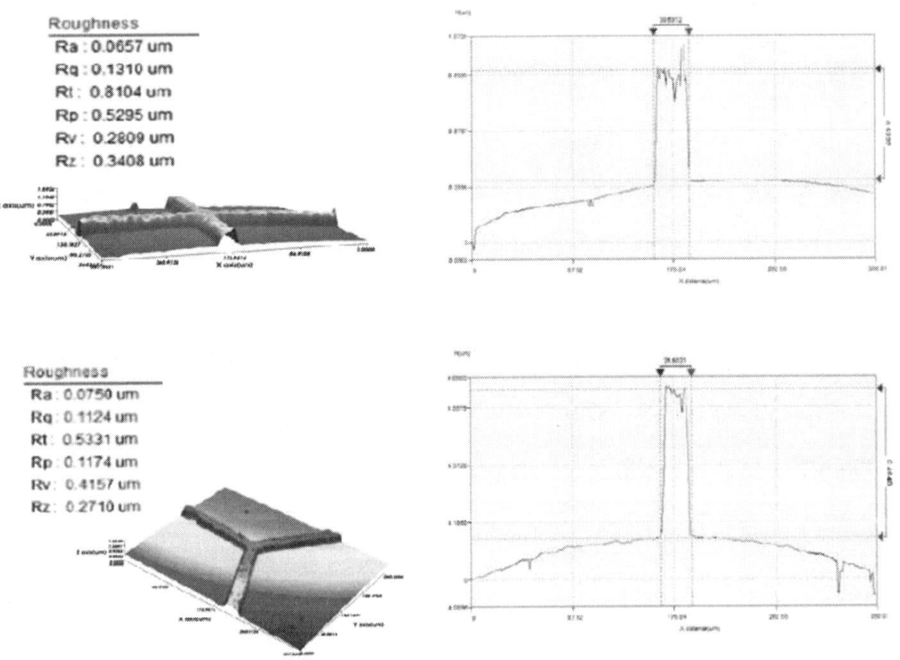

그림 3-3.17 3D 곡면 기판의 Metal mesh와 Honeycomb 투명전극의 3D 이미지

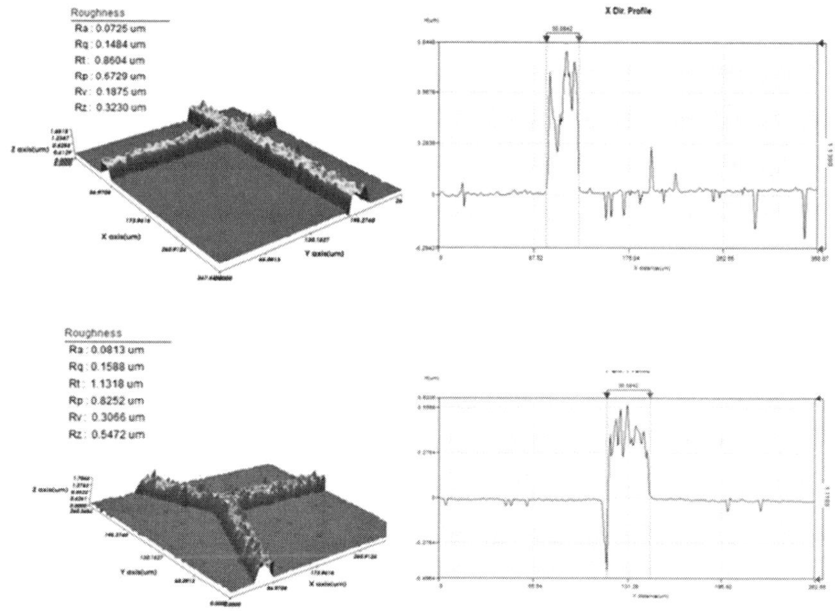

그림 3-3.18 2D 평면 기판의 Metal mesh와 Honeycomb 두명전극의 3D 이미지

표 3-3.4는 2D 평면 기판과 3D 곡면 기판에 인쇄된 투명전극의 특성 조사하여 비 교한 표이다. 베어 글라스의 투과율을 고려한 3D 곡면 기판의 투과율이 2D 평면 기 판의 투과율보다 높으며 이는 낮은 패턴 높이의 영향으로 분석된다. 패턴 높이가 낮은 이유는 평면 기판이 1kgf로 인쇄했으나 3D 곡면 기판은 3kgf의 인쇄 압력으로 인쇄했기 때문이다. 그리고 인쇄된 투명전극의 표면 거칠기가 65nm~81nm로 비교적 양호한데 이는 스핀 코팅 공정 때문으로 보이며 이러한 이유로 전기 전도도가 더 좋아 전반적인 면저항이 낮은 것으로 보이며 특히나 3D 곡면 기판에 인쇄된 두 종류의 투명전극 거칠기가 평면 기판의 표면 거칠기보다 낮은 것을 볼 수 있는데 이에 따라 3D 곡면 기판 의 면저항도 낮은 것을 확인할 수 있다.

표 3-3.4 2D 평면 기판과 3D 곡면 기판의 인쇄 특성 비교

구조	2D 평면 기판(1kgf)			3D 곡면 기판(1kgf)		
	베어글라스	메탈메쉬	허니컴	베어글라스	메탈메쉬	허니컴
투과율 (350~800nm)	89.98%	82.95%	84.82%	84.82%	83.45%	82.97%
패턴 높이		0.637			0.484	0.512
표면 거칠기		Ra0.072㎛	Ra0.081㎛	-	Ra0.065㎛	Ra0.075㎛
패턴 선 폭		30.0㎛	30.0㎛	-	30.0㎛	30.4㎛
면 저항		3.15Ω/sq	3.4Ω/sq	-	2.4Ω/sq	2.85Ω/sq

그리고 인쇄전자 소자들은 기판과의 접착력이 중요한 요인으로 평가받고 있다. 유연 기판과 잉크와의 접착력이 전자소자의 성능 유지에 중요한 변수로 작용하기 때문이다. 본 연구에서는 유연 기판이 아닌 유리 기판을 사용하고 있다. 유리 기판을 사용하는 가장 큰 이유는 리버스 오프셋 전용 잉크의 경화 온도가 400℃ 이상을 요구하기 때문이다. 또한 3D 형상의 안정된 기판을 유연 기판으로 제작하기에는 어려움이 많은 까닭도 있다.

상기와 같은 원인으로 접착력 테스트를 진행했다. 접착력 테스트는 그림 3-3.19 과 같이 Cross-cut 시험으로 진행했으며 실험 방법은 코팅 후 일정한 폭의 격자로 흠집을 낸 후 테이프를 이용하여 코팅막을 벗겨내 부착성을 평가하는 방법으로 분류 기준을 참고하면 된다.

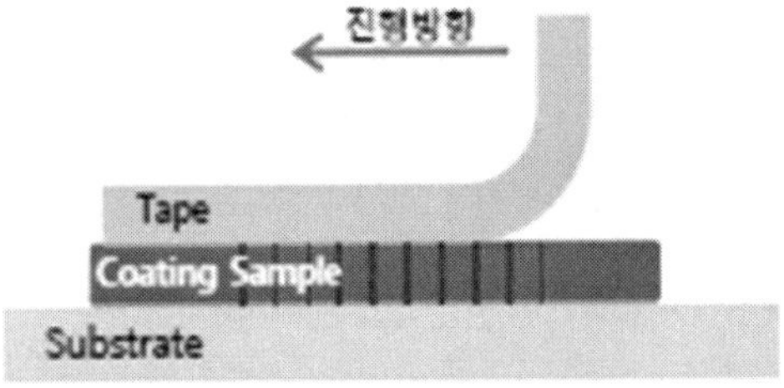

분류	설명
5B	0% None
4B	Lee than 5%
3B	5 - 15 %
2B	15 - 35 %
1B	35 - 65 %
0B	Greater than 65 %

그림 3-3.19 Cross-cut 테스트와 평가 분류 기준

5. 요약

3D 곡면 기판에 최적의 인쇄 조건으로 전자 회로를 형성하기 위하여 새로운 인쇄 공정 기술인 Double Layer Blanket(DLB)을 가진 새로운 Reverse offset printer 개발 및 최적화 인쇄 공정을 연구했다. DLB는 금속 실린더에 부드럽고 cushion이 있는 rubber로 감싸고 그 위를 PET와 부드러운 PDMS로 구성된 blanket sheet로 한번 더 감싸 금속 실린더 이외에 2개의 layer로 구성된 DLB roll로 공정을 진행하였다. 이를 통해 DLB reverse offset 인쇄기술은 기존 reverse offset 인쇄기술로는 구현하기 어려웠던 3D 곡면 기판에 미세 패턴과 투명전극을 인쇄하였다.

또한 3차원 형상의 기판에 전자 회로를 사용자가 원하는 형상으로 수 ㎛ 급의 미세 패턴 인쇄가 가능하며 성능 또한 평면 기판에 인쇄한 투명전극의 투과율, 전도도에서 동등한 성능 구현이 가능하다는 점을 확인하였다. 개발된 공정은 자체 전력 생산으로 독자 운용이 가능한 태양전지 내장형 IoT 센서, 호흡기 센서뿐만 아니라 국방, 자동차, 건축, 항공, 우주, 환경, 의료 등 다양한 분야에 적용 가능성이 높다. 또한 인쇄전자 기술은 유연 전자소자를 연속, 대량 생산하기 위해 연구되고 있는 기술이나 평면 기판에서의 전자소자의 성능 향상 연구가 주로 연구되고 있으며 3D 곡면 기판 인쇄를 위한 연구는 Inkjet, Pad, Laser direct writing 등의 기술이 연구되고 있으나 전자소자를 연구하는데 공정 상의 이슈가 있다.

이러한 공정 연구의 단점을 개선하기 위하여 Double-layer blanket 리버스 오프셋 인쇄 장비와 공정 기술을 제안했으며 3D 곡면 인쇄의 가능성을 제시하였고 그 적용 공정에 대해 실험과 평가를 수행하였다. 하지만 곡면 구조의 기판과 3D 형상 표면에 인쇄 가능성이 높다는 장점에도 불구하고 Double-layer blanket 리버스 오프셋 공정 기술은 개선해야 하는 기술적 단점이 있다.

연구된 Double-layer blanket 리버스 오프셋 공정은 연속, 대량 생산의 장점을 가진 인쇄 전자 분야의 공정 기술임에도 불구하고 Roll to plate라는 비연속적인 공정 방식과 인쇄 속도의 한계, 리버스 오프셋 공정에만 필요한 cliché를 수 ㎛ ~ 수십 ㎛의 미세 선폭을 구현하기 위해서는 포토리소그래피로 제작해야 하고 인쇄 공정을 수행하고 나면 cliché를 반드시 세척해야 하는 문제, 리버스 오프셋 전용 잉크를 사용해야 하며 가격이 고가라는 단점이 있다. 또한 Transfer 공정에서 사용하는 스핀 코팅 공정은 실린지에서 약 3cc의 잉크 토출 시에 안정된 미세한 압력조절, 타이밍의 스킬이 필요하며 해당 조건에 따라 코팅 결과가 달라지고 이는 패턴 인쇄에 많은 영향을 미친다.

이러한 문제점을 극복하기 위해서는 Roll to Roll 연속 생산 방식을 응용하여 Stop and Repeat 공정 적용으로 반연속 인쇄 공정 적용이 가능할 것으로 판단하고 있으며 낮은 공정 속도는 구현하고자 하는 전자소자의 필요 미세 선폭과 패턴 구조를 확인하여 공정 속도와 미세 선폭의 Trade off 지점의 확인을 통해 공정 속도를 개선할 수 있을 것이다. 또한 표면 낮은 표면 에너지의 잉크 제작으로 오프셋 공정 시 잉크의 전이가 수월하게 할 수 있는 전용 잉크의 제작은 소재 기술의 향상과 블랑켓 제조 기술의 고도화로 개선될 것으로 기대되나 연구개발에 많은 시간과 노력이 필요하다.

Double-layer blanket의 리버스 오프셋 인쇄 기술은 많은 공정 변수와 더 높은 곡 면 기판 적용 가능성을 가지고 있다. 따라서 향후 다양한 3D 기판의 전자소자 패터닝 및 코팅 공정에 Double-layer blanket의 리버스 오프셋 인쇄 기술이 적용될 것으로 보이며 나아가 유연 3D 전자 소자의 제작 공정 기술로서도 적용 가능성이 밝다. 개발한 공정 장비와 인쇄 조건을 기반으로 빠른 인쇄 속도 구현, Stop and repeat 의 반연속적인 생산, 사용성과 편의성이 높은 cliché 교체부 등을 개선하여 다양한 3D 구조의 표면에 빠르고 연속적인 인쇄 공정 연구가 진행돼야 할 것이다.

6. 참고문헌

[1] B. W An, K. J. Kim, M. J. Kim, S. Y. Kim, S. H. Hur, J. U. Park, 2015, " Direct Printing of Reduced Graphene Oxide on Planar or Highly Curved Surfaces with High Resolutions Using Electrohydrodynamics," Small, Vol. 11, Issue. 19, pp. 2263-2268.

[2] D. Ye, Y. Ding, Y. Duan, J. Su, Z. Yin, Y. A. Huang, 2018, "Large-Scale Direct-Writing of Aligned Nanofibers for Flexible Electronics," Small, Vol 14, Issue. 21, 1703521.

[3] Y. h. Jang, J. H. Kim, D. Y Byun, 2013, "Invisible metal-grid transparent electrode prepared by electrohydrodynamic (EHD) jet printing," J. Phys. D: Appl. Phys. 46 155103.

[4] M. K Rahman, S. J. Kim, T. H. Phung, J. S. Lee, J. R. Yu, K. S. Kwon, 2020, "Three-dimensional surface printing method for interconnecting electrodes on opposite sides of substrates," Sci Rep 10, 18645.

[5] J. Jun, L. Jinqiao, X. Ying, Y. Yanhao, 2017, "Laser Direct Writing Technique of Diffraction Optical Element on Curved-Surface Substrate," Chinese Journal of Lasers 44(6)

[6] C. Wögerer, M. Mühlberger, M. Ikeda, J. Kastner, N. C. Chitturi, A. Pichler, 2018, "Inkjet Printings on FFF printed curved surfaces," Fraunhofer Direct Digital Manufacturing Conference DDMC 2018.

[7] R. K. Khirotdin, N. Hassan, M. H. Zawahid, Khirotdin, "Printing and Curing of Conductive Ink Track on Curvature Substrate using Fluid Dispensing System and Oven."- 98 -33. F. Alkadi, K. C. Lee, A. H. Bashiri. J. W. Choi, 2019, "Conformal additive manufacturing using a direct-print process," Additive Manufacturing, Vol. 32, 100975,

[8] F. B. Coulter, B. S. Coulter, E. Papastavrou, A. Ianakiev, 2018, "Production Techniques for 3D Printed Inflatable Elastomer Structures: Part II—Four-Axis Direct Ink Writing on Irregular Double-Curved and Inflatable Surfaces," 3D Printing and Additive Manufacturing, Vol. 5, Issue. 1, pp. 17-28.

[9] M. Yin, L. Xiao, Q. Liu, S. Y. Kwon, Y. Zhang, P. R. Sharma, L. Jin, X. Li, B. Xu, 2019, "Microneedle Patches: 3D Printed Microheater Sensor-Integrated, Drug-Encapsulated Microneedle Patch System for Pain Management," Adv. Healthcare Mater, Vol. 8, Issue. 23, 1970093

[10] ㈜펨스 회사소개서, https://www.slideshare.net/Chonamjoo/ss-250644191

[11] 인쇄전자 기반의 플렉서블 디스플레이 동향 -웨어러블 디바이스, 플렉서블 디스플레이에 답을 찾는다., 테크월드뉴스, 2014.03.04., http://www.epnc.co.kr/news/articleView.html?idxno=11210

[12] 하영욱, 정지형, 허필선, 2011, "전자산업의 미래, 인쇄전자소자," 전자통신동향분석, 26권 2호, pp. 111-125

[13] J. S. No, 2015, "Smart Packaging Based on Printed Electroics," The monthly packaging world, No. 270, pp. 59-65.

[14] 인쇄전자기술, 제 4의 산업 혁명·입는 컴퓨터 시대 연다, 신소재경제, 2013.11.19., http://amenews.kr/m/view.php?idx=17210

[15] J. S. Kim, S. W. Bae, 2015, "인쇄전자 기술을 이용한 기능성 플렉서블 소자와 공정 시스템," Broadcasting and media magazine, Vol. 20, No. 2, pp. 16-26.

[16] Printed, Organic & Flexible Electronics Forecasts, Players&OpportunitiesVol. 24, Issue 3, 035020.

[17] Y. M. Choi, K. Y. Kim, J. D. Jo, T. M. Lee, 2014, "Effect of PDMS Blanket Deformation on Printability in Reverse-Offset Printing," Transactions of the Korean Society of Mechanical Engineers. B. Vol. 38, No. 8, pp. 709-714.

[18] S. H. Yoon, J. S. Lee, S. H. Lee, B. J. Lee, J. K. Shin, 2014, "A Study on Processing of TFT Electrodes for Digital Signage Display using a Reverse Offset Printing,"Journal of the Korean Society for Precision Engineering, Vol 31, Issue 6, pp. 497-504.

[19] What Gravure Cell analysis?,(or Volume, Depth and measurement of Gravure Cells), https://www.providentgrp.com/troika-gravure-cell-analysis/

[20] Y. M. Choi, E. S. Lee, T. M. Lee, K. Y. Kim, 2015, "Optimization of a reverse-offset printing process and its application to a metal mesh touch screen sensor," Microelectronic Engineering, Vol. 134, pp. 1-6.

[21] M. Pudas, J. Hagberg and S. Leppavuori, 2002, "The absorption ink transfer mechanism of gravure offset printing for electronic circuitry," in IEEE Transactions on Electronics Packaging Manufacturing, Vol. 25, No. 4, pp. 335-343.

[22] D. Y. Shin, 2017, "Methods and Development Status of Equipment for Printed Electronics," Trans. Korean Soc. Mech. Eng. C, Vol. 5, No. 1, pp. 7~21,

[23] K. Izumi, H Saito, Y Yoshida, S Tokito, H. Ushijima, 2020, "Newly developed soft blanket reverse-offset (SBR) printing technology for forming widely patterned layers on curved surface," Japanese Journal of Applied Physics, Vol. 56, 05EA03.

[24] K. Izumi, Y.Yoshida, S. Tokito, 2017, "Novel Soft Blanket Gravure Printing Technology with an Improved Ink Transfer Process," Flexible and PrintedElectronics.

[25] 김동윤, 김동유, 배광태, 한현, 노용영, 2010, "나노 메쉬형 투명전극 기술동향," Information display, Vol. 11, No. 5, pp. 47-56.

[26] M. T. Pudas, J. Hagberg, S. Leppävuori, 2004, "Gravure offset printing of polymer inks for conductors," Progress in Organic Coatings 49, pp. 324-335.

[27] J. S. Kim, D. S. Kim, 2014, "Fabrication Method of Metal Grid Mesh Film Using the Gravure Offset Printing," J. Korean Soc. Precis. Eng., Vol. 31, No. 11, pp. 969-974.

[28] C. Kapnopoulos, E. D. Mekeridis, L Tzounis, C Polyzoidis, A Zachariadis, S. Tsimikli, C. Gravalidis, A. Laskarakis, N. Vouroutzis, S. Logothetidis, 2016, "Fully gravure printed organic photovoltaic modules: A straightforward process with a high potential for large scale production," Solar Energy Materials and Solar Cells, Vol. 144, pp. 724-731.

[29] Y. M Choi, K. Y. Kim, E. S. Lee, J. D Jo, T. M. Lee 2014 "Fabrication of a single-layer metal-mesh touchscreen sensor using reverse-offset printing," Journal of Information Display, Vol. 16, Issue. 1.

[30] "플렉시블 투명전극, 전도성 고분자로 만든다," 한국생산기술연구원 보도자료, 2019. 10. 16.

3-4 3D Printed Multisensor module

1. 서론

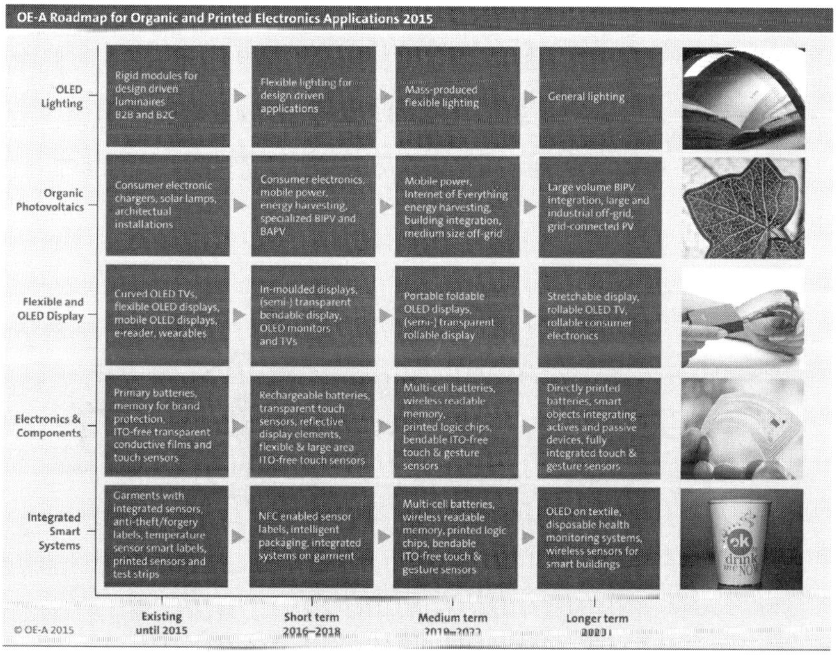

그림 3-4.1 OE-A의 인쇄전자 로드맵. (출처: OE-A, 2015)

지금까지 인쇄전자(printed electroics) 기술은 인쇄 기술을 이용하여 다양한 전자소자를 제작하는 분야로, 인쇄공정을 통해서 전자소자를 제작하면 기존공정에 비해서 여러 가지 장점을 지닌다. 우선 값비싼 제작과정이 없이 다양한 공정이 가능하여 공정 비용을 획기적으로 낮출 수 있으며, 연속공정을 통해서 공정 속도 또한 증대시킬 수 있다. 또한 공정을 유지하는 데 사용되는 전기 등 각종 에너지의 소비를 줄여서 환경 친화적인 공정이 가능하며, 원하는 부분에만 선택적으로 전자소자의 제작이 가능하므로 불필요한 화학적인 폐기물의 배출을 최소화할 수 있다(그림 3-4.1).

그리고, 인쇄전자 기술은 많은 잉크소재들이 저온에서 공정이 가능하여서 유연한 플라스틱 기판 위에 전자소자를 구현하는 플렉시블 전자소자 기술과 매우 높은 공정상의 적합성을 지니고 있어서 향후 플렉시블 디스플레이나 플렉시블 전자소자 공정 기술로 사용되는 높은 가능성을 지니고 있다. 이와 같이 평면으로 된 이차원(2D) 개체를 스캔, 복사, 출력하는 형식으로 전자소자를 제작하는 연구 이외에 삼차원(3D) 프린터를 이용하여 3D로 디자인된 정보를 입력받아 입체적인 형태로 출력하는 연구가 진행되고 있는데, 3D 프린터는 디지털로 된 도면을 이용해 비교적 간편하게 입체적인 물건을 만들어 낸다. 3D 인쇄를 위한 3D 도면을 작성할 수 있는 3D 캐드(CAD)와 같은 프로그램을 통해 3D 도면을 그린다. 처음부터 모형을 창작하기도 하지만 템플릿을 이용해 기본 형태를 수정하여 만들기도 한다. 일부 3D 프린팅 서비스 기업에서는 일반인들도 쉽게 3D 도면을 만들 수 있는 도구를 온라인 상에서 제공한다. 또한 도면을 그리지 않고, 3D 스캐너만을 이용하거나 사진을 찍어서 기계적인 방법으로 3D 도면을 만들어내기도 한다. 이미 산업계에서는 3D 프린터를 제조 과정에서 일부 활용하고 있으며, 그림 3-4.2에 나타낸 것처럼 최근에는 3D 프린팅의 맞춤형 다품종 소량 생산 과정을 적용하여 액세서리 등의 목업 상품의 새로운 시장에 대한 기대 및 요구가 커지는 중이다.

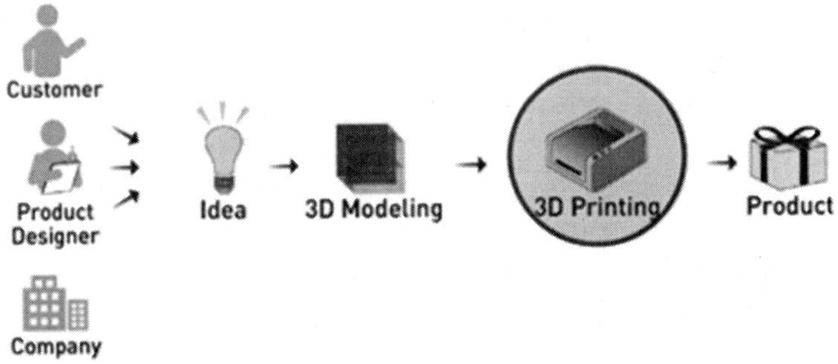

그림 3-4.2 3D 프린팅의 맞춤형 다품종 소량 생산 과정.

3D프린팅은 인쇄 소재에 따라서 제작 방식도 달라지는데, 분말 형태의 소재를 레이저로 가열하여 응고시키는 방식은 정밀성이 높고, 고체 소재를 녹여서 적층하는 방식은 비용이 적게 들어서 가장 많이 사용된다. 그 외에도 다양한 방식의 3D 프린터가 있다.

3D 프린팅의 소재는 고무, 나일론, 플라스틱과 같은 절연체에서 스테인레스 스틸, 티타늄과 같은 금속에 이르기까지 매우 다양하다. 또 몇 가지 재료를 혼합해서 3D 프린팅할 수도 있다. 3D 프린

팅하는 것은 일반적인 상품만 가능한 것이 아니다. 신체 장기를 인쇄할 때는 세포를 3D 프린팅 재료로 사용하기도 하며, 식재료를 이용하여 음식을 프린팅하기도 한다. 금속과 절연층이 입체적으로 구성된 전자소자의 경우 별도로 접합할 필요 없이 보호층의 패키징까지 완성된 채로 3D 프린팅한 제품으로 출력할 수 있다.

이러한 2D와 3D의 인쇄 기술들은 과거 인쇄회로기판의 회로, 반도체의 포토마스크, 디스플레이의 컬러필터 등 일부 영역에 제한적으로 적용되어 왔던 인쇄전자의 분야를 각종 잉크 및 기판 재료와 미세 인쇄 기술이 발전·융합하면서 새로운 영역으로 성장시키는 기폭재 역할을 하고 있다. 이는 나노 기술(NT), 바이오 기술(BT) 등 관련 기술이 지속적으로 발전하고 있는 가운데, 기존 전자 소자 및 부품의 제조에서 새로운 활로를 찾고 수요가 증가하는 측면과 맞물려서 나타나는 결과이다. 이에 많은 전문가들은 비단 전자산업뿐 아니라 보안 서비스, 포장 및 유통, 환경/에너지, 헬스케어 산업에까지 광범위한 응용이 가능하다고 내다보고 있다. 과거 가능성으로만 머물렀던 분야가 이제는 새로운 인쇄 기술로 탈바꿈하고 있으며, 이러한 기술들이 미래 ICT 분야에 중요한 자리매김을 할 것으로 판단된다.

2. Experimental and Results

2-1. Materials and Equipment

최근 3D 프린팅 기술이 인쇄전자의 관련 기술 중에서 가장 대표적으로 부상하고 있는데, 이러한 인쇄전자 기술은 용약 공정이 가능한 다양한 기능성 잉크 소재를 직접 인쇄공정을 이용하여 스마트폰, 웨어러블 디바이스, 디스플레이, IoT 센서 등 디지털 가전과 같이 다양한 전자소자를 제작하는 기술로 적용이 가능하기 때문이다.

기존의 인쇄전자기술과 달리 3D 프린팅 전자기술은 인쇄기술을 이용하여 다양한 전자소자를 제작하는 분야로, 인쇄공정을 통해서 전자소자를 제작하면 기존 공정에 비해서 여러 가지 장점을 가질 수 있고, 값비싼 제작과정 없이 다양한 공정이 가능하여 공정비용을 획기적으로 낮출 수 있으며, 연속공정을 통해서 공정 속도 또한 증대시킬 수 있다.

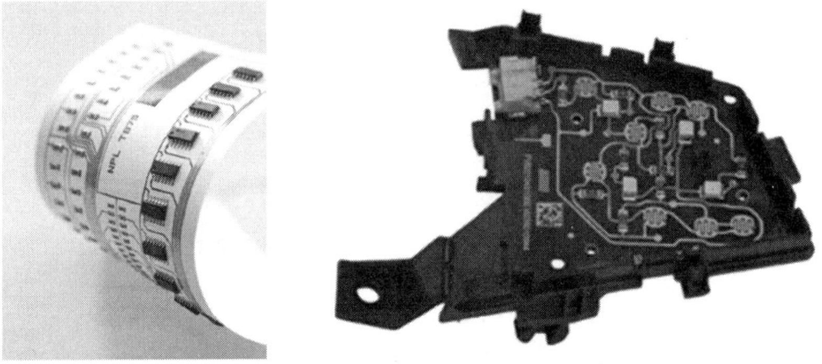

그림 3-4.3 2D와 3D 구조를 갖는 전자소자들

그림 3-4.3과 같은 3D 프린팅 전자소자를 제작하기 위해 금속과 비금속(대표적으로 PLA나 ABS 폴리머)의 프린트 원료를 토출하는 프린팅 헤드에 적용이 가능하고, 익스트루더(extruder) 또는 디스펜서(dispenser) 형태의 프린팅 헤드의 연속적이거나 순차적인 토출 공정에 따라 3D 프린팅하여 전자소자를 제작할 수 있는 금속소재를 개발하였다. 이를 위해 사용을 염두한 소재 중 폴리머는, 예를 들면, PLA나 ABS 등 상대적으로 낮은 온도에서 제작이 가능한 필라멘트를 폴리머 프린트 원료로 하고, 3D 프린팅용 금속 소재는 공융 금속(eutectic metal)을 포함하는 얼로이(alloy) 및 금속 입자를 포함하며, 이 얼로이들의 융점은 100 ℃ 내지 300 ℃이며, 상기 금속 입자의 융점은 300 ℃ 초과하는 것을 염두해 두었다(그림 3-4.4).

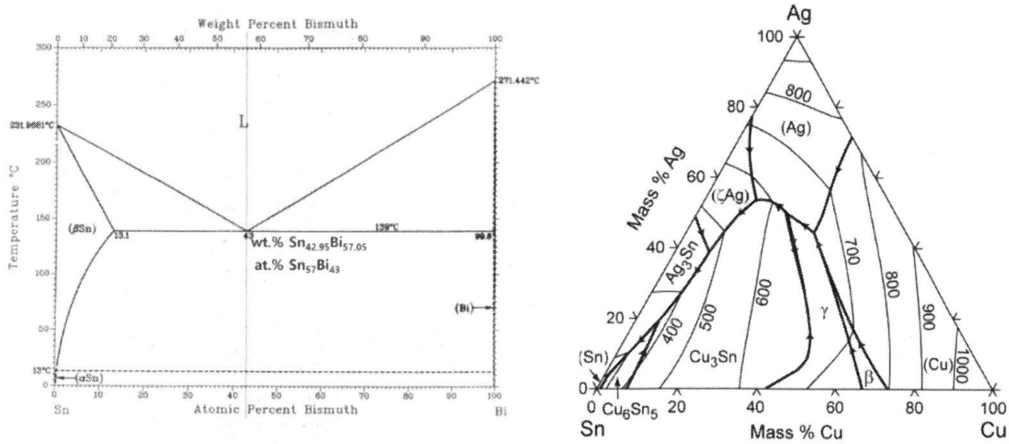

그림 3-4.4 주석(Sn)–비스무스(Bi)(좌)와 주석(Sn)–은(Ag)–구리(Cu)(우) 얼로이의 상도

여기서 인듐(In), 은(Ag)의 얼로이와 마이크론 크기의 구리(Cu) 파우더(파우더의 크기: 5μm, 파우더의 종류: flake형, 얼로이 대비 파우더의 중량비: 5 ~ 15wt.%)가 섞여있는 복합금속을 금속 프린트 원료로 하면 노즐은 고열로 폴리머와 금속 필라멘트를 녹이고 뽑아져 나온 형태의 FDM 방식으로 제작이 가능하기 때문에 이를 타겟으로 소재를 제조하였다.

그림 3-4.5 복합금속소재의 제조 및 공급과정

그림 3-4.5는 제조과정 중에 균일하게 섞이는 것을 나타낸 것으로, 이와 같이 제조된 복합금속소재를 멀티노즐 3D 프린터에 적용하기 위해 위 그림처럼 과립(granular) 형태로 최종 제작한 것으로 디스펜서형 3D 프린터 실험에 사용하였다. 이 그림은 0 ~ 20 wt%의 종류별 복합금속소재를 제작한 것이다.

이러한 저온용융 금속기반 3D 프린팅 복합금속소재의 전기적 특성을 실험하기 위해 그림 3-4.6처럼 제작공정을 설계하였다.

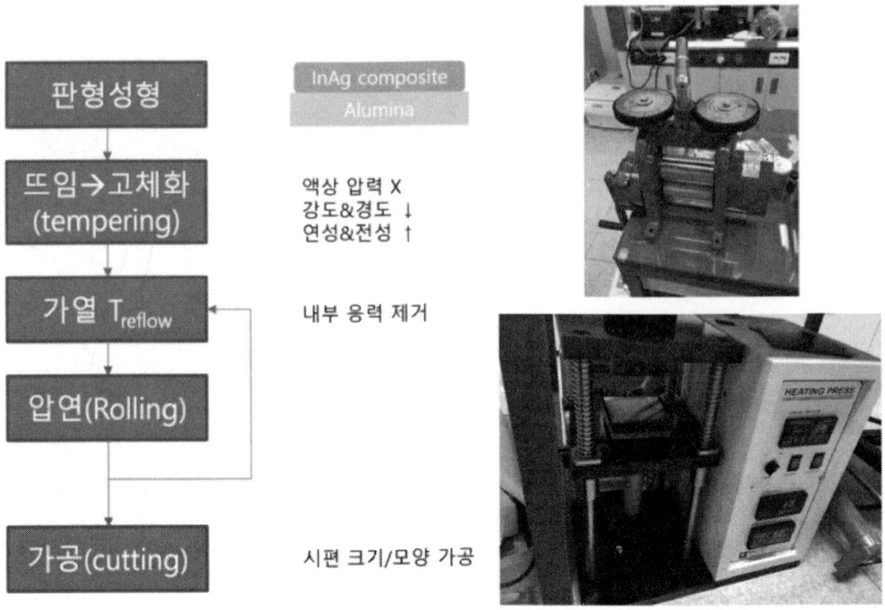

그림 3-4.6 복합금속소재의 제조 및 공급과정

표준화된 four point probe(FPP) 방법의 측정원리는 single configuration과 dual configuration 기술로 시편의 표준화된 형태가 필요하기 때문에, 편형성형과 가열에 의한 가공이 용이한 형태로 만드는 것이 중요하다.

따라서 복합금속소재를 재가열하여 압연기에 로딩하고 표준모양으로 절삭하였고, FPP 면저항의 단위인 Ω/sq.에서 sq.는 차원의 측면으로 보면 무한대의 면적을 통상적으로 고려한다.

선저항의 경우는 두 개의 probe로 임의의 거리에 대한 저항을 측정하지만, 면저항은 네 개의 probe로 측정하였고, 일반적으로 탐침의 거리는 1 mm이고, 이 probe간에 두 개의 회로가 존재한다고 할 수 있는데, 한 회로에서는 전류를 측정하고 다른 한 회로에는 전압을 측정한다.

이렇게 구한 전류, 전압을 통하여 저항을 구하고, 이 저항을 이용하여 면저항을 구하는데 이 과정에서 보정계수를 적용한다.

이 실험에서는 edge effect가 큰 시료가 아니므로 두 방법 모두에서 거의 같은 결과를 얻었고, 따라서 Single configuration의 결과만을 도시하였다.

이 결과는 인듐(In), 은(Ag)의 $In_{96.8}Ag_{3.2}$ at.% 얼로이($In_{97}Ag_3$ wt.% 얼로이)에 Cu flake를 0 wt.%와 10 wt.%를 첨가한 복합금속소재의 sample에 대한 것이다.

구제적인 공정 조건은 cold rolling 장치를 이용하여 thin & uniform thickness와 fine surface finish를 갖는 10 × 10 mm^2 시편을 가공하였고, 공정금속(eutectic metal, InAg)과 마이크론 금속입자(Cu flake)가 혼합된 복합금속소재의 판형을 재조한 이후에 공인인증시험기관인 고분자시험연구소에서 표준화된 ASTM D991 방법을 이용하여 체적 저항과 전기전도도를 평가하였다. 최종 측정된 비저항은 가장 좋은 Ag 잉크의 저항인 10 μΩ·cm 이하를 만족하는 9 μΩ·cm를 나타냈다(그림 3-4.7).

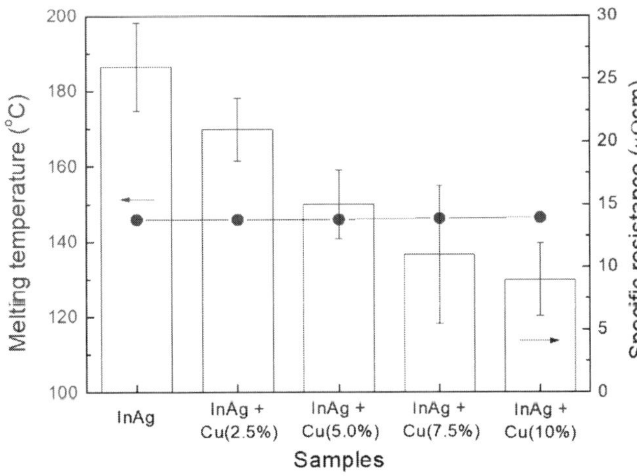

그림 3-4.7 복합금속소재의 전기전도도 측정 결과

저온용융 금속기반 3D 프린팅 유연금속소재 개발을 목적으로 고분자 파우더와 상온에서 액상상태로 존재하는 eutectic 금속을 이용한 3D 프린팅용 유연금속소재를 개발하였다.

여기에 사용되는 eutectic 금속은 인듐-갈륨 기반의 합금(EGaIn, 75% Ga 25% In)으로 상온에서 액체 상태이며(그림 3-4.8), 3.4×10^4 S/cm 의 높은 전도도를 나타냈다.

액상금속은 액상이라는 특성으로 인해 마이크로 채널에 채워서 주로 사용하며, 채널 내에서 쉽게 변형시킬 수가 있어 최근 웨어러블 전자소자의 신축성 전극으로 많은 연구가 진행 중인 상태인 소재로 앞으로도 많은 발전이 기대되는 소재이다.

그림 3-4.8 상온에서 액상상태인 EGaIN 소재

그러나, 액상형태로 인해 형태를 고정할 수 있는 모양틀을 미리 제작하고, 제작된 틀에 액상금속을 주입하여 채워 넣고 다시 sealing이 필요로 하며, 이로 인해 소자 제작 공정이 복잡하다는 단점을 가진다.

이러한 단점을 개선하면서 동시에 액상금속의 유연성을 유지하고자, 액상 금속과 고분자 파우더를 혼합하여 신규 금속소재를 개발하였다.

사용되는 고분자 파우더의 종류는 셀룰로오즈, 폴리비닐알콜, 폴리에틸렌, 폴리페놀, 플로리네이티드 폴리머 등 다양한 종류의 고분자를 사용할 수 있고(그림 3-4.9), 고분자 파우더의 입자 사이즈는 100 ㎛이내가 적합하며, 아래 그림처럼 일종 또는 이종 이상의 고분자 파우더를 사용할 수 있다.

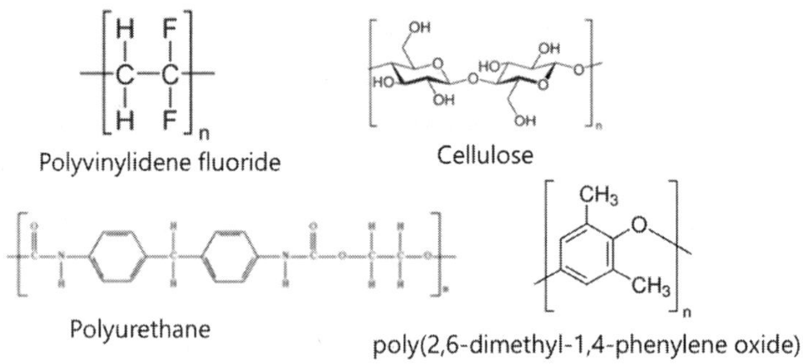

그림 3-4.9 유연 금속소재 용도로 사용되는 다양한 고분자들

규 유연금속소재는 유기 고분자 입자를 분쇄하고 액상금속과 혼합하여 신규 유연 금속파우더를 제조하고 이를 사용하여 유연 금속 배선을 형성하게 된다.

특히, 사용되는 고분자의 종류 및 입자의 크기에 따라 금속 파우더의 특성이 달라지며, 또한 사용하는 액상금속의 함량 조절이 용이하다는 장점을 가진다.

여기에, 폴리비닐리덴 플루오라이드 파우더 입자는 80 ㎛이내의 입자가 섞여있는 것을 확인하였는데, 그림 3-4.10에서 나타나듯이 액상금속의 함량이 높아질수록 입자 표면 및 입자간 액상금속이 더 많이 존재하며 액상 금속스킨이 형성되어 전도성이 나타난다.

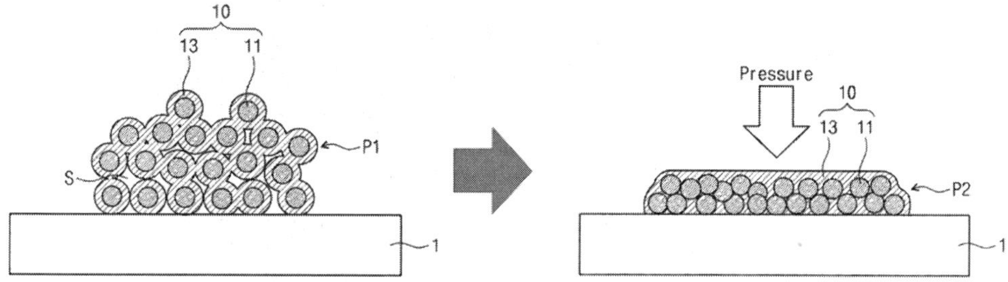

그림 3-4.10 유연 금속파우더의 액상소결 개념도

그림 3-4.11처럼 액상금속의 함량이 20~60 %로 증가할수록 비저항이 작아지는 것을 확인하였다. 20 %의 경우 4.38×10^{-2} Ω·cm이나, 30 %의 액상금속을 사용한 경우 2.49×10^{-3} Ω·cm로 급격하게 비저항 값이 낮아짐을 확인할 수 있었다.

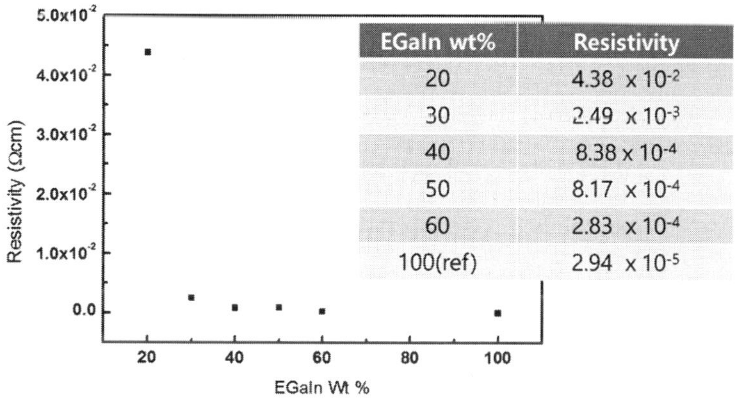

그림 3-4.11 액상 금속 함량에 따른 비저항

그림 3-4.12는 제작된 disk의 열처리 전후를 광학현미경으로 분석한 결과이다. 액상 금속의 함량에 관계없이 열처리 후 고분자 파우더 간의 공극이 감소하며 공극 내에 액상금속이 채워지는 것으로 확인되었다. 특히 함량이 높을수록(60 wt%) 고분자 파우더 간의 공극이 적어지는 현상이 확연하게 관찰되었다.

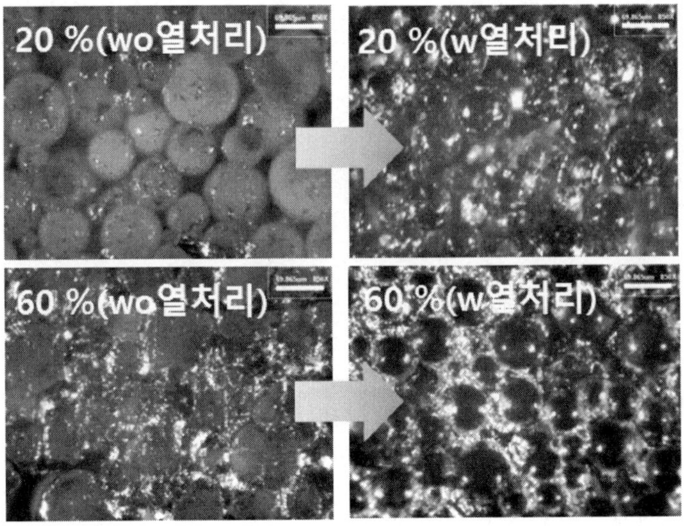

그림 3-4.12 유연 금속파우더 disk의 광학현미경 이미지(좌: 열처리 전, 우: 열처리 후)

3D 프린팅에 의한 입체구조 전자 회로/소자/부품 적용 기능성 절연성/반도체/유전성 특성을 갖는 다양한 유무기 복합소재의 개발이 필요하고, 유전상수로 대표되는 절연/유전 특성을 조절하기에 용이한 방식으로 선정된 3D 프린팅 기술은 ME (material jetting) 방식과 DLP (direct light processing) 또는 SLA (stereolithography apparatus)방식을 적용하였다.

그림 3-4.13과 같이 복합소재를 혼합하는 농도의 조절에 따른 복합소재 밀도와 표면 형상도 달라짐을 알 수 있다.

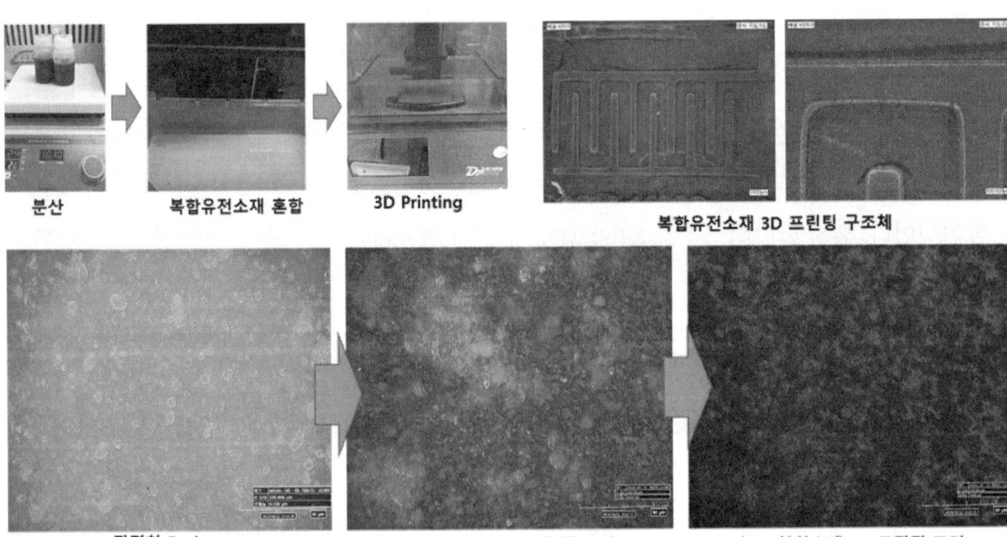

그림 3-4.13 복합유전소재 3D 프린팅 프로세스/구조체와 혼합농도별 3D 구조체 표면 변화

기능성 (유전성) 나노입자를 포함하는 광경화성 복합유전소재를 이용하여 전자회로 형태를 갖는 3D 프린팅한 후 기능성 소재 특성에 의한 미세구조 확인 결과 다양한 나노소재 특성에 의한 3D 프린팅 구조 및 표면 특성 제어가 가능할 것으로 보인다.

그림 3-4.14에서와 같이 유전성 나노복합소재 (실리카 계열), 탄소복합소재, 절연성 복합소재 (산화물 계열)의 경우에 혼합된 나노소재의 특성과 형상을 유지하면서 3D 프린팅이 진행되었음을 알 수 있다.

소재별 유전특성으로 전자부품의 경우 유리 또는 세라믹 소재의 고유전상수/저유전손실 소재가 주로 사용되는 영역이 있으며, 기존 열경화성 또는 광경화성 소재의 경우 유전상수가 대체로 3.5 이하 (일부 3.5 ~ 5.0)로 열적/기계적 특성과 함께 전기적 특성 강화를 통하여 전자부품 응용 확대가 필요하다.

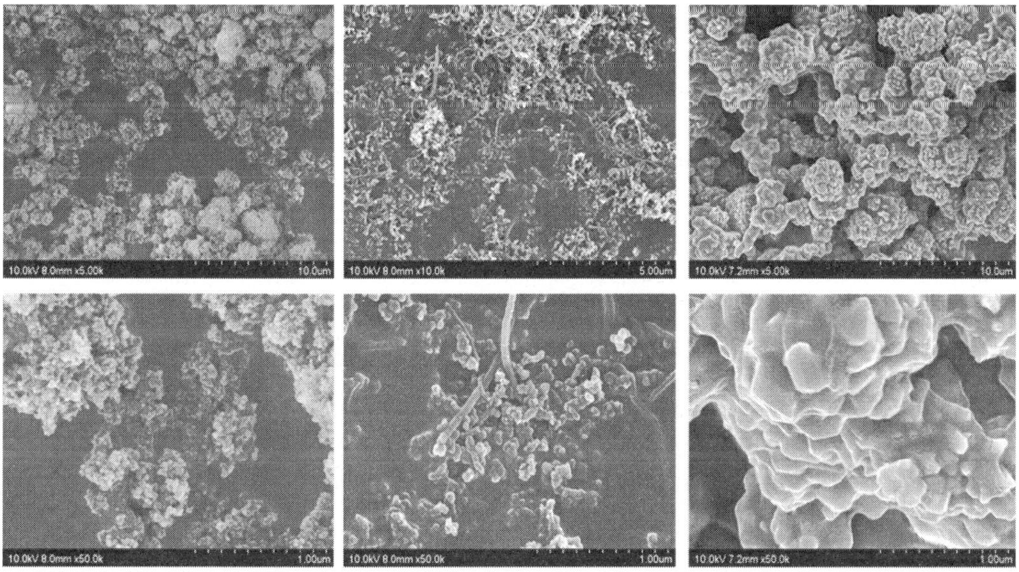

유전성 나노복합소재 3D 프린팅 표면 | 탄소복합소재 3D 프린팅 표면 | 절연성 복합소재 3D 프린팅 표면

그림 3-4.14 유전성/탄소/절연성 나노복합소재 3D 프린팅 표면 FESEM 미세구조

고유전성 소재를 적용하는 경우 내장형 전자부품의 제조가 가능하여 GHz, mm wave 응용을 위한 3D waveguide 한계 극복과 RF 디바이스의 초소형화도 예상된다.

이를 위해서 기술 목표인 유무기 복합소재 유전상수 5.0이상 특성 확보와 3D 프린팅 소재와 공정 확보를 통한 3D 전자구조 적용 연구를 응용 측면에서 진행하였다(그림 3-4.15).

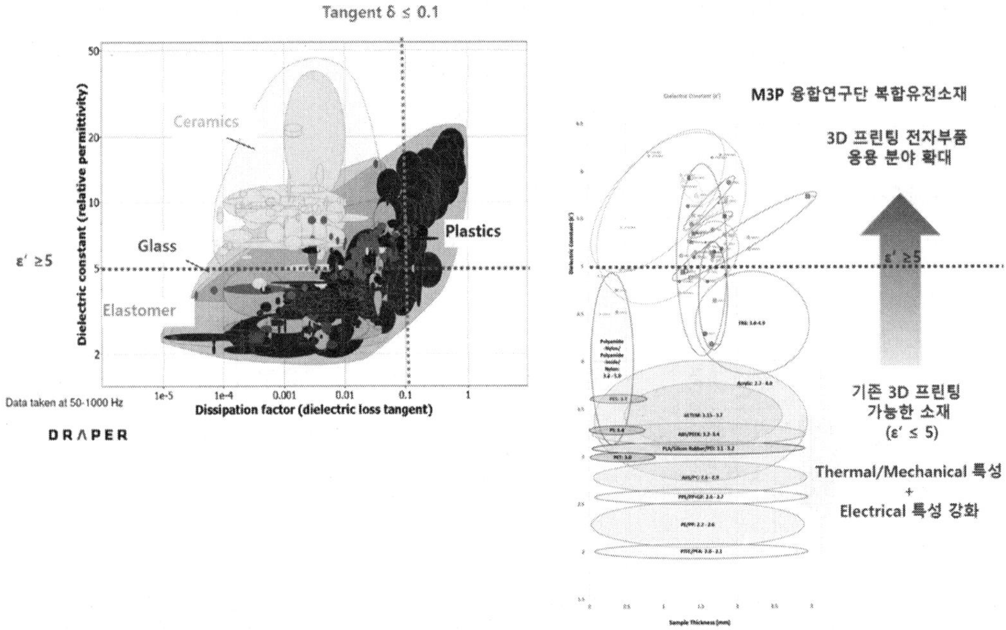

그림 3-4.15 전자부품 응용 확대를 위한 유전상수 소재별 특성과 복합유전소재 유전 특성

기존 FDM의 대표적인 소재인 PLA 또는 ABS의 경우 유전상수 3.0 이하의 저유전율 소재들이 대부분이며, 다양한 전자소자 적층과 패키징 기술의 개발을 위해서 상대적으로 고유전성 소재를 적용한 3D 프린팅 기술의 개발이 필요하다.

원소재의 유전상수가 높은 소재로 제조된 복합유전소재를 이용하여 형성된 3D 프린팅 형태를 이용한 유전 특성 평가를 진행하였다.

유전상수 측정은 MIM (metal/ insulator/ metal) 구조로 샘플을 제조하고 전기적 특성 (주로 LCR 또는 CV 측정, ASTM D 150법: AC Loss Characteristics and Permittivity (Dielectric))을 측정하였다(그림 3-4.16).

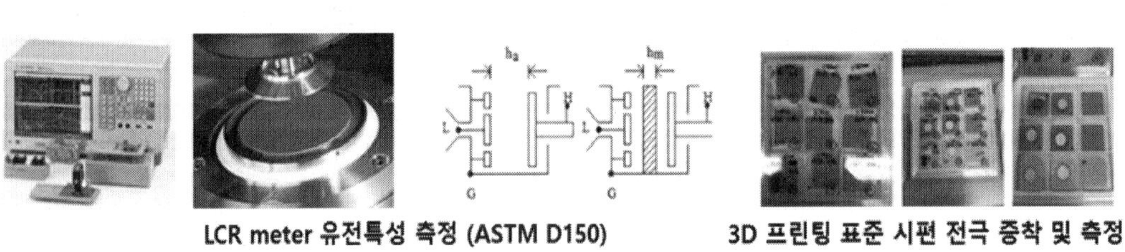

그림 3-4.16 유전특성 측정 방식 및 3D 프린팅 유전특성 측정 샘플 예시

다양한 기능성 산화물 나노입자 적용 3D 프린팅 구조 형성과 유전특성 측정이 진행되었고 아래 그림과 같이, 유전상수가 높은 나노입자 적용한 경우 대체로 높은 유전특성을 보여서 기능성 나노입자의 종류와 혼합 비율 등 요소에 의해서 3D 프린팅 복합유전소재의 특성 조절과 개선이 가능함을 알 수 있었다. 그림 3-4.17과 같이 대표적인 기능성 나노입자 SiO_2와 TiO_2 적용한 3D 구조체의 유전 특성을 비교하면 경화조건의 개선과 성분비에 따른 경향을 유전특성 조절을 확인할 수 있었음. 이와 같이 복합유전소재를 적용한 2.5D/3D 입체 전자회로의 기판 겸 구조체로 활용할 수 있는 가능성을 확인하였다.

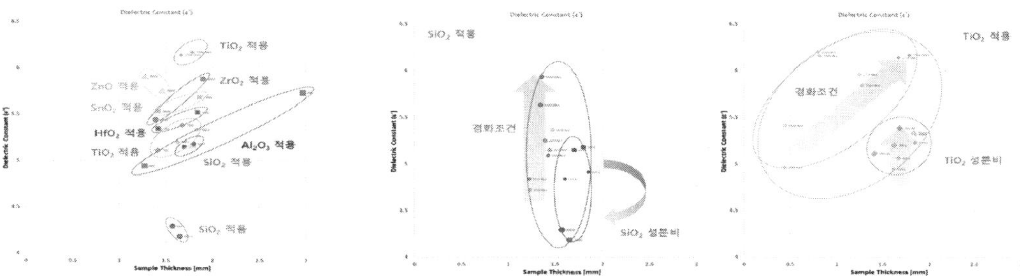

그림 3-4.17 기능성 나노입자 종류별 유전 특성과 성분비/경화조건에 의한 유전 특성 변화

이종소재 적용 3D 프린팅 기술로 FDM/ME 방식, DLP/ME 방식 혼용을 통한 이종소재 간 3D 프린팅 공정을 진행하고 표면 특성 및 계면 특성을 분석하였음. 대표적인 FDM 방식 소재인 PLA로 구조를 형성하고 광경화 방식 ME 프린팅에 이용 가능한 산화타이타늄 나노입자 광경화 복합수지를 이용하여 표면 거칠기를 보완하여 구조 내 배선과 전자부품 형성 시 접착 특성 및 계면구조 형성 개선이 필요하였음. 전도성 카본/고분자/금속 페이스트 등 이용 전극구조 형성 테스트를 진행하였다.

3D 입체 전자회로를 형성하는 3D 프린팅 공정을 진행함에 있어서 상부 표면 또는 측면 등 다양한 구조에 전극 소재를 형성하지 않는 부분에 돌기 형태의 미세구조를 반복적으로 형성함에 의하여 이종소재 형성 영역을 정의하기 용이하였다.

그림 3-4.18과 같이 이종소재 3D 프린팅에 의한 전자소자를 염두해 두고 상부에 형성되는 전도성 소재 3D 프린팅의 용이성을 증가시킬 수 있었다.

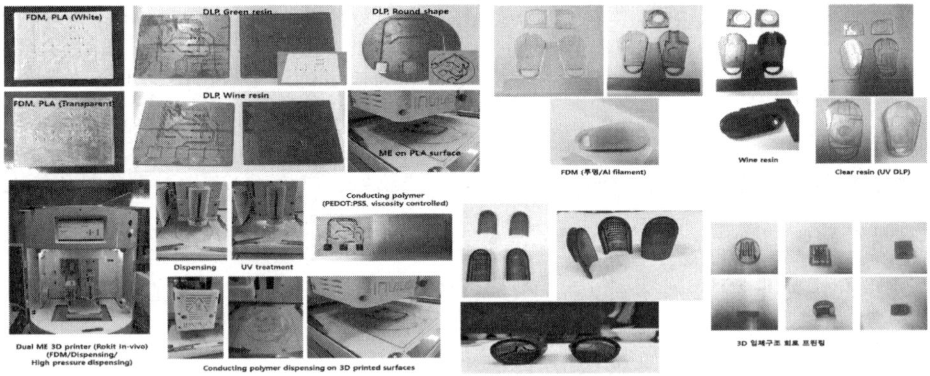

그림 3-4.18 다양한 소재/공정/색상/형상에 의한 입체 전자회로 3D 프린팅

기존 장치로는 원하는 조성과 함량을 가지는 다양한 프린팅 소재를 외부의 필라멘트 제조사에 의뢰하여 제작하기가 불가능하여 보유한 FDM 3D 프린터에 적합한 소형 필라멘트 압출용 extruder(Noztek사, 영국)를 변경하였다. 폴리머 소재와 무기 소재를 혼합하여 FDM용 필라멘트를 제작하는데 필요한 공정 조건은 폴리머 종류와 혼합한 소재의 함량에 따라 다소 차이를 보이는데, 소형 extruder의 3개의 설정 온도는 T_1=180℃, T_2=170℃ 및 T_3=160℃ 범위의 약 10℃ 전후의 온도 범위 내에서 실제 필라멘트의 압출에 무리가 없었다. 또한, 필라멘트의 직경을 제어하는데 온도와 함께 매우 중요한 공정 조건은 압출 속도를 제어하는 모터의 회전 속도인데, 필라멘트 직경 1.5mm~3.0mm를 유지하기 위해서는 모터의 회전 속도가 약 5~10 rpm 범위내에서 조절하여 제작하는 것이 가능하였다. 마지막으로 약 160℃ 이상의 온도를 가지는 압출된 필라멘트를 냉각시키기 위해서 압출 노즐의 끝단에 냉각용 fan이 장착되어 있으며 필라멘트 압출시에 냉각용 fan을 100% 회전을 시키며, 필요시 별도의 선풍기를 사용하여 권선중에도 냉각시켰다.

다양한 무기 소재의 함량을 증가시키기 위해서 chloroform에 PLA와 무기 소재를 분산시켜서 혼합 용액으로 만든 후 상온에서 건조하고 100℃에서 baking하여 고형화 시켰다. 이를 분쇄하여 필라멘트를 제작한 공정 순서와 사진을 아래 그림에 나타내었고, 이러한 chloroform에 분산된 PLA와 대표적인 무기소재인 glass fiber의 혼합 방법에 의해서 제작한 3D 프린팅이 가능한 혼합 필라멘트의 최대 제작 가능 함량은 약 30 wt% 이었다. 대표적인 유기 소재인 cellulose nano-crystal (CNC) 함량을 증가시키기 위해서 chloroform에 PLA와 CNC powder를 분산시켜 혼합 용액을 만든 후, 상온에서 건조하고 100℃에서 baking하여 고형화시켰다. 이를 분쇄하여 필라멘트를 제작한 공정 순서와 사진을 그림 3-4.19에 나타내었다. 이러한 chloroform에 분산된 PLA와 CNC powder의 혼합 방법에 의해서 제작한 3D 프린팅이 가능한 혼합 필라멘트의 최대 제작 가능 함량은 약 30 wt% 이었다.

그림 3-4.19 Chloroform에 분산된 PLA와 무기 소재 혼합 및 필라멘트 제작 예

제작한 유무기 복합 소재의 필라멘트를 이용하여 제작한 굽힘 강도 측정을 위한 bar를 소재 별로 3D 프린팅한 사진을 아래 그림에 나타내었다. 아래 그림에서 보면, 혼합 조성에 따라서 표면 형상과 색깔의 차이가 많은 것을 확인 할 수 있으며, 이러한 것이 기계적, 표면적, 구조적 특성에 어떠한 영향을 미치나를 확인하기 위해 모든 샘플에 대해서 특성 평가를 시행하였다.

좀 더 자세한 3D 프린팅된 샘플 구조 특성 및 필라멘드에 포함된 셀룰로오즈의 분포등의 확인하고자 KIST의 전북분원에서 보유한 X-ray tomography microscope (XRM, X-radia 810 Ultra)를 이용하여 복합소재 내부 필러의 분산과 배향성 및 기공의 분포에 대해서 조사하였다(그림 3-4.20).

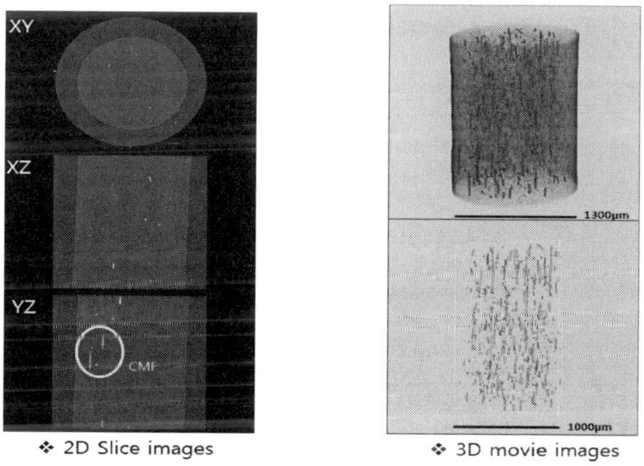

그림 3-4.20 제조한 셀룰로오즈 혼합 복합소재 필라멘트의 XRM 결과

또한, 혼합소재의 밀도에 따른 굽힘 강도의 변화를 아래 그림에 나타내었다. 혼합 소재의 종류에 관계없이 프린팅 샘플의 밀도가 증가하면 선형적으로 굽힘 강도가 증가하는 것을 알 수 있다. 이러한 현상은 3D 프린팅 샘플이 가지는 특성으로 내부에 포함되어지는 기공의 함량에 따른 밀도

변화가 기계적 특성인 굽힘 강도에 매우 밀접한 관계를 가지는 것을 나타낸다.

그리고, 혼합 소재의 사이즈와 기반 소재인 물질과의 화학적 결합력이 기계적 강도를 결정하는 매우 중요한 요소인 것으로 판단된다. 셀룰로오즈의 굽힘 강도 증가에 관한 기여 정도를 판단하기 위해 3D 프린터로 제작한 샘플에서 기공율을 제외하고 순수 셀룰로오즈의 부피비율에 따른 굽힘 강도 변화를 그림 3-4.21에 나타낸다.

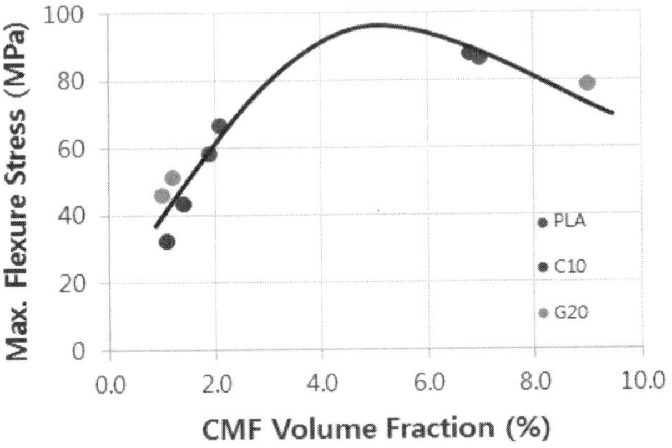

그림 3-4.21 복합소재의 3D 프린팅 샘플의 셀룰로오즈의 부피 비율에 따른 굽힘 강도

유무기 복합 소재를 이용하여 제작한 필라멘트를 이용하여 3D 프린팅한 플라스틱 기판에 대해서 LCR(Agilent) 미터를 이용하여 기판의 유전율을 측정하였다. 제작한 샘플의 규격 및 실험 조건은 표 3-4.1과 같다. 시험방법은 ASTM D150으로 AC loss를 측정하는 표준 테스트 방법과 고체 절연체의 유전상수를 측정하는 방법을 사용하였고 측정 주파수는 100Hz ~ 1MHz를 사용하였다. 시험 환경은 23±2℃에서 45±5% RH에서 직경 10mm의 Au 전극을 기판 양면에 증착하여 사용하였다.

표 3-4.1 3D 프린팅한 유무기 복합소재 기판의 유전율 및 손실

Frequency 100Hz ~1MHz							
	FR4	PLZ	G10–CNC20	C30	G50	C10–CMF5	G20–CMF5
Dielectricity	4.5–4.7	4.31–3.68	4.37–3.66	7.39–6.3	4.71–4.12	5.23–4.41	4.32–3.57
Tangent δ	0.0004	0.0011–0.0041	0.0036–0.0058	0.0004–0.0039	0.0013–0.0037	0.002–0.0047	0.0061–0.0068

UV 경화성 폴리머 및 3D 프린팅 공정 개발 과정에 패턴 두께에 따른 광조형물 제작 실험을 위해 적용한 면적 오차법은 조형물을 수직한 단면으로 절단하였을 때 나타나는 윤곽의 면적 오차를 뜻하며, 조형물을 구성하는 슬라이스 단층의 층과 층 사이에 단차로부터 발생한다. 아래 그림은 면적 오차에 대한 수치해석을 도식화하였으며, 면적 오차가 감소할수록 조형물의 표면 거칠기는 매끄러워지는 것을 알 수 있다.

노즐의 토출구와 프린팅 베드 사이에 형성되는 메니스커스는 프린팅 과정 동안 일정하게 유지되어야 패턴의 두께와 폭도 일정하게 형성된다.

토출 유량과 이송 스테이지 속도에 따른 메니스커스 형상을 도식화한 결과, 이송 스테이지 속도에 비해 토출 유량이 과도하게 증가하게 되면 그림 3-4.22(a)와 같이 패턴이 퍼지며 불규칙한 패턴 폭을 형성하고, 반대로 유량이 감소하면 그림 3-4.22(c)와 같이 패턴이 끊어지는 현상이 발생한다. 아래 그림 3-4.22(a)와 2.20(c)에서 보여주듯이 토출 유량이 과다하거나 부족하게 토출되면 노즐 팁에 기판으로 전이되지 못한 소재의 잔량이 누적되고, UV 경화기에 노출되면서 노즐 끝부분에서부터 경화가 일어나 노즐이 막히는 현상이 발생한다.

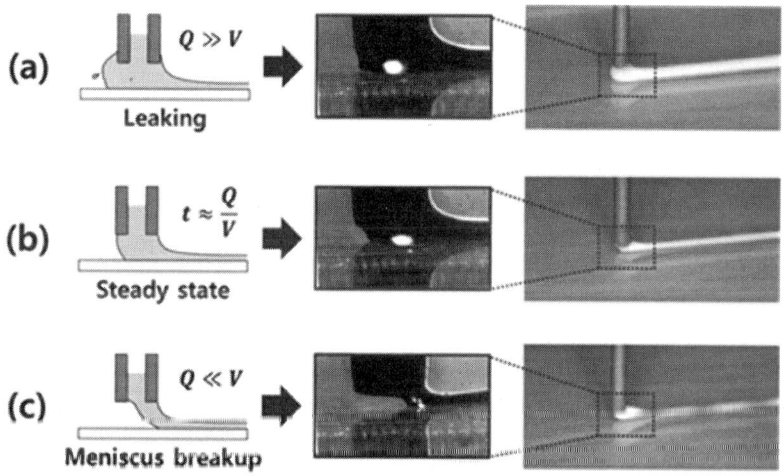

그림 3-4.22 토출 유량과 이송 스테이지 속도에 따른 메니스커스 특성

그림 3-4.23은 이송 스테이지 속도와 노즐의 공압에 따른 패턴 두께에 대한 그래프이다. 동일한 이송 스테이지 속도에서 노즐의 공압이 증가할수록 소재의 토출 양이 증가하여 패턴두께가 증가한다.

반면에, 노즐의 공압이 동일할 때, 이송 스테이지 속도가 증가할수록 패턴 두께가 감소한다.

최소 패턴 두께는 145㎛, 최대 패턴 두께 230㎛이며, 여기에서는 노즐의 공압과 이송 스테이지 속도에 대한 프린팅 패턴의 두께 변화가 거의 선형적임을 그래프에서 보여진다.

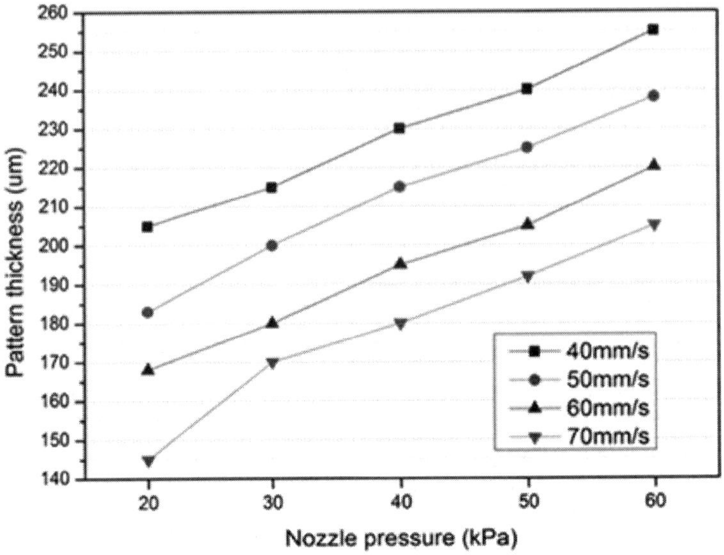

그림 3-4.23. 노즐의 공압과 이송 스테이지 속도에 대한 프린팅 패턴 두께

패턴 두께 별 공정 조건 선정 및 광조형물 제작 중에 메니스커스와 패턴을 일정하게 유지하는 프린팅 조건을 도출하기 위해 최소 패턴 두께 145㎛와 최대 패턴 두께 230㎛ 구간까지 약 30㎛씩 두께가 증가하는 프린팅 조건을 선별하여 안정조건으로 설정했다. 표 3-4.2는 패턴 두께에 따른 조형물 프린팅 조건임. 프린팅 시간을 단축하기 위해 이송 스테이지 속도가 빠른 공정 조건을 우선순위로 선정하여 그림 3-4.24와 같이 20mm^3 크기의 정사면체 조형물을 제작하였다.

표 3-4.2 2-5-1-2 패턴 두께에 대한 3D 프린팅 조건

순 번	두 께(㎛)	속 도(mm/s)	노즐공압(kPa)
Sample 1	230	40	40
Sample 2	200	50	30
Sample 3	170	70	30
Sample 4	140	70	20

이 표에서 도출된 공정 조건(패턴 두께 230㎛, 200㎛, 170㎛, 140㎛)을 이용하여 제작한 조형물(sample 1~4)의 표면 거칠기 특성 검사를 실시하였다. 3차원 나노 형상 측정 시스템(model : WT-250, Nanosystemz. co., ltd.)을 이용하여 검사하였으며, 조형물의 한 면에서 가로 1mm, 세로

3mm의 면적을 측정하였음. 또한 평균 표면 거칠기와 표준편차 확인을 위해 측정한 면적에서 X축 방향으로 0.2mm 간격을 두고 4회씩 표면 거칠기를 측정하였다. 그림 3-4.25는 Sample 1~4에 대한 표면 거칠기 특성검사 결과이다. 패턴 두께가 낮아질수록 표면 거칠기(Ra)는 감소하고, 각각의 조형물에서 임의의 지점을 4회 측정 시 일정한 표면 거칠기를 확인하였다.

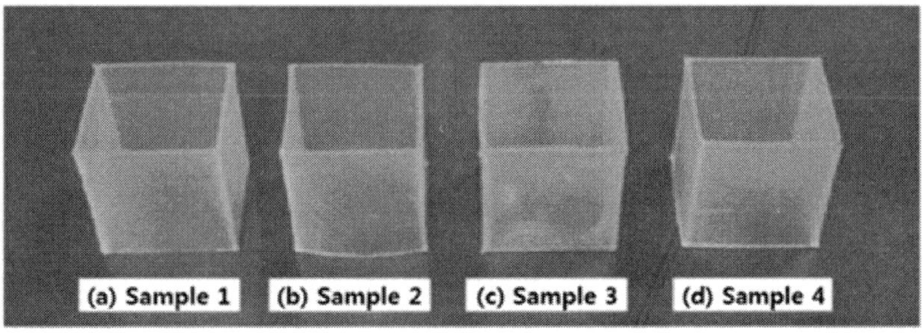

그림 3-4.24 패턴 두께에 대한 조형물 제작

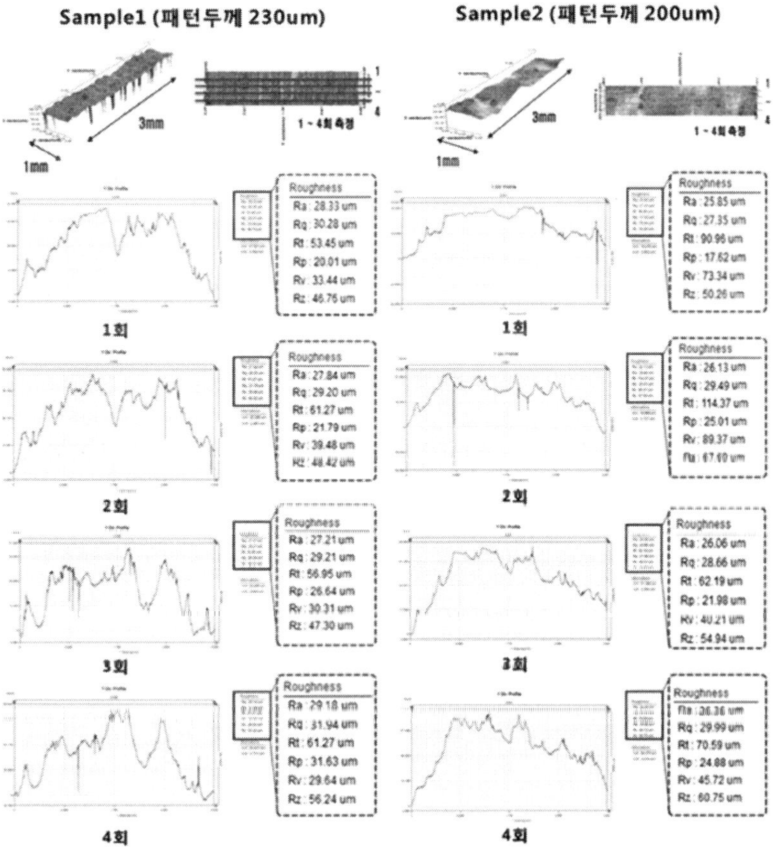

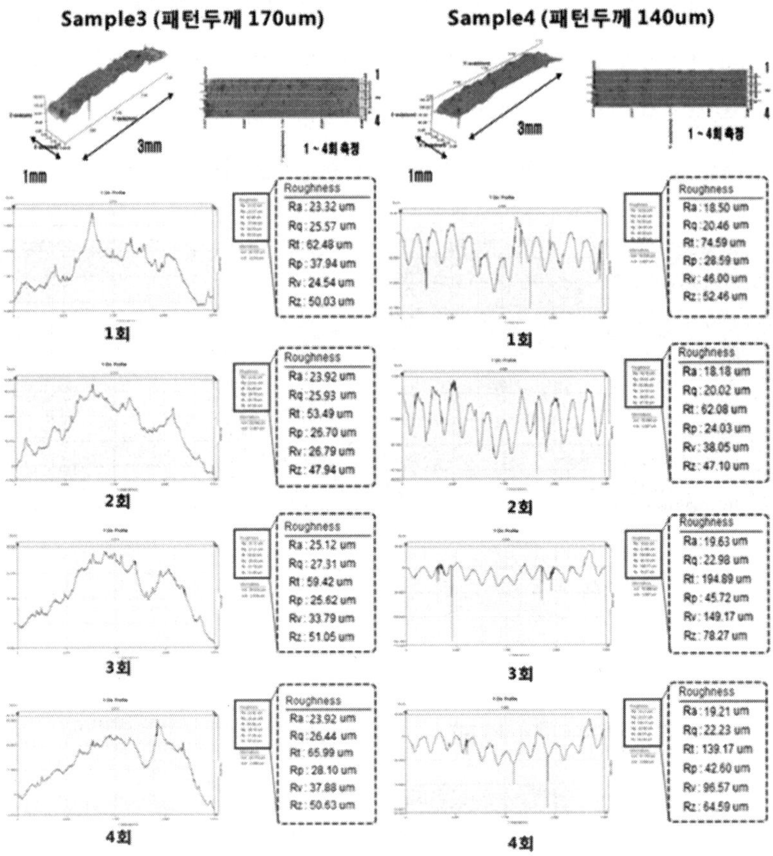

그림 3-4.25 Sample 1, 2, 3, 4에 대한 표면 거칠기 검사결과

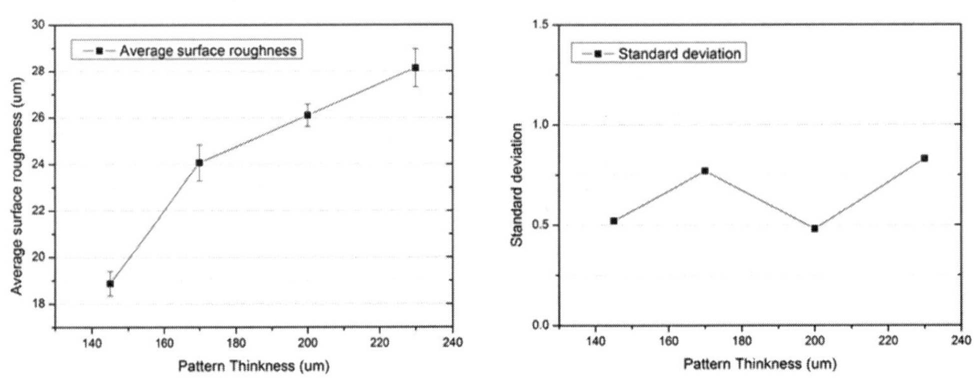

그림 3-4.26 조형물 패턴 두께에 대한 평균 표면 거칠기(좌)와 두께 편차(우)

그림 3-4.26은 조형물(sample 1~4)의 패턴 두께에 대한 평균 표면 거칠기를 보여주고 있으며, 패턴 두께가 감소할수록 표면 거칠기도 개선되었다.

여기에서 조형물(sample 1~4)의 패턴 두께 편차를 보여주고 있으며, 각기 다른 패턴의 두께를 프린팅 하고 있으나, 동일한 패턴 폭에서 일정한 패턴이 프린팅 되고 있음을 확인할 수 있다.

프린팅 패턴의 두께를 이용하여 표면 거칠기를 개선할 수 있었고 최소 패턴 두께 145 ㎛ 일 때, 평균 표면 거칠기는 18.88 ㎛를 확인하였다.

토출유량 및 UV 광량에 따른 3D구조체 표면거칠기 개선기술 개발 중에 표면거칠기 개선이 가능한 UV 경화성 폴리머 소재는 비칙소성(Non-thixtropic)을 가지는 저점도 약 500cP 이하 및 중점도 약 500~10,000cP에서 칙소성(Thixtropic)을 가지는 고점도 약 10,000cP 이상의 소재들이 있다. 칙소성을 가지는 고점도 소재들은 분자들이 응집하려는 특성을 가지고 젖음성이 낮아 프린팅 패턴된 소재가 퍼지지 않고 일정한 패턴을 형성할 수 있으며, 이에 따라 조형물을 적층하는데 유리한 이점을 가지고 있다. 프린팅 패턴을 형성할 시, 그림 3-4.27과 같이 외부의 힘이 가해지면 UV 경화성 폴리머 소재 분자들이 분산되면서 점도가 낮아지고 프린팅 패턴을 형성한다. 프린팅 패턴 형성 후에 외부의 힘이 가해지지 않을 때, UV 경화성 폴리머 소재 분자들이 응집하려는 특성으로 인해 프린팅 패턴이 붕괴되지 않고 유지한다.

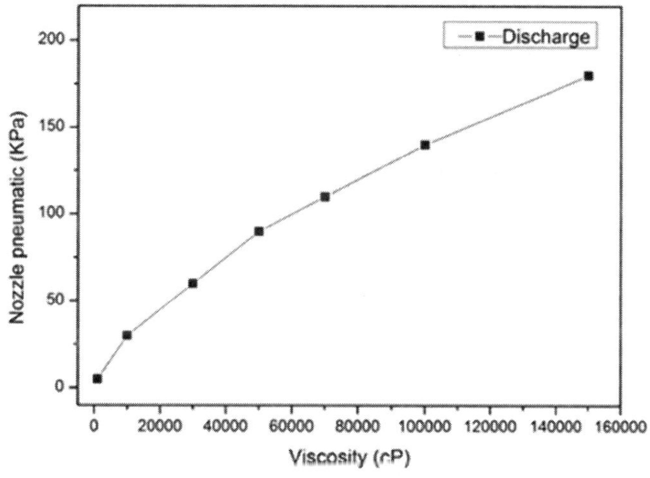

그림 3-4.27 UV 경화성 폴리머 소재 점도와 출력 공압에 따른 상관관계 분석

UV 경화성 폴리머 소재의 점도와 출력 공압의 상관관계 분석을 하였을 때, 그림 3-4.28과 같은 결과를 얻었다. 저점도(1~500cP)에서는 출력 공압 약 1~5kPa에서 토출이 가능하였고, 중점도(500~10,000cP)에서는 출력 공압 약 5~35kPa에서 토출이 가능함을 확인하였다. 고점도 10,000cP 이상 일 때는, 출력 공압 약 40kPa 이상이어야 토출이 되었고, UV 경화성 폴리머 소재 점도가 높아질수록 출력공압이 높아지고 UV 경화성 폴리머 소재 점도가 낮아질수록 출력 공압이 낮아짐을 확인하였다. 이는 UV 경화성 폴리머 소재의 점도가 높아질수록 노즐 내부의 면과 소재가 접촉하

는 부분에서 전단응력이 높아져서 높은 출력 공압이 필요하다. 반대로, UV 경화성 폴리머 소재의 점도가 낮아질수록 노즐 내부의 면과 소재가 접촉하는 부분의 전단응력이 낮아져 낮은 출력 공압에도 토출이 가능하다. 단, UV 경화성 폴리머 소재 점도가 500cP 이하일 때는, 점도가 낮아 출력 공압이 없이도 중력에 의해 노즐 토출구 끝에 소재가 묻어 나오는 현상이 발생한다.

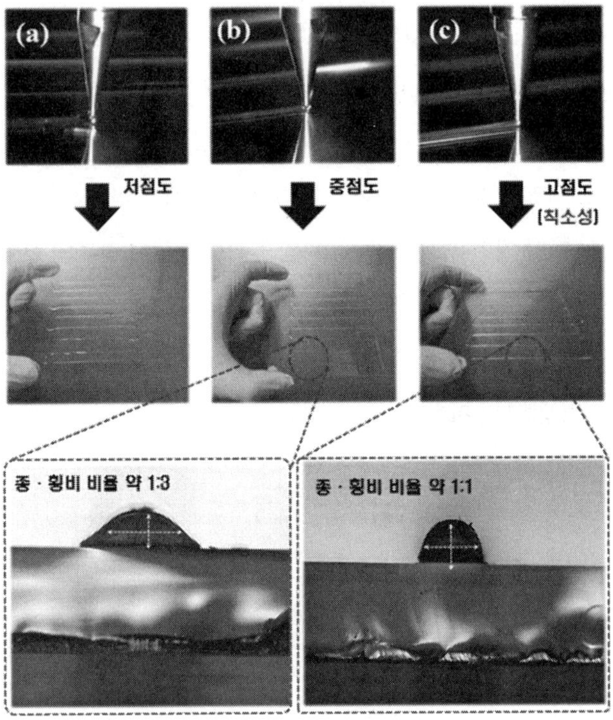

그림 3-4.28 UV 경화성 폴리머 소재 점도와 출력 공압에 따른 메니스커스 및 패턴 분석

광조형물을 적층하기 위해서는 일정한 메니스커스를 유지하면서 프린팅 패턴 종·횡비 비율이 1:1이 되어야 하며, 패턴 프린팅 후에 붕괴되지 않고 유지되어야 한다. UV 경화성 폴리머 소재의 비칙소성과 칙소성 여부에 따라 프린팅 패턴 분석하기 위해 저점도(500cP)·중점도(5000cP)·고점도(12,000cP)에서 임의의 소재를 선정하였다. 아래 그림과 같이 프린팅 패턴 샘플 제작과정 중 메니스커스에 대한 분석하였고, 제작 후 마이크로스코프(Olympus BX51M)를 이용하여 각 샘플의 프린팅 패턴 형상을 측정하고 패턴의 종·횡 비 비율에 대한 분석을 진행하였다.

그림 3-4.28(a)와 같이 저점도에서는 UV 경화성 폴리머 소재 점도와 출력 공압이 적절한 균형을 이루지 못해 일정한 메니스커스를 형성하지 못하고 프린팅 패턴이 붕괴되어 소재가 퍼지는 현상을 확인할 수 있었다. 그림 3-4.28(b)의 중점도에서는 UV 경화성 폴리머 소재 점도와 출력 공압이 적절한 균형을 이루어 일정한 메니스커스를 유지하며 프린팅 패턴을 구현하였지만, 비칙소성 소

재 특성으로 인해 프린팅 패턴의 종·횡 비 비율이 1:3으로 일정한 프린팅 패턴을 형성하지 못하였다. 그에 비해 칙소성 특성을 가지는 고점도에서는 그림 3-4.28(C)와 같이 일정한 메니스커스를 유지하였고, 프린팅 패턴의 종·횡비 비율이 1:1로 일정한 패턴을 형성하였다. 이는 UV 경화성 폴리머 소재의 비 칙소성 및 칙소성 특성에 따라 광조형물을 적층 가능 여부를 결정할 수 있으며, 고점도의 칙소성 특성을 가지는 소재여야만 광조형물 적층이 가능하다.

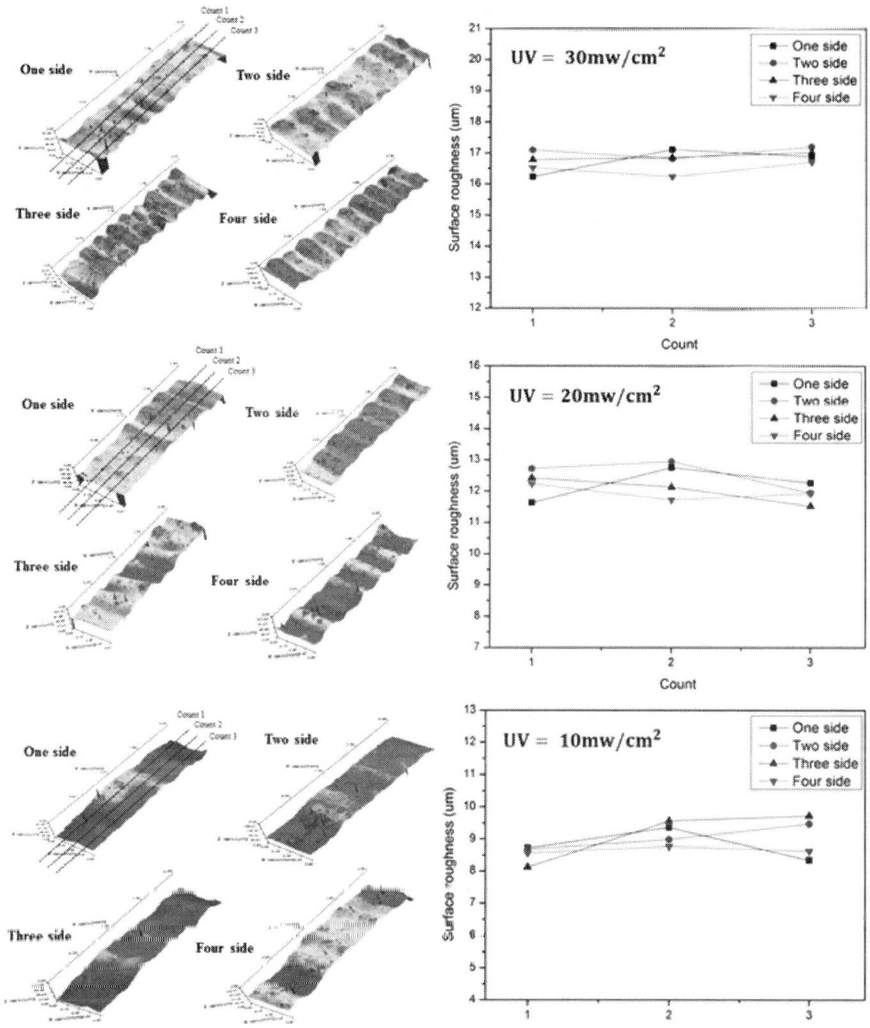

그림 3-4.29 UV 세기 10~30mW/cm²에서의 광조형물 네 개의 면에서 측정한 표면 거칠기

UV 세기 10~30mW/cm²에서의 정사면체 광조형물 표면 정밀도를 확인하기 위해 그림 3-4.29처럼 3차원 나노 형상 측정 시스템을 이용하여 측정한 총 네 개 표면의 가로 1mm, 세로 3mm 측정 면적에서 가로 1mm에서 X축 방향으로 0.3mm 간격으로 총 3회 광조형물 표면 거칠기를 측정하였다.

UV 세기 30mW/cm^{2}에서의 정사면체 광조형물 총 면의 평균 표면 거칠기는 16.97 ㎛, 표준편차 0.432 ㎛이며, UV 세기 20에서의 정사면체 광조형물 총 면의 평균 표면 거칠기는 8.9 ㎛, 표준편차 0.22 ㎛의 값을 얻었다. UV 세기 10일 때. 정사면체 광조형물 총 면의 평균 표면 거칠기는 8.9 ㎛, 표준편차 0.22 ㎛로 가장 낮은 총 면의 평균 표면 거칠기 값을 나타냈다. 이는 UV 세기가 낮을수록 모노머 · 올리고머 · 광개시제의 가교결합 반응시간이 늦어져서 완전한 경화가 되지 않고 광조형물을 적층할 시, 레이어 층과 층 사이에서 발생하는 면적 오차 구간에 소재가 스며들어 광조형물의 표면 해상도가 증가하여 표면 거칠기가 감소함을 확인하였다.

표면 거칠기 5 ㎛급 UV 경화성 폴리머 소재 기반의 토출 유량 정밀 제어를 위해 Purge 기반의 고속 스위칭 전자식 공압 펌프를 개발하였다. 기존 정압/차압 기반의 전자식 공압 펌프를 이용하여 광조형물 점프 구간에서 소재 토출을 ON/OFF 하게 되면 헤드 내에 공기가 배출되지 않고 내압이 발생하여 소재가 일정 시간 동안 토출되는 현상이 발생하였다. 이를 해결하기 위해 Purge 기반의 전자식 레귤레이터를 적용하였고, 입력/출력 공압 테스트를 통해 성능 검증을 하였다. 그림 3-4.30에 나온 것처럼, 기존 정압/차압 전자식 공압 펌프에서는 입력 공압 값에 따라 출력 공압 값이 불안정한 현상이 보였으며, Purge 기반의 전자식 공압 펌프에서는 안정한 출력 공압 값을 확인하였다.

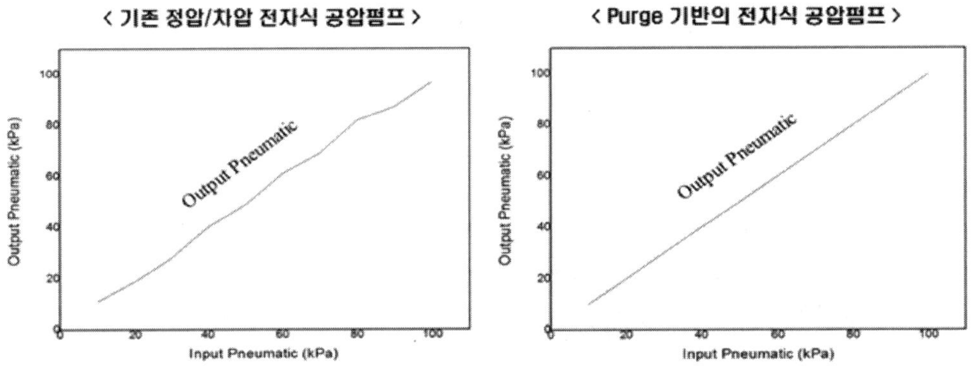

그림 3-4.30 공압 펌프에 따른 입력/출력 공압 최적화 테스트 결과

기존 정압/차압 전자식 공압 펌프와 Purge 기반의 전자식 공압 펌프를 이용하여 광조형물 제작 시, 점프 구간에서 발생하는 테일 패턴(Tail pattern) 테스트를 통하여 보정 값을 확인하였다. 동일한 공정 조건을 이용하여 소재를 토출하면서 동일한 구간에서 소재 토출을 정지하여 테스트를 진행하였다. 그림 3-4.31과 같이 기존 정압/차압 전자식 공압 펌프에서는 소재 토출 정지 구간에서 약 887 ㎛의 테일 패턴 현상을 확인하였고, Purge 기반의 전자식 공압 펌프에서는 약 670 ㎛의 테일 패턴 현상을 확인하였으며 약 220 ㎛의 테일 패턴 구간을 보정했다.

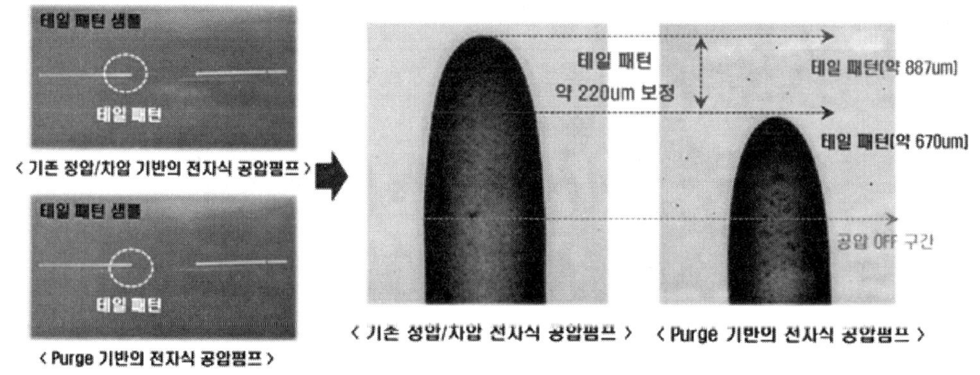

그림 3-4.31 최적화된 테일 패턴 테스트 결과

광조형물 제작을 위해 이 공정 조건을 이용하여 스페이싱 간격에 따른 광조형물을 제작하였다. 3D 프린팅 패턴 선폭에 비해 스페이싱 간격이 넓으면 그림 3-4.32와 같이 패턴 사이에 면적 오차가 발생하면서 매끄러운 표면이 형성되지 않았으며, 광조형물 적층이 불가하였다. 그에 비해 3D 프린팅 패턴 선폭에 비해 스페이싱 간격이 짧으면 그림 3-4.32와 같이 토출된 소재가 소모되지 않고 노즐의 끝에서 잔존하면서 UV 경화에 의해 노즐이 막히는 현상이 발생하였다. 3D 프린팅 패턴 선폭과 스페이싱 간격이 적절한 균형을 이루면 토출된 소재가 소모되면서 그림 3-4.32 (c)와 같이 광조형물을 제작할 수 있었다.

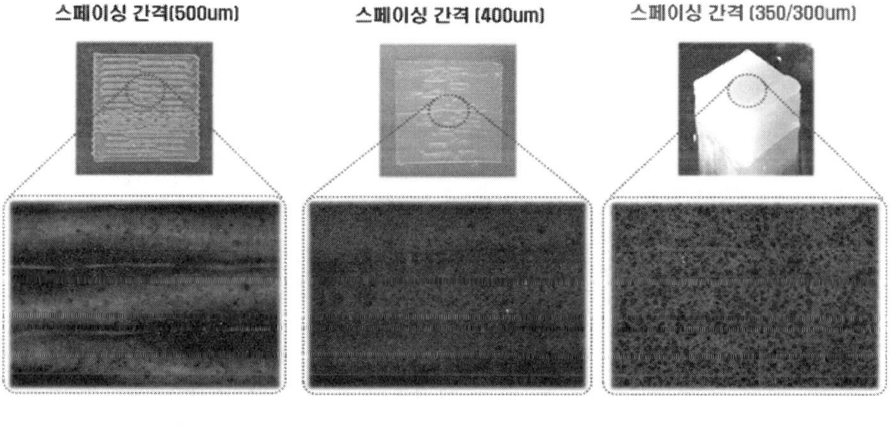

그림 3-4.32 스페이싱 간격에 따른 광조형물 표면 측정 결과

스페이싱 간격에 따른 광조형물 표면 확인을 위해 마이크로스코프를 이용하여 표면을 측정한 결과, 스페이싱 간격 400 ㎛, 500 ㎛에서 3D 프린팅 패턴 선폭과 스페이싱 간격이 적절한 균형을 이루지 못해 면적 오차가 발생하여 표면 거친 현상을 확인하였고, 스페이싱 간격 300 ㎛, 350 ㎛에서는 3D 프린팅 패턴 선폭과 스페이싱 간격이 적절한 균형을 이루면서 광조형물 표면이 매끄러운

현상을 확인하였다. 3차원 나노 형상 측정기를 이용하여 스페이싱 간격 300 ㎛, 350 ㎛ 광조형물 윗면의 4개의 지점에서 표면 거칠기 및 표면 해상도 측정을 진행하였다(그림 3-4.33).

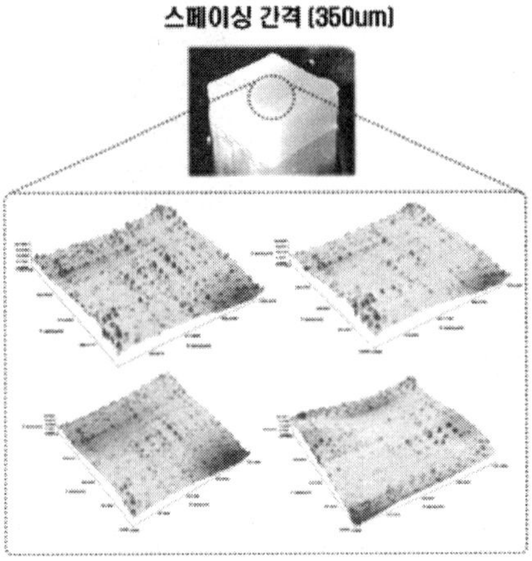

그림 3-4.33 스페이싱 간격 350 ㎛, 300 ㎛ 광조형물 표면 해상도 측정 결과

3차원 나노 형상 측정기를 이용하여 측정한 스페이싱 간격 350 ㎛, 300 ㎛ 광조형물 평균 표면 거칠기 값 검증을 위하여 그림 3-4.34와 같이 가로/세로 총 3번씩 측정을 하였다. 그 결과 스페이싱 간격 350 ㎛ 광조형물에서는가로 평균 표면 거칠기 약 1.41 ㎛와 세로 평균 표면 거칠기 약 0.85 ㎛ 결과 값을 얻었으며, 스페이싱 간격 300 ㎛ 광조형물에서는 가로 평균 표면 거칠기 약 0.75 ㎛와 세로 평균 표면 거칠기 약 0.82 ㎛ 값의 결과를 얻었다.

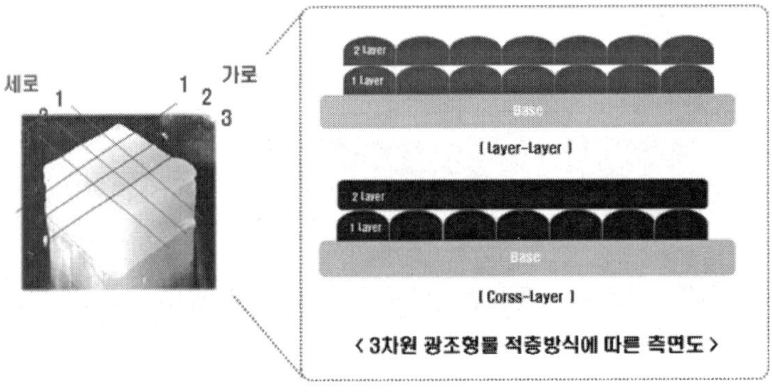

그림 3-4.34 Layer-Layer 방식과 Cross-Layer 방식의 소재별 측정 방법

스페이싱 간격 300 ㎛에서의 공정 조건을 선정하였고, 광조형물 적층방식은 Layer-Layer 방식이므로 Cross-Layer 방식 기반의 광조형물을 제작하여 평균 표면 거칠기 값을 측정하였다. 그 결과, 가로 평균 표면 거칠기 약 0.66 ㎛와 세로 평균 표면 거칠기 약 0.54 ㎛의 결과 값을 얻었다.

Layer-Layer 적층방식보다 Cross-Layer 적층방식의 광조형물 표면 거칠기가 가로 약 0.1 ㎛와 세로 약 0.3 ㎛의 표면 거칠기가 개선되었고, 스페이싱 간격과 적층방식에 따른 광조형물 표면 거칠기 개선을 통하여 5 ㎛ 이하의 미세한 광조형물 표면 거칠기 값을 얻었다(그림 3-4.35).

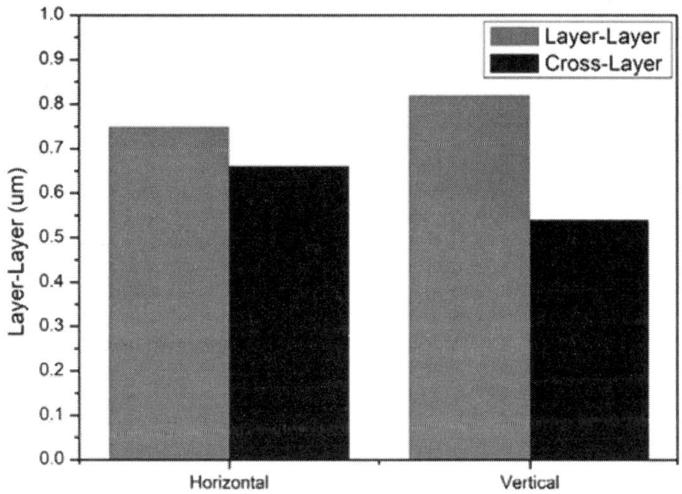

그림 3-4.35 최적화된 광조형물의 가로/세로 평균 표면 거칠기 측정 결과

이 결과의 가치를 판단하기 위해 기존 시장 점유율이 높은 전자소자용 3D 프린터 회사로 이스라엘의 dragonfly 2020를 분석하였고, 이 장비는 Ag 잉크와 광경화 폴리머 기반의 3D 프린터로 사용할 수 있는 소재의 한계로 고성능 전자소자의 제작이 어려운데 반하여, 여기서 개발한 3D 프린터는 전자소자를 구성하는 다양한 유전소재, 전도성 소재 사용이 가능한 차별성이 있음을 확인할 수 있었다.

2-2. Devices and Electronics

지금까지는 3D 형상을 갖는 전자소자와 이를 구성하는 전자회로의 경우 사출 방식을 이용한 3차원 형상을 제조한 후에 별도의 도금 방식 전극 형성 제조하였으나, 제조 분야가 제한적이거나 원가 측면에서 조립 방식에 비해서 유리한 부분이 적었다.

반면에 3D 프린팅에 의하여 3차원 전자 부품 형성 시에는 내장형 부품구조와 설계 변경이 용이하여 제조상의 유연성 증가와 비용절감 효과를 볼 수 있기 때문에 간단한 구조에서 점차 복잡한 형상과 기능이 추가되는 일체형/내장형 IoT 센서 모듈에 대한 설계, 제작기술에 대한 개발이 요구된다.

따라서, 복합금속소재와 절연소재인 폴리머를 동시에 3D 프린팅하는 것을 염두해 두고, 간단한 키 모델을 설계하였다.

맨처음 단위소자인 칩들과 배터리가 지지될 수 있는 구조로 폴리머의 하판을 설계하고 그 위에 금속 3D프린팅이 가능하도록 배선도를 꾸몄다.

기존 사용하는 PCB 기판을 대체하여 3D 프린팅 소재인 ABS 수지, PLA 수지, 광경화성 폴리머를 기판으로 사용하는 것을 염두해 두었고, wiring으로 저온 금속 소재를 디스펜싱 방식으로 제조하는 것을 전제로 설계하였다.

전자소자의 배선 제조 조건을 잡기 위해 저융점 금속소재 프린팅 위해 다양한 조건(온도, 압력, 출력속도)의 변화를 주어 실험 진행하였다.

순수 InAg를 프린팅한 경우 200 ℃의 경우 그림 3-4.36에 나온 것처럼 압력을 주지 않아도 400㎛ tip으로 흘러나오는 것이 확인될 정도로 점도가 낮았고, 저압에서도 토출량이 많아 프린팅이 어려웠다.

배럴 온도를 250℃로 온도를 올려 실험을 진행한 경우에 압력을 최소로 낮추어도 토출량이 너무 많아져 프린팅을 할 수 없었다

반대로 160℃ 정도로 온도를 낮추었을 때 토출량이 적당해졌지만 기판과 금속이 붙지 않아 적용이 어려웠다.

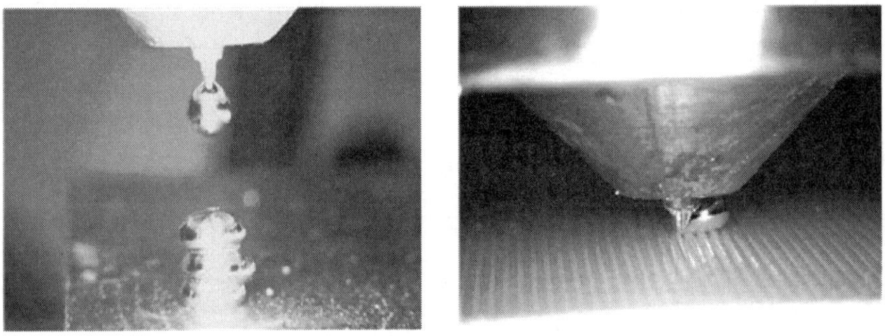

그림 3-4.36 순수 InAg 토출 및 프린팅 모습 (200℃, 저압)

InAg에 Cu particle을 추가한 샘플(InAg-H (7.5 wt% Cu), InAg-FG (+7.5 wt% Ag-Cu)) 두 가지 타입과 순수 InAg를 합한 총 세 가지 타입의 금속 프린팅하였다. 여기에서 사용한 기판은 polymer (PLA), 사용된 tip 내경은 400 ㎛이었다. InAg에 Cu particle을 추가한 샘플에서는 InAg-H (7.5 wt% Cu), InAg-FG (+7.5 wt% Ag-Cu) 프린팅 테스트를 진행하였다.

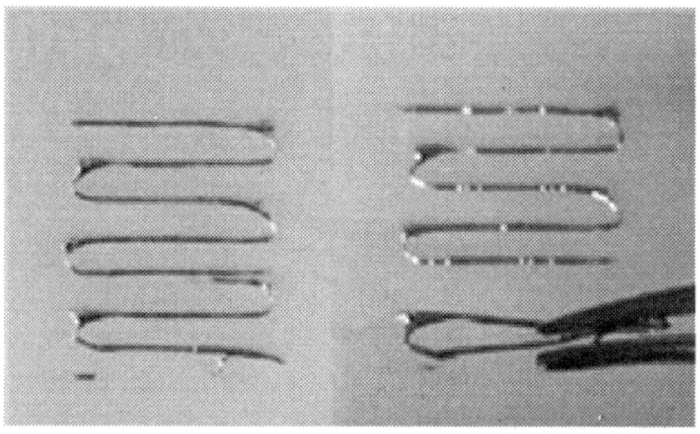

(a)

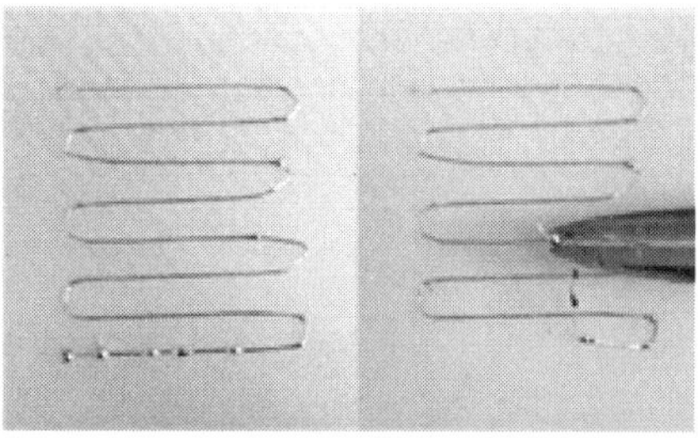

(b)

그림 3-4.37 (a) 200℃ 및 (b) 250℃ 3D 프린팅 모습

대체로 깔끔하게 프린팅되지 않았고, InAg-H (7.5 wt% Cu) 타입 실험결과, 그림 3-4.37(a)에온도를 200℃로 고정하였을 때 토출량은 적당하였지만 polymer 기판과 금속이 붙지 않는 것을 확인하였다.

온도를 250℃로 증가시켰을 때 그림 3-4.37(b)처럼 토출량이 점점 적어졌고, 압력을 점점 증가시켜도 토출량이 계속적으로 적어져 라인이 처음보다 굉장히 얇아졌고, 200℃와 마찬가지로 polymer 기판과 금속이 붙지 않는 것을 확인하였다. 온도를 300℃로 더 증가시켜 실험을 진행하였을 땐 토출량이 거의 없어 프린팅 속도를 낮추어야 라인을 겨우 그릴 수 있었고, 프린팅된 금속을 긁어내면 쉽게 떨어지는 것을 확인하였다. 온도를 340℃까지 증가시켰을 때 기판과의 접착력은 300℃와 비슷한 수준이었지만 토출량이 거의 없어 이를 공정에 적용하기는 어려웠다.

계면특성 개선을 위한 저융점 금속소재 프린팅을 위해 다양한 조건(온도, 압력, 출력속도)의 변화를 주어 실험 진행하였다. 순수 InAg를 프린팅 한 경우 200℃의 경우 압력을 주지 않아도 400㎛ tip으로 흘러나오는 것이 확인될 정도로 점도가 낮았고, 저압에서도 토출량이 많아 프린팅이 어려웠다. 배럴 온도를 250℃로 온도를 올려 실험을 진행한 경우에 압력을 최소로 낮추어도 토출량이 너무 많아져 프린팅을 할 수 없었다. 반대로 160℃정도로 온도를 낮추었을 때 토출량이 적당해졌지만 기판과 금속이 붙지 않아 적용이 어려웠다(그림 3-4.38).

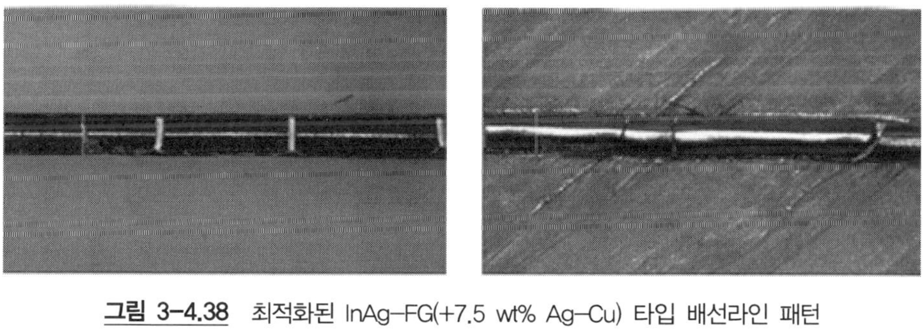

그림 3-4.38 최적화된 InAg-FG(+7.5 wt% Ag-Cu) 타입 배선라인 패턴

공정온도가 점점 증가할수록 노즐이 점차적으로 막히는 현상이 나타났고, 이는 InAg-FG (+7.5 wt% Ag-Cu) 타입에서도 동일하게 관찰되었다. 그림 3-4.39는 최적화된 InAg-FG (+7.5 wt% Ag-Cu) 타입 배선의 단면 패턴이다.

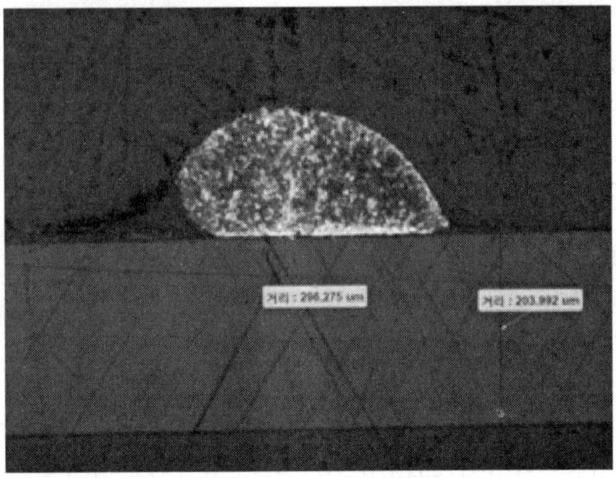

그림 3-4.39 최적화된 InAg-FG(+7.5 wt% Ag-Cu) 타입 배선의 단면패턴

이러한 금속 배선 결과를 토대로 제작된 결과(그림 3-4.40)에서 key frame으로 사용한 소재는 Epoxy (se-8272, Fotopolymer Co. Singapore)이었고, wiring 소재는 eutectic alloy (In-Ag와 Cu flake의 혼합), Si chip parts는 switch(NW3-A06-C1), battery(CR2016), LED(T8W350A)이었다.

이렇게 제작된 결과는 wiring 소재로 conductive graphene filament(GRPHN-175, Black Magic 3D Co. USA), composite metal; eutectic alloy (In-Ag, Cu flake), silver nanoparticle based conducting ink (PS-004, Paru Co. Korea)를 비교하여 가장 좋은 결과를 얻음을 확인하였다.

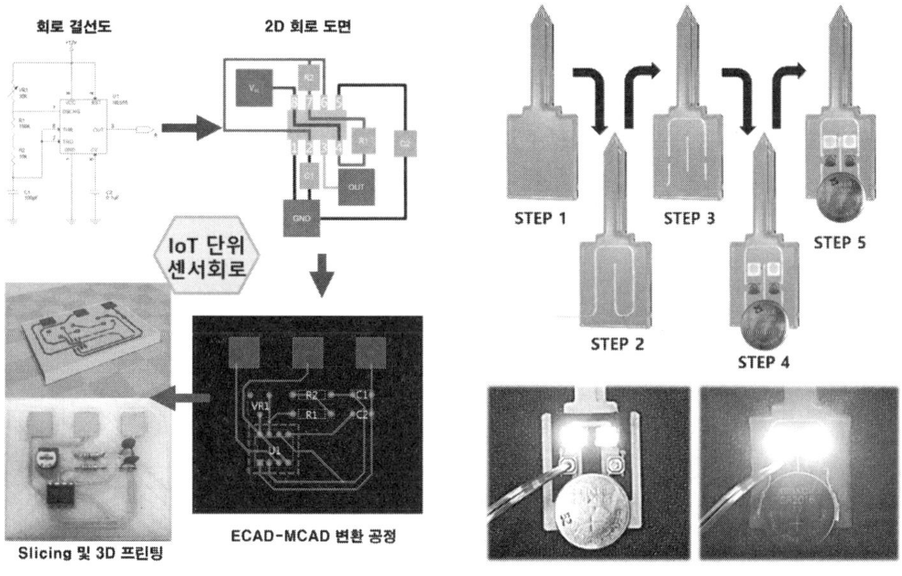

그림 3-4.40 2D 전자회로도의 3D 설계도면 변환 및 키 모델의 3D 프린팅 프로세스

그림 3-4.41은 IoT 초음파센서의 회로배선을 이용하여 3D 프린팅 경로에 따른 간섭부 제거 및 경로 단축한 이후의 최적의 route 생성 결과를 나타낸 것이다. 이를 바탕으로 OrCAD, Allegro, AutoCAD, CREO, CURA 프로그램을 이용한 ECAD의 MCAD 변환 및 3D PCB 제작에 대한 최종 제작과정을 모식적으로 정리한 것이다. 하지만, 실제 3D 프린팅을 이용한 패터닝에는 기판 모양, 노즐 상태 등이 패턴 폭에 영향을 주고 기판-프린팅 베드 간 접착특성 등도 중요한 요소이므로 이를 고려한 설계가 중요하다.

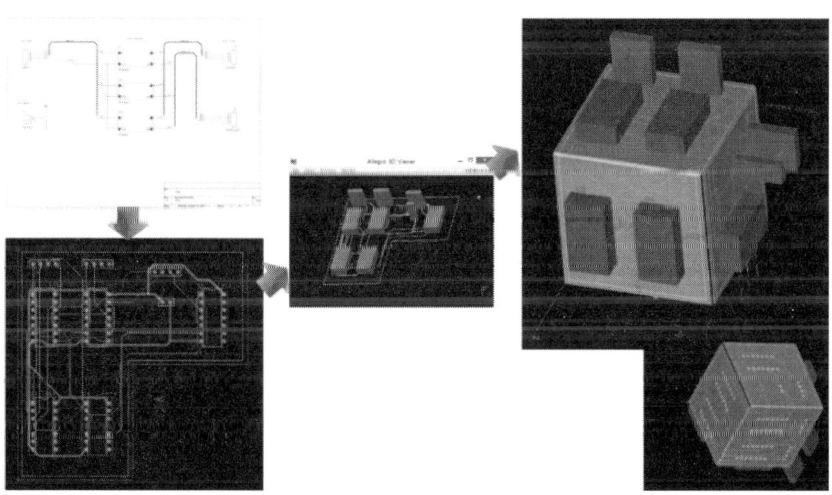

그림 3-4.41 2D 전자회로도의 ECAD 설계를 3D MCAD로 변환하는 과정

유연 금속소재를 이용한 유연, 신축성 배선을 프린팅한 결과는 배선이 30mm 길이로 형성하였으며 50% 인장하면서 반복평가를 진행하였다(그림 3-4.42). 초기 저항인 17.5 Ω은 100회 반복 인장 후에도 그대로 유지됨을 확인하였다. 또한, 배선의 현미경 및 SEM 분석을 통해 배선의 안정성을 확인하였는데, 이러한 안정성은 유연금속에 함유된 액상금속이 인장 및 형태변형 시에도 크랙 및 단락 없이 액상스킨을 잘 형성하여 전도성을 유지할 수 있었기 때문이다.

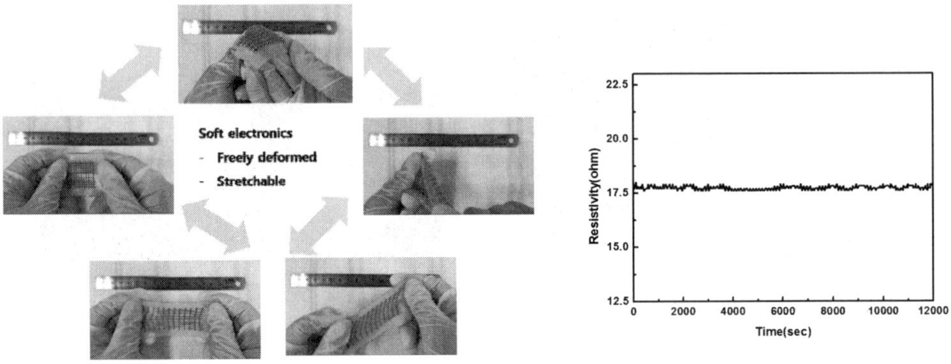

그림 3-4.42 자유롭게 인장변형 가능한 배선과 신축성 평가(50% 신축, 100회 반복)

자유로운 형상과 임베디드 형태의 설치 공간을 고려한 설계가 가능한 3D 프린팅에 의한 단위소자로써 온도센서 구조 설계와 3D 프린팅에 의한 형성 공정을 진행하였고, 센서 방식 (정전, 저항 방식 등)에 따른 적절한 소재의 3D 프린팅 공정으로의 적용이 필요하였다.

3D 프린팅의 장점인 내장형 또는 매립형 형태의 단위센서의 제작 가능성을 검증하였다. 이를 통해 소량/경량화와 외부 환경 영향을 최소화하였다.

임베디드 형태의 설치 공간과 위치에 맞추어 센서 모듈 구조 개발을 위한 연구를 진행하였고 온도에 반응하는 소재를 적용한 단위소자 공정을 진행한 후 온도센서 특성을 측정하였다.

3D 프린팅에 의한 온도센서 단위소자를 내장한 전자부품 컨셉 설계와 3D 구조로 제작하였고 내장 또는 매립구조를 기반으로 하여 다양한 환경에 적용할 수 있도록 할 수 있을 것으로 예상되며, 이는 무선환경센서와 연동하여 컴팩트하고 데이터 수집에 유리한 형상과 구조로 제작이 가능하다.

3D 프린팅에 의한 온도센서 단위소자의 측정을 위하여 상온에서 heating gun을 이용하여 센서 주변의 온도를 증가시키면서 측정 후, 그림 3-4.43과 같이 측정된 저항값을 기반으로 온도 데이터로 변환 후 범용 온도센서 비교하였다.

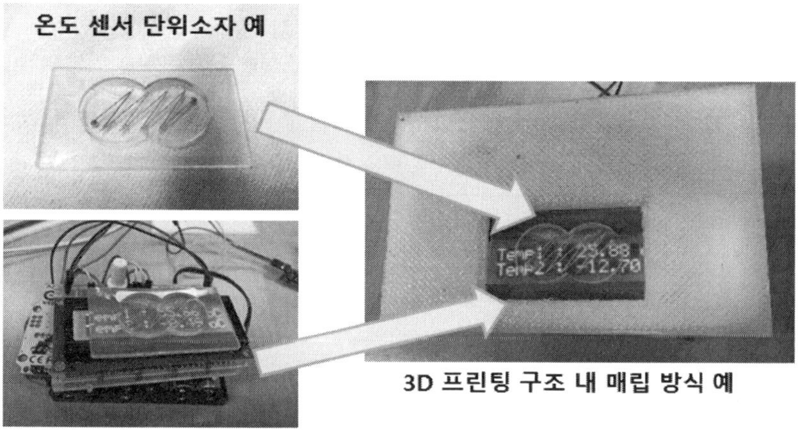

그림 3-4.43 3D 프린팅 온도센서 단위소자를 내장한 전자부품

임의의 수식에 의하여 변환된 측정값을 reference가 되는 범용 온도와 비교하여 유사하게 보정하면서 온도 증가와 감소에 의한 변화를 확인할 수 있었다.

3D프린팅을 이용한 온도센시 측정 시 온도 변화에 따른 소재와 구조의 튜닝을 통한 최적화가 필요하고 MCU를 통하여 측정된 저항 또는 전압을 온도 또는 습도로 변환이 필요하고, 이를 위한 무선환경센서를 포함한 단위 센서로의 성능 확보와 적용의 검토가 필요하였다.

그림 3-4.44 3D 프린팅에 의한 온도센서 단위소자의 특성 측정 시스템

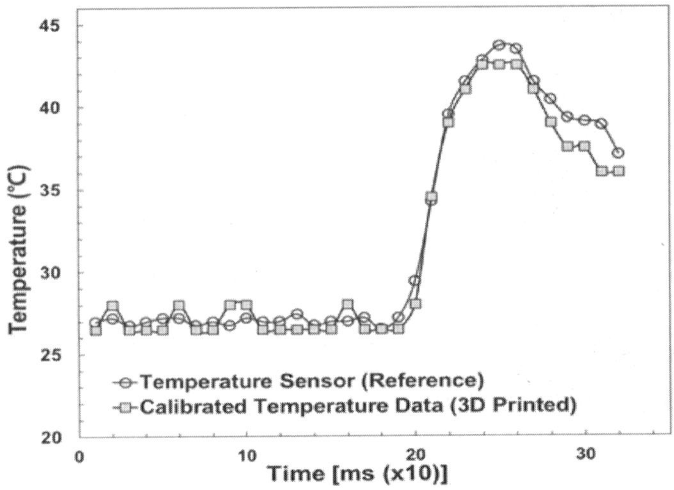

그림 3-4.45 3D 프린팅에 의한 온도센서 단위소자의 특성 측정 결과

범용 아날로그 온도/습도 센서와 3D 프린팅 공정에 의한 온도/습도 센서 단위소자의 출력값에 대한 온도/습도 경향을 분석하였다(그림 3-4.44). 그림 3-4.45의 붉은색 표시 부분과 같이 소재별로 적합한 온도 범위에서는 범용센서와 유사하게 선형적인 경향을 보이는 부분도 확인이 되어서 MCU를 통한 튜닝과 반복성 확인이 필요할 것으로 보인다.

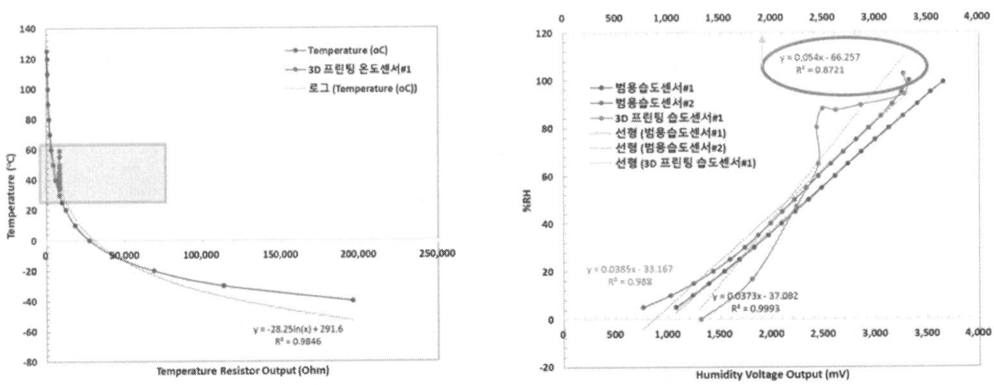

그림 3-4.46 3D 프린팅에 의한 온습도센서 단위소자의 특성 측정 결과

다만 그림 3-4.46과 같이 온도센서의 경우 3D 프린팅을 적용할 수 있는 소재에 따라 측정 범위가 좁거나 습도센서와 같이 일부 구간에서 비선형적 경향을 보이거나 기울기가 달라지는 경우도 볼 수 있어서 개선이 필요하고 이는 소재 측면에서의 최적화와 MCU 및 측정 제어 관련 부분의 개선이 동시에 필요할 것으로 보인다.

3D 프린팅에 의한 단위소자를 매립형 무선환경센서와 연동을 위한 사양과 방식 검토를 진행하였

다. 기존 무선환경센서는 디지털 온/습도 센서와 조도센서를 연결하도록 구성이 되어 있는 사양으로 되어 있는데, 3D 프린팅에 의한 단위소자를 통하여 측정되는 아날로그 신호를 변환하고 보정하기 위한 MCU (micro-controller unit)과 커넥션부의 고려가 필요하다.

이를 위해서 온/습도센서의 디지털/아날로그 방식 연결을 위하여 최소 4개 이상의 연결 노드가 필요하고 디지털 방식 2개의 노드의 경우 reference로서 측정을 위한 용도와 아날로그 방식 2개의 노드의 경우 3D 프린팅에 의한 온/습도 단위센서의 측정/비교를 위한 방식이 적용되었다. 또한, 단위센서 구현을 하고 보다 복합한 전자회로와 구성을 위해서 센서와 메인보다와의 연결을 위한 pin/connector 등의 검토가 필요하다. 이를 위해서 아날로그 방식의 범용 온습도 센서 제품들의 사양을 검토하고 기존 측정한 3D 프린팅에 의해 제작된 단위소자인 온/습도 센서의 측정 범위를 고려하여 MCU의 tolerance를 반영하고자 한다.

표 3-4.3 3D 프린팅에 의한 단위소자를 매립형 무선온도센서 시스템

온도센시	5V 릴레이 아두이노 온도 센서 모듈 [SZH-AT014]	KEYES 아두이노 온도 센서 모듈 Temperature sensor [KY0047]	JK전자 TMP102 Digital Temperature Sensor 3.3/5V 공용 (디지털 온도 센서 모듈)	DFRobot 아날로그 온도센서 [DFR0023]
Image			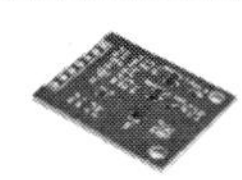	
Dimension	Variable (50X26X16mm)	-	variable (50X26X16mm)	-
Temperature range	-	-55℃ ~ +125℃	-	0℃ ~ +100℃
Accuracy:	-	±0.5℃	-	-
Sensitivity	-	-	-	10mV/℃
Resistance	-	10kΩ	-	-
Supply voltage	5VDC, 12VDC	-	3.3V/5V (level shift)	3.3-5V
Current	≥ 150mA	-	-	-
Load	250V 10A AC or 20V 10A DC	-	-	-
Interface	-	Analog temperature sensor module 3pin dupont cable	- VCC <---> 5V, 3.3V - GND <---> GND - SDA <---> A4 - SCL <---> A5 - ALERT <---> A3	Arduino 전용 온도 센서로 LM35DZ를 사용 아날로그 출력방식 3pin: Signal output/GND/Power

표 3-4.3과 같이 범용 온도센서와 온습도센서, 습도센서의 주요 사양과 입출력 정보를 간략하게 요약하면 무선환경센시에 반영이 가능하게 샘플보드의 인터페이스와 사양에도 반영이 되었으며, 3D 프린팅에 의한 온도센서 연결을 위한 인터페이스도 가능한 기존 범용 센서들과 호환 및 연동이 가능하여 레퍼런스 측정을 위한 요소를 고려한다.

3D 프린팅 기술을 이용한 온도센서 단위소자의 특성 중 무선환경센서의 입력신호가 되는 저항을 측정한 결과 아래 그림과 같이 10 Ω ~ 30 MΩ 수준으로 향후 정확한 측정을 위하여 저항범위의 축소가 필요할 것으로 예상되며 저항의 선형구간이 이루어지는 온도범위에서 측정밀도가 향상될

것으로 예상된다.

3D 프린팅을 적용한 입체구조 온도센서 저항방식 측정 결과 일부 센서의 경우 8.2 kΩ ~ 8.6 kΩ의 저항과 같이 좁은 범위에서 선형구간을 갖는 경우도 측정이 되어서 측정하려는 부위의 온도 범위와 형상에 맞는 온도센서 단위소자 디자인과 소재 적용이 고려되어야 할 것으로 생각된다.

상기한 범용 온도센서의 경우 500 Ω ~ 200 kΩ 범위로 측정 온도 범위에서 변화하는 저항이 얼마나 민감하게 반응하고 측정되는지에 따라 측정 정확도가 달라질 것으로 예상된다(그림 3-4.47). 3D 프린팅 기술을 이용한 습도센서의 경우 측정된 저항의 범위가 100 Ω ~ 340 kΩ 범위에서 저항이 측정되었지만 습도구간별로 선형성을 유지하기 위한 micro-controller unit을 적용한 보정이 필요함을 알 수 있다. 습도센서의 경우 정전용량방식 구조를 적용하여 출력전압을 측정하는 방식으로의 고려도 필요할 것으로 보인다.

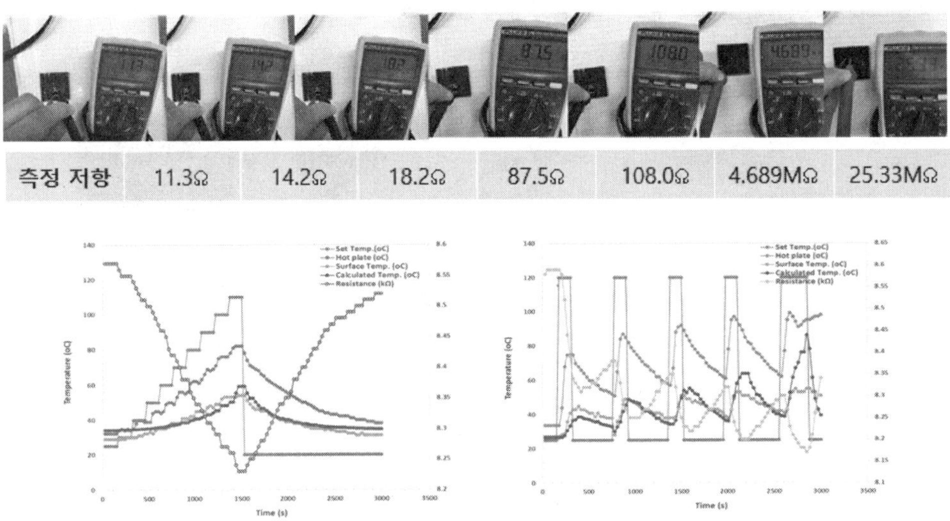

그림 3-4.47 3D 프린팅에 의한 단위소자를 매립형 무선온도센서 결과

앞서 소개한 센서들을 적용한 지그비 무선센서의 설계도는 ECAD에서 재설계된 3D 프린팅 다층회로의 기판을 제작하기 위해 ECAD(allegro)에서 .DXF 포맷의 파일로 데이터를 추출하였다(그림 3-4.48). ECAD내에서 3차원 볼륨을 갖는 구조체를 생성하는 기능이 제한되어 있기에 MCAD로 수치 데이터를 전달하여 인위적으로 볼륨을 생성해주는 작업이 필요하다.

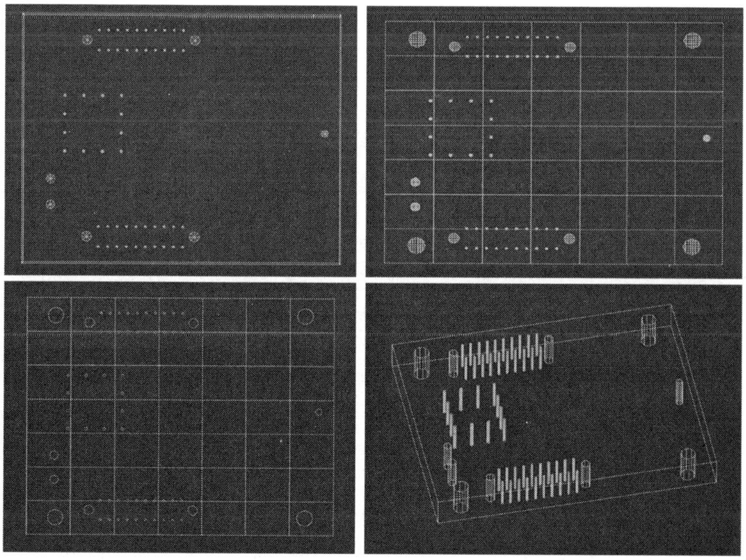

그림 3-4.48 최적화된 3D 프린팅 기판 설계 과정 흐름도

다양한 형태 중에서 .DXF 파일로 추출하는 이유는 AutoCAD에서 편집이 가능한 포맷이며 레이어 방식으로 데이터를 읽어들임으로 인해 일부 수치 데이터만을 선택적으로 사용할 때 편리함을 갖기 때문이다.

ECAD에서 추출한 데이터의 총 레이어는 30개 이상이지만 실제적으로 3개의 레이어의 수치 데이터만으로 비아 홀이 내장된 회로기판을 제작할 수 있다.

DXF로 추출된 데이터는 기본적으로 두께정보를 포함한 절단된 라인(2D discrete line)과 드릴 지름정보를 포함한 점(1D dot)으로 구성되어 있기 때문에 절단된 라인(discrete line)과 점을 닫힌 형태의 연결된 라인(closed polyline)으로 변경 후, 불리언(boolean) 연산을 위하여 폴리라인을 면으로(2D surface)로 변경한다. 그 후 기판에서 드릴 홀을 빼는 boolean 연산을 통하여 회로와 정렬된 맞춤 기판 면(surface)을 생성 후 기판의 두께를 추가하여 3차원 볼륨을 갖는 .STL 모델을 생성한다.

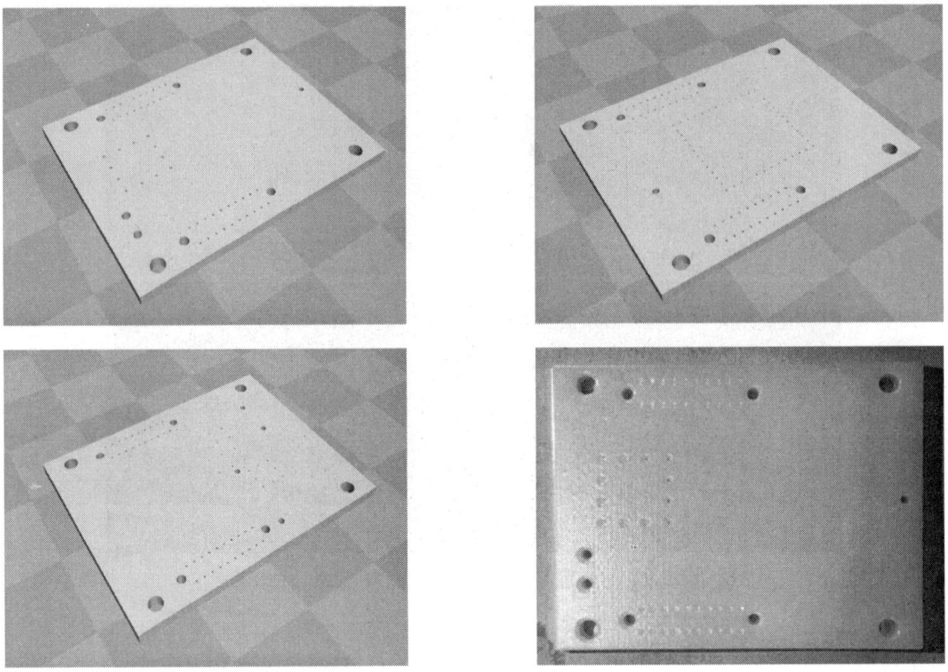

그림 3-4.49 3 층 via 설계도 및 3D 프린팅으로 출력된 기판

디자인된 기판의 .STL을 출력시 기판의 평탄도가 우수하고 후처리 공정에서 유리한 Objet 사의 UV 경화 폴리머(Veroclear, Verowhite)를 사용하여 제작하였다(그림 3-4.49). 각 층의 윗면과 아랫면의 배선을 연결하는 via의 경우 출력이 정확하게 되었지만 층별 연결을 위해 제작된 소켓용 패드 내의 소형 via의 경우 위치표식은 남았지만 쓰루홀(through hole) 구조를 완벽하게 출력해내지 못했다. 외부 드릴을 사용하여 via 구조를 완성시켜 진행할 예정이며, 추후에는 소켓과 패드 사이즈를 재설계 후 쓰루홀 구조가 재현될 수 있는 via 사이즈로 수정하여 드릴 공정을 완벽히 제거할 수 있을 것이라 기대한다.

Objet 사의 UV 경화 폴리머의 경우 출력시 높은 평탄도를 가지고 있어 금속 배선/패드 프린팅에 유리한 장점을 가지고 있지만, Ag 전도성 잉크를 후처리 하는 과정에서 기판 변경(substrate bowing) 현상이 발생하는 문제가 발견되었다(그림 3-4.50).

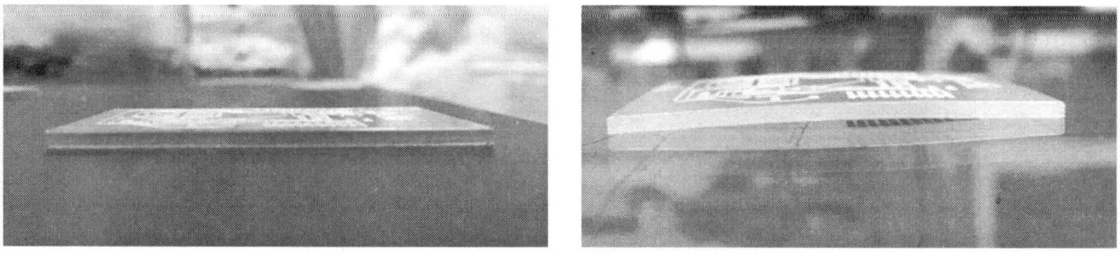

(a) (b)

그림 3-4.50 기판 보잉(bowing) 현상. (a) 프린팅후 (b) 열경화후

기판의 변형은 후면 금속 배선/패드 프린팅 시 잉크 단선 및 단락의 원인이 될 뿐 아니라 소자/PCB 모듈 연결 시 전도성 연결을 저해할 수 있는 요인이 될 수 있다.

(a) (b)

그림 3-4.51 기판 변형 최소화 (a) 열처리 과정 (b) 핫프레스 평탄화

열경화성 폴리머의 경우 열 변형 시 직접적인 압력을 가하면 기판에 손상을 주며 압력을 가하는 툴에 묻어 나오는 단점이 있지만 광경화성 폴리머의 경우 200℃내외의 온도에서 기구를 사용하여 압력을 가할 수 있고 압력을 통하여 기판에 손상 없이 변형을 인위적으로 제어할 수 있는 장점을 가지고 있다. UV 경화 기판의 평탄화를 위해서 열처리 과정을 오븐이 아닌 핫플레이트에서 유리 평판 샌드위치 구조를 사용하여 진행하였다. 유리 평판위에 Ag 전도성 잉크가 프린팅 된 UV 경화 기판을 210℃에서 15분간 진행한 후 같은 유리 평판을 위에 얹어 압력(약 500g)을 가한 후 15분 2차 소결과정으로 전도도를 증가시키기 위해 더 열처리를 진행하였다(그림 3-4.51).

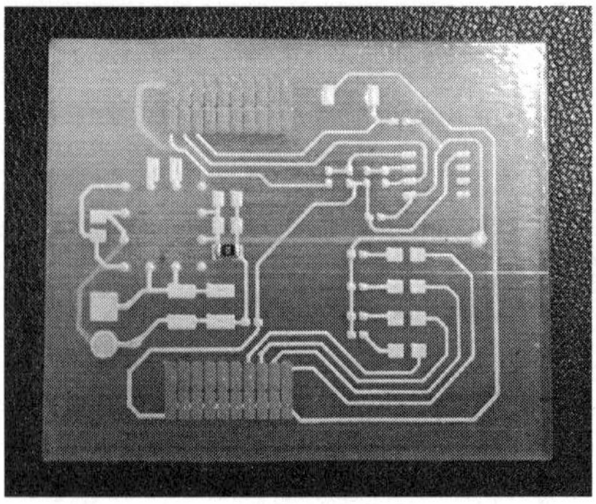

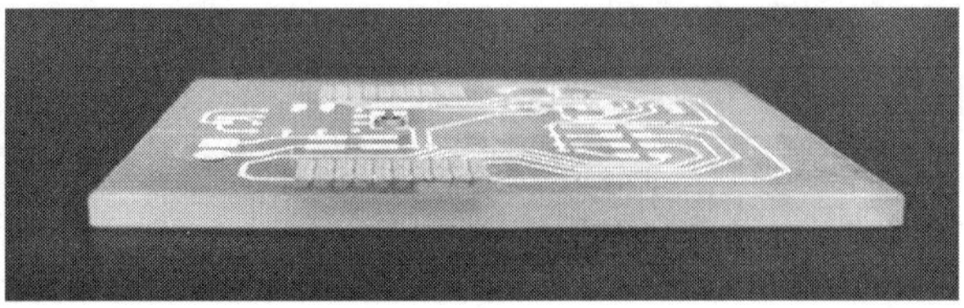

그림 3-4.52 단층구조 T/B 배선 3D 프린팅/열처리/평탄화후 전자회로.

그림 3-4.53 3D 센서모듈의 설계도 및 3D 프린팅으로 완성된 결과물

상온에서 식히는 과정 중에도 압력을 유지해 그림 3-4.52처럼 평탄하게 만들었다. 추가적으로 평탄화가 필요한 경우에는 핫 프레스를 사용하여 윗면/아랫면 150℃에서 50kg 압력을 가해서 열변형을 최소화하고 제조 조건을 최적화 해 그림 3-4.53과 같은 결과물을 제작할 수 있었다.

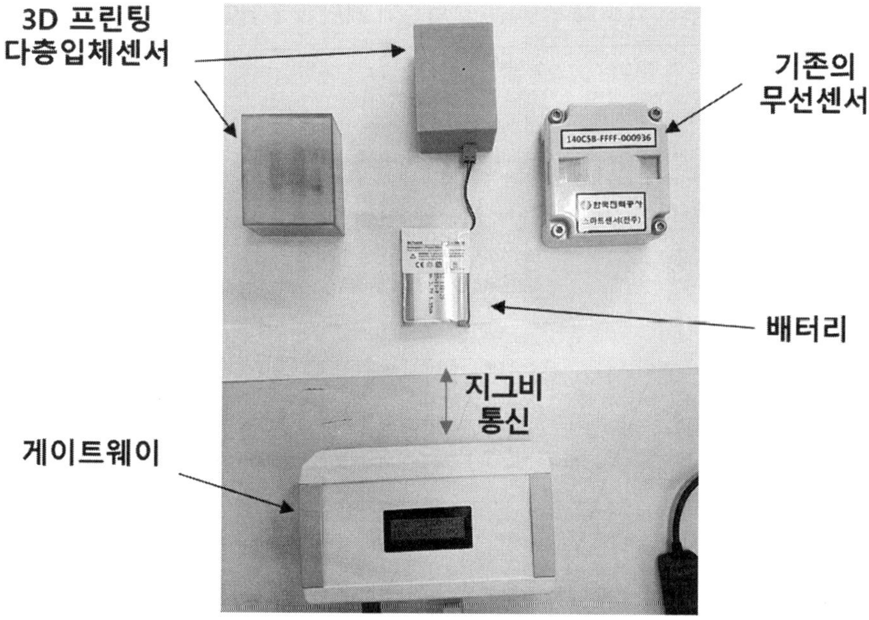

그림 3-4.54 3D 프린팅으로 완성된 3D 센서모듈과 기존의 무선센서 비교

그림 3-4.54에 전자소자에 대한 지그비 무선통신 3D 센서모듈 평가 프로그램은 무선센서에서 무선으로 전송하는 데이터는 ZTH100 Gaterway에서 무선 수신을 받아 이더넷 TCP/IP 소켓 통신으로 데이터 수신 서버 프로그램 ZTH100 SERVER에 전송하게 된다(그림 3-4.55).

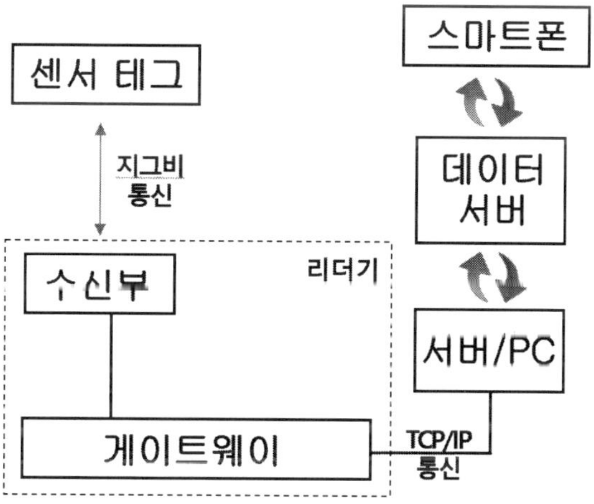

그림 3-4.55 무선 센서와 게이트웨이에서 데이터 수집 블록 다이어그램

전송된 온습도, 조도 데이터는 파싱 처리되어 DB에 저장되고, 저장된 데이터는 웹뷰어 프로그램의 호출로 데이터를 라인 차트로 보여주게 된다.

이 전자소자 평가 시스템은 다수의 무선 센서, 다수의 게이트에 웨이를 여러 장소에서 데이터를 수집할 경우 그림 3-4.56의 리더기로 수신이 가능하다.

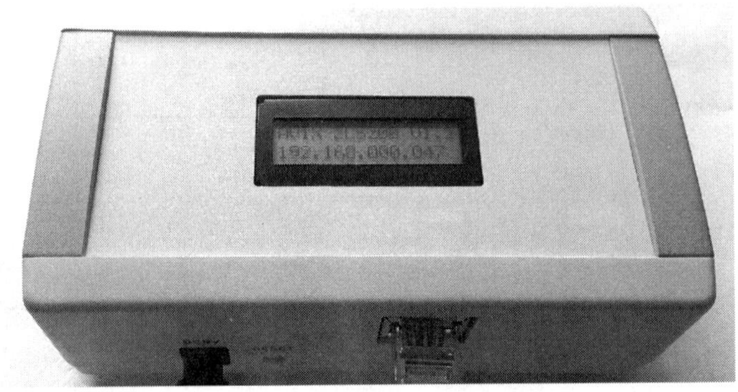

그림 3-4.56 다수의 무선 센서, 게이트에 웨이로 데이터 수집형 리더기

지그비 무선 게이터웨이 ZTH100 Gaterway의 타겟 IP는 ZTH100 서버 프로그램이 설치된 컴퓨터 IP로 설정하고, 포트는 9100으로 설정한다. 예를 들면, 'Server IP 192.168.0.100 Port 9100'로 둘 수 있다.

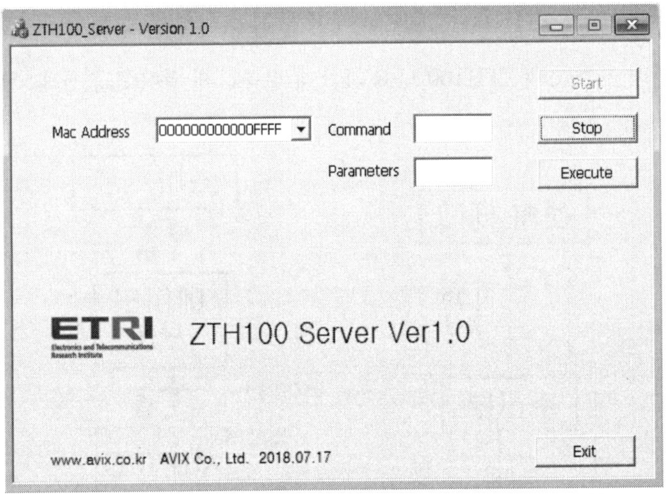

그림 3-4.57 지그비 무선 게이터웨이 ZTH100의 타겟 IP 설정 화면

서버 프로그램은 실행하고 Start 버튼을 누르면 데이터 수신이 되고, 종료할 경우 Exit 버튼을 눌러 종료한다(그림 3-4.57).

표 3-4.4 지그비 무선 게이터웨이 ZTH100의 데이터 구조

<table>
<tr><th>이름</th><th colspan="7">내용</th></tr>
<tr><td>DB명</td><td colspan="7">ZTH100</td></tr>
<tr><td>테이블명</td><td colspan="7">tb__sensor</td></tr>
<tr><td rowspan="2">필드명</td><td>seq</td><td>addr</td><td>type</td><td>value</td><td>tran_cnt</td><td>ts</td><td>reg_tm</td></tr>
<tr><td>일련번호</td><td>센서고유
주소</td><td>데이터
종류</td><td>데이터
측정값</td><td>전송
카운터</td><td>전송
타임
스템프</td><td>기록
타임
스템프</td></tr>
</table>

원시 데이터는 Log 폴더 아래에 텍스트로 저장되고, 파싱된 데이터는 MySql DB 또는 MariaDB에 저장되게 된다. 여기서, MariaDB는 라이센서 오픈 DB로 MySQL과 다르지 않다. 최종적인 데이터 구조는 표 3-4.4와 같다.

그림 3-4.58은 지그비 무선 게이터웨이 ZTH100의 옵션화면을 보여준다.

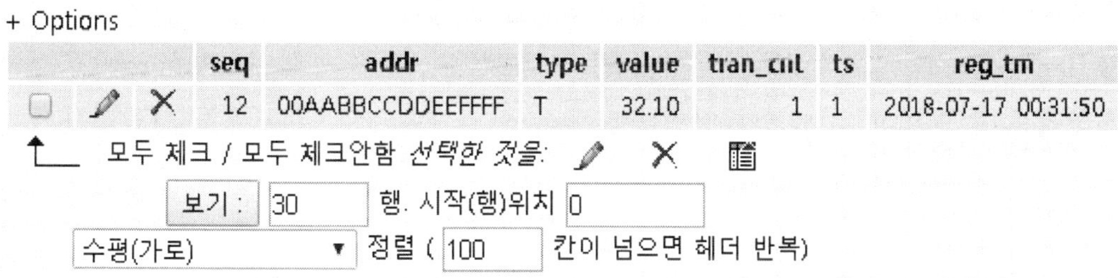

그림 3-4.58 지그비 무선 게이터웨이 ZTH100의 옵션화면

ZTH100에서 3D 프린팅 온습조도 센서를 모니터링한 한 웹뷰어는 그림 3-4.59와 같이 웹주소로 PC, 스마트폰에서 실시간 모니터링 가능하다. 최적화된 조건에서 1초당 1회 전송 데이터를 갱신하여 보여주게 된다(그림 3-4.60).

최적화된 조건에서 전자수자를 이용한 3D 센서모듈 평가 프로그램 및 시스템의 테스트는 성공적으로 수행하였다.

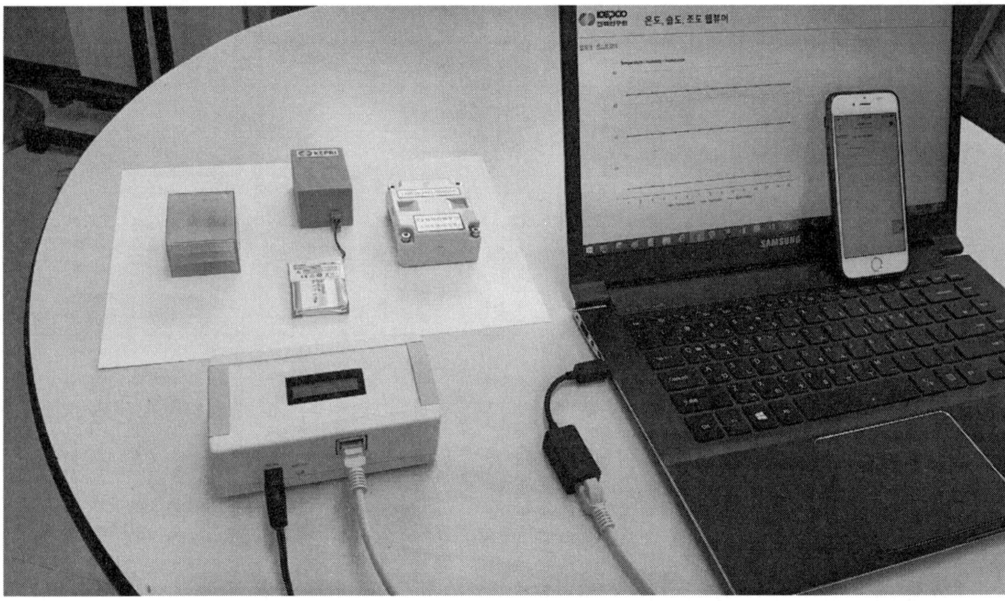

그림 3-4.59 온습도 조도 테스트 테스트 상황

센서와 게이트웨이의 동작과정은 "무선 온습도조도센서 ----->>>> 무선 무선 무선 ----->>>> 지그비 무선 게이트웨이 ----->>>> 유선 인터넷 ----->>>> 스마트폰, PC" 순서로 초당 1회 센싱 패킷을 무선으로 전송을 하면 DB에 차곡 차곡 저장, 웹화면에 그래프, 텍스트로 표시하게 된다(그림 3-4.60, 그림 3-4.61).

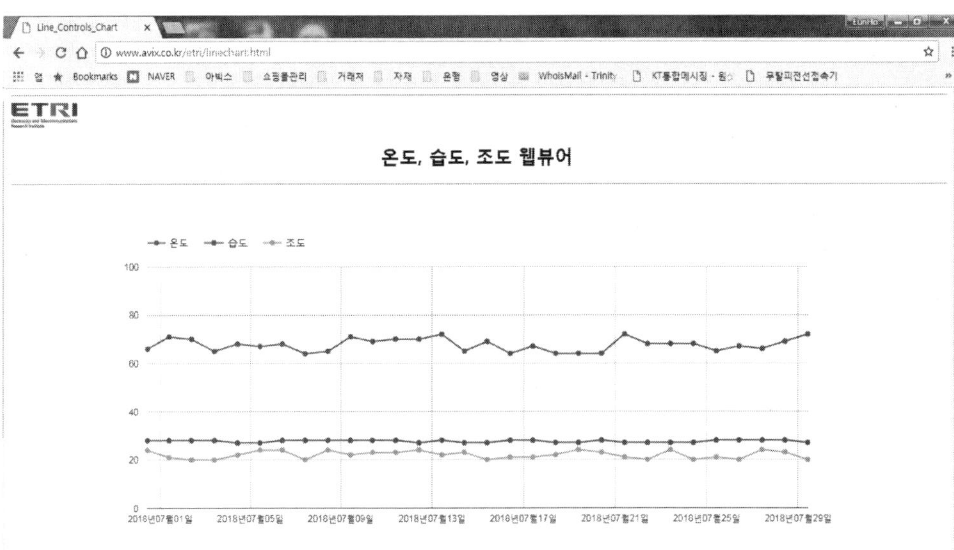

그림 3-4.60 Server에서 수집하면서 나타나는 데이터의 그래프 뷰

ZTH100에서 3D 프린팅 온습조도 센서를 테스트하면서 디버깅할 수 있는 개발자용 프로그램 화면은 그림 3-4.62와 같다 여기서 노란색은 습도, 빨간색은 온도, 녹색은 조도 (1/10 크기)의 실시간 결과와 테이블 형태의 결과를 나타낸다.

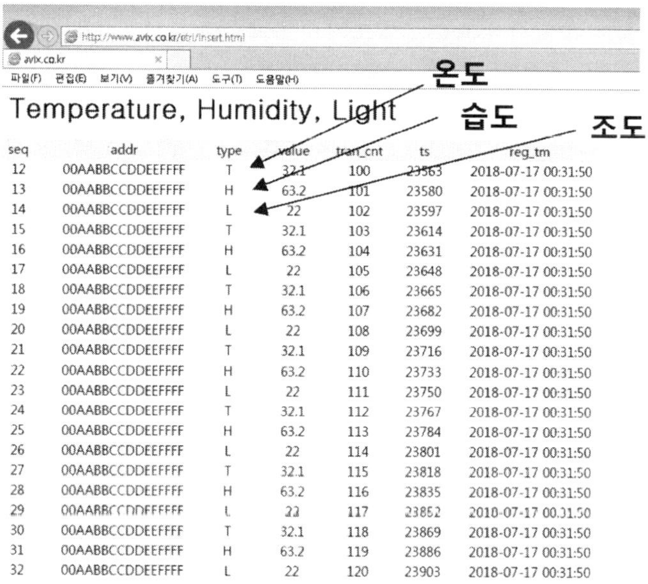

Temperature, Humidity, Light

seq	addr	type	value	tran_cnt	ts	reg_tm
12	00AABBCCDDEEFFFF	T	32.1	100	23563	2018-07-17 00:31:50
13	00AABBCCDDEEFFFF	H	63.2	101	23580	2018-07-17 00:31:50
14	00AABBCCDDEEFFFF	L	22	102	23597	2018-07-17 00:31:50
15	00AABBCCDDEEFFFF	T	32.1	103	23614	2018-07-17 00:31:50
16	00AABBCCDDEEFFFF	H	63.2	104	23631	2018-07-17 00:31:50
17	00AABBCCDDEEFFFF	L	22	105	23648	2018-07-17 00:31:50
18	00AABBCCDDEEFFFF	T	32.1	106	23665	2018-07-17 00:31:50
19	00AABBCCDDEEFFFF	H	63.2	107	23682	2018-07-17 00:31:50
20	00AABBCCDDEEFFFF	L	22	108	23699	2018-07-17 00:31:50
21	00AABBCCDDEEFFFF	T	32.1	109	23716	2018-07-17 00:31:50
22	00AABBCCDDEEFFFF	H	63.2	110	23733	2018-07-17 00:31:50
23	00AABBCCDDEEFFFF	L	22	111	23750	2018-07-17 00:31:50
24	00AABBCCDDEEFFFF	T	32.1	112	23767	2018-07-17 00:31:50
25	00AABBCCDDEEFFFF	H	63.2	113	23784	2018-07-17 00:31:50
26	00AABBCCDDEEFFFF	L	22	114	23801	2018-07-17 00:31:50
27	00AABBCCDDEEFFFF	T	32.1	115	23818	2018-07-17 00:31:50
28	00AABBCCDDEEFFFF	H	63.2	116	23835	2018-07-17 00:31:50
29	00AABBCCDDEEFFFF	L	22	117	23852	2018-07-17 00:31:50
30	00AABBCCDDEEFFFF	T	32.1	118	23869	2018-07-17 00:31:50
31	00AABBCCDDEEFFFF	H	63.2	119	23886	2018-07-17 00:31:50
32	00AABBCCDDEEFFFF	L	22	120	23903	2018-07-17 00:31:50

그림 3-4.61 Server에서 수집하여 DB에 저장된 데이터의 텍스트 뷰

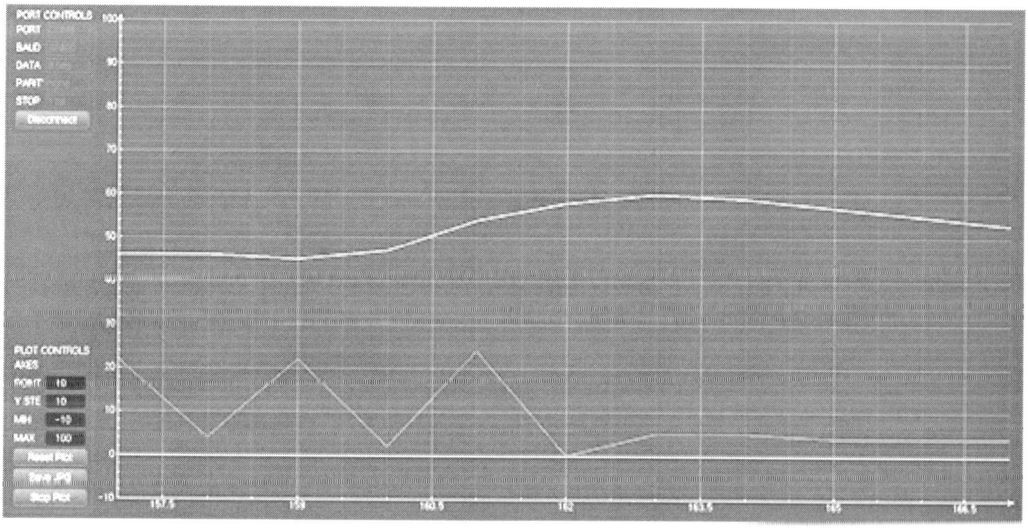

그림 3-4.62 온습도 조도 테스트 디버거 프로그램 화면

3. Conclusion

3D 프린팅 멀티센서 모듈은 넓게는 사람과 주변 사물들이 유무선 네트워크로 연결되어 정보를 상호 수집, 공유하며 통신하는 인터넷 환경을 목적으로 개발되고 사용이 가능하다. 이는 사물이 네트워크 통신 주체로 등장한 인터넷 패러다임 속의 중요한 기술로 사람-사물 혹은 사물-사물의 생성 데이터에 이르기까지 모든 것들이 인터넷으로 연결되는 기술 및 서비스환경에 적용이 가능하며, 이러한 3D 프린팅 멀티센서 모듈 기반의 센서(Sensor), 데이터(Data), 네트워크(Network) 관련 사물인터넷을 실현하기 위해 사용되는 대표적인 기술로 가치를 갖는다.

예를 들어, 사물인터넷의 주요 대상 산업으로는 전기/수도(Utility)를 비롯하여 가전(Consumer Electronics, 헬스케어(Healthcare), Intelligent 건물 및 설비(Building & Facility), 차량(Automotive) 등이 있다. 사물인터넷 시대가 본격적으로 도래하면 기존 전자 산업과 같은 전통적인 산업을 중심으로 산업 간에 융복합이 가속화 될 것이며, 각종 기기들을 통해 수집한 정보를 분석하여 새로운 기회와 가치를 창출해내는 빅데이터(Big Data)의 중요성도 더욱 커질 것이다.

여기에 개발하는 3차원 센서 모듈의 설계 및 제조 기술은 이와 같은 사물인터넷 시대를 맞아 ICT 융합이 전 분야로 확산되고 기기 및 시스템의 지능화가 가속화되는 가운데, 사회 인프라 분야에 사물인터넷 기술을 활용함으로써 적극적인 시장 대응 및 제품/시스템의 고부가가치화의 목적을 갖는다(그림 3-4.63).

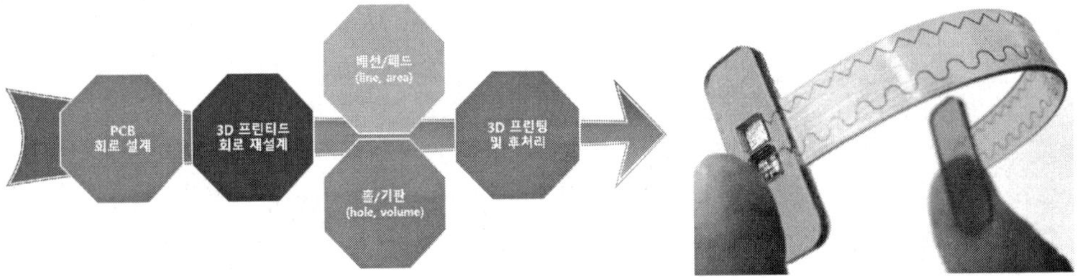

그림 3-4.63 3D 프린팅 전자소자의 다층구조 설계 및 제조 최종 흐름도

4. 참고문헌

[1] M. Leenen, V. Arning, H. Thiem, J. Steiger, and R. Anselmann, "Printable Electronics: Flexibility for the Future," Phys. Status Solidi A, 2009. 206(4), 588

[2] J. Wiklund, A. Karakoc, T. Palko, H. Yigitler, K. Ruttik, R. Jantti, and J. Paltakari, "A Review on Printed Electronics: Fabrication Methods, Inks, Substrates, Applications and Environmental Impacts," J. Manuf. Mater. Process. 2021, 5(3), 89.

[3] Y.S. Yang, I. You, H. Han, J.B. Koo, S. C. Lim, S. Jung, B.S. Na, H. Kim, M. Kim, and S. Moon, "Preliminary Works of Contact via Formation of LCD Backplanes Using Silver Printing," ETRI Journal, 2013, 35, 571.

[4] J. Mei, M.R. Lovell, and M.H. Mickle, Formulation and processing of novel conductive solution inks in continuous inkjet printing of 3-D electric circuits. IEEE Trans. Electron. Packag. Manuf. 28, 265 (2005).

[5] B. Andò and S. Baglio, Inkjet-printed sensors: a useful approach for low cost, rapid prototyping [instrumentation notes]. IEEE Instrum. Meas. Mag. 14, 36 (2011).

[6] M.A. Gibson, N.M. Mykulowycz, J. Shim, R. Fontana, P. Schmitt, A. Roberts, J. Ketkaew, L. Shao, W. Chen, P. Bordeenithikasem, and J.S. Myerberg, 3D printing metals like thermoplastics: fused filament fabrication of metallic glasses. Mater. Today 21, 697 (2018).

[7] S.H. Masood and W.Q. Song, Development of new metal/polymer materials for rapid tooling using fused deposition modelling. Mater. Des. 25, 587 (2004).

[8] L. Novakova-Marcincinova and J. Novak-Marcincin, Testing of the ABS materials for application in fused deposition modeling technology. Appl. Mech. Mater. 309, 133 (2013).

[9] S.H. Ahn, M. Montero, D. Odell, S. Roundy, and P.K. Wright, Anisotropic material properties of fused deposition modeling ABS. Rapid Prototyping 8, 248 (2002).

[10] U.S. Jayapiriya and S. Goel, Influence of cellulose separators in coin-sized 3d printed paper-based microbial fuel cells. Sustain. Energy Technol. Assessments 47, 101535 (2021).

[11] S. Meng, H. He, Y. Jia, P. Yu, B. Huang, and J. Chen, Effect of nanoparticles on the mechanical properties of acrylonitrile–butadiene–styrene specimens fabricated by fused deposition modeling. J. Appl. Polym. Sci. 134, 1 (2017).

[12] Z. Weng, J. Wang, T. Senthil, and L. Wu, Mechanical and thermal properties of ABS/montmorillonite nanocomposites for fused deposition modeling 3D printing. Mater. Des. 102, 276 (2016).

[13] A. Pal, K. Amreen, S.K. Dubey, and S. Goel, Highly sensitive and interference-free electrochemical nitrite detection in a 3D printed miniaturized device. IEEE Trans. Nanobioscience 20, 175 (2021).

[14] S.J. Leigh, R.J. Bradley, C.P. Purssell, D.R. Billson, D.A. Hutchins, and A. Simple, Low-cost conductive composite material for 3D printing of electronic sensors. PLoS ONE 7, 1 (2012).

[15] K. Gnanasekaran, T. Heijmans, S. van Bennekom, H. Woldhuis, S. Wijnia, G. de With, and H. Friedrich, 3D printing of CNT- and graphene-based conductive polymer nanocomposites by fused deposition modeling. Appl. Mater. Today 9, 21 (2017).

[16] J.F. Christ, N. Aliheidari, A. Ameli, and P. Pötschke, 3d printed highly elastic strain sensors of multiwalled carbon nanotube/thermoplastic polyurethane nanocomposites. Mater. Des. 131, 394 (2017).

[17] S.W. Kwok, K.H.H. Goh, Z.D. Tan, S.T.M. Tan, W.W. Tjiu, J.Y. Soh, Z.J.G. Ng, Y.Z. Chan, H.K. Hui, and K.E.J. Goh, Electrically conductive filament for 3D-printed circuits and sensors. Appl. Mater. Today 9, 167 (2017).

[18] K. Chizari, M.A. Daoud, A.R. Ravindran, and D. Therriault, 3D printing of highly conductive nanocomposites for the functional optimization of liquid sensors. Small 12, 6076 (2016).

[19] D. Zhang, B. Chi, B. Li, Z. Gao, Y. Du, J. Guo, and J. Wei, Fabrication of highly conductive graphene flexible circuits by 3D printing. Synth. Met. 217, 79 (2016).

[20] J.Z. Manapat, J.D. Mangadlao, B.D.B. Tiu, G.C. Tritchler, and R.C. Advincula, High-strength stereolithographic 3D printed nanocomposites: graphene oxide metastability. ACS Appl. Mater. Interfaces 9, 10085 (2017).

[21] H. Dang, Y. Kim, Y. Yang, B. Koo, Y. Yang, I. You, C. Lee, Y. Doh, K. Choi, 3D Printing Based Single-Build Process for Electronic Devices, J. of Nanosci. and Nanotech. 7, 7259 (2017)

[22] B. Koo, H. Dang, I. Yoo, M. Moon, Y. Yang, Development of In-Bi-Sn Composite Metal Inks with Modified Properties for 3D Printed Electronics, J. of Nanosci. and Nanotech. 7, 7529 (2017)

3-5 3D printed electronics

1. 서론

수십년동안 발전해온 3D 프린팅 공정은 전자제품의 제조 공정에도 영향을 미치기 시작했다. 대부분의 경우 이러한 방법은 기존 인쇄 방법의 적용 또는 인쇄전자용으로 특별히 설계된 신기술을 나타낸다. 많은 2D 응용 프로그램의 경우 기존 제조 방법이 유효하지만, 소비자 전자 제품, 항공 우주, 의료 및 사물 인터넷 응용 프로그램에 사용되는 더 작고 얇은 전자 장치에 새로운 3D 제조 방법이 필요하다.

3D 프린터를 사용하면 제조업체와 설계자의 지적 재산을 보호하고 더 이상 외부 아웃소싱 시설을 사용할 필요가 없으므로 시장 출시 기간을 단축할 수 있다. 또한 디자인을 즉시 수정 및 재인쇄할 수 있기 때문에 제품 개발 비용이 절감되고, 디자인의 범위와 품질이 매우 좋아진다.

3D 프린팅을 이용한 전자제품 제조는 다소 새로운 분야지만, 전자제품 시장에 광범위한 영향을 미칠 것이다. 이미 특수 3D 프린터로 진행되는 발전은 우리를 새로운 기능과 근본적으로 다른 설계 및 생산 공정으로 이끌 것이다. 머지않은 미래에는 더 빠른 인쇄 속도, 더 높은 해상도의 인쇄, 단일 객체를 3D로 인쇄하면서 여러 가지 재료를 사용할 수 있는 기능도 생길 것이다.

본 장에서는 Nano Dimension, Neotech, Optomec의 3D ptinted electronics 기술에 대해 다루도록 하겠다.

2. Nano dimension

3D 프린팅은 디자이너와 엔지니어가 산업 전반에 걸쳐 제품을 개발하는 방식을 변화시키는 획기적인 기술이다. 단 한 가지 주목할 만한 예외는 전자 제품이다. 전자 제품, 미세 부품 및 PCB의 기존 생산은 비효율적이고 낭비적이며 확장된 공급망과 수십 개의 수동 프로세스에 의존한다. 이러한 기존 공정의 문제를 해결하기 위해 Nano dimension은 DragonFly IV를 제작했다. 그림 3-5.1의 DragonFly 2020 Pro는 3D 프린터 하드웨어, 소프트웨어 및 나노 입자 기반 전도성 및 유전체 잉크, 완전한 기능을 갖춘 다층 회로를 하룻밤 사이에 인쇄할 수 있다. DragonFly는 점점 더 정교한 기능을 요구하고, 다층 PCB를 요구하는 전자 장치의 증가하는 수요를 해결할 수 있다. 모든 전자 장치의 핵심인 PCB 회로는 가전제품, 의료 기기, 방위, 항공우주, 자동차, IoT 및 통신을 포함한 다양한 산업 분야에 적용된다.

그림 3-5.1 Nano Dimension의 DragonFly IV

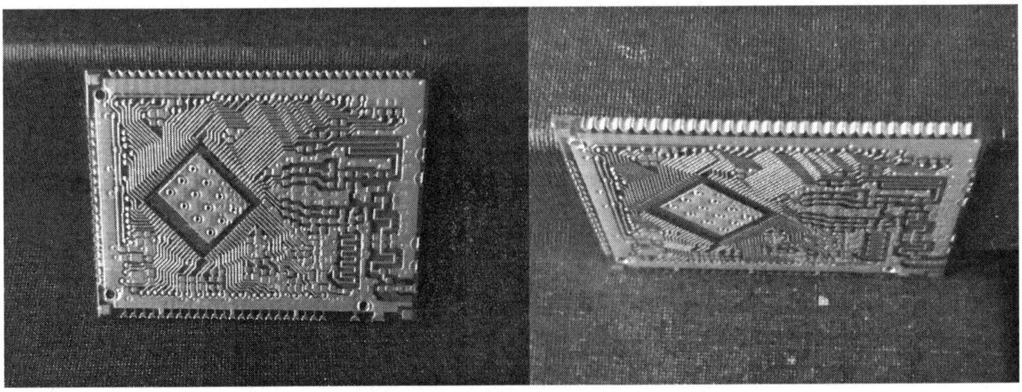

그림 3-5.2 Nano Dimension의 Dragonfly 3D 프린터에서 생산된 PCB

3D 프린팅은 수십 년 동안 존재해 왔지만, 완전히 기능하는 전자 회로를 만들기 위해 특수 적층 제조 프린터를 사용하는 것은 새로운 분야다. Nano Dimension의 고해상도 잉크젯 3D 프린터를 사용하면 설계자와 엔지니어가 3D 프린팅 및 테스트를 수행하고 필요에 따라 변경할 수 있으며 PCB 프로토타입, 회로 및 안테나를 쉽게 재인쇄할 수 있다.

설계자와 엔지니어는 이제 원하는 디자인으로 적층 제조 PCB 및 3D 회로를 사내에서 제작함으로써 설계 검증 및 테스트를 빠르게 마칠 수 있고, 설계 및 테스트 주기를 몇 개월 또는 몇 주에서 며칠로 단축할 수 있다. 또한, 이렇게 제작된 PCB는 그림 3-5.2처럼 상단과 하단 뿐 아니라 측면에도 부품을 인쇄하고 부착할 수 있기 때문에 기존 PCB 제조 공정과 비교하면 50%까지 보드 공간을 늘릴 수 있다. 이러한 발전은 새로운 차원의 효율성과 생산성을 제공하고, 효율성과 생산성을 높여 혁신을 지원하고, 출시 시간을 단축할 수 있게 해준다.

DragonFly를 이용한다면, 구조적 및 기능적 특성을 가진 복잡한 형상을 인쇄하여 공간, 중량 및 비용을 절약할 수 있다(그림 3-5.3). 또한 프린터를 사용하면 거의 모든 설계 공간에 맞는 혁신적인 설계가 가능하므로 다른 방법으로 만들 수 없는 부품을 개발할 수 있기 때문에 PCB 실계의 유연성과 맞춤화를 더욱 강화하고 소형 전자제품을 인쇄하거나, 소규모 생산의 잠재력을 실현할 수 있다. DragonFly의 독특한 구조는 DragonFly 프린터의 Z축의 기계적 높이 이상으로 인쇄할 수 있는 레이어 수에 제한이 없다는 것을 의미한다.

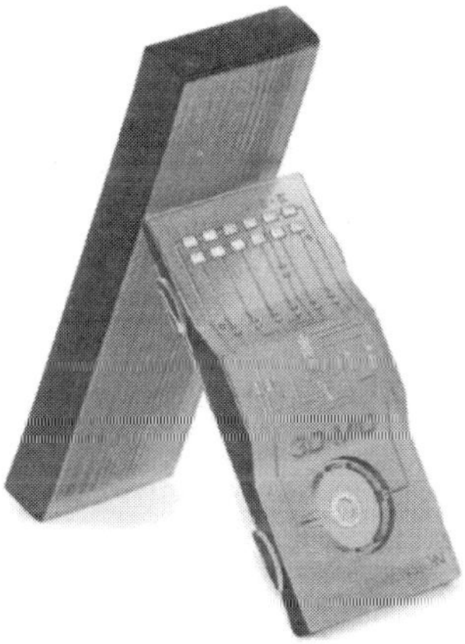

그림 3-5.3 Nano Dimension의 Dragonfly로 제작한 3D 형태의 PCB

또한, Nano dimension은 PCB의 제작에서 끝내지 않았다. 그림 3-5.4는 Nanodiension의 DragonFly Pro를 이용해 제작한 RF안테나이다. Nano Dimension은 2-10GHz 마이크로스트립 초

광대역(UWB) 안테나를 4-9시간 만에 30달러 미만으로 인쇄할 수 있는 능력을 통해 고성능 무선 구성 부품의 새로운 생산 분야에서 새로운 길을 개척하였다.

그림 3-5.4 Nano Dimension의 DragonFly Pro 시스템에 인쇄된 RF 안테나

3. Neotech AMT

본 장에서는 Neotech AMT의 Airesol-Jet과 Piezo-Jet 인쇄 기술이라는 두 가지 다른 디지털 인쇄 기술을 알아보고자 한다.

Airesol-Jet 인쇄 기술의 작동 원리는 그림 3-5.5에 나와 있다. 에오로졸이 공압으로 생성되면, 캐리어 가스에 의해 유도된 벤투리 효과로 인해 기능 잉크는 리저버로부터 분사 노즐로 이송되고, 분사 노즐에서 공압으로 분무된다. 이어서, 생성된 에어로졸은 가상 임팩터로 전달된다. 이 기능 요소는 에어로졸의 압력을 감소시키고 입자 흐름을 균일화한다. 생성된 에어로졸 스트림은 시스 가스에 의해 초점을 맞추고 인쇄 노즐을 통해 기판 재료에 적용된다. 인쇄 과정은 다양한 이점을 제공한다. 첫째, 가는 선(< 100 μm)과 넓은 선(> 1 mm)을 모두 인쇄할 있다. 둘째, 전도성 잉크부터 격리 잉크까지 광범위한 재료를 인쇄할 수 있다. 그러나 주요 장점은 수 밀리미터의 긴 초점 거리로 인해 에어로졸 빔을 큰 거리에 걸쳐 일정한 직경으로 초점을 맞출 수 있다는 것이다.

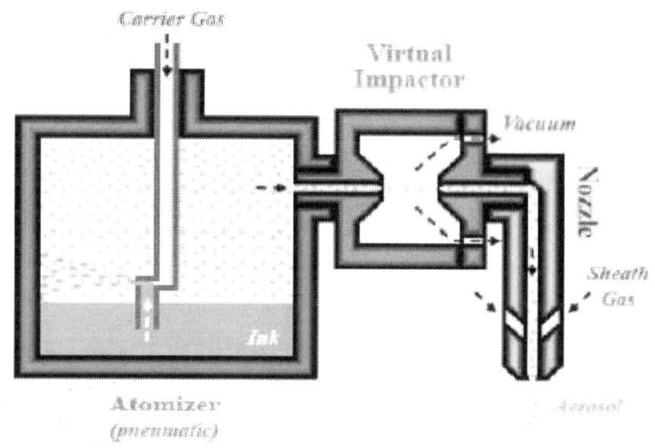

그림 3-5.5 Aerosol-jet 인쇄 공정의 작동 원리

그림 3-5.6은 Piezo-Jet 인쇄 프로세스의 작동 원리를 보여준다. 먼저 잉크가 잉크 저장소로 전달되면, Drop on Demand 원칙에 따라 피에조 구동 태핏이 노즐의 오리피스를 통해 잉크를 눌러 방울을 형성한다. 그 결과, 노즐 팁에서 액적이 가속되어 방출된다. 물방울의 높은 운동 에너지로 인해 표준 잉크젯 프린팅 기술에 비해 작업 거리가 증가할 수 있다. Aerosol-Jet의 작업 거리는 Piezo-Jet을 능가하지만. Piezo-Jetting은 높은 점도의 잉크를 처리할 수 있으므로 인쇄 헤드에 히터 카트리지가 장착되어 잉크의 온도를 조절하여 기능성 잉크의 점도를 조절할 수 있다. 예를 들어, 스크린 인쇄 페이스트는 전도성 라인을 인쇄하는 데 사용될 수 있다. 이러한 페이스트들은 일반적으로 고분자 매트릭스에 내장된 마이크로스케일 전기 전도성 입자로 구성되며, 인쇄 후 경화되어 고분자의 가교 및 전도성 트랙의 형성을 유도해야 한다. 이와는 대조적으로, 다양한 용매와 나노 크기의 금속 입자로 이루어진 분산액은 에어로졸-제트 인쇄에 일반적으로 사용된다. 150°C 이상의 온도를 가함으로써, 용매가 증발한 후, 음극 입자는 소결하기 시작하여 (다공성) 금속층을 생성한다.

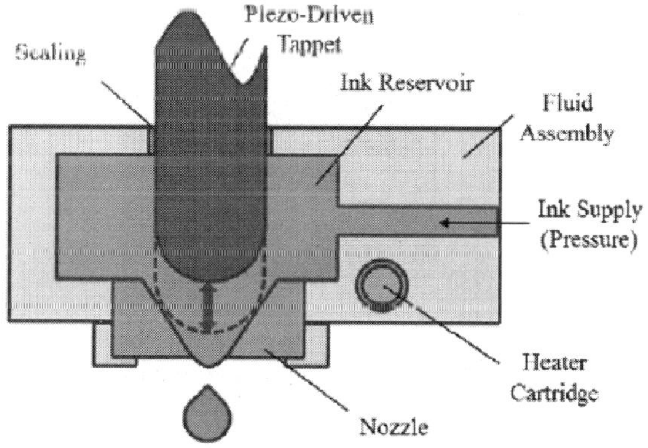

그림 3-5.6 Piezo-jet 인쇄 공정의 작동 원리

RP기법 중 하나의 기술인 용융 필라멘트 제작은 높은 비용 효율과 간단한 설정 및 안정적인 공정 때문에 가장 일반적으로 사용되는 제조 방법이다. 필라멘트 형태의 물질은 뜨거운 노즐로 유도되어 용융된 후, 모션 시스템으로 헤드를 움직여 가열된 플랫폼에 인쇄된다. 그림 3-5.7은 FFF 헤드의 주요 구성 요소를 보여준다.

FFF에 자주 사용되는 재료는 PLA, ABS, PC 및 PET이다. 재료의 선택은 내열성, 내화학성, 색상 및 재활용성, 원하는 인쇄 온도 및 재료 비용과 같은 필요한 부품 특성에 영향을 받는다. 사용된 중합체 중 다수는 흡습성이 있어 밀폐된 용기에 보관하거나 오븐에서 수시로 건조 시켜야 한다.

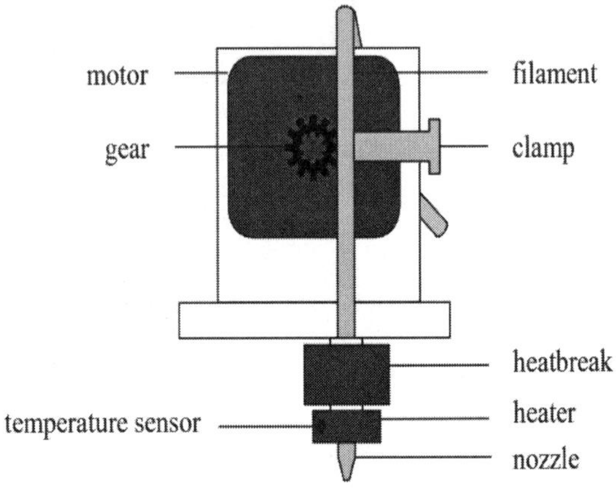

그림 3-5.7 FFF 헤드의 개략도 및 구성 요소

PJ 15X(그림 3-5.8)은 3D 인쇄 전자 제품을 위한 경제적인 래피드 프로토타이핑 시스템이다. 이 고유한 시스템은 피에조 작동 인쇄 기술과 5축 모션 제어를 결합하여 복잡한 3D 인쇄를 가능하게 하기 때문에 광범위한 R&D, 프로토타이핑 및 제품 개발 작업에 이상적이다. 이 시스템은 모듈식 구성을 가지고 있으며 표준화된 고성능 제어 시스템을 사용하여 미래의 대량 생산의 비전을 제공한다. 기본 시스템은 새로운 프로세스 체인을 생성할 수 있도록 주문 시 또는 고객 시설에 추가할 수 있는 선택적 업그레이드가 가능하다.

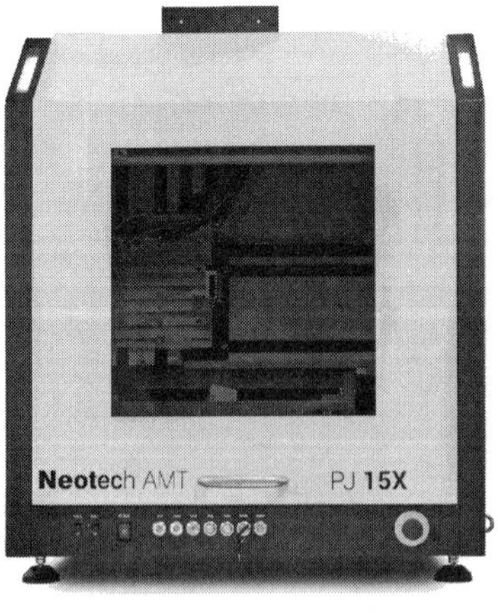

그림 3-5.8 PJ 15X

표 3-5.1 PJ 15X 특성

Print/Functionalising Tools	Pre-/Post-Processing
Piezo Jetting	CNC Machining
Ink Jetting (Single Nozzle and Classic Multi-Nozzle)	Plasma Cleaning
Aerosol Based	Light Beam Sintering
Dispensing	UV Curing
Ultrasonic Spray	Advanced Machine Vision
FFF	White light method
SMD Pick & Place	

광범위한 인쇄 및 후처리 도구를 통해 PJ15X는 다양한 기능성 재료를 지원한다. 전도성 나노 입자 잉크 및 미크론 스케일 페이스트는 복잡한 모양의 비평면 기판에 정확하게 증착될 수 있으며 메카트로닉 시스템 제조를 위해 SMD Pick & Place와 결합될 수 있다. FFF 및 분배 모듈을 통해 구조 본체를 생성하여 "완전 부가적" 3D 전자 장치를 구현할 수도 있다.

15X G4 시스템(그림 3-5.9)는 높은 처리량, 대량 생산을 위한 45X 및 3D 인쇄 전자 제품 개발을 위한 15X의 두 가지 구성으로 제공된다. 이 특허받은 플랫폼은 전자 장치의 복잡한 3D 인쇄를 가능하게 하는 산업적으로 입증된 모션 및 소프트웨어 컨트롤과 고성능 인쇄 기술을 결합한다. 여러 개의 프린트 헤드와 5축의 동시 동작으로 신속한 자동화 부품 처리가 가능하다.

24시간 작동을 위해 특별히 설계된 15X G4는 최소한의 유지 보수 작업을 위해 견고하게 구성되었다. 기본 플랫폼은 높은 감쇠, 진동 방지, 열 안정성 및 장기 안정성을 위한 압축 강도를 제공하는 견고한 강철 프레임과 단단한 암석 화강암 포털로 구성된다.

선형 모터 및 엔코더 기술은 높은 동적 이송 속도에서도 최대 인쇄 정확도(+/-5 μm)를 보장한다. 고속(<1 ms) 모션 제어 및 축 포지셔닝을 위한 동시 계산은 빠르고 일관된 인쇄 속도를 가능하게 하여 인쇄 주기 시간을 최적화한다. 지크 보징 기능이 있는 "Look Ahead" 경로 제어는 인쇄 정확도를 보장하는 조화로운 움직임과 정현파 가속을 보장한다.

45X는 Neotech의 Motion 3D Tool-path 생성 소프트웨어와 함께 제공된다(그림 3-5.10). 3D 인쇄 전자 장치용으로 특별히 구성된 이 새로운 CAD/CAM 솔루션은 첨단 노구 중심점 작업으로 인덱싱된 3+2, 4+1 및 동시 5축 인쇄를 허용하는 기계 코드를 생성한다. 이 소프트웨어를 사용하면 가장 복잡한 디자인도 빠르게 처리할 수 있는 가장 효과적인 인쇄 전략을 구현할 수 있다. 인쇄 시뮬

레이션 및 CAM 검사 기능은 인쇄가 시작되기 전에 잠재적인 오류를 강조 표시한다. 결합된 Motion 3D 및 45X 시스템 패키지는 고객 프로젝트의 신속한 성공을 보장하는 단일 통합 솔루션을 제공한다. 인쇄 시스템은 표준화된 CANopen 통신 프로토콜을 사용하여 안전하게 작동한다.

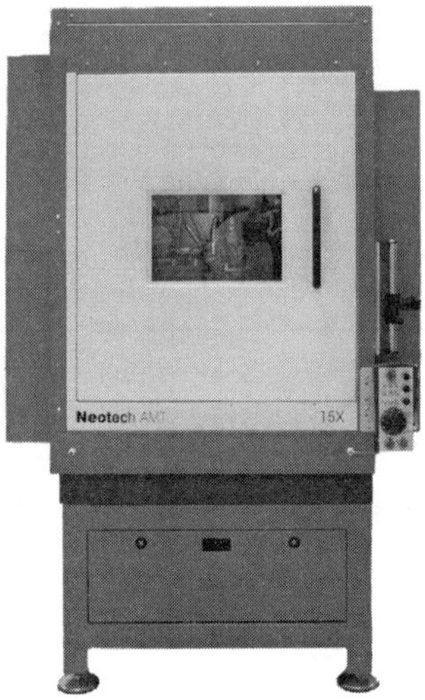

그림 3-5.9 15XG4 프린트

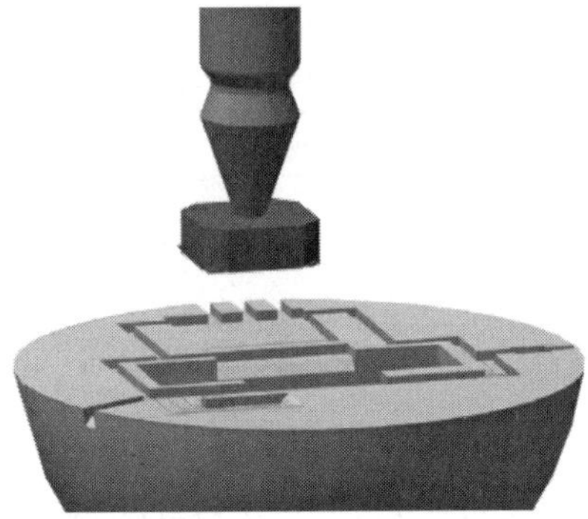

그림 3-5.10 Tool-path 생성 및 시뮬레이션

애플리케이션 요구 사항을 충족하기 위해 선택된 인쇄 모듈에는 고속 피에조 구동식 Drop on Demand, 잉크젯 또는 에어로졸 공정이 포함된다. 이는 유체 나노 입자 잉크에서 고점도(약 200.000 mPas까지) 페이스트에 이르기까지 광범위한 전자 재료 처리를 지원한다. 인쇄 가능한 재료에는 광범위한 응용 분야를 가능하게 하는 전도체, 유전체, 접착제, 도펀트 및 식각액과 같은 모든 전자 기능이 포함된다.

Aerosol Jet 기술을 사용하여 플라스틱 탱크에 기능성 유체 레벨 감지 회로를 인쇄했다(그림 3-5.11). 이 예에서는 두 개의 정전식 센서 구조가 성형 탱크 끝에 인쇄된다. 센서는 인쇄 회로와 표면 실장 부품으로 연결되어 센서 장치를 완성했다. 탱크에 물을 주입하면 센서가 수위를 감지하여 LED에 불이 들어와 수위를 표시한다. 탱크 컴파트먼트가 가득 차면 회로는 물이 채워진 레벨을 감지하고 펌프 방향을 반대로 바꾼다.

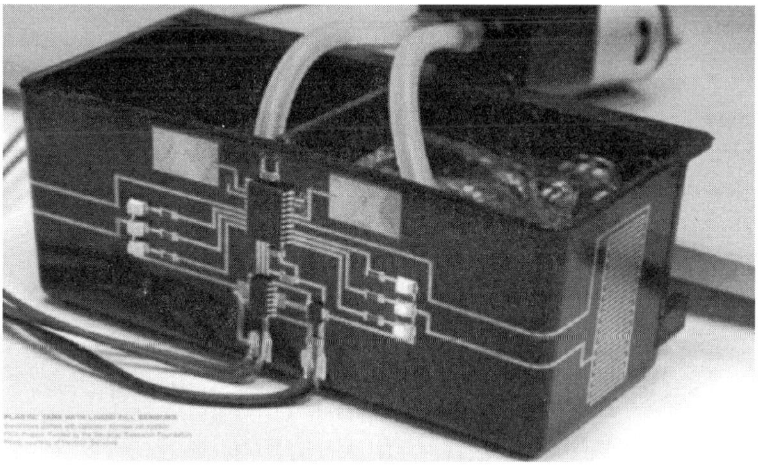

그림 3-5.11 유체 레벨 센서, 제어 및 디스플레이 회로가 인쇄된 2개의 챔버 탱크

나노입자의 잉크는 50 ㎛까지 인쇄가 가능하다. 에어로졸 공정과 3D 프린터의 공정을 합하여 새로운 전사 장치를 제작한다. 복잡한 형상 인쇄를 위한 "Motion 3D" 도구 경로 생성 소프트웨어를 이용하여 주기 시간을 최적화하기 위해 인쇄 순서를 자유롭게 정의하는 동시 5축 또는 인덱스 인쇄(X/Y/Z 선형 + A 및 B 회전)를 진행하여 제품을 제작한다. 인쇄 공정에서 Pick & Place를 통하여 전자 부품을 정확한 위치에 부착할 수 있다. Pick & Place는 G-code를 통하여 경로를 따라 전자 부품을 이송되며 전자기기 내부의 내제된 장치를 제작할 수 있다(그림 3-5.12).

그림 3-5.12 전자 장치 내부의 내제된 전자 부품

그림 3-5.13 NEOtech AMT에서 제작한 달걀 모양의 메카트로닉 장치

그림 3-5.13은 NEOtech에서 제작한 달걀 모양의 타이머다. 3D 형태의 곡선 입체 구조물에 출력물을 제작하기 위해 사용한 Neotech AMT의 PJ 15X는 5축 CNC 제어 모션 시스템을 가지고 있다. FFF공정을 이용해 필라멘트로 기판을 제작하고, Piezo-jet 공정을 이용해 은 전도성 페이스트를 인쇄하여 제작하였다.

4. Optomec

본 장에서는 Optomec의 Airesol-Jet 공정에 대해 설명한다. Airesol-Jet 공정의 개요도는 그림 3-5.14에 나와있다. 공기 역학적 포커싱을 사용하여 전자 잉크를 기판에 정확하고 정확하게 증착하는 장비로 작동 원리는 다음과 같다.

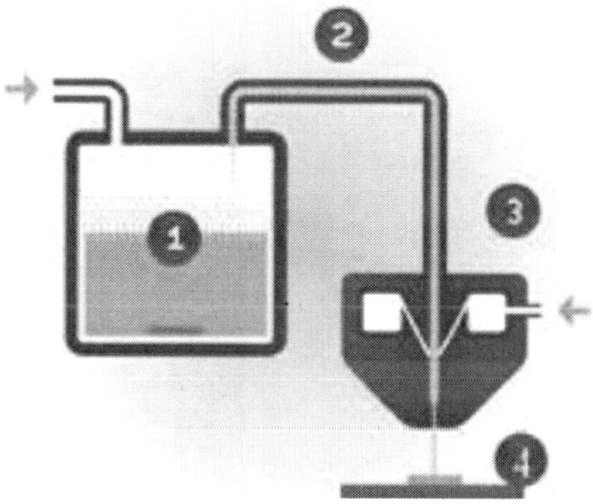

그림 3-5.14 Aerosol Jet 공정의 개요도

먼저, 도체 또는 유전체와 같은 잉크는 인쇄 모듈 내에서 원자화되어 작은 물방울 크기가 조밀하게 분포된 고밀도 에어로졸을 생성한다. 그 다음, 에어로졸은 고순도 질소를 운반 가스로 사용하여 프린트 헤드로 운반된다. 에어로졸은 노즐을 통해 이동할 때 재료를 기판에 집중시키고 가속시키는 질소 환형 덮개에 의해 프린트 헤드 내에서 집중된다. 프린트 헤드의 in-line 셔터가 잉크의 토출을 결정한다. 다양한 노즐 형상을 가진 프린트 헤드는 교체 가능하기 때문에 10 ㎛ ~ mm까지 다양한 패턴으로 인쇄 가능하다.

3D 인쇄전자 제품 제작에 있어 Aerosol Jet이 가지는 장점으로는 마스크가 필요 없다는 것과, 도금 또는 에칭이 불필요하다는 것과, 100 nm에서 수십 ㎛의 인쇄 두께를 갖고, 비평면 및 3D 표면에 능각 인쇄 가능하다는 점이 있다. 또한 세라믹 및 금속 기판에서 인쇄할 수 있고, 재료의 폭이 넓어 시중에서 구할 수 있는 재료부터 바이오 소재까지 인쇄 가능하다는 장점이 있다.

그림 3-5.15(a)는 OPTOMEC의 AEROSOL JET FLEX SYSTEM이라는 장비이다. 본 장비는 350 mm X 250 mm의 가열 진공 척이 장착된 모듈식 디지털 구동 인쇄 장비로, 인쇄 카세트에 다양한 재료를 로드할 수 있어 한 재료에서 다른 재료로 빠르게 전환할 수 있기 때문에 신속한 제품의

R&D 및 시제품 제작이 가능하다. 밀접하게 결합된 인쇄 모듈은 재료에 따라 중단되는 일 없이 최대 4시간의 작동 시간을 갖고, 몇 분 안에 교체할 수 있어 긴 시간의 인쇄 중 멈추는 시간을 최소화한다. 전자 금속 및 유전체에서 생물학적 재료에 이르기까지 인쇄 가능한 재료에 대한 실질적인 제한이 없고, 그림 3-5.15(b)처럼 평면 및 곡면의 3D 구조물에서도 인쇄 가능하게 한다. 레이저 소결 및 UV 경화와 같은 다양한 옵션을 사용하여 3축, 4축 또는 5축 모션 프로파일로 구성할 수 있는 AJ FLEX는 거의 모든 응용 분야에서 사용할 수 있다.

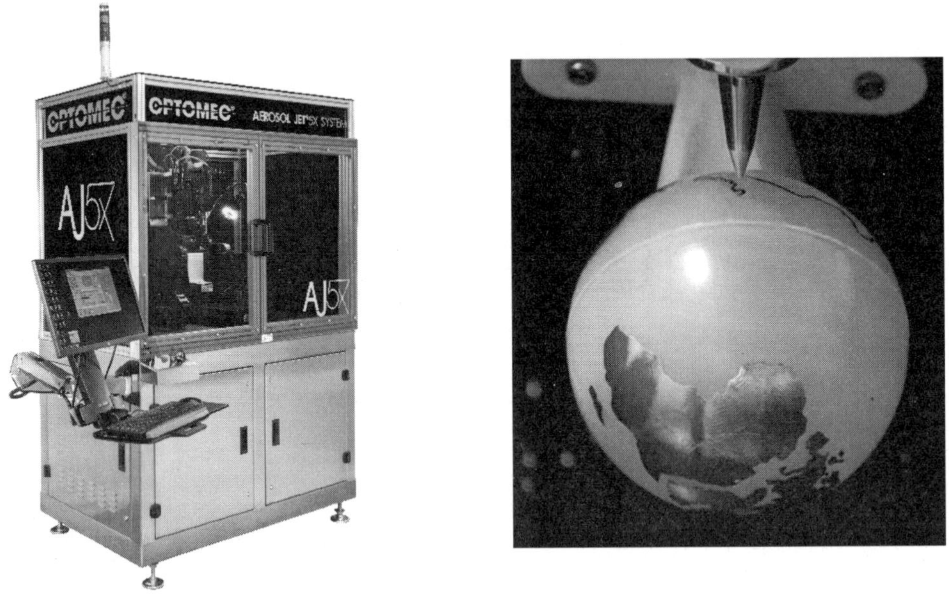

(a) (b)

그림 3-5.15 (a) AEROSOL JET FLEX 장비와 (b) 장비를 사용하여 지구본 위에 인쇄하는 과정

그림 3-5.16은 Aerosol Jet 기술을 사용한 고주파수 RF의 상호 연결을 보여준다. RF 패키지의 주파수가 60 GHz 이상으로 올라가면서 기판 두께에 따라 마이크로스트립 및 도파관 라인 폭이 줄어들고 기존의 상호 연결 본딩 기술의 한계가 한계에 도달했다. Aerosol Jet 공정으로 만든 3D 상호 연결은 패키지 설계자와 RF 엔지니어에게 전이 상호 연결의 임피던스를 맞춤화하는 새로운 도구를 제공하여 애플리케이션 요구 사항에 대한 손실 특성을 설계하고 손실 및 역반사 동작을 통해 임피던스 불일치로 인한 불량한 신호를 보상할 필요를 제거했다. Aerosol Jet 공정으로 이루어진 3D 연결은 모든 모양이나 두께로 디지털 방식으로 설계할 수 있으며 선폭은 10 ㎛, 두께는 1 ㎛보다 얇아 100 GHz보다 훨씬 높은 RF 연결의 요구 사항을 만족할 수 있다. 이 모든 기능을 통해 상호 연결될 마이크로스트립 또는 다이 회로 설계와 유사하게 상호 연결 자체를 패키지로 설계할 수 있

습니다. 마지막으로, RF 상호 연결은 패키지 표면과 일치하여 트레이스 길이를 최소화하고, 연결부와 기판 접지면 사이의 에어 갭을 제거하여 전이 손실을 최대 50%까지 낮춘다.

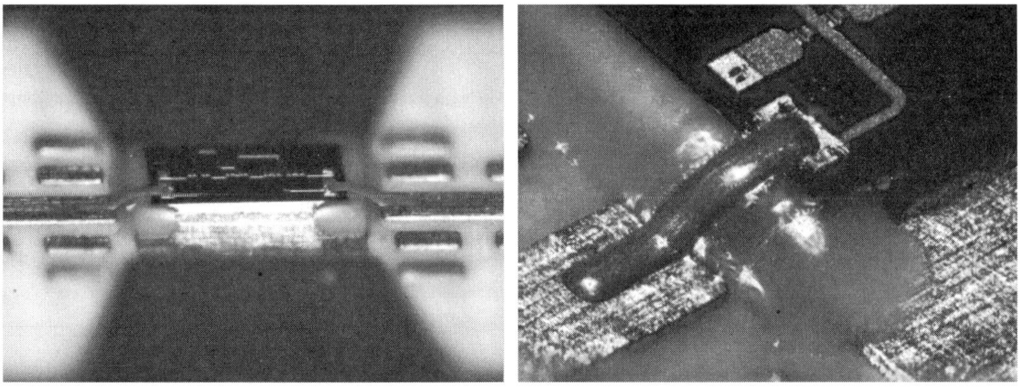

그림 3-5.16 Optomec의 Aerosol Jet 기술을 이용한 고주파수 RF의 연결

그림 3-5.17은 사출 성형된 핸드폰 모양 기판 위에 Ag 안테나를 직접 인쇄하는 사진이다. 곡면 형태로 이루어진 입체적인 기판 위에서도 Optomec의 Aerosol Jet 공정을 이용해 문제 없이 패턴을 인쇄한 것을 보여주었다. 또한, 별도의 도금 공정이 필요하지 않아 신제품 개발, 초기 샘플 배송 또는 제품 설계 변경을 위한 리드 타임도 크게 줄일 수 있다.

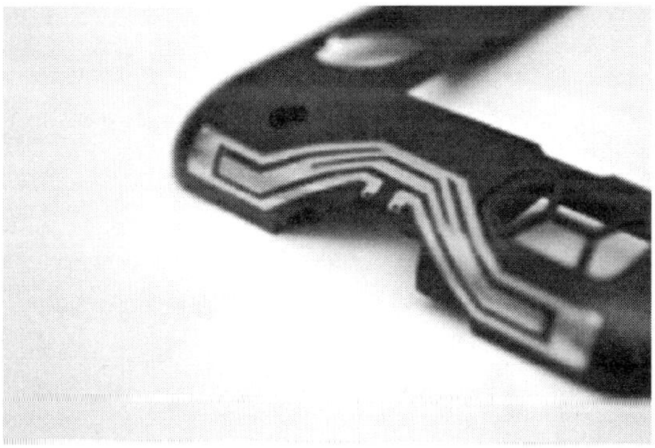

그림 3-5.17 Optomec의 Aerosol Jet 기술로 폴리카보네이드 기판 위에 직접 인쇄된 Ag 안테나

Aerosol Jet 시스템은 후막 및 잉크젯 프로세스의 기능을 훨씬 능가하는 초미세 기능 회로를 안정적으로 생성한다. 이는 구성 요소 밀도가 급격히 증가하는 무선 및 핸드헬드 장치 시장과 같이 크기에 민감한 애플리케이션에 중요한 역할이다. 또한 다양한 재료를 사용하여 3D로 복잡한 형상의 미세 형상을 생성할 수 있어 저항, 인덕터, 커패시터, 필터, 마이크로 안테나, 마이크로 배터리, 센서 제작에 적용할 수 있다.

5. 요약

본 장에서는 Nano dimension, Neotech, Optomec의 3D printed electronics 기술에 대해 알아보았다. 3D 형태의 기판에서부터 기계 부품 생성 및 SMD 배치를 한 기계에 결합하면 작은 크기에 맞춤형인 많은 부품들을 저비용으로 제작할 수 있다. 현재까지 추가 개발을 위한 몇 가지 제약사항이 존재하지만 여전히 매력적인 분야이기 때문에 아직까지도 많은 관심과 연구가 집중되고 있다. 머지 않아 3DPE는 하나의 전자 부품의 제조 과정으로서 혁신적인 기술이 될 가능성을 보여줄 것이다.

6. 참고문헌

[1] Nano Dimension

[2]Neotech Amt

[3] Optomec

04 4D printing

4 4D printing

1. 서론

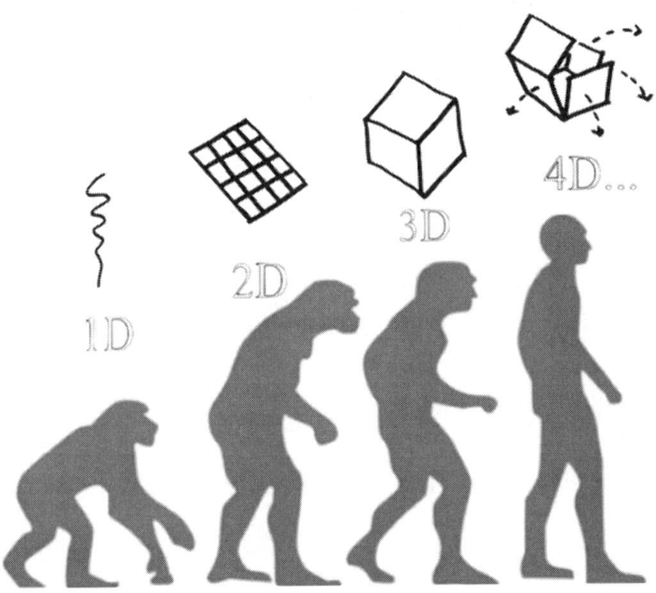

그림 4.1 3D 프린팅에서 4D 프린팅으로의 발전

4D 프린팅이란 개념이 처음 소개된 것은 2013년 TED 컨퍼런스에 참여한 MIT Skylar Tibbits 교수의 강연으로, 특정 자극으로 변형되는 특수 소재가 새로운 가치를 창출할 수 있다고 말했다.

3D 프린팅 기술이 3D 좌표의 디지털 데이터에서 정적 구조를 만드는 데 사용되었지만, 4D 프린팅은 환경 자극에 따라 시간이 지남에 따라 인쇄된 구성의 변화 개념을 추가한다. 3D 및 4D 인쇄 프로세스는 거의 동일하며, 컴퓨터 보조 설계와 같은 3D 모델링 프로그램에서 제품 설계로 시작하여 3D 프린터로 설계를 인쇄한다. 스마트 디자인과 스마트 재료는 3D 프린팅과 비교했을 때

4D 프린팅의 주요 차이점이다. 4D 프린팅 구조는 모양이나 기능 면에서 변형될 수 있기 때문이다. 따라서 4D 프린팅 구조물의 설계는 물체의 예상되는 시간 의존적 변형을 고려하여 상세하게 사전 프로그래밍되어야 한다. 4D 프린팅 기술의 또 다른 핵심 측면은 스마트 재료로, 적용된 자극에 따라 더 확장 가능하고 유연하며 변형 가능할 수 있다. 마지막으로 디자인과 스마트 소재를 결합해 4D 구조를 구현하기 위해서는 새로운 4D 프린터 개념을 개발하거나 기존의 고기능 3D 프린터를 개선해야 한다.

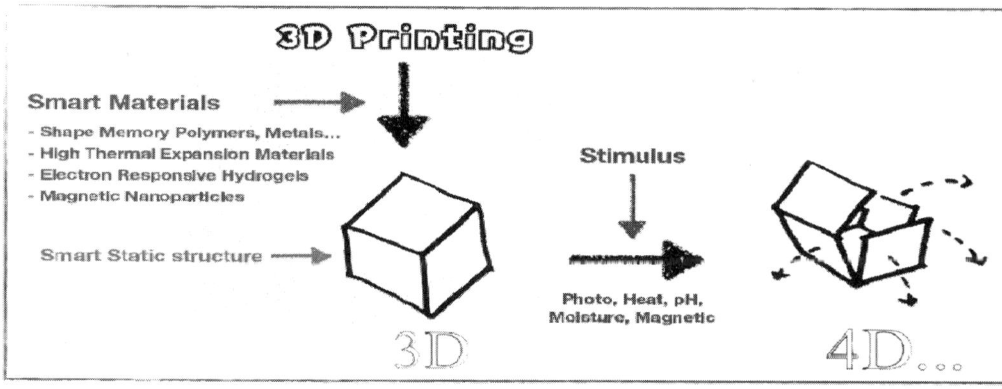

그림 4.2 4D 프린팅의 정의

3D 구조물을 구성하기 위해 플라스틱, 금속, 세라믹 등의 재료가 3D 프린팅 재료로 널리 사용되고 있다. 그러나 이러한 재료의 대부분은 외부 자극에 대한 반응이 부족하기 때문에 4D 프린팅에 적용할 수 없다. 최근에는 노즐 특성, 온도, 인쇄 환경 등 공정 파라미터를 조절 또는 수정하여 3D 프린터를 이용하여 기능성을 갖는 재료를 인쇄하는 경우가 증가하고 있다. 따라서 4D 프린팅을 위해서는 재료의 적절한 선택이 중요하다.

최근의 개발을 통해 온도, 자외선, 자기 열화 또는 수분 흡수에 반응하여 자체 조립하는 재료를 포함하여 기능적인 3D 프린팅 또는 4D 프린팅을 위한 여러 스마트 재료를 산출하고 있다.

본 챕터에서는 이러한 스마트 재료를 이용해 변형되는 4D 프린팅에 대해 설명하고자 한다.

2. 열팽창 재료 (High Thermal Expansion Materials)

본 장에서는 온도에 따라 형태가 변하는 4D 프린팅 기술에 대해 설명하겠다. 그림 4.3은 하드 보드 종이의 시트를 특정한 형상으로 절단해 상자 모양으로 스스로 조립되는 모습이다. 균일한 온도에서 작동시키기 위해 뜨거운 물에 출력물을 담그면, 형상 기억 고분자의 재료를 이용해 각 부분의 거동을 다르게 해 순차적으로 각 부분이 접히면서 우편함이 잠기도록 설계했다.

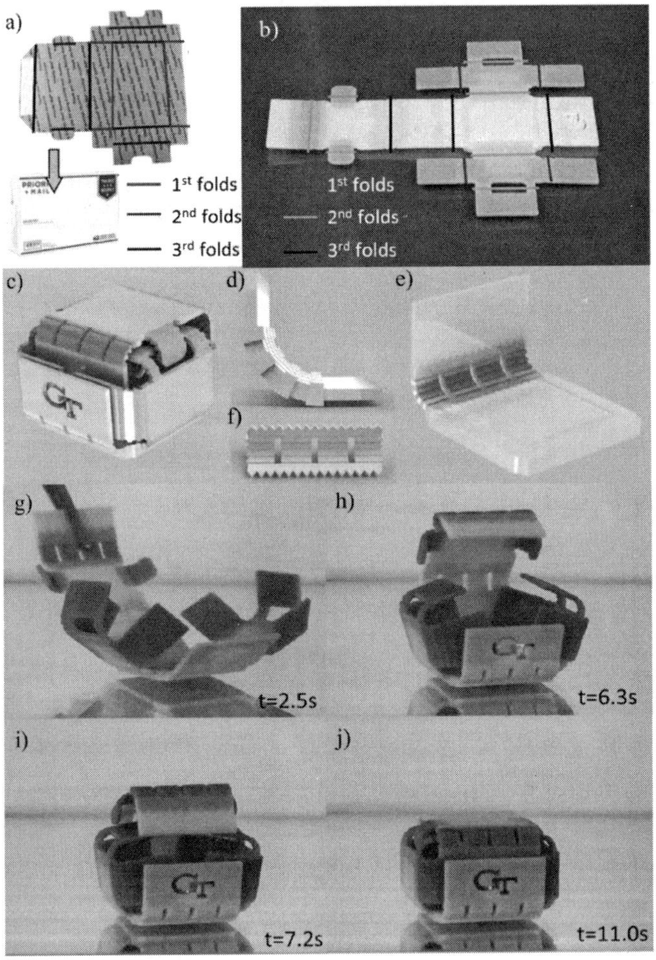

그림 4.3 USPS 사서함을 모방한 3D 접이식 구조 (a) USPS 우체통은 접는 순서에 따라 상자로 접힘 (b) 다른 경첩에 다른 재료가 할당되어 프로그래밍된 3D 인쇄 시트. (c-f) 경첩에 약간의 세부 사항이 있는 접는 상자의 디자인. (g-j) 가열 시 시트가 자동 잠금 장치가 있는 상자로 접히는 모습

4D 프린팅에 사용된 재료는 디지털 재료이다. 디지털 재료란 두 가지 기본 재료, 즉 VeroWhite와 Tangoblack을 UV 경화 전 혼합하여 만든 소재를 말한다. VeroWhite는 상온에서 이소보닐 아크릴레이트, 아크릴 모노머, 우레탄 아크릴레이트, 에폭시 아크릴레이트, 아크릴 모노머, 아크릴 올리고머 및 광개시제를 포함하는 잉크로 중합된 단단한 플라스틱이다. TangoBlack은 상온에서 우레탄 아크릴레이트 올리고머, Exo-1,7,7-트리메틸비시클로, 헵-2-아크릴레이트, 메타크릴레이트 올리고머, 폴리우레탄 수지 및 광개시제를 포함하는 단량체에 의해 중합된 고무 재질이다. 서로 다른 열역학적 특성을 유발하는 두 재료의 다양한 구성으로 이루어진 디지털 재료는 조성에 따라 종류로 나뉘어(힌지 1,2,3) 특정 온도에서 서로 접히는 시간을 다르게 하였다.

힌지 1은 작은 뚜껑에 사용되어 빨간 선 부분을 빠르게 접을 수 있다. 힌지 2는 녹색 선으로 표시된 위치에 사용되며, 중간 접힘 속도가 가능하여 일부 자체 지지 및 자체 잠금 메커니즘이 형성될 수 있다. 힌지 3은 검은색 선 부분으로 접히는 속도가 가장 느리며 최종 구조물을 형성하는 데 사용된다. 그림 4.3(g-j)는 접힘 순서를 보여주는 것으로, 전체 구조물은 약 11초 안에 접힌다.

접히는 시간과 접힘의 회복되는 비율을 확인하기 위해 축소 치수 모델 시뮬레이션(Reduced-order model simulations)을 이용해 스케일링 규칙을 사용하여 선형 스트레치 하에서 샘플의 복구 동작에 의한 힌지의 형상 복구 비율을 예측했다. 접히는 구조가 힌지로 연결된 단단한 패널로 표현될 수 있다고 가정하는데, 이 패널은 매우 작은 공간을 차지하지만 두 패널 사이의 각도를 제어한다. 그림 4.4는 패널이 i번째 힌지에 대해 (xi, yi)의 좌표와 함께 Pi로 표시되는 힌지로 연결된 것을 보여준다.

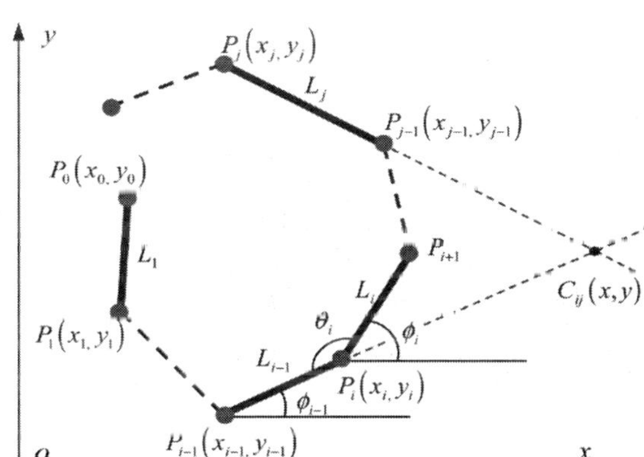

그림 4.4 가상의 교차점이 있는 두 개의 임의 스트립의 개략도

3. 수분 반응 하이드로겔 (Water Responsive Hydrogels)

형태 형성 시스템은 스마트 섬유, 자율 로봇 공학, 생물 의학 장치, 약물 전달 및 조직 공학을 포함한 많은 분야에서 발견될 수 있다. 이러한 시스템의 자연적 유사성은 힘줄, 잎, 꽃과 같은 다양한 기관이 다양한 내부 팽윤에 의해 환경 자극(예: 습도, 빛 또는 촉각)에 반응하여 조직 구성과 미세 구조 이방성에 의해 지배되는 동적 형태로 이어지는 나스틱 식물 운동에 의해 설명된다. 본 장에서는 물에 담그면 모양이 변하는 식물에서 영감을 받아 물에 반응해 형태가 변하는 4D 프린팅 구조물에 대해 다룬다.

수분에 따라 형태가 변하는 출력물을 제작하기 위해 합성 헥토나이트 점토인 라포나이트 XLG(Southern Clay Products)와 셀룰로오스 나노섬유를 합성해 제작한 하이드로겔 복합 잉크를 제작하였다.

그림 4.5
생체 모방 4D 프린팅에 의해 생성된 복잡한 꽃 형태. (a),(b), 각 꽃잎의 장축을 기준으로 방향을 맞춘 90°/0°(a) 및 45°/45°(b) 이중층으로 구성된 단순한 꽃이며, 팽창 과정(하단 패널) 동안 꽃의 시간 경과 시퀀스가 포함된다(스케일 바, 5 mm, D2.5 mm 삽입). (c)–(f), 인쇄 경로(c), 인쇄 구조(d) 및 결과적으로 부풀어 오른 구조(e)는 토종 난초인 덴드로비움 나선(리카르도 발렌틴의 호의)에서 영감을 받은 다양한 형태를 보여준다. 이 난초 건축은 인쇄 경로를 기반으로 중앙 깔때기와 같은 영역(스케일 바, 5 mm)을 둘러싸고 있는 굽힘, 비틀림, 주름진 화관의 네 가지 구성을 보여준다.

제작된 잉크는 슬라이드 유리 위에 인쇄되어 DI water의 박막으로 코팅되어 기판에서 제거 후, 샘플을 DI water에 담가 팽창 및 모양 변화를 관찰하였다(그림 4.5)

이 기술은 플랫폼 기술로서 잠재력이 있으며, 하이드로겔 복합 잉크 설계는 광범위한 매트릭스(예: 액정 엘라스토머) 및 비등방성 필러(예: 금속 나노로드)로 확장될 수 있다. 조정 가능한 기능 필라멘트 크기, 방향 및 인터필라멘트 간격과 같은 인쇄 매개 변수의 제어를 통해, 모델에서 설계해 원하는 모양으로 변형되도록 프로그램된 이중 레이어 구조물을 만들 수 있다. 생체 적합성과 유연성이 있는 잉크 설계 덕분에, 조직 공학, 생물 의학 장치, 소프트 로봇 공학 등을 위한 디자이너 모양 전환 구조물을 만들 수 있는 가능성을 열어준다.

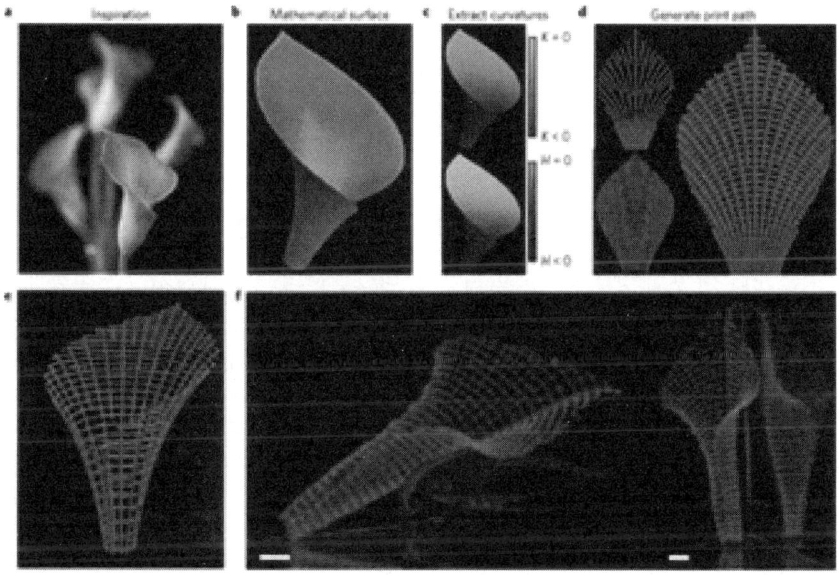

그림 4.6 생체 모방 아키텍처의 예측 가능한 4D 프린팅. (a–d) 토종 칼라 백합꽃(a)은 수학적으로 생성된 꽃(b)의 모델에 잘 정의된 곡률(c)을 부여하며, 이는 곡률 모델에서 얻은 인쇄 경로(d)로 이어져 붓기에 대한 꽃의 기하학을 생성한다. (e,f) 변화된 칼라 백합꽃(f)은 같은 곡률 기울기를 나타낸다. 예측 모델(e), 노즐 크기 = 410 ㎛(스케일바는 5 mm).

4. 자성 나노 입자 (Magnetic Nanoparticles)

외부 자극에 반응하여 3차원(3D) 형태로 변형할 수 있는 연질 재료는 플렉서블 전자, 소프트 로봇 공학, 바이오 의약 등 다양한 분야에 응용되고 있다. 특히 자기장은 일반적으로 밀폐되고 제한된 공간에서 원격 작동이 필요한 생체의학 응용 분야에 안전하고 효과적인 조작 방법을 제공한다. 자기장 제어의 발전으로 자기 반응성 연성 재료는 개별 자석을 내장하거나 자성 입자를 연질 화합물에 통합하는 것에서 고분자 시트에서 불균일한 자화 프로파일을 생성하는 것으로 발전했다. 본 장에서는 자기장을 통해 복잡한 3D 모양의 빠른 변형을 가능하게 하는 유연한 재료의 3D 인쇄에 대해 다룬다.

복합 잉크는 먼저 자화되지 않은 NdFeB 입자와 실리카 나노입자를 경화되지 않은 엘라스토머 매트릭스와 혼합한 다음, 포화 상태에서 자화시킨다. 디스펜서의 노즐에 자기장을 적용해 적용된 자기장을 따라 입자 방향을 변경해 인쇄된 필라멘트에 자기 극성을 부여해 자기장에 따른 변형이 가능하게 만든다.

그림 4.7에서 프로그램된 강자성 도메인의 결과로 200mT의 적용된 자기장 하에서 복잡한 3D 모양으로 빠르게 변형되는 2차원 평면 구조 세트를 보여준다. 그림 4.7(a)와 (d)에서 프로그래밍된 도메인이 거시적 응답에 미치는 영향을 설명하기 위해 동일한 기하학적 구조를 갖지만 다른 패턴의 강자성 도메인을 가진 두 개의 환형 링을 설계한다. 모델 기반 시뮬레이션은 두 개의 링이 평면에 수직으로 적용된 동일한 자기장에서 서로 다른 3D 형태를 생성해야 한다고 예측한다. 크기가 다른 교대 패턴으로 인코딩된 두 번째 고리는 교대 패턴이 등거리에 있는 첫 번째 고리(그림 4.7(b))보다 더 복잡한 물결 모양의 모양(그림 4.7(e))을 제공한다. 시뮬레이션 결과는 실험 결과와 잘 일치하며(그림 4.7(c), (f)), 모델이 프로그래밍된 강자성 도메인을 사용하여 복잡한 모양 변형 구조의 설계를 안내할 수 있음을 추가로 보여준다.

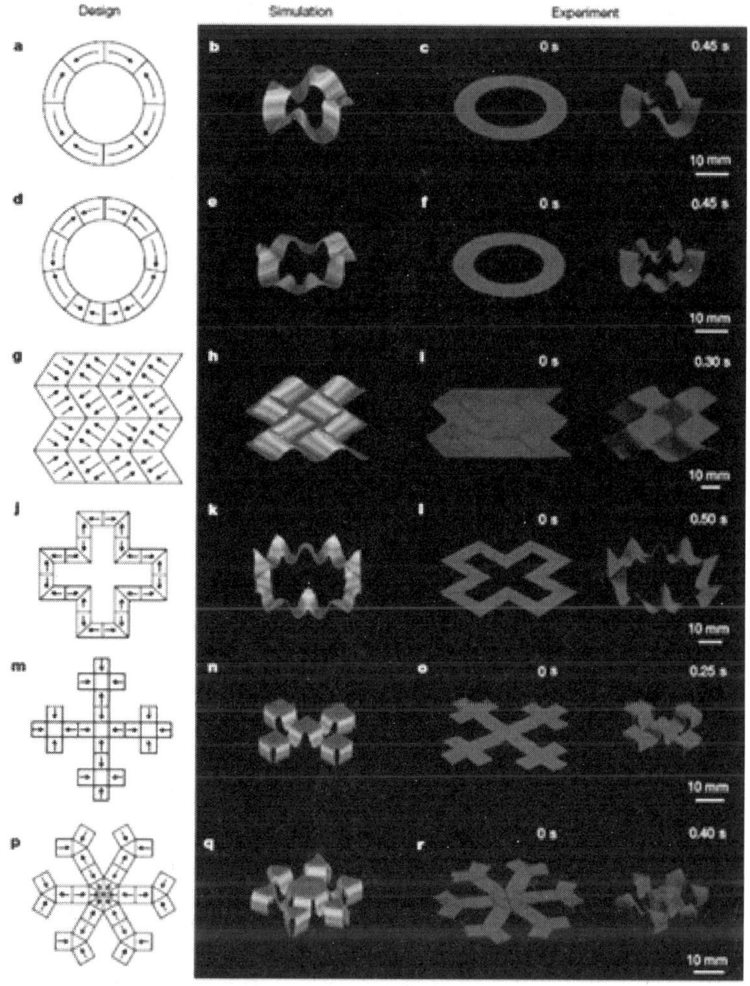

그림 4.7 적용된 자기장 하에서 복잡한 모양 변화를 보여주는 프로그래밍된 강자성 도메인이 있는 다양한 2차원 평면 구조. (a)–(r), 등거리(a–c)인 교대 도메인으로 인코딩된 고리에 대한 도식 설계, 유한 요소 시뮬레이션 및 실험 결과; 크기(d–f)가 다양한 교대 도메인으로 인코딩된 고리; 강자성 도메인(g–i)의 교대 비스듬한 패턴으로 인코딩된 Miura–ori 접힘; 둘레(j–l)를 따라 교번하는 강자성 도메인으로 인코딩된 중공 십자형; 자기 비활성 세그먼트(도식 설계에서 레이블이 지정되지 않은 영역)를 둘러싸고 있는 자기 활성 세그먼트를 접음으로써 가능하게 하는 사족(m)–(o) 및 육각형(p)–(r) 구조. 설명된 모든 구조는 영구 자석에 의해 생성된 노즐 팁에서 50 mT의 자기장 아래에서 직경 410 ㎛의 노즐을 사용하여 자화된 NdFeB 입자 20 vol%를 포함하는 탄성 복합 잉크로 인쇄된다. 시연된 구조의 작동은 구조의 평면에 수직인 200 mT의 자기장을 적용하여 수행된다.

더 복잡한 도메인 패턴으로 프로그래밍하면 간단한 형상이라도 적용된 자기장에서 복잡한 3D 모양을 생성할 수 있다. 예를 들어, 그림 4.7(g)에서 우리는 Miura-ori 패턴을 생성하기 위해 강자성 도메인의 비스듬한 패턴이 교대로 있는 단순한 직사각형 구조를 설계한다. 이 연결되지 않은 구조는 그림 4.7(h)의 모델에서 예측한 대로 자기 작동(그림 4.7(i))에서 빠르고(0.3초) 완전히 가역적인 접힘 및 전개를 제공한다. 특히, 프로그래밍된 강자성 도메인이 있는 Miura-ori 구조의 응답 속도는 액정 엘라스토머, 형상 기억 폴리머 및 열 반응성 하이드로겔을 기반으로 하는 기존 문헌보다 훨씬 빠르다.

그림 4.7(j), (m) 및 (p)에서와 같이 더 복잡한 디자인이 강자성 도메인으로 프로그래밍되면 2차원 평면 구조가 더 복잡한 3D 모양으로 변환된다(그림 4.7(l), (o), (r)). 이 경우 프로그래밍된 영역을 알지 않고 원래 모양을 추적하는 것이 더 이상 간단하지 않다. 복잡한 3D 형태를 정확하게 예측하는 모델 기반 시뮬레이션을 통해 이러한 복잡한 형상 변형 구조의 설계 및 구현이 가능하다(그림 4.7(k), (n), (q)). 이전에는 이축으로 신장된 엘라스토머 기판에 선택적으로 부착된 재료의 제어된 좌굴을 통해 2차원 평면 구조에서 복잡한 3D 형상으로의 전환이 이루어졌다. 기존 기술과 비교하여 강자성 도메인 인쇄를 기반으로 하는 방법은 첫 번째로 기질이 없는 원격 작동, 두 번째는 빠르고 완전히 가역적인 변환. 마지막 세 번째는 구조의 특정 부분을 선택적으로 작동시키는 것이다.

강자성 도메인을 인쇄하는 우리의 방법은 복잡한 3D 구조로 더 확장될 수 있다. 그러나 직접 잉크 쓰기로 3D 구조를 인쇄할 때 일반적으로 증착된 필라멘트가 쌓이면서 구조적 불안정성으로 인해 어려움이 발생한다. 보다 안정적인 인쇄 공정을 보장하기 위해 촉매와 흄드 실리카 나노 입자를 포함하는 실리콘 수지로 구성된 서포터 잉크를 도입한다. 인쇄할 때 서포터 잉크는 인접한 자기 잉크를 지지하는 비산 지지체 역할을 한다. 자성 잉크가 완전히 경화된 후 서포터 잉크는 솔벤트 린스로 제거할 수 있다.

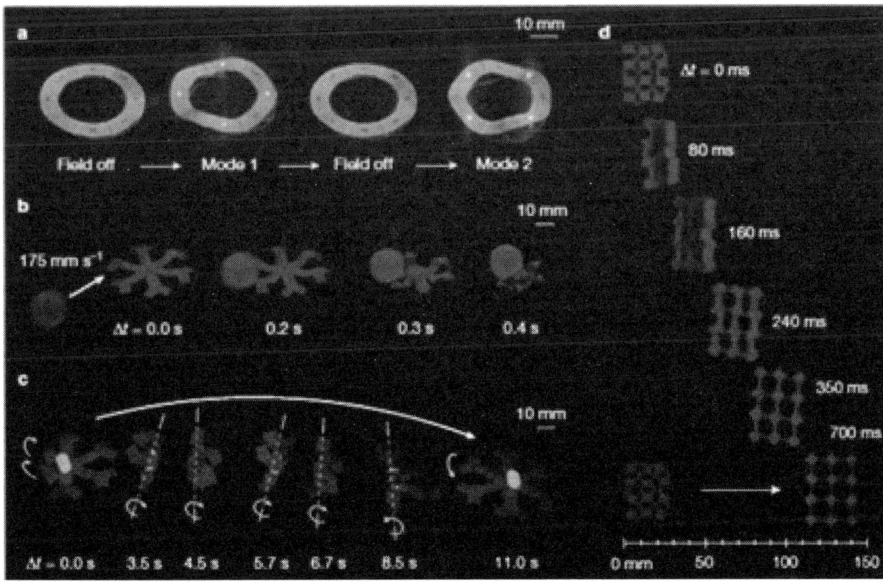

그림 4.8 프로그램된 강자성 도메인이 있는 3D 인쇄 연질 재료의 기능 시연. (a), 30 mT의 인가된 자기장의 방향에 따라 다른 전자 기능을 나타내는 환형 링 구조를 기반으로 하는 재구성 가능한 소프트 전자 장치. (b), 영구 자석에 의해 생성된 자기장이 가해지면 빠르게 움직이는 물체(직경 18 mm, 무게 8 g의 유리구)를 멈추고 유지하는 육각형 구조. (c), 직사각형 제약 알약을 감싸고 영구 자석에 의해 생성된 회전 자기장 하에서 회전 기반 운동을 사용하여 알약을 운반하는 육각형 구조. (d), 영구 자석을 90° 회전시켜 자기장 강도를 약화시키면서 인가된 자기장 방향의 갑작스러운 반전에 따른 3D 보조 구조의 수평 도약.

복잡한 모양 변경을 생성하는 기능을 통해 그림 4.8과 같이 인쇄된 구조에서 다양한 기능을 달성할 수 있다. 전자 부품과 회로를 그림 4.8(c)의 환형 링 구조와 결합해 제작한 연성 전자 장치는 인가된 30 mT의 자기장 방향에 따라 두 가지 다른 모양으로 변형되며 각 변환 모드는 다른 전자 기능을 생성한다(그림 4.8(a)). 그 결과 다중 재료 3D 프린팅 방법이 기능적으로 재구성 가능한 소프트 전자 장치를 제공한다는 것을 보여준다.

우리는 그림 4.8(r)에 표시된 육각형 구조의 복잡한 모양 변화를 기반으로 객체와 상호 작용하는 기능을 추가로 보여준다. 자기 작동 시 빠른 응답을 사용하여 육각형 구조는 빠르게 움직이는 물체를 빠르게 중지한다(그림 4.8(b)). 반대 방향으로 자기장을 인가하여 반전된 모양을 만들 때 육각형 구조는 떨어지는 물체를 잡고 외부 방해에 대해 유지한 다음 이전 변형 모드를 사용하여 필요에 따라 물체를 해제할 수 있다. 회전 자기장이 가해지면 육각형 구조가 몸체를 감고 롤링 기반 운동으로 앞뒤로 움직일 수 있다. 모양 변화와 움직임을 이용하여 육각형 구조는 원형 또는 직사각형 제약 알약(그림 4.8(c))과 같은 임의의 모양을 가진 물체를 운반하고 필요에 따라 알약을 방출할 수 있다.

제조 플랫폼으로서의 우리의 인쇄 방법은 다양한 유형의 엘라스토머 및 하이드로겔 매트릭스 및 자성 입자를 사용하여 여러 복합 잉크로 확장될 수 있다. 연질 재료에 강자성 영역을 인쇄하여 형상 프로그래밍 가능한 연성 재료의 설계 및 제작에 영역 패턴, 자화 강도 및 작동 필드와 같은 새로운 설계 매개변수를 도입한다. 자기장을 기반으로 하는 이러한 구속되지 않고 복잡하며 빠른 형태 이동 연성 재료의 원격 작동은 유연한 전자 장치, 생체 의학 장치 및 소프트 로봇에 적용할 수 있는 새로운 가능성을 제시한다.

5. PH

용액의 pH는 용해도, 형태, 반응성, 안정성과 관련이 깊고 화학 시스템을 특정짓는 중요한 요소 중 하나이다. 또한 pH를 측정하는 것은 대부분의 화학 공정에서 반응성을 제어하는데 중요하다. pH를 측정하기 위해 광학 센서를 사용할 수 있지만, 특정 색을 띠는 용액이나 형광 pH 지시약의 흡광도, 발광, 반사율 등의 광학적 특성으로 인해 정확한 측정이 어려울 수 있기 때문에 스마트 소재를 이용해 pH 반응하는 4D 프린팅 제작이 필요하다.

그림 4.9(a)는 pH 반응성을 확인하기 위해 ABS와 P4VP가 혼입된 ABS 필라멘트와 ABS로만 이루어진 필라멘트 두 가지 재료를 이용하여 FDM으로 제작한 출력물이다. 간단한 pH 감지로 팽창으로 인한 변형(ΔH)을 확인하기 위해 3개의 직육면체가 있는 삼각 평면 형상으로 제작했다. 제작된 출력물(그림 4.9(b))을 pH 용액에 출력물을 넣자, 재료 내의 전기적 반발과 불균형한 팽창으로 인해 출력물이 움직이는 모습이 관찰되었다(그림 4.9(c)).

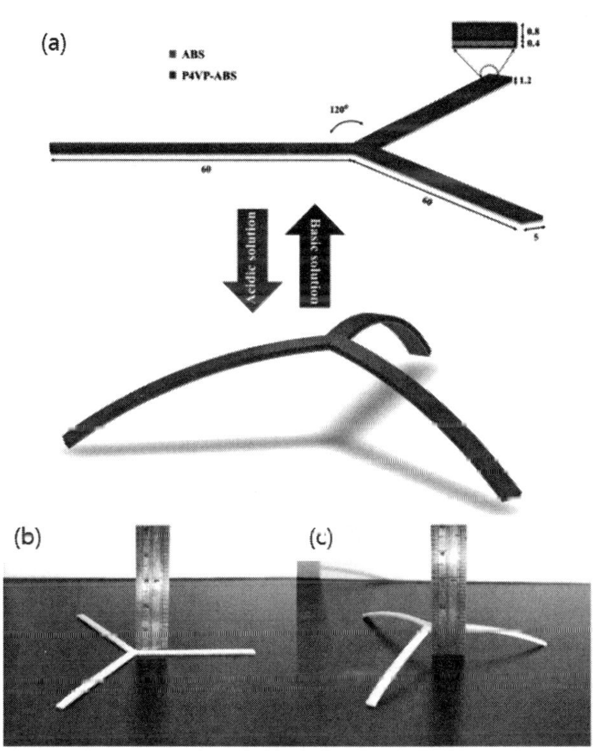

그림 4.9 (a) pH 반응 4D 출력물의 CAD 도면 – 단위: mm. (b) 샘플에 담그기 전에 4D 출력물의 pH 감지 발톱의 사진(Δ H = 약 0mm). (c) 10 mM 인산염–구연산염 완충액(pH 5; ΔH = 약 12 mm) 에 담근 후 4D 출력물의 사진

6. 결론

복합재료 3D 프린팅 기술을 이용함으로써, 복잡한 3D 구조물에서 큰 설계 자유도와 공간 재료 특성 분포의 고해상도로 자발적 및 순차적 폴딩 거동을 모두 갖는 디지털 SMP를 이용한 셀프 폴딩 구조물을 직접 제작할 수 있다. 게다가, 제조 경로는 저비용의 신속한 생산을 위한 즉각적인 엔지니어링 애플리케이션의 잠재력으로 쉽게 구현될 수 있다. 4D 프린팅의 등장으로 유연한 전자 장치, 생체 의학 장치 등 일상생활부터 의료 생활까지 넓은 범위에 걸쳐 다용도로 이용될 수 있는 4D 프린팅 공정은 아직 많은 발전의 여지를 보여주고 있다.

7. 참고문헌

[1] Mao, Y., Yu, K., Isakov, M. S., Wu, J., Dunn, M. L., & Jerry Qi, H. (2015, September 8). Sequential Self-Folding Structures by 3D Printed Digital Shape Memory Polymers. Scientific Reports. Springer Science and Business Media LLC. https://doi.org/10.1038/srep13616

[2] Sydney Gladman, A., Matsumoto, E. A., Nuzzo, R. G., Mahadevan, L., & Lewis, J. A. (2016, January 25). Biomimetic 4D printing. Nature Materials. Springer Science and Business Media LLC. https://doi.org/10.1038/nmat4544

[3] Kim, Y., Yuk, H., Zhao, R., Chester, S. A., & Zhao, X. (2018, June). Printing ferromagnetic domains for untethered fast-transforming soft materials. Nature. Springer Science and Business Media LLC. https://doi.org/10.1038/s41586-018-0185-0

[4] Wu, C.-Y., Chen, J.-R., & Su, C.-K. (2022, April). 4D-printed pH sensing claw. Analytica Chimica Acta. Elsevier BV. https://doi.org/10.1016/j.aca.2022.339733

부록

A 해외 특허

1. Pneumatic cylinder utilizing cushioning sleeves, quick exhaust valves and quick supply valves (미국, 1995.09.08.)
2. [Pneumatic cylinder (유럽, 1995.09.21.)
3. Heattreating method for improving wearresistance and corrosionresistance of chromiumplated steel substrate (미국, 2003.02.11.)
4. PNEUMATIC SERVO VALVE (일본, 2003.11.07.)
5. Pneumatic servo valve (미국, 2003.12.03.)
6. PRINTING HEAD FOR NANO PATTERNING (PCT, 2004.03.26.)
7. Threedimensional printing prototyping system (유럽, 2005.01.10.)
8. Threedimensional printing prototyping system (미국, 2005.03.30.)
9. Apparatus for manufacturing electronic devices using rolltoroll rotary pressing process (유럽, 2006.03.31.)
10. Printing head for nano patterning (미국, 2006.05.04.)
11. Method for forming highresolution pattern having desired thickness or high aspect ratio using deep ablation (미국, 2006.12.19.)
12. Luminous advertisement sheet (미국, 유럽, 2007.12.05.)
13. Selfaligned organic thin film transistor and fabrication method there of (유럽, 중국, 미국, 2008.05.30.)
14. ORGANIC SOLAR CELL USING CONDUCTIVE POLYMER TRANSPARENT ELECTRODE AND FABRICATING METHOD THEREOF (미국, 2008.08.01.)
15. Luminous advertisement sheet (PCT, 2008.11.13.)
16. Printing head for nano patterning (미국, 2010.03.30.)
17. Highspeed optical fiber monitoring system (미국, 2010.04.15.)
18. Printing apparatus having automatic printing sheet feeder (미국, 2010.06.09.)

19. Method for making fine patterns using mask template (미국, 2010.06.22)
20. Printing device using thermal roll imprinting and patterned plate, microfluodic element using the same, film laminating device for sensor, and printing method (미국, 2010.09.07.)
21. Printing apparatus using thermal roll imprinting and a patterned plate, and filmlaminating apparatus for microfluidics and sensor and printing method using same (중국, 2010.09.07.)
22. Roll imprinting apparatus (미국, 중국, 2010.09.29.)
23. METHOD OF MANUFACTURING FILM PRODUCT USING THERMAL ROLL IMPRINTING AND BLADE COATING, AND SECURITY FILM AND FILM INTEGRAL ELECTRIC DEVICE USING THE SAME (미국, 유럽, 2011.04.08.)
24. APPARATUS FOR MANUFACTURIING TRANSPARENT ELECTRODE USING PRINTBASED METAL WIRE (미국, 2011.09.01)
25. Method for manufacturing transparent electrode using printbased metal wire and transparent electrode manufactured thereby (미국, 2011.09.01.)
26. ATTERNPRINTING DEVICE (미국, 2012.04.04.)
27. PRINTING APPARATUS HAVING AUTOMATIC PRINTING SHEET FEEDER (유럽, 2012.06.06.)
28. Method for burying conductive mesh in transparent electrode (미국, 2012.06.26.)
29. Reverse gravure offset printing method and apparatus using disposable cliché (미국, 2012.06.26.)
30. Precision overprinting method of printed electronics rotary printing where location can be adjusted in real time (미국, 2012.09.26.)
31. METHOD FOR IMPROVING MOULDABILITY OF MAGNESIUMALLOY SHEET MATERIAL, AND MAGNESIUMALLOY SHEET MATERIAL PRODUCED THEREBY (PCT, 2012.12.12.)
32. Transparent electrode film manufacturing device and transparent electrode film manufacturing method (중국, 2012.12.31.)
33. Manufacturing Apparatus of Aluminium Pouch Film for Small Size Secondary Battery and Pouch Film Produced Thereby (중국, 2018.09.14.)
34. Method for manufacturing aluminium pouch film for medium and large secondary batteries (중국, 2018.09.14.)

B 국내 특허

1. 공압실린더 (1995.03.29.)
2. 디지털 직렬제어 공압 솔레노이드 밸브 제어시스템 (1999.04.30.)
3. 유압실린더의 쿠션플런저 (1999.04.30.)
4. 유압실린더의 쿠션링 (1999.04.30.)
5. 공기부상열차 (2000.04.14.)
6. 크롬도금층의 내식성 및 내마모성 향상방법 (2000.08.21.)
7. 반도체장비용 오링의 내구성시험장치 (2000.11.22.)
8. 반도체장비용 오링의 기밀성시험장치 (2000.11.22.)
9. 초내식용 크롬/크롬-엑스 합금도금층의 제조방법 (2001.03.12.)
10. 금속재의 크롬탄화물 피복방법 (2001.12.31.)
11. 솔레노이드밸브 (2002.03.04.)
12. 인쇄기의 3축변위 제어장치 (2002.05.16.)
13. 크롬도금층의 내식성 및 내마모성을 향상시키는 열처리방법 (2002.11.25.)
14. 오프셋인쇄기의 블랭킷 실린더 세정장치 (2003.02.07.)
15. 가스용기의 성능검사장치 (2003.05.20.)
16. 공압 서보밸브 (2003.09.18.)
17. 나노 패터닝용 프린팅헤드 장치 (2003.11.06.)
18. 디스팬싱 노즐 제조방법 (2003.11.06.)
19. 마이크로/나노 3차원 조형시스템 (2003.12.23.)
20. 플라즈마 디스플레이 패널용 패터닝 장치 및 패터닝 방법 (2004.01.06.)
21. 벨로우즈 실린더 (2004.04.20.)
22. 3차원 조형시스템의 경화장치 (2004.07.05.)
23. 대형 공작기계용 가공칩 처리 시스템 (2004.09.24.)
24. 질소 가열 수단을 갖는 3차원 쾌속 조형 시스템 (2004.11.08.)

25. 3차원 프린팅 조형시스템 (2004.11.11.)
26. 메탈 젯 유닛 (2004.11.16.)
27. 메탈젯 유닛의 노즐 구조 (2006.04.26.)
28. 롤-투-롤 윤전인쇄방식을 이용한 전자소자의 제조방법 및그 제조장치 (2005.04.13.)
29. 고응답 특성을 가지는 포핏형 마이크로 밸브 (2006.03.10.)
30. 회로기판의 비아홀 통전시스템 및 그 방법 (2006.03.27.)
31. 베어링과 시일이 필요 없는 공기 실린더 (2006.04.05.)
32. 시일이 없는 공기 실린더 (2006.04.05.)
33. 메탈젯 유닛 (2006.04.26.)
34. 잉크젯 유닛의 압력조절장치 (2006.04.26.)
35. 건식필름레지스트를 이용하여 원하는 패턴두께 또는 높은종횡비를 가지는 고해상도패턴 형성 방법 (2006.05.03.)
36. 깊은 제거를 이용하여 원하는 패턴 두께 혹은 높은종횡비를 가지는 고해상도 패턴 형성 방법 (2006.05.03.)
37. 압전식 비례제어 밸브 (2006.05.16.)
38. 디지털 프린팅 기법에 의한 유연한 입력 장치 제조방법. (2006.09.18.)
39. 다기능 인쇄유닛 (2006.10.27.)
40. EL 조명장치 및 그 제조방법 (2006.11.22.)
41. EL 발광서적 (2007.01.10.)
42. EL세그먼트 표시소자 (2007.01.10.)
43. 박막 엔터테인먼트 시스템 (2007.01.10.)
44. 종이 EL발광소자 및 그 제조방법 (2007.01.16.)
45. 무선인식 태그 제조방법 (2007.02.01.)
46. 대면적 박막 코팅방법 및 그 장치 (2007.02.05.)
47. 미세패턴 불량 교정방법 (2007.02.09.)
48. 3차원 가공 장치의 피딩 룸 건조 장치 (2007.02.21.)
49. 3차원 가공 장치의 빌딩 룸 온도 측정 장치 (2007.02.23.)
50. 조립식 전자회로 (2007.02.27.)
51. 인쇄용 건조장치 (2007.03.05.)
52. 탄성중합체 스탬프를 이용한 롤 프린터 방식의 미세접촉인쇄장치 (2007.03.13.)
53. 도광판 스템퍼의 제조방법 (2007.04.18.)
54. 미세패턴 인쇄방법 (2007.04.18.)

55. 3차원 프린팅 조형시스템의 조형롤러 장치 (2007.04.27.)
56. 입체 조형물의 제조방법 (2007.04.27.)
57. 스팟 사이즈 측정용 파우더 수납 장치 (2007.04.30.)
58. EL소자 인쇄제품 및 그 제조방법 (2007.05.01.)
59. 도광판 스템퍼의 제조방법 (2007.05.01).
60. 발광 광고지 및 그 제조방법 (2007.05.03.)
61. 패드 프린팅 방법 및 그 장치 (2007.05.03.)
62. 블랭킷 실린더 와이핑 세정장치(2007.05.28.)
63. 인쇄용 건조장치 (2007.06.13.)
64. 자기정렬 유기박막 트랜지스터 및 그 제조 방법 (2007.07.02.)
65. 인쇄기용 세정 제어장치 및 그 제어방법 (2007.08.07.)
66. 롤-투-롤 윤전인쇄시스템의 인압 제어장치 (2007.10.10.)
67. 공기압 마이크로 밸브 (2007.12.21.)
68. 코일 이동형 서보 밸브 (2007.12.21.)
69. 공기압 마이크로 밸브 흡인력 측정 시험장치 (2007.12.24.)
70. 전자소자 인쇄장치 (2008.02.14.)
71. 롤프린팅시스템의 잉크공급장치 (2008.03.06.)
72. 메탈젯유닛 (2008.03.06.)
73. 인쇄위치 보정장치를 갖는 전자소자 인쇄시스템 (2008.04.24.)
74. 작업대 회동을 통해 곡면 구조물 제작이 가능한 4D 프린팅 장치 및 그 방법 (2008.04.30.)
75. 전도성 고분자 투명전극을 이용한 유기 태양전지 및 그제조 방법 (2008.04.30.)
76. 롤 타입 전자소자 인쇄장치 (2008.05.08.)
77. 미세 패턴 형성 방법 (2008.06.09.)
78. 전도성 고분자 투명전극을 이용한 OLED 및 그 제조방법 (2008.06.27.)
79. 박막 EL발광소자 및 그 제조방법 (2008.07.07.)
80. 전동줌렌즈와 회전미러를 이용한 고속 광학관측 시스템 (2008.10.10.)
81. 롤투롤 윤전인쇄방식을 이용한 전자소자 제조장치 (2008.10.17.)
82. 인쇄장치 및 이를 이용한 인쇄방법 (2008.11.19.)
83. 인쇄전자소자 시스템의 인쇄위치 보정방법 (2008.11.28.)
84. 인쇄용지 자동공급기를 갖는 인쇄장치 (2008.12.11.)
85. 입체 조형물의 조형방법 (2009.02.04.)
86. 전자 잉크를 이용한 전자 서적 (2009.02.19.)

87. 전자잉크층을 이용한 디스플레이 장치 (2009.02.19.)
88. 전자 잉크층을 이용한 디스플레이 장치 (2009.02.19.)
89. 나노 패터닝용 잉크젯 프린터 헤드 (2009.02.27.)
90. 롤 임프린트 장치 (2009.05.15.)
91. 비접촉식 롤투롤 인쇄장비 및 그 제어방법 (2009.05.18.)
92. 인쇄장비 (2009.05.22.)
93. 잉크젯 프린팅 시스템 (2009.06.03.)
94. 마스크 템플릿을 이용한 미세패턴 형성방법 (2009.06.22.)
95. 2줄 인쇄방법 (2009.07.28.)
96. 멀티 코터 및 이를 이용한 코팅 방법과 롤 프린팅 방법 (2009.09.07.)
97. 열형 롤 임프린팅과 패턴된 제판을 이용하는 인쇄장치, 이를 이용한 마이크로 마이크로 유체소자 및 센서용 필름 라미네이팅 장치 및 인쇄 방법 (2009.09.07.)
98. 태양전지 제조 방법 (2009.09.07.)
99. 평제판 그라비아 오프셋 인쇄의 양산성 테스트 방법 (2009.09.21.)
100. 롤 임프린트 장치 (2009.10.28.)
101. 보안 기판 제조방법 및 보안 기판 (2010.04.09.)
102. 열형 롤 임프린팅과 블레이드 코팅을 이용하는 필름제품 제조방법, 이를 이용한 보안 필름 및 필름 일체형 전기 소자 (2010.04.09.)
103. 비접촉식 롤투롤 인쇄 장치의 장력 제어를 위한 구조 및 방법 (2010.05.24.)
104. 패턴인쇄장치 및 패턴인쇄방법 (2010.05.25.)
105. 그라비아 옵셋 롤러 자동 교환 장치 (2010.05.26.)
106. 상이한 형상을 갖는 레지스터 마크를 이용하여 다중 전자인쇄층을 가늠 맞춤하는 방법 (2010.06.14.)
107. 인쇄 장치 및 그 제어 방법 (2010.06.17.)
108. 전자 소자 인쇄 시스템 및 이를 이용한 보정 방법 (2010.06.17.)
109. 인쇄시스템 (2010.06.17.)
110. 전자 소자 인쇄 시스템 및 이를 이용한 보정 방법 (2010.06.17.)
111. 양면인쇄장치 (2010.06.21.)
112. 분할잉크챔버가 설치된 전자회로 인쇄용 유전인쇄기와 이의 인쇄방법 (2010.06.23.)
113. 초박형 전지 및 그 제조방법 (2010.06.28.)
114. 전자회로 인쇄용 윤전인쇄기로 제작되는 유연면광 무기 EL디스플레이와 제조방법 (2010.06.29.)

115. 범용 코팅 장치 (2010.07.27.)
116. 적층형 그라비아 옵셋 롤러 (2010.07.27.)
117. 인쇄기반 금속 배선을 이용한 투명전극 제조 방법 및 그 투명전극 (2010.10.26.)
118. 인쇄기반 금속 배선을 이용한 투명전극 제조 장치 (2010.10.26.)
119. 팔라듐 촉매잉크 조성물, 이를 이용한 금속 패턴 형성방법 및 기판 표면처리 방법 (2010.11.18.)
120. 전자회로 인쇄용 그라비어오프셋 윤전인쇄기의 인쇄실린더들 사이의 압력조절방법과 그 장치 (2010.12.10.)
121. 전자회로 인쇄용 그라비어오프셋 윤전인쇄기의 투루롤링 (2010.12.13.)
122. 자외선 차단 유리 제조 방법 및 그 유리 (2010.12.15.)
123. 롤 타입 전자소자 인쇄 장치에서의 외팔보 타입 롤러 지지 구조 (2011.01.13.)
124. 인쇄 전자 소자 패터닝 장치 및 방법 (2011.01.27.)
125. 분사 방식의 투명 전극 제조 장치 및 방법 (2011.02.17.)
126. 경화 시스템 및 그 방법 (2011.03.11.)
127. 인쇄 전자 장치 및 그의 인쇄 전자 소자 제조 방법 (2011.03.11.)
128. 인쇄 전자 소자 제조 장치 및 방법 (2011.03.11.)
129. 투명 전극 제조 방법 및 이에 의한 투명 전극 (2011.03.14.)
130. 표면에너지 차이를 이용한 기판의 패터닝 방법 (2011.03.17.)
131. 잉크 전이 가시화 장치 및 방법 (2011.03.25.)
132. 베이스 교체 방식의 패터닝 장치 및 패턴 인쇄 장치 (2011.04.04.)
133. 패턴 인쇄 장치 (2011.04.04.)
134. 실시간 위치조정이 가능한 인쇄전자 윤전인쇄기의 중첩 및 중복인쇄장치 및 그 방법 (2011.04.21.)
135. 닥터 블레이드의 온도 조절 장치 및 이를 이용한 건조 장치 (2011.05.16.)
136. 양방향 인쇄가 가능한 전자 소자 인쇄 장치 (2011.05.19.)
137. 인쇄 롤러의 온도 조절 장치 (2011.05.19.)
138. 인쇄 롤러의 온도 조절 장치 (2011.05.19.)
139. 인쇄 배터리 제조 방법 (2011.05.19.)
140. 실시간 위치조정이 가능한 인쇄전자 윤전인쇄의 정밀중첩인쇄 방법 (2011.06.15.)
141. 일회용 클리쉐를 이용한 리버스 그라비아 옵셋 인쇄 방법 및 장치 (2011.07.07.)
142. 투명 전극의 전도성 메쉬 매설 방법 (2011.08.02.)
143. 나노 돌기를 갖는 태양 전지 및 이의 제조 방법 (2011.08.03.)

144. 미세 패턴부를 구비한 제판 롤러 및 이를 이용한 그라비아 인쇄 장치와 인쇄 방법 (2011.08.11.)
145. 양자점 잉크 제조 방법 및 이를 구비하는 태양전지와 상기 태양전지의 제조 방법 (2011.10.07.)
146. 직접 제어 방식 텐션 조절 장치 (2012.05.31.)
147. 텐션 조절이 가능한 롤 코팅 장치 (2012.05.31.)
148. 투명전극필름 제조방법 (2012.05.31.)
149. 투명전극필름 제조장치 (2012.05.31.)
150. 금속패턴 형성 장치 및 이를 이용한 금속패턴 형성 방법 (2012.06.20.)
151. 부분면 코팅이 가능한 롤 코팅장치 (2013.03.07.)
152. 투명전극필름 제조장치 및 제조방법 (2013.03.07.)
153. 리튬이차전지용 파우치 원단의 제조방법 (2013.07.03.)
154. 유기 태양전지의 제조장치 및 제조방법 (2013.07.03.)
155. 코팅바 교체형 슬롯다이장치 (2014.06.26.)
156. 이차전지용 스테인레스 스틸 파우치 필름, 이를 포함하는 포장재 및 이를 포함하는 이차전지 (2015.03.18.)
157. 이차전지용 스테인레스 스틸 파우치 필름, 이를 포함하는 포장재 및 이를 포함하는 이차전지 (2015.03.18.)
158. 구조재와 내외장재가 일체로 형성된 유닛 모듈러용 단위 모듈 (2015.06.19.)
159. 롤투롤 인쇄전자 공정 기술을 이용한 미세패턴 형성 장치 및 제조 방법 (2015.08.27.)
160. 형상물의 슬라이싱 단면을 영역분할하고 그 분할된 면적에 따라 빔의 크기 및 속도를 조절하여 생산속도를 향상시킨 3차원 형상 가공 방법 (2015.09.01.)
161. 이차전지용 파우치필름 실링장치 (2016.01.28.)
162. 고속 라미네이션 장치 (2016.03.04.)
163. 알루미늄 파우치 필름 제조용 슬롯 다이 코터 (2016.12.21.)
164. 알루미늄 파우치 필름 제조용 마이크로 그라비어 코터 (2016.12.21.)
165. 보강부가 적용된 슬롯다이장치 (2017.02.16.)
166. 코팅 두께 조절용 코팅바가 적용된 슬롯다이장치 (2017.02.16.)
167. 코팅폭 조절이 가능한 슬롯다이장치 (2017.06.07.)
168. 이차전지용 파우치 필름 성형기 (2017.07.25.)
169. 3D프린터를 이용한 건축물 시공방법 및 이에 적용되는 골조부재 제조장치 (2018.01.10.)
170. 온도에 따라 개폐가 가능한 개폐부를 구비한 LED 조명기구 (2018.01.26.)

171. 이차전지 셀 파우치용 시트 제조장치 (2018.03.26.)
172. 이차전지 셀 파우치 시트의 제조장치 (2018.03.26.)
173. 롤투롤 방식을 통한 마이크로컨택 프린팅 시스템 (2018.05.29.)
174. Nd-Fe-B계 성형체의 제조방법 및 이의 방법으로 제조된 Nd-Fe-B계 성형체 (2018.05.31.)
175. 소형 이차전지용 알루미늄 파우치 필름 제조장치 및 이에 의해 제조된 파우치 필름 (2018.08.08.)
176. 중대형 이차전지용 알루미늄 파우치 필름 제조방법 (2018.08.08.)
177. 디스펜서를 이용한 이종 잉크 공급 제어가 가능한 연속 시어링 코팅 장치 및 그 방법 (2018.11.15.)
178. 비정형부재의 영역분할과 스팟사이즈 조절이 가능한 3D 프린팅 장치 및 그 방법 (2018.11.15.)
179. 점도 특성이 상이한 접착제를 통해 비정형 건축물 제작이 가능한 하이브리드 바인더젯 3D 프린팅 장치 및 그 방법 (2018.11.15.)
180. 작업대 회동을 통해 곡면 구조물 제작이 가능한 4D 프린팅 장치 및 그 방법 (2018.11.15.)
181. 파우치 표면처리 코팅 장치 및 그 제조 방법 (2018.12.14.)
182. 3D 프린터를 이용한 전자 복합 제조 장치 및 그 방법 (2018.12.27.)
183. 다층 인쇄회로기판의 제조방법 (2019.10.21.)
184. 3D 및 2D 인쇄방법을 이용한 휴대용 발열의자의 제조방법 및 이에 의해 제조된 발열의자 (2019.10.29.)
185. 패턴된 용액 전단코터를 구비한 롤 투 롤 방식의 유기 반도체 박막 형성장치 (2019.10.29.)
186. 리튬이온 이차전지용 파우치 필름의 제조방법 (2020.10.12.)
187. 소형 이차전지용 알루미늄 파우치 필름 제조장치 및 이에 의해 제조된 파우치 필름 (2021.09.07.)
188. 3차원 체적 적층 프린터 및 이를 이용한 3차원 체적 제조방법 (2021.12.14.)
189. 복합 프린터를 포함하는 다기능 복합 프린팅 시스템 및 이를 이용한 인쇄 방법 (2021.12.14.)
190. 이중 레이어 블랭킷 롤러 및 이를 포함하는 인쇄 시스템 (2021.12.16.)
191. 소형 이차전지용 알루미늄 파우치 필름 제조장치 및 이에 의해 제조된 파우치 필름 (2021.09.07.)
192. 나노 구조체 제조를 위한 나노 3D 프린터 장치 (2021.12.28.)
193. 3D, 2D 인쇄 방법을 이용한 LED 내장형 디지털 사이니지 제조 시스템 및 방법 (2022.01.07.)

194. 잉크젯 인쇄공정을 포함한 롤투롤 유연인쇄회로기판 제조방법 (2022.01.07.)
195. 페로브스카이트 태양전지의 고속화 공정을 위한 메니스커스 솔루션 시어링 가시화 장치 및 이를 이용한 메니스커스 솔루션 시어링 장치 (2022.01.07.)
196. 패턴 형성 장치 (2022.04.12.)
197. 2차전지 파우치 필름 제조용 지능형 롤투롤 멀티코팅 시스템 (2022.10.11.)
198. 소프트 블랑켓이 포함된 그라비아 옵셋 장치 및 이를 이용한 센서 제조 방법 (2022.10.26.)
199. 리버스 옵셋을 이용한 센서 제조장치 및 이를 이용한 3D 센서 제조 방법 (2022.10.26.)
200. Air Hybrid ESD 알루미늄 필름 양면 코팅 장비 (2022.11.21.)
201. 이차전지용 알루미늄 파우치 필름 및 이의 제조 방법 (2022.11.21.)
202. 바코터 내장형 슬롯다이를 이용한 알루미늄 파우치 코팅 장치 (2022.11.21.)
203. 알루미늄 파우치 필름 및 이의 양산화 공정 방법 (2022.11.21.)
204. 이차전지용 알루미늄 파우치 필름 신뢰성 검사 방법 장치 (2022.11.21.)
205. 중대형 이차전지용 알루미늄 파우치 필름 및 그의 제조 방법 (2022.11.21.)
206. 투명전극필름 제조장치 및 제조방법 (2022.11.21.)

C 국제 학술지

1. Dong-Soo Kim and Sang-Chun Lee, Experimental study on cushioning characteristics of pneumatic cylinder with meter in/meter out control system, International Journal of Precision Engineering and Manufacturing, 3(1), Jan 2002.
2. Dong-Soo Kim and Won-Hee Lee, Development of an automated system for water-hydraulic and leakage test of pressure vessels, International Journal of Precision Engineering and Manufacturing, 5(1), 55-59, Jan 2004.
3. Jae Seop Ryu, Yingying Yao, Chang Seop Koh, Sonam Yun and Dong Soo Kim, Optimal shape design of 3-D nonlinear electromagnetic device using parameterized design sensitivity analysis, IEEE Transactions on Magnetics, 41(5), 1792-1795, May 2005.
4. Dong Soo Kim, Young Jin Ahn, Won Hee Lee, Sung Woo Bae and Kyung Hyun Choi, A Study of the Solid Freeform Fabrication (SFF) System with Dual Laser System, JSME International Journal Series C Mechanical Systems, Machine Elements and Manufacturing, 49(4), 1215-1222, Mar 2005.
5. Dong-Soo Kim, Sang-Kyu Bae and Byung Oh Choi, Experiments and Characteristic Analysis of a Sealless Pneumatic Cylinder, Key Engineering Materials, 326-328, 1279-1282, Dec 2006.
6. Won-Hee Lee, Dong-Soo Kim, Jung-Su Kim and Min-Cheol Lee, A Study on Reduction of Processing Time and Improvement of Strength by Using Photopolymer Resin in the 3DP Process, Key Engineering Materials, 326-328, 151-154, Dec 2006.
7. Won Hee Lee, Dong Soo Kim, Young Jin Ahn, Byung-Oh Choi and Kyung Hyun Choi, Development of Industrial SFF System Using a New Selective Dual-Laser Sintering Process, Key Engineering Materials, 326-328, 123-126, Dec 2006.
8. Taik-Min Lee, Tae Goo Kang, Jeong-Soon Yang, Dong-Soo Kim, Jeong-Dai Jo, Byung-Oh Choi and Kwang-Young Kim, A DoD Injector Applicable to High- Viscosity Materials in

High - Temperature, Key Engineering Materials, 326-328, 1391-1394, Dec 2006.

9. Dong-Soo Kim, Sang-Kyu Bae and Byung Oh Choi, Experiments and Characteristic Analysis of Sealless Pneumatic Cylinder, Key Engineering Materials, 326-328, 1279-1282, Dec 2006.
10. Dong-Soo Kim, Sang-Kyu Bae and Kyung-Hyun Choi, Characteristic analysis and experimental evaluation of Fluidic muscle cylinder, Key Engineering Materials, 326-328, 119-122, Dec 2006.
11. Dong-Soo Kim, Sang-Kyu Bae and Kyung-Hyun Choi, Characteristic analysis and experimental evaluation of Fluidic muscle cylinder, Key Engineering Materials, 326-328, 119-122, Dec 2006.
12. Hyuneui Lim, Dong soo Kim, Won hee Lee, Yong doo Park and Kyu back Lee, Production of protein microarrays for cell culture using electrostatic deposition, Sensors and Actuators A: Physical, 139, 124-130, Apr 2007.
13. Dong-Soo Kim, Sung Woo Bae and Kyung Hyun Choi, Development of industrial SFF system using dual laser and optimal process, Robotics and Computer-Integrated Manufacturing, 23(6), 659-666, Dec 2006.
14. Jung Su Kim, Dong Soo Kim, Min Cheol Lee and Won Hee Lee, A method of 3D freeform fabrication using a curing of photopolymer resin, International Journal of Modern Physics B, 22(09n11), 1839-1845, Jan 2008.
15. Dong Soo Kim, Sung Woo Bae and Kyung Hyun Choi, Application and performance evaluation for the DMS system in the SLS process, International Journal of Modern Physics B, 22(09n11), 1833-1838, Jan 2008.
16. Taik-Min Lee, Tae Goo Kang, Jeong-Soon Yang, Jeongdai Jo, Kwang-Young Kim, Byung-Oh Choi, and
17. Dong-Soo Kim, Gap adjustable molten metal DoD inkjet system with cone shaped piston head, Journal of Manufacturing Science and Engineering, 130(3), 031113(1-6), Jun 2008.
18. Taik-Min Lee, Tae Goo Kang, Jeong-Soon Yang, Jeongdai Jo, Kwang-Young Kim, Byung Oh Choi, and Dong-Soo Kim, Drop-on-demand solder droplet jetting system for fabricating microstructure, IEEE Transactions on Electronics Packaging Manufacturing, 31(3), 202-210, Jul 2008.
19. Kang Dae Kim, Dong Soo Kim, Chung Kyun Kim and Chung Kun Song, Nano Gate Dielectrics for Low Voltage Operation of Organic Thin Film Transistors, Japanese Journal of Applied Physics, 47(8R), 6496-6501, Aug 2008.

20. Jong-Su Yu, Jeongdai Jo, Dong-Soo Kim and Do-Jin Kim, Direct-Printed Organic Thin-Film Transistor Using PDMS Stamp and Low Viscosity Nanosilver Ink, Journal of Nanoscience and Nanotechnology, 8(10), 4940-4944, Oct 2008.
21. Kyung-Hyun Choi, Hyung-Chan Kim, Yang-Hoi Doh and Dong-Soo Kim, Novel scan path generation method based on area division for SFFS, Journal of Mechanical Science and Technology, 23, 1102-1111, Nov 2008.
22. Hyun Wook Kang, Hyung Jin Sung, Taik-Min Lee, Dong-Soo Kim and Chang-Jin Kim, Liquid transfer between two separating plates for micro-gravure-offset printing, Journal of Micromechanics and Microengineering, 19(1), 015025(1-10), Dec 2008.
23. Jeongdai Jo, Jong-Su Yu, Taik-Min Lee and Dong-Soo Kim, Fabrication of Printed Organic Thin-Film Transistors Using Roll Printing, Japanese Journal of Applied Physics, 48(4S), 04C181(1-4), Apr 2009.
24. Khalid Rahman, Jeong-Beom Ko, Saleem Khan, Dong-Soo Kim and Kyung-Hyun Choi, Simulation of droplet generation through electrostatic forces, Journal of Mechanical Science and Technology, 24(1), 307-310, May 2009.
25. Hyung-Chan Kim, Kyung-Hyun Choi, Yang-Hoi Doh and Dong-Soo Kim, Fabrication of parts and their evaluation using a dual laser in the solid freeform fabrication system, Journal of Materials Processing Tech, 209(10), 4857-4866, Jun 2009.
26. Byung-Oh Choi, Chung Kyun Kim and Dong Soo Kim, Manufacturing ultra-high-frequency radio frequency identification tag antennas by multilayer printings, Proceedings of the Institution of Mechanical Engineers, Part C: Journal of Mechanical Engineering Science, 224(1), 149-156, Aug 2009.
27. Jung Su Kim, Kyung Hyun Choi, Kang Dae Kim, Chung Hwan Kim, Sung Woo Bae and Dong Soo Kim, An application of ESD technology for the R2R printing process, Journal of Mechanical Science and Technology, 24(1), 301-305, Oct 2009.
28. Jeongdai Jo, Jong-Su Yu, Taik-Min Lee, Dong-Soo Kim and Kwang-Young Kim, Fabrication of Organic Thin-Film Transistors with Roll-Printed Electrodes Using Patterned Polymer Stamp, Molecular Crystals and Liquid Crystals, 514(1), 81/[411]-91/[421], Nov 2009.
29. Kwangsoo Kim, Chung Hwan Kim, Heon-Yeoung Kim and Dong-Soo Kim, Effects of Blanket Roller Deformation on Printing Qualities in Gravure-Offset Printing Method, Japanese Journal of Applied Physics, 49(5), 05EC04(1-5), May 2010.

30. Seung Wook Suh, Yong Sang Lee, Byung Ki Park and Dong Soo Kim, Synthesis of Pd(II) Ink and Surface Treatment of the Polyimide Film for Inkjet Printing, Japanese Journal of Applied Physics, 49(5), 05EA06(1-5), May 2010.
31. Jeongdai Jo, Jong-Su Yu, Taik-Min Lee, Dong-Soo Kim and Kwang-Young Kim, Roll-Printed Organic Thin-Film Transistor Using Patterned Poly(dimethylsiloxane) (PDMS) Stamp, Journal of Nanoscience and Nanotechnology, 10(5), 3595-3599, May 2010.
32. Dewan Hasan Ahmed, Hyung Jin Sung and Dong-Soo Kim, Simulation of non-Newtonian ink transfer between two separating plates for gravure-offset printing, International Journal of Heat and Fluid Flow, 32(1), 298-307, Jul 2010.
33. Saleem Khan, Yang Hoi Doh, Arshad Khan, Ahsan Rahman, Kyung Hyun Choi and Dong Soo Kim, Direct patterning and electrospray deposition through EHD for fabrication of printed thin film transistors, Current Applied Physics, 11(1), S271-S279, Nov 2010.
34. Taik-Min Lee, Seung-Hyun Lee, Jae-Ho Noh, Dong-Soo Kim and Sangki Chun, The effect of shear force on ink transfer in gravure offset printing, Journal of Micromechanics and Microengineering, 20(12), 125026(1-8), Nov 2010.
35. Taik-Min Lee, Jae-Ho Noh, Inyoung Kim, Dong-Soo Kim and Sangki Chun, Reliability of gravure offset printing under various printing conditions, Journal of Applied Physics, 108, 102802(1-6), Nov 2010
36. Dong Soo Kim, Jung Su Kim and Min Cheol Lee, Thin film forming technique based on hybrid spray coating using electrostatic force and air pressure, Japanese Journal of Applied Physics, 53(553), 05HC08(1-7), Apr 2014.
37. Joong Kook Hwang, Sungwoo Bae and Dong Soo Kim, A development and evaluation of micro-gravure coater for printed electronics, Japanese Journal of Applied Physics, 53(5S3), 05HC12(1-4), Apr 2014.
38. Jung Min Cho, Dong Soo Kim, Sungwoo Bae, Sang-Jin Moon, Won Suk Shin, Dong Hun Kim, Sun Hee Kim, Andreas Sperlich, Stefan Vath, Vladimir Dyakonov and Jung-Keun Lee, Light-induced electron spin resonance study of galvinoxyl-doped P3HT/PCBM bulk heterojunctions, Organic Electronics, 27, 119-125, Sep 2015.
39. Min Sook Yu, Do Hyun Kim, Jung Min Cho, Sung Woo Bae and Dong Soo Kim, Effect of film properties on formability of aluminum pouch for secondary battery, Journal of Mechanical Science and Technology, 31, 2759-2763, Feb 2017.
40. Min Sook Yu, Do Hyun Kim, Jung Min Cho, Sung Woo Bae and Dong Soo Kim, Effect of

film properties on formability of aluminum pouch for secondary battery, Journal of Mechanical Science and Technology, 31(6), 2759-2763, Feb 2017.

41. Jung Min Cho, Do Hyun Kim, Min Sook Yoo, Sungwoo Bae and Dong Soo Kim, The Fabrication of Flexible Ag Grid Mesh Electrode by a New Thermal Roll Imprinting Process and Its Application, Journal of Nanoscience and Nanotechnology, 17(5), 3304-3309, May 2017.
42. Dong Soo Kim, Sung Woo Bae, Do Hyun Kim, Jung Min Cho and Min Sook Yu, Study of Extrusion Process for Pouch Film Manufacturing, International Journal of Precision Engineering and Manufacturing, 18(9), 1307-1311, May 2017.
43. Jung Min Cho, Do Hyun Kim, Min Sook Yoo, Sungwoo Bae and Dong Soo Kim, Fabrication and Evaluation of Aluminum Laminated Film for a Pouch-Type Secondary Battery, Journal of Nanoscience and Nanotechnology, 18(4), 2752-2757, Apr 2018.
44. Minsook Yu, Munyong Song, Minha Kim and Dongsoo Kim, Experimental study on the formability of aluminum pouch for lithium polymer battery by manufacturing processes, Journal of Mechanical Science and Technology, 33(9), 4353-4359, May 2019.
45. Kyunghwan Choi, Dong Soo Kim and Seok-Kyoon Kim, Disturbance Observer-Based Offset-Free Global Tracking Control for Input-Constrained LTI Systems with DC/DC Buck Converter Applications, MDPI Energies, 13, 4079(1-18), Aug 2020.
46. Muchakayala Ravi, Sanghoon Kim, Fen Ran, Dong Soo Kim, Yong Min Lee, Myung-Hyun Ryou, Hybrid gel polymer electrolyte based on 1-methyl-1-Propylpyrrolidinium Bis(Trifluoromethanesulfonyl) imide for flexible and shape-variant lithium secondary batteries, Journal of Membrane Science, 621, 119018(1-8), Dec 2020.
47. JinAh Hwang, Hyunsung Jung, Hyo-Soon Shin, Dae-Sung Kim, Dong Soo Kim, Byeong-Kwon Ju and MyoungPyo Chun, The Effect of Noble Metals on Co Gas Sensing Properties of In2O3 Nanoparticles, MDPI applied sciences, 2021(11), 11(1-17), May 2021.
48. Sung Hyun You, Koo Bonn, Dong Soo Kim and Seok-Kyoon Kim, Cascade-Type Pole-Zero Cancellation Output Voltage Regulator for DC/DC Boost Converters, MDPI Energies, 14, 3824(1-14), Jun 2021.
49. SeJung Kim ,Tanyoung Kim, Dongsoo Kim and Byeong-Kwon Ju, Layer-by-Layer Assembled Nano-Composite Multilayer Gas Barrier Film Manufactured with Stretchable Substrate, MDPI applied sciences, 11, 5794(1-8), Jun 2021.
50. Jin-Oh Kim, Won-Tae Koo, Hanul Kim, Chungseong Park, Taehoon Lee, Calvin Andreas

Hutomo, Siyoung Q. Choi, Dong Soo Kim, Il-Doo Kim and Steve Park, Large-area synthesis of nanoscopic catalyst-decorated conductive MOF film using microfluidic-based solution shearing, Nature Communications, 12, 4294(1-9), Jul 2021.

51. Kyeong Min Yu, So-Hyun Lee, En-Kyung Non, Ju-Ryong Kim, Bo Mi Lee, Dong-Soo Kim and Min-Hoi Kim, High-resolution continuous microcontact printing on various substrates for organic and oxide electronics, Flexible and Printed Electronics, 6, 020511(1-9), Jul 2021.
52. Hyunah Lee, Nam-Joo Cho and Dong-soo Kim, Development of a Novel Reverse Offset Printer Equipped with Double-Layer Blanket (DLB) for Micropattern Printing on 3D Curved Surfaces, MDPI processes, 10, 424(1-10), Fab 2022.

D

국내 학술지

1. 김동수, 김광영, 최병오, 박화영, 저마찰,고속 공압실린더 특성 연구, 한국정밀공학회 1997년도 추계학술대회 논문집, 476-479, 1997년 10월.
2. 김동수, 정압베어링형 유압서보실린더 개발, 대한기계학회, 1998년 1월.
3. 김동수, 이상천, 공기압실린더의 쿠션특성에관한 모델링및 컴퓨터시뮬레이션, 속보연구논문, 제72권, 794-805, 1999년 11월.
4. 김동수, 공기압실린더 쿠션특성해석및 설계, 박용기관학회, 1999년 12월.
5. 김동수, 공기압쿠션실린더, 대한기계학회, 1999년 12월.
6. 김동수, 이상천, 메타인및 메타아웃 제어에 의한 공기압 실린더의 쿠션특성에 관한 실험적 연구, 한국정밀공학회지, 제17권 제2호, 97-104, 2000년 2월.
7. 김동수, 100Hz servo valve개발, 제어자동화학회, 2000년 3월.
8. 김동수, 김유일, 김미성, 공압베인모터 설계및 성능특성에 관한 실험적고찰, 한국정밀공학회 2001년도 추계학술대회 논문집, 472-475, 2001년 10월.
9. 김동수, 공기압 필드버스 제어시스템 설계 및 성능평가 기술에 관한 연구, 한국산학연논문집, 제1권 제2호, 2001년 11월.
10. 김동수, vane motor 특성해석및 실험, 대한기계학회, 2001년 4월.
11. 김동수, 김광영, 최병오, 박화영, 반도체장비용 오링의 내구성 및 기밀성 시험평가기술에 관한 연구, 한국정밀공학회 2001년도 춘계학술대회 논문집, 613-617, 2001년 4월.
12. 김동수, 진공펌프 설계 및 해석, 한국산학연논문집, 제2권 제2호, 2002년 7월.
13. 김동수, 이원희, 이택민, 조정대, 윤소남, 최두선, 김광영, 최병오, 산업용 및 오피스용 실물복제기 요소기술 개발, 한국정밀공학회 2003년도 추계학술대회논문요약집, 29-35, 2003년 10월.
14. 김동수, 이원희, 이택민, 조정대, 윤소남, 최두선, 김광영, 최병오, 산업용및 오피스용 디지털 3차원 실물복제기 핵심요소기술 개발, 한국정밀공학회 2003년도 추계학술대회 논문 요약집, 한국정밀공학회 2003년도 추계학술대회 논문 요약집, 104-107, 2003년 10월.

15. 김동수, 공기압 서보액추에이터 기술, 자동화기술, 제19권 제11호, 2-7, 2003년 11월.
16. 김동수, 고응답 마이크로 밸브 전자석의 해석 및 최적설계, 한국산학연논문집, 제3권 제1호, 2003년 3월.
17. 이원희, 김동수, 이승현, 김광영, 압력용기의 수압 및 기밀시험을 위한 자동화시스템 개발, 한국정밀공학회 2003년도 춘계학술대회논문집, 1672-1675, 2003년 6월.
18. 김동수, 100Hz급 직동식 공기압 서보밸브 개발, 기계기술, 제30권 제9호, 6-13, 2003년 9월.
19. 김동수, 이원희, 선박용 공기압 회전작동기 개발, 한국마린엔지니어링학회지, 제28권 제2호, 354-360, 2004년 1월.
20. 김동수, 이원희, 최병오, 직동식 공기압 서보밸브 개발, 한국기계연구원 연구논문집, 제34권, 69-77, 2004년 4월.
21. 김성종, 김동수, 이승현, 고성능 씰리스실린더의 해석및 누설유량시험, 대한기계학회 2004년도 춘계학술대회 논문집, 961-966, 2004년 4월.
22. 김동수, 김성종, 배상규, 벨로우즈형 로드리스 실린더 특성해석 및 실험에관한 연구, 대한기계학회 2004년도 춘계학술대회 논문집, 973-977, 2004년 4월.
23. 이원희, 이덕민, 김동수, 오피스용 sffs 기술 개발, 기계와 재료 2004 봄호, 제16권 제1호, 43-49, 2004년 4월.
24. 김동수, 벨로우즈 실린더 특성해석 및 마찰력 실험, 한국산학연논문집, 제4권 제2호, 2004년 6월.
25. 김동수, 초절전형 마이크로 밸브 해석 및 설계, 유공압시스템학회논문집, 제1권 제2호, 15-19, 2004년 6월.
26. 김광영, 김동수, 강정호, 항공기 기체 가공용 대용량 절삭칩 회수 장치의 설계 평가, 한국생산제조학회지, 제14권 제6호, 110-116, 2005년 12월.
27. 김영철, 김동수, 시일이 없는 공기실린더용 피스톤의 성능해석, 한국트라이볼로지학회, 제21권 제1호, 27-32, 2005년 2월.
28. 이택민, 강태구, 양정순, 조정대, 김광영, 최병오, 김동수, DoD 메탈젯 시스템의 이론적 해석 및 실험적 분석, 대한기계학회논문집 A권, 제31권 제1호, 11-17, 2006년 11월.
29. 허신, 김완두, 홍성인, 김동수, 배상규, 공기압 근육 구동기의 유한요소 해석 및 성능 시험, 대한기계학회논문집 A권, 제30권 제6호, 662-669, 2006년 2월.
30. 최재원, 최경현, 김동수, 도양회, 이석희, SFFS에서 듀얼 레이저를 이용한 부품 제작 및 평가, 대한기계학회논문집 A권, 제30권 제3호, 334-341, 2006년 2월.
31. 김동수, 이원희, 안영진, 장민호, 최경현, 디지털 3차원 실물복제기 시스템 및 공정기술 개발, 한국정밀공학회지, 제23권 제4호, 183-190, 2006년 4월.

32. 윤희성, 황인성, 김동수, 윤소남, 고창섭, 반응표면법을 이용한 최소동작시간을 갖는 DC 솔레노이드 밸브의 형상 최적 설계, 전지학회논문지 B권, 제55권 제9호, 449-458, 2006년 7월.
33. 이원희, 김동수, 김정수, 이민철, 3차원 프링팅(3DP) 공정을 기반으로 한 임의형상제작(SFF) 시스템 개발에 관한 연구, 한국정밀공학회지, 제23권 제7호, 168-176, 2006년 7월.
34. 신동윤, 이원희, 강태구, 김동수, 잉크젯 공정의 이슈들, 한국정밀공학회지, 제23권 제8호, 7-14, 2006년 8월.
35. 김동수, 이원희, 신동윤, 임현의, 정전기력을 이용한 마이크로/나노 프린팅 기술, 한국정밀공학회지, 제23권 제8호, 27-32, 2006년 8월.
36. 이원희, 김정수, 김동수, 이민철, 잉크젯 기술을 이용한 3차원 프린팅 공정, 한국정밀공학회지, 제23권 제8호, 33-38, 2006년 8월.
37. 김석순, 김동수, 이원희, 신동윤, 김충환, 제조 방식의 대변화에 따른 잉크젯 프린팅 기술, 한국정밀공학회지, 제23권 제8호, 15-21, 2006년 8월.
38. 이택민, 강태구, 양정순, 조정대, 김광영, 최병오, 김동수, DoD 메탈젯 프린팅 시스템, 한국정밀공학회지, 제23권 제8호, 22-26, 2006년 8월.
39. 김동수, 인쇄전자기술, 기계와 재료, 제19권 제4호, 2007년 12월.
40. 김충환, 이택민, 김동수, 최병오, 전자 인쇄에서의 인쇄 패턴 왜곡, 한국정밀공학회지, 제24권 제8호, 74-80, 2007년 8월.
41. 김명섭, 김동수, 김충환, 최병오, 롤투롤 프린팅 공정 장비의 개발, 기계와 재료, 제19권 제4호, 94-103, 2008년 1월.
42. 김충환, 최병오, 김동수, 류병순, 인쇄전자를 위한 그라비아 옵셋 인쇄, 한국정밀공학회지, 제25권 제5호, 96-102, 2008년 5월.
43. 김동수, 김강대, 김명섭, 배성우, 김정수, 플렉시블 전자소자 개발을 위한 프린팅 생산 기술, 한국정밀공학회 2008년도 춘계학술대회논문집, 959-960, 2008년 6월.
44. 최경현, 김형찬, 도양회, 김동수, 효과적인 SFF 시스템을 위한 디지털미러시스템 공정 개발, 한국정밀공학회지, 제25권 제7호, 19-26, 2008년 7월.
45. 배성우, 김동수, 최경현, 산업용 SFF 시스템에서 DMS 적용에 관한 연구, 한국정밀공학회지, 제25권 제7호, 13-18, 2008년 7월.
46. 김동수, 외팔보 타입의 인쇄전자소자용 롤투롤 장비 개발, 기계와 재료, 제20권 제2호, 2008년 7월.
47. 김동수, Drop on Demand 인쇄 전자기기용 정전식 잉크젯 시스템, 기계와 재료, 제20권 제2호, 2008년 7월
48. 김동수, Electro-Static inkjet 프린팅 기술 개발 현황, 기계와 재료, 제20권 제1호, 2008년 7월.

49. 전유림, 이민철, 송영은, 유기호, 김정수, 김동수, 임의형상제작을 위한 멀티헤드제어 패턴 그라이버 개발, 한국정밀공학회지, 제25권 제7호, 27-32, 2008년 7월.
50. 김정수, 이민철, 김동수, UV 경화를 이용한 3차원 임의 형상 시스템 개발, 한국정밀공학회지, 제25권 제7호, 33-38, 2008년 7월
51. 김동수, 최두선, 최병오, 김성종, 디지털 3차원 실물복제기 개발사업, 기계와 재료 2004 봄호, 제25권 제7호, 6-13, 2008년 7월
52. 김충환, 이용식, 김영국, 김동수, 인쇄 UHF RFID 태그 안테나의 인쇄 품질에 따른 공진 주파수의 영향, 한국정밀공학회지, 제25권 제11호, 90-94, 2008년 9월.
53. 김강대, 조정대, 이택민, 김충환, 신동윤, 김동수, 최병오, 유기박막 트랜지스터를 위한 프린팅과 자기정렬공정의 결합기술, 한국정밀공학회지, 제25권 제8호, 17-20, 2008월 6월.
54. 신동윤, 김동수, 생산시스템으로서의 잉크젯 신뢰성 및 교정의 중요성, 한국정밀공학회지, 제23권 제8호, 9-16, 2008월 8월.
55. 김민하, 이현아, 김동수, PEEK 소재용 비이오 메디길 3D프린팅 장비 개발 및 최적 공정 연구, 대한기계학회논문집, 제7권 제2호, 59-66, 2009년 3월.
56. 김정수, 김동수, 이민철, UV경화공징을 이용한 3차원 Metal Powder 조형기법, 한국정밀공학회지, 제26권 제8호, 24-28, 2009월 8월.
57. 배성우, 유성연, 김동수, SLS 공정에서 레이저 스캔 패스에 따른 기계적 특성에 관한 실험적 연구, 한국정밀공학회지, 제26권 제8호, 29-34, 2009월 8월.
58. 노재호, 이택민, 박상호, 조정대, 김동수, 그라비아 옵셋 인쇄 장비 설계 및 제작, 한국정밀공학회지, 제27권 제9호, 16-19, 2010년 10월.
59. 배성우, 유성연, 김동수, SLS 공정에서 최적 공정 조건 도출을 위한 실험적 연구, 한국생산제조학회지, 제21권 제3호, 516-524, 2012년 2월.
60. 김동수, 김정수, 배성우, 마이크로 그라비어 코터를 이용한 박막 형성 기술, 한국정밀공학회지, 제30권 제6호, 596-600, 2013년 6월.
61. 김정수, 김동수, 공압과 정전기력을 이용한 스프레이 박막 코팅 기술 개발, 한국정밀공학회지, 제30권 제6호, 567-572, 2013년 6월.
62. 남기상, 윤성만, 이승현, 김동수, 김충환, 그라비어 방식을 이용한 전극 인쇄 시 전도성 잉크의 물성이 인쇄성에 미치는 영향, 한국정밀공학회지, 제30권 제6호, 573-577, 2013년 6월.
63. 김정수, 김동수, 그리비어 옵셋을 이용한 메탈 그리드 메쉬 필름 제작 기법, 한국정밀공학히지, 제31권 제11호, 969-974, 2014년 10월.
64. 조정민, 김동수, 조정대, 김태일, 가열롤 임프린팅 방법을 이용한 유연 유기태양전지용 AG 그리드 패턴 PET 기판 제작, 한국정밀공학회지, 제31권 제11호, 993-998, 2014년 11월.

65. 전선웅, 박종찬, 남기상, 김철, 김동수, 김충환, 데이터 보상을 통한 롤투롤 인쇄 장비의 레지스터 오차 인식 개선 및 제어, 한국정밀공학회지, 제31권 제11호, 987-992, 2014년 11월
66. 전선웅, 김철, 박종찬, 김동수, 김충환, 인쇄 패턴의 기하학적 특성 측정 및 인쇄성 평가, 한국정밀공학회지, 제31권 제11호, 981-986, 2014년 11월.
67. 김도현, 배성우, 조정민, 유민숙, 김동수, 다양한 표면처리에 따른 리튬이온 이차전지용 파우치 필름을 위한 접착성에 관한 연구, 한국정밀공학회지, 제33권 제3호, 231-234, 2015년 1월.
68. 김동수, 배성우, 김도현, 조정민, 유민숙, PBF 시스템에서 고분자 및 금속 소재 적용성 연구, 한국정밀공학회지, 제32권 제9호, 765-771, 2015년 8월.
69. 안영진, 배성우, 김동수, 김재열, Powder Bed Fusion 시스템의 개발 및 소결 공정 특성에 관한 연구, 한국정밀공학회지, 제32권 제9호, 773-779, 2015년 8월.
70. 김정수, 김동수, 임의 전압파형발생기를 이용한 다중 피에조 잉크젯 3D 프린팅 장비 개발, 한국정밀공학회지, 제32권 제9호, 781-786, 2015년 8월.
71. 유민숙, 김도현, 조정민, 배성우, 김동수, 이차전지용 알루미늄 파우치 필름의 제조 공정 변수에 따른 접착력에 대한 연구, 한국정밀공학회지, 제33권 제2호, 149-155, 2016년 1월.
72. 유민숙, 김도현, 조정민, 배성우, 김동수, 성형성에 따른 이차전지 파우치의 물성에 대한 실험적 연구, 한국정밀공학회지, 제33권 제2호, 149-155, 2016년 2월.
73. 조정민, 김도현, 유민숙, 배성우, 김동수, 이차전지용 파우치 필름의 합지 조건에 따른 알루미늄 층과 실런트층 간 물성조사, 한국정밀공학회지, 제34권 제5호, 337-341, 2017년 5월.
74. 김동수, 배성우, 김도현, 조정민, 유민숙, 압출 수지에 따른 파우치 필름의 접착강도 및 내전해액성 연구, 한국정밀공학회지, 제34권 제9호, 659-662, 2017월 9월.
75. 김동수, 배성우, 김도현, 조정민, 유민숙, 파우치 필름의 열융착강도 연구, 한국정밀공학회지, 제35권 제2호, 219-223, 2017월 9월.
76. 김용훈, 김동수, 김석균, 관측기 기반 온라인 자가동조 선형운동 도립진자 위치제어, 제어.로봇.시스템학회 논문지, 제26권 제7호, 526-533, 2020년 7월
77. 박재경, 김동수, 김석균, 능동 댐핑 주입과 외란 관측기 기반 선형 운동 도립진자 비선형 위치 제어, 제어.로봇.시스템학회 논문지, 제26권 제7호, 534-541, 2020년 7월
78. 성백상, 조재혁, 임영지, Akpeko Gasonoo, 이현아, 이장원, 우승완, 김동수, 이재현, 김민회, 이종희, Island 표면구조의 P(VDF-TrFE) 몰드를 임프린트한 Spike 형태의 고투과성 외부광 추출 필름, 전기전자학회논문지, 제25권 제2322호, 89-96, 2021년 2월
79. 박재경, 김동수, 김석균, 외란 관측기와 적분기 결합형 영구자석동기전동기 강인 속도추종 알고리즘, 제어.로봇.시스템학회 논문지, 제27권 제10호, 711-720, 2021년 8월

80. 김이지, 이현아, 김동수, 고속 메니스커스 솔루션 시어링 코팅 가시화 장치를 이용한 페로브스카이트 결정화, 한국정밀공학회지, 제38권 제12호, 965-972, 2021년 12월

E 국제 학술대회 논문

1. Dong Soo Kim, The analysis and optimum design of cushioning pneumatic cylinder, Harbin ISFP'99, Harbin, China, September 7-9, 1999.
2. Dong Soo Kim, Characteristics analysis on the pneumatic cushion cylindersTokyo'99 Fourth JHPS International Symposium on Fluid Power, Tokyo, Japan, November 15-17, 1999.
3. Chun Pyo Hong and Dong Soo Kim, Design of A Data Transmission System for Pneumatic System Control, ICCAS2001, Cheju National Univ. Jeju, Korea, October 17-21, 2001.
4. Dong Soo Kim, Design and dynamic characteristics analysis of the direct drive type pneumatic servo valve, 2002 International Conference on Control, Automation and Systems (ICCAS 2002), Muju Resort, Jeonbuk, Korea, October 16-19, 2002.
5. Dong Soo Kim, Jeong Dai Jo and Byung Oh Choi, A Study on the design and performance evalution of pneumatic fieldbus system, Proceedings of the 5th JFPS International Symposium on Fluid Power, Nara 2003, Vol.2002-5-2, Tokyo, Japan, November 12-15, 2002.
6. Dong Soo Kim, Won Hee Lee and Kwang Young Kim, An Experimental study on the cushioning characteristics of pneumatic cylinder system, Proceedings of the 5th JFPS International Symposium on Fluid Power, Nara 2002, Vol.2002-5-2, Tokyo, Japan, November 12-15, 2002.
7. Dong Soo Kim, Modeling and simulation of bearing systems for sealless pneumatic cylinders, ICCMFPT, Vol.1, San Diego, California, USA, July 14-18, 2003.
8. Dong Soo Kim, Design and analysis of the direct drive type pneumatic servo valve, Seventh Triennial International Symposium on Fluid Control, Measurement and Visualization, Vol.32, Sorrento, Italy, July 21-24, 2003.
9. Dong Soo Kim, Design and interpretation of direct-acting pressure servo valves, 7th. Int. Sym. fluid control measurement and visualization, Vol.1, Sorrento, Italy, August 25-28, 2003.

10. Dong-Soo Kim, Sang-Kyu Bae and Sung-In Hong, A characteristic analysis of the fluidic muscle cylinder, ICMIT 2005, Vol.6042, Chongqing, China, September 20-23, 2003.
11. Dong Soo Kim, Design and experiment of direct-acting pressure servo valves, Bath Workshop ptmc2003, Vol.1, University of Bath, Bath, England, September 10-12, 2003.
12. Dong Soo Kim, Development of pneumatic rotary actuator for ship winch, ISCEM 2003, Vol.1, BEXCO, Busan, Korea, October 22-24, 2003.
13. Dong Soo Kim, Development of serial data system for air pressure valve system control, ICCAS2003, Vol.1, TEMP Hotel, Gyeongju, Korea, October 22-25, 2003.
14. Dong Soo Kim, Development of pneumatic servo valve, ICCAS2003, Vol.1, TEMP Hotel, Gyeongju, Korea, October 22-25, 2003.
15. Dong Soo Kim, Development of the serial data transmission system for pneumatic valve system control, ICCAS2003, Vol.1, TEMP Hotel, Gyeongju, Korea, October 22-25, 2003.
16. Dong Soo Kim, Design and performance evaluation of the uni-wire unit for pneumatic system, icmit 2003, Cheong Pung Resort Hotel, Jecheon, Korea, December 4-6, 2003.
17. Dong Soo Kim, A study of 3D RODs for industrial and office type using MSLA and MMJ processes, IMS International Forum 2004, Cernobbio, Italy, May 17-19, 2004.
18. DongSoo Kim and SungJong Kim, Development of industrial 3D real object duplication system by selective multi-laser sintering process, ICALEO2004, Vol.2004-M706, San Francisco, California, USA, October 04-07, 2004.
19. Dong-Soo Kim, Young-Jin An, Sung-Jon Kim, Byung-Oh Choi, Hyun-Eui Lim, A study on the core technologies for industrial SFF system, ICCAS 2005, p.2170-2174, KINTEX, Gyeong Gi, Korea, June 2-5, 2005.
20. Dong Soo Kim, A study on the manufacturing of industrial type SFF system by CO2 laser, Third International WLT-Conference on Lasers in Manufacturing, Vol.2005, Munich, Germany, June 13-16, 2005.
21. Dong Soo Kim, A study on the SMLS process as a industrial type solid freeform fabrication system, FAIM 2005, Bilbao, Spain, July 18–20, 2005.
22. Dong Soo Kim, Electrospray deposition as a technique for the high speed and large area production of protein microarrays for cell culture, NANO 2005 (Nanoengineering Symposium 2005, Banff, Alta, Canada, July 24-27, 2005.
23. Dong Soo Kim, Young Jin An and Kyung Hyun Choi, Development and performance evaluation of industrial 3D real object duplication system by selective dual-laser sintering

process, ICALEO 2005, Vol.2005-602, Miami, Florida, USA, October 31- November 3, 2005.

24. Dong Soo Kim, Sang Woon Park, Hyun Sub Kim and Jae Sub Yoo, Computation analysis and optimal design of a high speed response and low power micro valve, Proceedings of the 6th JFPS International Symposium, Vol.2005-6, Tsukuba, Japan, Novemeber 7-10, 2005.
25. Dong Soo Kim, Sang Kyu Bae and Young Cheol Kim, An experiments and characteristics analysis of the sealless cylinder, Proceedings of the 6th JFPS International Symposium, Vol.2005-6, Tsukuba, Japan, Novemeber 7-10, 2005.
26. Dong Soo Kim, Won Hee Lee and Beong Oh Choi, Development of direct drive type pneumatic servo valve, Development of direct drive type pneumatic servo valve, Proceedings of the 6th JFPS International Symposium, Vol.2005-6, Tsukuba, Japan, Novemeber 7-10, 2005.
27. Dong-Soo Kim, Sang-Kyu Bae and Choi, Kyung-Hyun, Characteristic analysis and experimental evaluation of artificial pneumatic cylinder, SPIE International Symposium on Optomechatronic Technologies(ISOT2005), Vol.6084, Sapporo, Japan, December 5-7, 2005.
28. Dong Soo Kim, Young Jin Ahn, Chung Hwan Kim, Byung Oh Choi, and Kyung Hyun Choi, Development of 3D SFFsystem using a new selective dual-laser sintering process, 2nd Pacific International Conference on Laser Materials Processing, Vol.2006-213, Melbourne, Australia, April 3-5, 2006.
29. Dong Soo Kim, Sung Woo Bae and Kyung Hyun Choi, Development of industrial SFF system using dual laser and optimal process, FAIM 2006, Vol.23-6, Limerick, Ireland, June 26-28, 2006.
30. Won Hee Lee, Dong Soo Kim Jung Su Kim, Min Cheol Lee, A study on reduction of processing time and improvement of strength by using photopolymer resin in the 3DP process, ISIE 2006 PROGRAM INTERNATIONAL SYMPOSIUM ON INDUSTRIAL ELECTRONICS 2006, p.326-328, Montreal, Canada, July 9-13, 2006.
31. Jung-su Kim, Min-cheol Lee, Won-hee Lee and Dong-soo Kim, New 3DP Process Technique of SFF System Using a Photopolymer Resin and a Powder, 2006 SICE-ICASE International Joint Conference, Vol.2006, BEXCO, Busan, Korea, October 18-21, 2006
32. Kyung-hyun Choi, Jae-won Choi, Hyung-chan Kim, Yang-hoe Doh, Dong-soo Kim and Seok-hee Lee, Study on Path Generation and Control based on Dual Laser in Solid Freefrom

Fabrication System, 2006 SICE-ICASE International Joint Conference, Vol.2006, BEXCO, Busan, Korea, October 18-21, 2006

33. Dong Soo Kim, Young Jin Ahn, Sung Woo Bae, Byung Oh Choi and Kyung Hyun Choi, A study on the selective dual laser sintering process for the solid freeform fabrication system, 25th International Congress on Laser Materials Processing and Laser Microfabrication, Vol.2018-1860, Scottsdale, Arizona, USA, October 30–November 2, 2006.
34. Dong Soo Kim, Development of polyamide-6 powders and its effect on the fabrication by selective laser sintering, 25th International Congress on Laser Materials Processing and Laser Microfabrication, Vol.2018-1860, Scottsdale, Arizona, USA, October 30–November 2, 2006.
35. Dong Soo Kim, Sang Kyu Bae, Shin Huh and Sung In Hong, An characteristics analysis of the fluidic muscle cylinder, Proceedings of the 7th JFPS International Symposium,Vol.2005-6,Tsukuba, Japan, Novemeber 7-10, 2006.
36. Dong Soo Kim, Sung Woo Bae and Kyung Hyun Choi, Application and performance evaluation for the DMS system in the SLS process, ISIE 2007, Toronto, Canada, June 17-20, 2007.
37. Jung-su Kim, Min-cheol Lee, Won-hee Lee and Dong-soo Kim, New 3DP process technique of SFF System using a photopolymer resin and a powder, FAIM 2007, Vol.1, Philadelphia, USA, June 18–20, 2007.
38. Dong Soo Kim, Sungwoo Bae and Kyung Hyun Choi, Development of Measurement mechanism of laser beam spot size for SFF system, FAIM 2007, Vol.1, Philadelphia, USA, June 18–20, 2007.
39. Sung Woo Bae, Dong Soo Kim and Kyung Hyun Choi,Development of New Laser control Algorithm in the SFF system using a SLS process, ICMDT 2007, Sapporo, Japan, July 2-3, 2007.
40. Dong Soo Kim, Sung Woo Bae, Chung Hwan Kim, Young Kil Bang and Byung Oh Choi, Application and performance evaluation for the new material in the industrial SFF system using a SLS process, 3rd Pacific International Conference on Laser Materials Processing, Vol.2008-529, Beijing, People's Republic of China, April 16–18, 2008
41. Dong Soo Kim, Achieving mass manufacturing with plastic electronics, Plastic Electronics Asia 2008, Seoul Hilton Hotel, Seoul, Korea, June 24-26, 2008.
42. Jeongdai Jo, Jong-Su Yu, Taik-Min Lee, Dong-Soo Kim and Kwang-Young Kim,

Fabrication of Organic Thin-Film Transistors with Roll-Printed Electrodes Using Patterned Polymer Stamp, Molecular Crystals and Liquid Crystals 2009, Vol.514, Ramada Plaza Jeju Hotel, Jeju, Korea, June 26～27, 2008.

43. Dong-Soo KIM and Myoung-Sub KIM, Analysis and design of cryogenic ball valve, 7th JFPS International Symposium on Fluid Power, Vol.P1-26, Toyama International Conference Center, Toyama, Japan, September 15-18, 2008.
44. Dong Soo Kim, Optical and micro-structural characterization of printed Cu2ZnSnS4 thin films, 2009 MRS Spring Meeting & Exhibit, San Francisco, California, USA, April 13-17, 2009.
45. Taik-Min Lee, Hyun-Cheol Choi, Jae-Ho Noh and Dong-Soo Kim, EL Display printed on curved surface, 2009 IEEE 22nd International Conference on Micro Electro Mechanical Systems, Sorrento, Italy, January 25-29, 2009.
46. Dong Soo Kim, Analysis of deformation of blanket roller and its effect on printing quality, ICMDT 2009, Sapporo, Japan, July 25-26, 2009.
47. Dong Soo Kim, Development of plate to plate gravure offset printing system, ICMDT 2009, Sapporo, Japan, July 25-26, 2009.
48. Dong Soo Kim, Development of zero leakage ball valve for LNG, ICMDT 2009, Sapporo, Japan, July 25-26, 2009.
49. Dong Soo Kim, Development of cantilever type roll printing equipments for printed electronics, ICMDT 2009, Sapporo, Japan, July 25-26, 2009.
50. Dong Soo Kim, RFID tag antennas by gravure-offset printings, ICMDT 2009, Sapporo, Japan, July 25-26, 2009.
51. Dong-Soo Kim and Won-Hee Lee, Design and characteristics analysis of the direct drive type pneumatic servo valve, ICMDT 2009, Sapporo, Japan, July 25-26, 2009.
52. Dong Soo Kim, Development of cantilever type roll printing equipments for printed electronics, ICMDT 2009, Sapporo, Japan, July 25-26, 2009.
53. Seong-Man Yoon, Jeongdai Jo, Jong-Su Yu, Ha-il Yu and Dong-Soo Kim, Fabrication of micro wall with high aspect ratio using iterative screen printing, The 9th International Meeting on Infomation Display, Vol.P2-77, KINTEX, Ilsan, Seoul, Korea, October 12-16, 2009.
54. Jong-Su Yu, Jeongdai Jo, Seong-Man Yoon, Hee-Yeoun Kim and Dong-Soo Kim, Fabrication of printed microfluidics channel by using thermal roll-imprinting, The 9th

International Meeting on Infomation Display, Vol.P2-73, KINTEX, Ilsan, Seoul, Korea, October 12-16, 2009.

55. Dong Soo Kim, Fabrication of imprinted patterns using thermal roll-imprinting process on flexible substrate, GJ-NST 2009, Mokpo, Korea, November 5-6. 2009.
56. Taik-Min Lee, Jae-Ho Noh, Inyoung Kim, Dong-Soo Kim and Sangki Chun, Reliability of gravure offset printing depending on various printing conditions, ICFPE 2009, Vol.108, Jeju, Korea, November 11-13, 2009.
57. Dong Soo Kim, Fabrication of thin-film layer of CIGS solar cell using printing processes, ICFPE 2009, Vol.108, Jeju, Korea, November 11-13, 2009.
58. Seong Man Yoon, Jeongdai Jo, Jong-Su Yu, Ha-il Yu and Dong-Soo Kim, Fabrication of micro wall with high aspect ratio using iterative screen printing, ICFPE 2009, Vol.108, Jeju, Korea, November 11-13, 2009.
59. Kwangsoo Kim, Chung Hwan Kim, Heon-Yeoung Kim and Dong-Soo Kim, Effects of Blanket Roller Deformation on Printing Qualities in Gravure-Offset Printing Method, ICFPE 2009, Vol.108, Jeju, Korea, November 11-13, 2009.
60. Seong-Man Yoon, Jeongdai Jo, Jong-Su Yu, Ha-il Yu and Dong-Soo Kim, Fabrication of micro wall with high aspect ratio using iterative screen printing, IEEE ISAM 2009, Suwon, Korea, November 17-20, 2009.
61. Seung Wook Suh, Dong Soo Kim and Byung Ki Park, Influence of surface modification of polyethylene terephthalate (PET) film on ink-jet printing of Pd(II) catalytic ink, 21th IC-ME&D (21th International Conference on Molecular Electronics and Devices), Vol.12-5, Sunchon National Univeristy, Sunchon, Korea, May 19-20, 2010.
62. Dong Soo Kim, Fabrication of high aspect ratio roll-imprinted patterns on flexible substrate, 21th IC-ME&D (21th International Conference on Molecular Electronics and Devices), Vol.12-5, Sunchon National Univeristy, Sunchon, Korea, May 19-20, 2010.
63. Dong Soo Kim, A Manufacturing of organic solar cell using ESD thin film coating method, LOPE-C 2010 Large-area, Organic and Printed Electronics Convention, Congress Center, Messe Frankfur,t Germany, May 31 June 2, 2010.
64. Dong Soo Kim, Visualization of non-newtonian ink transfer for gravure offset printing process, The 14th International Symposium on Flow Visualization, Daegu, Korea, June 21-24, 2010.
65. Dong Soo Kim, Roll-to-roll printing processes & equipments for PEMS, IEEE NANO

2010-Joint Symposium with NANO KOREA 2010, Kintext, Seoul, Korea, August 17-20, 2010.

66. Dong Soo Kim, A Manufacturing of organic solar cell using ESD thin film coating method, ISLCT 2010 (Int'l Symposium on Low Carbon & Renewable Energy Technology), Lotte Hotel, Jeju, Republic of Korea, November 15-18, 2010.
67. Dong Soo Kim, Over-piling effects in printing of a multi-units gravure-offset press (MUGOP), International Conference on Flexible and Printed Electronics 2010, Hsinchu, Taiwan, December 3-4, 2010.
68. Sungwoo Bae and Dong Soo Kim, An Experimental study on Surface treatment of aluminum film for improving the hydrophilicity by using the deep coating method in the aluminum pouch of lithium-ion secondary battery, ICAE 2015(International Conference on Advanced Electromaterials), Venue, ICC Jeju, Korea, November 17-20, 2015.
69. Jung Min Cho, Do Hyun Kim, Min Sook Yoo, Sung woo Bae and Dong Soo Kim, A Study on Manufacture and Assessment of Aluminum Laminated Film for a Pouch-Type Secondary Battery, ICAE 2015(International Conference on Advanced Electromaterials), Venue, ICC Jeju, Korea, November 17-20, 2015.
70. Dong Soo Kim, Fabrication of the ITO free flexible Ag grid mesh electrode by thermal roll-imprinting method for organic solar cells, ICMR 2015(International Conference on Material and Reliability), Ramada Plaza Jeju Hotel, Jeju, Korea, November 23-25, 2015.
71. Dong Soo Kim, Study on formability of the aluminum pouch for secondary battery by properties of films, ICFPE 2016, Yonezawa City, Yamagata, Japan, September 6-8. 2016.
72. Dong Soo Kim, Study on manufacturing process of the pouch film for lithium-ion battery technology, ICFPE 2016, Yonezawa City, Yamagata, Japan, September 6-8. 2016.
73. Dong Soo Kim, Experimental study on the change of Aluminum pouch after forming process, ICFPE 2017, The SHILLA HOTEL, Jeju Island, Korea, September 4-7, 2017.
74. Dong Soo Kim, Development and Fabrication of the Aluminum pouch of polymer battery for electric vehicles by using gravure coater, LOPEC 2018(International Exhibition and Conference for the Printed Electronics Industry), Munich, Germany, March 13-15, 2018.
75. Dong Soo Kim, Development of R2R micro-gravure coating laminate system and application of battery parts for electric vehicles, PRESM 2018(International Symposium on PRecision Engineering and Sustainable Manufacturing), Sapporo, Japan, July 3-7, 2018.
76. Dong Soo Kim, Development of the high speed and precision PBF 3D Printing process

equipment for biomedical applications, PRESM 2018(International Symposium on PRecision Engineering and Sustainable Manufacturing), Sapporo, Japan, July 3-7, 2018.

77. Minsook Yu, Munyong Song, Minha Kim, Hyunah Lee and Dongsoo Kim, Development of the roll to roll gravure coater for printed pouch of Battery, ANM 2018(11th International conference on Advanced Nano Materials), University of Aveiro, Portugal, July 18-20, 2018.
78. Dong Soo Kim, Study on the powder bed fusion 3D printer and optimization sintering process for SUS materials, Ramada Plaza Jeju Hotel, Jeju, Korea, August 19-22, 2018.
79. Dong Soo Kim, The Experimental Study on the Property change of Aluminum pouch after forming process, Ramada Plaza Jeju Hotel, Jeju, Korea, August 19-22, 2018.
80. Dong Soo Kim, Development of Printed Organic Solar Cell (OSC) for Energy Application, Ramada Plaza Jeju Hotel, Jeju, Korea, August 19-22, 2018.
81. Dong Soo Kim, Development of Powder Bed Fusion 3D Printer for Biomedical Application, ETME 2018(Emerging Technologies in Mechanical Engineering), Ramada Plaza Jeju Hotel, Jeju, Korea, August 19-22, 2018.
82. Dong Soo Kim, Development of printed battery pack for electric vehicles, PE USA 2018, Santa Clara, California, November 14-15, 2018.
83. Dong Soo Kim, Study on manufacturing process of flexible printed Organic Solar Cell module using solution shearing coating method, PE USA 2018, Santa Clara, California, November 14-15, 2018.
84. Dong Soo Kim, Development and technical improvement of the PBF 3D printer for biomedical and smart mould-base application, PE USA 2018, Santa Clara, California, November 14-15, 2018.
85. Dong Soo Kim, All Printed SWCNT-TFT Using Fully Revers-Offset Printer on Flexible Substrate, PRESM 2020, Seoul, Korea, November 14-18, 2020.

F 연구 과제

순번	연구 과제명	연구기간
1	(다목적 천공장비용)공압 회전작동기 국산화 개발	2000-01-01 ~ 2002-12-01
2	100Hz이하급 직동식 공압 Servo Valve 개발	2000-08-01 ~ 2003-07-01
3	공압서보밸브 KS규격 정립에 관한 연구	2001-07-01 ~ 2003-06-01
4	고성능 Sealless 실린더 개발	2002-06-01 ~ 2005-06-01
5	Wiping Unit 공압회로 System 설계기술	2002-07-01 ~ 2003-04-01
6	에너지절약형 Fluid Power System개발	2002-07-01 ~ 2004-06-01
7	디지털 3차원 실물복제기 개발(총괄)	2002-11-01 ~ 2007-11-01
8	초절전형 마이크로 밸브개발	2003-07-01 ~ 2006-07-01
9	공기압 구동 마이크로 엑츄에이터 개발	2004-05-01 ~ 2007-03-01
10	인쇄기 정밀제어용 서보솔레노이드 개발	2004-07-01 ~ 2005-04-01
11	에어 발란스(Air Balancer) 시스템 성능향상을 위한 기술지원	2004-09-01 ~ 2005-08-01
12	굴삭기용 유압실린더의 실차 재현 SIMULATOR 기술지원	2004-11-01 ~ 2005-10-01
13	3차원 인쇄지향 정보장비 구현기술	2005-01-01 ~ 2005-12-01
14	공기압 구동 마이크로 엑츄에이터 개발	2005-05-01 ~ 2006-03-01
15	Top Entry 방식의 고압용 초저온 볼 밸브 개발	2005-06-01 ~ 2008-05-01
16	IT기반 첨단 공압 제어밸브/실린더 시스템 개발	2005-07-01 ~ 2008-07-01
17	공압 서보액추에이터 최적설계 및 시험평가 기술지원	2006-10-01 ~ 2007-09-01
18	디지털 microfluidics와 롤투롤 인쇄기술을 이용한 point-of-care 시스템	2006-12-01 ~ 2015-09-30
19	정전기력 잉크젯과 R2R을 응용한 차세대 디스플레이 패턴장비개발(전문연구사업)	2007-01-01 ~ 2011-12-31
20	시스템 레벨 패키징 기술개발	2007-06-01 ~ 2012-05-31
21	(총괄)압축공기시스템 에너지 절약(CAES) 요소기술 개발	2007-07-01 ~ 2010-09-30
22	압축공기시스템 에너지 절약(CAES) 요소기술개발	2007-07-01 ~ 2010-09-30
23	이중압력 조절 기능의 Energy Saver 개발	2007-07-01 ~ 2010-09-30
24	RFID 태그 제작을 위한 인쇄공정 및 장비기술개발	2007-09-01 ~ 2012-06-30

25	압축공기시스템 에너지 절약(CAES) 요소기술 개발	2007-10-01 ~ 2010-09-01
26	이중압력조절기능의Energy Saver 개발	2007-10-01 ~ 2010-09-30
27	R2R 복합 인쇄공정 요소기술 시험평가 기반구축	2008-11-01 ~ 2013-08-31
28	R2R EMD 압전잉크젯 시스템 개발	2008-12-01 ~ 2013-09-30
29	R2R 하이브리드 잉크젯 프린팅 시스템 개발	2008-12-01 ~ 2013-09-30
30	고기능 초미세의 청정 디지털 프린팅 시스템 개발	2008-12-01 ~ 2013-09-30
31	융합(IBENT) 부품생산용 Roll Printing 기술개발	2009-01-01 ~ 2010-12-31
32	기계(연)-산업세 협력 빛 네트워크 구축사업	2009-01-01 ~ 2011-12-31
33	나노융합상용화 플랫폼 촉진 및 활용 사업	2010-03-01 ~ 2015-02-28
34	연속 공정 기반의 초저가 유연 태양전지 원천 기술 개발	2010-06-01 ~ 2012-05-31
35	나노잉크를 이용한 박막형 슈퍼캐패시터 연속 생산공정 및 시스템 개발	2010-07-01 ~ 2013-06-30
36	인쇄전자 소자 생산 1㎛급 롤투롤 박막 코터 개발	2012-06-01 ~ 2017-05-30
37	나노/마이크로 평판 원통형 금형 신공정기술개발	2012-09-01 ~ 2013-02-28
38	OLED/OPV 투명전극 필름제조용 R2R 나노코터 기술개발	2013-06-01 ~ 2014-05-31
39	나노융합부품제작용 롤투롤 나노마이크로 코팅장비 사업화	2013-06-01 ~ 2015-05-31
40	인쇄전자용 초정밀 롤투롤 장비기반 이차전지용 고신뢰성 파우치 사업화	2013-08-01 ~ 2013-11-30
41	저 · 고점도 코팅용 나노/마이크로급 하이브리드 코팅 시스템 개발	2014-06-01 ~ 2015-05-31
42	슬롯다이 코팅 시스템 컴팩트 기술 개발	2014-08-01 ~ 2014-11-30
43	인쇄전자용 초정밀 롤투롤 장비기반 이차전지의 고신뢰성 파우치 사업화	2014-09-01 ~ 2019-03-31
44	건축물 대상 3D 프린팅 장비 및 설계기술 개발 기획	2014-10-15 ~ 2015-06-15
45	롤투롤 압출 코팅 방법을 이용한 고신뢰성 이차전지용 스테인리스 스틸 파우치 필름 사업화	2015-05-01 ~ 2017-04-30
46	인쇄전자용 초정밀 롤투롤 장비기반 이차전지의 소신뢰성 파우치 사업화	2016-04-01 ~ 2019-03-31
47	Roll to Plate 회전형 Wireless Bar 코터 기술 개발	2016-05-01 ~ 2017-04-30
48	PEEK 소재의 의료용 보조기구 제작을 위한 FBF방식의 장비 및 전용 S/W 개발	2016-08-01 ~ 2017-07-31
49	고속/고정밀 금속 3D 프리팅 장비 기술 개발 및 사업화	2016-10-11 ~ 2018-10-10
50	3D 프린팅용 디스펜서 정량 토출 제어 시스템 기술 개발	2016-12-01 ~ 2017-03-31
51	롤투롤 나노/마이크로 복합 프린팅 시스템 개발	2017-03-01 ~ 2020-02-29
52	고해상도 유무기물 패턴 형성을 위한 마이크로컨택 롤투롤 프린팅 장비 및 공정 개발	2017-06-01 ~ 2018-05-31
53	하이브리드 3D프린팅 기술 응용 printed IoT 모듈 개발	2018-06-01 ~ 2027-02-28

54	디지털 제조장비 R&D 전문인력양성	2020-03-01 ~ 2025-02-28
55	유연인쇄전자 산업 육성을 위한 국제표준 파이프라인 기반 구축	2020-04-01 ~ 2023-12-31
56	3D Printed Electronics(3DPE) 융복합 활성화사업 기획연구	2020-06-01 ~ 2020-11-30
57	무인이동체 적외선 분광카메라 광학계 핵심기술 개발	2021-06-01 ~ 2022-12-31
58	Pd(II) complex ink에 의한 연성회로기판 및 플렉서블 디스플레이 제조기술	2020-06-29 ~ 2021-02-28
59	SEM 원리를 이용한 차세대 나노 3D 프린팅 기술 개발	2020-09-01 ~ 2021-04-30